CHAMAN

DU MÊME AUTEUR

Vietnam sanglant, Stock, Prix Albert-Londres, 1968
Les Trublions, Stock, 1968
Les Orangers de Jaffa, France Empire, 1974
Albanie sentinelles de Staline, Le Seuil, 1979
Histoires vécues, L'Archipel, 1993
Madame l'Etoile, Flammarion, 1997
La Frontière des fous, Prix Vérité (Spécial Jury), 1998
Le Chant du Farou, Editions Alzieu, 2000

Jean Bertolino

CHAMAN

Roman

Production Jeannine Balland
Collection Sud Lointain

PRESSES DE LA CITÉ

ISBN 2-258-05955-0

SOMMAIRE

PREMIÈRE PARTIE : MISSIONNAIRE

DEUXIÈME PARTIE : LE GRAND CHAMAN ITINÉRANT

PREMIÈRE PARTIE

MISSIONNAIRE

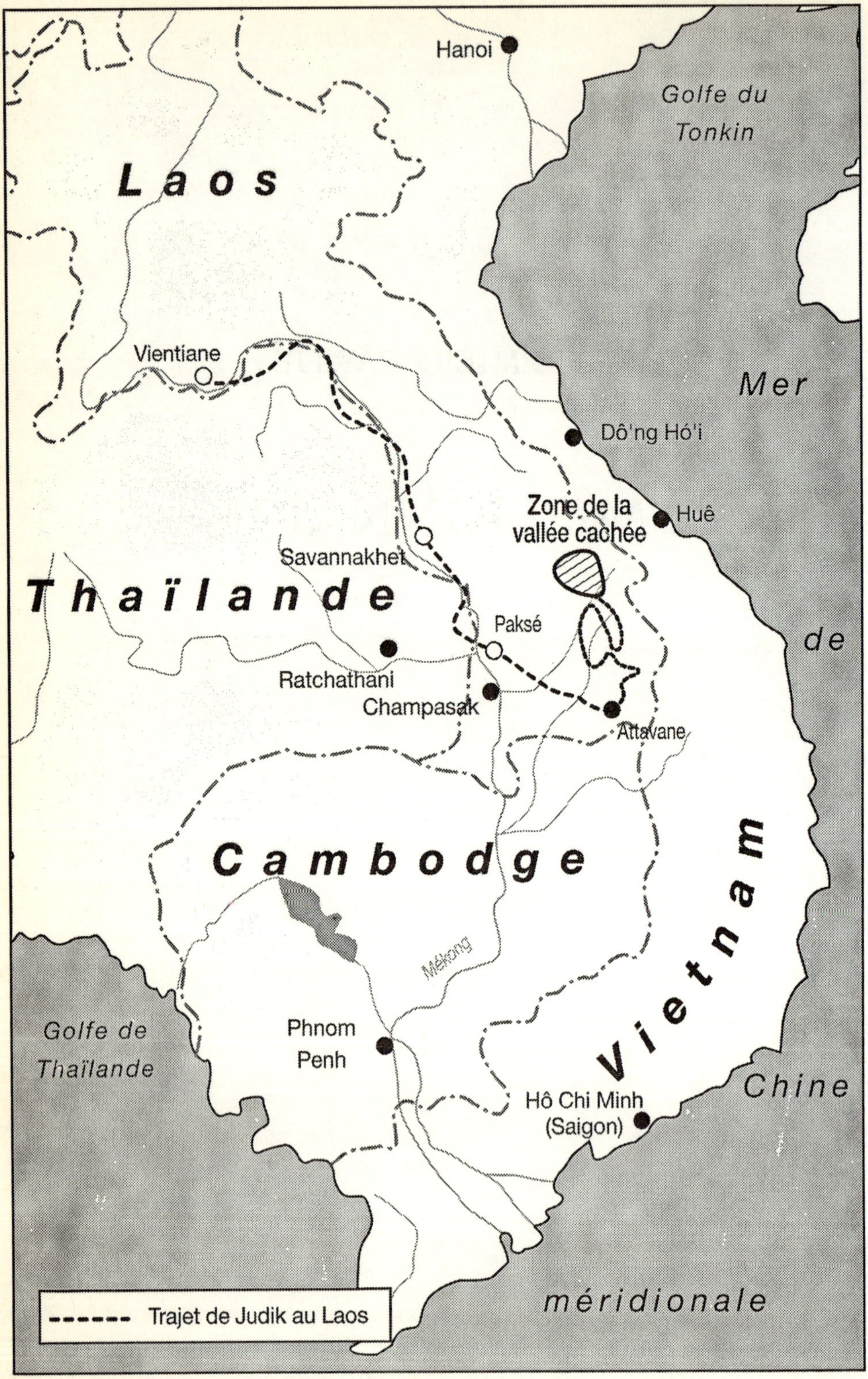
Hanoi
Golfe du Tonkin
Laos
Vientiane
Mer
Dô'ng Hó'i
Zone de la vallée cachée
Huê
Savannakhet
Thaïlande
Paksé
de
Ratchathani
Champasak
Attavane
Cambodge
Vietnam
Mékong
Golfe de Thaïlande
Phnom Penh
Hô Chi Minh (Saigon)
Chine
méridionale
Trajet de Judik au Laos

1

La Case aux esprits

L'orage gronda sur la jungle. Le vent fit pencher la cime des grands fromagers et l'averse soudain tamisa le paysage. Judik vivait dans ce hameau de cases sur pilotis, à mille lieues de tout, depuis bientôt deux ans. Quelque part, plus bas, au bord du Mékong et des autres rivières, il y avait Attavane, puis Paksé, Bassac, Savannakhet, Vientiane et Luang Prabang, des villes avec de l'électricité, des voitures, des hôtels, des soldats, des flics. Rien de tout cela n'était arrivé jusqu'ici. Sciemment, la tribu avait reculé à mesure que la piste avançait, loin, toujours plus loin dans les profondeurs de la forêt, pour ne pas se laisser atteindre. Ankun, son chef désigné, avait senti venir le danger. Toutes les peuplades du plateau des Boloven qui ne s'étaient pas repliées à temps avaient été détruites par le système qui se mettait en place.

Dès que la route le permettait, les spéculateurs, souvent d'origine chinoise, surgissaient dans leurs grosses Range Rover. Les poches bourrées de fric, ils demandaient aux autochtones d'apposer la marque de leur pouce au bas de contrats qui les dépossédaient de tout, puis leur distribuaient des liasses de petites coupures. Acquérir sans effort de la nourriture et de l'alcool avec ce papier-monnaie qui chez eux ne signifiait rien leur paraissait miraculeux. Quand ils auraient tout dépensé, il leur suffirait, croyaient-ils, de laisser la marque d'un autre doigt sur une page remplie de graffitis étranges et le tour serait joué. On leur distribuerait comme la première fois des liasses de billets. Pourquoi les Boloven, qui partageaient avec d'autres ethnies les hauts plateaux du Laos, se seraient-ils méfiés ? Eux ne connaissaient que le troc.

Accoudé à sa table de bambou encombrée de livres et de cahiers couverts de ratures, Judik, les yeux dans le vague, écoutait la pluie s'abattre sur les feuilles de latanier qui recouvraient le toit de sa paillote. L'air saturé d'humidité générait une touffeur d'étuve qui serait pire encore tout à l'heure quand le soleil percerait la lourde masse de nuages et darderait ses rayons sur les arbres ruisselants et la terre gorgée d'eau. Le moindre mouvement le faisait suer à flots, et les gouttes, en s'écrasant sur les pages, dissolvaient partiellement les mots qu'il avait eu tant de mal à écrire. Il se leva, retira son short et alla se mettre nu sous la pluie, la meilleure des douches. Vania dans la case voisine riait avec ses sœurs qui tissaient des sarongs sur des métiers rudimentaires. Sans doute, comme à l'accoutumée, se moquaient-elles gentiment de lui. Son comportement, même après plus d'une année de présence constante à leurs côtés, continuait de les amuser. A quoi bon se sécher ? La transpiration allait le tremper de nouveau dans quelques instants. Il s'allongea sur sa natte et feuilleta *Tristes tropiques*, un ouvrage qu'il consultait souvent. Mais il n'avait pas l'esprit à la lecture. Dans cette moiteur de hammam, que pouvait-on faire d'autre qu'espérer un souffle de vent, en attendant la fraîcheur de la nuit ?

Sa pensée reprit son cours et il se souvint du jour où les bronziers qui habitaient plus haut, à côté des gisements, étaient venus apporter un jeu de nouveaux gongs pour les soirées festives et l'accompagnement des chorégraphies sacrées. Il en faut au minimum six de différentes tailles pour composer des mélodies dignes de ce nom. Les plus gros ont parfois plus d'un mètre de diamètre et les plus petits peuvent ne pas excéder dix centimètres. Les termes de l'échange étaient connus. Les métallurgistes, après avoir partagé le repas des villageois, étaient repartis avec deux buffles. Une Bourse tacite existait dans cette économie primordiale et elle n'avait jamais connu d'inflation. Du plus loin que remontait la tradition orale, la valeur des choses était restée la même et, pour tout service fourni par les artisans, des rétributions précises en bétail ou en grains étaient prévues.

Evidemment, chaque fois que les voies de communication atteignaient des agglomérations primitives, celles-ci étaient aussitôt investies par des compagnies de bûcherons ou par des militaires œuvrant pour quelques officiers supérieurs, en affaires avec les grandes sociétés forestières internationales. Affamés de profit, les nouveaux venus procédaient illico à des déboisements terrifiants et, sans même en avoir conscience, anéantissaient les esprits tutélaires qui avaient toujours régné sur les sylves vierges et sur leurs habitants. Les pauvres gens envahis par des hommes et des machines qui ne respectaient rien furent totalement déboussolés. De surcroît, comme ils croyaient pouvoir obtenir ce qu'ils voulaient avec les vulgaires coupons de papier imprimé qu'on leur avait distribués, ils supposèrent que tout pour eux serait désormais gratuit et que c'était une compensation à la destruction de leur lieu de vie. Ils eurent envie de s'offrir ce que l'existence ne leur avait accordé avant cela qu'avec parcimonie. Pris d'une soudaine compulsion, ils dilapidèrent leur argent en achats inutiles, se gorgèrent de nourriture et d'alcool. Quand ils revinrent solliciter les aigrefins qui, profitant de leur ingénuité, les avaient floués, on exhiba les titres de propriété marqués de leurs empreintes digitales, et on leur fit comprendre qu'ils avaient tout perdu, la terre, leurs cases, leurs villages. Les bulldozers entrèrent en action, firent place nette pour les bâtisseurs de nouvelles cités qui poussèrent sur des sols désormais dénudés. Des agriculteurs sans terre, originaires des plaines et avides d'accéder à la propriété à des prix défiant toute concurrence, débarquèrent alors en grand nombre ; les indigènes, entièrement dépouillés, n'eurent plus qu'à se laisser mourir ou à se louer comme tâcherons pour de piteux salaires dans les entreprises et les nouvelles plantations de thé, de café ou de canne à sucre qui voulaient bien d'eux. Beaucoup devinrent des épaves mendiant devant les gargotes des bières ou des bouteilles de mauvaise gnôle de riz, qu'on leur offrait parfois pour le plaisir de les voir se dégrader.

Judik avait rencontré à Vientiane, au siège de la congrégation des Oblats de Marie-Immaculée, un ancien directeur de société qui avait travaillé quinze ans auparavant à Ratanakiri, dans les jungles du nord du Cambodge, au pays des Khmers-leu, tribus montagnardes, comme les Boloven. L'homme d'origine corse était revenu en vacances au Laos pour rôder dans des zones frontalières proches de l'endroit où il avait passé les meilleurs moments de son existence, et revivre sa jeunesse envolée. Avec une voix empreinte de regrets, il avait évoqué des souvenirs.

— Bien avant mon arrivée, des milliers d'hectares de forêt défrichés avaient été replantés en hévéas. Pour saigner les arbres et récolter le latex, je faisais appel à la main-d'œuvre locale, qui était payée en riels, la monnaie cambodgienne. Et savez-vous ce que cette manière de rétribuer des peuplades qui n'avaient encore connu que l'économie de subsistance et le troc leur inspirait ?

Après un instant de silence, savourant son effet de surprise, il avait lâché la réponse.

— Le vol, mes révérends pères, parfaitement, le vol ! Eux qui ignoraient le mensonge et les tricheries se sont mis à se compter des heures en plus et à chaparder dans les entrepôts de la société. Eh oui ! D'un jour sur l'autre le cours de l'argent fluctue, sa valeur réelle monte ou baisse et au Cambodge, elle avait plutôt tendance à baisser. A leurs yeux, ce n'était pas honnête et ils nous rendaient, c'est le cas de le dire, la monnaie de la pièce.

A l'époque, ces propos avaient profondément troublé Judik.

— En plaquant sur eux vos propres références matérielles, ne les aviez-vous pas déstabilisés ?

— Je ne pense pas, avait rétorqué le planteur à la retraite. Nous les avons civilisés, ça c'est une certitude, et la civilisation comporte des travers. Le communisme en est un.

— Le christianisme apportera à ceux qui se convertiront une morale qui leur permettra, je l'espère, de s'adapter au monde moderne sans avoir à tricher, s'était empressé d'ajouter le père Luc de la Chesnay, responsable de l'ordre pour toute l'Indochine.

— Malheureusement, avait insisté Judik en s'adressant surtout au vieux colonial, cette région de Ratanakiri, où se trouvait votre plantation, a surtout été investie par des communistes et vos gentils Khmers-leu sont aujourd'hui entre les mains de staliniens obtus qui sont en train de les endoctriner. Je redoute le jour où ils prendront le pouvoir.

Cette remarque avait fait sourire ceux qui l'écoutaient et qui se refusaient à concevoir une telle éventualité. Comment des êtres aussi frustes, foncièrement pacifiques, pourraient-ils accéder aux postes de commande et se muer en brutes sanguinaires ? L'avenir, hélas, lui donnerait raison[1]. En 1970, année où Judik écoutait le récit du vieux colonial, les anciens adorateurs des divinités tutélaires, culturellement déstructurés et conditionnés par une idéologie criminelle, se muant lentement en massacreurs, piaffaient à l'orée des rizières.

Depuis une bonne décennie déjà, les ethnies du plateau des Boloven au Laos avaient été approchées par les communistes et, parmi ceux que les affairistes véreux du camp capitaliste avaient abusés, un certain nombre, « travaillé » par des propagandistes, s'était rallié aux maquis Pathet Lao, basés dans la plaine des Jarres. Ces derniers n'étaient pas habités d'une fureur aveugle, comme les Khmers rouges, mais l'ob-

1. Les mêmes « bons sauvages » déjà pervertis par les sociétés occidentales, qui semblaient si sereins lorsqu'ils vivaient en adéquation avec la nature, deviendront effectivement les pires des monstres sous l'influence des Khmers rouges et fourniront à Pol Pot ses tueurs les plus sanguinaires. Des commissaires politiques pour l'heure leur inoculaient, sans trop de difficulté d'ailleurs, la haine des villes et de l'argent, et c'est en vengeurs assoiffés de revanche qu'ils se manifesteront au moment de la prise de Phnom Penh, en 1975. Voitures brûlées, réfrigérateurs jetés par les fenêtres, maisons ou appartements saccagés ; en vengeurs encore qu'ils exécuteront les citadins fonctionnaires et pourvoiront les charniers.

session du nivellement humain les poussait à commettre des injustices qui soulevaient l'hostilité des peuplades montagnardes restées libres. Quand ils investissaient une région, les théoriciens du Parti se rendaient exécrables, donnant ordre à leurs sbires de liquider les représentants des chefferies coutumières qui s'opposaient à eux et de les remplacer par de médiocres opportunistes souverainement détestés. Ensuite, ils instauraient une discipline de fer, transformaient les villages en camps de rééducation et remplaçaient le vieux collectivisme clanique par une planification bureaucratique totalement inadaptée. Prises en tenaille entre les spéculateurs ou les soldats gouvernementaux qui les pillaient et ces staliniens fanatiques, les ethnies n'eurent de choix qu'entre la révolte, la soumission et la fuite. Celles qui entrèrent en dissidence furent harcelées par les forces des deux camps et décimées. Celles qui optèrent pour les communistes perdirent leur âme et leur liberté. Celles enfin qui choisirent la fuite durent se rendre invisibles. Constamment sur la défensive, prêtes à s'évanouir dans les profondeurs de la jungle à la moindre menace, elles s'établirent dans des vallées encore inexplorées, connues d'elles seules.

La pluie cessa. Réverbéré par les gouttes d'eau qui perlaient sur les feuilles, le soleil réapparut et éclaboussa la forêt de myriades de scintillements. Ayant atteint l'extrémité de la clairière, il allait bientôt disparaître derrière les frondaisons. Ici, on dînait au crépuscule et Vania apparut, tout sourire, pour inviter Judik à participer au repas familial. Il ne put s'empêcher de la contempler, comme s'il la voyait pour la première fois. Il éprouvait un certain sentiment de fierté de se savoir aimé d'elle et de pouvoir l'aimer. La vision de ses cheveux noirs, coulant comme des fils de soie jusqu'à la courbure des hanches, de sa démarche souple, de son corps doré dont un pagne de gros tissu masquait la libre nudité éveillait en lui un flot de désir. Les yeux — noires amandes à l'éclat rieur — qui le toisaient avec un soupçon de moquerie tempéraient sa fougue. Elle ne voulait pas être possédée, elle voulait une vraie union et, en douceur comme à chaque fois, elle lui imposait cette idée. Il lui prit la main et elle le suivit dans la case. Après de tendres préliminaires, puis des embrassements passionnés, ils s'assemblèrent. Un long frémissement les entraîna tous deux dans un corps à corps qui les fit vibrer à l'unisson. Ils arrivèrent en retard au dîner mais, en les voyant, joues échauffées et rayonnants, toute la famille commença à sourire puis à pouffer et enfin à rire aux éclats. Vania et Judik se mêlèrent à l'exultation générale qu'ils venaient de provoquer.

Elle n'était pour rien dans le reniement de sa foi. Il n'avait cédé à l'attirance qu'elle lui inspirait qu'après avoir décidé de quitter sa congrégation et d'abandonner la prêtrise. Ce n'était pas une foucade. Des nuits d'insomnie harcelées par le doute, de longs mois durant, avaient empoisonné sa vie.

Tout en piochant avec la main dans le tas de riz posé sur une feuille de bananier et en plaisantant avec les convives assis en rond devant les mets étalés, il était ailleurs et remontait le temps. Mentalement, il revivait le jour de son arrivée en compagnie de Mani, un Boloven d'Attavane, chef-lieu de la région. Le regard ahuri de toute la tribu quand il s'était mis à parler le laven, avec un drôle d'accent, jamais il ne pourrait l'oublier. Ce fut ensuite un jeu d'enfant d'obtenir d'Ankun, après une délibération avec les anciens et quelques libations de vin de riz aspiré au chalumeau dans la jarre collective, la permission de loger au village. Sitôt ses bagages déchargés, la communauté au grand complet l'avait étudié avec une curiosité tellement insistante qu'il s'en était senti presque gêné. Sur le bât de la mule, il n'avait mis que le strict nécessaire : ses ornements sacerdotaux, un tabernacle, un calice, un crucifix, l'Ancien et le Nouveau Testament, un bréviaire, une boîte d'hosties conditionnées pour rester étanches à l'humidité, des médicaments, quelques bouquins d'anthropologie et d'ethnologie, dont ceux de l'incontournable Lévi-Strauss, et les ouvrages de Mircea Eliade sur le chamanisme. Ses effets personnels prenaient peu de place : deux shorts, deux chemises légères, du linge de corps, deux paires de sandales, une trousse de toilette, une autre de médicaments. Une scie égoïne, un marteau, des clous, une chignole, des vis et un jeu de tournevis complétaient ces impedimenta. Avec ces outils rudimentaires, il allait bâtir la maison de Dieu...

Pour accompagner le riz gluant, base de l'alimentation des Boloven, il y avait, presque à tous les repas, de grosses larves blanches, très riches en protéines, du rat grillé, de la soupe de fourmis rouges et quelquefois du poulet. Comme il les avait fait rire au début avec ses moues de dégoût et ses haut-le-cœur ! Depuis, il savourait ces mets avec gourmandise parce qu'il avait faim. Il trouvait même au jus des larves un délicieux goût de noisette. Ankun se réjouissait de le voir s'alimenter d'un si bel appétit mais, pour continuer de se gausser comme aux premiers jours, le chef évoquait la période des répugnances en mimant exagérément les expressions de Judik et tous à nouveau s'esclaffaient. Il était l'attraction de la tribu. Par sa seule présence, sa gestuelle, ses gaucheries pas encore entièrement dissipées, il déclenchait quotidiennement l'hilarité. Celle-ci contribuait à entretenir la bonne humeur générale. Pour prolonger le spectacle, il se mit de la partie et corrigea par d'authentiques grimaces les imitations de son hôte. Vania secouée de hoquets caressa le bras de son amant et, pour le remercier du bonheur qu'il faisait naître autour de lui, glissa près de sa bouche un râble bien cuit dans lequel il mordit voracement en imitant le feulement du tigre.

— Mon amoul, murmura-t-elle en français, sans parvenir à prononcer autrement les *r*. Mon amoul, je voudrais que tu restes ici toute ta vie. Nous sommes si bien ensemble.

A vrai dire, s'il s'était écouté, il aurait déjà envoyé promener sa thèse, fermé définitivement tous ses livres, comme il avait déjà fermé son bréviaire, et ne se serait pas laissé contrarier par la perspective d'avoir un jour à regagner la France. Conscients que leur existence en tant que peuple spécifique était en péril et qu'en quelques décennies, moins peut-être, leurs traditions forestières, leurs croyances et leur langue risquaient de disparaître, Ankun et le Conseil des sages l'avaient sommé de continuer ses recherches. Tous l'aidaient du mieux qu'ils pouvaient et s'efforçaient de lui communiquer leur savoir. Rien en apparence ne lui était caché, pas même les pratiques magiques du chaman et du devin. Participant aux cérémonies sacrées qui les introduisaient dans l'esprit des grands fauves, des rapaces, des insectes, il les voyait s'identifier à toute vie animale ou végétale au point d'en capter avec précision les pensées ou les sentiments. Respectivement médecins et psychologues, ils savaient guérir les corps et les âmes, et pas seulement par des décoctions de plantes aux vertus curatives ou des oracles engageants, mais aussi en sollicitant les Phi bienfaiteurs, esprits des profondeurs sylvestres, spécialistes des combats contre les forces du mal. Ils considéraient la forêt comme une entité vivante dont ils n'étaient qu'un élément symbiotique et donc redevable, d'où cette vénération qu'ils lui vouaient.

Chaque soir les anciens venaient vérifier le travail de Judik, comptaient les pages qu'il avait noircies, et l'encourageaient à poursuivre. Il fallait absolument que la mémoire de leur peuple soit écrite pour qu'elle ne disparaisse pas à jamais, qu'il reste des preuves tangibles de leur passage sur cette terre, aujourd'hui envahie par les adorateurs du « papier qui permet de tout avoir ». Ankun aurait eu tout intérêt à voir Judik s'enraciner parmi eux. Vania était sa fille, et l'idée qu'elle puisse fonder une famille avec cet homme qui, les ayant compris, avait quitté son dieu lui plaisait. Ce Blanc vivait désormais en accord avec les Phi, qui règnent sur la pensée boloven.

— De toi je voudrais bien un petit-fils, avoua-t-il. Qu'attends-tu ? Faites-le encore plus souvent, pour que l'événement ne tarde pas.

Le geste significatif qui accompagna son propos réveilla les rires. Il ajouta :

— Mais dès que tu en sauras assez, tu devras retourner chez ceux de ta race pour parler et faire parler de nous, car si personne ne nous connaît nous mourrons à coup sûr. Nous saurons élever tes rejetons sans toi. Ici ce ne sont pas les pères qui manqueront, et sache qu'ils seront vraiment heureux chez nous où l'envie et la jalousie ne trouvent pas de terrain pour germer et étirer leurs racines.

Cette invitation à engendrer sans qu'il ait à en assumer la responsabilité aurait pu le vexer, s'il en avait ignoré les raisons. Dans tous les enfants qui naîtraient de ses œuvres, il y aurait la moitié de lui-même. Il serait donc toujours présent au sein de la tribu, lié à elle par le sang et à ce titre intégré à sa pensée collective. On l'évoquerait après les récitals de gongs les soirs de fête. Le grand chaman entrerait en communication avec lui, le devin lui assurerait la protection des forces occultes, Ankun ferait son panégyrique et Vania, mariée à un bon chasseur-récolteur, fermerait un instant les yeux pour le voir apparaître sur l'écran de ses paupières closes, avant de regarder avec fierté le fils ou la fille né de leurs étreintes. En échange, on lui demandait, quand il serait là-bas, de ne pas oublier ses attaches d'ici et de leur rester fidèle. Cela ne sous-tendait aucune obligation concrète, mais en général quand on fait partie d'une famille on se sent concerné par ce qui peut lui arriver. Il serait donc beaucoup plus utile dehors que dedans. Lui-même en était parfaitement conscient et, avec le sens de l'abnégation qu'il avait acquis dans son ordre, il se soumettait à cette évidence.

Une fois encore son cerveau lui joua un mauvais tour et instilla dans son être une bouffée de remords qui le fit s'abstraire pour un temps de la joie ambiante. Etre prêtre, missionnaire de surcroît, parmi un peuple païen, peut-on rêver mieux quand on a la foi ? Or sa foi était incommensurable quand il avait débarqué dans la tribu d'Ankun. Devant les villageois amusés, il avait commencé à construire son église. Il avait beau leur répéter que Dieu viendrait s'y installer quand elle serait achevée pour les guider et les protéger, personne ne le prenait vraiment au sérieux. Finalement, par compassion, parce qu'ils s'étaient émus de le voir trimer tous les jours sous la canicule ou les trombes d'eau des moussons, ils l'aidèrent à terminer l'édifice. Naïvement il prit leur geste pour un signe divin, ne douta plus de leur conversion prochaine, et sa satisfaction fut à la mesure de sa fatigue. Au grand complet la population assista à sa première messe et là, durant un moment, il faillit presque crier au miracle. En réalité, les familles étaient venues par politesse, pour participer à l'inauguration de son œuvre, et aussi goûter aux hosties qu'elles prenaient pour des friandises dotées d'effets psychotropes. Il dut leur expliquer que, pour y avoir droit, il fallait d'abord se faire baptiser et ils n'insistèrent pas. Cette célébration fut au demeurant une fête qu'il n'oublierait pas de sitôt. Les khènes — orgues à bouche composés de sept tubes de bambou — et les gongs vibrèrent magnifiquement durant l'office, et les Boloven chantèrent les louanges de la terre, du ciel, du soleil et de l'eau.

« Ils prient Dieu, déjà, sans le connaître », s'était-il étonné en se laissant envahir par leur spiritualité joviale, qu'il perçut comme un souffle de la grâce divine. Comment aurait-il pu, devant de telles prédispositions, ne pas croire en la simplicité de sa tâche ? Chaque matin, il leur enseigna les Evangiles. Un mois plus tard, ils se convertirent tous et purent enfin participer à la communion. Convaincu qu'un tel succès ne pouvait être dû qu'à une intervention du Tout-Puissant, il tomba à genoux et loua le Seigneur. « Alléluia ! » s'écria-t-il, irradié d'allégresse. Il allait bientôt découvrir l'ampleur de son angélisme.

Les jours suivants, les Boloven revinrent en traînant un peu les pieds. Ils avaient cru que les hosties étaient un aliment magique capable de provoquer en eux une sensation de délice absolu et de les transporter dans les nuées, peut-être au pays des âmes flottant dans la proximité du Dieu des Blancs. Au lieu de cela ils n'éprouvèrent absolument rien et eurent même beaucoup de mal à retirer avec la langue les bouts de pain azyme collés à leur palais. Cette déception mit un frein à leur ardeur. Et comme Judik s'étonnait de leur manque d'assiduité, Ankun finit par lui dire ce que tous pensaient de sa croyance :

— Ton Dieu est avare, nos esprits sont beaucoup plus généreux. Viens donc ce soir les célébrer dans notre case commune où ils daignent passer quelquefois.

La case commune ! Une véritable église, et non une simple salle à palabres. Le père Anga, spécialiste de cette tribu, l'avait bien évidemment informé à Vientiane d'abord, puis à Paksé où il l'avait ensuite accompagné, que leurs pratiques n'étaient pas ostentatoires et pouvaient se dérouler n'importe où. Fugitifs, constamment aux aguets, prêts à disparaître à la moindre alerte, ils ne s'embarrassaient pas de cérémonial. Comment aurait-il pu imaginer qu'il suffisait de quelques onomatopées, de remarques insignifiantes ponctuées de plaisanteries, et aussi de longs silences entrecoupés de rires, tout en mangeant le riz et buvant à la jarre, pour que leur propre messe soit dite ? On était bien loin des enseignements théoriques et des observations ethnologiques faites sur eux dans le passé. Sous l'effet de la guerre, leurs mœurs avaient changé et ils avaient adapté leur spiritualité aux nécessités du moment. Ils n'allaient plus invoquer les esprits au cœur de la forêt, dans des clairières entourées de grandes futaies ou en quelques autres lieux telluriques. Désormais, les esprits venaient à eux, leur parlaient directement. Là, il comprit qu'il n'était pas au bout de ses peines.

Quand il entra dans leur temple, les anciens l'attendaient et, parmi eux, le chaman et le devin. Ankun le fit asseoir près de lui, à la place d'honneur. Les feuilles de bananier chargées de victuailles étaient déjà en place et les commensaux assis tout autour. Les Phi tinrent à se montrer généreux, peut-être pour faire ressortir la pingrerie de ce Christ rival qui croyait les nourrir avec de misérables hosties en prétendant qu'elles étaient son corps. On procéda à des libations en aspirant chacun à son tour du fond de la jarre un alcool de riz enrichi de macérations de racines. Avec un peu de concentration on pouvait espérer entrer en communication avec un ou plusieurs invisibles génies, que ces hommes, au fond d'eux-mêmes, percevaient comme l'expression diversifiée de la Terre. A travers ces nombreux avatars, c'était elle qu'ils révéraient.

Qui pouvait garantir, quand ils se couchaient, que le soleil réapparaîtrait le lendemain, que l'eau du Mékong et de ses rivières ne se tarirait pas, que la pluie continuerait de tomber pour féconder le sol, et que le sol lui-même ne se déroberait jamais, qui, sinon la Terre, celle qui englobait le tout, avec le ciel son époux, bien sûr ? Il fallait donc la craindre et bien évidemment s'en faire aimer. Chez les Boloven on ne connaissait pas la certitude. On se sentait fragile, dans un monde lui-même fragile qui pouvait à tout moment s'éteindre, comme n'importe quelle vie.

Les cheveux blancs en chignon traversé d'épingles et la barbiche clairsemée d'Ankun luisaient sous la lune qui se reflétait dans ses pupilles grandes ouvertes. Sa tête remua en signe d'incompréhension et il s'étonna à voix haute.

— Pourquoi croire en un dieu qui ne se voit pas et ne pas voir ceux qui nous sont proches ? Franchement, nous pensons tous ici que tu es aveugle et sourd.

L'air n'était que stridence. Des bouquets de lucioles pétillaient dans la nuit. De voraces moustiques zézayaient aux oreilles de Judik et, sans le spray répulsif dont il s'était aspergé avant de venir, il aurait été dévoré, comme les autres qui ne sentaient plus rien. Que répondre qu'ils puissent tous clairement comprendre ? Que les Evangiles étaient précisément parole d'évangile, que puisque c'était écrit dedans c'était vrai, et qu'on ne pouvait les contredire ? Le chaman et le devin lui auraient rétorqué que la seule vérité était celle qu'on pouvait voir et qu'eux ne voyaient pas son dieu, ni là-haut ni en bas, alors qu'ils parlaient chaque jour avec les Phi ou directement avec la Divinité qui avait engendré la vie.

— Tu arrives trop tard, lui dit d'une voix usée un centenaire étique du nom de Boltal, qui était la mémoire de référence dans la tribu. Tu serais venu beaucoup, beaucoup plus tôt, quand nous étions jeunes, on aurait peut-être cru un peu à tes histoires. Les Blancs à l'époque étaient admirés. J'ai connu des communautés qui ont adopté ta religion. Elles ressemblent aujourd'hui aux peuples de la plaine, ont perdu le contact avec notre Grande Mère, la Terre, et se sont laissé corrompre par le papier qui permet de tout avoir. Tu te rends compte, il y en a qui sont devenus coupeurs d'arbres et qui participent à la destruction de notre forêt ! Tous ceux qui se sont mis à croire à ton dieu travaillent et pensent comme les Blancs. Or, les Blancs imaginent qu'ils peuvent commander la Terre, la changer, la transformer à leur guise. Ce n'est pas bien, elle se vengera.

Etant probablement, vu son allure, le plus âgé de tous, il fit l'unanimité et des bourdonnements de voix approuvèrent ses propos.

— Tu vois, ajouta Ankun, nous ne sommes plus que quelques poignées à continuer de vouloir vivre comme nous l'avons toujours fait et c'est dans nos rituels que nous puisons notre force.

Sans attendre une contradiction qui aurait pris du temps, il poursuivit :

— Tu peux rester parmi nous et prier comme tu l'entendras dans cette case que tu appelles l'église. Nous irons quelquefois par amitié te soutenir et célébrer ensemble, toi ton dieu, nous nos Phi. Tu pourras venir quand tu le voudras à nos veillées. Tu as, m'as-tu dit, à apprendre sur nous. Fais-le. Nous avons encore beaucoup à te dire. Demande-toi un peu pourquoi tous ceux qui croient à un dieu caché dans le ciel, un dieu jamais visible, sont si sûrs d'eux, et pourquoi ils nous envoient des gens comme toi pour nous convaincre de penser comme eux ? Nous ne voulons pas changer. Nous ne voulons pas disparaître. Si nous acceptions ton dieu nous deviendrions comme vous des gens orgueilleux et contents d'eux-mêmes. Nous préférons notre humilité qui chez vous passe pour de la bêtise.

Ebranlé ce soir-là au plus profond de sa conscience, Judik ne tarderait pas à l'être dans ses convictions. Les vieux missionnaires avaient débarqué chez des peuples innocents, faciles à séduire et à convaincre s'ils y trouvaient, c'est logique, quelque avantage. Et les missions participaient concrètement à l'essor des communautés indigènes. Comment diantre ces prêtres d'antan auraient-ils réagi face à des naturels lucides et incrédules qui, devant l'invasion de leur territoire, s'étaient repliés dans les zones les plus inaccessibles ? Cela faisait une génération, presque deux pour certains, que ces irréductibles avaient cessé de se comporter en ingénus prêts à tout gober. Utilisant un langage simple et imagé, ils se révélaient de fins dialecticiens. L'oblat eut beau creuser dans tous les recoins de sa matière grise, il ne trouva rien à leur rétorquer. Il en appela en vain à la Vierge immaculée et à la Trinité ; un vide sidéral lui cloua le bec. Sa nuit fut épouvantable. L'idée de fuir en catimini le harcela. Comment pourrait-il rattraper le mutisme observé au cours de cette première veillée dans la Case aux esprits ?

Le lendemain pourtant, était-ce dû aux sourires pleins de chaleur qui lui étaient adressés, aux pupilles aguicheuses des adolescentes, à la curiosité avide des enfants qui n'osaient pas encore l'inviter à partager leurs jeux, ses hontes s'envolèrent. Comme l'avait décidé Ankun, l'harmonie s'imposa et fit planer en permanence sur sa localité une atmosphère sereine. Les Phi et Dieu firent bon ménage. Pendant que Judik célébrait son culte, les Boloven accompagnés par le frémissement des khènes et des gongs louaient leurs bons génies et, à la fin de cette messe étrange, caressée par de païennes musiques, on buvait en commun à la jarre et on partageait la pitance...

— Qu'as-tu, mon amoul ? s'inquiéta Vania en le voyant replié dans ses songeries, comme déconnecté des autres convives.

La lumière revint dans son regard. Ses traits se détendirent et en langue boloven il s'empressa de la rassurer.

— Ne crains rien, Vania. Des ombres ont envahi ma tête mais je suis bien, merveilleusement bien parmi vous et je redoute le jour où il me faudra partir. Je voudrais qu'il n'arrive jamais. J'ai envie de faire traîner ma thèse.

De la tête, il désigna Ankun et le gratifia d'une moue de dépit.

— Hélas, ton père veille !

— Il ne faut pas penser à hier ou à demain, le réprimanda-t-elle. Pour être heureux il faut vivre le moment présent et le vivre le plus fort et le mieux possible. C'est pour ça qu'ici nous rions tout le temps.

Il lui donna un baiser malgré la présence attentive de la famille, qui ne se lassait pas de les contempler. Les voyant enlacés, Ankun, qui avait de la suite dans les idées, en reprit le fil.

— Tu pourrais même lui faire deux enfants si tu y mettais du tien. Il te reste quelques lunes pour y parvenir, alors dépêche-toi. Retournez-y !

Magnanime, il leur indiqua la direction de leur case et du dos de la main, dans une rigolade générale, les invita à aller reprendre leurs effusions, trop hâtivement interrompues par l'obligation d'être présents au repas.

— Ne pensez à rien d'autre, et faites-le tant que vous le pourrez si vous voulez enfanter à coup sûr, leur conseilla-t-il, tandis qu'ils s'éloignaient main dans la main.

Sur le fond un peu assourdi des plaisanteries grivoises échangées par la famille qui allait encore veiller tard, Judik et Vania s'appliquèrent avec une prodigieuse énergie à suivre à la lettre les recommandations du futur grand-père. La forêt toute la nuit les écouta s'aimer, et pas seulement la forêt. La lune projeta sur leurs ébats un halo d'argent. Envisager qu'ils devraient un jour ne plus se revoir attisait leur soif de rester unis et ils ne parvenaient pas à se sortir de leur enlacement qui se prolongea jusqu'aux lueurs bleutées de l'aube. Ils s'endormirent au chant du coq.

2

Je serai missionnaire

Comment avait-il pu changer aussi vite ? Lui-même parfois se le demandait. Sa métamorphose l'éloignait des sources qui l'avaient irrigué de sa naissance à son abjuration. Ses connaissances précédentes lui étaient certes utiles pour ses travaux actuels. Elles lui permettaient des références et des comparaisons qui en enrichissaient le contenu et lui vaudraient peut-être une mention, mais il avait parfois le sentiment d'en avoir plus appris ici que pendant toutes ses études religieuses et les quatre années parisiennes passées à préparer un diplôme de laotien et surtout à étudier l'anthropologie et l'ethnologie de terrain, sous la houlette du professeur Georges Comine, une grande pointure en ces matières. Après avoir obtenu deux maîtrises — l'une sur les peuplades môn-khmères de la péninsule indochinoise et l'autre sur l'ethnic laven du plateau des Boloven au Laos —, Kervanec lui avait demandé d'être son directeur de thèse et ce scientifique, pourtant très sollicité, avait accepté, un honneur qu'il n'accordait qu'aux meilleurs élèves.

Le tonnerre grondait et le ciel boursouflé de cumulus fuligineux semblait se liquéfier. Blottis sous les feuillages, dans les terriers ou les cavités des arbres, volatiles et mammifères subissaient en somnolant ce déluge. Les reptiles en revanche évoluaient avec une aisance décuplée vers ces proies assoupies et, autour des cases, les petits porcs noirs se vautraient en grognant de plaisir dans les mares. En quête de racines et de vers, ils fouillaient de leur groin avide la boue de latérite qui maculait leur pelage. Arbalètes armées, les chasseurs boloven tapis dans les halliers attendaient la fin de l'orage puis la réapparition du soleil, qui tirerait les animaux de leur léthargie. Alors, en pleine course ou en vol, le gibier se ferait transpercer par des flèches qui ne rataient jamais leur cible.

Aban, le fils d'Ankun, juché sur la nuque de Jamia, seul survivant des huit éléphants que possédait jadis la tribu, charriait des troncs d'arbres morts destinés à nourrir les flambées du soir. Les femmes tissaient en causant à voix basse sous les auvents dans leurs chatoyants sarongs, et les anciens sagement rêvassaient sur leur couche, bercés par le crépitement de la pluie. La mi-journée était passée et Vania dormait toujours. Elle était couchée sur le côté dans une de ces poses involontairement lascives qui font la joie des peintres et Judik d'un geste machinal caressait ses cheveux. Eveillé mais alangui par sa longue nuit d'amour, il ne parvenait pas à s'extraire du lit. La moindre tentative de se redresser lui donnait le tournis. Il prit donc le parti de rester allongé et de laisser à son corps le temps de se reprendre. Ses paupières se fermèrent, il se sentit comme aspiré dans un tourbillon de couleurs floues qui le propulsa au cœur de sa Bretagne natale, où son enfance studieuse s'était déroulée dans un monde pétri de rassurantes convictions.

Chez les Kervanec de Lorient, à chaque génération on trouvait un marin, un prêtre et un pêcheur. Le père de Judik, armateur d'une flottille de chalutiers, ne dérogea pas à la tradition. Son épouse, fille d'un capitaine de vaisseau de la Royale, lui donna six enfants dont trois fils. Deux, dès la naissance, eurent, pourrait-on dire, leur avenir tout tracé. Le dernier, celui qui normalement, dès qu'il en aurait acquis la compétence, était destiné à prendre la direction de l'entreprise familiale, décida, allez savoir pourquoi, qu'il serait missionnaire, au grand désespoir de sa mère, laquelle aurait désiré qu'il restât près d'elle et fondât une famille. « Deux religieux sous un même toit, c'est un de trop », avait-elle pensé, mais comment s'opposer à cette vocation exprimée dès le plus jeune âge, qui s'était affirmée au fil des ans, et ne souffrait pas d'être contrariée ? L'aîné fit donc Navale, devint officier sous-marinier et épousa la fille de son commandant. Le second fréquenta le petit séminaire, puis le grand, accéda à la prêtrise et se retrouva curé à Ploërmel. Les trois sœurs furent élevées pour devenir de bonnes épouses. Après le bac, elles suivirent de petites études dans une école de commerce tandis que la mère organisait chaque samedi des soirées où l'on invitait les jeunes gens de la bonne société lorientaise susceptibles d'en tomber amoureux. Il s'en trouva trois qui répondirent à cette attente.

Judik, lui, prit la voie royale. Sorti premier du grand séminaire, il étudia ensuite la théologie. Le Père de Foucauld était son modèle. Bambocheur de l'école Sainte-Geneviève de Versailles, consumant ses vingt ans dans des nuits de débauche ; officier indocile en Algérie brisant sa carrière militaire pour ne pas rompre une liaison que ses supérieurs jugeaient inconvenante ; explorateur casse-cou et géographe de talent au Maroc ; la grâce enfin, qui le conduisit dans une trappe en Ardèche, puis dans une autre en Syrie ; un crochet au couvent des clarisses de Nazareth, où il fut employé comme domestique ; l'ordination en 1901. Ultime étape, le Hoggar. Il vécut parmi les Touareg avant de se plonger dans une grande solitude érémitique, et de finir assassiné par des nomades rebelles. Ciel, quelle vie ! Commencer son existence en flirtant avec le diable avant de se vouer au Seigneur jusqu'à en mourir n'était pas un parcours ordinaire et Judik aurait aimé faire de même. Hélas, il n'avait pas eu à s'écrier comme Charles de Foucauld : « Mon Dieu, si vous existez, faites-vous connaître ! » Sa propre jeunesse, sans surprise et sans fantaisie, n'avait jamais été traversée par le doute. Elle avait suivi un chemin tout tracé, ponctué par les prières et les offices, et il ne se souvenait même pas d'avoir vraiment joué avec ses frères ou avec d'autres enfants de sa génération. Il n'avait été qu'un dévoreur de livres, un bachoteur frénétique, un de ces surdoués qui cumulent les scores, les éloges et les diplômes, et ne parviennent plus à s'accorder de repos, tant devient forte leur boulimie d'apprendre.

L'ermite du Hoggar avait d'abord choisi d'être un homme avant de devenir un saint. Il avait connu les femmes, eu avec elles des relations intimes, ripaillé et bu. C'est seulement après y avoir copieusement cédé qu'il avait proscrit toutes les tentations et fait pénitence. Judik, lui, avait commencé par le plus dur. Tenu à l'écart des convoitises, il avait été, dès le petit séminaire, conditionné par de vieux prêtres, qui, pour glorifier leur vie d'abstinence et y préparer leurs élèves, affirmaient à longueur de leçons que le désir sexuel était une concupiscence inspirée par le diable. Les religieux ne pouvaient avoir de libido, c'était un péché mortel ! Aussi, lorsque la sienne s'était extériorisée, l'obligeant parfois à des pratiques solitaires qui lui laissaient un profond dégoût de lui-même, il s'était ensuite durement mortifié par des jeûnes et des prières.

Dans le port de Lorient, la pêche devint dure. Pour remplir les chaluts, il fallait aller de plus en plus loin, au large de la Mauritanie ou du Sénégal, et utiliser des bateaux de plus en plus performants, équipés de sonars afin de détecter les bancs de poissons. L'entreprise de Pierre Kervanec avec ses vieux rafiots commença à péricliter. Il brada sa flotte à un armateur installé en Côte d'Ivoire et prit sa retraite sans regret puisqu'il n'avait pas de successeur. Pendant ce temps, à Paris, son fils Judik, discrètement, continuait de collectionner les lauriers. Il fut remarqué par les jésuites qui voulaient l'attirer chez eux. Echec ! Obstiné et obstinément pieux, il rêvait de christianiser les sauvages et secrètement il aspirait au martyre. Or qui mieux que les Oblats de Marie-Immaculée pouvait, à ce moment-là, répondre à son idéal ? Ils s'étaient attachés à l'évangélisation des tribus païennes du Sud-Est asiatique, et plus particulièrement du Laos, une mosaïque de peuples, un pays fascinant, déchiré par des guerres intestines qui rendaient la tâche des missionnaires extrêmement périlleuse. Plusieurs d'entre eux avaient été massacrés au cours de leur apostolat et la mission de Vientiane manquait de volontaires.

La congrégation de Fontenay-sous-Bois fut enchantée d'accueillir une recrue de cette qualité. Dès qu'il eut prononcé ses vœux, le père supérieur lui conseilla de se pencher sur les Laven, qui avaient besoin de pasteurs pour être initiés à la vraie foi. Il s'inscrivit aux Langues orientales, aux Hautes Etudes, à l'Institut catholique. Constatant qu'il existait très peu de travaux scientifiques sur le peuple qu'il avait choisi, il prévit de réaliser un dictionnaire plus complet que celui dont il disposait, ainsi qu'une étude sur leurs us et coutumes, les quelques monographies déjà rédigées comportant de grandes zones d'ombre qui restaient à éclairer. N'ayant pour l'heure que des connaissances théoriques, il comptait mettre à profit le terrain pour se spécialiser à fond. Ce projet sérieux, présenté par l'un des étudiants en ethno-anthropologie les plus prometteurs, et appuyé par un patron de thèse éminent, lui permit de décrocher, sans difficulté, une bourse du CNRS. Son supérieur religieux, influent au Quai d'Orsay, obtint de son côté qu'à la fin de son second cycle Kervanec remplît ses obligations militaires au Laos, dans le cadre de la coopération. Ainsi pourrait-il loger au siège de Vientiane et y parfaire sa formation, sans avoir à revenir en France, une fois son service achevé.

Logeant rue du Bac, aux Missions étrangères de Paris, du lundi soir au vendredi après-midi, il passait le week-end avec ses frères oblats à Fontenay. Entre les offices et les oraisons, il écoutait les anciens d'Indochine qui avaient beaucoup d'informations pratiques à lui transmettre. Le père Botal, un orphelin laven, compléta sa préparation en le familiarisant oralement avec l'idiome de ses futurs paroissiens. Noircissant encore et encore des cahiers de notes, Judik était bien résolu, une fois en activité, à ne jamais se laisser prendre au dépourvu. A vingt-deux ans, il était grand, brun et sec, avec des yeux verts pareils à ces golfes bretons avant une giboulée. Profil régulier, menton énergique, cheveux bouclés, il avait un visage plaisant. Son teint pâle de rat de bibliothèque et la légère voussure de son dos le rendaient presque attendrissant et il suffisait que par inadvertance son regard croise celui d'une étudiante pour que celle-ci recherche, parfois avec insistance, un contact visuel qu'il s'empressait de fuir. Quelques-unes allèrent plus loin et engagèrent la conversation mais les « oui ! oui ! » ou « non ! non ! » dont il ponctuait leurs soliloques venaient à bout des plus bavardes qui finissaient par ne plus savoir quoi dire.

Ses excellents résultats et son aisance durant les cours éveillaient des admirations qu'il s'efforçait de tempérer en se montrant fuyant ou franchement sot dès lors que la discussion prenait une tournure plus personnelle. Loin de dissuader ses interlocutrices, sa naïveté les émoustillait plutôt et les plus délurées redoublaient d'audace, le plongeant dans une confusion dont il ne savait sortir. Le sachant prêtre, peut-être lui trouvaient-elles un goût de fruit défendu ? Aussi jugea-t-il plus prudent, pour écarter ce lot de demoiselles soucieuses de lui plaire, de se dénicher une copine de cours avec laquelle il pourrait entretenir une relation purement amicale. C'est ainsi que Claire Dulac devint l'élue de sa raison. Avec elle, il n'y avait pas la moindre équivoque. Studieuse comme lui, elle comptait se spécialiser sur les diverses ethnies dayak de Bornéo, ces anciens coupeurs et réducteurs de têtes, dont certains étaient plus ou moins clochardisés, et d'autres en passe d'être entièrement assimilés. Il ne restait que quelques anciens à détenir les secrets de jadis et à parler la langue des ancêtres. Elle travaillait donc avec un sentiment d'urgence, bien décidée à partir au plus vite recueillir toutes les informations et répertorier les artefacts qu'elle pourrait encore trouver sur place. Comme Kervanec, elle n'avait pas vraiment de temps à accorder aux futilités. Un film par-ci, une pièce de théâtre par-là, des visites au musée de l'Homme et au musée Guimet et des échanges de livres qui leur fournissaient à chaque rencontre matière à discussion.

Cette étudiante d'allure austère aurait pu être plus séduisante. Sa chevelure blonde, son regard d'un bleu presque gris, son nez très fin et son menton bien dessiné lui composaient un visage plutôt agréable qu'elle ne cherchait pas à agrémenter par quelques touches de maquillage. Ce n'était pas son truc. D'une curiosité d'esprit insatiable, comme

Judik, elle ne pouvait vivre autrement qu'en perpétuelle effervescence cérébrale. Issue d'une famille d'enseignants laïques, baignant dans un athéisme presque militant, Claire évitait d'aborder avec Kervanec les questions d'ordre métaphysique susceptibles de l'embarrasser. Elle respectait ses choix, même si elle ne les approuvait pas. Cette amitié ne les mettait pas pour autant à l'abri de toutes les controverses.

A cette époque, Teilhard de Chardin était venu se placer à côté de Charles de Foucauld dans le panthéon intérieur du jeune prêtre. Il avait dévoré son œuvre, relu plusieurs fois *L'Animal humain*, *Le Groupe zoologique humain* et *L'Apparition de l'homme*, en se cachant des vieux oblats qui continuaient, sans les connaître vraiment, à décrier les textes du jésuite. Ils n'en avaient que plus de valeur aux yeux de Judik. La vision d'une humanité convergeant vers une spiritualité universelle résonnait en lui comme une prophétie, donnait un sens à ses choix. Cet optimisme n'était pas partagé. En bonne agnostique, Claire le regardait s'animer quand il en parlait tout en regrettant au fond d'elle-même qu'un si beau cerveau puisse à ce point se perdre dans l'irrationnel.

Un jour, débattant ensemble des mystères du cosmos, il cita cette phrase de Teilhard : « L'homme : ce sur quoi et en quoi l'univers s'enroule », pour justifier un plan divin de la construction du monde. Là, il allait trop loin, outrepassait la capacité de compréhension dont elle faisait preuve pour ne pas contrarier sa foi. Elle explosa.

— C'est une vision erronée et anthropocentrique. L'homme est le fruit du hasard. Loin d'être l'axe de l'univers, il en est le fourrier. Les dégâts qu'il commet sont irréparables. Tu sais ce qu'en pensait Lamarck ?

— Non, je t'écoute.

— Je te le cite de mémoire : « Par son égoïsme trop peu clairvoyant, par son penchant à jouir de tout, par son insouciance pour l'avenir et pour ses semblables, l'homme semble travailler à l'anéantissement de ses moyens de conservation et à la destruction même de sa propre espèce. » Et il ajoutait « comme s'il était destiné à s'exterminer lui-même après avoir rendu le globe inhabitable » ! Eh bien avec cent cinquante-cinq ans de retard, mon cher Judik, je partage entièrement cet avis.

— Quel pessimisme ! s'écria-t-il. Ce n'est pas parce que ton savant préféré a été, avant Darwin, le pionnier de la théorie sur l'évolution des espèces et du transformisme qu'il était visionnaire. Tu refuses de croire en l'homme, en sa faculté de corriger ses erreurs, parce que tu ne crois pas en Dieu.

Quand deux certitudes s'affrontent, le débat se fige. Les deux livres-cultes de Claire avaient été, dans son adolescence, *Philosophie zoologique* et *Dialectique de la nature.* Lamarck et Engels contre Foucauld et Teilhard. Le fossé était là. Le foisonnant génie de la vie et la suprématie de la horde humaine, face au foisonnant génie du Créateur et à la suprématie de l'âme. D'ailleurs, convaincus tous deux, comme l'avaient été leurs modèles, du rôle déterminant du milieu dans le développement de toute forme d'existence, ils étaient souvent d'accord. Néanmoins, l'interrogation qui les divisait restait de taille : était-ce l'esprit qui avait engendré la matière ou la matière qui avait engendré l'esprit ? Eternel dilemme que ni la philosophie ni la science n'étaient parvenues à trancher. Forte de ce constat et sachant Judik en partance pour une destination peu sûre, elle rompit les chiens et le brocarda gentiment.

— Celui qui meurt pour un culte faux qu'il croit vrai ou ...

Elle hésita, avant de retrouver la suite.

— Ou... pour un culte vrai dont il n'a point de preuve est un fanatique ! Ce n'est pas moi, c'est Diderot qui l'affirme. Tu vois vers quels excès ton obstination risque de te mener ?

— Tu triches, Claire, protesta-t-il. La maxime a une suite !

Et du tac au tac il compléta.

— Le vrai martyr est celui qui meurt pour un culte vrai, dont la vérité lui est démontrée.

Il marqua un point. Ce genre de duel leur était familier. Ils aimaient ferrailler à coups de citations et de références pour étayer leurs convictions, et s'égaraient parfois dans l'emphase, un péché de jeunesse.

Ses yeux s'ouvrirent. La pluie avait cessé. Mollement allongée, Vania dormait toujours. Par tous les pores de sa peau, Judik ruisselait. La natte était trempée. Il baignait dans son jus et, pour retrouver un peu de fraîcheur, il revint à ses songes.

Son dernier repas à Lorient avec sa famille avant le grand départ : un père vieillissant qui radotait un peu, une mère trop émotive, le frère marin qui s'écoutait parler, le curé, d'un ennui soporifique, les trois sœurs qui discouraient de choses sans intérêt pour Judik. Lorsqu'il les vit s'éloigner, agitant le bras sur le quai de la gare, il se sentit soulagé et les oublia instantanément pour se plonger, avec une avidité toute profane, dans un roman de Jean Hougron, *Tu récolteras la tempête*. La fresque de cet auteur populaire, ignoré naturellement de ses profs, dénigré par sa hiérarchie, dépeint une Indochine coloniale moribonde, qui palpite comme un cœur fatigué, s'accrochant désespérément aux dernières forces qui lui restent. Cette lecture si peu scientifique le captiva tellement qu'il en oublia sa présence dans le train. A la gare Montparnasse, il se retrouva seul dans un compartiment désert. On dut le prier de descendre. Au Laos, il y était déjà, et il allait s'enfiler toute la série des *Nuits indochinoises* pour prolonger cet avant-goût de terrain.

Le samedi suivant, c'était en octobre 1969, il fêta avec Claire leurs départs respectifs. Un déjeuner en tête à tête dans un resto grec de la rue Mouffetard, des ivresses d'explorateurs impatients d'être à pied d'œuvre, et des chantiers prometteurs. A elle les Dayak, à lui les Laven. Ils se promirent de confronter plus tard leurs observations. L'autre mission, celle de l'oblat, inquiétait la jeune femme. Elle n'osait y faire allusion et il ne voulait pas non plus en parler. Ils firent comme s'ils allaient se revoir bientôt et s'étreignirent avec vigueur en se souhaitant mutuellement bonne chance. Il ne l'avait pas revue. Une lettre en provenance du Sarawak, deux autres de Bornéo arrivèrent à la mission de Vientiane, des lettres très techniques où elle le tenait au courant de ses travaux, s'enquérait des siens, ne consacrant que les trois dernières lignes à exprimer une amitié qui était pourtant le moteur de cet échange épistolaire. Il lui répondit de manière semblable, puis la correspondance s'arrêta d'elle-même.

A peine arrivé au Laos, il dut se préparer à sa mission future. Son travail en tant qu'appelé du contingent consistait à enseigner le français, une heure par jour, au centre culturel de l'ambassade. Le reste du temps, il s'entraînait physiquement et intellectuellement pour répondre à ce qu'on attendait de lui. Le révérend-père de la Chesnay, supérieur provincial, nourrissait l'idée d'approcher une tribu du plateau des Boloven, cachée dans les jungles de la cordillère, et qui se désignait elle-même sous le nom de Boloven libres.

— Un vrai défi, digne des oblats, et vous êtes le mieux armé pour le relever, avait-il confié à Judik.

Oubliant tout ce qui pouvait le distraire, ce dernier ne se permit aucun relâchement. Le père Anga, d'origine laven, prenant le relais du père Botal, l'obligea tous les jours à pratiquer la langue de ses frères et le familiarisa à leurs usages et à leurs rituels. Boloven aurait normalement dû s'écrire Bolaven, ce qui voulait dire le « lieu des Laven ». Ce peuple avait été massivement recruté pour travailler comme manœuvres dans les plantations des colons français qui, sans se soucier d'eux, s'étaient installés sur leurs terres fertiles et en avaient déformé le nom. Dans la même région, d'autres tribus, également d'origine môn-khmère, avaient connu une destinée identique. Ayant fui des siècles auparavant les bords du Mékong pour ne pas devenir les esclaves des Lao, ils étaient devenus les domestiques des Farang, des Blancs. A la fin de la guerre d'Indochine, au départ des troupes coloniales, royalistes et communistes les avaient attirés dans leurs camps respectifs, tout en continuant de les mépriser. Les réfractaires de ces poussières de nation avaient rejoint le noyau dur des irréductibles.

— Les Boloven libres ont accueilli des Katang, des Alak, des Katu, des Tahoy, des Suay et des Htin, précisa l'instructeur de Kervanec. Pour certains, comme on a dû vous l'apprendre, le métal jusque-là était tabou et le bambou leur servait aussi bien à construire les cases qu'à confectionner leurs armes. D'autres au contraire, forgerons de père en fils, fabriquaient les gongs.

— C'est donc une communauté composite ? l'interrompit Judik.

— C'était, précisa le père Anga. Ils sont désormais très soudés par des liens familiaux et un même idéal. Tous parlent le laven. Vous n'aurez donc pas de difficulté à vous faire comprendre.

Sa formation impliquait aussi des exercices physiques. Entraîné par le père Boskof, un colosse au crâne rasé, il courut deux heures chaque matin à un rythme qui le conduisit, au début du moins, au bord de l'asphyxie. Durant ces footings ponctués d'assouplissements, il croisait aux aurores la même colonne de bonzes qui partait avec ses écuelles mendier son riz dans les rues. Les robes safran explosaient de gaieté dans cette ville tropicale aux maisons de bois jouxtant des immeubles lépreux, délavés par les pluies des moussons. Peu à peu, le rat de bibliothèque se transforma en un homme vif et hâlé, ayant de l'endurance en réserve. Au bout d'une année, le dialecte en usage dans sa prochaine et première paroisse n'avait plus de secret pour lui. Son service comme coopérant se terminait. Il était temps d'aller la rejoindre.

Par des réfugiés catholiques, venus de loin, le père supérieur avait récemment eu des nouvelles des Boloven cachés qu'il voulait attirer à la foi chrétienne. Ils avaient été localisés dans la région d'Attavane entre la rivière Kong et son affluent la Kaman. Autant chercher un esquif perdu dans l'océan. Comment les retrouver dans les profonds défilés de ces hauts plateaux couverts de forêts, hérissés de montagnes dont les sommets, près de la frontière vietnamienne, culminent à deux mille cinq cents mètres ? Au-delà de cette barrière rocheuse s'étend l'Annam. Les communistes viets empruntaient quelques pistes dans cette zone inexplorée, pour passer d'une province à une autre, notamment la fameuse piste Hô Chi Minh que l'US Air Force quotidiennement bombardait en aveugle. Sur une carte, les secteurs à explorer représentaient un vaste territoire vert tavelé de marron, sans la moindre agglomération, un *no man's land* où il ne faudrait pas s'égarer si Kervanec voulait éviter les mauvaises rencontres ou l'enlisement dans d'inextricables marécages.

— Votre itinéraire a été calculé, mon cher Judik, le rassura le père de la Chesnay. Vous naviguerez en barge sur le Mékong jusqu'à Paksé, en compagnie du père Anga, qui a des attaches dans cette ville. De là une jeep de la mission locale vous conduira avec votre chargement jusqu'à Attavane, si elle parvient à passer les gués. Dans le cas contraire, les mules du père Bricart, qui est basé là-bas avec deux frères boloven et deux religieuses, viendront à votre rencontre. Tout le monde est prévenu et, sauf imprévu, votre voyage se passera bien.

Des imprévus, il y en eut. La barge qui descendait le Mékong s'ensabla sur un îlot limoneux pas très loin de Savannakhet et on passa des heures à la remettre à flot. Ensuite, elle manqua de se retourner dans les remous et fut endommagée par des rocs. Il fallut accoster, décharger, effectuer les réparations et camper une nuit à la belle étoile avant de pouvoir repartir, une occasion pour Kervanec d'admirer sur une falaise, creusée dans le grès rose par les crues de jadis, des peintures pariétales vieilles de six à dix mille ans au moins. Foisonnement d'éléphants, de poissons géants, d'étranges personnages portant des chapeaux rappelant les coiffes de paille tressée toujours en usage ; et des mains, des guirlandes de mains tendues vers la postérité comme des preuves. Il se projeta mentalement à l'époque de ces premiers hommes qui, hantés par la terreur de disparaître à jamais, avaient voulu laisser la trace de leur passage. Comme à Lascaux, certains, à l'ego plus fort que d'autres, dans leur quête désespérée de survivance, n'avaient pas hésité à se sectionner un, voire deux doigts, et il se dit que s'ils avaient été nourris de certitudes, ces peuples des cavernes n'auraient pas livré des témoignages aussi pathétiques.

Un peu plus bas, le courant étant vif et le fleuve trop impétueux, des porteurs se coltinèrent la cargaison. Deux heures de marche dans la jungle, avant de trouver un autre radeau pour continuer la descente jusqu'au prochain rapide. Heureusement qu'il y avait ces contretemps, sinon le trajet, malgré la luxuriance des paysages et l'épisodique flamboiement de pagodes aux portes rouges et aux toitures cornues, aurait fini par devenir ennuyeux. Dans les bourgs, on avançait à la queue leu leu et Judik croisait des lambeaux de peuplades en tenue traditionnelle. Chaque ethnie arborait ses uniformes. Méo vêtus de noir, avec turbans, chemises à pan, gilets, braies, robes longues, et de hauts chapeaux pareils à des coiffes de juges, pour les femmes. Lolo-Tibétains, en noir aussi, mais le portant avec moins de fantaisie, Kmu, Laven, Phu-Thaï, Phu-Theng, Lamet et Sô, les uns parlant un laotien rustique, les autres des dialectes anciens, tibéto-birmans ou môn-khmers, de lointaine origine indonésienne, bien antérieurs aux langues qui dominaient désormais la péninsule. Chassés de leur territoire par les bombardements intensifs des Américains et les pilonnages d'artillerie, ils étaient déjà dans l'errance.

A Paksé, les Lao — peuple prépondérant de ce royaume en déliquescence si joliment nommé « Pays du million d'éléphants » — submergeaient les minorités. De frêles silhouettes flottant dans des sarongs de soie hantaient les rues envahies de gadoue. Des sourires ou des regards amusés créaient une atmosphère plutôt accueillante et les *bo pé nian* que lâchaient des cyclo-pousse indolents confirmaient l'insouciance de ces gens. Presque une sagesse. Répéter, comme ils le faisaient à longueur de journée, « ça n'a pas d'importance » devait les rendre heureux. Seule note discordante, les soldats au visage menaçant, à l'affût des espions. Malgré la guerre, les Lao restaient fidèles à eux-mêmes et la morgue des militaires ne parvenait pas à altérer leur sérénité. *Bo pé nian !*

Accueillis au débarcadère par un frère oblat d'origine méo qui en jeep les mena à la mission, Judik et le père Anga furent introduits dans le bureau du père Tissot, sexagénaire au visage mangé par une barbe d'apôtre, qui avait passé plus de trente-cinq années en Indochine et jonglait avec les parlers vernaculaires.

— Je n'ai pas pu établir le contact avec le père Bricart d'Attavane, révéla le missionnaire. Il y a eu des accrochages avec le Pathet Lao. Les communications sont coupées. Il va falloir se montrer patient.

A côté de l'église, simple et sans intérêt, le presbytère, imposante case de style colonial avec de fines boiseries, était une accueillante demeure. Beaucoup de chambres, une vaste salle à manger, un salon meublé de rotin aux larges fenêtres équipées de résilles pour empêcher l'intrusion des moustiques, une bibliothèque bien pourvue en livres rares ; que souhaiter de mieux pour attendre ? Après un succulent repas, œuvre des religieuses vietnamiennes vivant dans l'établissement scolaire voisin, l'hôte et ses invités évoquèrent le Laos de la belle époque, quand, en fin des années 50, les trois princes Boun Oum, Souvanna Phouma et Souphanouvong, qui avaient, chacun, leur zone d'influence et leurs alliés respectifs, ne se déchiraient pas encore pour exercer le pouvoir.

— C'était un pays merveilleux, s'exalta le père Tissot. Le Laotien est un pacifique-né, pas du tout fait pour vivre des situations conflictuelles. Ce sont les Américains, les Soviétiques, les Chinois qui ont tout gâché, en attisant les orgueils puis les dissensions et en armant les partis rivaux. Sans intervention extérieure, l'affrontement entre les tenants du monde libre, ceux d'une neutralité plutôt pro-européenne, et les communistes n'aurait probablement jamais eu lieu, par manque de belligérants. Pour lever des troupes, il faut des armes, de l'argent et accessoirement des uniformes. Le Laos n'aurait pu entretenir une minuscule armée et voici qu'on lui en offrait deux, presque trois. Une folie !

— S'ils étaient tous pacifistes, s'étonna Judik, pourquoi certains d'entre eux ont-ils fait le choix d'être militaires ?

— La paye, mon jeune ami, la paye et la certitude de manger tous les jours ! Dans un Etat où la disette menace les plus pauvres chaque saison, où le chômage est un mal endémique, qui, sinon l'armée, peut offrir gîte, vêtements couvert et salaire ? De tels avantages ne se refusent pas, même si, pour en profiter, on doit mettre ses idéaux sous le boisseau, et tuer un peu son prochain.

Au fil de la soirée, la conversation prit un tour encore plus pessimiste. Les communistes gagnaient du terrain de toutes parts et le vieil oblat ne doutait pas qu'ils seraient un jour les maîtres du Laos.

— Quand les Américains quitteront le Vietnam et que les Viets entreront à Saigon, prophétisa le père Tissot, les Khmers rouges déferleront sur Phnom Penh et le Pathet Lao prendra Vientiane, ainsi que toutes les autres villes. Nous, les catholiques étrangers, nous devrons alors plier bagage.

Partir, alors qu'il n'avait même pas commencé à s'installer, Judik refusait cette prédiction de vaincu. Il était là pour rester, se fondre dans la nature, s'y fixer et non pour se faire jeter avec sa valise, à peine arrivé. Il prétexta la fatigue, au demeurant bien réelle, et gagna sa chambre. Quelques avertisseurs de voiture, de lointains éclats de voix et des murmures se mêlaient aux crépitements de la nuit grouillante d'insectes. Il se dévêtit, se glissa dans son lit et rabattit la moustiquaire. Les montagnards en fuite sur la route défilèrent dans sa tête, mais il voyait surtout les regards sur lesquels il ne s'était pas vraiment attardé quand il les avait croisés. Eperdus, dans le vague, fixant un ailleurs qu'ils ne reverraient plus, où ils avaient laissé leur âme. Où allaient-ils, où s'arrêteraient-ils ? Le nombre des déracinements était terrifiant. Sept cent mille personnes, de 1965 à ce jour, et des milliers de noyés qui avaient tenté de traverser le Mékong pour gagner la Thaïlande. Humainement, ce pays était unique. Nulle part ailleurs les ethnies ne s'étaient partagé la place, comme ici, avec autant d'harmonie. Le clivage entre elles était vertical. A deux cents kilomètres de distance parfois, mais toujours aux environs de mille cinq cents mètres d'altitude, on trouvait les Méo, cultivateurs de pavot et fabricants d'opium, qui avant cette guerre vivaient sans problèmes. Plus haut se situaient les Lolo-Tibétains, plus bas, les Phu-Theng surplombés par les Kmu, et sur d'autres pitons les Sô et les Sek... Les plaines, elles, avaient été laissées aux Lao devenus indolents. Durant des siècles il en avait été ainsi, chacun respectant la place de l'autre, dans cette échelle des répartitions. Les dissensions internes puis l'embrasement de l'Indochine avaient tout remis en question et brisé cette construction séculaire.

Au réveil, après une messe concélébrée avec les pères Tissot et Anga, Judik et les deux autres religieux vinrent s'attabler devant le petit déjeuner copieux qui les attendait sur le balcon de bois entourant la case et donnant, côté jardin, sur un verger de manguiers aux feuilles luisantes comme de l'émail. On attendait des nouvelles d'Attavane mais les lignes de téléphone avaient été coupées par les communistes, et la radio, championne des grésillements en tous genres, ne daignait pas pour l'instant répondre aux appels sans cesse répétés par le sacristain opérateur, un vieux Chinois catholique ayant fui jadis la Chine de Mao, qui harcelait dans l'éther le silencieux *Alpha Drapeau.*

— *Alpha Drapeau ! Alpha Drapeau !* M'entendez-vous ?

— Chchchchchchchchch... Crouichchchchchch...

Un jeune Boloven, apprenti séminariste, assurait le service avec un zèle digne d'un élève d'école hôtelière. Il avait, quelques minutes auparavant, mis le même empressement à remplir, en compagnie d'un autre pensionnaire de la mission, le rôle d'enfant de chœur.

— En ce moment, il y a de l'agitation dans les maquis. Il est vaguement question d'un accord possible entre le Pathet Lao et les libéraux de Vientiane pour cette année, l'an prochain au plus tard. Les communistes, sur le terrain, cherchent donc à prendre l'avantage, affirma le père Tissot.

— Et c'est pour ça que la radio est muette ? s'inquiéta Judik.

— Non, le rassura le père Anga. Si Attavane était attaquée, ça se saurait déjà, mais il peut y avoir eu des accrochages dans les environs, et le père Bricart n'est jamais le dernier quand il s'agit de porter secours aux victimes.

Paksé était une ville de garnison. La troupe quadrillait les rues, scrutait les passants. Aux nombreux postes de contrôle barrés par des chicanes, qui entouraient l'agglomération, elle vérifiait les papiers des automobilistes, des taxis et des passagers d'autobus. Son omniprésence faisait régner une ambiance de suspicion qui déplaisait aux civils. La chasse aux communistes n'était guère fructueuse. En déambulant sur la place centrale, Judik vit un homme vêtu d'une sorte de pyjama noir, son chapeau de paille à la main, tenu en laisse par un sergent ricanant, tandis que dans son dos deux bidasses l'aiguillonnaient avec la pointe de leur baïonnette en répétant, comme pour s'en convaincre, « Pathet Lao ! Pathet Lao ! ». Ce n'était probablement qu'un paysan, un simple riziculteur, qui avait dû héberger et nourrir sous la contrainte un commando ennemi. Cette hospitalité forcée allait probablement lui valoir la torture, peut-être lui coûter la vie.

Au retour de sa courte promenade en compagnie du père Anga, Judik allait s'installer dans la salle de lecture du presbytère quand, à la place de la friture habituelle, la radio capta enfin *Alpha Drapeau,* dont la voix semblait provenir d'une autre galaxie. Le père Bricart, après une tournée dans des villages lointains que l'aviation américaine, toujours en quête de la piste Viêt-minh, avait martelés par erreur ou par intimidation, venait de rentrer.

— Allô, *Bêta Bravo*, *Bêta Bravo,* m'entendez-vous ? s'égosillait-il.

— Je vous reçois cinq sur cinq, répondit le père Tissot, qui avait pris la place du sacristain.

— Kervanec ne peut partir, voie impraticable et pont endommagé par les eaux. Unité de Pathet Lao a tendu embuscade à convoi militaire. Ça chauffe par ici.

Le style télégraphique du père Bricart avait le mérite d'être clair. Que faire ?

— Allô, *Bêta Bravo* !

— Oui, *Alpha Drapeau*, alors que fait-on ?

— Avion de la CIC décolle demain de Paksé pour Attavane.

— De la quoi ? s'écria Judik malgré lui.

— La Commission internationale de contrôle, traduisit le père Tissot.

— *Bêta Bravo ! Bêta Bravo !* Ils savent qu'un oblat doit venir. Il y a une place. Prenez-la !

— Prévoyant père Bricart, soupira le père Tissot en coupant la radio.

— Et énergique aussi, si j'en juge par sa façon de parler, souligna Judik.

— Oui, très énergique, renchérit le père Anga en pensant au prêtre qui l'avait baptisé.

Le lendemain aux aurores les trois missionnaires étaient à l'aéroport, près de l'avion. L'équipage attendait. Les moteurs tournaient déjà. Un pasteur méthodiste américain, bâti comme un marine, portant le nom de Jésus gravé sur la boucle de son ceinturon, et qui sentait son agent de la CIA à plein nez, monta dans la carlingue. Derrière lui, une volée d'observateurs des Nations unies, encore sur l'échelle de coupée, retenaient leurs chapeaux de paille d'une main, l'autre étant occupée par l'éternelle serviette noire.

— Vous en savez maintenant autant que moi sur les Boloven libres, déclara d'un ton très fraternel le père Anga. Avec ceux-là ce sera dur, je crois. Leurs chamans sont redoutables et ils ont l'animisme chevillé au corps. Ayez la foi !

« Ceux-là », c'étaient les siens, ceux que le père Kervanec allait évangéliser, de vrais coriaces, il le savait ; loin de le décourager, cette difficulté le motivait. Et tout en regardant de son hublot les deux oblats qui rapetissaient à vue d'œil sur le tarmac, il se voyait déjà dans la jungle, au cœur de l'action, en train de prêcher à ses ouailles rétives. Quand le DC 4 se posa à Attavane, il se croyait encore en plein décollage.

Le père Bricart était extérieurement le reflet de sa voix, grand, carré, volontaire avec juste ce qu'il faut de rondeur pour donner à la soixantaine le poids qu'elle mérite. Cheveux blancs en brosse, regard gris clair paisible comme une lagune, et paluche de bûcheron. Il va me broyer les phalanges, se dit Judik. Eh bien, pas du tout ! Bien que ferme, sa poignée de main était sympathique.

— Bienvenue en pays boloven, père Kervanec !

3

Le Cercle des novices

La ville avait l'air d'être en état de siège. L'armée était partout. A l'aéroport, bien sûr, autour duquel, du haut de ses miradors ou de ses blindés, elle montait une garde tendue, craignant une attaque du Pathet Lao qui opérait dans la région. Par moments des coups de feu partaient, tirés par des sentinelles trop nerveuses. Dans la bourgade aussi les soldats pullulaient, méfiants, pas toujours bien mis, parfois débraillés. Le doute, la peur se lisaient dans le regard de certains qu'on sentait plus enclins à la désertion qu'au combat. Ne portant pour tout vêtement que leur pagne, des montagnards campaient sur les terrains vagues. Sous la chaleur poisseuse qui collait à leur peau, ils semblaient transis, et d'avoir été arrachés à leur terre devait sans aucun doute les mettre dans cet état. Leur regard absent renforçait l'impression de Judik. Ils étaient en manque de leurs esprits familiers, et la peur, la peur angoissante d'une solitude si soudaine dans un monde qui n'était pas le leur, les glaçait.

— Il en arrive tellement qu'on ne sait plus où les mettre, se désola le père Bricart, j'en ai aussi plein la mission.

— Que fuient-ils ?

— Toutes les calamités, les bombardements américains, le Pathet Lao qui les tyrannise, l'armée régulière en campagne, qui les pille et les fusille. Ici on ne les tue pas !

— C'est peut-être pire, fit Judik. Ici, ils meurent à petit feu.

Son hôte hocha la tête en signe d'acquiescement. Les boutiquiers d'Attavane ne souriaient pas vraiment et les *bo pé nian* dans les rues étaient rares. L'armée les pillait aussi un peu, et la clientèle se montrait parcimonieuse : des femmes de militaires qui marchandaient comme des harpies et auxquelles, pour avoir la paix, ils cédaient, des femmes de fonctionnaires qui ne valaient pas plus, et des pauvres, rien que des pauvres, auxquels ils ne pouvaient même pas faire crédit sachant qu'ils n'étaient pas solvables. Il n'y avait plus un chien dans les rues. On les avait mangés. Cette garnison vivait dans l'expectative d'une déroute et cela se voyait. Tous les symptômes étaient là : tension inquiète des soldats aux abords du bourg, morosité, ivrognerie, débauche à l'intérieur. Dans leurs sarongs aux couleurs aguicheuses, des filles trop fardées racolaient les troupiers au repos, devant deux lupanars ornés de lanternes rouges. Des musiques criardes jaillissaient de leur bar, et d'autres musiques du même genre, provenant des échoppes et des habitations, leur donnaient la réplique. Des paysannes, portant des palanches, trottinaient dans le bourbier qu'était devenue la chaussée laissée à l'abandon. Tirée par un petit cheval, une carriole passa en faisant tinter sa clochette qui traversa comme un frisson la cacophonie des postes et des tourne-disques. Les yeux fouineurs de gosses au crâne rasé comme les petits bonzes suivaient la Jeep du père Bricart qui roulait doucement pour ne pas faire gicler la boue dans les jambes des passants. Leurs mains firent des signes amicaux. « Kip ! kip ! kip ! » criaient leurs voix aiguës comme s'ils disaient bonjour ou salut. Le kip étant la monnaie du Laos, ils mendiaient. Des tentes américaines avaient été dressées dans les jardins de la mission pour accueillir les montagnards déplacés. Comme les précédents, ils paraissaient avoir froid à l'intérieur d'eux-mêmes.

— Je pense que je vais en convertir quelques-uns, avoua le maître des lieux. En ce moment, ils ont vraiment envie de croire.

En bon évangélisateur, le père Bricart savait saisir les opportunités, un talent qui exige une part de calcul dont

Judik se sentait incapable. Il se mit soudain à douter. Comment ferait-il quand il serait là-bas ? Les principes ne vont pas forcément de pair avec l'efficacité. Cette vérité le retint d'en vouloir à son hôte qui, inconsciemment sans doute, avait résumé la profonde détresse de ces peuples animistes en une envie de croire plutôt qu'en un besoin de Dieu. Mais ce missionnaire des confins avait oublié les finesses de langage, et pour lui cela voulait probablement dire la même chose.

Le presbytère ressemblait, en plus abîmé, à celui de Paksé : même style colonial, même décor dépaysant, sans oublier le verger de manguiers, l'école et le dispensaire. Le déjeuner fut servi à l'étage, sous le grand auvent du balcon, derrière des claies finement grillagées. Les rumeurs d'Attavane étaient périodiquement ponctuées de courtes rafales qui maintenaient la tension et, dans ce climat d'insécurité, il était difficile de se détendre. Pendant les hors-d'œuvre, des grondements lointains firent vibrer les couverts. On eût dit que des profondeurs de la terre montaient de sourdes secousses, comme celles qui précèdent les séismes.

— B 52, diagnostiqua le père Bricart. Ils veulent faire disparaître la piste Hô Chi Minh sous leur tapis de bombes, *carpet bombing* comme ils disent, mais elle a des ramifications multiples. Ils frappent en aveugle et ce sont les minorités qui dégustent.

— C'est tous les jours comme ça ? s'inquiéta Judik, attentif aux imperceptibles vibrations produites par le très lointain effet de choc.

— Oui, tous les jours. Imaginez le calvaire de ceux qui se trouvent dessous.

— La tribu que je dois rejoindre est-elle exposée à ce genre de désagrément ?

Intentionnellement, le père Kervanec avait minimisé l'horreur qu'il ressentait, pour que le missionnaire expérimenté qui le recevait ne se méprenne pas sur son compte. Il avait choisi d'être oblat, il était prêt à en payer le prix.

— Non, mon ami. Vos brebis paissent dans un lieu à l'abri de tous les regards, pour l'instant.

Ce langage évangélique cachait un soupçon d'ironie, car le vieux briscard n'ignorait rien de la détermination de son collègue novice. Il avait eu la même, jadis. Aujourd'hui, elle se voyait moins. C'est vers l'humilité qu'il fallait tendre. Il poursuivit :

— Votre route ne va pas être simple. Vous allez traverser des zones infestées de communistes, puis vous entrerez dans la densité toujours inviolée de la forêt Wilaï qui vous hissera vers un haut plateau herbeux, à presque deux mille mètres d'altitude. Ensuite, vous plongerez dans une vallée tellement touffue que d'avion on ne l'aperçoit même pas. Et là, sous la canopée, vit votre tribu.

Les bombardements s'étaient arrêtés sans que personne ne s'en soit aperçu. Le tintamarre ambiant, tenu un instant en respect par l'angoisse, avait repris de plus belle. Deux départs d'obus firent trembler la maison et sursauter les convives.

— J'ai beau y être habitué, je me laisse encore surprendre, reconnut le père Bricart. Ce sont les deux coups avant la sieste, histoire de dire à ceux d'en face : on va faire un somme ; pendant qu'on dort, ne nous emmerdez pas !

— Comment, toute la garnison va s'assoupir ? s'étonna Judik.

— Non, seulement le commandement. Et durant deux heures, vous verrez que même les soldats se montreront moins nerveux. C'est le meilleur moment. On ne va plus entendre un seul coup de feu. Les radios aussi vont se mettre en sourdine. Un petit roupillon, ça vous dit ?

Peut-on sincèrement trouver le sommeil quand il reste tout à faire : organiser le voyage, étudier l'itinéraire et trouver un bon guide ? Subodorant les inquiétudes de son invité, le père Bricart le rasséréna.

— Soyez sans crainte, tout est prêt. Allez vous reposer. Nous en reparlerons ce soir. Vous partirez après-demain.

— Mais pourquoi le Pathet Lao n'attaque-t-il pas à l'heure de la sieste ?

— Parce qu'ils la font, eux aussi.

Toute la journée du lendemain il eut maintes fois l'occasion d'apprécier son hôte. Il passa des heures parmi les réfugiés, en sa compagnie, le vit s'arrêter auprès de chacun, sans oublier les enfants, les regarder longuement au fond de leurs yeux à demi éteints, leur souffler, dans leur idiome, des messages d'une sincérité si ardente qu'elle parvenait à faire naître une lueur d'espérance dans le regard de certains. Même comportement au dispensaire, envahi d'un monceau de douleurs organiques et morales, avec chaque malade. Le père Bricart n'arrachait pas ses conversions, il les méritait.

Le matin suivant, juste au lever de l'aurore, le guide Mani, un Boloven converti, apparenté à la tribu cachée par un oncle maternel, amena la mule Doliane dans la cour du presbytère. Judik avait plus l'air d'un épouvantail que d'un paysan laotien, dont il avait revêtu la tenue. Les bagages furent placés dans un bissac, sur le bât qu'on fixa sur la bête. L'ancien donna l'accolade.

— Mani sera prêtre plus tard. Il est un des rares à ne pas se perdre dans la forêt Wilaï. Son père était pisteur. Dieu vous garde, mon fils.

Il avait dit « mon fils » et c'était le cœur qui parlait.

La route fut longue, très longue. D'abord à travers des rizières qui font des cibles faciles. Un fusil à lunette peut être braqué, sans que celui qui est visé puisse le détecter. Ce jour-là, il n'y en eut pas. Ensuite une zone d'élevage, plus boisée, mais à peine plus sécurisante. Il fallait bien connaître les villages, savoir ceux qu'on pouvait approcher et ceux qu'il fallait éviter à tout prix. Dans ce jeu de cache-cache, Mani était un maître. Par trois fois, cet adolescent doué d'une ouïe exceptionnelle, alors qu'aucun bruit singulier n'était perceptible, fit immobiliser in extremis leur équipage ; une fois, ils entendirent passer les Pathet Lao, juste au-dessus d'eux, au flanc d'un piton arboré et recouvert de hautes herbes. La mule sut ne pas braire. Après ils s'engouffrèrent dans la pénombre moite de la forêt Wilaï et perdirent la notion du temps. D'abord un monde spongieux, physiquement éprouvant, des grouillements de bêtes peu engageants, des lianes, des reptiles et, à intervalles imprévisibles, la nuit surtout, le cri fulgurant d'une proie broyée dans la gueule d'un fauve. Des insomnies inquiètes dans le hamac, près d'un guide qui ronflait comme un loir et d'une mule qui renâclait sans cesse. A mesure qu'ils prirent de l'altitude un changement progressif de végétation correspondit à l'arrivée d'une bienfaisante fraîcheur ; tout en haut, sur les cimes enfin atteintes, parmi d'autres variétés de conifères, des cèdres, des cèdres aux troncs puissants, presque aussi larges que hauts, qui avaient dû faire l'objet de soins attentifs pour ne pas être dévorés ou écrasés par les éléphants, quand ils étaient encore tendres. Et le ciel enfin totalement visible, d'un bleu vivifiant, avec un soleil moins brûlant. Judik s'agenouilla et, avec Mani qui avait suivi son élan, il récita un Notre Père. Après, il fallut dévaler et réintégrer progressivement la fournaise, cheminer dans ce microcosme secret qui avait déjoué la science des guetteurs ennemis, s'y anéantir, se laisser envoûter. C'est sous l'emprise de ce charme que Kervanec avait débarqué dans la tribu d'Ankun. On comprend mieux pourquoi il fut accueilli en ami. Ces fugitifs, mieux que quiconque, savaient lire l'inimitié cachée au plus profond des êtres. Or le visage du missionnaire arrivant dans sa paroisse exprimait un bonheur si limpide que personne ne pouvait s'y tromper. Il venait d'avoir vingt-trois ans. Il était enfin à pied d'œuvre...

— Oooh. Oooh. Ooooooh.

Assise près de lui, Vania doucement caressait ses cheveux trempés. Il ouvrit les yeux. Un voile, mouvant comme du magma, troublait sa vue.

— Allons, debout, palesseux ! Il est temps de se lever.

La voix était lointaine, et le visage encore plus. Peu à peu, il se précisa et, enfin, la netteté revint. Elle scalpa à la machette une noix de coco qu'elle pencha vers la bouche de l'homme qu'elle aimait. Il se trouva dans l'obligation d'avaler à grosses gorgées ce liquide frais et douceâtre qu'elle versait sur ses lèvres et qui dégoulinait sur lui, laissant sur son buste des traces visqueuses. Elle le gavait avec la grâce d'une apsaras du temple d'Angkor Vat.

— Tu n'as fait que dolmir tout le jour.

— Quoi ! je n'ai pas fermé l'œil de la nuit !

— Et le soleil va bientôt paltir.

— Menteuse !

— Palesseux, viens te baigner !

Elle s'élança dehors, l'invitant à la suivre, et il ne put lui résister, s'arracha de sa couche et bondit sur l'échelle. Celle-ci n'était pas tout à fait à la place qu'il croyait, et il se retrouva plus vite que prévu au pied de la case, dans une mare rouge, nez à groin avec un cochon noir qui en couina de surprise. Le fou rire de Vania l'atteignit dans sa fierté. Il s'ébroua, se leva et, devant tout le village qui les suivait des yeux en s'esclaffant, il courut derrière elle avec un air mauvais. La voir voleter de son pas élastique, avec ses cheveux flottant presque jusqu'aux jambes, qu'elle avait longues et souples, désarma son courroux. La cascade était proche. On l'entendait gronder. Le sentier feuillu déboucha sur une falaise où la rivière chutait en gerbes d'écume dans un étang presque rond, d'un beau vert minéral. Les yeux de Judik avaient les couleurs du décor. La belle, qui s'était tapie dans un épais fourré, ne résista pas à l'envie de le pousser. Il s'agrippa à son bras et ils plongèrent ensemble dans l'eau fraîche et étrangement translucide, qui, du haut de la montagne aux cèdres, d'où elle sourdait, avait emprunté un lit de rocaille exempt de boue. Ils s'amusaient comme des gosses. Un instant, mais un instant seulement, il se crut au paradis. Craignant encore le sacrilège, il chassa cette idée dès son apparition. Il ne suffisait pas de renoncer à une religion pour qu'elle s'efface d'un coup, et la sienne, cultivée dès ses premiers pas, pesait d'un tel poids qu'elle mettait du temps à se dissoudre. La raison que lui inspirait sa foi nouvelle reprit pourtant le dessus. A quoi bon croire au paradis céleste et faire de la terre un enfer ? « Dieu, ce n'est pas en haut qu'il faut le chercher », se disait-il à part lui, comme s'il voulait encore s'en convaincre. Fixant le cercle d'azur au-dessus de la chute, grand comme l'impact d'un obus, il eut la conviction que dans cette forêt l'Eden existait vraiment, et que le ciel pour eux, loin de représenter un espoir, constituait une menace. Tous ici vibraient à l'unisson. Impossible de faire autrement. La puissance divine de la Terre était tangible en ce lieu sacré, et via les Phi protecteurs, alliés aux mânes des ancêtres, elle s'imposait d'évidence à chacun. Il était devenu animiste. Un jour, il serait peut-être chaman. Des aïeux, qu'il n'avait pas connus, il n'avait qu'une très vague idée. Pourtant, il se sentait frôlé par eux, certains soirs, dans la Case aux esprits. Sa prédilection allait aux Phi les plus proches, ceux à qui leur fonction de dieux lares conférait le pouvoir d'apaiser les coléreux et de faire régner la concorde sous la paille des toits. Tant et tant de recours permettaient d'atteindre une égalité d'humeur que les philosophes grecs et bien d'autres après eux avaient prônée vainement. Epicure ou Epictète auraient eu, chez les Boloven libres de la vallée perdue, une bonne place au festin des sages.

Vania l'avait quitté pour faire quelques brasses, et il crawlait dans son coin. Le trou bleu du ciel le regardait, et il s'immobilisa comme pour le défier. Tant que la forêt serait là, personne ne pourrait savoir que sous son feuillage se cachait un peuple libre, mais si le danger devait se rapprocher, pour défendre cette oasis de paix, il serait prêt à tout, se battre s'il le fallait. Comment ? Il ne le savait pas, par n'importe quel moyen, même les armes, bien qu'Ankun fût contre, ayant depuis longtemps mesuré l'inanité d'une résistance armée. Que vaudraient les arbalètes, face à leurs canons ?

« Aourch ! » Elle venait de le couler, trouvait qu'il pensait trop, voulait de l'action, en eut : une bagarre aquatique, suivie d'aspersions, se mua sur la berge en prélude amoureux. La suite se déroula au-dessous du feuillage et les nombreux regards, cachés dans les ramures, ne voyant que des jambes doucement s'agiter, en furent pour leurs frais. La nuit tomba très vite et toute la famille se retrouva dans la case du chef pour dîner.

— On ne vous a pas beaucoup vus tous les deux aujourd'hui, s'étonna Ankun en broyant un rat grillé, le délice suprême.

Imitant le maître des lieux, les convives se mirent à dévorer gloutonnement leur part et des craquements de mâchoires en action comblèrent le silence. Dans ces moments-là, ils ressemblaient à une horde de loups. Les feuilles de bananier contenant les aliments furent vidées jusqu'au dernier grain de riz. Alors, ils relevèrent le buste, respirèrent un bon coup, firent circuler la jarre et le chalumeau, chacun aspirant une grande giclée d'alcool pour faire descendre la boule qui pesait sur leur estomac. Les chicots noirâtres, les bouches édentées des vieillards gourmands de cette piquette laissaient les plus jeunes, qui buvaient après eux, parfaitement indifférents. Quand vint le tour de Judik, qui avait connu une certaine répulsion avant de s'habituer à cette libation, le maître de céans, d'un geste, fit arrêter la jarre.

— Y as-tu droit ? demanda-t-il en tirant de sa pipe carrée, noire d'avoir trop servi, la fumée d'un tabac féroce.

Judik le fixa, interloqué.

— Tu n'as pas écrit aujourd'hui, poursuivit le beau-père. Cette boisson est réservée à ceux qui travaillent.

— Mais papa, osa l'interrompre Vania qui, avec les femmes, mangeait un peu en retrait, dans l'ombre du foyer. Il a fait ce que tu as dit !

— Et bien fait même, si j'en crois les échos, répondit gaiement son père.

Portant son regard sur l'Européen qu'il considérait comme son gendre, il poursuivit :

— Mes conseils ont été plus que largement suivis et je m'en réjouis.

Sa mine malicieuse donna le ton de la veillée. Des moqueries fusèrent et, dans les lueurs mouvantes des torches presque éteintes et du feu assoupi, les visages soudain s'illuminèrent. Des gamins mimèrent leur façon de s'embrasser, de s'aimer aussi, preuve que, malgré leur vigilance, tous les regards n'avaient pas été détectés. Les adolescents les contemplaient l'un et l'autre avec envie et les adultes avec complicité. Judik joyeusement aspira une gorgée avant de faire suivre le récipient. La liqueur avait l'âpreté revêche de ces cidres troubles qu'on trouve uniquement dans les vieilles fermes bretonnes et parfois la rudesse d'un digestif crétois. On pria Vania, fait exceptionnel, de venir s'asseoir près de son amant, dans l'espace des hommes, pour se réchauffer aux feux de leur passion. Comment eût-il pu en être autrement chez ce peuple, qui, en ce domaine comme dans bien d'autres, avait su d'instinct ne pas s'opposer aux lois terrestres et laissait s'exprimer, en les codifiant un peu tout de même, les penchants naturels.

Dès l'âge de treize ans, les filles du village devenaient autonomes et partaient vivre leurs nuits dans de petites cases bâties par les parents, tout près de la rivière. C'était un sous-bois accueillant, à l'ombre des bananiers et des cocotiers, connu sous le nom de Cercle des novices. Une fête pareille à une confirmation célébrait le jour du passage d'un logis à l'autre. L'émancipée y était pour la circonstance parée de ses lourds bijoux, dont les pesants anneaux des boucles d'oreilles qui déformaient les lobes, une coquetterie à laquelle, quand elle était toute petite, la très réticente Vania, par bonheur, ne s'était pas pliée, arguant qu'elle voulait rester telle qu'on l'avait conçue, et qu'aucune loi juste ne pouvait la contraindre. Sa révolte avait attiré l'intérêt des anciens. Ils en avaient débattu longuement avant de décider d'alléger la coutume. Les jouvencelles avaient donc le droit de choisir et beaucoup firent comme elle, mais une minorité, n'écoutant que les parents, continuait de croire qu'il était plus seyant d'avoir les oreilles qui pendent.

Les premiers mois, seules dans leur maison vide, elles s'invitaient entre elles, se disaient des secrets, dans l'attente des garçons, moins précoces, qui tardaient à venir. Un soir de vent frais, coulant de la montagne aux cèdres et tièdement embaumé d'effluves d'orchidées, de frangipaniers et de jasmin, qui faisaient, disait-on, se pâmer les vierges, ils surgissaient en bande, pour se sentir plus forts. Comme des ours autour de ruches garnies, ils se mettaient à rôder au pied des cases, cherchant comment les investir, n'osant pas, mendiant du regard un geste de ces filles qui, du haut des échelles où elles se tenaient campées, les scrutaient un à un, avec des yeux perçants et inquiets à la fois. Il se trouvait toujours une impatiente qui, de crainte de se le faire chiper, invitait de la tête l'élu de ses pensées, et toutes l'imitaient pour ne pas être lésées, les moins rapides héritant des lourdauds. Il en résultait une impression de foire d'empoigne, un peu comme à la Bourse. Les soupirants dans un élan de courage grimpaient dans les cases. Ils allaient maintenant être cotés et les valeurs sûres deviendraient des mâles dominants, laissant aux plus disgraciés celles qui l'étaient aussi. Sur le conseil des mères, veillant au bon déroulement de cet apprentissage, certaines de ces jeunettes s'obligeaient à changer souvent de partenaire durant la première année. Mieux valait en essayer plusieurs, avant d'en garder un, le choix définitif n'en serait que meilleur.

Judik s'était officiellement converti au chamanisme juste avant cette période cruciale. Le grand sacrificateur et mage Alta qui savait lire dans les entrailles, ainsi que Tamil le vénérable chaman, en rapport constant avec les forces occultes, dans leurs robes de lin, noire pour le premier, blanche pour l'autre, lui avaient, tous deux, fortement conseillé de participer à ce rituel amoureux, bien qu'il n'en eût plus l'âge. Ainsi pourrait-il obtenir son intégration dans la tribu et y faire souche. Les conseils des sages étant des ordres aimablement formulés, il valait mieux les suivre plutôt que d'irriter les ancêtres et les Phi qui planaient autour d'eux. Coïncidence heureuse, c'est le tout premier jour de cette fête du grand passage des vierges dans le Cercle des novices qu'il avait aussi osé s'approcher de Vania, et elle de lui. Ils avaient su d'emblée qu'ils étaient faits l'un pour l'autre, et aucun des deux n'avait voulu par la suite changer de partenaire. Durant toutes ces nuits de travaux pratiques, troublées par les plaintes de ceux qui étaient encore en recherche, ils s'étaient follement aimés, avaient appris à bien se connaître et en tiraient grand profit.

Les soupirants avisés, même parmi les plus jeunes, plutôt que de s'attarder sur la couche d'adolescentes en mal d'expériences, préféraient bien souvent tourner autour des veuves. Celles-ci jouissaient de très grands avantages. Chevronnées, accomplies dans tous les domaines, capables d'œuvrer aux champs, de bien cuisiner, et d'être la nuit venue des femmes audacieuses, elles étaient les plus courtisées. D'ailleurs, les plus belles d'entre elles, celles dont on mendiait les faveurs, aimant la vie facile que leur apportaient leurs succès, ne se pressaient pas de retrouver un mari.

Ainsi vivait-on sa jeunesse dans la vallée secrète où le passé de Judik se dissolvait lentement. Lui, qui en avait été sévèrement privé depuis la prime enfance, trouvait en tant qu'anthropologue que cette libre initiation amoureuse était le meilleur des antidotes contre toute forme d'inhibition. Il n'y avait aucun refoulé sexuel dans le village d'Ankun et, comme la jalousie non plus n'était pas de mise, tous les arrangements étaient possibles entre amants, les mariages n'imposant pas aux conjoints des règles très rigides. Leur noviciat studieux à peine achevé, ces demoiselles devaient encore s'embusquer huit lunes durant, du matin au soir, le long d'un itinéraire balisé appelé « le Chemin des rencontres », et compléter par des actes téméraires cette pratique consacrée à la fécondation. Elles y croisaient des anciennes qui venaient aussi là, pour remédier à la stérilité de leurs époux. Les messieurs les plus avantagés tombaient dans ces guets-apens et il leur était demandé, dans la mesure où ils s'en sentaient capables, de répondre aux sollicitations sans opposer de résistance mais de n'en jamais parler. Ici, les femmes pouvaient refuser les avances des hommes, pas l'inverse. Cet usage était dicté par un impératif très simple : les garçons les mieux faits devaient librement pouvoir répandre leur semence afin que les portées à venir fussent issues des meilleures souches. Judik évidemment n'y échappait pas. Toutes griffes dehors, comme une panthère, Vania, dans le Cercle des novices, avait jusqu'alors veillé sur lui et chassé rudement les éventuelles rivales. Elle n'avait cependant pas le droit de faire obstacle aux règles édictées. Le Chemin des rencontres étant un passage obligé, des accouplements furtifs pouvaient se produire n'importe quand et n'importe où, même pendant les pauses, lors des travaux d'essartage qui se faisaient en évitant les grands feux, trop visibles du ciel. Personne ne pouvait indéfiniment se montrer distant, quand ces dames maraudaient. Devant l'arrogante beauté de certaines, Judik s'était forcément senti attiré, et avait dû se soumettre. Trop nombreuses cependant à vouloir, au détour d'une sente, tomber sur lui comme par hasard, il cherchait à les éviter en restreignant ses promenades, et c'est Ankun en personne qui le poussait à aller faire un tour. Le village avait besoin de sang neuf. Vania, un peu à contrecœur quand même, fermait les yeux sur cette nécessaire inconstance qui n'engageait pas les sentiments. Quelques enfants au teint et aux iris clairs, déjà, venaient de naître et avaient fait la joie de leurs familles, pères y compris, qui souhaitaient, comme tout un chacun, renforcer leur lignée.

– A quand ce petit ? Tu n'es pourtant pas stérile, s'exclama le chef en lissant la touffe clairsemée de poils gris qui occupait la pointe de son menton.

Mentalement, fixant la poutre faîtière de sa résidence, bien plus spacieuse qu'une case ordinaire, à cause des réceptions obligées, Ankun comptait la progéniture qu'on pouvait à coup sûr imputer à son gendre.

— Ne te concentre à l'avenir que sur ma fille. Tu as une dispense spéciale.

— Merci, père, fit Vania, qui retrouvait soudain la joie d'être unique.

Quelques adolescentes dans la pénombre eurent une grimace de dépit. Elles avaient projeté d'aborder « l'invité » prochainement, à tour de rôle. Sa compagne légitime, malheureusement, monterait autour de lui une garde impossible à déjouer. « Vivement qu'elle soit enceinte, on aura la paix et la dispense ne sera plus de mise », pensait le fan-club.

Le Boloven blanc, comme elles le surnommaient, devint, hélas, presque invisible. Ses recherches l'absorbaient et quand elles tombaient sur lui, jamais par hasard, il était cruellement absent. Aux repas, Ankun scrutait longuement le ventre de Vania, guettant la proéminence qui ne venait pas.

— J'ose espérer que tu n'es pas bréhaigne, s'écria-t-il un soir d'impatience, vite apaisée.

Elles se montrèrent enfin, ces rondeurs tant attendues, poussèrent vers l'avant un nombril qui au fil des mois s'étira, et sous la peau la vie en gestation commença à se manifester. Judik très souvent se mettait à l'écoute, oreille collée, et entendait des bruits sourds. Ses mains perçurent des secousses, celles du futur grand-père aussi. Et voilà que la naissance se faisait désirer ! Chaque soir, le chef scrutait de nouveau le ventre de Vania, d'un œil plein de reproche.

— C'est demain ou jamais, maugréait-il.

Il fut enfin entendu. Aidée par les matrones, sa fille accoucha. Toute la famille s'extasia quand Ankun souleva Tao, un mâle clair, bien charpenté, qui braillait déjà avec autorité. Les femmes se mirent à pouponner, avec Vania. Les hommes partirent à la chasse avec l'idée de dormir au bivouac. Judik se pencha sur sa thèse qui était presque achevée. Comme il n'était pas pressé d'y mettre le point final, il sortait souvent prendre l'air et se faisait immanquablement accoster. Ce rôle de galant qu'on l'incitait à jouer, il l'assumait avec d'autres jeunes gens, mais, étant exotique, il en faisait fantasmer beaucoup, et l'épreuve certains jours tournait au harcèlement. Quand les chasseurs revinrent avec le gibier, il décida de prévenir son beau-père qu'il en avait marre et n'avait plus l'intention de se laisser assaillir. Il avait attendu vingt-quatre ans pour découvrir l'amour et il se retrouvait maintenant dans la situation d'un verrat ou d'un taureau dévolu à la reproduction. « Basta ! Mission accomplie ! On ferme ! » Voilà ce qu'il comptait dire au chef qui s'approchait en portant sur l'épaule un chevreuil. Devinant son exaspération, celui-ci l'aborda en premier et le rassura.

— L'épreuve est terminée, occupe-toi de Vania. On ne t'embêtera plus. C'est décidé !

Vue avec les yeux d'un prêtre, une telle coutume eût été méjugée, considérée comme un dérèglement inspiré du Malin, une de ces abominations bibliques méritant la malédiction de Dieu. Or, il en était l'un des protagonistes. Malgré son adhésion totale à la culture et aux traditions de ses hôtes, il lui arrivait encore de se considérer avec le regard d'un curé, et de s'en horrifier. Il n'était pas si loin le temps du séminaire où ses vieux professeurs, dont la soutane sentait le moisi ou la sueur rance, fustigeaient les fornicateurs promis à la géhenne. Leurs propos mille fois avaient résonné en lui, et suscité selon son humeur de la dérision ou de terribles angoisses. Son vieux fond chrétien tardait à mourir. En un an à peine d'apostolat, l'abstinent, programmé pour vivre comme un saint, était devenu un géniteur malgré lui.

Pouvait-il faire cohabiter l'Eglise et la Case aux esprits ? Impossible de mélanger les genres. A partir du moment où Ankun, aussi persuasif que lui dans son argumentation, l'avait convaincu qu'un Boloven soucieux de l'intégrité de son âme ne devait pas renier tout ce à quoi il croyait, que faire ? Partir, les abandonner, les laisser seuls et désarmés face aux idéologies et religions conquérantes, à tous ces systèmes en isme — bouddhisme, communisme, capitalisme, libéralisme et même christianisme — qui les cernaient de toute part, ou rester et faire cause commune ? Il avait hésité longtemps. Derrière l'oblat ébranlé sévissait le scientifique. Le premier, par peur du péché et de l'inconnu, aspirait par moments à la fuite. Le second à l'inverse poussait le religieux à adopter ces rites païens, pour en apprendre plus encore.

Judik était certain que le chaman et le mage ne lui avaient pas tout dit ni tout montré, attendant de savoir s'il en était digne. Il pressentait qu'ils étaient les détenteurs d'un secret autrement plus important que les palabres et les libations avec les Phi, dans la Case aux esprits, ou les danses rituelles la nuit à la lueur des torches. Observé, étudié par les deux maîtres spirituels de la tribu qui chaque soir à la veillée semblaient sonder son âme, il devinait que de cet examen silencieux dépendait sa propre destinée.

Après la naissance de Tao, Kervanec prit la décision d'aller informer les oblats de son apostasie. Neveu du grand chaman Tamil, Bopal le pisteur le guida jusqu'à Attavane, par des routes périlleuses. Sous l'eau limoneuse des rizières, ils se couchaient, une tige de roseau dans la bouche pour pouvoir respirer, quand passaient sur les digues des patrouilles de maquisards Pathet Lao, coiffés de casquettes chinoises. Tous les soirs, ils entendaient les basses bourdonnantes des B 52, puis les déflagrations en chaîne des bombes qui ébranlaient le sol. A un jour de marche de Ban Phon, ils tombèrent bien malgré eux sur un commando Hmong, du clan de Touby Lifung, lequel, avec l'aide et la logistique américaines, lançait des raids à l'intérieur des fiefs communistes. Une plantation contrôlée par le Pathet Lao fut investie alors qu'ils la traversaient. Quelques poches résistèrent. De courtes rafales, entrecoupées d'explosions de grenades, se mêlèrent aux cris et aux supplications qui jaillissaient des demeures pillées et offertes à l'arbitraire de cette horde en chasse. Contourner le théâtre d'opérations eût demandé trop de temps. Se replier était maintenant impossible. Se faufiler s'avérait l'unique solution. Malgré son expérience, Bopal se fit coincer.

— Halte ! D'où venez-vous ? demanda un officier agressif, tandis que ses hommes en noir pointaient leurs armes sur eux.

— Je suis prêtre missionnaire, mentit Judik qui ne l'était plus, et je rentre faire mon rapport au siège d'Attavane, après avoir passé plusieurs mois dans la clandestinité, avec mes ouailles qui vivent entourées de communistes.

Le lieutenant méo — c'est ainsi que les Français désignaient les Hmong —, un catholique comme on en faisait en Europe aux temps des croisades, le regarda différemment.

— Et ils ne vous ont pas tranché la gorge ?

— C'est-à-dire qu'ils ne m'ont pas trouvé.

— Vous avez eu de la chance, mon père, eux n'en auront pas !

Il remua son menton d'un coup sec. Les montagnards hâlés, bardés de munitions, et tout de sombre vêtus, du turban aux bottes de jungle en peau de buffle sauvage, arme au poing, ouvrirent leur cercle. Apparurent, ligotés et fort mal en point, six soldats du Pathet Lao, six gamins échevelés, flottant dans des uniformes parés de l'étoile rouge, qui s'étaient fait chiper leur casquette par ces fauves humains surgis de la forêt. Ceux qui les avaient capturés les tenaient en laisse.

— Conduisez-les au centre du village et conviez les habitants au spectacle, ordonna l'officier.

Se tournant vers Judik, il ajouta :

— Soyez des nôtres jusqu'au bout, mon père !

Décliner une telle invitation quand, tout autour, la meute menaçante, aux yeux en lames de rasoir, vous faisait signe d'avancer relevait de l'inconscience. Ni Bopal ni Judik n'eurent, en cet instant, l'envie de se montrer déplaisants. La suite se devine. Alors qu'on se battait encore dans les parages, sur la place du marché, devant la population rassemblée, le lieutenant méo obligea les six gosses tétanisés d'épouvante à s'agenouiller et les fit illico décapiter à la machette...

« Que ces païens pourrissent en enfer ! »

Des crânes qui roulaient sur le sol. Des flots de sang. Des femmes, les mères peut-être, aux yeux égarés, qui s'efforçaient de rester impassibles et se mordaient les lèvres pour ne pas hurler. Une odeur fade et tiède stagnant près des corps, et le jeu cruel des bourreaux qui ne respectant pas leurs victimes s'emparaient des têtes livides, les brandissaient par les cheveux après leur avoir glissé une cigarette allumée dans la bouche. Et cette hilarité macabre qui les secouait. C'était la première fois que Kervanec voyait cette guerre de près. Elle le fit vomir.

— Voilà, mon père, vous êtes libre, nous allons décrocher. Tâchez de ne pas vous faire prendre. Ils sont pires que nous.

— Pourquoi cette cruauté ? s'indigna Judik encore labouré de spasmes.

— Pour inspirer la peur, mon père.

— Vous haïssez ces gens qui sont pourtant plus près de vous que vos alliés américains ?

— Plus près, exact, donc beaucoup plus redoutables. Les Hmong sont un petit peuple très attaché à ses libertés. S'ils ne nous craignent pas, ils nous briseront. Ni les Français ni les Américains n'ont cherché à s'en prendre à notre mode de vie. Les communistes le feront, c'est sûr. Entre eux et nous, c'est une lutte à mort. Bonne route, mon révérend.

— Et les blessés, il faut soigner les blessés.

— Ne vous inquiétez pas, mon père, rétorqua le lieutenant en levant le doigt pour inviter Kervanec à écouter les coups de feu sporadiques qui claquaient alentour. Les blessés, on s'en charge. Allez, dépêchez-vous de déguerpir. Dès que nous serons partis, ils vont revenir, ils reviennent toujours. Ils sont plus obstinés que des mouches et, s'ils vous tombent dessus, ils vous feront payer très cher notre petite incursion.

S'éloignant à reculons, fourrageant des yeux dans toutes les directions, le commando se rapprocha de la forêt d'où il avait fait irruption.

— Si je comprends bien, c'était votre baptême du feu, mon père ? Vous verrez, ce n'est pas plus compliqué qu'un baptême ordinaire. On s'y fait ! se moqua le lieutenant avant de disparaître sous les arbres.

Judik n'eut aucune envie de répondre. Il suivit Bopal le pisteur sans se retourner, fut hanté plusieurs jours durant par les images de barbarie et de douleur qui s'étaient inscrites sur ses rétines. Se laisser distraire, quand on progresse en terrain ennemi, n'est pas recommandé. Plusieurs fois il fut sévèrement réprimandé par son guide qui s'inquiétait de le voir ressasser ainsi les morbides instants de cette halte forcée. Pourvu que les Boloven ne deviennent pas un jour des Méo, se dit Kervanec qui venait de constater jusqu'à quels extrêmes pouvait conduire le sentiment de rejet. L'approche discrète de la ville réclama une acuité de tous les instants qui ne permit plus à son subconscient de le harceler.

Attavane n'avait pas changé. La ville semblait seulement plus inquiète et un peu moins bien gardée par des militaires qui multipliaient les exactions et ne faisaient même plus l'effort de paraître martiaux. Quand il le vit venir vers lui, émacié et hirsute sous son turban et ses hardes de gueux, et qu'il connut la raison de cette visite, le père Bricart crut s'évanouir.

— Avez-vous vraiment réfléchi, mon fils ?

— Oui, j'ai été traversé par tous les remords et par toutes les hontes. J'ai revécu ma vie plus de cent fois au moins. Je rêvais de finir en martyr. Je me retrouve dans la peau d'un défroqué et d'un séducteur malgré moi. Ne croyez-vous pas, pourtant, qu'il m'eût été bien plus facile de décrocher, et de revenir me blottir chaudement à la mission, avec mes certitudes intactes et ma virginité préservée ?

— Vous n'étiez pas obligé de vous soumettre à leurs lois. On peut survivre au milieu des païens sans devenir pour autant un renégat, s'indigna le vieil oblat qui avait passé quarante années parmi eux. Et avec de la persévérance, enchaîna-t-il, on peut même les convertir.

— A condition qu'ils en éprouvent la nécessité, nuança Kervanec. Les miens, le père Anga m'avait mis en garde, sont de vrais réfractaires, ne manquent d'aucun recours spirituel, ne sont pas, comme les déracinés qui viennent vers vous, accablés par la déréliction. Ils ont une foi à eux, qui est leur raison de vivre et à laquelle, pour demeurer cohérent, je me suis rallié.

Le père Bricart était atterré.

— Seigneur ! Vous avez perdu la raison. Comment vous, qui avez grandi avec une vocation connue de nous tous, oui, comment avez-vous pu croire à ces sornettes ? L'isolement sans doute. Reprenez-vous ! Le père de la Chesnay vous attend à Vientiane.

Kervanec sourit, et dans ce sourire il y avait toute la douleur qu'il ressentait en cet instant de rupture.

— Puisse-t-il ne pas se montrer trop impatient ! Il risque de languir. Les Boloven de la vallée cachée, eux aussi, m'attendent, mon père, et je dois être impérativement de retour à la prochaine lune pour célébrer les Phi dans la Case aux esprits. Transmettez mon fraternel salut au père Luc, et faites-lui, je vous prie, part de mon renoncement.

Leurs deux regards se soudèrent, pour essayer une dernière fois de se comprendre, mais il eût été difficile pour le vieux missionnaire à la pensée chevillée aux Saintes Ecritures, le sel de sa vie, de se montrer indulgent. Il resta en retrait, seulement interrogatif, veillant à ne pas laisser poindre la moindre lueur de complicité et Judik, très ému sous sa froideur apparente, préféra mettre un terme à cet échange muet.

— Adieu mon père, lâcha-t-il simplement, en tournant les talons et en s'éloignant à grands pas avec Bopal le pisteur.

— Au revoir mon fils, marmonna le père Bricart, en levant une main bien lourde pour bénir cet oblat déserteur, qui s'en allait rejoindre le peuple qu'il aimait.

4

Le Boloven blanc

Il arrivait encore à Judik de penser aux deux religieux qui l'avaient tant fasciné au séminaire et à la fac, et qui avaient été ses modèles. Aujourd'hui il les voyait un peu différemment et avait plutôt envie de les déboulonner. Charles de Foucauld, admirable certes, mais personnel. L'ermite se retranche du monde pour jouir seul des magies du silence. Le fêtard va chercher le martyre avec le panache d'un preux. L'aristo pointe dans ces actes nobles. Il n'était donc pas franchement humble, en déduisit Judik qui, à l'inverse de son ex-idole, avait connu l'ascèse avant d'être prêtre, et la licence, au sens chrétien du terme, après l'avoir été.

Cette idée le fit sourire. Un concert de crapauds-buffles et de cigales occupait l'espace sonore. Des feux à demi éteints rougeoyaient dans le noir. En sourdine, des voix s'imprimaient dans l'ambiance, et la lune au-dessus de la houppe des cocotiers s'installait en complice. C'était l'heure du grand délassement, après une journée bien remplie, une longue veillée et de tendres étreintes. Vania et Tao dormaient tandis que, sur sa natte, les deux mains sous la nuque, il s'interrogeait dans le noir.

Comment avait-il pu, tout ce temps, refouler sa vraie nature ? C'est ici seulement qu'il en avait eu la révélation. Un hédoniste, un amoureux de la vie nichait en lui, dissimulé au plus profond de sa conscience, laquelle, conditionnée par son éducation religieuse, l'avait poussé à considérer cette façon d'être comme une souillure de l'âme, alors que dans la tribu cachée elle était une règle de vie. Le pasteur d'un troupeau doit-il le mener là où il veut, ou le suivre là où celui-ci a envie d'aller ? La pensée d'un seul est-elle supérieure à la pensée d'un groupe ? Il n'avait répondu à ces deux questions décisives qu'après avoir tranché le dilemme fondamental. La Terre avait-elle été, comme le croient les chrétiens, donnée par Dieu en apanage aux hommes pour qu'ils croissent et s'y multiplient ? Ou était-elle, plus simplement, un astre, le seul connu jusqu'ici qui possédait le pouvoir d'engendrer la vie sous toutes ses formes ? Scientifiquement, pour Judik, cela ne faisait aucun doute. Dans son protoplasme primordial, toutes les protéines étaient là, à bonne température, et par ses rotations d'une régularité sans défaut, elle les avait aimablement centrifugées pendant plusieurs millions d'années, pour qu'elles s'assemblent en molécules. Une telle patience n'était pas ordinaire. Comme une chrysalide, la Terre avait ensuite opéré une lente transformation. Sa tendance innée au foisonnement avait fait le reste et, comme pour s'embellir, elle s'était taillé une chevelure à sa dimension, la biosphère. Présente en ce lieu dans son état le moins altéré par les hommes, proche encore de la première poussée, elle imposait à tous respect et crainte. N'était-ce pas le propre d'une divinité ?

Judik avait d'abord eu bien du mal à l'admettre. Son expérience était exceptionnelle. Rarement un scientifique était à ce point entré dans le vif de son sujet. Il n'observait pas de l'extérieur, il observait du dedans et faisait de vraies découvertes. Avant lui, un autre missionnaire, par souci d'efficacité et par conviction, avait-il ainsi renié sa foi enthousiaste en un monothéisme deux fois millénaire, pour adhérer à ce que d'aucuns considéreraient comme des superstitions de primitifs ? Au demeurant, ce mot place ceux qu'il désigne le plus loin dans le temps, et donc le plus près des vérités initiales. La Terre, le Ciel, puis l'Eau coulant de leur union, toujours cette sainte trinité, avaient usé d'intercesseurs pour s'adresser aux humains, le contact direct avec de telles forces pouvant être funeste. L'eau engloutit ceux qu'elle approche, le ciel les foudroie, et le sol les absorbe.

Ce n'était pas très compliqué de vivre en parfait animiste, une fois qu'on avait franchi le pas, et les bienfaits psychologiques qu'on en retirait étaient immenses. L'épreuve des tergiversations douloureuses révolue, il lui avait suffi d'inverser tout ce qu'il avait appris durant sa formation de prêtre pour découvrir les règles de sa nouvelle religion, qui, n'ayant jamais eu à en user, n'aimait pas les interdits. Le Père de Foucauld s'était fait tuer bravement par des « razzieurs », en leur offrant l'hospitalité, mais aurait-il songé à épouser l'islam, pour mieux les comprendre et leur être plus proche ? C'est ce que lui-même avait fait, non pas avec des pillards fanatisés, mais avec d'authentiques descendants de l'homme originel, avec des initiés qui sentaient sous leurs pas l'énergie de l'astre créateur et savaient en capter les sentiments.

Dès son retour d'Attavane, Judik fut personnellement pris en main par le mage Alta et le grand chaman Tamil qui décidèrent de parachever son éducation spirituelle. Il ne s'était donc pas trompé. Les deux thaumaturges de la tribu possédaient effectivement un secret qui remontait à l'époque où leurs lointains ascendants entretenaient en permanence une relation intime avec la terre, un secret qui ne pouvait être transmis qu'à ceux qui avaient vocation à le recevoir ; ils n'étaient pas nombreux. Il fallait être capable d'atteindre une concentration mentale dépassant les aptitudes d'un cerveau ordinaire, posséder en outre un don de communication permettant de franchir la barrière des espèces et d'entrer en empathie avec certains arbres portant le titre de Vénérable, qui servaient de relais entre la Divinité terrestre, désignée sous le nom de Grande Mère, et l'homme. N'était pas mage ou chaman qui voulait. Sans ces prédispositions, mieux valait ne pas essayer. C'eût été peine perdue. Les deux officiants des Boloven savaient détecter les virtualités. Celles de Judik, élevé dans un univers de prières et de recueillement, étaient exceptionnelles.

Ayant déjà converti le savant, ils se devaient de répondre aux attentes du néophyte. Kervanec eut avec eux des expériences d'une très haute portée. Il n'oublierait jamais la première. Niché entre les rondeurs d'un de ces colosses de bois, chargés de l'histoire du lieu, il avait pu, après une journée d'effort pour parvenir au vide cérébral absolu, percevoir la présence de ce végétal, dedans et tout autour de lui, comme s'il en avait été imprégné. Il se mit alors à se poser des questions, à y répondre, se parlant à lui-même, dévidant son passé sans pouvoir s'arrêter. Quand il eut fini, il crut percevoir comme une complicité et sentit monter du tronc vers les ramures une source lumineuse qui le traversa de la tête aux pieds. Il fut emporté dans un tourbillon, vit défiler à rebours toutes les phases de la création jusqu'au feu primordial où bouillonnait la matière, repartit dans l'autre sens, traversant des océans de couleurs. Après une apesanteur vertigineuse au-dessus de forêts infinies et de mers d'un bleu inaltéré, il crut retomber lourdement sur le sol. Il eut un moment d'hébétude, et ouvrit les yeux encore tout imbibés de l'allégresse indescriptible qui, pendant l'expérience, avait envahi son corps. Tamil et Alta qui tenaient les extrémités de ses doigts s'écrièrent :

— Par la voie de Makil, le plus ancien des tecks, la Grande Mère vient de te bénir.

D'autres Vénérables, palissandres, ébéniers et tecks sacrés, furent sollicités par les deux enchanteurs. Prenant les mains de Judik, ils l'aidaient à accomplir ses extatiques voyages contre les troncs hiératiques, débordant de plis, pesant sur le sol comme des ventres d'ogre. Leurs noms, hérités de jadis, sonnaient dans la bouche comme des noms de prophètes : Tahan, Altane, Nahul, Makil... Il y en eut d'autres encore, issus de souches locales, comme les irvingias et les shoreas, désignés sous les noms génériques de goumi et gouma, toujours superbement enguirlandés d'orchidées épiphytes. Sans oublier les banians. Sous l'un d'eux, Bouddha avait lui aussi reçu l'illumination. Ils étaient huit, proches du village, prudemment dissimulés derrière les racines adventives qui pendaient de leurs branches et plongeaient avidement dans l'humus pour pomper un surcroît de sève. Le plus âgé se nommait Ubil et était accueillant.

De la sorcellerie ? C'est ce qu'en aurait déduit un prêtre missionnaire ancré dans ses convictions, et c'est sans doute pour cela qu'avant Judik aucun de ses prédécesseurs n'avait eu le privilège de communier avec la Grande Mère. A la fin d'un siècle où l'homme n'avait cessé de la bombarder ou de la bétonner, le seul fait de participer à ces échanges magiques était un privilège inouï.

L'invisibilité du Dieu judéo-chrétien rendait sa perception très aléatoire. C'est pour résoudre cet écueil que certains lui avaient trouvé un fils parmi les hommes afin de s'en faire une image concrète, et d'autres des émissaires pourvus de droits suprêmes, dont chaque parole était une loi dictée par le Très-Haut. Ici aucune nécessité n'avait poussé les hommes à concevoir une divinité supérieure à celle qui les avait engendrés et qui les faisait vivre. Les Boloven échappaient à ce besoin inhérent aux peuples du désert, qui recherchent dans le ciel ce qui leur est refusé ici-bas. Tout poussait à profusion dans les hautes forêts du Laos, et avec une bonne organisation humaine, comme dans la tribu d'Ankun, on se savait à l'abri sous la puissante toison de la Terre. On ne songeait donc pas, sauf par temps d'orage, à relever la tête et à quêter en haut ce qui foisonnait alentour. Partout, dans la vallée cachée, la Grande Mère avait des relais pour établir une proximité, coléreuse ou sereine selon ses humeurs, et un bon régiment de Phi pour veiller de plus près sur sa progéniture. Pourquoi regarder ailleurs ? Oui, pourquoi ? marmonna-t-il en se retournant sur sa natte.

La lune se refléta dans ses yeux.

La faute originelle était bien d'avoir cru à une Terre idiote, donnée aux humains par un Tout-Puissant invisible, avec cette idée terriblement destructrice qu'ils pouvaient en user et en abuser, comme d'une esclave.

La figure pensive de Teilhard s'inscrivit dans sa tête. Et il entreprit, comme il l'avait fait avec Charles de Foucauld, de le ramener à de plus justes dimensions. Sa noosphère ? Une élucubration de chrétien optimiste. Les hommes, loin de se rapprocher spirituellement, se heurtaient sans pitié et cela faisait du bruit dans les parages. En Occident, le capitalisme se vautrait dans son fric. A l'Est, le communisme écrasait sous son talon de fer des nations entières. Partout, c'était du chacun pour soi. Quant au point oméga, la planète aurait dix fois le temps d'être ravagée par les souillures des multitudes vautrées dans la consommation, avant son hypothétique avènement. Il sourit et poursuivit sa réflexion. La forêt cachée des Boloven, fédérant vivants et morts en des pensées communes qui défiaient l'oubli, restait l'un des rares et minuscules îlots de pure spiritualité dans cette civilisation conquérante bâtie sur le mensonge. Et par chance, c'est là qu'il se trouvait, dans une vraie noosphère en miniature, comme il en existait peut-être dans la préhistoire, et qui, loin d'être encouragée à se développer, était traquée et survolée par les matérialistes en guerre.

Difficile quand même de rejeter Teilhard, se dit-il, après en avoir honnêtement mesuré la valeur. L'anthropologue avait été l'un des meilleurs de son époque, même si, depuis, de nouvelles découvertes avaient fait reculer l'origine de l'homme de plusieurs millions d'années. Idem pour le géologue. Quant aux utopies du penseur, Kervanec reconnaissait qu'elles l'avaient hissé à des hauteurs qui se méritaient et dont il était redescendu grisé. « Halte au feu ! » conclut-il en admirant la forêt nimbée d'une vapeur argentée qui la rendait plus envoûtante encore.

L'étuve perdurait et l'effet corrosif de la transpiration commençait à irriter sa peau. Près de lui, Tao dormait. Dans une heure Vania se pencherait pour lui donner le sein. Le bébé rassasié retrouverait bien vite la béatitude, et la mère, après l'avoir un peu cajolé, sa pose de dormeuse.

Les traits de quelqu'un de cher s'infiltrèrent dans le vide laissé par sa pensée inactive. Claire Dulac ressortait de sa trappe et il se revit avec elle lors du dernier repas chez le Grec de la rue Mouffetard. Un peu tendue par la perspective de son programme qui allait l'obliger à s'immerger dans une des zones forestières les plus denses de Bornéo, elle affichait aussi une détermination de chercheuse. Où était-elle en ce moment ? Avait-elle pu entrer en contact avec des Dayak authentiques ou campaient-ils tous déjà dans des bidonvilles autour des agglomérations ? Là-bas aussi, elle le lui avait écrit, les tronçonneuses des sociétés nippones, australiennes ou indonésiennes déforestaient sans le moindre discernement, poussant les peuples libres vers les bourgades bâties le long des fleuves où ils ne tardaient pas à s'avilir. Il imagina la jeune anthropologue parmi des guerriers directement issus du paléolithique, coiffée comme les femmes, avec de gros anneaux au cou, aux bras et aux jambes, et, l'effet de la nuit aidant, il la supposa confrontée aux assiduités d'un vieux chef sabreur, portant, en guise de trophée, un collier de têtes réduites. Un fou rire intérieur secoua sa poitrine. Décidément, les Boloven déteignaient sur lui.

Le vent de la montagne aux cèdres s'insinua dans la tiédeur poisseuse qui stagnait depuis le matin. Luisantes comme des lames de couteau, les feuilles des bambous s'agitèrent près de la cascade dont le mugissement se perdait dans les stridulations lancinantes des cigales. La sueur qui inondait Judik commença à sécher. Les feux s'étaient éteints. Les crapauds-buffles s'essoufflaient et les voix humaines étaient devenues des toux. Des fragrances de fleurs vinrent bercer les rêves des dormeurs et apporter à celui qui veillait une sensation de félicité. La température baissa enfin. Il allait s'endormir quand un ronronnement imprévu de basses profondes, qui montait en force, le tira de son engourdissement. « Les B 52 ! » Judik se leva et vint s'asseoir à l'entrée de la case, sur le haut de l'échelle. Jamais le ciel n'avait été aussi scintillant et la lune plus sereine. Pourtant, en dehors de quelques étoiles filantes qui zébraient par instants un firmament arborant sa joaillerie des grands soirs, il ne remarqua rien. L'action se passait derrière les remparts de ce sanctuaire, de l'autre côté des crêtes. Lorsque survinrent les déflagrations, la nature, pour la première fois en ce lieu, accusa les coups et eut des soubresauts. Les sons, comme bâillonnés par les murailles de la cordillère, n'arrivant que très assourdis, auraient pu ne pas déranger les dormeurs. Ce sont les secousses, pourtant à peine perceptibles, qui les réveillèrent tous, cochons et coqs inclus. Tao prit sa voix de stentor. Vania vint lui donner le sein. Son affolement se communiqua au bébé, qui rejeta l'offre et rallia à ses hurlements toute sa génération. Ce tintamarre parvint à couvrir le bruit des commotions qui faisaient vibrer l'air et le sol. Les hommes sortirent de leurs logis, ne sachant où poser leurs regards. Comme des somnambules, ils convergèrent en grommelant vers la Case aux esprits. La peur les assaillait. Ils étaient sans armes, sans alliés, et le monde se fracassait autour d'eux. Judik les avait rejoints. Les anciens retrouvèrent leur place habituelle autour d'Ankun, lequel, pour se stimuler, alluma une pipe assassine, qui lui arracha des raclements de gorge.

— Viens t'asseoir près de moi, Boloven blanc, commanda-t-il, tes avis seront précieux.

Le pilonnage était terminé. Mission accomplie pour les B 52 qui s'en retournaient vers l'île de Guam où les pilotes fatigués pourraient se restaurer, dormir, puis se faire dorer sur les plages. Affamés, les nourrissons cessèrent de pleurer pour s'alimenter. Un instant escamotées par le grondement étouffé des bombes, les sonorités locales reprirent du volume ; une pure caresse, comme un adagio de Mahler, après la violence de ce raid.

— Je t'appelle ainsi parce que c'est, tu ne l'ignores pas, le surnom que tous te donnent, précisa Ankun.

Des deux mains il fit un geste d'apaisement pour calmer l'effervescence des hommes qui s'asseyaient en tailleur ou s'accroupissaient autour des sages. Leurs yeux gonflés de sommeil, à la lueur des torches imbibées de résine, exprimaient une interrogation inquiète. Demain, après-demain peut-être, ils pourraient être la cible et se faire anéantir. La menace chaque jour devenait plus proche et certains cachaient mal leur affolement. Les bronziers et les bergers, qui vivaient à l'orée des gisements et des pâtures sur les pentes de la montagne aux cèdres, n'arriveraient qu'aux aurores. En les attendant, les anciens entreprirent de contacter les Phi. Silence ! Aucun ne répondit à leurs sollicitations. Ils en déduisirent que la Divinité, blessée dans sa chair, en voulait pour l'heure à tous les humains, y compris à ceux qui lui étaient toujours restés fidèles. La souffrance altère le discernement et pour eux la Terre n'échappait pas à cette règle. Le visage ascétique du chaman Tamil se crispa. Le pire était à craindre : séisme, cyclone, éruption volcanique, glissement de terrain, orage tellurique... Il fallait impérativement rétablir une communication. Sous la clarté lunaire, Alta courut se placer sous Ubil le banian qui resta hermétique à ses suppliques. Inutile de consulter les autres. Si lui se taisait, tous feraient de même. Tecks, ébéniers, esprits, ancêtres, plus rien ne fonctionnait. La tribu était déconnectée. Un murmure de frayeur monta de l'assistance.

— Ces Méricans sont des fous, s'indigna le chef. Ils viennent de blesser cruellement la Grande Mère. Ne savent-ils pas que celle-ci peut à tout moment se venger ?

— Non, et si elle le fait, ils croiront à un cataclysme naturel, pas à une riposte. Ils vont continuer, affirma Kervanec.

— On ne peut plus les laisser faire, il faut agir !

— Oui ! Oui ! Il faut agir ! approuvèrent les anciens.

Agir ? Judik observait ses frères d'adoption, qui n'habillaient que leur sexe, coiffaient en chignon leur longue chevelure, mâchonnaient du bétel et se satisfaisaient de cette existence sans le moindre superflu. Dans la nudité des origines, ils parlaient de passer à l'action, de combattre les orgueilleux qui s'en prenaient à la Divinité ? Une distance galactique les séparait de ces centurions des sociétés industrielles, bottés, casqués, armés jusqu'aux dents, protégés par le blindage de leurs tanks, la vitesse de leurs avions, et capables avec leurs missiles et leurs fusées de téléguider la mort de très loin, sans prendre le moindre risque. Comment diantre comptaient-ils leur résister ?

Les représentants des bronziers et les pasteurs arrivèrent à l'aube. Les mères et les femmes, qui en temps normal n'étaient pas invitées à siéger au conseil, s'y imposèrent. Leurs regards sévères firent plier les hommes. Comme la

Déesse, elles portaient la vie en elles et, si le matriarcat originel n'avait pas résisté à la suprématie de la force physique, il en restait des traces dans l'inconscient de chacun. Afin d'éviter les discussions inutiles, Ankun invita tout le monde à observer un mutisme absolu. Tamil, Alta et leurs assesseurs procédèrent aux incantations appropriées et, dans les lueurs bleutées du jour naissant qui peu à peu se substituaient aux flammes fatiguées des flambeaux, l'assemblée entreprit une méditation commune qui lui permit d'entrer en télépathie. Que pourraient bien valoir les décisions de la Case aux esprits face aux résolutions du Pentagone, de la Maison-Blanche, du Kremlin ou du Grand Timonier de Pékin ? Le cerveau de Judik se relia sans effort à tous les autres et l'idée de créer des sections spéciales, composées des meilleurs éléments de la tribu, s'imposa à tous. Leur tâche serait de prendre position très loin, à la jonction des rizières et de la forêt Wilaï et sur l'autre versant des crêtes de la cordillère, afin de repérer les mouvements de troupes, les agitations inusitées et de frapper si cela s'avérait nécessaire. De concert avec les forgerons, ceux qui maîtrisaient le mieux le travail du bois confectionneraient des lances, des arcs, des arbalètes et des pièges en grand nombre avec les branches que les arbres voudraient bien leur donner. Depuis le début des raids aériens, toutes les pointes de flèches et les houes étaient fabriquées avec de l'acier mérican récupéré sur les éclats de bombes ; avec ce qui était tombé durant la nuit, la matière première ne ferait pas défaut. Les meilleurs chasseurs, patrouillant jour et nuit, auraient à mener une lutte impitoyable pour faire obstacle à toute intrusion d'étrangers mal intentionnés dans l'espace sacré, et... et...

Surpris, Judik se tourna dans la direction d'Ankun qui par la pensée s'adressait à lui.

— Je vois que tu as très bien compris ce que la communauté attend de toi, poursuivit celui-ci. Tout d'abord tu dois achever tes études. C'est une priorité. Toutefois, tant que tu seras parmi nous, tu encadreras aussi les jeunes.

— C'est impensable. Je déteste la violence. Dès ma plus tendre enfance, on m'a ancré dans le crâne que je devais aimer mon prochain comme moi-même.

— Ton prochain, c'est nous. Les autres veulent notre mort. Si nous les laissons approcher, ils nous anéantiront. Et puis tu parles les langues des ennemis, le « mérican », le laotien.

— Mais pas le vietnamien, précisa Kervanec.

— Toumi le forgeron le comprend, n'est-ce pas, Toumi ?

Un gaillard athlétique, d'une trentaine d'années, acquiesça de la tête.

— Avec mon oncle, mon cousin et deux frères, j'ai été capturé par des Viets, près de Tchepone où nous allions livrer des gongs, révéla-t-il. Ils nous ont obligés à faire les coolies. Au bout de quarante lunes, je suis parvenu à m'enfuir avec l'un de mes frères. Les autres y sont encore. Peut-être les a-t-on tués.

— Tubul, montre-toi un peu, commanda le chef.

Un adolescent de petite taille jaillit de la foule, le visage élargi par un sourire qui reliait presque sa bouche à la pointe de ses oreilles. Il vint se planter devant Judik, tout fier d'être désigné à l'attention du Boloven blanc.

— C'est mon frère, s'écria Toumi. Y a pas meilleur que lui pour grimper à la cime des arbres. Il a l'agilité du singe, la vue perçante de l'aigle et l'odorat d'un chien.

Pour confirmer les dires de son aîné, Tubul exécuta sur-le-champ trois pirouettes acrobatiques qui déclenchèrent dans l'assistance un « ho ! » d'ébahissement.

— Et Tubul a aussi la souplesse et la rapidité du tigre, s'écria le gamin en rebondissant sur ses pieds.

— Tu vois, mon fils, avec ces deux-là pour adjoints, tu pourras donner le meilleur de toi-même, affirma Ankun. Ensemble, vous serez le trio le plus efficace. Ils ont tout subi : les bombes qui creusent des cratères énormes, le fouet, la torture, la fatigue, les privations. La piste des Viets, ils la connaissent mieux que quiconque pour l'avoir empruntée longtemps, chargés de sacs pleins de munitions qui leur cassaient le dos.

Dans un tissu noir noué autour du cou et de la taille, Vania portait Tao endormi contre sa poitrine. Kervanec du regard quêta son avis. Elle eut un léger mouvement de tête qui correspondait à un assentiment. Peut-on s'opposer à la volonté générale ? La crainte de ne pas être à la hauteur de la mission que la tribu, réunie en assises exceptionnelles, lui confiait n'eut pas le temps de se muer en panique. D'autres dispositions étaient à prendre d'urgence. Tous les hommes seraient réquisitionnés pour la défense du territoire. C'est donc aux femmes, habiles aux tâches domestiques, que reviendrait l'entière responsabilité des travaux agricoles : élevage, semailles, moissons, ramassage des fruits et légumes, conditionnement et engrangement des surplus dans les paillotes-greniers. Il fallait leur affecter une gestionnaire de premier ordre, capable d'anticiper les besoins de la collectivité et d'obtenir de chacune le meilleur rendement. Ce fut le visage décidé et fier de la veuve Maka qui se dessina dans toutes les pensées, y compris dans la sienne. Très respectée, cette dame était un mélange d'autorité et de gentillesse, dans une enveloppe qui résistait vaillamment aux attaques des ans. Les anciens condescendaient parfois à la faire asseoir parmi eux durant le conseil, pour bénéficier de ses avis, toujours judicieux. Ankun, Tamil et quelques autres lui rendaient souvent visite la nuit, car elle possédait, en plus de ses compétences reconnues, une science tactile exceptionnelle qui dénouait les vieux corps perclus et réveillait en eux des fonctions assoupies. Sans qu'on eût à la désigner, elle s'avança, vint s'asseoir à côté de Judik et mentalement proposa à tous de prendre Vania pour seconde. Celle-ci à son tour, à l'invitation silencieuse de la collectivité, vint avec Tao rejoindre le cercle des élus. La tribu entrait dans une économie de guerre qui allait dorénavant mobiliser toutes les volontés.

Le soleil inondait le village quand la séance fut levée et les rôles distribués. Les sages pourtant restaient contrariés. Il fallait absolument rétablir la communication avec les Phi et les arbres-relais. Peut-être les ancêtres pourraient-ils intervenir en leur faveur ? Puisqu'ils n'étaient pas venus rôder dans la Case aux esprits, une délégation partit invoquer leurs mânes là où ils reposaient. Conduites par Boltal le centenaire, les autorités temporelles et spirituelles disparurent sous les frondaisons.

Promu capitaine du prytanée en plein air qui avait pour finalité d'aguerrir la jeunesse oisive, Judik, déjà soucieux de sa nouvelle responsabilité, fermait la marche. L'aïeul décharné refusait assistance. Se servant de son bâton fourchu comme d'une béquille, il sautillait d'un bon pas. Il fallut gravir la pente, sous un couvercle de feuillage qui faisait obstruction à la lumière, écarter les strophantus et autres lianes parasites qui, poussant à profusion, masquaient les sentiers. La touffeur pourtant mortelle ne vint pas à bout du vieillard qui se sentait investi d'une mission décisive dont dépendait le sort de la communauté. La colonne parvint dans la zone clairsemée où des sophoras de plus de trente mètres de haut, aux empattements monstrueux, s'étalaient en toute majesté auprès de flamboyants qui leur opposaient la féminine élégance de leurs houppiers en fleurs. La fraîcheur enfin, dans les prairies et les fougères du haut plateau ! Près des cimes dentelées, les cèdres, hiérarques charpentés pour défier les siècles, semblaient monter la garde. Au pied du plus imposant d'entre eux, qui se nommait Bolus, reposaient les ossements des trépassés dont il avait pompé les substances organiques. Leurs âmes étaient en lui. Boltal, qui en avait connu beaucoup de leur vivant, oubliant le respect qu'il leur devait, les apostropha :

— Comment pouvez-vous nous abandonner ? La Grande Mère n'a pas raison de nous bouder. Nous sommes le dernier carré de fidèles. Oh, tu m'entends, Kadil, à qui j'ai fermé les yeux ! Et toi Binak, mon père bien-aimé, qui m'as enseigné la sagesse, et toi, oncle Nudal dont je portais le carquois pendant les chasses, suppliez-la de revenir vers nous. Votre silence et le sien sont injustes.

Mains jointes, le doyen se jeta dans l'herbe et tous l'imitèrent, à l'exception du chaman et du devin qui devaient, à leurs risques et périls, rétablir impérativement le lien. Ils vinrent se coller contre le tronc du conifère, procédèrent aux incantations, invoquèrent sa mansuétude, le supplièrent d'établir une relation. Soudain pris de transes, ils se mirent à trembler des pieds à la tête, comme deux épileptiques. Leurs yeux se révulsèrent et, après plusieurs secousses visiblement douloureuses, ils furent connectés. Les autres, toujours allongés, attendaient avec effroi la fin de cette communication véhémente, craignant pour la vie des deux officiants. Ils revinrent à eux, fixèrent le corps décharné du centenaire qui, discrètement, avait rendu l'âme. C'était le prix réclamé par la Divinité, et ce n'était pas cher payé. La longévité du vieillard avait été exceptionnelle et, à en croire les thaumaturges qui venaient de le voir arriver dans l'autre monde, les ancêtres impatients à force de l'attendre lui faisaient un triomphe.

Gardés par de jeunes bergers, des buffles et des zébus paissaient paisiblement. Lorsqu'il était passé là, avec Mani, le jour de son arrivée, Judik n'avait remarqué aucune trace de vie pastorale, pas même une bouse. Entre-temps, il avait constaté qu'à l'approche d'étrangers, repérés bien avant de déboucher sur le plateau, les Boloven faisaient disparaître tout indice susceptible de trahir une présence humaine, et ramenaient leurs troupeaux dans les grottes qui servaient d'étables, au fond d'un ravin où la rivière avait creusé son lit. Un aigle plana dans le ciel juste au-dessus du cimier de Bolus, et les vivants se plurent à croire que le mort, parti sans rien leur dire, avait pris cette forme pour leur accorder un dernier salut. Ils suivirent des yeux ses évolutions concentriques, tandis que le corps sans vie du patriarche gisait dans l'herbe, comme un pénitent occupé à prier. A l'aide de houes prêtées par les habitants du lieu, la petite troupe creusa et mit au jour les ossements des aïeux. Après avoir été lavé à la source même du torrent qui déferlait vers la vallée secrète, le défunt fut inhumé. Forgerons et pasteurs revinrent de l'étroit défilé qui leur servait d'abri avec des victuailles pour alimenter cette veillée funèbre. Les khènes et les gongs frémirent dans la pénombre. Dans un concert de voix polyphoniques et de louanges furent célébrées les funérailles du doyen. Boltal dans l'au-delà serait un allié sûr. Avant de repartir, les Boloven se prosternèrent devant le cèdre Bolus qui avait eu la bonté de rétablir le contact.

Le retour se fit dans la bonne humeur. Tous les végétaux intercesseurs furent visités. Ils avaient été réactivés et la Grande Mère, satisfaite de savoir ses derniers fidèles résolus à la défendre, à l'appel de Tamil et Alta qui la sollicitaient à chaque fois, ne leur ménagea pas ses bénédictions. Par le truchement d'un goumi appelé Silane, Judik, entre les deux officiants, reçut aussi la sienne et tout son corps rayonna durant cette extase qui lui laissa un sentiment de gloire. Jamais il n'avait été aussi heureux de vivre et d'aimer ce peuple des origines qui l'avait adopté. Un jour, il parviendrait lui aussi à communiquer avec les Vénérables et à faire jaillir du sol le souffle de la Grande Mère. Certes, il ne pourrait jamais franchement avouer qu'ayant lui-même pratiqué la nécromancie et les rituels animistes, pourtant expliqués avec force détails dans son œuvre, il était vraiment entré en contact avec le monde des esprits et que l'âme de la Terre l'avait irradié. Le révéler lui ôterait tout crédit scientifique. On se moquerait, forcément. Pourtant, que de précisions vues de l'intérieur enrichissaient sa thèse, qu'il n'aurait jamais pu apporter s'il ne s'était pas directement impliqué. Au pays de Descartes, il fallait rester rationnel, même pour raconter des choses qui ne l'étaient pas du tout, et tuer la magie tout en la décrivant. C'est à ce prix qu'il se ferait une réputation de spécialiste et, pour bien défendre la cause, mieux valait être pris au sérieux.

Dès le lendemain, le village connut les premières effervescences de la réorganisation. La veuve Maka et Vania, Tao accroché à son dos, rassemblèrent les femmes et les fillettes et créèrent des groupes de travail auxquels furent attribuées des tâches très précises. Aban, fils d'Ankun et cornac de l'éléphant Jamia, harangua les bûcherons qui allèrent avec discernement prélever du bois pour la fabrication des armes. Nabal, son cadet, battit le rappel des chasseurs et sa troupe partit tendre de nombreux pièges. Ankil, le représentant des bronziers, mobilisa son clan dans la fabrication de lances, flèches, épieux et autres hérissons défensifs, capables d'être catapultés par simple pression d'un pied sur une liane. Avec le stock d'excellent acier tombé du ciel, plus besoin de fondre du minerai. La forêt devait devenir dangereuse pour ceux qui ne la connaîtraient pas. Secondé par Toumi et Tubul, Judik aurait à transformer en combattants de jeunes adonis amollis par leur probation au Cercle des novices. Terminée la fête. Les deux évadés de la piste Hô Chi Minh leur concoctèrent un programme d'enfer. Marches forcées, nuits dans les arbres, privation de nourriture, entraînement au tir à l'arc, à l'arbalète, au javelot. Même si Judik n'était pas obligé de suivre toutes les épreuves, il s'efforçait d'être présent le plus possible sur le terrain et sa thèse s'en trouva délaissée. Vania, qui n'était pas pressée de le voir partir, s'en réjouissait et Ankun, absorbé par son activité nouvelle de commandant en chef, ne songeait même plus à l'aiguillonner. Avec son état-major du conseil des anciens, il passait ses journées à inspecter les positions et à encourager la tribu qui se préparait à la résistance armée. Comme tenus à distance, les B 52 n'étaient plus menaçants. On entendait à peine les déflagrations de leurs bombes qui tombaient au loin. Il ne fallait surtout pas se laisser tromper par cette illusion de paix et le chef, en bon capitaine, arpentait les positions défensives pour bien vérifier que tous étaient à leur poste et restaient vigilants. Confiés à la garde des vieilles femmes qui, trop faibles pour bêcher ou moissonner, avaient encore assez d'autorité pour se faire obéir, les enfants les écoutaient raconter des histoires de génies et de fées qui étanchaient leur soif d'émerveillement.

Au bout d'un mois d'entraînement, les adolescents avaient acquis une allure un peu plus martiale. Toumi et Tubul réservaient aux tire-au-flanc des traitements de rigueur qui frisaient parfois la mortification. Lâchés en pleine forêt, loin du village, sans nourriture, sans eau, les punis apprenaient à survivre seuls, et les deux frères ne venaient les rechercher que trois ou quatre jours plus tard. L'épreuve était si redoutée que la perspective d'y être confronté incitait les apprentis guerriers à se surpasser pendant les exercices. Après le repas du soir, délaissant les belles, ils sombraient dans un sommeil de plomb. Les cours d'amour, dans le Cercle des novices ou sur le Chemin des rencontres, n'étaient plus qu'un souvenir éloigné mais, à en juger par la rondeur de certains ventres, un baby-boom était en gestation. Le soir, Vania rentrait des champs harassée, et son lait ne parvenait plus à rassasier Tao qui se vengeait par d'interminables cris de fureur. L'opulente poitrine d'Uline, la nourrice, le sauva de la famine et permit à ses parents de retrouver le sommeil.

5

Maudits « Méricans »

« Quelle pitié que d'avoir à faire tout ça », se disait souvent Judik. « Tout ça », c'était ces préparatifs de guerre, cet affairement, cette mobilisation qui ne laissaient plus beaucoup d'espace à l'insouciance dont ce peuple était jusque-là un adepte fervent. De jour en jour, les mentalités s'affermissaient et les jeunes dont il avait la charge, sous l'énergique impulsion de ses deux lieutenants, Toumi et Tubul, avaient perdu toute mollesse. Ils s'étaient redressés, musclés, et arboraient des mines d'une candide arrogance, comme de vrais guerriers ayant dompté la peur. La détermination d'ailleurs se lisait sur tous les visages. Et aussi une certaine anxiété. Comment aurait-il pu en être autrement ? En dehors de cette vallée secrète qui avait miraculeusement échappé à la curiosité des colons agricoles en quête de terres à défricher, aux quadrillages systématiques du Pathet Lao — dans l'optique de négociations prochaines, ils cherchaient à accaparer un maximum de terrain —, aux gouvernementaux qui n'osaient plus trop s'aventurer hors des agglomérations, et aux compagnies forestières avides de profits, la grande majorité du pays était sous contrôle administratif de l'un ou de l'autre camp, et les Boloven sentaient s'accroître les menaces. Combien de temps encore resteraient-ils des hommes libres ?

Ils avaient naguère erré très longtemps avant d'aboutir à ce sanctuaire où ils se savaient protégés des convulsions extérieures. Ce répit pourrait-il durer ? Que la forêt Wilaï n'eût pas attiré vers elle les convoitises des uns et des autres n'était certainement pas une négligence de leur part. Une sorte de *no man's land* tacite séparait les secteurs contrôlés par les communistes laotiens de ceux contrôlés par les communistes viets. Comme ces derniers étaient, de loin, les plus forts, ils faisaient passer la piste Hô Chi Minh le long du Sud-Vietnam, à l'intérieur du Laos, pour déjouer les bombardements et éviter les attaques surprises. Le Pathet Lao, repoussé d'autant, n'allait tout de même pas s'insurger contre le grand parti frère, sans lequel la guerre contre les « impérialistes » n'aurait pu être menée. Pourtant ils ne s'aimaient pas entre eux, et si le rapport de forces avait été inversé, la situation elle aussi l'aurait été. La chance des Boloven était là, dans cette proximité de la présence vietnamienne, basée sur l'autre versant des crêtes, et qui maintenait les Laotiens à distance. Le pire qui pouvait leur arriver serait que le conflit indochinois cesse, que la paix s'installe. Les Viets, alors, n'ayant plus militairement de prétexte pour rester, se retireraient et ce serait la ruée des colons, des soldats, et des fonctionnaires lao. Même s'ils aimaient à croire que, par sa puissance, la forêt parvenait à tenir ses ennemis à l'écart, les sages savaient qu'ils étaient au cœur d'un dispositif transitoire les protégeant des incursions ennemies et ils en connaissaient la précarité. Or la guerre s'éloignait. Toutefois, avant de tirer sa révérence, elle s'offrit une ultime ignominie et vint, un matin, déverser quelques tonnes de défoliants qui firent des brèches cruelles dans le rempart boisé de la vallée cachée, facilitant ainsi la tâche des envahisseurs qui profiteraient éventuellement de ces trouées.

Le village fut horrifié. Maudits Méricans ! Pourquoi avoir commis ce crime gratuit ? Oui, pourquoi ce poison pernicieux qui, ayant rongé Wilaï en plusieurs endroits, la rendait désormais terriblement vulnérable ? Les bergers avaient vu les avions et les traînées orange qu'ils laissaient derrière eux. Là où elles étaient tombées apparaissaient des sillons à vif, comme des coups de griffes. Une fois de plus, la Terre avait été blessée dans l'un de ses sanctuaires. Des milliers d'arbres déjà desséchés étaient virtuellement morts, des milliers d'animaux à l'agonie. Deux pisteurs boloven surpris sous l'épandage avaient des vomissements et dépérissaient à vue d'œil.

Le soir, les Phi boudèrent la Case aux esprits, et les végétaux intercesseurs, en deuil de vieux congénères victimes de la poudre toxique déversée par l'US Air Force, n'étaient pas d'humeur à répondre aux sollicitations des sages. L'harmonie était impérativement nécessaire au bon fonctionnement des relations animistes et, par deux fois déjà, celle-ci avait été gravement perturbée : d'abord par le bombardement des B 52, trop proche, et, cette fois, par cette défoliation sacrilège. Ankun était d'une humeur massacrante, le chaman et le devin, qui se sentaient dépossédés de leur pouvoir, également. Les anciens broyaient du noir quand les ancêtres, guidés par Boltal, vinrent les visiter dans leurs pensées pour leur remonter le moral et les galvaniser. Leur arrivée apporta un grand changement dans l'esprit de chacun. L'optimisme revint et avec lui une pugnacité nouvelle. Au début de la réunion, la tribu ne voulait que se défendre. La voici qui voulait se battre.

— On n'a plus le choix, il faut se protéger. Et se protéger, c'est voir loin.

Le chef, assis en tailleur, pipe fumante à la main, cette fois ne manifesta aucune indécision, comme il l'avait fait bien souvent.

— La forêt Wilaï doit demeurer infranchissable. Elle est affaiblie, et nous devons l'épauler, affirma-t-il dans l'assentiment général.

La suite était évidente, Judik pouvait l'anticiper sans problème. Ankun allait annoncer l'entrée en opération de commandos chargés d'opérer en zone découverte, sur les avant-gardes des nuisibles — ainsi était désigné l'ennemi —, non pas avec l'arsenal classique, mais avec des sarbacanes, projetant de fines aiguilles imbibées de substances mortelles, pratiquement indécelables si tirées d'assez près. Tuer incognito, donner à ces morts soudaines l'apparence d'une malédiction. De la dissuasion en somme, qui allait exiger finesse, précision et rapidité, un vrai travail de professionnel. Y avait-il ici des femmes, des hommes suffisamment entraînés pour frapper et disparaître dans l'instant ?

— Oui ! précisa le beau-père après avoir développé son plan. Vous savez tous que mes deux fils, Aban et Nabal, ont formé trente garçons et vingt filles pour cette tâche. Les couples passent plus facilement inaperçus. Leur entraînement est terminé. Ils sont aujourd'hui capables de faire ce qu'on attend d'eux. Déguisés en paysans laotiens, certains pourront s'infiltrer assez loin sur les arrières des occupants, les observer de près, savoir ce qu'ils ont dans la tête, leur porter des coups imprévus et fuir sans être aperçus.

Les deux guerriers et leurs élèves sortirent de l'ombre, et tout le monde put les voir. Peau noircie au charbon de bois, vêtements foncés, ils se confondaient avec l'obscurité qui allait être leur principale alliée dans ce combat clandestin. Les villageois se plurent à contempler leurs visages, hardis et déterminés. Toutes et tous étaient des tireurs d'élite à la sarbacane ; à bonne distance, ils ne rataient jamais le centre de leur cible, comme se plut à le préciser Aban à son père, lequel inclina la tête en signe de satisfaction, avant de décréter :

— On peut commencer à les faire partir en mission. Dès cette nuit, il faut envoyer des éclaireurs en première ligne et envisager des rotations.

— Ils sont prêts, père.

— Qu'ils approchent !

Précédés d'Aban et de Nabal, deux groupes de cinq, composés respectivement de trois jeunes hommes et de deux jeunes femmes, gravirent l'échelle de la Case aux esprits et, à tour de rôle, vinrent se pencher devant les anciens et le chef qui ne leur ménagèrent ni les compliments ni les accolades.

— Si vous vous trouvez dans la nécessité d'agir, à cause d'une menace, visez ceux qui commandent, précisa Ankun.

Leur mort paralysera les autres et nous gagnerons du temps. Que la Grande Mère, les esprits et les ancêtres vous gardent.

Les mânes de Boltal et des autres aïeux n'en espéraient pas tant. Dans l'esprit de tous ils firent part de leur contentement, daignèrent même fugitivement sortir de leur invisibilité, pour que les plus lucides puissent capter leur image. Kervanec, convaincu, comme les autres membres du conseil, d'avoir déjà perçu leur présence, eut la surprise de sa vie. Le centenaire, à la tête d'une multitude de patriarches, diaphanes comme des spectres, flotta dans l'air. Evanescente vision, qui disparut trop tôt pour ne laisser aucun doute. Les aïeux s'étaient-ils vraiment montrés ou n'était-ce qu'une hallucination que Tamil, Alta, et la plupart des anciens, en unissant leurs efforts, auraient pu provoquer pour motiver leur peuple ? Curieusement, ce fut la première hypothèse qui allécha Judik, et ses yeux pétillèrent à l'idée de cette apparition plus vraisemblable que les apparitions chrétiennes auxquelles il avait cru auparavant.

Les « Cobras intrépides », ainsi furent nommés les agents secrets destinés à s'infiltrer en terrain hostile, pour y éliminer des responsables animés d'intentions malévoles, et créer une psychose. Sur un signe d'Aban, ceux qui allaient être, à l'avenir, les exécuteurs de la Divinité s'évanouirent dans le noir qui serait désormais leur refuge. La veillée spirituelle coutumière avait pris d'entrée de jeu l'allure d'un conseil de guerre et personne ne semblait très pressé de revenir à de meilleurs sentiments. Si les Phi négligeaient cette soirée, les ancêtres en revanche l'appréciaient. Comment ne pas répondre à la voix du sang ? La menace trop proche ne permettait plus la moindre tergiversation et Ankun, pacifiste dans l'âme, se torturait sans le laisser transparaître, en envoyant la jeunesse au combat. Tirant farouchement sur sa pipe une bouffée dont l'âcreté empesta la case, il reprit la parole et se donna un accent belliqueux pour mieux celer sa souffrance intérieure :

— Il faut aussi assurer la défense rapprochée, et prendre position sur tous les points critiques.

Sous le turban qui masquait sa chevelure, ses yeux fixèrent Judik qui naturellement connaissait mot pour mot la question qu'il allait lui poser.

— Tes tendrons seront-ils à la hauteur ?

— Oui, père, ils sont transformés, et j'avoue que, sans l'expérience et l'autorité de Toumi et Tubul, nous n'aurions jamais obtenu un tel résultat. Ce fut un bon choix.

Il y avait foule sur le terre-plein autour de la Case aux esprits. Sachant que des décisions graves allaient être prises, la tribu au grand complet s'était retrouvée là. Avoir été cités par le Boloven blanc fit exulter ses deux collaborateurs qui demandèrent aux élèves alignés derrière eux avec leur harnachement de campagne, arbalètes, arcs, sabres, poignards, cordes, pioches et hottes en vannerie pour transporter nourriture et munitions, de pousser un « haï » de remerciement.

— Quels braves garçons, admit Ankun avec un paternel sourire.

Les affinités entre lui et son gendre ne leur permettaient pas de se mentir. Aucun des deux n'ignorait les sentiments de l'autre. Ils n'avaient pas besoin de méditer pour entrer en télépathie. Ils se lisaient du regard et l'aversion identique qu'ils éprouvaient pour la guerre les contraignait aux mêmes dissimulations. En silence, ils en partageaient la douleur.

— Donnons donc un nom à ces vaillants guerriers.

— C'est fait, père. Nous avons pensé les appeler les « Tigres vigilants ».

— Très bien, qu'ils rejoignent leurs positions dès l'aube. Prévoyez des relèves.

Tout était déjà en place ou presque. De nombreux points d'appui avaient été créés dans le cadre de la formation et utilisés durant les exercices. Il suffisait de les activer et, compte tenu des dommages subis par la forêt Wilaï, de renforcer la vigilance autour des zones endommagées. Kervanec transmit les ordres et demanda la permission de superviser la mise en place des effectifs sur le terrain.

— Tu partiras avec eux demain. Dans l'immédiat, buvons à la santé des Phi qui, j'en suis sûr, ne vont pas tarder à nous rendre visite.

Quatre jours, il serait absent au moins quatre jours. Vania, assise à côté de la veuve Maka, un peu en retrait des hommes, ébaucha une grimace de dépit. Depuis qu'elles dirigeaient ensemble les travaux agricoles et domestiques, les deux femmes assistaient à chaque conseil des anciens pour y faire leur rapport, prendre des directives et donner leur avis sur les questions importantes. Préférant les mamelles gorgées de lait d'Uline aux seins trop fermes et trop vite taris qui l'avaient nourri jusque-là, Tao le glouton adorait se nicher dans la moelleuse poitrine de sa nourrice où, en cet instant précis, il bâillait de bien-être. Après la tétée, la satiété le faisait sourire aux anges et cette béatitude enchantait la famille.

N'ayant plus à s'occuper du bébé durant la journée, sa mère se donnait à fond dans ses nouvelles responsabilités. Elle ne retrouvait Judik et son fils que le soir et, après de tendres et chastes baisers, le couple épuisé par de rudes journées s'endormait aussitôt. Cette fois, ils s'accorderaient tous deux une nuit avant son départ, car elle se doutait bien qu'ils devraient dorénavant se contenter de rapides rencontres, la conjoncture ne leur permettant plus de s'aimer autrement. Leurs regards se cherchèrent pour échanger une promesse. Sous les scintillements adamantins d'un lambeau de ciel sans lune, cerclé de nuages boursouflés comme des outres trop pleines, la jarre circulait et le conseil pensif s'efforçait d'apaiser son humeur belliqueuse. Les lucioles, comme à l'accoutumée, jouaient les étoiles filantes dans l'air bruissant et, de la jungle d'encre, montaient les rumeurs d'une faune nocturne qui se mettait à pulluler et à occire les plus faibles pour s'en repaître. Près de la rivière, Jamia l'éléphant, qui rêvait d'une femelle, barrit tristement plusieurs fois en tirant sur ses entraves. Il avait beaucoup plu ces dernières semaines et l'humidité était à son paroxysme. Dans les clairières, elle se condensait en nuées blanches, qui atteindraient la canopée aux premières lueurs du jour, pour se laisser ensuite lentement dissoudre par la canicule. Sous les chignons ou les turbans, les physionomies parcheminées des anciens, luisantes de sueur, paraissaient soucieuses. Les vantaux en vannerie de la Case aux esprits, même grands ouverts, n'apportaient aucune fraîcheur. Sur le terre-plein, les discussions à voix basse allaient bon train, provoquant un bourdonnement permanent qui se mariait assez bien avec le charivari des insectes noctambules. Le tonnerre gronda.

Les récentes trombes qui s'étaient abattues dans la région avaient eu, semblait-il, le mérite de diluer partiellement « l'agent orange » vaporisé sur Wilaï et d'en atténuer les effets. D'après le diagnostic des observateurs, bien que mal en point, certains arbres lavés par les averses successives s'en sortiraient. Normalement, la période des moussons venant tout juste de s'achever, ces pluies abondantes n'auraient pas dû se produire. Pour la tribu, une telle anomalie n'avait rien de fortuit. Le ciel, numéro deux dans leur trinité, en était la cause. S'il n'avait pas le pouvoir d'interdire aux avions de voler, les intempéries procédaient de sa compétence et tout le monde était convaincu qu'en agissant ainsi il soignait les blessures de la Terre. Il fallait pourtant que ces orages s'arrêtent, si l'on ne voulait pas voir les récoltes pourrir sur pied. Le déluge attendu contraignit les bestioles bruyantes au silence. Les sages s'inquiétaient. Y avait-il assez de réserves de nourriture pour subvenir aux besoins de tous ? Ankun demanda à Maka et à Vania de lui faire un bilan de l'état des greniers et des récoltes.

— Le sol détrempé empêche le paddy de mûrir, s'inquiéta la veuve.

— Les jacquiers et les durians vont manquer de saveur, se désola l'adjointe.

Les durians ! Kervanec n'avait jamais pu s'habituer à ce fruit. Frères jumeaux des jacquiers en apparence, ressemblant à d'énormes poires vertes toutes hérissées de piquants, ils dégageaient quand on les ouvrait une odeur de camembert pourri, rehaussée par un léger relent de cadavre. Tous les habitants du Laos raffolaient de leur chair blanche et le nec plus ultra de la gastronomie nationale était de les donner d'abord à un éléphant, puis de les lui faire régurgiter, et de savourer ensuite lentement cette vomissure enrichie des sucs gastriques du pachyderme. Chaque année, au moment de la récolte, l'estomac de Jamia, mis à rude épreuve, régalait la tribu que la perspective de voir sa gourmandise préférée s'altérer plongea dans la consternation. Ankun se fit rassurant.

— N'ayez aucune crainte. Tout va rentrer dans l'ordre. Qu'en penses-tu, Alta ?

Les fonctions sacerdotales du vieux religieux en robe noire en faisaient un conseiller très écouté. En tant que grand sacrificateur, mage et devin, il détenait des pouvoirs occultes tout aussi importants que ceux de Tamil. Rien ne pouvait être décidé sans l'agrément de cette dyarchie spirituelle. Prévoir le temps pour un augure n'avait rien de bien sorcier et le saint homme annonça un changement de saison imminent. Ce matin même, il avait jeté dans le feu l'omoplate d'un veau sacrifié la veille afin d'apaiser la Grande Mère et les esprits ulcérés, tout en assurant, avec du riz gluant, les premiers repas de ceux qui s'apprêtaient à partir au combat. L'os s'était entièrement consumé sans se désagréger, un très bon présage.

— Dans les deux jours qui viennent, les nuages auront quitté le ciel !

Et pour bien montrer à tous que ses prédictions n'avaient rien d'approximatif, il certifia que la moisson prochaine et la saveur des durians ne seraient pas compromises. Un grand soulagement apaisa les deux femmes responsables. Cette pratique de la scapulomancie avait longtemps laissé Judik sceptique. Ici tout le monde y croyait. Le feu purificateur ne calcinait jamais un objet de la même manière. Lorsqu'un os conservait sa forme, après avoir été entièrement carbonisé, même si un simple souffle suffisait ensuite à en disperser les cendres, cette occurrence était considérée comme un signe positif.

Ankun allait lever la séance quand les Phi, sous la pression des aïeux, enchantés par les décisions qui venaient d'être prises, daignèrent enfin se manifester. Ils s'empressèrent de chasser l'anxiété qui pesait sur le village. Le caractère solennel de cette veillée d'armes s'estompa alors, au profit d'une bonne humeur tournée comme à l'accoutumée vers la gaudriole, et les physionomies empreintes de gravité lentement s'éclairèrent. Les sages auraient souhaité une bénédiction de la Divinité. Hélas, emmurés dans leur deuil, les arbres sacrés pour l'instant n'étaient pas disposés à jouer les intermédiaires. Force était donc d'attendre la dissipation de leur peine. Tant des leurs se mouraient ou souffraient encore dans la forêt Wilaï mutilée... Dans une ou deux lunes, tout rentrerait dans l'ordre et les Boloven libres pourraient compter sur l'appui de la Grande Mère. Il n'y avait aucune raison de paniquer. Pour rester fort, il fallait impérativement retrouver la joie de vivre. Ankun avec une jubilation évidente s'en prit à son gendre qui continuait ses apartés avec Bopal le pisteur.

— Allons, dépêche-toi donc de donner tes ordres, tu ne vois pas que Vania se languit de toi, Boloven blanc ? Qu'attends-tu pour lui faire un deuxième mâle ? Qu'un autre le fasse à ta place ?

— Et pourquoi pas une fille ? répliqua Kervanec.

La mine du chef devint songeuse. Si les garçons étaient les plus souhaités, c'est que, moins résistants aux maladies, plus aventureux, ils mouraient en grand nombre avant d'avoir atteint l'âge adulte. Mais la robuste constitution de son premier petit-fils Tao permettait de supposer qu'il résisterait à toutes les agressions des forces ténébreuses — ce vocable désignait les microbes, les bactéries, les accidents en tous genres. Il acquiesça à l'hypothèse malicieusement suggérée par son gendre.

— D'accord pour une femelle, allez, va donc ! Vania s'impatiente !

Cette remarque amusa l'auditoire. On ne pouvait vivre sous tension en permanence. Les Phi de proximité le savaient et inspiraient à Ankun ce genre de grivoiseries peu faites pour des oreilles délicates. Ici, où le cloisonnement entre les familles, les interdits dogmatiques et les refoulements qui en découlaient n'existaient pas, elles déclenchaient à chaque fois des rires de connivence dépourvus d'obscénité.

— J'y vais de ce pas, rétorqua Judik, qui ajouta d'un ton ironique : Sachez bien, père, que la précipitation gâche toujours le plaisir. Nous saurons prendre notre temps.

— Inutile de nous le dire, mon fils, nous l'avions déjà remarqué.

Vania l'attendait au bord de l'échelle. Il salua les anciens, fit un geste de la main en direction des ancêtres et des esprits, censés occuper l'espace juste au-dessus des humains, descendit derrière sa compagne, traversa le terre-plein en la tenant par la taille, au milieu des villageois gentiment goguenards. Tao dormait dans la case d'Uline qui, trois ans après la mort de son premier époux mordu par une hamadryade, avait épousé Johul, le second fils de Nagal. Elle régnait sur une nombreuse et robuste progéniture à laquelle sa gorge bien pourvue avait épargné les affres de la faim et toutes leurs séquelles. Le Boloven blanc et sa compagne pouvaient donc s'aimer sans craindre de réveiller le petit et mêler leurs soupirs à ceux des batraciens qui, comme eux, profitaient de cette nuit imprégnée de senteurs, annonçant l'arrivée du temps sec et frais. N'étant pas un guerrier de nature, Judik avait du mal à réprimer la peur qui s'insinuait en lui entre deux étreintes, et pour ne pas y penser il s'abîma dans Vania jusqu'à l'épuisement. Le voisinage attentif se laissa influencer par cette inextinguible passion et on s'aima comme jamais on ne l'avait fait jusqu'alors, dans cette tribu si pacifique, contrainte de prendre dès le réveil le sentier de la guerre.

Plus la paix se prolongeait, plus l'angoisse montait. Cela faisait bientôt sept lunes que les B 52 n'étaient pas venus troubler la quiétude de la vallée. Le dispositif de défense fonctionnait parfaitement. Les Tigres vigilants veillaient aux frontières et les Cobras intrépides faisaient des incursions de plus en plus profondes hors du sanctuaire. Ils ne s'étaient pas encore infiltrés dans les grosses localités et continuaient, avant de passer à la phase suivante, d'étudier le terrain minutieusement et de tisser avec les hameaux les plus proches, peuplés de Katang, de Katu, d'Alak et de Ngai, tout un réseau de complicités indispensables. Le manque d'information devenait un réel problème. Comment développer une stratégie efficace en étant totalement coupé du monde extérieur ? Il fallait envoyer un observateur dans le camp des matérialistes.

— Si la guerre entre eux n'a toujours pas repris, c'est qu'il se passe quelque chose de vraiment très important, prévint Judik, un soir de grande inquiétude collective. Nous devons savoir où ils en sont, connaître leurs intentions et nous mettre au courant des événements qui se déroulent ici, au Laos. Notre ignorance de la situation fait de nous des aveugles, alors qu'il nous faudrait de la clairvoyance pour, le cas échéant, porter nos coups au bon endroit, et au bon moment.

— Tes remarques sont justes, concéda Ankun. As-tu une solution à nous proposer ?

— Oui. Je suggère que nous envoyions Bopal à Attavane. J'ai avec moi du papier qui permet de tout avoir. Il pourra aller chez le père Bricart de ma part et voir avec lui s'il n'y a pas moyen d'acheter une bonne radio et des piles qui nous permettraient de suivre, au jour le jour, les actualités, ainsi que quelques paires de jumelles pour épier les mouvements du Pathet Lao tout proche. Je vais également lui demander de nous faire un résumé de tout ce qui s'est déroulé dans le monde et dans la région, depuis mon arrivée parmi vous. Cela facilitera la tâche des Cobras intrépides. Si le missionnaire est absent, il faudra contacter son élève Mani qui a su me guider jusqu'à vous.

— Pour sûr, il est de la lignée de mon frère, ne put s'empêcher de s'exclamer Nagal, le nouveau doyen de la tribu, qui approchait des quatre-vingt-dix ans et n'avait pas, hélas, la vivacité cérébrale de son prédécesseur. Ce dernier fit d'ailleurs une fugace apparition avec sa horde de vieillards sans âge dans l'imagination de Kervanec, comme pour le soutenir dans son idée, qui ne faisait pas l'unanimité au Conseil des sages. Tamil, craignant pour le seul fils de sa sœur, tous les autres étant morts de maladie, la trouvait insensée.

— Nous avons pourtant déjà fait ce trajet, lui et moi, rappela son auteur.

— Vous étiez deux, et le danger n'était pas le même.

— Je veux bien l'accompagner, mais avant je dois inspecter tous les postes pour y laisser mes instructions, s'interposa Judik.

— Il n'en est pas question. Tu dois rester avec ton équipe, trancha Ankun. Et puis tu es trop grand et trop clair pour passer inaperçu.

Il fit une pause, tira sur sa bouffarde, enfuma le décor, et se racla la gorge.

— Le Boloven blanc a raison, ajouta-t-il. Bopal partira à l'aube. Il y va de notre survie, ne l'oubliez pas.

S'attendait-il à être pressenti ? Le jeune pisteur se tenait sur le terre-plein, au premier rang. En entendant prononcer son nom, il gravit l'échelle et demanda à l'assemblée l'autorisation de donner son avis. Elle lui fut accordée malgré les réticences du chaman qui aurait préféré voir partir quelqu'un d'autre.

— Je suis le seul qui puisse effectuer ce trajet en évitant les traquenards, le seul à bien connaître les chemins qui mènent à Attavane, à savoir dans quels villages on peut passer et ceux qu'il faut contourner. J'ai des oreilles très fines et la vue la plus perçante de la tribu. Je peux détecter les dangers de très loin. Merci de m'avoir choisi. Je réussirai !

Il osa fixer le vénérable Tamil droit dans les yeux, pour bien lui faire comprendre qu'il n'était plus un gosse et que le sort de tous passait avant les angoisses des proches. Sa mère émue s'approcha du conseil pour approuver sa résolution et l'encourager. Il ne lui restait plus qu'un fils, mais quel fils ! Droit comme un i dans sa simarre blanche, le chaman l'approuva d'un mouvement de paupières. Son neveu s'était clairement exprimé, il n'avait plus aucune raison de s'obstiner. Il ne restait qu'à mettre au point les détails de la mission. Sans se lever, Judik se plaça en retrait du cercle convivial pour parler à voix basse avec Bopal qui s'assit tout près de lui, dans la pénombre.

Des guetteurs signalèrent une grosse activité dans le secteur des Viets. Trois meutes de Tigres vigilants montaient la garde au-delà de la crête, sur le versant qui le surplombait. Judik les rejoignit et, par des sentes abritées sous des résineux agrippés aux pentes, passa d'une position à l'autre. Les nuits là-haut étaient froides et les moustiques ne se risquaient guère sur ces hauteurs au climat plus rude. Les branches des tamarins ployaient sur les pentes parsemées de résineux où fleurissaient de multiples variétés d'orchidées. Un bandeau noir noué autour du crâne, les jeunes Boloven, tapis derrière des roches, scrutaient les moutonnements de la forêt qui épousaient les vallonnements des piémonts, par-devant les sommets rocheux. Au fond de la vallée la plus sombre, une bande forestière mieux nourrie, d'un vert ténébreux, serpentait en direction du pays voisin. La fameuse piste, ou du moins une de ses ramifications, passait là-dessous et il en montait des bruits de moteurs, mêlés de cliquetis et de ferraillements. Essoufflé, Tubul en revenait. Il avait tout vu, tout entendu et les mots se bousculaient en sortant de sa bouche.

— Ils bougent en force. Je n'en ai jamais vu autant que ça. Beaucoup d'éléphants de fer et des machines roulantes, un serpent de machines roulantes.

Ce fut clair dans l'esprit de Judik. Une division blindée de Nord-Vietnamiens passait au Sud-Vietnam. Pour se déplacer ainsi en plein jour, sans précaution particulière, en émettant des sons que de bons capteurs pouvaient détecter de très loin, cette unité se savait en sécurité. Si c'était le cas, cela voulait dire qu'un élément nouveau, d'une grande importance, venait de modifier le cours de la guerre. Les Américains avaient peut-être déjà entamé un repli et les autres en profitaient pour passer à l'offensive. Un déploiement de force aussi ostensible aurait dû normalement attirer les B 52. Trop occupés par leur redéploiement, les Viets n'avaient ni le temps de venir marauder dans la vallée cachée, ni intérêt à le faire. Aucun danger, sauf imprévu bien sûr, n'était à craindre de leur part pour l'instant.

— Restez bien sur vos gardes, les effectifs seront renouvelés demain, promit-il, en lui donnant l'accolade, à Botil, fils aîné de la veuve Maka, l'un des meilleurs éléments des Tigres vigilants, responsable de cette position.

Le jeune chef demeurait sur place en permanence, vivait dans une grotte camouflée de branchages, se nourrissait de gibier et des provisions qu'apportaient les relèves. Il faisait régner dans sa zone une discipline sévère, non par goût — il eût préféré comme tout bon Boloven qui se respecte une joyeuse nonchalance à ce régime militaire qu'il imposait à ses troupes — mais parce que la gravité de la situation ne permettait aucun relâchement et qu'il fallait rester constamment en éveil.

— Que la Grande Mère protège vos pas, lança-t-il à Judik et Tubul qui partaient rejoindre les meutes postées à l'entrée de la forêt Wilaï, côté laotien, et placées sous le commandement direct de Toumi.

Si les Viets bougeaient, les Pathet risquaient eux aussi de se mettre en mouvement. Les deux hommes firent le trajet en deux jours et demi. D'abord il fallut traverser une longue pinède, puis emprunter un sentier ondulant au milieu des fougères jusqu'aux cèdres postés sur les pâtures. Là, une petite halte au cimetière pour saluer Boltal s'imposa, ainsi qu'une station plus sérieuse contre le tronc de Bolus, dans l'espoir d'un contact. Le vieux conifère le leur refusa. Ils n'étaient pas de taille. Les initiés, doués du pouvoir de se faire entendre des intercesseurs et de les convaincre, manquaient. Avec Tamil ou Alta, le sortilège, pour sûr, aurait fonctionné. Les marcheurs en s'éloignant éprouvèrent un sentiment d'abandon et de crainte. Le centenaire tout proche fit chevroter dans leur crâne sa voix d'outre-tombe ainsi qu'un éclat de rire auquel ils ne purent résister. Se sachant protégés par les ancêtres, ils passèrent avec les forgerons et les éleveurs une très belle veillée dans leurs caches rupestres près de la rivière écumante qui dévalait le long du défilé. Au lever du jour, après une collation à base de laitages, ils prirent congé de leurs hôtes et, au lieu de se diriger vers la vallée cachée en longeant le cours d'eau, ils escaladèrent l'autre pente du plateau et dévalèrent vers Wilaï sous la voûte de laquelle ils ne tardèrent pas à disparaître.

Par endroits, malgré la fin de la mousson, le sol marécageux s'était transformé en boue. La progression tourna au supplice. Harcelés par les moustiques qui proliféraient dans l'air saturé de miasmes, par les branches et les lianes qui leur lacéraient les chairs, par les sangsues qui se collaient à leurs jambes et pompaient leur sang, ils suffoquaient. Une faune proche mais invisible rôdait dans leur sillage. A gauche un ours bleu, à droite un léopard les suivaient à la trace. Des macaques hargneux glapissaient au-dessus de leur tête. On sentait cette partie de forêt tendue, souffrante encore des dévastations causées par l'épandage criminel, réticente à toute incursion, y compris la leur.

Ils avaient déjà traversé Wilaï à une dizaine de reprises depuis la mise en place des postes, en faisant à chaque fois un grand détour pour éviter les lieux contaminés. Voulant aller vite, ils négligèrent exceptionnellement cette précaution et empruntèrent un raccourci qui passait juste au milieu. Par hasard, ils tombèrent sur une meurtrissure qui ne leur avait pas été signalée et comprirent en la découvrant le courroux dont ils subissaient les effets. Des Vénérables, appartenant aux espèces les plus précieuses, dépouillés de leur parure, entièrement nus et pitoyables, étiraient par centaines leurs branches desséchées et fourchues vers le ciel, telle une armée de squelettes pétrifiés qui exhalait une odeur de mort. Ramenant les pans de leur turban sur le visage pour s'en servir de masque, les deux marcheurs reculèrent afin de se mettre hors de portée de ces méphitiques émanations.

— Maudits Méricans ! marmonna Tubul qui du dos de la main essuya deux larmes qu'il ne put retenir.

Par chance, les pluies tardives avaient effectivement procédé à un vigoureux lessivage qui sauverait sans aucun doute les arbres les plus robustes. Impressionnants à voir, les dégâts, après une observation plus attentive, se révélaient moins catastrophiques que prévu. Il y avait cependant de quoi être furieux et les difficultés se multiplièrent tout au long du trajet, jalonné de chausse-trappes posées par les piégeurs d'Aban. Une crise de malaria hébéta Judik au point qu'il lui fallut s'adosser au tronc d'un banian, sur un lit de feuilles et de mousse, et attendre la rémission de la fièvre. Il avait fini sa Nivaquine depuis bien longtemps et il ne lui restait pour combattre la crise que les macérations locales utilisant l'écorce de quinquina, mêlée à d'autres substances. Son compagnon fouilla dans sa hotte et en extirpa une calebasse en forme de concombre qui contenait le médicament. Il lui en fit avaler deux gorgées, puis l'ayant installé confortablement pour qu'il puisse rapidement trouver le sommeil, il psalmodia des formules magiques destinées à chasser les forces maléfiques, causes de la maladie.

Vert, tout était vert, l'air, le feuillage qui cachait le ciel. Même la boue d'humus, noire et visqueuse, en avait les reflets. Le silence du vieux cèdre Bolus pouvait avoir une autre explication que le manque d'expérience de ceux qui l'avaient sollicité. La Grande Mère, une fois de plus, ne se faisait-elle pas hostile ? N'en voulait-elle pas aux humains, à tous les humains ? Tremblant et claquant des dents, malgré la couverture dont l'avait entouré son compagnon, Kervanec se sentait prisonnier d'une nébuleuse qui tournait, tournait. Que pesait, dans l'animadversion qu'était en droit de ressentir la Terre à l'encontre de l'humanité, une poignée d'individus respectables ? Le maelström alla de plus en plus vite et tandis que Tubul, assis tout près, serrait sa main pour prendre un peu de sa souffrance, Judik se mit à délirer, erra comme un bolide dans de vertes galaxies, traversa des flammes qui brûlaient le village de la tribu tant aimée, courut à la poursuite de Vania qui devant lui se sauvait et qu'il ne parvenait pas à rattraper, se sentit aspiré au fond d'un gouffre à une vitesse qui lui donna la nausée et, d'un coup, rebondit en plein ciel, avec un soleil de crépuscule qui tout en bas léchait de sa lumière d'or les couronnes d'un cénacle d'arbres sacrés. Le banian qui lui servait d'oreiller aurait-il établi un contact avec la Grande Mère ? Ne l'avait-elle pas visité, là, à l'instant même ? Sa fièvre tomba. Une poignée de larves l'accueillit quand il ouvrit les yeux. Tubul l'invitait à prendre son petit déjeuner. Comme un long chemin restait à parcourir, il ne fit pas la fine bouche. Tout de même, leur goût de noisette ce matin-là avait du mal à passer.

— Quoi, je suis resté inconscient un jour et demi ? s'étonna-t-il. Il n'y a plus de temps à perdre.

Et comme si l'attaque de paludisme qui venait de le clouer sur place pendant plusieurs heures n'avait pas eu lieu, il prit son arc, mit sa hotte sur le dos et partit à grandes enjambées sans attendre son second, lequel, à juste titre, se sentait fatigué.

— Boloven blanc, s'écria-t-il, ce n'est pas possible, il s'est passé quelque chose. D'où te vient cette agilité subite ?

Il s'était effectivement passé quelque chose. Une légèreté insoupçonnée lui donnait soudain des ressources qui le faisaient se jouer des obstacles. La boue, il la barattait impitoyablement de ses grands panards. Les moustiques n'étaient plus aussi agressifs, la faune avait cessé d'être hostile et les lianes s'écartaient avec docilité. Wilaï enfin les accueillait en amis et la marche, un calvaire jusqu'ici, devenait un plaisir. Il encouragea Tubul.

— Sa lumière m'a irradié, j'en suis certain ; la Grande Mère va nous soutenir, tu verras, petit frère.

Un sentiment glorieux l'habitait. Elle l'avait béni, il n'en doutait plus. Sinon comment expliquer ces brusques changements, cette énergie nouvelle, et l'inimaginable facilité du parcours ? L'idée galvanisait le mystique qui était en lui, et réjouissait aussi l'anthropologue. Qu'il ait atteint l'extase, en étant totalement immergé dans un milieu spirituel dont c'était la recherche essentielle, n'avait rien que de très normal. D'ailleurs, ce n'était pas la première. En revanche, celle-ci revêtait une importance particulière. Il y était parvenu seul, entièrement seul, sans la médiation du grand chaman et du devin, et surtout dans un contexte peu porteur où la Terre humiliée se montrait des plus acariâtres.

C'est un capitaine confiant et fort que les Tigres vigilants, gardiens des marches occidentales, virent déboucher des frondaisons, et cette image les impressionna. Le corps des arrivants, lacéré de griffures, couvert d'hématomes et de plaies, confirmait la rudesse de leur traversée. Pourtant, il émanait de Judik une telle sensation de bonheur qu'il en imprégna tous ceux qui l'approchaient. Le doute n'était plus permis et les Boloven surent qu'il avait été visité. Un tel succès méritait des félicitations. Elles furent muettes, car, en première ligne, la discrétion était de rigueur, mais elles résonnèrent très fort dans la tête de celui auquel elles étaient destinées.

— Pour le moment, ici rien ne bouge, murmura Toumi après les affabilités des retrouvailles. Deux portées de Cobras intrépides sont parties en chasse depuis une lune. Aban et Nabal sont inquiets.

— Mène-moi à leur campement.

— C'est là-bas, entre ces deux pitons. Il n'y a que Nabal avec une partie des effectifs.

D'un mouvement du chef, son premier lieutenant désigna sur la gauche deux pains de sucre couverts de végétation dont les sommets servaient d'observatoire. Ils surplombaient une aire de brousse fréquentée épisodiquement par les troupeaux de Boloven soumis, qui les fournissaient parfois en nourriture et surtout en informations de proximité. Le gros de l'intendance pour les postes avancés était assuré par les bergers et les femmes de la tribu qui surgissaient une fois par semaine, en colonne, avec des hottes chargées de riz, de laitages et de fruits.

— La majorité des Cobras n'est pas ici, précisa Toumi. Huit sections, encadrées par les meilleurs, attendent leur tour et s'occupent à piéger tous les points de passage possibles.

Ils traversaient le sous-bois clairsemé qui marquait la fin de la forêt Wilaï. Toumi leur tendit un plan détaillé, peint sur une peau de gazelle, qu'il avait tiré de son pagne.

— Voici l'emplacement des chausse-trappes. Fixez-le bien dans votre mémoire, il faudra vous en souvenir. L'information circule. Dès ce soir, toute la tribu saura où il ne faut pas mettre les pieds.

— Et Aban, que fait-il ? demanda Tubul.

— Aban a accompagné l'une des deux sections. C'était leur première sortie clandestine en ville.

Une horde escortait les trois responsables. Arbalètes bandées, doigt sur la détente, ils se déplaçaient penchés vers l'avant, furetant du regard, l'ouïe en éveil. Deux éclaireurs ouvraient la voie. Ici, il fallait être invisible et voir loin. Judik, comme les autres, épousa le décor, bondit, se tapit, bondit encore, courut, se figea et, à l'entrée du vallon caché entre les deux hauteurs, retrouva la marche normale d'un bipède soulagé de se sentir enfin à l'abri. Dès qu'il les aperçut, Nabal se précipita vers eux. Des frères, enfin, pour se réchauffer d'amitié ! disaient ses bras tendus et sa jovialité. Il sut très vite que la Grande Mère avait, sans doute, établi un contact avec le Boloven blanc. Il y vit un signe annonciateur de bonnes choses, congratula l'heureux messager et fit tourner une jarre d'alcool de riz pour fêter un bonheur qui se faisait attendre. Après trois gorgées pompées au chalumeau les buveurs impatients commencèrent à s'alarmer. Leur inquiétude fut brève. A la quatrième libation, des guetteurs vinrent leur annoncer le retour d'Aban et de ses Cobras.

— Combien sont-ils ? demanda Nabal.

— Ils sont tous là. Le chef et ses deux meutes.

— Bénie soit la Grande Mère, s'écrièrent malgré eux les Boloven, oubliant qu'il était imprudent de parler à haute voix si près du territoire ennemi.

6

Les justiciers

Le retour de la première grande mission des Cobras intrépides donna lieu à une soirée de festivités. Tous les Boloven qui n'étaient pas de service — et ce soir-là, curieusement, les exemptions étaient nombreuses — se retrouvèrent sur le terre-plein autour de la Case aux esprits pour accueillir les premiers héros de cette guerre picrocholine sans visage et sans nom. Elle mettait pourtant en confrontation la seule vraie dualité, celle qui opposait l'orgueil et la soif de maîtrise planétaire des civilisations issues de la révolution néolithique à la modestie et à la sagesse de peuples survivants de l'ancien monde qui savaient se contenter de peu et éviter les nuisances. Le camp des plus lucides, compte tenu des critères imposés par l'écrasante majorité, était hélas tellement discrédité qu'on ne le voyait même plus comme étant le choix d'êtres humains à part entière. Des sauvages, pires que des bêtes, voilà ce que pensaient d'eux les Laotiens, qu'ils soient de droite, du centre ou membres du parti communiste, et il y avait déjà bien longtemps que leur langue comportait un mot spécial pour désigner les peuples des montagnes, vivant à demi nus, qui les avaient précédés au pays du million d'éléphants.

Les Môn, premiers colonisateurs venus probablement de l'océan Indien avec le bouddhisme qu'ils implantèrent sur la terre des chamans, en avaient absorbé un grand nombre.

Leurs successeurs khmers les avaient enrôlés de force comme fantassins de première ligne dans leurs guerres d'expansion ou utilisés comme main-d'œuvre serve dans la construction de leurs temples. Quand les Lao-Thaïs, sous la poussée belliqueuse du Grand Khan mongol Kubilay, déferlèrent à leur tour massivement des marches chinoises au XIIIe siècle, il n'y avait plus assez de place pour tous sur les rives du Mékong, et les indigènes animistes — ceux qui ne s'étaient pas laissé spirituellement assimiler par les occupants précédents — en furent impitoyablement chassés.

Pour justifier cette injustice le nouveau peuple dominant leur octroya un nom qui sonnait comme une insulte : « Kha ». Ce mot voulait dire moins qu'un buffle, moins qu'un chien, moins qu'un esclave, quelque chose comme une erreur de la nature. Descendus de Chine eux aussi pour se répandre le long du fleuve Rouge et du bas Mékong, les voisins vietnamiens n'étaient pas mieux disposés à leur égard et leur octroyèrent le terme de « Moï » qui avait exactement la même signification.

Comment des peuples convaincus d'être policés, instruits, qui disposaient de voitures, d'avions, de téléphones, d'armes sophistiquées, de villes éclairées à l'électricité et dont les dirigeants copiaient les mœurs occidentales pouvaient-ils imaginer un seul instant que des va-nu-pieds n'ayant même pas inventé la poudre, encore si proches des origines, fussent porteurs d'une civilisation véritable fondée non sur la volonté de puissance, mais sur la complicité et le partage ? Il eût fallu un Las Casas local et une nouvelle controverse de Valladolid [1], pour convaincre les élites régionales que les

1. En 1550 à Valladolid une controverse restée célèbre opposa, devant une commission de lettrés du conseil des Indes, deux théologiens : Juan Ginés de Sepúlveda et Bartolomé de Las Casas. Le premier estimait que la guerre contre les Indiens d'Amérique était une guerre juste en raison de leurs crimes, de leur idolâtrie, de leurs sacrifices humains. Selon lui, il s'agissait d'hommes condamnés par Dieu à une situation inférieure. Les Indiens, « peuple grossier et servile par nature, pouvaient légitimement être contraints à l'asservissement au profit d'une nation plus évoluée, comme la nation espagnole ». Las Casas s'opposa à cette idée, affirmant que les Indiens avaient une âme. Il raconta les massacres et les

Boloven, comme les Indiens d'Amérique au temps des Espagnols, loin d'être privés d'âme, étaient des gens doués de raison et de réflexion, habités par une spiritualité harmonieusement liée à leur écosystème. Pour les nations dominantes de la région, ils n'existaient pas. Face à un tel parti pris, à un tel rapport de force, difficile d'espérer la moindre considération, et personne ne saurait qu'en un point infime de l'univers, face à une coalition colossale, des hommes fidèles aux lois anciennes essayaient de résister.

Non ! La lutte de ce peuple rebelle contre les puissants et leurs dogmes ne resterait pas ignorée. Lui, Kervanec, s'il en réchappait, se ferait un devoir de la révéler.

Le Conseil des sages siégeait autour de la jarre. Il ouvrit sa séance en parlant du premier contact que Judik avait établi avec la Grande Mère. La Divinité avait daigné se manifester à lui, sans le recours d'Alta et de Tamil, et cette relation directe avec elle, par le truchement d'Uzuk, le banian de la forêt Wilaï sous lequel la malaria l'avait assailli, le hissait à un nouveau stade dans le cercle des mages. Il avait effectivement le don, il était des leurs. Prêtre il avait été, prêtre il était redevenu, dans la plus belle des congrégations cette fois, celle des derniers Boloven libres. Il lui restait encore quelques étapes à franchir avant d'être habilité à officier mais, Grande Mère, quelle belle boucle ! Se retrouver dans ce qu'on sait le mieux faire, quoi de plus satisfaisant ? Les grands initiés n'étaient pas plus surpris que ça par cette « visitation ». Il en aurait d'autres, et plus il avancerait dans la connaissance, plus elles seraient fréquentes.

Dans l'immédiat, ce qui se passait sur les terres occupées les passionnait beaucoup plus que les expériences spirituelles d'un apprenti chaman, fût-il le gendre du chef. On le

---

iniquités qu'il avait vu se perpétrer dans la Nouvelle-Espagne, dénonça le système de l'*encomienda* qui permettait précisément aux colons espagnols de réduire les indigènes en esclavage, et leur donnait sur eux droit de vie et de mort. Il l'emporta. C'était un premier pas. Mais les lois nouvelles édictées à la suite de cette controverse furent bien souvent bafouées

délaissa vite. Ce soir, Aban, invité d'honneur, était le centre d'attraction. Les centaines d'yeux rivés sur ses lèvres cherchaient à anticiper ce qu'il allait dire, et le fils d'Ankun soigna sa diction. Selon lui les Cobras intrépides s'étaient comportés en experts...

... Parvenus à s'infiltrer dans deux grosses localités contrôlées par le Pathet Lao, ils avaient recueilli des informations de première importance. Tout d'abord les minorités qui y vivaient, chaque jour humiliées par les cultivateurs et commerçants laotiens ou viets, et molestées par les troupes communistes, avaient confirmé leur soutien inconditionnel à la cause des Boloven libres, allant jusqu'à vouloir être considérées comme des unités combattantes à part entière. Hélas, des centaines d'ouvriers agricoles au chômage arrivaient harassés des basses terres avec un brûlant désir de se fixer. Pour alimenter la caisse du Parti, ses cadres supérieurs utilisaient cette main-d'œuvre disponible pour abattre les bois de rose et autres essences précieuses, qui étaient ensuite revendus à de discrets compradores, en affaires avec des sociétés étrangères. Les bûcherons obtenaient alors le droit de s'installer sur les essarts que leurs familles défrichaient. Quand ils avaient fini de s'établir, on les sentait prêts à tuer pour défendre leurs bêtes et leurs biens. Ces nouveaux colons s'avéraient les plus cruels envers les indigènes qui étaient — en tant que cultivateurs, ils ne pouvaient l'ignorer — les légitimes dépositaires de ce sol dont ils les dépouillaient en toute impunité, avec le blanc-seing des autorités communistes. Celles-ci nourrissaient le projet, le moment venu, de les regrouper en coopératives.

Il avait fallu procéder à deux éliminations. En premier, celle d'un certain Gian Saly, commissaire politique corrompu du bourg d'Itaki, district de Muang Nong, détesté des frères de là-bas, qu'il se plaisait à mortifier, et des petites gens qu'il rançonnait. Au cours d'une soirée dans sa case, il s'était vanté devant les cadres du coin de préparer une expédition de reconnaissance dans la forêt Wilaï, avait promis de la ratisser de fond en comble, d'y installer des laboureurs pour la déboiser et de récupérer les grumes. A cet instant précis, Dilane, nièce du mage Alta, lui avait percé l'œil avec finesse, propulsant son dard depuis la cuisine, à travers une cloison de bambous qui donnait sur la salle de réception. Personne ne l'avait vue entrer avec sa sarbacane, personne ne la vit sortir. Comme une ombre, elle avait profité de l'instant où tous les employés étaient occupés avec les convives pour s'infiltrer, trouver sa position de tir, repérer la cible, faire mouche et s'évaporer dans le noir. Le médecin local, trop nul, ne découvrit pas la cause véritable du décès, et crut à une mort par embolie. Les invités, plus superstitieux, devant la coïncidence des propos hostiles et du trépas de cet apparatchik, soupçonnèrent un mauvais sort des Phi qui protégeaient l'endroit. Quand on vit si près de la forêt, même si on est de l'autre camp, on en ressent les forces et on s'en méfie.

— C'était ce qu'on voulait, n'est-ce pas, les intimider, leur faire peur ? conclut Aban en prenant le public à témoin.

Un brouhaha approbatif lui répondit. Chacun désirait voir l'héroïne pour l'applaudir. Sur un signe d'Ankun qui l'avait repérée dans l'assistance, la jeune fille gravit l'échelle de la Case aux esprits, vint s'incliner devant les anciens, puis face à la tribu qui la trouva un peu chétive. Un tel exploit laissait supposer qu'il ne pouvait être accompli que par une tigresse d'imposante stature et dans la plénitude de ses formes. L'assemblée oubliait qu'une femme Cobra n'était pas une femme Tigre et qu'il y avait entre elles autant de différence qu'entre le félin et le reptile dont elles portaient les noms. Pour le prouver, elle ôta ses habits noirs d'intrépide tueuse et apparut en pagne, corps tendu vers l'avant. Une telle force concentrée, émanant d'une jeune fille tout juste sortie de l'adolescence, dotée d'un visage très fin et d'un physique à peine adulte, ne pouvait que séduire. Elle devint soudain, à leurs yeux, emblématique : la « Boloven vengeresse ». Ils firent un triomphe à cette statue d'un instant.

— Le deuxième nuisible éliminé s'appelait Salang Savanna, c'était aussi un commissaire politique, reprit Aban quand revint le silence.

Toujours dans le district de Muang Nong, le second groupe avait pour objectif Nakiri, où stationnait une compagnie de Pathet Lao regroupée autour d'un vieux temple, vestige d'un empire éteint. Quatre bistrots crasseux tenus par un Laotien, un Viet et deux Chinois se disputaient la rue de la bourgade. Une troupe de porcs noirs fouillait les immondices Il y avait aussi deux épiciers métis de toutes les races d'ici, n'ayant presque rien à vendre, un droguiste qui dealait de l'opium et un bordel où les « camarades putains » délestaient les combattants du peuple, les ouvriers agricoles des plantations de café et de canne à sucre, et les petits fermiers, pour engraisser le commissaire et le commandant de la place. Les deux nuisibles avaient recruté de force des filles boloven dans les hameaux alentour, afin de remplir un lupanar qui leur permettait de vivre sur un pied inaccessible à leur maigre solde de cadres communistes. Salang Savanna projetait lui aussi, dès que les Viets ne seraient plus là, une incursion dans la forêt Wilaï. Il affirmait que des tribus sauvages se cachaient dans la cordillère, qu'il se faisait fort de les déloger, de trouver un emploi pour les jeunes filles dans son établissement, et de regrouper tous les autres dans une commune du peuple où, comme à tout un chacun, on leur imposerait des cadences et des normes de productivité. Il en avait d'ailleurs parlé à son homologue de l'autre agglomération, et ils songeaient à unir leurs efforts.

Il fallait agir avec célérité, détruire dans l'œuf cette coalition, éliminer les deux hommes presque au même moment pour bien frapper les imaginations. Pendant qu'à Itaki, sous le dard de Dilane, Gian Saly s'effondrait en portant ses deux mains à la tête, à Nakiri, Salang Savanna, comme chaque jour, inspectait son bordel de planches, n'offrant en guise de lits que des bat-flanc de bois noirci et taché par l'usage : un bouge qui lui ressemblait bien. Les filles négligées, assises sur des banquettes, se levaient au signal de rustauds qui les sollicitaient et allaient se livrer sur les planches souillées. En se dirigeant vers la caisse pour contrôler la recette, le commissaire politique vit s'écarter ses pensionnaires. Il crut peut-être à une manifestation de déférence de la part de ces femmes rétives qu'il avait bien du mal à mater, et n'eut même pas le temps de s'en féliciter. La mort lui fut révélée sous les traits d'Ahinée, la fille de la veuve Katile. Brillant de mépris était l'œil qui visa la cible et ce fut le dernier regard que croisa avant d'expirer ce répugnant personnage. L'indécelable aiguille l'atteignit à la tempe, sous les cheveux. Ses excès de boisson et de bonne chère étant connus, le docteur, aussi nul que l'autre, conclut son diagnostic par un aphorisme qui épata la galerie et fit oublier son indigence : « Qui consomme trop se consume plus vite, hélas ! » Le commandant de la place qui n'avait plus d'acolyte politique pour le soutenir fut pris de panique. Il ferma le lupanar, libéra les prostituées en pensant qu'il ne serait pas trop difficile de reprendre l'affaire, si le nouveau commissaire n'était pas un de ces staliniens incorruptibles, empêcheurs de tourner en rond et empoisonneurs d'existence.

D'après Aban, le passage des Cobras intrépides avait été ressenti comme un souffle de liberté par les frères des territoires soumis de Nakiri et d'Itaki, alors que les Laotiens ne s'étaient aperçus de rien et se laissaient gagner par des craintes superstitieuses qui renforçaient un peu le pouvoir de la forêt, dont ils commençaient à redouter les maléfices.

— Frapper les responsables les plus dangereux, encourager la résistance locale et fuir sans être aperçus de l'ennemi, telle était la mission des Cobras intrépides, rappela-t-il. Elle a été accomplie sans défaut. Puissent les prochaines opérations bénéficier du même appui de la Grande Mère.

Du bas de la Case sacrée, les deux sections à l'honneur lancèrent un « *haï !* » de soutien à leur guide. Le public, lui, réclama Ahinée, la seconde héroïne qui avait su administrer son châtiment avec panache. Ankun de la main l'invita à monter. Les joueurs de gong et de khène firent vibrer leurs instruments. Elle guettait son tour. En deux bonds elle gravit l'échelle et se présenta devant les sages, dans son habit noir d'exécutrice, un bandeau rouge autour de sa chevelure, les saluant avec grâce. Les anciens furent sous le charme. Elle n'eut aucun mal, non plus, à conquérir le terre-plein bondé qui, pour faire bonne mesure, rappela Dilane, la nièce du devin, lequel avait du mal à cacher sa fierté. Les deux belles s'arc-boutèrent face à face dans une attitude de défi et de complémentarité et cette seconde figure, accompagnée d'un suspense sonore superbement improvisé par les musiciens, fut le point d'orgue de la soirée, tant avait été parfaite la symétrie des formes qu'elles venaient d'opposer. Etant amies, elles s'étaient ensuite étreintes, à la grande joie des spectateurs qui ne garderaient pourtant en mémoire que l'apparition de la morgue et de la séduction, en deux forces unies et antagoniques à la fois, comme pouvaient l'être le jour et la nuit. Un puissant symbole, et pour croire à leur lutte, ô combien inégale, les Boloven en avaient grand besoin.

Botil, le fils de la veuve Maka, s'était exceptionnellement fait remplacer par un de ses seconds à son poste de commandement sur la piste des Viets, pour venir assister au triomphe des Cobras et les féliciter. Sa mère, du haut du conseil, ne le perdait pas des yeux. La modestie de ce garçon la comblait. Qu'il pût, lui aussi, faire partie des héros ne lui serait pas venu à l'idée. Etait-il autre chose qu'un simple veilleur, qui, pour être conforme au qualificatif de Tigre, devait se montrer vigilant ? Rien à voir avec l'audacieux et efficace travail accompli par les Cobras. Il eut la surprise d'être appelé, et son premier réflexe fut d'en douter. Ankun se leva pour l'accueillir et le serrer dans ses bras, une marque d'affection dont il n'était guère prodigue, ne voulant pas amoindrir son autorité de chef. Mieux encore, il le cita en exemple à tous.

— C'est parce que nous sommes tranquilles du côté des Viets qu'on peut agir côté laotien. Nous avons là le meilleur de nos gardes-frontières.

Il n'en fallait pas plus pour déclencher des acclamations. Le bénéficiaire, dérouté, s'en étonna et ne sut quelle attitude prendre devant le terre-plein en liesse. Toumi et Tubul vinrent le tirer de ce mauvais pas. Nominés eux aussi pour leur ubiquité sur le terrain, ils s'emparèrent de Botil, le hissèrent sur leurs épaules et ce triomphe imprévu finit quand même par le dérider. Dilane le fixait avec insistance et le sot ne la voyait même pas. Elle dut s'approcher et l'embrasser dès qu'il fut à terre, pour que ses yeux enfin se portent sur les siens. Elle n'eut aucun mal à le séduire et il suivit la frêle main qui l'entraînait vers la rivière.

Comme prévu la pluie avait cessé. La lune affûtait les lames des bambous et ornait de nimbes diaphanes les couronnes des manguiers. L'air avait fraîchi et l'on avait ressorti les lainages. C'était l'heure où les Phi les plus joyeux, comblés par les nombreuses offrandes qui leur étaient faites, investissaient le village et faisaient planer sur lui une envie de s'aimer. Les vieux se contaient des souvenirs coquins, lorgnant avec complicité les couples qui furtivement s'écartaient de la fête. Les guerriers n'avaient aucun mal à se trouver une partenaire. Leur absence avait été durement ressentie. Il en allait de même pour les guerrières. Elles n'avaient que l'embarras du choix et, ce choix, elles tenaient à le faire.

Ahinée, la fille de la veuve Katile, s'avança vers le Boloven blanc le plus naturellement du monde, sachant bien que personne, ici, n'oserait lui refuser ce choix. Elle n'avait encore jamais pu l'approcher. Ce soir, et ce soir seulement, elle pouvait le prendre. Vania n'eut pas à se résigner. Judik appartenait à la tribu. L'ignorer en cet instant eût été une faute. La fille-serpent s'empara du bras de son élu qui se laissa mener vers la cascade où les frangipaniers embaumaient un air plus vif, qu'agitait une brise elle-même chargée de parfum. Il fut happé, enroulé, absorbé par la nymphe Cobra aux pupilles rieuses qui, après avoir donné la mort, dansa avec lui la danse de la vie. Bien loin d'en avoir de la vergogne, il s'abandonna tout entier à cette passion qui les embrasa comme un feu de paille. Deux fourrés plus loin, Botil, le fils de la veuve Maka, connut dans les bras de Dilane, la nièce du grand mage, des horizons beaucoup plus vastes que ceux de sa cordillère. Ils convinrent de se revoir, ce que ne fit pas l'autre couple, meurtri d'avoir à se séparer pour de bon, après s'être tant enflammé.

Vania attendit que s'évanouissent les odeurs de la passagère avant de se ressouder à lui. Elle l'aimait à s'en faire mal quelquefois. Elle l'aimait comme on aime ce qui est unique et, dans l'univers où elle vivait, il l'était forcément. Un jour, il s'en irait. Pour éviter un attachement trop fort qui ne ferait qu'aggraver la blessure de la séparation, elle aurait dû s'habituer à cette perspective. Quand il ne serait plus là, on la considérerait comme une veuve et on la courtiserait. Après avoir perdu sa présence, elle le perdrait aussi dans sa chair, et il ne leur resterait que la mémoire pour se rappeler les moments de communion uniques vécus dans l'ombre protectrice de la Grande Mère, des Phi et des ancêtres. Envisager l'avenir ainsi la rendait morose. Elle préférait mordre dans le présent avec la fringale d'une femme pleine d'attirance pour l'homme de sa vie.

Les activités de résistance avaient repris de plus belle. Les Cobras intrépides continuaient d'infiltrer les districts laotiens limitrophes et d'y tisser des réseaux secrets qui installaient un climat de peur. Les morts brutales frappant les élites locales échauffaient les esprits, faisaient jaser. Le mauvais sort visait trop bien, et les cadres commençaient à se tenir à carreau. Les Tigres aussi étaient à la tâche, en poste sur chaque frontière, patrouillant nuit et jour. Rien à signaler sur la piste des Viets. Elle était devenue étrangement calme, et les Nord-Vietnamiens ne semblaient pas pressés de revenir au bercail. Rien à signaler, non plus, aux avant-postes de Wilaï. Les communistes rêvaient surtout des cités riveraines du Mékong et cette région pourrie minait leur moral. Des décennies de maquis pour finir dans ces repaires de phacochères ! Les responsables leur avaient promis que les villes, dont ils avaient été tant privés, seraient bientôt à eux. Rien que d'y penser, ils s'excitaient. Aucun n'avait envie de crever dans ce trou perdu, frappé par on ne savait quel mal subit. Donc, tout allait pour le mieux, sauf que Bopal n'était toujours pas rentré. Cela faisait bien trois lunes qu'il était parti. Le conseil s'en inquiéta discrètement pour ne pas affoler la tribu. Aban et Nabal se préparaient à partir à sa recherche avec deux sections de Cobras quand il fut repéré par des agents de la cause, lesquels activèrent le réseau des coureurs. D'après le dernier relayeur qui déboula à grandes foulées dans le village pour faire son rapport d'une voix essoufflée, il avait été aperçu près d'Itaki avec une mule au bât chargé. A son rythme, il serait là dans trois jours.

— Sa venue sera célébrée, décréta le grand chaman, tout heureux de savoir son neveu hors de danger.

Il arriva, enfin, épuisé et affamé, après un voyage fertile en événements. Une fois débâtée, Doliane la mule fut conduite près de la rivière où Jamia l'éléphant, surveillé par deux jeunes cornacs, élèves d'Aban, s'ébattait joyeusement, arrosant les enfants qui jouaient alentour à grands jets de trompe. Impatient de raconter ce qu'il était encore le seul à savoir, le jeune pisteur écourta accolades et marques d'affection. Invité à s'asseoir à la droite du chef qui l'accueillit dans sa propre demeure, avec les anciens et les proches, il capta dès ses premiers mots l'attention de tous. Les gouvernementaux à la dérive abandonnaient leurs avant-postes et se repliaient vers les centres urbains, laissant la place aux troupes communistes qui se déployaient derrière eux.

— Elles sont partout, et j'ai eu beaucoup de mal à les éviter, fit-il avant de dévorer le riz gluant et les portions de poulet que Ludule, la femme d'Ankun, avait déposés sur une feuille de bananier.

La population présente dans le village vint s'asseoir devant la case et cet attroupement silencieux, pendu à ses lèvres, stimula l'éloquence de Bopal...

Les nouvelles du monde étaient préoccupantes. Les bombardements avaient entièrement dévasté la partie du pays proche de la piste des Viets et la guerre spéciale menée par les Méricans — avec le concours des forces armées laotiennes et surtout de certaines minorités montagnardes — avait fait des ravages. Les Bérets Verts, spécialisés dans les actions terroristes, rétribuaient avec « du papier qui permet de tout avoir » chaque oreille de communiste qui leur était apportée. Certaines tribus, très actives, étaient revenues d'opération avec des sacs pleins à craquer. Femmes, enfants, vieillards, nul n'était épargné. Quand les commandos de tueurs investissaient une localité, tout le monde y passait, et il était même arrivé que des familles entières fussent exterminées pour avoir hébergé — même contre leur gré — des

Pathet Lao de passage. Aujourd'hui le vent tournait. Les Méricans rentraient chez eux et les Pathet Lao encerclaient Attavane, n'attendant que l'ordre d'y entrer officiellement. Leurs cadres pouvaient déjà s'y promener en civil et sans armes. La garnison, dont les désertions avaient vidé le tiers des effectifs, les laissait vaquer librement dans la ville. Les militaires gouvernementaux qui s'étaient laissés aller à commettre des actes de torture contre leurs prisonniers et qui n'avaient pas encore eu le réflexe de prendre la fuite se bousculaient à l'aéroport où l'avion de Vientiane se posait deux fois par semaine. Dès qu'il était annoncé, c'était la ruée. Des malabars « méricans » blancs et noirs avaient été héliportés pour assurer le maintien de l'ordre. Les casques, tenues léopard, lunettes teintées, gilets pare-balles et bottes de jungle dont ils étaient affublés les faisaient ressembler à des robots programmés pour tuer. On ne voyait que le bas de leur visage. Arme à la hanche, ils procédaient au tri, repoussant méchamment les trouillards qui cherchaient à se glisser parmi les prioritaires.

— *Children, women, old and sick people first !* hurlaient-ils.

Les officiers supérieurs ainsi que le commandant de la place avaient déjà rejoint Vientiane par la voie des airs. Ne restaient que deux capitaines, une poignée de sous-officiers et des sans-grade qui, n'ayant plus trop la possibilité de se sauver, songeaient à se rendre au vainqueur et à implorer sa clémence, en dénonçant au besoin leurs supérieurs. Certains, estimant qu'ils n'avaient plus rien à perdre, se livraient au pillage, malgré le risque d'exécution sommaire s'ils étaient pris en flagrant délit par leurs chefs.

Voilà ce qu'avait vu et ressenti Bopal le pisteur durant son séjour à Attavane. La collection de journaux et la lettre du père Bricart qu'il avait rapportées donnaient des précisions sur les grands chamboulements que les accords de Paris allaient occasionner. Judik expliqua à des auditeurs attentifs, qui le mangeaient des yeux, qu'au pays des Farang, en France donc, Viets et Méricans avaient signé la paix, que les soldats méricans étaient en train de quitter toute l'Indochine et qu'ici, au Laos, les communistes et les royalistes préparaient un gouvernement commun.

— C'est pas bon pour nous, grogna Ankun. Si les ennemis d'hier s'unissent, nous en subirons forcément les conséquences.

— Ça ne durera pas, affirma le Boloven blanc. Dès que les Méricans ne seront plus là, ils recommenceront à se battre.

— Oui, et les Pathet Lao gagneront vite, prédit Ankun qui, sans les avoir jamais rencontrés, les connaissait très bien. Ils sont prêts à tout pour arriver à leurs fins et ils ont dans leurs rangs beaucoup de nos frères qu'ils ont convertis et fanatisés. Les fous ! Ils croient que leurs nouveaux chamans, ces commissaires, vont leur créer un paradis terrestre. Ils sont aussi niais que tes chrétiens.

Il émit un grognement moqueur avant de poursuivre.

— Ce sont de valeureux combattants et quand ils croient à une cause ils vont jusqu'à se faire tuer pour elle. Ce n'est pas le cas des Laotiens de la plaine. Le Mékong les a amollis. Le riz pousse trop facilement sur ses rives.

— S'ils deviennent les seuls maîtres du Laos, rétorqua Judik, ils voudront imposer leurs idées à tout le monde et feront la chasse aux réfractaires.

— Eh bien, nous poursuivrons la résistance, conclut Ankun en exhalant un jet de fumée.

Kervanec prit plaisir à feuilleter les journaux. Il huma le papier qui sentait encore un peu l'encre d'imprimerie, malgré le long voyage de Bopal et un séjour prolongé sur le bât de la mule. *La Croix*, lecture incontournable du missionnaire, annonçait à la une, en gros titre, la signature des accords de Paris. Il chercha la date. Le 27 janvier 1973, il y avait environ huit mois et demi de cela. L'édition du 13 février annonçait l'accord conclu le 12 entre les factions laotiennes, accord qui prévoyait pour l'année à venir la création d'un gouvernement de coalition. Toutes ces précisions, ces photos de présidents, de ministres, de négociateurs, le plongèrent soudain dans une réalité qui le déprima. Que penser de ces sourires, de ces poignées de main, après tant de sang versé, tant de milliards de dollars dépensés à faire péter des bombes, deux millions cent mille tonnes rien que sur le Laos ? A quoi bon tant de massacres et de souffrances pour en arriver à ces diplomatiques facéties, où l'on feint de s'estimer ! Les pages intérieures étaient consacrées aux querelles politiques, aux faits divers et à toutes sortes de futilités parmi lesquelles figuraient les inévitables bondieuseries de révérends sermonneurs. Retourner dans cet univers, si loin de la vie simple et naturelle qu'il menait ici, comment le pourrait-il ? Il s'en sentait incapable et l'idée d'y être contraint le terrorisait presque.

Sa quête précipitée d'information lui avait fait éluder les passages personnels, dans la lettre du père Bricart. Il y revint et fut brusquement saisi d'inquiétude.

« Depuis quelques semaines, je me traîne lamentablement et sans l'aide des religieuses et de notre bon Mani, qui fut votre guide, je me laisserais aller. Le cancer me consume. »

L'écriture irrégulière confirmait l'épuisement du malade.

« J'ai beaucoup réfléchi depuis notre dernière rencontre. Je crois que je vous ai envié, lorsque je vous ai vu repartir avec votre pisteur. Pourtant jamais je ne pourrais imaginer le monde autrement que me l'a enseigné le christianisme. Je sais, vos chamans font parfois des "miracles". Je n'ignore rien de leurs transes et de leur pouvoir de suggestion. La terre a certes créé l'homme, mais la terre, elle, ne s'est pas faite toute seule. Dieu, et Dieu seul, gère la grande mécanique céleste dont elle n'est qu'un élément dérisoire. Ne l'oubliez pas. Je vais très prochainement retourner à Vientiane. Ici je ne suis plus bon à grand-chose. J'aurais aimé pouvoir vous dire adieu. »

La gorge de Judik se noua.

— Il est donc très malade ? s'inquiéta-t-il auprès de Bopal qui guettait sa réaction.

— Oui, très. Il attend un remplaçant qui doit venir fermer la mission.

— Quand partira-t-il ?

— Pas avant deux bonnes lunes. Il y a encore beaucoup de réfugiés à Attavane. Chaque fois que l'avion arrive, il en fait embarquer le plus possible pour Vientiane et, il l'a dit, il ne partira qu'avec les derniers d'entre eux. Il ne veut pas les voir tomber entre les mains des communistes.

— On peut donc aller le saluer ?

— Je crois qu'il aimerait beaucoup te revoir, Boloven blanc. Il n'en a plus pour longtemps. Mais la piste est devenue hasardeuse. Les Pathet Lao sont partout. Ils prennent le contrôle de toutes les petites localités.

« N'y va pas, le suppliait Vania du regard, c'est trop risqué. » Sa voix résonnait en lui bien qu'elle fût en apparence d'un mutisme de pierre. A dire vrai, il n'avait pas la moindre envie de sortir du sanctuaire, de renouer avec l'extérieur. Avoir maintenant à le faire aggrava ses angoisses. Et s'il se faisait prendre ? Et s'il ne pouvait plus revenir dans la vallée cachée ? Ses pressentiments lui ôtèrent toute envie d'écouter ce que son sens du devoir lui dictait. Il y eut en lui un long moment d'indécision, puis il redressa le buste et trancha.

— Accorde-toi le repos que ton corps réclame, Bopal, et, dès que tu auras récupéré, nous irons à Attavane.

— C'est toi qui décides, concéda Ankun. Qu'en penses-tu, Alta ?

— Je vais sacrifier un poulet et consulter ses entrailles, dit le devin.

— N'en faites rien, grand mage, le supplia Judik. Si les signes s'avéraient défavorables je n'aurais pas le courage d'agir et ensuite je ne me le pardonnerais pas.

Les visages se renfrognèrent. Pour leur redonner un peu de gaieté, il pria Bopal d'apporter la radio et les jumelles qui n'avaient pas encore été déballées. Le poste était imposant et fonctionnait avec de grosses piles.

— Tu as pensé à prendre des jeux de rechange ?

— Oui. J'en ai cinq, dans des emballages étanches.

La démonstration eut l'effet prévu. L'attention générale se concentra sur cette boîte noire qui leur apportait à domicile toutes les voix du monde, le farang, le mérican, le thaï, le laotien, le viet, le chinois, et tant d'autres encore. Les stations à écouter chaque jour étaient celle de Vientiane, et celle de Bangkok, la grande ville des Thaïs, qui parlaient comme les Laotiens, une langue que beaucoup ici comprenaient. A tour de rôle, ils pourraient assurer une permanence. Ainsi la tribu serait quotidiennement informée sur ce qui se passait dans la région. Dans l'immédiat, les convives d'Ankun et les curieux du dehors écoutaient ahuris les Rolling Stones et l'envol vocal de Mick Jagger, escorté par le fracas des guitares électriques. Ce déferlement de sons inhabituels faisait naître sur leurs lèvres des sourires étonnés.

— Ces Blancs ont toujours faim de quelque chose, estima Ankun, décelant dans ce qu'il écoutait une sorte de fureur. Nos khènes et nos gongs sont moins agressifs.

Le jugement du chef ne parvint pas à dissuader l'auditoire qui restait tendu vers la radio, d'où sourdait cette musique d'ailleurs, comme subjugué par elle. Personne ne parlait. La tribu s'était statufiée. Le chaman et le devin s'en inquiétèrent. Cet objet risquait de leur porter préjudice et d'attirer à lui une dévotion impie. La main de Tamil tourna le bouton et, dans l'instant, les sourires jusqu'alors béats devinrent menaçants.

— Mais non, murmura Ankun. Ne les prive pas du bonheur qu'ils ressentent à entendre ces chanteurs excités ! C'est la première fois que nous captons les hommes de la terre entière. Pour bien les comprendre, il vaut mieux les connaître.

Il désigna la radio qu'il ralluma.

— Et ceci nous le permettra.

Surprise ! Les Beatles avaient pris la relève et John Lennon s'imposa d'emblée. Les rivaux de toujours venaient de faire une entrée remarquée chez les derniers Boloven libres.

— Les jumelles ! Où sont les jumelles, qu'on voie un peu comment elles fonctionnent ? demanda Judik.

— Elles sont de bonne qualité, certifia Bopal, je vais les chercher.

Les anciens passèrent des heures à jouer avec, s'attardant sur les gros plans de femmes dispersées dans la foule des curieux, qu'ils détaillaient à plaisir. Au crépuscule, Aban et Nabal, revenant des premières lignes, reçurent les leurs et sautèrent de joie. Leur vue allait être maintenant aussi perçante que celle de l'aigle. On les chargea d'en remettre une paire à Toumi et une autre à Tubul qui étaient, avec les sections de Tigres, aux aguets à l'orée des savanes. La dernière était destinée à Botil, le fils de la veuve Maka, qui surveillait la piste des Viets. Le Boloven blanc proposa de les lui porter le lendemain au cours de son inspection de routine. Les anciens et les membres du conseil partirent célébrer l'arrivée de la boîte contenant la parole du monde et des binocles qui voient loin, par une libation à la jarre, dans la Case aux esprits. Bientôt le terre-plein fut envahi de jarres et de gais buveurs, assis en cercle autour d'elles. La radio beugla fort tard ce soir-là. C'était une première, et dans la mouvante lumière des torches, les familles se laissèrent captiver par ce premier récital en mille et une langues, car Ankun, le plus curieux de tous, ne cessait de changer de fréquence. Crapauds-buffles et cigales pour une fois ne furent pas à la hauteur. La radio parvint à les rendre muets, mais Grande Mère, que de bruit ! Que de bruit !

Le chaman et le devin marquèrent leur réprobation en quittant cette soirée profane où l'on préférait cette monstrueuse création des matérialistes aux Phi, aux apaisantes télépathies, et aux dialogues avec les ancêtres. Ils allèrent chercher réconfort auprès d'Azul et de Makil, et les deux arbres sacrés leur offrirent un transport d'une telle intensité avec la Divine Mère qu'ils éprouvèrent le besoin de rejoindre sans tarder le conseil, pour partager leur immense bonheur. Passablement éméchés, les anciens siégeaient encore, ainsi que les curieux. Les deux grands initiés tirèrent sur le chalumeau une grande gorgée de gnôle aux herbes spéciales. La radio trop criarde finit par lasser les Phi, Boltal et les patriarches, qui le firent savoir à qui de droit. Ankun éteignit le poste et s'écria :

— Que les joueurs de khène et de gong enchantent nos pensées !

Le frémissement des instruments locaux ramena au bercail le public égaré dans les dissonances de l'éther envahi par les chants des orgueilleux, et les vieilles mélodies lui donnèrent bientôt l'envie de s'aimer.

Ne parvenant pas à s'endormir, Vania s'agitait sur la natte et Judik qui n'était pas d'humeur à entamer un débat, à cette heure vraiment trop matinale, fit celui qui ne s'en apercevait pas. L'insomnie le rongeait aussi. Son retour à Attavane l'obsédait. Il ne pouvait s'empêcher d'envisager le pire. Par vagues, la peur s'insinuait dans son être et excitait son subconscient. Des images morbides de capture, de torture, de violence, s'entrechoquèrent dans son crâne. S'il se rapprochait de sa bien-aimée, la serrait fort contre lui, parviendrait-il à se débarrasser de ces hantises à répétition ? Non ! Plus inquiète que lui encore, elle le harcèlerait de questions, le supplierait de ne pas quitter la vallée cachée et ne ferait qu'aggraver son état. Il l'entendait déjà mentalement rabâcher : « Ne pars pas, Judik, je t'en supplie, ne pars pas ! » Pour mettre un terme à cette dissuasion silencieuse, il riposta verbalement d'un ton énervé :

— Cesse de te tourmenter. C'est simple, je dois y aller. Ça ne m'amuse pas du tout, mais ce vieil homme veut absolument me parler, je le sais, je le sens. Ce n'est pas quelqu'un qui se plaint. Il va mourir et il a besoin de moi.

Elle se lova contre lui.

— Si les autres t'attrapent, ils vont te tuer.

— Ne sois pas sotte et essaye donc d'être optimiste. Cessons de voir tout en noir, n'est-ce pas ?

Leurs lèvres se trouvèrent, puis leurs corps, et l'élan qui les poussa l'un vers l'autre s'amplifia au point de leur faire très vite oublier les pressentiments qui les accablaient. Ils étaient encore entremêlés, quand le sommeil les surprit.

Dans la case voisine, la main d'Uline remuait doucement le hamac de Tao fixé au-dessus de sa couche. Du bras, elle pouvait l'atteindre, tandis que dans son dos Johul, le fils de Nagal, se serrait contre elle, pétrissant de ses mains la poitrine nourricière. Tout en berçant le bébé, elle laissa son nouveau mari vaquer à son désir, ce qu'il fit promptement, et elle lui offrit pour le flatter un long soupir de pâmoison qui le combla d'aise.

Six jours plus tard, Bopal le pisteur avait récupéré ses forces et pouvait entreprendre un nouveau raid sur le chef-lieu de la province. En cachette, le grand mage avait interrogé le sort. Aucun des présages qu'il avait décryptés n'était favorable. Il voulut prévenir le Boloven blanc, lui déconseiller de quitter le territoire tribal ou, tout du moins, le mettre en garde. Ankun l'en dissuada.

— A quoi bon accroître ses craintes ? Tu le connais. Il ne reviendra pas sur sa décision. Dis-lui plutôt que les auspices sont bons. Ça le rendra plus confiant.

Ce fut fait. Officiellement rien ne s'opposait au départ des deux hommes qui s'accordèrent un jour de plus pour se séparer doucement de leurs proches. Judik avait déjà fait le tour de tous les postes, conféré longuement avec Toumi, Tubul et Botil, lesquels, durant son absence, encadreraient les Tigres vigilants. Le plus âgé des trois, et aussi le plus réfléchi, Toumi, assurerait le commandement par intérim, il en avait l'étoffe, et pourrait même remplacer Judik si, d'aventure, celui-ci ne revenait pas. Aban et Nabal n'avaient eux besoin d'aucun conseil. Il était clair, pour eux, que jamais les Cobras intrépides ne devaient se faire repérer ou prendre vivants par l'ennemi. Tous avaient, en partant en opération, dans un sachet de tissu, de la poudre mortelle pour se soustraire aux interrogatoires. Kervanec eut droit à une dose.

— Si tu es pris, n'hésite pas, lui conseilla Aban, avale d'un coup la mixture, et tu périras avant d'avoir eu le temps de parler.

Bopal reçut aussi sa ration de poison. Le matin du départ, Judik s'obligea à ne pas se laisser attendrir par la mine défaite et les yeux rougis de Vania. Il s'en écarta après une étreinte compulsive qui leur fit plus de mal que de bien, embrassa Tao, le hissa à bout de bras avant de le redonner à la nourrice. Après avoir salué affectueusement les anciens, Kervanec s'approcha d'Ankun qui lui prit les deux poignets.

— Ne te fais pas de souci pour ta femme et ton fils. Ils sont sous bonne garde. Va et agis comme te le dicte ton cœur. Que la Grande Mère, les Phi et les ancêtres guident tes pas.

Tamil et Alta lui mirent à tour de rôle la main sur le front comme pour le bénir, et cette imposition chassa toutes ses peurs. Par transmission de pensée, ses deux maîtres lui avaient appris comment entrer en empathie avec les Vénérables qui peuplent les forêts. Grâce à eux, il était maintenant un chaman. S'il ne devait plus revenir, il aurait à faire connaître autour de lui la sagesse des Boloven libres, à initier ceux qui le méritaient, et à lutter pacifiquement pour que les hommes du dehors retrouvent la raison.

— Tu étais venu nous apporter la bonne nouvelle, lui rappela le devin, alors que tu ne l'avais pas. Te voici comblé. Désormais tu peux la faire connaître.

— Tu es notre envoyé, compléta Tamil. Tu t'apercevras vite qu'il n'est pas facile de redonner la vue aux aveugles ou de faire entendre les sourds. Va ! Si par malchance tu ne revenais pas d'Attavane, la Grande Mère ne te perdrait pas de vue et éclairerait tes actes.

Bopal le pisteur avait déjà sa hotte sur le dos. Judik fixa la sienne. Elle contenait son viatique : une gamelle pour faire cuire le riz, un peu de linge de rechange et quelques médicaments à base de plantes. Après un dernier signe de la main, il calqua sa marche sur celle de son guide. Vania s'élança pour le supplier de rester. La main ferme d'Ankun la bloqua en plein élan.

— Laisse-le aller vers son destin. Si les présages le concernant ne sont pas très bons, aucun ne prévoit sa mort. Il faut t'attendre, peut-être, à ne plus le revoir avant longtemps. Néanmoins il restera des nôtres jusqu'à la fin de sa vie, et même après.

Sa voix se fit plus ferme.

— Retourne seconder la veuve Maka. Il faut augmenter la production de riz, développer l'élevage de porcs et de volailles, si nous ne voulons pas être confrontés à la pénurie. Au travail, vite, et cesse de pleurnicher !

Elle s'exécuta, malgré une nausée tenace qui lui tordit le ventre plusieurs jours durant.

Une section de Tigres escorta le Boloven blanc et Bopal jusqu'au poste le plus avancé de Wilaï, où Toumi et Tubul les attendaient pour un dernier repas avant leur longue marche en territoire ennemi.

7

La capture

Près de Nakiri, une section de Cobras qui rentrait de mission se dissimula dans les arbres, à l'approche des deux marcheurs en route pour Attavane. Judik passa au-dessous d'eux sans les voir. Bopal les sentit.

— Montrez-vous, je sais que vous êtes là, s'écria-t-il en promenant son regard dans les frondaisons.

Des formes noires glissèrent le long des lianes et les deux hommes se retrouvèrent encerclés par le commando. La belle Ahinée, fille de la veuve Katile, se planta devant l'amant qu'elle s'était choisi le soir de son triomphe.

— Pourquoi t'en vas-tu ? Tous les sentiers sont truffés de pièges et de mines. Les Pathet Lao sont partout. Ils profitent du cessez-le-feu pour prendre l'avantage sur le terrain.

— Je vais à Attavane réconforter un ami gravement malade, expliqua-t-il.

— Un Farang, comme toi ?

— Un vieux Farang qui mérite d'être aimé. Et vous, d'où venez-vous ?

— Nous sommes allés presque jusqu'à Muang Phin. Partout, les montagnards nous accueillent avec chaleur et nous créons des réseaux secrets.

— Avez-vous encore éliminé des nuisibles ?

— Oui, deux ! Toujours pour les mêmes raisons. Un intermédiaire négociait avec un colonel du Pathet Lao afin d'obtenir des concessions forestières dans toute la contrée pour une société thaïlandaise, et l'officier allait lui allouer en sous-main un territoire beaucoup plus étendu que prévu, moyennant quelques avantages cachés versés à l'étranger.

— Comment ont-ils été châtiés ?

— A la suite d'un très regrettable accident, ironisa-t-elle. A la fin d'un repas où ils avaient beaucoup bu, les deux criminels — l'officier a fait fusiller des dizaines de montagnards qui ne voulaient pas renier leurs croyances — ont pris une Jeep pour aller explorer sur le terrain les zones qu'ils projetaient de déboiser. Ils roulaient trop vite sur une mauvaise piste. Une roue avant reçut la flèche de Guléa, le frère d'Uline, en plein virage, juste au bord d'un ravin, et le véhicule s'y abîma en tournant sur lui-même. Comme il transportait deux jerricans pleins d'essence, il explosa, carbonisant les deux passagers et tout ce qui pouvait brûler.

L'auteur de ce fait d'armes lui fut présenté. C'était un gaillard discret, d'une vingtaine d'années, marié à la très jeune Bilène, fille d'Aban. Ahinée émit un rire de satisfaction communicatif et reprit :

— Le remplaçant du colonel, le commandant Phouma-Phong, informé de la tractation qui aurait rapporté au Parti une grosse pile de ce « papier mérican qui permet de tout avoir », a pris peur et a demandé sa mutation pour la région de Thakek, près du Mékong.

— Et la troupe ?

— La rumeur de morts étranges frappant tous ceux qui s'intéressent d'un peu trop près à nos arbres sacrés a créé un climat d'incertitude. Les patrouilles n'osent plus s'aventurer en direction de la cordillère. Elles préfèrent rôder dans les rizières qu'elles contrôlent et où elles se sentent en sécurité. C'est là que vous risquez de tomber sur elles. Il vous faudra être aussi invisibles que le caméléon, surtout toi, Boloven blanc, avec ta haute taille, tes yeux verts, et ton nez pointu.

Elle pouffa et eut tout à coup l'air d'une petite fille. Sa brillante réussite lors du précédent raid en terres hostiles lui avait valu une promotion. C'était elle qui dirigeait ce commando de Cobras intrépides.

Le soleil atteignait la cime d'un piton touffu. Il n'allait pas tarder à disparaître et l'obscurité alors tomberait vite. La nuit était la meilleure alliée des Boloven. Elle permettait d'éviter les rencontres indésirables et d'approcher des ennemis sans être vu. La fille de la veuve Katile chuchota des mots doux à l'oreille de Judik, tandis que ses équipiers et Bopal se hissaient à la force des bras, sur de hautes branches, pour palabrer en silence.

— Le temps nous est compté, viens, souffla-t-elle, en l'entraînant dans la jungle épaisse.

— J'aime Vania, tu le sais !

— Oui, nous l'aimons tous, comme nous t'aimons, toi aussi. Je voudrais que ta semence me donne un enfant qui te ressemble un peu. Les Phi du logis ont fait exprès de te mettre sur mon chemin aujourd'hui, car c'est le bon moment.

Un souhait des Phi de proximité était une incitation qui d'ordinaire ne se refusait pas. Une fois de plus, Ahinée l'entraîna dans un ballet reptilien. Sa peau sentait la mousse, la fougère, la terre humide, et ses cheveux la paille de riz fraîchement coupée. Comment résister ? Lui aussi eut faim d'elle et il la huma, l'étreignit, la consomma jusqu'à lui arracher de sourds gémissements. Un instant vaincue, la guerrière reprit l'offensive et le Boloven blanc succomba dans ses bras. En douceur, après une dernière étreinte, elle se détacha, remit ses habits sombres et son bandeau couleur de sang, lui donna un baiser, et émit un sifflement à peine audible qui rameuta les Cobras. Ils glissèrent des lianes jusqu'au sol et s'évanouirent sans le moindre bruit, derrière la tueuse au regard moqueur, qui retournait au village, le cœur serein.

— Allons, dépêche-toi, s'impatienta Bopal le pisteur, il faut profiter de la nuit pour avancer le plus possible.

Il se secoua, comme s'il sortait d'un étourdissement, et, en progressant dans l'obscurité toute bruissante de vie sauvage, il crut tout d'abord que l'intermède amoureux qu'il venait de vivre n'avait été qu'une illusion. L'odeur d'Ahinée imprégnée dans son corps le démentit. Elle s'était substituée à celle de Vania, qui se parfumait aux essences de fleurs, et durant le trajet l'image de la fière rebelle supplanta souvent dans ses pensées celle de sa bien-aimée.

Il avait une drôle d'allure : un échalas vêtu d'une culotte trop courte qui le serrait aux mollets, d'une ample chemise en lin gris dont les pans descendaient aux genoux, d'un gilet de laine passablement élimé et de sandales viets taillées dans de vieux pneus. Sa hotte épousait la voussure de son dos et ses cheveux, qu'il n'avait pas coupés depuis son arrivée dans la tribu, étaient en partie cachés sous le turban noir qui ceignait son front. Un collier de quartz rose faisait ballotter contre sa poitrine une boîte ronde en bois de teck contenant un peu de la terre locale. Ce talisman offert par Ankun, qui lui-même le tenait de son père, était pour lui le plus beau des joyaux. Sa haute taille l'empêchait de se fondre parfaitement dans le paysage. Lorsqu'il marchait à ses côtés, son compagnon avait l'air d'un nain. Un tel couple passait difficilement inaperçu et c'est pourquoi Bopal préférait prendre un peu d'avance, ce qui lui laissait le temps de repérer les pièges. Ils évitèrent plusieurs mines antipersonnel, probablement laissées par des Bérets Verts méricans ou leurs acolytes, et des chausse-trappes communistes. Au lever du soleil, dans les savanes du plateau des Boloven, ils aperçurent, fait extrêmement rare pour être admiré, un vieil éléphant solitaire, à la peau d'un blanc tirant sur le gris, qui grappillait les feuilles tendres des arbres disséminés dans les herbes hautes.

— Le Gomol, marmonna Bopal d'un ton incrédule.

— Que veux-tu dire ?

— Le Gomol est l'un des derniers éléphants blancs. Le voir est un privilège, un signe de longue vie et de bonheur. Ils sont si peu à pouvoir s'en glorifier que les autres les soupçonnent de vantardise et répètent que c'est une légende, que les éléphants blancs n'existent pas !

— Et pourquoi pas ? enchaîna machinalement Judik. L'ex-empereur du Vietnam Bao Dai en avait un qui, après son abdication, a continué d'être entretenu par les gardiens du palais impérial. Il paraît qu'il s'est enfui en direction du Laos lors de la bataille de Huê. Qui sait si ce n'est pas celui-là ?

— Et pourquoi pas ? le singea Bopal en exhibant ses dents blanches.

Que d'endurance, d'entêtement étaient concentrés dans ce pachyderme mythique qui avait jusque-là résisté aux kalachnikovs des maquisards, aux pistolets-mitrailleurs des gouvernementaux et aux bombes des Méricans ! On devinait de loin les balafres roses qui striaient ses flancs. Telles des décorations, elles attestaient de sa bravoure. Un résistant de cette envergure méritait le respect, et s'il n'avait craint de se faire charger, Judik serait bien allé le féliciter. Perçut-il leur présence ? Il écarta les oreilles à plusieurs reprises, poussa un long barrissement, et s'éloigna en trottant vers une forêt proche. Comme médusés par son arrière-train flottant dans la prairie, les yeux des deux hommes restaient fixés sur le Gomol qui, à l'instar des Boloven de la vallée cachée, n'avait de choix qu'entre la liberté et la mort. Même quand il eut disparu dans les frondaisons, ils continuèrent à scruter le paysage dans sa direction. Ils étaient si nombreux jadis que le Laos se flattait de porter leur nom, « le pays du million d'éléphants ». Les rares survivants se trouvaient aujourd'hui en captivité, soumis à de rudes travaux. Ce réfractaire leur donnait presque envie de le suivre.

— Bigre ! Nous avons eu de la chance, murmura Judik, quand l'effet de charme se fut dissipé. S'il nous avait attaqués...

— Il savait que nous n'étions pas des ennemis, affirma Bopal. Il nous a simplement souhaité bonne route et invités à la prudence.

— J'ignorais que tu comprenais son langage, fit Judik d'un ton amuse.

— Je ne le comprends pas, répliqua le pisteur, habitué à côtoyer les animaux insoumis. Je le devine.

Ils longèrent des plantations de café, traversèrent des rizières à découvert, se tapirent des heures durant, dissimulèrent leurs hottes et s'immergèrent dans une mare à cochon, aspirant l'air avec une tige de roseau, au passage d'une patrouille de partisans communistes. Les arbres étaient leurs gîtes. Ils y dormaient, bras et jambes enroulés autour de grosses branches. Dans une prairie giboyeuse, ils aperçurent un mâle gaur très puissant qui surveillait de près ses deux femelles sur le point de mettre bas. Tout en râclant le sol de ses sabots, il darda sur eux un regard comminatoire qui les somma de ne pas s'approcher. Ils passèrent au large. La chance leur fit également entrevoir un rhinocéros qui traçait comme un tank, dans la plaine peu sûre, et, quelques minutes plus tard, les cornes fuselées d'un bovidé inconnu qui, telles deux lames de kriss malais, tranchaient l'ondulante masse verte des graminées géantes, hautes comme des roseaux. Etait-ce un saola, espèce mentionnée dans de très vieux ouvrages chinois, mais devenue si rare que certains zoologistes avaient fini par douter de son existence ? Judik le soupçonna sans pour autant en avoir la certitude, la bête en cavale ne lui ayant laissé d'elle qu'une vision fugitive.

Plus les jours passaient, plus ils devenaient hirsutes. Leurs yeux à force de fureter s'étaient aiguisés. Rien n'échappait à ceux de Bopal qui n'avait pas besoin de jumelles pour détecter, au loin, avant qu'elles ne soient réellement perceptibles, les moindres anomalies. Ce don leur valut de contourner à temps de nouveaux postes de contrôle et d'éviter des passages minés. A deux reprises, à l'orée d'agglomérations importantes, il fallut sortir la sarbacane et se tenir prêt, tant était fréquente et proche la présence des Pathet Lao qui noyautaient la campagne. Vu son handicap, le duo inséparable qui cherchait à passer inaperçu devait faire carrément preuve de prescience. Pour ne pas attirer l'attention sur son système pileux, Judik se rasait chaque soir au coupe-chou, mais ses vêtements craquelés de boue, sa silhouette d'épouvantail avec son grand bâton se remarquaient de loin. Bopal occupait beaucoup moins le décor, mais devait être attentif pour deux.

— Comment as-tu donc fait pour passer inaperçu avec la mule, lors de ton précédent voyage ? s'étonna Judik, devant les difficultés de ce déplacement qui les obligeaient maintenant à ne se mouvoir que de nuit et avec d'infinies précautions.

— La situation a beaucoup changé. Aujourd'hui ce serait impossible, confirma Bopal. Il y a trop de Pathet Lao. Ils sont partout. En plus, poursuivit-il moqueur, je n'avais pas un grand javelot comme toi à mes basques. Je suis un simple montagnard, moi. Et un montagnard qui revient de la ville, même avec une mule chargée de ballots, c'est plutôt courant, ici.

— Tu veux dire que c'est moi le problème ?

Le pisteur leva les yeux au ciel d'un air faussement fataliste, un pétillement dans les pupilles. Judik, imaginant la touche qu'il devait avoir, rit volontiers de lui-même.

Les Phi rapprochés, qui ne perdent jamais de vue chacun des membres de la tribu, eurent l'heureuse surprise de voir leurs deux protégés retenir leur fou rire, dans les branches d'un manguier opulent. Du hameau tout proche montait la voix d'un commissaire politique faisant miroiter des lendemains qui chantent à des travailleurs agricoles abrutis de fatigue. En écoutant cette harangue matinale, ponctuée de slogans bêtifiants et d'hymnes révolutionnaires, faiblement repris par l'auditoire, Judik se dit qu'il n'y avait probablement rien de pire qu'un stalinien honnête, car il pouvait encaserner les gens contre leur gré et leur faire subir les pires humiliations, en restant franchement convaincu d'agir pour leur bien. Avec les opportunistes, on pouvait toujours s'arranger. Ils étaient le plus souvent achetables, et la doctrine passait après leur intérêt personnel. Le zélote, lui, n'avait ni défauts ni états d'âme. Il était la parole incarnée du Parti, et aussi son bras armé. Ses décisions devaient être appliquées à la lettre, et ses punitions étaient toujours méritées. Celui qui leur empoisonnait les oreilles depuis un bon moment en était, semblait-il, un archétype, et avoir à attendre toute une journée dans cet arbre, si près d'un tel illuminé, leur ôta le peu de gaieté qui leur restait encore. Trop recrus pour envisager de décaniller, ils finirent par se dire que personne ne viendrait les dénicher sur leurs hautes branches et, les étreignant fortement, ils s'assoupirent. Des gosses les réveillèrent. Ils se trouvaient sous le manguier et cherchaient en vain à s'y agripper. Un grand survint et, avec aisance, se hissa par le tronc jusqu'au premier niveau.

— T'es pas capable de monter tout en haut, le défia l'un des petits, furieux de ne pouvoir l'imiter.

L'autre allait s'exécuter, quand la voix du Parti bloqua son élan.

— Hé ! Vous là-bas, au cours d'instruction politique, tout de suite !

Il venait de faire une très bonne action, le commissaire. Cela permit à deux marcheurs clandestins épuisés, sur le point d'être découverts, d'attendre en somnolant la tombée de la nuit.

Les chiens, par bonheur, étaient rares. En période de pénurie, ils payaient au prix fort leur proximité avec les humains et étaient les premiers mangés, mais il suffit d'un seul pour donner l'alarme et un molosse dressé à chasser les ennemis du peuple leur tomba dessus au détour d'une sente. Le dard de Bopal se ficha dans sa gueule grande ouverte, alors qu'il bondissait. Il s'effondra au sol, son aboiement coupé net. Balayant le noir avec les faisceaux de leurs lampes, des miliciens accouraient. La fuite fut aisée, mais les cœurs mirent un certain temps avant de retrouver leur rythme normal. Etait-ce nerveux ? Bien qu'essoufflés, ils se plièrent en deux et s'esclaffèrent à en avoir les larmes aux yeux. Les lumières d'Attavane enfin vacillèrent comme des étoiles à ras du sol.

La lune était absente et les ténèbres régnaient. Sans cela, l'approche se serait avérée beaucoup plus délicate et aurait été considérablement ralentie. Ils commencèrent à se déplacer par bonds et à plonger à plat ventre toutes les dix enjambées. On parlait tout près d'eux, à droite, à gauche. Ici les Pathet Lao, là-bas les gouvernementaux. Entre-temps, ils s'étaient recouverts de branchages et étaient devenus des buissons ambulants. Les feux des campements n'éclairaient que les hommes assis dans leur proximité. Judik et Bopal pouvaient les voir, sans être vus. La ville plongée dans l'ombre était envahie de détritus. Une odeur de pourriture stagnait dans l'air frisquet de ce début de saison sèche. Des militaires ivres s'avachissaient sur les comptoirs des bouges que hantaient des catins au rebut, les plus recherchées ayant déjà suivi à Vientiane leurs clients influents. Les juke-boxes nasillaient des chansons d'amour pour ces jeunes à la dérive, qui noyaient leur frustration dans l'alcool. Les partisans du Pathet Lao, eux, se saoulaient de chants martiaux. Ceux du royaume déliquescent préféraient la bière et le mauvais whisky. Leurs officiers supérieurs avaient déjà pris la fuite, et les soldats méricans s'en allaient.

Les deux silhouettes intruses furtivement se faufilèrent loin de ces lieux animés où venaient se perdre les lambeaux de la garnison. Arrivés à proximité de la mission, sans doute étroitement surveillée par les agents des uns et des autres, ils redoublèrent de précautions. La façade de la maison coloniale fut escaladée avec dextérité, puis ils enjambèrent la rambarde du balcon. Alors, à pas de loup, ils se dirigèrent vers la chambre du père Bricart. Elle était faiblement éclairée. Judik, tout doucement, frappa à la porte. Le père Anga vint ouvrir et eut un sursaut de frayeur en découvrant devant lui, dans l'embrasure, les deux voyageurs accablés de fatigue et repoussants de saleté.

— Qui... qui êtes-vous ? questionna-t-il, inquiet.

— Judik, je suis Judik Kervanec, et voici Bopal le pisteur.

— Mon Dieu, comment avez-vous fait pour venir jusqu'ici ? s'étonna l'oblat boloven. Entrez, je vous prie.

— Comment va le père ?

— Mal, très mal. Le supérieur m'a envoyé pour le remplacer à la mission et le faire rapatrier sur Vientiane par avion. Hélas, il n'est plus transportable. Je crois qu'il vous attendait avant de rendre l'âme.

Sous un crucifix, dans une moustiquaire entrouverte, le vieux missionnaire somnolait, la tête posée sur plusieurs oreillers. Cachectique, livide, il avait déjà le visage d'un mort. Une sœur méo tamponnait son front avec une serviette humide. Au plafond, un ventilateur brassait l'air, et une lampe en rotin tressé diffusait sa lumière en faisceaux. Le mourant ouvrit les yeux quand Judik se pencha vers lui.

— Dieu soit loué, vous êtes là, soupira-t-il. J'espérais sans y croire.

Discrètement, le père Anga se dirigea vers la porte en entraînant avec lui la religieuse et Bopal.

Le père Bricart serra convulsivement la main de son visiteur qui s'était assis sur une chaise, près du lit. Le vieillard braqua sur lui ses yeux clairs, déjà voilés par les brumes de l'acmé. Une amorce de sourire étira la commissure de ses lèvres et, de sa voix sans timbre, il lui demanda :

— Alors parlez-moi de là-bas. Vous êtes-vous fait à leurs croyances, à leurs mœurs, à leur licence ?

Son visage se fit presque suppliant, comme s'il craignait de ne plus vivre assez longtemps pour entendre la réponse.

— Qu'appelez-vous licence, mon père ? Est-ce un mal d'aimer la vie et de considérer l'amour comme un acte ludique, doublé d'une communion ?

— Enfin, eut encore la force de s'indigner le prêtre, bien qu'étant profondément attaché à ces montagnards — j'en ai converti des centaines —, je réprouve leur façon bestiale de copuler.

— Ils s'aiment entre eux, comme nous ne sommes pas parvenus à le faire, malgré deux mille ans de christianisme. Et surtout, leur amour n'a rien d'individuel ni de possessif. C'est un amour collectif, qui lie les uns aux autres tous les membres de la communauté. Lorsque les couples se défont, ils se reconstruisent autrement sans qu'il n'y ait jamais de haine. Les enfants eux-mêmes ne sont la propriété de personne et n'importe quel membre de la tribu peut, du jour au lendemain, remplacer le père ou la mère biologique, si la nécessité l'exige.

— Vous approuvez donc ces usages païens. L'anthropologue a décidément pris le pas sur le prêtre.

— J'affirme seulement qu'ils sont naturels, contrairement aux mœurs des nations judéo-chrétiennes, fabriquées à coups d'interdits, et qui ont inoculé à l'homme des frustrations terribles, les poussant parfois au meurtre ou à la guerre. Les Boloven n'ont pas de vices cachés, pas de blocages et ne se prennent pour rien d'autre que des enfants de la Terre, de la Grande Mère. La forêt représente sa toison. Vis-à-vis d'elle, ils ne s'accordent pas plus d'importance que des poux dans une chevelure. Des poux, rien d'autre que des poux. L'avidité qui pousse les hommes à en vouloir toujours plus ne les a pas atteints. Leur religion les a préservés de toutes les tentations. En les convertissant, je les perdais. J'en faisais des humains standard, semblables à tous ceux qui les oppriment. Pour les Boloven libres, communistes ou chrétiens représentent le même danger. Ils ne pensent qu'à dominer, bafouent, tourmentent, saccagent celle qui les a fait venir au monde. A leurs yeux, et aux miens désormais, le seul être suprême à vénérer, c'est elle, la Terre.

Il désigna le sol de son doigt.

— De toute façon, c'était une mission impossible que l'on m'avait confiée. Je suis tombé sur des purs, mon père, des hommes comme on rêverait qu'ils soient tous, vrais, sincères, sans la moindre hypocrisie. Et ce sont eux, comme je vous l'ai dit lors de mon précédent passage, qui m'ont converti.

Comme tendu vers Judik, le mourant tenu en haleine prolongeait ses derniers instants. Il se trouvait maintenant à un stade où sa foi de charbonnier n'éprouvait plus la nécessité de mettre des œillères, et il sentit monter en lui un sentiment d'admiration.

— Vous aviez l'étoffe d'un grand missionnaire et... je crois que vous l'avez toujours, mon fils.

Ses doigts déjà froids émirent une légère pression. Son regard délavé était redevenu lucide. Une lueur complice brilla dans ses pupilles.

— Si j'avais eu votre âge, qui sait ? Nos chemins ont hélas divergé. Je veux continuer de croire comme j'ai toujours su le faire. Je ne vous infligerai pas, comme dans la lettre que je vous ai fait parvenir, l'injure de vous redemander qui a créé la terre, l'univers, le cosmos, ni d'ajouter que, pour faire tourner rond cette machinerie cosmique, il faut un architecte divin. Le débat, hélas, risquerait de nous mener fort tard et voyez-vous, mon jeune ami, ce soir je suis un peu pressé.

Sa voix faiblit et ses yeux se ternirent de nouveau.

— Cependant je vous accorde que le christianisme — comme toute autre religion d'ailleurs —, mal enseigné, mal compris et mal appliqué, peut faire de grands dégâts, et je vous approuve de tout tenter pour empêcher la disparition de ce peuple des origines.

Judik retenait ses larmes. Les doigts du missionnaire lâchèrent son poignet.

— Allez, mon fils, les agonies ne sont jamais héroïques. Retournez défendre vos frères. Je crois que vous vous êtes bien trouvés.

Il eut un léger spasme et sa voix à peine audible se fit pressante.

— En partant, faites venir le père Anga. Vite ! Bon voyage, ami.

Les bastringues moulinaient leurs chansons tristes qui arrivaient par vagues sur le balcon. Que faire ? Repartir sur l'heure ou attendre encore un peu ? La prudence eût exigé la première solution. C'est le chagrin qui gagna. Les bonnes sœurs les firent venir à la cuisine. Judik fit un effort pour ne pas imiter Bopal et se jeter gloutonnement sur le poulet au curry qu'elles posèrent sur la table, mais il termina son assiette et en redemanda. Le père Bricart, une fois l'extrême-onction reçue, entra dans une inconscience agitée qui le traîna jusqu'à l'aube. Au lever du soleil, il expira. Les deux marcheurs décidèrent de passer la journée à la mission pour se reposer et de ne repartir que le soir. Ils dormirent dans le dortoir réservé aux visiteurs de passage, pendant que les religieuses et le père Anga procédaient à la toilette du défunt. Le missionnaire était aimé des humbles, et ces derniers, des réfugiés pour la plupart, vinrent nombreux se recueillir devant sa dépouille, avant les funérailles prévues pour le lendemain. Déjà les fleurs s'appropriaient l'église.

De vieilles montagnardes en costume traditionnel se regroupaient dans les jardins de la mission en se lamentant. Les habituées aidaient le personnel à cuisiner les repas, préparer la cérémonie et recevoir les amis qui venaient présenter leurs condoléances. Mani le séminariste qui, la première fois, avait conduit Judik dans la tribu cachée expliquait à Bopal, son lointain parent, comment sa famille s'était retrouvée ici.

— Quand les gouvernementaux ont brûlé notre village, nous avons erré jusqu'à Attavane. J'étais encore tout petit. Le père Bricart nous a donné l'hospitalité et mes parents ont travaillé pour lui. Pisteur comme toi, mon père l'accompagnait dans ses déplacements et s'occupait aussi du potager et des arbres fruitiers. Il est mort l'an dernier d'un cancer de la gorge. Il fumait trop. Ma mère est toujours là. Elle aide aux travaux ménagers. La vallée secrète, où elle est née, ne lui a pas laissé de souvenir marquant. Elle l'a quittée trop jeune et a tiré un trait sur son enfance, quand elle a décidé de suivre mon père dans sa tribu.

— Pourquoi avoir renié le culte de la Grande Mère ? s'étonna Bopal.

— Je n'ai pas eu à le faire. Notre localité avait déjà été évangélisée quand le père Bricart est arrivé. Comme le missionnaire précédent, il venait une fois par mois dire la messe, laissant à des catéchistes le soin d'entretenir en son absence la flamme de la foi. Ma mère était la seule païenne, elle s'est tout de suite convertie. J'ai été élevé dans la religion chrétienne et je n'en connais pas d'autre.

— Dommage pour toi, se désola Bopal, qui ne comprenait pas les avantages qu'on pouvait tirer d'une religion si lointaine.

— Ne te lamente pas pour moi, plaisanta Mani. Dans un an je pars étudier au pays des Farang et, quand je reviendrai, j'irai dans la vallée cachée vous enseigner la vraie foi.

— Mon pauvre, tu n'es pas au bout de tes peines. Regarde le Boloven blanc. Il voulait faire la même chose et il nous a rejoints

— Il avait tout à apprendre de vous. S'il est tombé dans vos superstitions, tant pis pour lui. Moi je crois en un seul

Dieu, créateur du ciel et de la terre, et en Jésus-Christ, son fils unique.

— Arrête, ce n'est pas toi qui parles. Tu récites ce qu'on t'a appris, comme un perroquet.

— Pas comme un perroquet, comme un fidèle.

Dès qu'il s'était réveillé, Judik avait rejoint la chambre mortuaire. Revêtu d'une soutane blanche, les deux mains reposant sur sa poitrine, le père Bricart ressemblait maintenant à ces gisants de pierre au visage sévère qui hantent les cathédrales. Les volets clos laissaient passer des lamelles de jour vibrantes de particules en suspension. Sur la table de nuit des tiges d'encens fixées sur un support se consumaient, laissant échapper de légères spirales de fumée qui refoulaient l'écœurante fadeur stagnant dans la pièce. Le missionnaire demain serait enterré dans le cimetière chrétien voisin de l'église, et il se dissoudrait dans la terre. Au pied du cèdre Bolus, tout là-haut, parmi les ossements des ancêtres, il aurait été beaucoup mieux que dans ce sol nécrosé qui ne savait plus, depuis longtemps, rendre visible l'âme des morts, se disait Judik. Avec Boltal et les patriarches, il en aurait eu, des résurrections.

Agenouillé à son chevet, le père Anga, qui ne l'avait pas quitté depuis son dernier souffle, sanglotait entre deux oraisons et Kervanec, dans un élan de compassion, pressa légèrement son épaule.

— Vous devriez vous reposer un peu, mon père.

— Il me manque, vous savez, il me manque. Je lui dois tant.

Pauvre père Anga, se dit-il, si heureux d'être devenu un clone de Farang. Même s'il parlait encore la langue de ses aïeux, il n'était plus un Boloven, avait renié les Phi et toujours ignoré les codes secrets qui permettaient de communier avec la Grande Mère. Ses seules références désormais étaient celles que le père Bricart lui avait inculquées et à cette époque ses œillères fonctionnaient à plein. Sa formation ne laissait guère de place à l'ouverture. Aujourd'hui que le missionnaire n'était plus là, l'orphelin qu'il avait pétri à son image, auquel il avait tout appris, était terrorisé.

— Il vous reste l'ordre. Les oblats sont comme une famille.

— Comme une famille, répéta le père Anga, c'est vrai...

Cette certitude apaisa sa détresse. Dans la congrégation, il ne serait jamais seul. Elle s'occuperait de lui comme elle l'avait toujours fait, l'emploierait au mieux de ses compétences, gérerait ses pensées et son existence dans le moindre détail. Jusqu'au terme de sa vie, il serait entouré, secouru, protégé par un ensemble d'hommes de la trempe du père Bricart et son avenir parfaitement balisé lui épargnerait les frayeurs du doute et de la solitude. Rasséréné, il releva la tête. Ses yeux encore humides brillaient d'une lueur nouvelle. Celle qui éclairait le regard des chrétiens conduits au Colisée pour y subir le martyre, dans la Rome des Césars, ne devait pas être très différente. Oblat, il était à nouveau oblat. Après des heures de flottement, il avait retrouvé sa raison de vivre et celle-ci tout à coup le rendait moins fragile. Il fit un signe de croix, se releva et s'approcha de Judik.

— Et vous, qu'allez-vous devenir ?

— J'ai une famille, moi aussi, père Anga, et avec elle je sais où je vais.

— Mon ami, vous vivez dans le péché, revenez, je vous en conjure, il en est encore temps.

— Quelle ironie, que ce soit vous, un Boloven converti, qui me demandiez de revenir dans ma religion d'origine, de rejoindre mes frères blancs.

— Mon Dieu ! Ils vous ont complètement perverti. Je vous avais pourtant mis en garde. Souvenez-vous. Je vous avais dit qu'ils étaient coriaces. Vous avez manqué de foi.

— Au contraire, j'en ai un peu plus que la moyenne. Je suis même reconnu en tant que chaman, vous savez.

— Arrêtez, Seigneur ! Vous blasphémez !

— Pas du tout. Le hasard a fait de vous un prêtre chrétien et de moi un Boloven libre. Croyez-moi, je suis très bien où je suis, et vous, très bien où vous êtes. Ma voie sera moins dégagée que la vôtre, moins droite aussi, mais je sais dorénavant clairement d'où je viens et où je vais, si clairement même que depuis ma conversion je n'ai jamais été aussi heureux. La Grande Mère est généreuse avec ceux qui savent l'aimer.

Déstabilisé, le père Anga retomba à genoux et s'emmura dans la prière. Poursuivre la conversation plus avant n'aurait servi qu'à ébranler davantage un homme qui ne pourrait jamais se permettre, n'ayant plus de racines autres que celles qu'on lui avait greffées, de retourner à sa culture d'origine. Kervanec s'inclina une dernière fois devant la dépouille du père Bricart.

— Courage mon père, lança-t-il à l'oblat boloven. Soyez heureux avec vos frères chrétiens, moi, je dois rejoindre les miens.

— Que Dieu ait pitié de vous, souffla le père Anga.

— Que la Grande Mère, les Phi et les ancêtres vous aident dans l'adversité, répondit Judik en quittant la pièce.

Le soir tombait. Avant le départ, Judik et Bopal allèrent saluer la mère de Mani qui, prise par le ménage et les affairements du deuil, les avait délaissés. Bien qu'originaire du même village que lui, la femme qu'il découvrit parut étrangère à Bopal. Une blouse et un fichu noirs sur un corps fatigué, une figure sèche qui avait perdu le sourire. Comment, devant cette veuve sinistre, ne pas avoir une tendre pensée pour les veuves épanouies de la tribu ? Tout en évoquant avec sa lointaine cousine la parenté qu'elle avait oubliée, il imaginait la ronde poitrine de la veuve Maka et sa bouche pulpeuse aux dents de nacre, puis les hanches solaires de la veuve Katile, enserrées dans un sarong aussi jaune que l'astre de feu. Son visage s'éclaira et la chrétienne prématurément flétrie en fut émue. Tant de joie émanait soudain de ce jeune garçon qu'elle se persuada que son fils, un jour, le convertirait. Elle daigna l'embrasser et l'air réjoui de Bopal se mua en grimace.

— Il faut y aller ! intervint Judik.

Le pisteur le suivit.

— Salut, perroquet, lança-t-il au passage à Mani, qui le regardait s'éloigner à regret.

— Je te baptiserai, maudit païen, rétorqua celui-ci, sans trop y croire.

La première nuit, malgré une baisse soudaine de température qui les fit claquer des dents, tout se passa pour le mieux. La deuxième nuit, le piège ! La lune n'était qu'un croissant à peine visible parmi les milliards d'étoiles. Bopal marchait assez loin devant pour ouvrir la voie, un peu trop loin peut-être, et Kervanec s'égara à l'orée de Wut Pho, un bourg rural au cœur d'anciennes plantations coloniales occupées par les communistes. Croyant s'en éloigner, il s'en rapprochait. Un cliquetis d'armes lui glaça le dos en même temps qu'un projecteur le clouait sur place. Il les vit se ruer sur lui en vociférant, et s'écroula sous un déluge de horions. Impossible de prendre la poudre mortelle.

— Va, Bopal ! Va ! Et dis-leur bien à tous que je leur resterai fidèle jusqu'au bout. Dis à Vania que je l'aime et que, si je ne suis pas de retour dans treize lunes, elle trouve un bon père pour élever notre fils. Un jour, je reviendrai, c'est prom...

Un coup de crosse sur le crâne interrompit ce message silencieux. Un sentiment de culpabilité assaillit le pisteur qui se reprocha de n'avoir pas senti le Boloven blanc dévier de sa trace. Une peine énorme s'abattit sur lui, le fit fondre en larmes, tandis qu'il s'éloignait à grands pas de ce lieu maudit, qui avait échappé à la protection des Phi.

— Et toi, Boltal, et vous les patriarches, pourquoi ne l'avez-vous pas guidé ? hurlait-il à l'intérieur de lui-même à des aïeux qui étaient encore hors de portée et qu'il ne capterait qu'en territoire proche.

Il redouta son retour, anticipa l'accablement qui allait frapper la tribu, la souffrance de Vania, la tristesse des autres, et la soirée lugubre dans la Case aux esprits. Inconsciemment il ralentit sa marche, préférant ce surcroît de risques au rôle de messager du malheur qu'il allait devoir assumer...

— Agent impérialiste américain ! Vous êtes un agent impé-rialiste a-mé-ricain !

Deux yeux noirs dans un halo de brume, deux yeux noirs et têtus ainsi qu'une bouche fielleuse agressaient Judik au sortir de son inconscience.

— Allez ! Parlez ! Agent impérialiste américain, hein !

— Non, missionnaire français, eut-il la présence d'esprit de répondre.

A l'approche d'un gouvernement de coalition, dernière marche avant d'accéder au pouvoir, les communistes, bien qu'ils l'eussent déjà fait en période d'affrontement, ne prendraient pas le risque de fusiller un prêtre occidental ni de trop le malmener. Ce calcul avait dicté son mensonge. Or, le commandant Vang Boun détestait les missionnaires chrétiens qui avaient fait le lit du colonialisme et, pis encore, greffé une idéologie étrangère dans la patrie des travailleurs laotiens. Les subtilités de la *realpolitik* lui étaient étrangères. Le coup de poing qu'il décocha dans la face déjà tuméfiée de son prisonnier le confirma.

— Vous êtes donc un agent du colonialisme français, allié à l'impérialisme américain, miaula-t-il. C'est une double faute !

Les Kmu, car cet officier et ses assistants étaient des Kmu, Judik n'en doutait pas, en rajoutaient dans la haine. Leurs semblables, comme tous les peuples des hauteurs, avaient jadis pratiqué le chamanisme. A l'époque coloniale, probablement pour être protégés par les maîtres d'alors, face à l'hostilité des Lao, ils s'étaient convertis à leur religion, et avaient fourni par la suite de bons supplétifs au corps expéditionnaire. Après Diên Biên Phu, le catholicisme représentant cette fois un danger, ils s'étaient ralliés aux communistes, qui leur firent malgré tout chèrement payer leur choix précédent. Pour se faire bien voir, ceux qui avaient eu la chance d'être ensuite admis dans les rangs du Parti durent se montrer les plus audacieux au combat et les plus inflexibles avec la doctrine. Pour avoir atteint le rang d'officier et de sous-officiers, ces trois indigènes issus d'une tribu félonne avaient certainement excellé dans les deux. Ainsi raisonnait le cerveau toujours actif du pantin ensanglanté coincé entre deux sbires et soumis à la question. Et c'était visé juste. Une botte inquisitoriale heurta violemment le bas-ventre de Judik qui s'évanouit sous la violence du choc.

Pieds et poings liés, sur un sol en terre battue, dans le débarras d'une paillote réquisitionnée par ses geôliers, il entrouvrit péniblement un œil trop gonflé pour lui offrir un champ de vision normal. Le jour s'infiltrait dans le réduit par les interstices d'une cloison de bambou sur laquelle se déplaçaient par saccades de pâles geckos affamés de moustiques et qui se payaient un plantureux festin. Il regretta qu'ils ne fussent pas plus nombreux pour les dévorer tous, car plusieurs escadrilles de moucherons, anophèles et autres maringouins sifflaient dans ses oreilles et plongeaient en piqué sur le sang à fleur de peau de ses hématomes. Il ne savait pas s'il était là depuis des heures ou des jours. La scène récursive du commandant Vang Boun le passant à tabac avec l'aide de ses deux auxiliaires, toujours coiffés de casquettes à l'étoile rouge, semblait de moins en moins le concerner. Il la vivait souvent de l'extérieur, comme s'il assistait en témoin à sa propre torture.

— Vous êtes un criminel, un dépravé, un espion du grand capital ! hurla l'officier en allumant les fines tiges de bambou qu'il avait incrustées dans les ongles de sa victime.

Quand la flamme atteignit la chair et la corne, Judik se tendit comme un arc sur sa chaise, poussa un hurlement, tandis que les deux sbires maintenaient ses poignets plaqués contre la table. Et il avoua tout ce que son tourmenteur voulut lui faire avouer, tout, sauf l'essentiel. L'existence de la vallée cachée resta ignorée de ce butor, plus soucieux d'entendre Kervanec s'accuser de tous les vices que de découvrir la moindre vérité.

Il y eut encore le supplice de la goutte d'eau qui tombe sur le front à une cadence régulière pendant des heures et qui finit par résonner dans le crâne de la victime comme un bourdon battu à la volée. Il y eut des coups encore, et des cris. Sa souffrance avait atteint une telle intensité qu'une fois rejeté dans son cagibi, il restait prostré dans la position de sa chute, la moindre tentative d'en changer provoquant d'insupportables élancements. Il se sentit ravalé au rang d'un cancrelat, vautré au sol dans ses propres souillures. Son odeur lui donna des nausées et il finit par supplier la Grande Mère de le laisser mourir. Dans son inconscience, il revivait par bribes les images de son séjour chez les Boloven libres. Les souvenirs défilaient sans cohérence dans son cerveau perturbé. Ses effusions passionnelles avec Vania, les doux traquenards sur le Chemin des rencontres, Tamil et Alta lui faisant connaître les transes *numineuses* véhiculées par Altane, Tahir, Azul, les goumi, les gouma ou bolus qui venaient du cœur de la Divinité, les soirées conviviales dans la Case aux esprits, les anciens, les aïeux, et aussi la belle Ahinée l'entraînant dans sa danse d'amour. Tout ce monde ne le quittait pas, se déroulait comme un film au montage décousu et, la tête collée contre le sol humide, il se mit à sangloter sur ce paradis perdu. La poudre mortelle lui avait été retirée, comme le reste, et il regrettait d'être encore vivant. Boltal et sa troupe, bien que très éloignés de ce lieu, accomplirent l'effort d'atteindre sa pensée et il les vit se succéder, se pencher sur lui à tour de rôle. Le même mot se répéta autant de fois qu'il y avait d'ancêtres, et ils étaient innombrables. Résiste ! Résiste ! Résiste ! lui enjoignirent l'un après l'autre, sur le même ton énergique, ces immatériels vieillards.

A force de traîner pour retarder autant que possible son arrivée au village, Bopal le pisteur finit par se dire qu'il n'allait pas dans la bonne direction et que, pour sauver le Boloven blanc, il devait retourner immédiatement à Attavane prévenir le père Anga qui lui-même informerait Vientiane. Ainsi quand il reviendrait dans la tribu il pourrait annoncer, si tout se passait bien, qu'une solution était peut-être en vue. Cela valait mieux que de débouler sans une raison d'espérer. Il fit donc demi-tour, fila au pas de course, atteignit la ville au lever du jour, ameuta la mission qui par radio prévint le père Tissot à Paksé, lequel transmit le message à Vientiane. Le père supérieur Luc de la Chesnay se précipita sur le téléphone et appela l'ambassadeur de France, qui prit aussitôt contact avec le prince Souvanna Phouma, pressenti pour être le président du prochain gouvernement provisoire d'union nationale. Son Altesse appela son cousin communiste le prince Souphanouvong, basé dans la plaine des Jarres. Il fut convenu, la conjoncture l'imposait, que cette affaire se réglerait à l'amiable. Cela prit tout de même plusieurs semaines, les réseaux de communication du pays ayant été très endommagés par les bombardements. Par radio, le commandant Vang Boun reçut l'ordre de ménager son prisonnier. Craignant un blâme ou pire encore une dégradation, il se mit à le bichonner comme une nounou. Judik fut lavé, soigné, nourri, habillé proprement, puis installé dans une chambre où on l'allongea sur un bon lit de corde.

Un commissaire fut dépêché sur place pour prendre possession du captif, afin de le ramener à Xieng Kouang, où les dirigeants du Pathet Lao le remettraient à la Croix-Rouge internationale. Wut Pho n'était pas la porte à côté et l'apparatchik, après une courbette devant le chef suprême du Parti, fulmina à part lui contre ce chien de Français qui l'obligeait à un bon mois de marche forcée dans une région peu sûre.

8

L'« invité » du Prince rouge

Judik resta inconscient presque vingt-quatre heures d'affilée. La douleur au bout de ses doigts le réveilla. Ses mains étaient emmaillotées dans de gros pansements. Il mit plusieurs minutes avant de réaliser qu'il ne gisait plus sur le sol humide, en chien de fusil, mais dans les draps propres d'un bon lit équipé d'une moustiquaire. Se rappelant ce qu'on lui avait fait subir, il crut à un cauchemar et s'accrocha à l'espoir que cela en fût un. Vania était près de lui, tout près, et il tendit le bras pour la toucher. Elle était déjà levée, sans doute. Il avait beaucoup trop dormi. Tiens, était-ce Ankun qui entrait dans la case ? Non, ce sourire doucereux était la propriété exclusive du camarade Vang Boun, qu'escortaient ses deux âmes damnées. Une détresse immense le submergea. La plus grande partie de lui-même était encore là-bas, en liberté totale, et refusait d'en partir, alors qu'il se trouvait ici, seul, privé de toutes ses attaches. S'il avait pu courir, il aurait ce jour même cherché à s'évader pour rejoindre les siens. Ces trois imbéciles l'avaient si bien amoché qu'il ne pouvait y songer.

— Un repas vous attend, camarade.

Tiens, on l'appelait camarade maintenant, et on ne le cognait plus. A qui devait-il cette soudaine mansuétude ? D'une démarche d'automate, il passa dans la salle qui servait de réfectoire et eut du mal à s'asseoir tant son dos était douloureux.

— Vous avez de la chance, camarade Kervanec, insinua son geôlier. Vous avez des protections en haut lieu. Notre vénéré prince, le camarade Souphanouvong en personne, est intervenu. Qui êtes-vous ? Un agent soviétique déguisé en curé français ? Russe, vous êtes russe, hein ?

Judik ne l'écouta pas. Ses yeux regardaient au loin, en direction de la tribu, à laquelle il se raccrochait avec l'obstination d'un naufragé perdu dans la tempête. Son atonie inquiéta le commandant qui vit sa carrière dans l'armée communiste fortement compromise. Il envoya chercher le médecin du secteur, un officier du Pathet Lao peu commode qui, devant l'état du patient, promit de faire un rapport à ses supérieurs. Vang Boun en eut des sueurs froides. Il aurait voulu se jeter sur ce Farang, le rouer de coups, lui faire payer les déboires auxquels il risquait de se trouver confronté. Son intérêt l'obligea à s'en soucier comme si sa propre vie en dépendait, ce qui n'était pas faux. Son urbanité de façade ne parvenait pas à cacher sa hargne, mais Judik n'était pas à même d'apprécier ses efforts pour paraître aimable.

Il eut droit à un infirmier à demeure, au luxe d'une perfusion, à de nombreux cachets quotidiens et à de minutieuses désinfections. Son regard n'en restait pas moins fixé dans le vague et cette absence se prolongea jusqu'au moment où, s'étant assoupi à l'heure de la sieste, il crut voir les sages de la Case aux esprits plongés dans une concentration qui lui était destinée. Il les entendit à tour de rôle, Ankun, Tamil, Alta, Aban... Puis Vania, radieuse, tenant Tao dans ses bras, qui lui annonça sa nouvelle grossesse. Au nom de ce bébé dont il était le père, au nom de Tao, et au nom de tous les Boloven libres, elle réitéra les conseils des anciens.

— Lâche-nous. Remplis la mission qui t'est destinée. Tu es notre chaman itinérant. Notre survie dépend beaucoup des actions que tu mèneras chez les Blancs. Nous t'aimons tous. Que la Grande Mère, les Phi et...

L'irruption du commandant le tira de sa léthargie.

— Que faites-vous dans ma chambre ?

— Ah ! Vous parlez enfin, camarade.

Il dévisagea Vang Boun avec fureur.

— Je vous ai posé une question. Que faites-vous dans ma chambre ?

L'officier se figea dans une attitude contrariée.

— Je venais voir comment vous alliez.

— Sortez immédiatement !

S'étouffant de colère, l'officier sortit.

De prisonnier, il était devenu hôte. Kervanec chercha à comprendre pourquoi, après l'avoir tant malmené, ses gardes-chiourmes lui manifestaient de tels égards et en vint très vite à la conclusion que Bopal le pisteur était retourné à Attavane pour alerter la mission, laquelle avait ébruité la nouvelle de sa capture, rendant sa liquidation impossible.

Ses notes ? Où étaient donc ses notes ? La mémoire lui revint. Pourquoi les aurait-il prises avec lui en partant ? Sa capture n'était pas prévue au programme. Elles étaient au village. Deux années de rédaction, un ouvrage presque achevé, un journal de bord tenu au quotidien, ses expériences de chaman et de nécromant minutieusement décrites. L'ampleur de la privation l'anéantit. Si Vang Boun, en faisant irruption dans la pièce, n'avait pas interrompu sa communication avec la vallée cachée, il aurait pu demander à Vania de faire parvenir ses travaux au père Anga, qui les lui aurait fait suivre plus tard. Une nouvelle transmission de pensée avec la Case aux esprits s'avérait peu probable. Se projeter aussi loin n'était pas courant. Du papier et un stylo, il lui fallait du papier et un stylo tout de suite pour réécrire de mémoire le maximum de choses. C'est alors qu'il contempla ses deux mains mutilées. Impossible d'écrire pour l'instant. Ne risquait-il pas de tout oublier ? Cette éventualité se fit obsessionnelle. Il se répéta à voix haute des chapitres entiers, finit par s'embrouiller et par tout mélanger. Ne pas s'obstiner, trouver un dérivatif, vite, se dit-il, conscient de sombrer dans une monomanie qui le dévorait de l'intérieur et le rendait insomniaque. Une idée folle germa dans sa tête : restituer à cet officier et à ses sbires, qui s'étaient acharnés sur lui, leur humanité refoulée en les sensibilisant aux valeurs que leurs tribus avaient rejetées jadis.

La tâche ne fut pas simple. Les sujets se montrèrent rétifs. Les marches dans la forêt proche, l'observation attentive de la faune et de la flore autour du cantonnement ne les passionnaient guère. Convaincu que seul un miracle pourrait venir à bout de leur entêtement et de leur insensibilité hors norme, il allait se décourager quand, à la croisée d'un chemin, à environ un kilomètre du poste, un banian de la plus belle espèce, presque aussi puissant qu'Ubil, se dressa devant lui comme une autorité incontournable. Il décida de ne pas laisser passer cette chance et de tenter une connexion. Les patriarches lui avaient enjoint de résister. Il allait faire mieux. Il allait transformer ces fanatiques, les aider à retrouver l'humilité de leurs aïeux. De mauvaise grâce, les trois hommes se collèrent avec lui contre le tronc de l'arbre. Avec réticence ils joignirent leurs mains. Le commandant hésita à prendre celle de Judik, mutilée par ses soins : résisterait-il à l'envie de la broyer pour de bon ? Ces simagrées allaient-elles durer longtemps et pourrait-il une heure de plus, pour préserver sa carrière, se plier aux lubies de ce crétin de Farang qui se comportait bizarrement, pour un soi-disant prêtre catholique ? Enfin était-il pensable de perdre ainsi la face devant ses subalternes ?

Le banian qui avoua à Judik s'appeler Arial était issu d'une très vieille souche et, sur ce plateau colonisé par les travailleurs agricoles, il avait été le témoin de grands déboisements. Sa prestance en avait imposé, ce qui lui valut de survivre avec quelques congénères dans ces palmeraies privées des grands anciens, abattus par milliers. Le supplier ne fut pas nécessaire. Il avait bien compris l'importance de ce recours et appréhendé le niveau de celui qui le formulait. La lumière de la Grande Mère se répandit en chacun, pacifia l'âme des trois Kmu jusqu'alors rongée par la haine et le fanatisme. Quand elle se fut tarie, ils avaient tous changé. Le talisman d'Ankun qui avait été arraché de son cou lors de sa capture lui fut rendu par le plus jeune de ses gardiens qui se prosterna presque.

— Toi, tu n'es pas un curé chrétien, tu es un chaman de chez nous, s'étonna le commandant Vang Boun, avec une prévenance qui le surprit lui-même.

— Je le suis un peu, en effet, confirma le Boloven blanc.

Cette modestie cachait mal son ivresse. Grâce à Arial, il avait réussi son pari, mis des ennemis en communication avec la Divinité, et le prodige avait eu lieu. Ils étaient métamorphosés, prêts à se convertir. Comment en informer ses maîtres ? Stupide question. Les arbres savaient communiquer à distance et de relais en relais la nouvelle atteindrait un soir la vallée cachée, quand soufflerait le vent embaumé provenant du plateau. Tamil et Alta en seraient les premiers avisés. Il n'était pas encore à l'autre bout du monde.

Les trois communistes, soudainement affranchis de leurs préjugés, découvrirent le bien-être qu'apportait la sérénité toute nouvelle qui rayonnait en eux. Ils voulurent en connaître davantage, savoir tout d'abord ce qu'ils étaient vraiment, retrouver ensuite leurs références millénaires extirpées par les chrétiens, puis par le Parti, qui, à tour de rôle, les avaient culpabilisés à mort, afin qu'ils les oublient radicalement. Tout ce que disait Judik était appris par cœur et noté par ses anciens bourreaux. Il avait beau leur conseiller de ne retenir que le fond, ils tenaient aussi à la forme, une habitude acquise. Ils voulurent déserter, le suivre partout où il irait et le supplièrent de rétablir un contact. Il dut leur expliquer qu'ils avaient eu une chance exceptionnelle et qu'un long chemin vers la sagesse restait à parcourir avant que la Divinité ne daigne, de nouveau, les visiter. Sans le dire au Farang, ils allèrent en cachette sous le banian et bien entendu Arial ne fit pas l'effort de les voir.

Au bout de deux mois et demi de captivité, disons à peu près confortable, après l'enfer du début, le Boloven blanc félicita le chef de poste et ses deux adjoints qui en avaient appris suffisamment pour pratiquer les rites essentiels. Le commandant Vang Boun conservait de sa violence ancienne une forme d'exaltation qui le poussait à vouloir se battre pour la cause, et à rallier le camp des fidèles de la Grande Mère, s'il en existait un.

— Prêt à te battre, c'est bien, pas à torturer ! le tança Judik.

— Pardonne-moi, Chaman, j'étais aveugle.

Il était temps de les enrôler.

— Vous êtes maintenant des appelés de la Divinité, leur dit-il. Soyez ses oreilles et ses yeux. Il est bien trop tôt pour apparaître au grand jour. Notre mission, pour l'heure, doit rester cachée, car nous ne sommes pas de taille. Avec prudence, faites d'autres adeptes. Un jour, vous serez contactés.

— Quand, dis-nous quand ? insista Vang Boun.

— Un jour ! La patience est une épreuve qui endurcit le caractère.

— Nous sommes à tes côtés, Chaman !

Ils vécurent tous trois plusieurs jours, peut-être une semaine, de parfaite harmonie. Le temps ne comptait plus. Leur entente intriguait la piétaille qui savait ses chefs hostiles à toute fraternisation et, pour éviter que la suspicion ne se répande parmi ses hommes, le commandant leur expliqua qu'il avait reçu ordre du bureau politique de ménager le prisonnier. Soir et matin, ils allèrent discrètement méditer sous Arial qui, sans les connecter, daigna, devant tant de ferveur, les imprégner de sa force bienveillante.

Enfin, ils virent apparaître sur la colline qui dominait la localité, boitillant, l'envoyé de la plaine des Jarres escorté par une compagnie de marcheurs.

Vang Boun s'inquiéta. Certaines blessures de Judik étaient encore visibles. Si on le chassait du Parti et de l'armée, pourrait-il accomplir sa tâche souterraine ?

Flapi, courbatu, exténué, les pieds pleins d'ampoules, le commissaire était décidé à faire payer à ce Kha promu officier son harassant voyage dans ce pays de gueux. Il avait eu connaissance d'un rapport médical très explicite sur la façon dont avait été traité ce Farang de merde, et allait pouvoir exercer la justice.

— Je vois, commandant, que ce colonialiste français a été brutalisé, fit-il semblant de s'étonner. Aviez-vous reçu des ordres dans ce sens ?

Le commandant se raidit. Sa conversion récente lui donnait un aplomb dont il n'était pas coutumier. Il eut envie de moucher ce bureaucrate de la ville. Judik devança son insolence.

— Vous faites erreur, commissaire. Mes blessures datent du jour où je me suis fait prendre. Croyez-moi, j'ai beaucoup résisté et ils ont dû s'y mettre à plusieurs. Depuis, je vous l'affirme, mes gardiens ont été parfaitement corrects. Demandez au lieutenant ou à l'adjudant, ils confirmeront mes dires.

— C'est exact, firent les deux adjoints, convaincus que la troupe, les ayant vus en bons termes avec le chaman, n'irait pas les désavouer.

Le commissaire n'était pas vraiment convaincu. Tout cela paraissait louche. L'avis des deux subordonnés fit pourtant pencher la balance du bon côté. D'habitude les trahisons étaient courantes. Les sous-fifres courtisaient leur chef, tout en briguant sa place, et, quand l'opportunité se présentait, ils ne la rataient pas. Seuls des imbéciles auraient confirmé les affirmations de ce chien de Français si elles étaient mensongères. L'envie de quitter ce trou perdu chassa ses derniers doutes.

— On se repose une nuit et on repart à l'aube, lança-t-il au capitaine de sa compagnie de marcheurs.

Se tournant vers Vang Boun, il s'inquiéta de son confort.

— J'espère que vous avez une chambre correcte à me proposer.

La seule valable était celle du chaman et il s'apprêtait à la lui refuser. Judik intervint.

— Il y a la mienne. Voyez à quel point j'étais bien traité. Je vous la cède volontiers, Excellence, oh ! Pardon ! Commissaire.

L'insolence irrita l'apparatchik. Après tout cet étranger n'était pas encore libre. Il pouvait bien passer une dernière nuit en prison. Ça lui apprendrait à se moquer.

— Jetez-le en cellule ! ordonna-t-il.

Les trois geôliers faillirent s'étouffer de rage et le Boloven blanc, à grand renfort de grimaces, les supplia de se taire. La troupe de passage envahissait la place et il fallut attendre l'extinction des feux pour avoir la paix. Quand toutes les voix se turent, Vang Boun et ses deux compagnons vinrent chercher le chaman. Tapi dans la pénombre, celui-ci semblait absent de son corps. Il le réintégra à leur approche et, sur la pointe des pieds, ils sortirent méditer contre le tronc d'Arial où ils restèrent assis et silencieux jusqu'aux premières lueurs de l'aurore. Apaisés, ils quittèrent ce refuge secret qui serait dorénavant, pour ces trois montagnards égarés chez les marxistes, le premier pilier de leur temple.

— Tu nous manqueras, Chaman, murmura le commandant au moment du départ à celui qui les avait reliés à leurs origines.

— Vous aussi, vous me manquerez, avoua-t-il sincère, ayant oublié les souffrances que les trois hommes lui avaient infligées.

Et il ajouta plus bas :

— Vous êtes des appelés. Répandez autour de vous notre foi animiste. Que la Grande Mère, les Phi, et vos ancêtres inspirent vos actions.

L'apparatchik ne comprit rien à ce qui fut dit. Judik s'étant, durant sa captivité, familiarisé avec le dialecte de ses hôtes, c'est en kmu qu'ils avaient parlé.

— Pourquoi ce sabir ? s'enquit le commissaire.

— Ce n'est rien, le colonialiste nous remerciait de notre hospitalité.

Les trois geôliers reconnaissants envoyèrent dans le dos du chaman blanc qui s'éloignait des ondes fraternelles, puis rassemblèrent leurs hommes pour une patrouille d'initiation en forêt.

Au sortir du village, Kervanec régla son pas sur celui des marcheurs. Le commissaire ne sut le faire. Il ne tarda pas à trottiner, puis à s'essouffler et à souffrir de ses ampoules, qui se remirent à saigner. Assurément, la jungle n'est pas faite pour les bureaucrates. Elle donnait même l'impression de les haïr, tant elle s'acharnait sur celui-ci. Comme son calvaire était essentiellement dû au Farang, il se mit à l'exécrer et à le brimer durant les haltes, espérant une rebuffade qui eût justifié une punition. La nature lui fit payer si chèrement ses bassesses qu'il n'eut bientôt plus l'énergie d'y songer. Judik put enfin dormir, manger et se soulager comme les autres. En tête de colonne, il surprit les fantassins Pathet, pourtant durs à l'effort. S'engagea insensiblement entre lui et le capitaine de la compagnie un défi silencieux qui prit peu à peu la tournure d'un duel. C'était à qui marcherait le plus vite. A l'orée de Lao Bao, un bourg frontalier du Vietnam, rafistolé de bric et de broc, au milieu des cratères de bombes qui cabossaient le paysage alentour, un hélicoptère soviétique de l'armée nord-vietnamienne, repeint aux couleurs du Laos, attendait le Farang pour le conduire d'urgence à l'aéroport de Phonsavan, d'où une Jeep l'emmènerait discrètement à Xieng Kouang, lieu de sa libération. Les deux compétiteurs qui n'avaient pas flanché échangèrent en se séparant un hochement de tête presque amical. Ce n'est que trois jours plus tard que les premiers éléments de l'escorte arrivèrent. A bout de force, le commissaire terminait le voyage sur une civière.

— Regardez-moi cette débandade, vous en répondrez devant le bureau politique, fulmina l'apparatchik en s'adressant au capitaine des marcheurs.

— Ça va être difficile pour vous, je crois, riposta joyeusement l'officier. On m'a félicité d'être arrivé en avance sur l'horaire prévu à Lao Bao, où un hélicoptère, affrété spécialement par le bureau politique, attendait le Français. L'émissaire de Son Excellence le camarade prince Souphanouvong s'impatientait, voyez-vous. Toute la presse a été invitée à Xieng Kouang où le Farang va solennellement être remis à la Croix-Rouge internationale. En ce moment, il vole vers nos chefs suprêmes qui voulaient le voir à tout prix avant la cérémonie pour en régler avec lui les détails. Si j'étais allé à votre allure, nous aurions pris un irréparable retard.

Le commissaire, déjà physiquement très abattu, ne résista pas au choc de cette évidence. Ses jambes ne le portant plus, on dut le hisser dans sa Jeep qui démarra sous l'œil goguenard de la troupe.

Kervanec était comme aspiré par les événements. La situation lui échappait. Son retour dans le monde extérieur s'achevait dans les fanfares d'une orchestration médiatique dont il aurait aimé faire l'économie, mais à laquelle il devait probablement la vie. Une piste en mauvais état, un bâtiment criblé d'éclats, un sol chamboulé, des maisons de guingois et des fourmis humaines qui, palanche à l'épaule, transportaient de lourds paniers de pierres concassées afin de colmater les dégâts causés par les bombardements, voilà ce qu'il remarqua, en se posant sur l'aéroport de Phonsavan. Ensuite, la Jeep passa au milieu d'un de ces fameux champs de jarres antiques, taillées dans des monolithes de grès tendre par les proto-Indochinois, lointains ancêtres des montagnards actuels. Depuis un gisement éloigné, dans des conditions d'effort extrême, ils avaient transporté là, il y a plus de deux mille ans, des blocs pesants et pourtant friables que des burineurs avaient ensuite transformés, avec précision, en cruches gigantesques. Ce musée en plein air, touchant témoignage du labeur dont étaient capables les anciens, sous l'emprise de la ferveur ou de la joie, n'avait pas été oublié des B 52 qui avaient fracassé la plupart de ces poteries géantes, mettant cruellement en valeur les rescapées, qui trônaient parmi les débris. Avaient-elles été, ces jarres mystérieuses, des urnes funéraires, un cimetière honorant les grands morts, ou plus prosaïquement des récipients de macération destinés à abreuver d'alcool une armée comblée par ses succès et qui aurait lancé ces travaux d'Hercule pour pouvoir boire tout son saoul ? La seconde hypothèse, bien que moins crédible, plaisait à Judik et la vue de ces récipients bimillénaires, irrémédiablement cassés par des pilotes qui avaient dû s'amuser à les prendre pour cible, le mit hors de lui. Il entendit gronder en son for intérieur la voix de Tubul, quand celui-ci avait constaté les dégâts causés par la défoliation de la forêt Wilaï : « Maudits Méricans ! »

En cours de route, devant l'ampleur des destructions, qui dépassait ce qu'il avait pu imaginer, il répéta cette imprécation à plusieurs reprises. Squelettes de bâtiments aux façades noircies, cahutes brûlées, villages réduits en bouillie, arbres broyés, véhicules calcinés, collines chamboulées. Sur ces dévastations qui défiguraient la route de Xieng Kouang, les masses laborieuses s'affairaient sous la houlette prolétarienne de surveillants bien nourris. La Jeep s'immobilisa devant la résidence intacte d'une plantation qui avait conservé le charme suranné de l'époque coloniale, jusqu'aux casques de liège, portés, il est vrai, non plus par les maîtres mais par les domestiques. Ils avaient au moins gagné ça. Les nouveaux patrons, eux, se pavanaient en panama ou en casquette de soldat, selon les circonstances, arboraient l'étoile rouge, et payaient plutôt mal. La crainte qu'ils inspiraient se lisait sur les visages constipés du personnel et dans les courbettes obséquieuses des courtisans que ce système, ennemi des privilèges, générait en grand nombre.

Les deux têtes du Pathet Lao le reçurent aimablement devant une tasse de thé et des toasts et s'inquiétèrent de savoir s'il avait subi des mauvais traitements.

— Je n'ai pas à me plaindre. Le chef du poste de Wut Pho, le commandant Vang Boun, ne s'est jamais montré injuste.

— Un rapport du médecin provincial est monté jusqu'à nous. Il laissait entendre que vous aviez été molesté, avoua, embarrassé, Kaysone Phomvihane.

— Pas du tout, mentit Judik, qui faillit s'écrier : Le mot est faible !

Il croisa les bras pour dissimuler ses mains qui conservaient quelques boursouflures accusatrices.

— Dans le feu de l'action, j'ai été un peu malmené, c'est normal. Ensuite il n'y eut, soyez-en certains, aucune entorse à la convention de Genève.

— Tant mieux, tant mieux, lâcha rassuré le secrétaire général, un métis vietnamien qui favorisait nettement l'influence de ses congénères au sein du Pathet Lao.

Les petits yeux du prince Souphanouvong, derrière ses lunettes de professeur, fixaient Kervanec avec un malicieux intérêt. De royale lignée, cet aristocrate incarnait le Laos éternel à l'intérieur du Parti. Officiellement, il en était le leader et il n'aurait pas fallu beaucoup de retouches à sa physionomie pour la faire ressembler à celle de Lénine. Une calvitie un peu plus prononcée, des yeux à peine moins bridés, et une barbiche pointue auraient fait l'affaire. Sa tenue avait d'ailleurs un petit côté obsolète qui rappelait celle de ce cher Vladimir Ilitch dont le prince connaissait les œuvres presque par cœur. Même gilet laissant deviner la chaîne en or d'une montre de gousset, même cravate à gros nœud sur un col empesé. Qui, mieux qu'un rejeton de la famille régnante, aurait pu rassurer ce peuple de paysans, religieusement attaché à ses vieilles structures sociales et n'imaginant pas qu'un de ses monarques pût songer à les détruire ? Officieusement, qu'il en eût conscience ou non, il n'était qu'un appât, et c'était le secrétaire général qui tirait les ficelles. Son Altesse, qui aimait, malgré ses opinions contraires, qu'on la désignât ainsi, intervint.

— Vous êtes missionnaire, un oblat, m'a-t-on dit. Que pouviez-vous bien faire si loin de votre centre ? Y aurait-il sur le plateau des Boloven, ou plus loin encore, des villages que nous ne connaîtrions pas ?

Le français qui coulait de sa bouche était de qualité universitaire.

— Je ne le pense pas, lâcha Kervanec sur le même ton courtois. Vous êtes partout.

— Nous avons eu de très bons maîtres, mon cher, les missionnaires eux aussi étaient partout et certains continuent de s'accrocher.

— Ils aiment ce pays et ce peuple.

— Pas du tout, ils obéissent à un plan divin pour les plus sincères, colonialiste ou impérialiste pour les autres. Le problème est là, mon jeune ami. Quand les premiers sont arrivés chez nous, les seconds les suivaient de très près.

Le prince le regarda avec sévérité.

— Pourtant des exceptions existent parfois, reprit-il. Un missionnaire peut très bien avoir épousé la cause d'une tribu qu'il était venu évangéliser et disparaître au cœur de la forêt profonde.

Le ton restait poli mais était terriblement allusif. Judik se sentit blêmir. Kaysone Phomvihane s'approcha.

— J'ai des rapports sur un soi-disant Boloven blanc qu'on aurait vu rôder dans la région de Muang Nong.

— Je ne vois pas de quoi vous parlez, répliqua Kervanec, en mimant l'étonnement, malgré son affolement.

— On nous a fait part aussi de morts étranges, reprit le Prince rouge, et du sentiment de peur qui s'installait là-bas. Vous n'avez pas votre petite idée là-dessus ?

— Pas la moindre, Votre Altesse.

— Voyez-vous, jeune homme, tout le monde commet des erreurs. La presse a dit de moi que j'avais fait le coup de poing dans les rangs de l'Action française et que j'étais un fervent disciple de Maurras durant mes années d'études en France. Où ont-ils trouvé ça ? Et pourtant un jeune prince laotien a effectivement pu s'égarer sur un mauvais chemin avant de trouver sa voie. La France qui est aussi la patrie de Robespierre, de Babeuf, de Jaurès a su ensuite m'indiquer la bonne route.

— Je ne vois toujours pas où vous voulez en venir, l'interrompit Kervanec qui en lui-même envisageait le pire.

— A ceci, trancha Kaysone Phomvihane. Nous avons de fortes raisons de penser qu'une tribu encore sauvage se cache quelque part, là-bas, dans la région de la rivière Se Kong, et refuse la civilisation. Nous avons aussi de fortes raisons de croire que vous l'avez approchée.

— Et nous aimerions que vous nous aidiez à la localiser, pour lui venir en aide, compléta aimablement le Prince rouge. Il y a pour vous aussi un choix à faire : les laisser dans leur crasse et leur ignorance ou nous permettre de leur apporter les lumières d'une société sans classes. Alors ?

Judik eut envie de crier : « Il faut les laisser libres ! » Et s'entendit répondre :

— Je vous assure que je n'ai pas la moindre idée de ce dont vous parlez ! Comment pourrais-je vous renseigner ?

Les deux chefs prirent une mine embarrassée. Ce curé étrange, vêtu comme un montagnard, ils le savaient, ne venait pas de nulle part.

— Peut-être êtes-vous ce mystérieux Boloven blanc, suggéra le secrétaire général. Si c'est le cas, sachez que la bande qui se terre là-haut, quelque part dans un sillon de la cordillère, ne représente rien. Tôt ou tard, nous la trouverons et nous la ferons entrer dans notre siècle.

Kervanec frémit à cette idée.

— Tant mieux pour vous, s'exclama-t-il, mais dites-moi, qu'ai-je à faire avec ce conte à dormir debout ?

Il n'avait pas imaginé qu'on pût soupçonner l'existence de la tribu cachée dans les hautes sphères de l'appareil. Les réseaux tissés par les Cobras intrépides n'étaient donc pas étanches à cent pour cent. Des agents communistes avaient très bien pu les infiltrer, comme eux-mêmes avaient infiltré leur dispositif. L'angoisse grandit en lui.

— Vous devriez apprendre à mentir, ironisa le prince. Nous n'allons pas vous tourmenter davantage. Je ne sais pas qui a informé Vientiane que vous étiez tombé entre nos mains, nous aurions bien aimé en savoir un peu plus sur vous et vos protégés. L'actualité a braqué ses feux sur votre cas et vous êtes maintenant notre gage de bonne volonté. Comment pourrais-je refuser la demande de votre élargissement à mon cher cousin Souvanna Phouma, au moment où nous sommes en train de mettre sur pied un gouvernement d'union nationale ? Vous avez vraiment beaucoup de chance.

— J'ignore pourquoi on fait tout ce foin autour de ma personne, comme j'ignore tout de vos allusions ; en revanche, je vous accorde que je reviens de loin, concéda Kervanec.

— Serait-ce un aveu ? s'enquit Kaysone Phomvihane qui pensait toujours au Boloven blanc.

— J'avoue, oui, j'avoue que je reviens de loin. On ne sort pas si facilement de vos griffes, d'habitude. J'ai en mémoire le nom de quelques missionnaires oblats qui ont été fusillés sur vos ordres.

Le secrétaire général pâlit. Le prince prit le relais.

— Nos partisans sont parfois impulsifs, reconnut-il. La guerre a été rude. Comme vous avez dû le remarquer, les Américains nous ont durement bombardés. La CIA, via les Bérets Verts et autres mercenaires, a semé la terreur dans nos villages. Or les oblats sont blancs, comme les impérialistes qui nous harcelaient. Difficile pour ceux qui les capturaient de ne pas les prendre pour des espions et les traiter comme tels. Nos combattants ne sont pas comme vous de brillants universitaires. Certains ne savent ni lire ni écrire et sur le terrain, vous le savez aussi bien que moi, parfois la passion supplante, hélas, la raison.

— Les campagnes anti-prêtres ne contribuaient guère à l'apaiser, enchaîna Judik.

Kaysone Phomvihane revint à la charge, hargneux.

— Les missionnaires ont gangrené notre pays, et les chrétiens ont toujours épousé la cause des Blancs qui nous occupaient. Regardez les Hmong convertis, ils ont servi jadis les Français. Ils servent aujourd'hui les Américains, et leur guérilla nous frappe par-derrière. Vous, les prêtres, vous êtes les pires des agents étrangers.

Le débat risquait de durer. Judik préféra se taire. Le prince y mit un terme.

— Demain, cher monsieur Kervanec, quand on vous remettra au représentant de la Croix-Rouge internationale, il serait souhaitable, comme je vous l'ai déjà fait entendre, que tout se passe bien, qu'il n'y ait pas d'esclandre ni de déclarations intempestives.

— Je partage entièrement vos souhaits, Votre Altesse, répliqua diplomatiquement Judik.

— Nous n'avons accepté de vous libérer qu'à une condition, précisa le premier secrétaire.

Judik devina laquelle.

— Que vous ne remettiez plus jamais les pieds au Laos.

— Suis-je à ce point dangereux ? s'indigna-t-il.

— Vous êtes le pire d'entre tous, gronda Kaysone Phomvihane. Les autres plaquent leurs schémas sur des populations crédules qui se laissent moralement asservir. Vous, vous entrez dans leur jeu, adoptez leurs croyances et les mettez sur le pied de guerre, n'est-ce pas, Boloven blanc ?

« Vous me prêtez beaucoup trop d'importance », faillit-il nuancer, mais il se tut.

— Bon, fit le prince. Nous aurions aimé de votre part une meilleure coopération. Dites-vous bien cependant que nous les trouverons, vos insoumis.

— Nous y mettrons le temps mais nous les trouverons, insista Kaysone Phomvihane. Pour l'instant, nous avons d'autres priorités.

— Un officier va vous conduire dans vos appartements. Vous y trouverez des vêtements décents pour la cérémonie de demain, trancha l'Altesse rouge. Je ne pense pas que vous vouliez vous montrer à la presse dans ces oripeaux ?

Sa tenue de Laven des montagnes avait beaucoup souffert, et il jugea par ailleurs prématuré d'afficher par ses vêtements le choix qu'il avait fait. Il lui fallait peser le pour et le contre avant de dire la vérité et de révéler au monde l'existence des Boloven libres.

— Non, bien sûr, et je vous remercie. J'espère que vous avez choisi la bonne taille et la bonne pointure.

— Soyez sans crainte, le rassura à sa manière Kaysone Phomvihane, nos hommes ont eu tout le temps de vous mesurer.

L'entretien s'acheva aussi courtoisement qu'il avait commencé. La Jeep l'achemina, par des rues cahoteuses, dans une autre très belle résidence coloniale, cachée dans un parc riche en palissandres, tecks, ginkgos biloba et bambous. L'un d'entre eux, Baltil, un teck de très belle lignée, se fit connaître à Judik quand il passa en voiture sous sa ramure. Bien qu'il fût éloigné de la forêt profonde, celle-ci se souvenait de lui. Il avait été, jadis, un intercesseur recherché. Les bouddhistes et les communistes s'étant détachés des liens originels, il se morfondait depuis presque deux siècles. Pour une fois qu'il avait la chance de croiser un chaman, pourquoi ne pas établir un contact avec la Divinité ? Mentalement, Judik promit de repasser dans la soirée, quand tout le monde serait sur le point de dormir, à condition qu'il le puisse. Un valet de chambre en veste blanche, portant un casque de liège trop grand pour lui, et une femme de ménage aux fines hanches moulées dans le traditionnel sarong, composaient le personnel muet de cette maison du Parti réservée aux hôtes de marque. Il fut conduit dans ses appartements.

Un ventilateur, gros comme une hélice d'avion, occupait le centre du plafond. Il ne tournait pas. En cette période plutôt fraîche, c'était d'une couverture qu'on avait besoin, et celle-ci d'ailleurs recouvrait le lit de rotin qui avait été fait avec des draps de lin blanc imprégnés d'une odeur agréable de lessive et d'eau de Javel. Depuis combien de semaines, de mois, d'années n'avait-il pas connu un tel luxe ? Deux ans, non, trois, et comme sa petite course avec le capitaine des marcheurs l'avait un peu fatigué, il se prit à bâiller en retirant ses hardes. S'il s'était écouté, il aurait immédiatement piqué un roupillon. Des tableaux de paysans occupés à repiquer le paddy, tout souriants malgré leur travail exténuant, ou de laboureurs stakhanovistes, marchant derrière des buffles aux allures de mastodontes, ornaient les murs. L'influence du réalisme socialiste était, hélas, arrivée jusqu'ici, et les peintres sans talent qui pondaient ces chromos de scènes champêtres étaient à l'honneur dans les lieux officiels. Au-dessus de l'oreiller, là où les chrétiens placent d'habitude le crucifix, trônait un portrait du Prince rouge, et juste en face, entre les deux fenêtres qui ouvraient sur le parc, celui de son ange gardien, Kaysone Phomvihane. Etre pris sous les feux croisés de leurs regards, alors qu'il venait tout juste de les quitter, l'indisposa. Il se sentit épié et se mit en quête d'un micro ou d'un objectif habilement caché, inspecta la table de nuit et la commode en beau bois de tamarin veiné, ainsi que les moindres recoins de la chambre. Quand il eut tout fouillé, y compris la salle de bains, il souleva les cadres des deux chefs pour voir s'ils n'avaient pas poussé le narcissisme jusqu'à dissimuler derrière leur propre effigie les instruments d'espionnage. Le culte de la personnalité n'épargnait guère les communistes laotiens. N'ayant rien trouvé, sa parano s'atténua. Il s'offrit un bain, un vrai bain de nanti, dans une baignoire de colon qui malgré le vieillissement conservait belle allure. Le charme de la demeure, ce décor d'une autre époque parvinrent à lui faire oublier l'austérité ambiante et les fautes de goût. Il essaya les vêtements qu'on lui avait choisis. Un costume gris foncé de bonne coupe, orné d'une croix à la hauteur de la boutonnière, une chemise blanche, un col raide de clergyman, des chaussettes et chaussures noires, la tenue civile d'un prêtre. Etait-ce le père de la Chesnay qui l'avait fait parvenir aux responsables du Pathet Lao, ou était-ce une ruse de ses hôtes, avides de le voir se trahir ? Ne pas retirer les signes apparents de sa fonction passée serait vraiment s'affirmer aux yeux de la presse comme un missionnaire toujours actif. Les retirer serait confirmer les soupçons de ceux qui le surveillaient. Il n'hésita pas. Les Boloven valaient bien plus qu'une messe. Il resta en bras de chemise et poussa la simulation jusqu'à s'agenouiller et faire semblant de prier, à l'approche des employés de maison qui lui apportaient son repas. L'homme et la femme déposèrent plateau et boissons sur la table basse entourée de fauteuils en vannerie, qui occupait un angle de la pièce.

— Si vous avez besoin de quoi que ce soit, utilisez la sonnette qui est au-dessus de votre lit, précisa en français le serveur.

En sortant la jeune femme en sarong de soie sombre joignit les mains et inclina légèrement le buste, un raffinement de la civilisation bouddhique, qui perdurait. Du riz, une montagne de riz, une soupe, un sauté de poulet et, comble de luxe dans ce pays saccagé par la guerre, une bouteille de saint-estèphe à bonne température, une délicatesse du prince sans doute ? Il réalisa qu'il avait une faim de loup, et le plaisir éclaira son visage dès la première bouchée. Le vin siroté à petites gorgées l'inonda de chaleur. Après une période de grande frugalité, manger et boire peuvent devenir une joie ; sous son emprise, Judik oublia tout le reste. Lorsqu'il fut rassasié, il éprouva le besoin de dormir. Auparavant, il avait une promesse à tenir. Il sortit de la chambre, descendit les marches qui conduisaient dans le grand salon, croisa le garçon casqué qui s'affairait dans l'entrée.

— Je vais faire un tour dans le parc, lança-t-il en ouvrant la porte.

— Ne vous éloignez pas de la maison, il y a des gardes qui veillent, conseilla l'ancien majordome du lieu, élevé, avec un salaire bien moindre, au rang honorable de camarade préposé au service des invités du peuple.

Une telle promotion méritait bien un petit sacrifice.

La nuit était tombée. Les amphibiens et les insectes devant la rigueur du climat avaient pris le parti d'hiberner, les arbres aussi d'ailleurs. N'étant plus nourris par les pluies, pour résister à la sécheresse, ils commençaient à économiser leur sève en laissant tomber leurs feuilles qui repousseraient à l'arrivée de la saison humide. Le ciel était plein d'étoiles et Baltil, dans la pénombre, attendait la venue du chaman. Il arriva à l'improviste, sans que personne ne l'ait vu s'approcher, se colla contre le tronc, et le flux passa discrètement sans rougeoyer dans le noir. Pendant un long moment il ne fut plus que vibrations, comme si chacune de ses cellules était personnellement visitée et irriguée. Peu après, le grand chaman Tamil et le grand mage Alta apparurent en lui et le rassurèrent. Devinant qu'il ne résisterait pas à l'appel d'un Vénérable, s'il s'en trouvait un sur sa route, les saints hommes, par le truchement d'Altane, de Tahan, de Nahul, de Makil, d'Ubil, de Bolus et des arbres sacrés de différentes espèces trônant dans la vallée cachée, lui avaient envoyé des messages dans toutes les directions. C'est d'abord la voix du devin qui résonna en lui.

— Tout va bien chez nous. Le ventre de Vania s'est arrondi, mais ça ne l'empêche pas d'être active. Ta place est restée libre au conseil des anciens, et Ankun s'adresse à toi comme si tu étais toujours parmi nous. Les Tigres vigilants, sous la direction de Toumi, Tubul et Botil, se sont considérablement aguerris. Que la Grande Mère t'inspire.

Le chaman prit le relais.

— Les Cobras intrépides poursuivent discrètement leurs incursions en zone occupée. Deux traîtres, un Laven et un Katang — que la malédiction de la Divinité frappe leur engeance —, s'étaient infiltrés dans leurs réseaux. Ils ont été livrés, pieds et poings liés, aux fourmis rouges. Au fait, Uline la nourrice a décrété qu'Ahinée était enceinte et que d'ici six lunes elle devrait se mettre au repos. La petite est contente.

Le devin enchaîna.

— Toumi a fait savoir à Ankun que, le moment venu, il serait prêt à prendre ta relève et à s'occuper de Vania et de ses enfants. Elle n'en veut pas. C'est pourtant un très bon parti et tu peux être certain qu'il saura les aimer. Le chef lui a répondu qu'ils en reparleraient après la prochaine saison des pluies. Ton absence le chagrine beaucoup, comme nous tous, d'ailleurs. Que la Grande Mère ...

La serveuse en sarong et le boy casqué de liège apparurent sur le perron de la bâtisse rétro qu'éclairaient deux lampadaires ronds. Judik rompit la communication et sortit de la pénombre. Comme toujours après la transe, il se demanda si elle avait bien eu lieu, s'il n'avait pas rêvé. Qu'était-il advenu de ses notes ? Les Boloven avaient-ils eu l'idée de les faire suivre ? Aucun des deux sages n'y avait fait allusion. Et Vania, comment vivait-elle cette séparation ? Déjà un soupirant, peut-être un autre demain ? Il fallait s'y résigner. Elle n'allait tout de même pas se dessécher à l'attendre ! Cette idée lui fit mal. Il aurait aimé s'envoler sur-le-champ, atterrir sur le seuil de sa case, rejoindre sans bruit sa place sur la natte, et se nicher contre elle.

— Bonsoir, il fait un peu frisquet ce soir, lança-t-il aux deux employés de maison qui se demandaient ce qu'il pouvait bien faire dehors.

— Voulez-vous que je vous apporte un lainage ? proposa la serveuse en laotien.

— Non, merci ! Je vais dormir. Bonsoir !

— Bonne nuit, camarade, répondit le boy.

La jeune femme répéta son gracieux salut sans proférer un mot, puis le duo verrouilla la porte d'entrée et éteignit les lumières, tandis que Judik regagnait sa chambre. En fermant les volets, il adressa un sourire de reconnaissance à Baltil. Sous le souffle d'un vent venu du Tibet, l'ancien remuait doucement dans le noir ses branches, qui se délestaient de leurs feuilles. Son indifférence était telle que le

Boloven blanc se demanda une fois encore si le contact avait bien eu lieu. Mais comment aurait-il pu en être autrement ? Il n'avait rien d'un schizophrène, et les sages de la vallée cachée étaient les maîtres de la communication à distance. Après tout, il n'était pas si loin d'eux ! Le vieux teck était peut-être encore, tout simplement, en relation avec la Grande Mère. Ça faisait si longtemps qu'il attendait...

9

Le passé retrouvé

Au réveil, après un petit déjeuner consistant, composé de thé, de toasts, d'œufs au bacon et de papaye fraîche, un barbier vint lui couper les cheveux et le raser de près. Se faire scalper un chignon qui avait mis trois années pour prendre belle tournure le contraria, mais il devait avoir l'air d'un oblat et sa tignasse de baba n'était pas conforme. Les ciseaux du camarade coiffeur, cliquetant à cadence rapide autour de ses oreilles, lui taillèrent une brosse qui aurait plu au père Bricart. Le costume et le col dur achevèrent de le transformer. Il se revit quatre années en arrière, à son arrivée à Vientiane. Depuis, son visage s'était buriné et hâlé, et le reflet du miroir lui révéla un homme qui ne correspondait pas à ce qu'il était devenu. Il pensa, en se dévisageant, à ces pasteurs méthodistes américains aux tronches de para, qui ont plus l'air de sortir de Fort Bragg, le centre d'entraînement des Marines, que d'une école de théologie. Si c'était là le look qu'on avait voulu lui donner pour montrer à quel point les missionnaires ressemblaient à des militaires, c'était réussi. Ses doigts étaient pratiquement guéris. Cependant il se fit remettre une paire de gants rembourrés, en prévision des poignées de main qui risquaient de réveiller les douleurs. Puis tout alla très vite. La traversée de Xieng Kouang au petit matin, dans une Jeep suivie d'un camion bourré de troufions mal réveillés, des attroupements frileux autour des marchandes de soupe cachées par la vapeur de leurs roulantes, des ruines, de la misère. Direction les quartiers chics qui hébergeaient aujourd'hui, dans leurs parcs tropicaux et leurs villas cossues, les cadres de haut rang et les dignitaires. Curieusement, ces quartiers-là n'étaient même pas abîmés, comme si les bombes avaient fait un choix.

La Jeep stoppa devant le perron de la résidence suprême, sévèrement gardée. Un petit déjeuner courtois chez Son Altesse, malgré l'hostilité perceptible de Kaysone Phomvihane, fit passer le temps. L'hélicoptère de la Croix-Rouge se posa sur la pelouse. Son délégué pour l'Extrême-Orient, le comte Hubert de Mortagne, un Suisse poupin frisant la cinquantaine, fut introduit et put terminer, avec un reste de café, les petits pains de blé cuits au feu de bois, une gourmandise du prince qui avait rapporté de France certaines habitudes. Entre les deux aristocrates, le courant passa. Avec une urbanité de gentlemen, ces messieurs se répartirent les rôles et Judik eut l'impression de n'être qu'un figurant alors que c'était pour le voir, lui, qu'une meute de reporters occidentaux venait d'atterrir à Phonsavan et roulait en ce moment vers Xieng Kouang, dans des camions du Parti. Comme s'il l'avait deviné, le prince plaisanta :

— A nous le protocole, à vous la notoriété, mon cher. Nous avons des discours officiels à faire. Vous serez, vous, harcelé de questions dont certaines, je le crains, seront tendancieuses.

— N'ayez pas d'inquiétude, Votre Altesse, répliqua Kervanec sur le même ton enjoué. J'ai l'intention d'être bref.

Et, s'adressant au délégué suisse venu le réceptionner, il compléta :

— Je vous laisserais volontiers le soin de parler à ma place, monsieur de Mortagne, je suis sûr que vous feriez cela bien mieux.

— C'est vous qu'ils veulent entendre, maugréa le comte qui n'avait pas apprécié l'ironie.

Ils étaient là, massés dans la cour, retenus par un cordon de soldats, guettant le perron, appareils et caméras pointés, prêts à entrer en action. La porte à peine ouverte, ils s'agitèrent, bousculèrent la troupe, firent crépiter leurs flashs, harcelèrent Kervanec.

— Judik, par ici !

— Votre incarcération n'a pas été trop dure ?

— Ne vous a-t-on pas torturé ?

— Père Kervanec ! Par là !

— Pourquoi portez-vous des gants ?

— Un sourire, Judik, vous êtes libre !

— Qu'est-ce que ça vous fait ?

Des yeux avides le buvaient, des voix le harcelaient, on le mitraillait... il en eut le tournis. Il fallait les calmer.

— Je vais bien, s'écria-t-il, j'ai été très bien traité. De grâce, ne m'assaillez pas. Je n'ai rien de bien intéressant à vous révéler. Intéressez-vous plutôt aux raisons de ma libération. Ces messieurs sont là pour vous les faire connaître.

Il y eut autour de lui un petit malaise. Kaysone Phomvihane serra les poings tout en gardant le sourire. Le comte de Mortagne allait prendre la parole, le prince, plus vif, le devança.

— Chers amis, la restitution de Judik Kervanec, surpris dans nos zones où il vivait clandestinement, est un geste de paix. Cette paix signée à Paris se met en place au Laos. Nous sommes, vous le savez, en train de former un gouvernement d'union avec mon cousin !

— Quand viendrez-vous à Vientiane et à Luang Prabang ?

— Bientôt !

— Allez-vous abolir la monarchie ?

— Ciel, que d'imagination ! Etant prince moi-même, j'y trouve pour l'heure quelques avantages.

S'étant attiré le parti des rieurs, il glosa sur les bienfaits de la réconciliation et, après avoir capté l'attention pour ne pas dire grand-chose, laissa un auditoire usé au comte de Mortagne qui dut écourter son discours constamment interrompu par des questions destinées à Kervanec, lequel poliment jouait les distraits.

Le rotor de l'hélico en s'allumant mit un terme à cette mascarade. Ses girations ne tardèrent pas à assourdir les reporters qui se mirent à crier.

— Judik, allez-vous rentrer directement en France ?

— Etes-vous toujours prêtre ?

Drôle de question. Il voulut voir qui l'avait posée. Poussé par les soldats qui le protégeaient de la meute collée à ses basques, il grimpa dans la carlingue. Le comte, après un dernier salut aux caméras, le suivit. La journaliste, une rousse plaisante, en bas attendait sa réponse. Il lui fit un clin d'œil.

— D'après vous ?

Et l'appareil décolla.

A l'approche de Vientiane, Judik qui s'était assoupi ouvrit les yeux. L'hélico survolait la grande pagode et son parc, où quelques Vénérables survivaient depuis l'époque lointaine où la forêt primaire encore intacte s'étendait jusqu'aux rives du Mékong. Il se promit, si on lui en laissait le temps, de leur rendre visite avant de quitter le pays. L'atterrissage se fit dans une caserne de l'armée royale où une limousine les attendait pour les conduire, lui et le comte, dans un palais officiel. Son Altesse le prince Souvanna Phouma, qui n'avait jusque-là dirigé que des gouvernements provisoires, pressenti pour être le chef du prochain, les reçut en grande pompe sous les flashs et le chahut d'une autre ribambelle d'envoyés spéciaux, tranquillement planqués là, près d'un buffet, tandis que leurs confrères plus téméraires, partis à la rencontre de l'événement, trépignaient dans le DC 4 fatigué qui, vibrant de toutes parts, les ramenait de Xieng Kouang.

Rond et affable sous le chapeau melon qu'il ôta pour accueillir Kervanec, Son Altesse ressemblait à un bouddha laotien vêtu d'un frac de sénateur français en retard de deux Républiques. Il se dandinait un peu en marchant, mais il savait aussi séduire et passait pour un original. Il embrassa Judik qui ne s'y attendait pas, lui colla deux baisers sonores sur la joue, ce qui l'obligea à se hisser sur la pointe des pieds, tandis que son hôte s'inclinait : spectacle touchant qui déchaîna la fureur des photographes.

— Je suis heureux d'accueillir Judik Kervanec, missionnaire français...

L'ambassadeur de France, son ami, le regardait d'un air complice.

— ... que notre cher cousin a eu l'amabilité de nous remettre, en souvenir de ses jeunes années passées dans le pays de Voltaire, et en signe de paix.

L'ambassadeur en soupira de reconnaissance. Pour lui complaire plus encore, le prince ajouta :

— La France a un rôle déterminant à jouer ici, et nous souhaitons qu'elle le réalise enfin.

Son seul espoir de durer passait par elle. Cette surestimation montrait à quel point l'image de l'ancienne puissance tutélaire restait forte dans l'esprit de certains, malgré les incessantes palinodies qui en avaient lassé beaucoup d'autres. Déjà, au siècle dernier, les appels à l'aide du consul Auguste Pavie, ami du roi d'alors, n'avaient pas été entendus tout de suite. A lui seul, pacifiquement, il avait séduit ce royaume, menacé par des irréguliers chinois, par les Thaïs et les Viets, et l'avait déposé aux pieds de la France. Elle avait traîné avant d'intervenir. Aujourd'hui, c'était pire. Elle était complètement hors jeu et discréditée dans toute la péninsule. Les Etats-Unis s'étant retirés, les communistes avaient désormais le champ libre et on voyait mal le corps expéditionnaire d'une nation battue à Diên Biên Phu en 1954, exactement vingt ans auparavant, revenir se porter caution au Laos d'un gouvernement de coalition que les vainqueurs, impatients d'exercer le pouvoir, ne laisseraient pas s'éterniser. Cette fidélité à la France avait quelque chose de pathétique. A l'image de son accoutrement, la politique de Souvanna Phouma était en retard d'une époque, comme celle de son cher cousin, plus avisé cependant. Démodés, tous deux étaient des marionnettes dont on se débarrasserait après usage, des jetables. L'Altesse rouge survivrait peut-être un peu plus longtemps, dans ce vieux royaume où se pointaient déjà républicains et staliniens. Pékin, Moscou et l'ombrageuse Hanoi, surtout, voulaient en finir avec les féodalités d'hier. Le père de la Chesnay présent parmi les officiels adressa un signe de connivence à l'oblat défroqué.

— Avoir pu obtenir sa libération me rassure, poursuivit le prince. C'est de très bon augure pour l'avenir de la démocratie dans notre pays.

Il comprit qu'il ne devait pas trop s'étendre, la presse internationale n'ayant d'yeux que pour le héros du jour.

— Il est à vous, je vous le laisse, conclut Souvanna Phouma. Ménagez-le, il faut qu'il se repose.

Une fois de plus les questions fusèrent, plus ou moins insidieuses.

— Que faisiez-vous dans la zone communiste, Judik ?

— Le bruit court que vous vous cachiez dans une tribu insoumise ?

— Etes-vous toujours prêtre ?

« Tiens, se dit-il, le DC 4 est rentré », et il dévisagea la journaliste américaine tenace, vêtue d'une saharienne, qui s'avançait, telle une statue de la Liberté libérée de son inertie, avec sa chevelure de feu, ses éphélides et son nez retroussé, en brandissant un micro en guise de flambeau. Elle ouvrait la voie au caméraman de la CBS qui, derrière elle, braquait son optique sur le visage de Judik.

— Pourquoi une telle insistance ? Qu'est-ce qui vous fait penser que je ne le suis plus ?

— Une intuition, fit-elle, et aussi les rumeurs qui circulaient sur votre compte, à Attavane, dans le milieu catholique.

Le père Luc de la Chesnay s'interposa.

— Judik est très éprouvé, je crois qu'une douche et un bon somme lui feront du bien.

Et, passant son bras sous celui de l'apostat qu'il comptait ramener au bercail, il l'extirpa de la cohue.

— Partons, vite, le prince saura les occuper.

Le père Boskof attendait au volant d'une 403 Peugeot noire.

— Salut, ami, lança-t-il en lui serrant la main.

L'Américaine obstinée s'accrochait à leurs basques.

— Alors, votre réponse ?

Kervanec lui refit le même coup qu'à Xieng Kouang.

— D'après vous ?

Et la voiture démarra.

Une ambiance de fin de règne pesait sur la ville envahie de fugitifs. Devant cet afflux de clientèle, les bateliers qui faisaient traverser le fleuve avaient monté leurs prix. Contraints de rester à quai ou de risquer leur vie sur des embarcations incertaines, les plus démunis les insultaient furieusement. Dans la rue les militaires étaient rares. La troupe consignée dans les casernes s'inquiétait de son sort. La police amassait de petites fortunes en délivrant des visas de sortie et en rançonnant à nouveau, au moment du départ, tous ceux qui pouvaient encore payer. Un jour ses chefs aussi se sauveraient et, dans cette intention, ils profitaient de la panique pour se constituer un petit capital. Les commerçants acquéraient, pour des sommes dérisoires, des bijoux de valeur et des meubles anciens qu'ils iraient revendre dans les villes de Thaïlande, quand ce flux de détresse serait tari. Les ordures n'étaient plus collectées. Les papiers gras voletaient dans des rues nauséabondes. Inquiets pour leur avenir, les fonctionnaires, plutôt que de travailler, envisageaient entre eux de lâches compromissions. Les communistes auraient forcément besoin de leurs services, ils savaient tant de choses sur tout le monde. Des réfugiés montagnards campaient dans les jardins de la mission. Tous avaient fui à l'approche du Pathet Lao qui, profitant de l'arrêt des bombardements et du cessez-le-feu, s'était discrètement approprié quatre-vingt-dix pour cent du pays. Viets, Katang, Laven, Kmu, Lolo... se partageaient la promiscuité de quelques tentes en attendant d'être pris en charge par le CICR ou de rejoindre en Thaïlande des membres de leur famille, fuyards de l'autre guerre. Beaucoup de Hmong chrétiens, privés des hommes en âge de combattre, bivouaquaient un peu à part. Rome, Paris et Washington se sentaient redevables à l'égard de ces fidèles de toujours et envisageaient de leur trouver des implantations nouvelles, dans des territoires en friche qui manquaient cruellement de laboureurs [1]. Les forces vives de ce peuple obstiné, ayant mis

1. L'ancien haut-commissaire de la République française, Jean Sainteny, parviendra à la fin des années 1970 à faire installer quelque mille cinq cents Méo en Guyane. Au prix d'un effort tout à fait remarquable,

les vieillards, les mères et les enfants à l'abri de la répression, défendaient âprement leurs pitons. Judik se remémora le visage implacable du lieutenant qui avait fait exécuter six jeunes recrues du Pathet Lao dans le secteur de Ban Phon. La phrase qu'il avait alors prononcée pour justifier cet acte lui revint en mémoire : « Entre eux et nous c'est une lutte à mort. » Jusqu'au bout, jusqu'à la disparition, s'il le fallait, du dernier des adultes valides, les Hmong, ou Méo, se battraient pour ne pas tomber sous le joug. Leur race pourrait, ils l'espéraient, survivre ailleurs en conservant leurs coutumes et leur langue qui étaient l'essentiel d'un peuple.

— Certains vont s'exiler en France ou en Amérique, en laissant ici la fine fleur de leur jeunesse, reconnut le père Luc. Leur but est de préserver l'espèce, sans pour autant abandonner le pays, et vous verrez, un jour, beaucoup reviendront de leur exil, grâce à la poignée de valeureux qui continue de s'accrocher à ses montagnes.

— Ils n'y vont pas de main morte, vous savez, interjeta Kervanec. Je les ai vus décapiter des gamins à peine sortis de l'adolescence sur une place publique, devant leurs mères ou leurs sœurs.

— Je sais, je sais, concéda le père supérieur. Il est des moments où la brutalité et le cynisme des uns déclenchent la violence des autres. Les Méo ne peuvent indéfiniment se laisser décimer sans réagir. Le message évangélique, comme, avant lui, les tables de la loi, donne à l'homme un cadre moral. Quand il n'y a plus de cadre, c'est, hélas, la loi du talion qui prévaut. Comme le disait Teilhard qui fut, je crois, votre maître à penser, la plupart des individus, malgré les progrès dans tous les domaines de la connaissance, ne sont pas encore parvenus à se hisser au-dessus de l'infrahumain, à devenir des hommes, au sens parfait du terme. Le tueur anthropophage du paléolithique est toujours là, niché dans notre cortex !

---

et malgré l'hostilité de la population locale, ils réussiront à transformer les parcelles marécageuses de jungle qui leur seront concédées en jardins potagers et à être les premiers producteurs maraîchers de ce département français d'outre-mer.

Il se tapota le crâne avant de préciser :

— Et nous aurons du mal à l'en déloger.

Judik découvrait soudain un interlocuteur moins doctrinaire qu'il ne l'avait cru. Il y avait, entre le supérieur de l'ordre, soucieux de rigueur, et l'intellectuel poussé par la curiosité d'esprit, une dualité ouvrant voie au dialogue.

— On peut s'émanciper du prédateur qui nous habite, affirma Judik avec un enthousiasme qui aiguisa l'intérêt du père Luc. Les Boloven que je devais évangéliser l'ont fait, grâce à une conscience qui vient de très loin et qu'ils ont su préserver. Ayant résisté à toutes les influences, ils sont parmi les derniers héritiers d'une lucidité qui prévalait, je crois, chez les chasseurs-cueilleurs de la préhistoire.

— Enfant que vous êtes, vous avez péché par excès d'émerveillement. La plupart de vos paroissiens ne savent même pas que notre planète est ronde. Et leurs ancêtres dévoraient leurs ennemis au cours de festins anthropophagiques. Est-ce cela que vous appelez de la lucidité ?

— Leur devin et leur chaman passent des nuits entières à contempler le ciel, connaissent la sphéricité des astres et la place du nôtre dans l'horlogerie stellaire, mais là n'est pas l'important. L'important selon moi, mon père, c'est qu'ils sont restés humbles et ont su ne pas entendre ceux qui leur affirmaient que la Terre était la propriété de l'homme. Eux pensent exactement l'inverse, et j'adhère totalement à leur conviction. A partir de là ...

Judik haussa les épaules d'un air fataliste ; une fois ce choix fait, le processus devenait irréversible. Le supérieur était surtout contrarié par l'aspect médiatique de cette affaire. Le monde entier allait apprendre qu'un oblat s'était parjuré pour se rallier aux pratiques d'une horde oubliée de l'histoire. La réputation de sa communauté allait en pâtir. D'un autre côté, l'expérience vécue par Kervanec le fascinait, et il aurait souhaité en savoir plus.

Groupés autour de braseros, vieillards, femmes et enfants mangeaient leur ration de riz quotidienne, agrémentée de quelques légumes. Silencieux, ils regrettaient les villages qu'ils venaient d'abandonner, pensaient au bétail qu'ils avaient laissé sur place à la garde de bergers expérimentés, chargés, en cas d'alerte, de mener les troupeaux sur de secrètes pâtures. Un joueur de khène, le crâne couvert d'une calotte noire, portant une barbiche qui lui donnait un air de vieux sage confucéen, faisait vibrer une tristesse que nulle aumône ne pouvait apaiser.

— Que diriez-vous de poursuivre cette petite discussion dans mon bureau, pendant que le père Boskof fait préparer votre chambre ? suggéra le père Luc en sortant de voiture.

— Vous comptez me faire changer d'avis ? plaisanta Judik en gravissant derrière lui les marches du perron.

— Les voies de la Providence peuvent toujours réserver des surprises, répliqua le père supérieur.

Rien n'avait changé. Même disposition des tables dans le réfectoire, et surtout même odeur de soupe, de pain et de lait chaud venant des cuisines proches. En promenant son regard sur chaque chaise, Judik pouvait y mettre un nom. Les habitudes dans la communauté étaient immuables. Jamais il ne supporterait d'être, ce soir, confronté à tous ces oblats qui auraient sans doute bien du mal à masquer leur désapprobation. Pour le moment, ils vaquaient à leurs occupations et ceux qu'il croisait lançaient un bref salut, sans interrompre leur marche. Ce soir, ils seraient là, au complet, et la perspective d'avoir leurs yeux fixés sur lui le fit trembler.

— Je pense que nous dînerons en tête à tête, le rassura le père Luc qui avait deviné son trouble.

Austères étaient les corridors lambrissés à mi-hauteur, avec leur succession de portes closes, jalousement refermées sur l'intimité monacale de ces prêtres voués à la pauvreté et au don de soi. Il passa devant son ancienne chambre, fut tenté d'y entrer. Le supérieur l'ouvrit.

— Elle vous attend ...

Que d'arbres précieux abattus, pensa Judik en redécouvrant le mobilier pourtant sommaire du couvent. Le bois à l'époque ne coûtait pas cher et était utilisé à discrétion dans le bâtiment. A proximité de Vientiane, la plupart des Vénérables y étaient passés. Seuls quelques chanceux, nés dans des parcs ou à proximité des pagodes, avaient eu la vie sauve. Tout ici était resté à la même place, la bible et les Evangiles sur la lourde table de nuit en palissandre, le prie-Dieu en teck massif de l'autre côté du lit drapé dans sa moustiquaire jaunie, le crucifix sur le mur, la table de travail, une chaise près de la fenêtre, le ventilateur et l'entrée des toilettes dans le coin. Il ne manquait que ses cahiers et ses livres pour créer l'illusion qu'il y vivait encore. Ciel ! Où étaient donc ses notes ?

— On ne vous a pas remis un paquet pour moi ? s'enquit-il.

— Non, rien du tout. Vous espériez quelque chose ?

— Et à la mission d'Attavane, on n'a rien laissé non plus ?

— Absolument rien !

En suivant le père de la Chesnay dans son bureau, Judik, qui, depuis sa capture, avait révisé mentalement l'ensemble de ses travaux, les fit défiler à grande vitesse dans sa pensée et constata avec soulagement qu'il les avait toujours en mémoire. Leur recopie serait certes fastidieuse mais rien ne manquerait.

— Qu'attendiez-vous, dites-moi, je peux peut-être vous aider, proposa le père supérieur.

— Ma documentation est restée dans la tribu, avoua-t-il.

Et il ajouta en souriant :

— Ce n'est pas grave. J'ai tout dans la tête.

Un portrait du pape Paul VI occupait une cloison lambrissée. En travaillant, l'oblat pouvait poser ses yeux sur le Saint-Père. Les lunettes de Sa Sainteté accentuaient la sévérité de son visage qui tranchait avec la bonhomie de son prédécesseur Jean XXIII accroché à la cloison opposée. Une bibliothèque en bois de rose accueillait des rangées d'ouvrages religieux reliés et dorés, dont le cuir avait été patiné par l'usage. Le lutrin supportait un énorme volume ouvert sur des reproductions d'enluminures de l'école médiévale irlandaise. Trois fauteuils vaguement inspirés du style Régence, avec de larges sièges et des adossements en cannage d'osier, étaient disposés autour d'un guéridon encombré de dossiers. Sur la table de travail, d'un très bel acajou, des amoncellements de notes et de vieux bouquins s'affaissaient aussi. Le père Luc traduisait en laotien les œuvres de saint Augustin. Il invita Judik à s'asseoir.

— Vous vous êtes laissé ensorceler, mon jeune ami. Je connais votre détermination et, pourtant, il est de mon devoir d'essayer de vous ramener à nous.

— A quoi bon, mon père ?

— Enfin, Judik, insista le supérieur, comment vous, un esprit aussi élevé, avez-vous pu sombrer dans ces pratiques de sorciers ?

— Je vous en prie, j'ai déjà eu ce débat.

— Je sais, le père Bricart vous appréciait beaucoup.

La physionomie de Kervanec trahit le chagrin que la simple évocation du disparu éveillait en lui.

— Et il ne vous a pas convaincu.

— Nous nous sommes mutuellement ébranlés. Il m'a fait regretter de quitter les oblats. Je lui ai sans doute fait regretter de ne pas avoir mon âge.

— Vous insinuez que, dans ce cas, il aurait fait comme vous ? s'exclama le père Luc d'un ton presque scandalisé.

— Je n'insinue rien. Ce qui est certain c'est qu'au seuil de la mort, il s'interrogeait encore. N'ayant, hélas, plus assez de temps pour continuer la controverse, il a fait dans l'urgence le choix le plus apaisant.

— Son choix, il l'avait fait le jour de son entrée dans l'ordre, et il était définitif, riposta le père Luc d'une voix péremptoire.

Judik répondit avec douceur.

— N'avez-vous jamais douté, mon père ?

Le père Luc ouvrit légèrement les lèvres et ses yeux exprimèrent, tour à tour, l'étonnement, la colère et la contrition, qui lui fit baisser les paupières. De vieille noblesse angevine certes, mais oblat d'abord, il ne pouvait pas ne pas le reconnaître : la foi est une lutte de tous les instants contre le doute qui guette le moindre relâchement pour s'installer. Il rompit la garde.

— On vous expulse, vous le savez.

— Quand dois-je partir ?

— Votre vol pour Paris, via Bangkok, est prévu pour demain, à dix-sept heures.

Le visage racé du père Luc et ses yeux gris-vert, légèrement embrumés, devinrent soudain plus présents.

— Je vais vous surprendre, dit-il à mi-voix, je regrette sincèrement d'être, d'une autre manière, pressé par les événements, moi aussi. J'aurais bien aimé prendre le relais du père Bricart et poursuivre avec vous ce débat, trop hâtivement interrompu, hélas. Je sais que vous êtes un adversaire coriace et que vous ne manquez pas de répartie. Le Judik Kervanec que nous connaissions n'a pu renier une vocation qui remontait à l'enfance sans de solides raisons. La joute aurait été rude et pourtant, même à bout d'arguments, je me serais accroché, moi aussi, à ma foi d'origine, parce que j'y crois tout simplement. Il n'y a rien d'apaisant dans ce choix ultime. La difficulté est précisément de l'assumer jusqu'au dernier souffle.

On frappa à la porte. L'irruption dans la pièce d'un novice méo en soutane noire, au crâne rasé comme un bonze, poussant une table roulante, empêcha la réplique. Le fumet des plats chauds aidant, l'appétit orienta leur réflexion sur les coutumes alimentaires des Boloven libres. C'était leur dernier repas ensemble. La bienséance retint le père Luc d'assaillir son invité de questions. Il savait ce qui avait amené ce jeune oblat talentueux à rompre ses vœux. En s'intégrant à la tribu cachée, que lui-même avait rêvé d'évangéliser, Judik avait opté pour un autre engagement, plus fort, plus motivant. C'était le danger qui menaçait tous les missionnaires isolés de leur base. Aucun d'entre eux ne l'avait été autant que celui-ci, trop jeune sans doute et trop inexpérimenté pour ne pas céder à la tentation de s'identifier totalement à ses ouailles.

Etant le supérieur de l'ordre, il n'avait pu lui-même assumer cette mission. L'aurait-il réussie ? Rien n'était moins sûr. Il fallait une sacrée santé pour vivre en pleine jungle dans des conditions d'une précarité extrême. Les doutes et les tourments auxquels Kervanec avait été confronté n'étaient pas de ceux que l'on vainc sans blessure. Le père

Bricart, en lui annonçant la défection de cette recrue remarquable, en avait amplement expliqué les raisons. Il perdait un oblat, mais la science allait s'enrichir d'un anthropologue hors pair et les Boloven seraient peut-être sauvés de l'assimilation forcée, grâce à son action. Discrètement il le dévisagea et le sentiment qu'il ressentit était un mélange de regret et d'admiration. Ce n'est qu'après l'infusion de citronnelle, servie sur la terrasse ruisselante de bougainvillées, qu'il retrouva l'envie de parler.

— Nous vous suivrons de près. Bientôt, nous aussi serons chassés du Laos, et nos oblats locaux vont avoir la vie dure. Les communistes sont impatients de prendre le pouvoir. Je suppose que vous allez rédiger votre thèse ?

— En effet. J'ai vis-à-vis des Boloven libres un devoir de mémoire et des engagements à respecter. Je suis désormais un des leurs, vous le savez, et j'ai acquis le titre de chaman.

— J'ai entendu dire que certains faisaient des prouesses, murmura le père Luc d'un air amusé.

Puis il reprit, sérieux :

— Il serait bon, mon cher Judik, de ne pas ébruiter cette affaire tout de suite.

— C'est bien mon intention, mon père, car dès que je révélerai au grand jour l'existence de la tribu cachée, elle risque d'être harcelée et décimée. Les hautes instances du Pathet Lao ont de lourds soupçons. Ils ont même une petite idée de l'endroit où elle se trouve. Seules l'épaisseur des forêts et leur étendue les ont pour le moment dissuadés d'intervenir. Il ne faudrait pas que mes indications les incitent à le faire. J'ai besoin de mettre sur pied et de mobiliser tout un réseau d'appuis internationaux pour soutenir et défendre les Boloven. Rien ne se fera dans la précipitation, croyez-moi.

Les constellations scintillaient dans un ciel de satin au-dessus de Vientiane. Les rumeurs et les voix s'étaient adoucies et un vent frais répandait dans l'air des senteurs de jasmin. Ils quittèrent la terrasse et le père Luc accompagna Judik à la porte de sa chambre.

— Où irez-vous à Paris ?

— Je n'en sais encore trop rien, peut-être pourrai-je être hébergé au siège des Missions étrangères, le temps de trouver un studio. J'ai des économies, vous savez. Je n'ai pratiquement pas touché à ma bourse du CNRS.

— Si vous avez des ennuis, la maison de Fontenay peut provisoirement vous accueillir pour vous permettre de vous retourner.

— Merci, mon père, mais je ne crois pas que ce sera utile.

Tous deux restèrent encore une petite seconde ainsi à se serrer la main, puis le père Luc lui souhaita une bonne nuit et regagna sa chambre. Judik prit une douche. Il allait pénétrer sous la moustiquaire et éteindre la lumière quand un caillou heurta les volets. Il s'approcha, les ouvrit et aperçut une ombre portant une hotte, en bas, sur la pelouse. Bopal le pisteur lui faisait signe de descendre. Comment avait-il pu arriver jusqu'ici ? Dévalant l'escalier sans bruit, le cœur battant, il courut à sa rencontre. Ils se jetèrent dans les bras l'un de l'autre.

— Bopal, Bopal mon frère, chuchota-t-il, toi, à Vientiane ? Tu as joué les passe-muraille. Cette région est truffée de postes de contrôle.

— Ah ! Boloven blanc, pardonne-moi, j'ai été un bien mauvais guide. J'aurais dû rester tout près de toi et me montrer plus vigilant.

Des larmes ruisselaient sur ses joues creuses. Il avait revêtu la tenue noire des Cobras intrépides pour être moins visible, et rabattu, durant ses déplacements nocturnes, le pan de son turban sur sa figure au petit nez plat et aux lèvres charnues. Seuls ses yeux vifs, ses mains et ses pieds chaussés de tongs étaient à l'air libre et se confondaient avec l'obscurité.

— Tu as su m'éviter la mort en allant prévenir le père Anga à Attavane, le consola Judik. Depuis, regarde, on me bichonne. Bien malgré moi, je suis devenu une sorte de héros. Comment m'as-tu trouvé ?

— Ne suis-je pas Bopal le pisteur ? répliqua le petit Laven avec une fausse arrogance.

Sa mine redevint sérieuse. Il reprit :

— C'est Mani d'Attavane qui m'a informé. La mission est sur le point de fermer. Le père Anga et lui ne vont pas tarder à se replier ici.

— Mais pourquoi avoir pris tant de risques pour venir me voir ?

— N'as-tu rien oublié ?

— Grande Mère ! Ne me dis pas que tu as fait tout ce chemin pour me rapporter mes dossiers ?

Bopal acquiesça de la tête.

— Tu aurais pu les laisser au père Anga, qui me les aurait fait parvenir !

— Ankun m'a dit de te les remettre à toi personnellement, précisa le pisteur. Tes notes auraient pu s'égarer entre Attavane et Vientiane et nous ne voulions pas qu'elles tombent dans de mauvaises mains.

A l'évocation du vieux chef, Judik le revit mentalement, tirant sur sa bouffarde, il vit le conseil au complet, puis Vania, le petit Tao, et enfin la tribu tout entière envahirent son cerveau.

— Dis-moi, Bopal, comment vont-ils ?

Ils allèrent s'asseoir sous un manguier touffu, pas assez âgé pour avoir le titre de Vénérable, mais qui promettait, s'il échappait aux bûcherons, d'atteindre un jour, dans un siècle ou deux, par ses racines, les couches subtiles de la Terre, là où se fait le contact. Appuyé à ce tronc qui manquait encore de maturité, Bopal évoqua les absents avec une telle passion dans la voix que Judik tout ému eut du mal à retenir ses larmes. Le meilleur, bien sûr, fut gardé pour la fin. Les informations que les sages lui avaient fait parvenir par le truchement de Baltil, le teck de Xieng Kouang, furent toutes confirmées.

— Vania continue de seconder la veuve Maka mais son ventre lui pèse de plus en plus, précisa Bopal. Elle porte un très gros bébé.

— Comment va-t-elle l'appeler ? demanda Judik.

Il se souvenait des soirées où il collait son oreille contre le ventre de sa bien-aimée pour capter les moindres soubresauts du futur Tao impatient de voir le jour.

— Si c'est un garçon, elle le prénommera Judik, tu t'en doutes bien, révéla Bopal, et si c'est une fille, Alice, en souvenir, m'a-t-elle dit, du pays des merveilles, une histoire que tu lui racontais le soir pour lui apprendre le farang.

Les souvenirs déferlaient en Judik et l'oppressaient.

— Ahinée aussi est enceinte, continua Bopal. Son début de grossesse ne l'empêche pas de diriger son commando de Cobras. Elle continue de mener des actions qui font l'admiration de toute la tribu. Vania et elle sont devenues amies et si la femme-serpent accouche d'un garçon, elle lui donnera le nom de Vanec en hommage à vous deux.

Ces nouvelles replongeaient Kervanec dans le monde enchanté de la vallée cachée où le cours de sa vie avait basculé. Maintenant, la mélancolie l'assiégeait.

— Pourquoi ne retournerais-je pas avec toi ? s'écria-t-il en serrant les poings.

— Impossible, tu le sais bien. Tamil et Alta t'ont officiellement donné le titre de grand chaman itinérant. Une mission t'attend dans ton pays d'origine et sur toute la surface de la Grande Mère. Notre survie en dépend.

— Puis-je vraiment raconter ce que j'ai vécu parmi vous, révéler officiellement l'existence des Boloven libres ? demanda-t-il dubitatif.

— C'est ton devoir de tout dire. Ankun est convaincu que cela fera beaucoup de bruit.

— Et si le Pathet Lao en profite pour vous localiser et vous exterminer ? s'inquiéta Judik. J'ai rencontré leurs chefs. Ils se doutent de quelque chose et voulaient me tirer les vers du nez.

— Nous maîtrisons le terrain !

— Il y a les hélicoptères...

— Tu veux dire ces libellules géantes ? Il en faudrait des milliers pour nous mettre vraiment en péril. Où les trouveront-ils ? Tu le sais, les communistes regardent surtout du côté des villes. Ils en ont marre de la jungle et rêvent d'une vie facile. Alors qu'ils arrivent au but, crois-tu qu'ils vont vouloir se perdre dans nos forêts sacrées ? Je suis sûr qu'ils préféreraient désobéir aux ordres. Ceux qui les commandent le savent. Dans l'immédiat, nous ne sommes pas trop gênants.

— Vous le deviendrez quand le monde entier connaîtra l'existence de la tribu. Pour vivre heureux, vivons cachés, dit un proverbe farang. Les matérialistes n'aiment pas les exceptions.

— C'est vrai, reconnut Bopal, mais les sages et Ankun pensent que l'isolement à la longue peut être la pire des choses. Les coupeurs de bois sont beaucoup plus nocifs et dangereux que tous les autres réunis et s'ils commencent à s'en prendre à la forêt Wilaï rien ne les arrêtera. Plus ils réduiront notre espace vital, plus nous deviendrons vulnérables. Quand tous les Vénérables auront été abattus, il ne nous restera d'autre choix que la soumission ou la mort. Tu es le seul à pouvoir empêcher le saccage. Une fois informés, les savants sauront influencer les puissants qui gouvernent le monde.

— Puisses-tu dire vrai ! soupira Judik, que l'immensité de la tâche effrayait un peu.

Le pisteur retira de sa hotte les cahiers qui y étaient entassés.

— Je n'ai pas pris tes livres. Ça aurait fait trop lourd. Certains parmi nous, dont tes enfants, s'en serviront plus tard pour apprendre.

— Tu as dû te casser le dos, compatit le Boloven blanc en récupérant ses notes. Attends-moi là, je reviens tout de suite.

La pile de dossiers coincée entre ses deux mains et son menton, Kervanec monta la poser dans sa chambre et redescendit aussitôt. Bopal mâchonnait un morceau de canne à sucre.

— As-tu faim ? s'inquiéta Judik.

— Non, j'ai encore une boulette de riz gluant en réserve.

— Bien. Avant de nous séparer, que dirais-tu d'une visite de courtoisie aux Vénérables de la ville ? suggéra Kervanec.

Le jeune homme ne se fit pas prier et ils partirent ensemble en recherchant les endroits les plus enténébrés. Arrivés près d'un temple bouddhiste proche, ils escaladèrent le mur d'enceinte avec l'agilité d'experts, et se fondirent dans la végétation. Un teck du nom d'Antar, aussi ventru que Makil, les happa au passage et les attira vers lui. Ils se collèrent contre ses gibbosités en se tenant la main, et eurent droit à un fabuleux feu d'artifice, une sorte de bouquet final, comme si la Terre dans son intégralité avait implosé en eux, leur offrant une extase cosmique.

— Vaaaou, fit Bopal stupéfait, quel contact ! Quand Tamil va apprendre ça, il va être jaloux.

— Pas du tout, le détrompa Judik. C'est de lui et d'Alta que je tiens mon savoir. Reste encore et concentre-toi bien, tu finiras par les voir.

Ils apparurent, en effet, dans la tête de chacun d'entre eux, souhaitèrent à Judik un bon voyage, l'exhortant à achever sa thèse et à poursuivre pacifiquement le combat par ses écrits, ses conférences et son enseignement. Bopal fut invité à rejoindre au plus vite la tribu qui attendait impatiemment son retour, et pffttt ! Plus rien ! Disparus les deux sages. Tout de même, ils avaient réussi, malgré sa brièveté, à établir la communication télépathique dans une capitale terriblement parasitée par le béton, le téléphone, la radio et la télévision et qui, depuis des décennies déjà, avait sacrifié les grands arbres au profit des rizières. C'était une première ! Trois autres Vénérables, deux palissandres et un ébénier, insistèrent pour les accueillir. Les bonzes aimaient ces végétaux puissants et entouraient le tronc des plus augustes de rubans colorés qui faisaient penser aux écharpes barrant le ventre des notables lors des inaugurations. Ils s'indignaient aussi de voir les campagnes se déboiser chaque année un peu plus. S'ils repéraient, ici ou là, dans un village ou une forêt proche de leur pagode, quelques-uns de ces monarques cinq ou six fois centenaires risquant d'être tronçonnés, ils allaient ceindre leur taille géante de l'étoffe protectrice, et accrocher à leurs branches des banderoles multicolores préalablement bénies qui faisaient reculer les bûcherons prédateurs. Aucun moine pourtant n'était capable d'établir avec les arbres ainsi sanctifiés une relation intime, un authentique échange spirituel, qui restait l'apanage des chamans. Le fait que Bouddha soit parvenu à l'illumination, loin de les encourager à réitérer l'expérience, la rendait taboue. Là où le maître avait réussi, les disciples ne pouvaient qu'achopper, dans cette religion fondée sur la perfection absolue d'un seul, servant de modèle aux autres.

Judik et Bopal allèrent successivement sous Sibol, Alzil et Solten qui les sollicitaient, et eurent droit à trois autres embrasements intérieurs d'une force égale. La Grande Mère se montra magnanime avec les Vénérables de ce parc qui étaient restés des siècles sans répandre dans l'âme et le corps d'humains dignes d'en être irrigués son flux *numineux*. Du même coup, les deux Boloven, le thaumaturge et le pisteur, reçurent une charge d'énergie qui allait leur permettre d'affronter avec aisance les difficultés qui les attendaient. L'un, dans quelques secondes, après une séparation qui leur ferait mal à tous deux, se faufilerait au milieu de populations hostiles et de troupes agressives, pour rejoindre les derniers descendants libres des peuples d'autrefois. L'autre, dès le surlendemain, replongerait dans le monde aveugle et orgueilleux des matérialistes, la cohue, les embouteillages de Paris, les visages sans joie des citadins toujours pressés, l'indifférence collective. Judik eût aimé suivre Bopal qui s'éloignait déjà, emportant gravée en lui l'expression de tendresse infinie qu'il avait lue sur la physionomie du chaman blanc. Il lui envoya un dernier message silencieux qui faillit ralentir son élan.

— Je suis à vous tous, et vous êtes en moi pour l'éternité !

Boltal et ses patriarches firent l'effort d'être là, à ce moment précis. Eux non plus ne s'étaient auparavant jamais projetés aussi loin de leur tombe, mais le départ de ce fils adoptif, chargé d'une lourde mission, exigeait leur éphémère présence. Dans cette nuit étrangement silencieuse, ils arrivèrent comme un nuage du plus lointain du ciel et s'y déployèrent, l'occupant dans son intégralité. Leurs mains adressèrent au grand chaman itinérant qui retournait dans son pays d'origine, pour tenter d'assagir les ennemis de la Terre, un fraternel salut, avant de s'estomper au milieu des étoiles et de regagner leur place au pied du grand Bolus.

Kervanec se rappelait le jour où il avait débouché, avec Mani et la mule Doliane, pour la première fois, sur le haut plateau des cèdres, après avoir été englouti des jours durant sous les feuillages denses de la forêt Wilaï. Les fragrances acides des hautes herbes, les crêtes de la cordillère, l'air vivifiant et le ciel si proche les avaient jetés à genoux. Ces prières d'une autre époque lui semblaient maintenant si lointaines, comme issues d'une vie antérieure. Son enfance à Lorient, sa famille, sa jeunesse dévote et studieuse, le séminaire ne lui laissaient guère de réminiscences. Ses racines étaient désormais dans la vallée secrète où un monde intangible veillait au bonheur du dernier peuple libre de cette péninsule. Il allait quitter tout ça, il l'avait déjà quitté. Pourtant les Boloven l'habitaient entièrement, les vivants, les morts, les Phi et le milieu foisonnant dans lequel ils évoluaient. Cette parcelle de biosphère intacte l'avait à ce point reconstruit qu'il était devenu un autre homme, affranchi des vanités nuisibles pour la Terre. Cette évidence le rassura. De retour dans sa chambre, il se projeta mentalement dans son village d'élection et s'offrit une évocation des moments les plus merveilleux vécus là-bas. Le sommeil le surprit un sourire aux lèvres.

10

Le chêne de Brocéliande

Son départ de la mission ne se fit pas incognito. Une meute guettait au portail. Des flashs l'aveuglèrent, au milieu de questions hurlées toutes en même temps, et bien sûr inaudibles. Des motos pétaradèrent, des pneus crissèrent et une file de véhicules prit la route de l'aéroport. Devant les bâtiments, la clique de journalistes se reforma. A l'enregistrement et jusqu'à la douane, elle s'agrippa à Judik, qui ne répondait à personne. Les adieux au père Luc en furent quelque peu perturbés. Dans le Boeing enfin, assis en première classe — une faveur de l'équipage —, il put se relâcher. Pas tout à fait quand même. Dès que l'hôtesse qui l'accueillait s'éloigna, il porta son regard sur sa proche voisine et tomba sur la statue de la Liberté en personne. L'Américaine rousse à la saharienne, de la CBS, le scrutait d'un œil espiègle.

— Hello, fit-elle. Ravie de vous revoir.

Grande Mère, quelle glu ! explosa-t-il en lui-même. Son expression, au premier abord irritée, s'adoucit peu à peu. La ténacité de cette jeune femme, l'aplomb dont elle faisait preuve éveillèrent son intérêt. Pour se trouver dans le même vol que lui, sur le siège voisin, elle avait donc tout anticipé, tout prévu, ne laissant rien au hasard ; qualité qui, dans sa profession, est la marque des meilleurs. Ses confrères avaient buté contre les portes de la douane. Elle avait fait une réservation quotidienne sur tous les avions en partance pour Paris, et très certainement raconté un gros mensonge pour se faire attribuer la bonne place.

— Encore vous ! marmonna-t-il, en se mordant les lèvres.

Leurs yeux se croisèrent. Il eut envie que la conversation se poursuive. Elle répondit à son souhait intérieur.

— Je suis seule, mon *team* est resté sur place. Un confrère de *Turn Over* va me remplacer pour couvrir l'arrivée de Souphanouvong à Luang Prabang et Vientiane, et les pourparlers en vue de l'avènement de leur gouvernement bidon.

Son accent enjolivait le français qu'elle parlait de façon presque irréprochable et ce « bidon » avait de la résonance.

— Un abandon de poste ou une traque nouvelle ? demanda-t-il, railleur.

— Devinez, fit-elle en lui décochant une grimace.

— Pourquoi cette obstination ? Qu'ai-je donc de si important à vos yeux pour que vous me suiviez ainsi à la trace ?

— Votre mystère, Judik Kervanec. Au fait, je ne me suis pas présentée. Mon nom est Deborah Williams.

Elle lui offrit sa main à serrer.

— De la CBS, compléta-t-il en emprisonnant les longs doigts de la journaliste dans les siens.

L'hôtesse distribua des collations qu'ils posèrent sur leur tablette. Tout en se désaltérant et en grappillant, ils poursuivirent leur conversation.

— Et je suppose que vous êtes en service commandé ?

— Disons plutôt en mission exploratoire. Vous détenez là...

Son index désigna le crâne de Judik.

— ... j'en ai la certitude, un secret formidable.

— Rien, dans mon attitude ou dans mes propos, ne peut vous permettre de croire cela.

— Ne me prenez pas pour une sotte, l'interrompit-elle. Durant trois années vous disparaissez dans la nature, en pleine jungle, et dans un secteur à haut risque. Le bruit court que vous avez quitté la prêtrise. Si je m'en réfère à votre CV cette décision n'est pas un caprice. Alors que s'est-il passé là-bas ?

Elle s'exprimait à voix basse, pour ne pas attirer davantage l'attention des voisins les plus proches qui jetaient en direction de Kervanec des regards appuyés. Certains avaient des journaux grands ouverts devant eux et sa photo était sur toutes les unes. La blonde hôtesse en retirant son plateau lui demanda, avec sollicitude, si son emprisonnement chez les communistes n'avait pas été trop dur. Le personnel de bord se succéda près de son siège pour le congratuler, puis ce fut le tour des passagers. Deborah Williams sut avec habileté renvoyer les plus importuns à leur place.

— Laissez-le, s'il vous plaît, il a impérativement besoin de repos.

Le pilote signala la descente sur Bangkok. La voix chaude du chef de cabine le relaya et débita son laïus habituel, sans oublier en finale les remerciements de la compagnie. Cette récitation permit à Judik de faire l'impasse sur la question que Deborah lui avait posée, une fois encore, avec un entêtement peu commun. Comme elle n'avait pas du tout envie de se faire planter à la descente d'avion, avec un troisième « devinez ! » en guise de point final, elle lui fit connaître ses propres déductions.

— Et si les ouailles que vous deviez évangéliser étaient parvenues à vous retourner, et à faire de vous leur propre missionnaire ?

Kervanec scruta du regard celle qui s'approchait ainsi de la vérité. Les roues de l'appareil touchant la piste lui laissèrent un répit pour trouver sa réponse.

— Ça travaille dur là-dessous, s'exclama-t-il en frôlant du bout de la main la chevelure rousse. Ce n'est qu'une supposition qu'il vous faudrait évidemment étayer pour la rendre crédible. Vous connaissez la version officielle. Pourquoi vous obstinez-vous à en chercher une autre ?

— Franchement, Judik, répliqua-t-elle, vous y croyez, vous, à la version officielle ?

Son air faussement ingénu et ses yeux d'un bleu conquérant lui firent marquer des points. Ils durent se lever et prendre leurs bagages à main pour rallier le flot des voyageurs qui descendaient du Boeing. Il fallut, dans le concert de haut-parleurs qui nasillaient des appels dans cette langue tonale peu compatible avec l'oreille européenne, cheminer à travers une cohue où se frôlaient toutes les races, faire valider la correspondance, et s'assurer, pour plus de tranquillité, que le transfert des valises se faisait sur le bon vol. Ensuite, il ne leur resta plus qu'à s'armer de patience, le 747 AF 344 pour Paris ne décollant qu'à vingt-trois heures, dans quatre heures, exactement.

— Ainsi vous m'escortez jusqu'au bout ? Je pensais que vous n'iriez pas plus loin, constata-t-il en lui présentant une chaise à la terrasse d'un des cafés situés dans le grand hall.

— Notre conversation n'a même pas commencé, vous ne m'avez rien dit.

— Pourquoi vous ferais-je des confidences ?

— Parce que, voyez-vous, ce n'est plus la journaliste qui vous colle — j'ai réellement pris une vacation —, c'est la femme. J'ai choisi ce métier pour vivre un peu plus fort que la majorité des gens. Or je sais que vous avez connu une expérience extraordinaire. Comment dire ? Je le sais.

Son accent et ses mimiques la rendaient émouvante, son obstination en revanche avait le don de mettre Judik à cran. Indifférente, elle continua.

— On vous a aperçu vêtu en montagnard. Pendant trois ans, si on ne tient pas compte d'une brève apparition à Attavane, vous avez disparu, coupé tout contact avec la mission, ce qui n'est pas d'usage, et vous vous faites prendre par le Pathet Lao, après être allé dire un dernier adieu au père Bricart. Que s'est-il passé, là-bas, quelque part près de la piste Hô Chi Minh ? Car il s'est passé quelque chose, n'est-ce pas ?

Elle acheva sur une note légèrement suppliante.

— C'est la journaliste qui pose cette question, je présume ? répliqua-t-il sèchement.

— Découvrez-le puisque vous êtes si malin, s'écria-t-elle en constatant qu'il ne la croyait pas.

Après une seconde à peine de bouderie, elle s'approcha du nez de Judik au point de l'effleurer et, avec une authenticité désarmante, lui fit un aveu.

— N'avez-vous pas songé que je pouvais avoir envie de mieux vous connaître ? Si mon métier me passionne, je n'en suis pas une représentante docile, comment dites-vous, déjà ? Un archétype ?

— Pas « ché », la corrigea-t-il, mais ké. On prononce ar-ké-type.

Son accent l'amusait. Elle poursuivit :

— Il y a moi, aussi, et quand je suis moi-même, j'obéis à des sentiments qui n'ont rien de professionnel.

— Et ceux-ci vous obligeaient à prendre un billet Vientiane-Paris pour ne pas me perdre de vue ? Voudriez-vous me faire croire que je suis l'objet d'un coup de foudre ?

— Disons plutôt d'une certaine attirance, et d'une très forte curiosité. J'aime les gens qu'on ne peut classifier. Et surtout je veux percer votre secret. J'ai envie de savoir !

— Il faut donc que je me taise, riposta-t-il d'un ton plus avenant. Quand vous connaîtrez tout de moi, je cesserai de vous intéresser ! Vous demeurez journaliste, même quand vous pensez ne plus l'être, Miss Williams.

— Et vous, un curé misogyne ! s'écria-elle à bout d'arguments.

— Misogyne, moi ? railla-t-il en se frappant la poitrine de la main.

Lc brouhaha de la foule cosmopolite, la voix du haut-parleur qui canalisait ses flux auraient dû les gêner. Devant le verre de bière qu'ils n'avaient pas touché, dans ce hall bruyant et sans attrait, ils se penchaient l'un vers l'autre pour mieux s'entendre et discutaient sans se soucier de l'agitation qui régnait autour d'eux. Judik au fond de lui était inquiet et se sentait vulnérable. Comment allait-il aborder sa nouvelle vie dans cette civilisation qu'il avait rejetée et à laquelle il n'était pas vraiment préparé ? N'avait-il pas toujours vécu à l'écart, d'abord au sein de l'église, puis dans la vallée cachée ? Ses incertitudes le poussaient vers cette jeune femme qui avait le don de le dérider. Serait-elle une amie sincère sur laquelle il pourrait compter et qui l'aiderait à affronter l'adversité, si celle-ci se présentait ? En l'observant plus attentivement, il en fut convaincu. C'était une de ces

Américaines, il y en avait pas mal comme elle, plus enclines à la franchise qu'au calcul. Il faillit remercier la providence de l'avoir mise sur sa route, et comme elle le contemplait avec une étrange acuité, il lui dit d'un ton moqueur :

— Pourquoi m'étudier ainsi ? Je ne suis tout de même pas le saint Jean-Baptiste de Léonard de Vinci !

— Vous avez sans doute la même insolence que lui, levez le doigt, pour voir, comme ça !

Elle lui montra le geste à faire. Vaincu par sa spontanéité, il pointa son index vers le ciel.

— Heureusement qu'il s'agit de celui-là, brandir le majeur ferait vraiment vulgaire !

— Il manque encore le sourire ambigu, oui, comme ça c'est parfait !

Ils rigolèrent comme deux adolescents, Judik régla la consommation, et ils déambulèrent dans les couloirs de l'aéroport, traversant les vagues de gens en partance sans les voir, s'attardant devant des affiches de paradis exotiques et de cités européennes. A quoi pensaient-ils ? A quel moment précis leurs mains se rencontrèrent-elles ? Cela se fit tout seul. Ils s'assirent de nouveau, burent un thé cette fois, en parlant de tout et de rien, observèrent de longues plages de silence. Plutôt que de l'indisposer à vouloir coûte que coûte percer son secret, elle partagea avec lui, durant cette flânerie, une bulle de quiétude au milieu de l'agitation générale. Ils se retrouvèrent enfin, l'un à côté de l'autre, dans le Bangkok-Paris.

— Alors, vous me croyez toujours au travail ? demanda-t-elle en se nichant près de lui.

— Non, je pense que j'ai affaire à l'autre Deborah, lui chuchota-t-il à l'oreille. Vous n'avez plus cette allure hermaphrodite de statue de la Liberté en mouvement que vous adoptez quand vous êtes au boulot.

— Méchant !

— Et je vous préfère comme ça.

Après la collation et quelques fadaises du même genre, auxquelles il est souvent difficile d'échapper, ils s'endormirent très près l'un de l'autre. Avant de sombrer dans l'inconscience, l'esprit de Judik s'évada dans le Cercle des novices et sur le Chemin des rencontres. Il revécut les ardentes étreintes qu'il y avait connues. Son subconscient y introduisit l'Américaine qui jaillit d'un fourré et, comme l'avaient souhaité les sages, il dut combler ses requêtes. Ce rêve fut prémonitoire. Il se réalisa à l'arrivée à Paris. Après avoir répondu, comme d'habitude, aux questions des journalistes par des « oui, non, peut-être » et subi le discours langue de bois d'un secrétaire d'Etat aux Affaires étrangères venu l'accueillir, de nombreuses mains empoignèrent la sienne, dont celle du professeur Georges Comine, soucieux de le rencontrer dès le lundi suivant. Des flashs explosèrent. Suivi de Deborah, il prit la fuite en taxi, débarqua à l'hôtel du Cherche-Midi, rue du même nom, où ils restèrent dans la chambre vingt-quatre heures d'affilée. Dans ce genre de situation, les mots étant superflus, ils surent n'en prononcer aucun d'inutile.

Le corps souple et musclé de l'Américaine n'avait pas la fragilité délicate des morphologies de là-bas. Il pouvait l'étreindre plus fort sans craindre de la casser. Ses taches de rousseur, son pubis fauve, et cette carnation de lait marquant l'emplacement du maillot de bain finirent par repousser au fond de son cerveau les belles Boloven. Peu à peu, il se laissa griser par l'odeur un peu acide de la jeune femme. C'était la première fois qu'il rencontrait intimement une Blanche, rousse de surcroît, et elle exerça sur lui un attrait insoupçonné.

— Tu vois bien que tu n'es plus prêtre. Aurais-tu couché avec moi si tu l'avais été ?

Assise au bord du lit, elle sirotait un *black coffee*.

— Non, non, bien sûr, ou plutôt si, je le suis autrement !

Deborah ayant juré qu'elle n'en parlerait à personne et ne publierait rien jusqu'au moment opportun, il lui révéla pratiquement tout ce qu'elle voulait savoir, la transporta dans son monde caché, au sein de la tribu qui l'avait adopté, décrivit les mœurs, les coutumes des Boloven, les personnages surtout, d'une authenticité sans pareille. Trois années défilèrent en deux heures de récit, durant lesquelles Deborah but la moindre de ses paroles.

— Alors ils ignorent la jalousie ? s'étonna-t-elle en plissant son petit nez couvert d'éphélides.

— Nous ne l'ignorons pas, nous la combattons, répliqua-t-il, se sentant concerné par ce « ils » qui le mettait à l'écart. Chez nous, personne ne possède personne, et notre dévotion à la Terre, qui est notre Grande Mère, crée entre nous un lien si puissant qu'on ne peut pas ne pas s'aimer. Si tu savais la sérénité qu'on acquiert à vivre dans une société bâtie sur la notion du partage !

Il devenait grandiloquent. Elle eut envie de le contredire.

— C'est un peu de l'utopie, ce que tu me racontes là, non ? Tu t'es laissé embrigader par tes gentils Boloven et maintenant tu les idéalises.

Alors il poursuivit son histoire, entraîna la jeune femme dans le monde des Phi auxquels il faut rendre hommage, des anciens qui continuent d'être là même après leur mort, des mantiques pratiquées par le mage, des guérisons du chaman, les seuls par ailleurs capables d'entrer en relation avec les arbres sacrés, antennes de la Grande Mère d'où jaillissent la lumière et des vortex qui traversent le temps. Elle l'écoutait avec cet air concentré et grave que prennent les enfants quand on leur lit un conte. Ses yeux exprimaient l'émerveillement, jusqu'au moment où le doute, à nouveau, s'y glissa.

— Comment peux-tu communiquer avec un arbre, tu ne me feras pas croire cela !

— Ai-je l'air de te mentir ?

Il ne parvint pas à entamer son scepticisme. Deborah Williams, fille d'un riche papetier de Philadelphie descendant des pères pèlerins, *the pilgrim fathers*, avait grandi dans le monde concret des affaires, où l'irrationnel n'avait pas sa place. Seul le Tout-Puissant méritait le respect, un Tout-Puissant à l'image des premiers défricheurs. « A chacun selon son mérite » était un principe de base et surtout pas « à tous la même chose », comme le prétendaient certains prêtres catholiques, contaminés par les idées marxistes. Le Dieu de ces protestants était un dieu de pionniers. Il avait en 1620 offert les rives d'Amérique aux cent deux passagers puritains du *Mayflower*, pour qu'ils y fissent souche. En débarquant sur la côte Est, après un périlleux voyage, ces immigrants s'étaient en effet identifiés aux Hébreux atteignant, après quarante années d'errance dans le Sinaï, la terre de Canaan. Ils travaillèrent dur, engendrèrent des lignées de leaders qui combattirent les Indiens, l'Angleterre, le Mexique, et s'affrontèrent aussi entre eux pour édifier leur nation. C'est avec de la sueur et du sang que les plus entreprenants édifièrent leur fortune. Les hommes issus de cette engeance coriace, qui s'étaient approprié un sol neuf pour en faire leur pays, restaient viscéralement attachés à la libre entreprise et ne pouvaient imaginer que la terre pût être autre chose qu'un espace à dominer, défricher et rentabiliser. Insatiable phagocyte, Samuel Williams avait grandi en absorbant les uns après les autres tous ses concurrents. Il possédait des concessions forestières immenses au Canada, au Brésil, et des filiales à Bornéo. Chaque jour, des dizaines de milliers de pins de toutes espèces, de fromagers, d'érables, de hêtres, de frênes, etc. étaient tronçonnés et broyés, pour alimenter ses usines de transformation.

Cette mentalité avait conditionné Deborah. Même après s'en être émancipée, elle conservait des réflexes remontant à sa jeunesse. Il lui était difficile de considérer le bois comme autre chose qu'une matière première. Elle avait baigné dans cette idée depuis qu'elle avait vu le jour et si, marquée par les courants de son époque, elle s'était fortement révoltée contre son milieu, cela n'avait pas été au point de le remettre fondamentalement en question. Elle devint démocrate, ce qui chagrina beaucoup ses parents, milita à l'université contre l'engagement américain au Vietnam. Dans son for intérieur cependant, les arbres servaient surtout à faire de la pâte à papier. Et entendre Judik en parler comme s'ils étaient doués de sensibilité et de vertus l'empêchait de le prendre au sérieux. Il était si convaincant, néanmoins, qu'elle le laissa poursuivre et il lui raconta en détail ses expériences.

Qu'un anthropologue estimé de ses maîtres — elle avait fait son enquête — en arrive à soutenir mordicus que la terre était la Divinité suprême, et que des végétaux, pas tous, les plus anciens seulement, avaient la capacité de capter la pensée des grands prêtres de la tribu et de les mettre en relation avec elle lui paraissait abracadabrant. Elle scruta Kervanec avec inquiétude, se demandant si son trop long séjour chez les Boloven n'avait pas déréglé son esprit.

— Quel intérêt aurais-je à te mentir ? s'impatienta-t-il. Je prépare une thèse sur ce thème.

— Surtout, ne t'y implique pas personnellement, l'alerta-t-elle, sinon, personne ne te prendra au sérieux. Il faut que tu restes extérieur à tout ça et que tu te bornes à décrire les choses en observateur et en scientifique.

— Merci du conseil ! A toi j'ai dit toute la vérité, espérant que tu me croirais. Ta défiance me déçoit.

— Que veux-tu, je suis, comment dites-vous déjà ? comme saint Thomas !

— Quel dommage que tu aies raté ma rencontre avec Sibol, Alzil et Solten, les trois Vénérables du temple bouddhiste de Vientiane. J'aurais pu te prouver que je ne suis pas totalement fêlé.

— Comment peux-tu savoir leur nom ?

— Que te dire, ils me viennent immédiatement en tête. C'est de l'empathie.

— De l'empathie, *my God*, tu délires vraiment !

Comment la convaincre ? Des images de promenades en famille dans la forêt bretonne, hantée par les ombres du roi Arthur et des chevaliers de la Table ronde, lui rappelèrent un univers qui l'avait, enfant, beaucoup impressionné. Il se revit devant des chênes et des hêtres si imposants qu'il n'avait osé s'en approcher et qui incitaient aussi les adultes à parler bas tant ils étaient imprégnés de l'histoire du lieu. Sans doute étaient-ils encore là, ces géants qui forçaient le respect et, avec un peu de chance, pourrait-il réveiller chez certains leur sensibilité assoupie.

— Prenons le train, allons à Rennes et de là louons une voiture pour nous rendre à Brocéliande. As-tu ton permis ?

— J'ai le permis international.

— On trouvera bien un arbre qui voudra m'écouter. Allez, bouge-toi, Deborah, au bain, vite !

Il lui arracha son peignoir, et une fois de plus ne résista pas à la vue de son corps hâlé de sportive.

— Violeur, souffla-t-elle en retombant sur le dos, si tu t'imagines que c'est en me baisant sans arrêt que tu feras partir mes doutes, n'y compte pas !

— Avec un peu de chance, je te convaincrai.

— Tu ne vas pas voir tes parents ?

— Mes parents ! Que leur dire ? Ils me croient encore oblat. Quand ils vont apprendre que j'ai tout plaqué, ça va être l'horreur.

Il s'empara du téléphone. Sonnerie au loin. Déclic. Attente. Balbutiements du père dont la voix enrouée butait sur les mots tendres qu'il n'avait jamais su très bien prononcer. Jérémiades, pleurs de la mère qui le suppliait de venir, toutes affaires cessantes. Il la rassura, promit qu'il passerait les voir dès qu'il aurait terminé sa thèse. La conversation l'ennuya. Voyant qu'elle risquait de s'éterniser sur la vie des frères, des sœurs, les naissances, les maladies des petits-enfants, il coupa net.

— Excuse-moi, maman, j'ai un rendez-vous important, je vous rappelle bientôt.

— Donne-nous au moins une adresse où te joindre !

Il fit celui qui n'avait pas entendu.

— Je vous embrasse très fort.

Et clic !

— Ce n'est pas très sympa pour ta famille, nota Deborah en sortant de la salle de bains.

— Ma famille est dans la vallée cachée, dit-il.

Un rapide pour Rennes partait dans deux heures. Ils ne prirent qu'un sac pour deux. La BBC sur le transistor de Deborah annonça la création du gouvernement provisoire au Laos. Ici, cela ne valait qu'une brève. Elle regarda la date sur sa montre Cartier. 5 avril 1974.

— Ça y est, s'écria-t-elle, le compte à rebours a commencé. Dans un an à peine les communistes seront au pouvoir dans toute l'Indochine et tes Boloven vont avoir du souci à se faire.

— Je ne pense pas, fit-il. Seules les compagnies forestières sont à craindre. Cette zone est riche en espèces végétales et animales qui ont disparu presque partout ailleurs. Pourquoi les Nations unies, par l'intermédiaire d'un ou plusieurs de leurs organismes spécialisés, ne pourraient-elles verser des subventions au gouvernement laotien afin qu'il en fasse une sorte de musée de la biodiversité ? La région pourrait être décrétée patrimoine de l'humanité. En tout cas c'est cet objectif qu'il faut viser.

— Et tes Boloven, qu'en fais-tu ? s'exclama-t-elle. Tu ne vas pas me dire qu'ils comptent moins à tes yeux que les bêtes et les arbres ?

— Je suis absolument certain que leur sort n'intéresse personne.

— Encore tes idées toutes faites, protesta-t-elle. Tu veux me faire croire cette fois qu'on a plus de chances d'obtenir de l'aide pour des végétaux et des animaux que pour des humains ?

Le lui faire croire, non. Le lui prouver, oui ! Dans le journal *La Croix* qui avait longtemps été sa seule source d'information, il avait naguère collectionné des articles qui déjà le choquaient.

— Un jour, raconta-t-il, un militant kurde, las d'avoir plaidé sans jamais obtenir de secours pour les plus démunis de ses vingt-cinq millions de concitoyens — que leur non-existence nationale vouait à l'oppression —, résolut, en désespoir de cause, de demander une aide alimentaire et médicale pour les mulets du Kurdistan durement éprouvés par les bombardements de l'aviation irakienne. L'avoine, l'orge et la pénicilline leur tombèrent du ciel. Ils purent faire du pain et soigner leurs blessés.

Deborah faillit s'esclaffer.

— Cette information est vraie ! trancha-t-il.

Elle s'assombrit.

— Ton écomusée, si tu parviens à faire triompher cette idée, ne sera rien d'autre qu'une réserve d'Indiens.

— Mieux vaut cela que la déforestation totale et l'anéantissement.

La gare Montparnasse était proche. Ils décidèrent d'y aller à pied. Un soleil printanier illuminait les rues de Paris. Deborah était vêtue de beige. Ses chaussures blanches affinaient ses longues jambes. Elle semblait aussi grande que Judik qui marchait près d'elle dans son costume de clergyman, dont il avait cependant retiré la croix et le col dur. Une tenue qui manquait de fantaisie ! Deborah se promit dès l'arrivée du train d'aller dans un magasin lui choisir des vêtements moins austères. L'air, pour les narines sensibles de Judik, empestait l'essence et l'huile brûlées. Le boulevard était encombré de voitures. Plus ils approchaient de la gare, plus les vagues de piétons devenaient importantes. Hommes et femmes se frôlaient avec indifférence. La bousculade finit par l'oppresser. Dans l'enceinte devant les quais, il éprouva un début d'agoraphobie. Il y avait soudain trop de monde, trop de bruit et pas assez d'air. Pendant qu'il se détendait dans la salle d'attente, elle alla prendre des billets de première classe et ils s'installèrent dans un compartiment aux sièges confortables, regardant défiler la morne banlieue, les agglomérations pavillonnaires, les immenses terres à blé de la Beauce, les bourgs avec leurs clochers moins hauts désormais que les tours des cités, et les grosses fermes privées d'arbres, leur ombre étant néfaste aux récoltes. Comment pouvait-on vivre sur ces immenses superficies, atrocement déboisées ?

— Ici l'homme abuse de la terre ! bougonna-t-il. Il la dope avec de l'engrais pour en tirer un profit maximum. Un jour, même l'engrais n'aura plus d'effet. Elle en sera saturée et deviendra stérile.

— Tu vois tout en noir, s'exclama Deborah, l'humanité ne peut pas revenir à l'âge de la cueillette ou aux labours à la houe, sois un peu réaliste !

Il s'enflamma.

— Sa capacité de recyclage a des limites. Evalue déjà ce qu'elle doit absorber chaque jour en milliards de tonnes de déjections, d'effluents chimiques, de gaz d'échappement, de pesticides. Elle a mis quelques millions d'années pour engendrer la vie. Combien en mettrons-nous pour la rendre invivable ?

— Chaque siècle a eu ses nuisances. Le smog de Londres a disparu dès qu'on a modernisé le chauffage urbain. Aujourd'hui, Jack l'éventreur ne pourrait plus surgir du brouillard à l'improviste, pour commettre ses horribles crimes.

Décidément son accent l'amusait beaucoup. Elle continua.

— Tu serais un homme tout à fait charmant si tu savais être plus cool.

— Je suis cool, protesta-t-il. Cela ne m'empêche pas d'être lucide.

— Sois-le un peu moins, et vis l'instant présent. N'es-tu pas bien avec moi, dans ce train qui fait défiler les paysages ? Regarde, après le blé, les vaches. Que dis-tu de ces pâturages, de ces bosquets ? Ailleurs il y a les vignobles, les oliviers, la lavande, les montagnes, la gentiane et tout le reste. La France est un pays de cocagne et les Français de bons jardiniers, doublés de bons vivants.

Elle n'avait pas tort. Il prit le parti de se taire et de s'évader dans le monde enchanté qu'il avait été contraint de quitter. Les Tigres vigilants, les Cobras intrépides envahirent ses pensées. Il les imagina à l'affût sur les hauteurs dominant la piste des Viets ou dissimulés dans les branches, à l'orée des bourgs, attendant la tombée de la nuit pour s'y infiltrer et se mettre à l'écoute. Il s'assoupit et se retrouva près de la femme-serpent qui s'apprêtait à propulser son dard dans l'œil d'un fonctionnaire corrompu. Deborah se laissa attendrir par son visage aux yeux clos que traversaient d'imperceptibles crispations, signe d'un sommeil agité. Les expériences paranormales qu'il avait vécues excitaient au plus haut point sa curiosité. Un tel homme ne renie pas un enseignement prédestiné qui aurait pu faire de lui un mystique voué à l'ascèse ou au martyre sans une compensation intellectuelle et spirituelle au moins équivalente. Or, elle imaginait mal que des montagnards à demi nus aient pu répondre à ses aspirations et lui apprendre à capter des forces souterraines. Elle attendait fiévreusement les preuves...

Le lendemain de ses deux très brèves rencontres avec Judik, chez Souphanouvong, puis chez Souvanna Phouma, elle avait rompu avec Tom Morris, grand reporter star de la CBS, patron du magazine hebdomadaire *Turn Over*, suivi aux Etats-Unis par vingt millions de téléspectateurs. Elle travaillait pour lui. Etre la maîtresse de son patron, même si celui-ci, en instance de divorce, vous promet le mariage, n'est pas forcément une position enviable, d'autant qu'elle ne tenait pas à l'épouser. Fascinée au début par son expérience du métier et aussi, il faut l'avouer, par sa notoriété, elle s'était très vite aperçue que celle-ci l'avait rendu narcissique et qu'il était en représentation permanente, soucieux de son image et de son look, ne manquant aucun lieu, aucun spectacle où se retrouvaient, tout en se détestant souverainement le plus souvent, les stars des médias, de la politique ou du show-biz et leurs thuriféraires. De vingt ans son aîné, il avait été, au début du moins, un éducateur dans tous les sens du terme. Elle n'avait pas tardé à s'apercevoir qu'il voulait surtout être son Pygmalion et la sculpter sur mesure pour son usage exclusif. Ça ne lui convenait pas du tout et son avenir professionnel ne devait en aucun cas dépendre d'une quelconque duplicité.

La fille du papetier Williams, au demeurant, n'avait nul besoin de faire des concessions pour s'élever dans la société. Elle aurait pu très bien ne pas travailler et mener une existence oisive. Son père lui allouait une rente mensuelle bien supérieure à son salaire de reporter. Comme elle ne voulait pas dépendre de ses parents, elle n'y touchait pas, et cet argent, bien placé, fructifiait en attendant qu'elle veuille en disposer comme bon lui semblerait. Diplômée en sciences politiques et en histoire contemporaine, bonne journaliste de terrain, à vingt-cinq ans, elle ne vivait qu'avec son salaire qui était pour son âge très correct. Envoyée au Vietnam, puis au Laos pour y suivre l'actualité, elle venait d'y passer six mois.

Basé provisoirement à Paris où il suivait les accords de paix, Tom s'était ensuite installé pour quelques semaines en Thaïlande, afin d'en observer de plus près l'application, puis il l'avait rejointe à Vientiane avec les techniciens et le matériel pour mettre au point la diffusion en direct dans *Turn Over* d'une émission spéciale sur l'avenir du gouvernement d'union nationale en gestation. Il avait rencontré tous les protagonistes, procédé à des interviews et dirigé sur place les quatre équipes de tournage, dont celle de Deborah, plus spécialement chargée de ce qui concernait le Pathet Lao. Il fut brillant et superficiel, comme d'habitude. La veille de son départ pour New York tomba la nouvelle de la capture de Kervanec par les troupes communistes. Il avait passé une dernière nuit avec elle, à l'hôtel Impérial. Physiquement elle n'éprouvait plus vraiment d'attirance. La séance d'autosatisfaction à laquelle elle eut droit après l'amour la dégoûta. Il était parfois, surtout quand il avait bu un ou deux scotchs de trop, tellement convaincu de son importance qu'il l'exaspérait.

— Tu verrouilles cette affaire, avait-il décrété à l'aéroport, au moment de la quitter. Ce missionnaire clandestin chez les Pathet, c'est un très bon coup, tu verras.

Il l'avait rappelée des Etats-Unis, au moment où elle s'apprêtait à prendre l'avion pour Bangkok.

— Alors, Deb chérie, que fais-tu ? Ce prêtre vient d'être libéré par Souphanouvong et tu m'envoies les mêmes scènes que la concurrence, en dehors de ce « Devinez ! » qui ne veut strictement rien dire. Ma parole ! Ce curé se fout de toi. Il me faut une vraie interview de ce type. Accroche-toi ! Continue de suivre l'affaire et mets-le-moi dans la boîte.

— Non, Tom, avait-elle rétorqué, je ne m'accroche pas, je décroche au contraire et c'est avec lui que je pars. Ne m'as-tu pas dit toi-même que c'était un très bon coup ?

Elle faillit éclater de rire en se remémorant ses interjections à l'autre bout du fil...

Le train arrivait en gare de Rennes. Elle embrassa le bout du nez de Judik.

— On est arrivés, grand prêtre ! As-tu déjà oublié que nous allions à Brocéliande ?

Malgré ses protestations, elle l'entraîna dans plusieurs boutiques pour le « relooker » de pied en cap.

— D'une part, il ne faut pas qu'on te reconnaisse, d'autre part, les vêtements que tu portes font vieux jeu. Et j'ai de l'argent, beaucoup plus qu'il n'en faut, lui avait-elle dit pour le convaincre.

— Non, non et non, ce fric provient du saccage des forêts transformées en papier par ton père !

— J'ai aussi des économies personnelles, réalisées sur mon propre salaire, le rassura-t-elle, et comme il s'obstinait dans son refus de se laisser entretenir, elle avait ajouté : Tu pourras toujours me rembourser, quand tu en auras les moyens. Je t'en prie ! Ça me ferait tellement plaisir.

Son insistance vainquit les réticences de Judik. Prise d'une frénésie d'achat, elle acquit trois jeans, cinq polos de couleur claire, deux vestes sport, deux paires de chaussures légères en chevreau, une paire de tennis, trois tee-shirts et du linge de corps. Elle aurait continué toute la journée s'il n'y avait mis le holà.

— Maintenant ça suffit, Deborah. J'ai tout le rechange nécessaire. Pas de superflu, je t'en prie, sinon je vais finir par croire que je suis ton gigolo, ou pire encore ton poupon, que tu t'amuses à habiller et à déshabiller à ta guise.

Elle leva sur lui un regard victorieux de « relookeuse ».

— Justement, s'écria-t-elle fort à propos, c'est maintenant l'heure du déshabillage !

Leurs bras étaient encombrés de paquets. Elle héla un taxi.

— Hôtel LeCoq-Gadby, s'il vous plaît !

Ils se firent livrer par le *room service* des tourteaux, une langouste à l'armoricaine, une salade, des fruits, une bouteille de Dom Pérignon et dès que le garçon leur tourna le dos, après avoir fait disparaître un royal pourboire dans la poche de son gilet, Deborah plaça sur le loquet de la porte le carton « *Do not disturb* ». Le champagne l'émoustilla et elle aurait voulu que Judik soit à son diapason. Or dès la première coupe, les libations à la jarre dans la Case aux esprits envahirent sa pensée. Elle le tira de son spleen en le laissant raconter les souvenirs qui l'assaillaient par vagues et en le consolant après chaque récit. Elle commençait à s'attacher sérieusement à lui. Ils s'éveillèrent vers dix heures du matin, surpris de se retrouver enlacés, prêts à s'unir de nouveau. Après l'amour, ils se firent monter un petit déjeuner copieux, le dévorèrent, riant de tout et de rien, échangeant des baisers, puis Judik, soucieux d'établir un contact et de lui prouver qu'il ne divaguait pas, interrompit ce marivaudage.

— Préparons-nous maintenant, on a de la route à faire.

— *Yes, my little chaman.* Seras-tu assez en forme pour provoquer la montée de l'extase ? dit-elle, provocante.

— Si la Grande Mère le veut bien et si je trouve un arbre avec lequel je puisse entrer en empathie. Je ne suis qu'un catalyseur, rien de plus. Mon intervention peut permettre le déclenchement du phénomène. Je n'ai, tu t'en doutes, aucun pouvoir de décision.

Il avait brusquement l'air si exalté qu'elle recommença, malgré elle, à s'interroger sur son état mental, à se demander s'il n'était pas devenu, au contact de ces primitifs, un tantinet schizophrène. Il la connaissait déjà trop bien pour qu'elle puisse lui celer quoi que ce soit. Il lui répondit du tac au tac.

— Un peu de patience, bon sang, et tu verras si je suis schizo, ou mytho !

Elle rougit.

— Tu lis dans mes pensées !

— Yes Miss, je te l'ai déjà dit, je crois, les sages boloven, comme les Aborigènes d'Australie avant l'arrivée des Blancs qui les ont malheureusement dénaturés, peuvent communiquer par la télépathie. C'est la première qualité qu'ils m'ont transmise.

Deborah douta cette fois de ses propres préjugés.

— Tu t'imagines bien, continua-t-il sur un ton moins sérieux, qu'étant capable d'entrer en relation avec des arbres, lire dans la pensée des hommes est pour moi un jeu d'enfant.

Songeuse, elle arqua les sourcils.

— Je ne pourrai donc jamais te mentir ?

— Jamais !

Une 504 de location les attendait sur le parking de l'hôtel. Elle prit le volant et ils roulèrent en direction de la forêt de Paimpont. Tout près du but, ils passèrent devant un château au moment où un équipage en grand arroi, avec ses chiens haletants, ses chevaux mouillés de sueur et ses cavaliers triomphants, rentrait de chasse à courre. Les trompes sonnaient, dans un trépignement de sabots qui tintait sur les pavés de l'allée menant aux écuries. Deborah ralentit devant le portail et contempla fascinée ce spectacle d'une autre époque, qui perdurait, avec ses costumes et ses rituels, comme une messe profane.

— C'est magnifique ! s'exclama-t-elle. Nos cow-boys n'ont pas cette classe aristocratique. C'est pour des choses comme ça que j'adore l'Europe.

— Ce n'est qu'une survivance élitiste et barbare, bougonna Judik.

— Tu vois, tu redeviens sectaire, le gourmanda-t-elle. C'est beau et ça me plaît !

— Tu aimes aussi la corrida, je suppose ?

— J'adore El Cordobes !

Il leva les yeux au ciel. Avec elle, ça n'allait pas toujours être simple. La route rétrécissait de plus en plus. Bientôt la couronne des arbres cacha en partie le ciel. Ils n'allaient pas tarder à entrer dans Brocéliande, ultime vestige de la grande forêt centrale celte, terre de tous les enchantements et sortilèges.

Néan, ainsi se nommait le hameau où ils immobilisèrent la voiture. D'un coup ils se retrouvèrent au Moyen Age. Des masures délabrées avec un tas de fumier dans la cour exhalant de grasses fermentations, une mare stagnante dans laquelle se vautraient des porcs surveillés par un gosse attifé d'une culotte et d'un pull ravaudés. Des femmes épaisses, coiffées de fichus et chaussées de sabots, nettoyaient les étables. En se penchant pour soulever les brouettes ou ramasser la paille, elles exhibaient leurs cuisses blanches qui émergeaient de bas roulés sous les genoux. Assis sur des billots, au pas des portes, les vieux aux trognes cuites par le cidre et la gnôle de pomme se morfondaient, les yeux dans le vague, en entretenant leur cirrhose. Dans les prés, clos par de hautes haies de pruniers et d'aubépines, paissaient les vaches gardées par des fillettes aux joues roses fagotées elles aussi de bric et de broc. Seuls instruments modernes dans ce microcosme oublié du progrès, des tracteurs épandaient des fongicides sur les récoltes à venir. Après les fastes seigneuriaux de la chasse, Deborah et Judik découvraient la misère et les ravages de l'alcool qui lui sert souvent de refuge. Ces paysans bretons avaient des allures de serfs. Avec un peu d'imagination, et la jeune Américaine n'en manquait pas, on se serait cru aux portes de l'enfer. Néan ! Le lieu portait bien son nom.

— Pardon monsieur, demanda Kervanec à un vieillard assis qui semblait attendre, avec placidité, l'arrivée de la Camarde en retard sur l'horaire, comment pénètre-t-on dans la forêt ?

— Par là-bas, indiqua le vieux, en désignant de la tête une route vicinale dont le panneau indicateur portait le nom de Tréhorenteuc.

Un environnement forestier de plus en plus touffu faisait comme une voûte au-dessus de l'étroite bande de goudron qui les conduisait à leur but. La voiture déboucha bientôt sur une petite place à peine moins sordide que celle de Néan, dominée par la façade fatiguée d'une très vieille église. Tout près commençait, sous de denses feuillaisons, le monde obscur des survivances païennes. Pour résister en tant que chrétien dans ce pays de sorciers, nul doute qu'il fallait ne pas se montrer trop dogmatique.

L'abbé Madec, tout comme l'édifice dont il avait la charge, sortait de l'ordinaire. Flottant dans une soutane poussiéreuse, étique, chevelu comme un ermite, le prêtre, au regard allumé par la passion, devait à l'évêque, qui redoutait ses divagations, son exil en ce lieu. Loin d'en être mortifié, il avait occupé sa solitude à étudier les moindres recoins de son domaine. Judik et Deborah n'étaient pas sortis de la 504 qu'il se précipitait à leur rencontre. Il les accueillit avec l'empressement d'un homme avide de rompre son silence obligé et de partager ses monomanies. Impossible de lui demander, pour gagner du temps, l'endroit où se trouvaient les arbres les plus anciens. Il ne les laissa pas poser de questions, les noya sous un déluge de paroles accueillantes et les invita à le suivre.

— Venez, je vous en prie, mon vitrail vieux de huit siècles va vous épater !

Difficile de refuser. La rosace en question projetait dans la nef une lumière sépulcrale. Des reflets violets dansaient dans l'air. Les pas tintaient sur les dalles usées.

— Regardez-le bien, il n'est pas composé d'éléments floraux ou religieux. C'est un cercle zodiacal, comprenant de manière stylisée les douze signes, expliqua le prêtre. Le Soleil demeure 2 150 ans dans chaque signe. Il faut 25 800 ans pour qu'il effectue un tour complet et que soit rétablie la coïncidence des constellations et des signes. La dernière coïncidence a eu lieu il y a environ 10 000 ans. Il y a 5 000 ans, le Soleil se trouvait dans le signe du Taureau. C'est sans doute pour cela qu'en astrologues avisés les Sumériens vénéraient cet animal, qui est omniprésent dans leurs bas-reliefs. Ensuite est venue l'ère du Bélier. Jésus est apparu à celle des Poissons.

Sa voix se fit prophétique comme s'il fallait s'attendre d'ici peu à un grand chambardement.

— Nous entrons maintenant dans l'ère du Verseau.

Tel un galet lancé au ras de l'eau, sa pensée soudain ricocha.

— Paracelse qui voyait en l'homme l'image de Dieu affirmait qu'il était à la fois ciel et terre et que ses organes correspondaient aux diverses planètes qui règlent l'Univers : le cœur au Soleil, la rate à Saturne, le cerveau à la Lune, etc.

Pendant qu'il extravaguait, Judik avisa, juste au-dessus du confessionnal, un diable d'époque en bois sculpté, tenant un trident à la main, qui affichait une hilarité de circonstance. Le gardien des lieux expliquait maintenant les signes cabalistiques gravés sur les colonnes, les peintures étranges qui décoraient l'édifice, et la signification des trois marches menant à l'autel.

— Le chiffre trois est le chiffre sacré par excellence. Il incarne le Soleil, la Lune, les étoiles. Rappelez-vous ? Hermès, ce dieu aux fonctions multiples, est appelé Trismégiste, le « trois fois grand ». Le fourneau des alchimistes, ou Athanor, comporte souvent trois étages. Les païens aussi ont leur trinité, Soleil, Lune, Etoile.

— Ou Terre, Ciel et... Eau, l'interrompit Judik.

— Et puis il y a le fameux serpent aux trois têtes qui s'entre-dévorent, insista le curé qui n'écoutait que lui-même. Il symbolise l'énergie créatrice cosmique sous ses trois formes, matière, vie et esprit, correspondant aux trois dimensions d'existence de l'humain : le corps, l'âme et l'intellect.

— Vous frisez l'hérésie, mon père, plaisanta Judik qui voyait le bon prêtre s'orienter avec une certaine emphase vers des considérations occultes, souvent condamnées par l'Eglise.

— Comment voudriez-vous qu'il n'en soit pas ainsi ? rétorqua le vieil homme si longtemps esseulé. Vous êtes ici aux frontières du vieux monde breton, où le christianisme a toujours fait bon ménage avec les croyances et les légendes d'autrefois. Aujourd'hui encore, en cachette, des druides, dans la forêt, viennent célébrer le gui. Là, autour de nous, est concentré le suc de leur histoire. Notre légende arthurienne, qui est aussi celle des Gallois, des Ecossais, des Irlandais, y a son épicentre et à Brocéliande plus qu'ailleurs notre passé survit en secret. Combien de fois, d'une sente qui débouchait sur une clairière d'ajoncs en fleur, ai-je cru voir dans sa robe blanche, éclaboussée d'étoiles, la fée Viviane. Et combien de fois aussi Merlin l'enchanteur, qui, par amour pour elle, accepta qu'elle le détienne dans une de ses prisons, s'est matérialisé sous mes yeux, dans les futaies qui se transformaient en barreaux. D'un léger mamelon qui dominait un hameau oublié, le jeune Fergus, accroché à une houe tirée par un cheval, le visage crispé par l'effort et la désespérance, m'est un jour apparu.

Deborah, la fille du papetier de Philadelphie, bien consciente d'être dans un trou perdu de Bretagne, coupé de tout progrès depuis un siècle au moins, se laissait fasciner par cette discussion elle aussi à mille lieues du réel.

— Savez-vous pourquoi la table du conseil des chevaliers était ronde ? poursuivit le curé.

Judik, pris au dépourvu, marqua une hésitation.

— Autour d'un cercle, aucune place n'est meilleure qu'une autre, expliqua l'abbé Madec tout heureux de combler son retard de parole. Cela mettait un terme aux querelles de préséance des pairs, quelque peu vaniteux, du roi Arthur.

Il fallait l'arrêter très vite, avant qu'il ne s'engage dans une conquête du Graal promettant d'être longue.

— Monsieur le curé, gronda Kervanec pour stopper son flot intarissable, connaissez-vous un très vieil arbre dans ces parages, un hêtre ou un chêne, de préférence ?

Le père Madec comprit qu'il s'était laissé emporter et, retrouvant ses réflexes de reclus, se fit, un instant, plus laconique.

— Un vieil arbre... Oui, naturellement ! Suivez-moi, il y a une chênaie à deux pas d'ici. Vous donnez dans le druidisme ? osa-t-il quand même demander, poussé par une curiosité qu'il ne put juguler.

— Pas tout à fait, lâcha Judik de plus en plus impatient.

Le curé pensait les connaître tous intimement, ces vétérans vers lesquels il conduisait le jeune couple avide de les rencontrer. Quatre d'entre eux se dressaient au sommet d'une côte légère, et le soleil déclinant les parait d'un nimbe doré. La main du prêtre, comme d'habitude, les caressa au passage et ne sentit que la pelisse de mousse qui les emmitouflait. Derrière ces quatre guetteurs râblés, au tronc noueux, larges de plus d'un mètre, stationnait depuis au moins six ou sept siècles une petite armée de survivants qui avaient su tenir les haches puis les tronçonneuses à distance, en exerçant sur les humains une dissuasion aussi imperceptible qu'efficace. Judik seul captait les ondes de ces Vénérables, au point d'en avoir des frissons. Il fut comme attiré vers le centre du bois.

— Venez, souffla-t-il, on m'appelle !

Celui qui l'aimantait ainsi et le vit s'immobiliser à son pied était le général de cette troupe immobile qui avait grandi là, aux marches de Brocéliande, pour en protéger l'accès. Il tarda à se manifester, passa plusieurs minutes à « scanner » Kervanec pour s'assurer qu'il appartenait à un peuple des forêts et était un authentique chaman, comme ses propres aïeux, dans la Bretagne d'hier, en avaient connu. Par ses radicelles extrêmes, il captait la mémoire profonde de son sol. Les proto-Celtes avaient aussi révéré la Terre sacrée. Cela le projeta très loin dans le passé, bien avant sa propre existence.

Deborah et le père Madec observaient avec un intérêt teinté de scepticisme ce face-à-face insolite entre le végétal, presque aussi large que haut, enveloppé dans sa houppelande royale de lierre et de lichen, et ce grand dégingandé de Judik qui mentalement s'efforçait de franchir le bouclier de méfiance auquel il était confronté.

— Les druides celtes connaissaient, des manuscrits irlandais l'attestent, l'*imbas forosnai*, la science qui illumine, ne put s'empêcher de rappeler le prêtre qui, dans ses explorations mystiques, s'était aussi aventuré dans cette direction-là. Pour parvenir à l'extase, ils mangeaient d'abord la viande et buvaient le bouillon d'un taureau sacrifié, puis procédaient à des invocations jusqu'à sombrer dans un sommeil onirique qui leur faisait atteindre des mondes inaccessibles.

— De grâce, monsieur le curé, un peu de silence m'est nécessaire, lui signifia Kervanec qui, au cours de ses études de théologie, s'était aussi penché sérieusement sur les religions de ses aïeux lointains.

C'est pourquoi il ajouta, pour mettre un terme à des comparaisons qui n'avaient pas lieu d'être :

— Leurs invocateurs, les *gutuater* disait-on je crois, révéraient certes les arbres, mais n'en faisaient pas des égaux.

Et comme le père Madec restait bouche bée, il ajouta :

— Or, ils le sont !

Ici, depuis trop longtemps, les relations des arbres avec les hommes avaient été rompues, et cette forêt, jadis giboyeuse, nourrissait à l'encontre des humains un lourd contentieux. A l'époque où les ancêtres des Bretons actuels édifiaient des dolmens sur les lieux telluriques ou jalonnaient de menhirs le passage des fées, les bois couvraient le pays tout entier. Seules quelques clairières étaient ensemencées. Aujourd'hui la forêt, réduite à une portion congrue, se trouvait en survivance, condamnée, non pas à disparaître entièrement, mais à n'être qu'un espace pour l'instant protégé. Sachant cela, Kervanec comprenait les réticences de Rhugaël, qui venait à l'instant de lui révéler son nom. Le reste n'allait pas tarder à venir. Jamais ce souverain des chênes de Brocéliande n'avait servi de relais entre la Terre et un chaman. Il n'ignorait pas que bien avant sa naissance, qui remontait très loin, les maîtres-arbres étaient le passage obligé d'un acte trinitaire reliant la Grande Mère à ses peuples. Hélas, faute d'expérience et de lucidité, il ne parvenait pas à atteindre l'empathie qui déclenche l'effet. Doucement Judik s'approcha et fit signe au curé et à Deborah de venir le rejoindre. Ils se prirent par la main et se collèrent contre le tronc protubérant.

Son titre de grand chaman itinérant, c'était maintenant que le Boloven blanc devait le mériter. Il se raconta vite et bien et fit tinter dans l'âme de Rhugaël les noms des Vénérables de la vallée cachée dans un repli de la cordillère indochinoise, et le chêne celte ne douta pas un instant qu'Altane, Bolus, Makil, Ubil, Nahul, Tahan et tous les autres avec lesquels son interlocuteur avait eu un lien étaient des patriarches descendant de l'aube pure. Il voulut les connaître dans leurs moindres détails. Même par télépathie, cela demanda un peu de temps. Deborah commençait à faire la grimace et à hausser les épaules. Le curé le piqua, avec un petit rire :

— Qu'attendons-nous, jeune homme, le Messie ?

Cet impénitent bavard le déconcentrait. Rhugaël, presque conquis, hésitait encore. La Grande Mère trancha et fit monter d'un coup dans son énorme tronc un torrent de lumière qui le fit rougeoyer ainsi que les trois corps collés contre lui. Il se sentit propulsé vers les forêts éternelles qui, au début de la création, paraient la terre entière de leur toison verte ou chamarrée. Le prêtre et Deborah fusèrent comme des comètes dans le ciel insondable, virent défiler le monde à rebours, atteignirent le magma primordial et sur le chemin du retour croisèrent les aïeux de Brocéliande, héros oubliés de l'ère lithique, magiciens aux longues barbes blanches, qui savaient parler aux pierres et aux végétaux. Certains, en plus pâles et en plus charpentés, ressemblaient à Tamil et Alta, dont les pensées hélas trop éloignées s'étaient dissoutes avant d'arriver au but. Judik n'eut donc pas la joie de les entendre. Quand tout fut terminé, ils réintégrèrent leur enveloppe corporelle qui cessa de trembler et connurent, le chêne y compris, une sérénité encore jamais atteinte.

— Ouf ! lâcha le père Madec, quel tournis ! Vous êtes bien le *gutuater*, maintenant j'en suis sûr !

— Ne soyez sûr de rien ! Les *gutuater*, peut-être sous l'effet de décoctions hallucinogènes ajoutées à leur bouillon de viande, ont cru atteindre la transe et faire d'illusoires voyages, expliqua Kervanec. Oubliez le druidisme, monsieur le curé. L'extase n'a pas besoin de pot-au-feu pour se manifester.

Deborah s'approcha de Judik, le fixa au fond des yeux, caressa son visage, baisa sa main.

— Tu y es arrivé, c'est formidable !

— Merci, frère, souffla Rhugaël dans sa pensée, et reviens-nous vite. Les autres attendent. Il ne faut pas faire de jaloux.

Naturellement qu'il reviendrait. N'avait-il pas trouvé ici un point d'ancrage ? Dans l'immédiat, il fallait très vite apaiser les angoisses du père Madec qui, à force de flirter avec les démons, s'en croyait soudain la victime.

— Si vous n'êtes pas un druide invocateur, alors vous êtes un envoyé de l'enfer, Belzébuth ou Lucifer, qui sait, balbutia-t-il.

Judik dut lui expliquer l'essentiel de sa foi.

— Ainsi, vous êtes chaman ! D'où, m'avez-vous dit ?

— Du pays des Boloven, au Laos.

— Du pays des Boloven...

Le curé, pensif, prononça « an » à la française et cela sonna presque comme vol-au-vent. Ne demandant qu'à être rassuré, il intégra cet élément nouveau dans sa vision déjà très syncrétique du catholicisme. Au regard de l'expérience qu'il venait de vivre, l'Arbre était le frère de l'homme, l'homme était le fils de la Terre et la Terre était la partie visible de Dieu.

Il y eut une autre révélation de taille. Deborah avait enfin découvert que les arbres n'étaient pas que de la pâte à papier ou n'importe quoi d'autre. Injustement sans doute — comment l'auraient-ils su ? —, elle en voulut à ses parents de ne pas le lui avoir dit.

— A très bientôt ! leur cria le père Madec, qui se promit d'aller chaque jour solliciter les grands chênes, si proches.

Cette proximité-là n'était pas suffisante. Il s'en apercevrait très vite et impatiemment guetterait le retour du chaman qui venait d'éclairer sa vie.

11

Sous les toits de Paris

« Wonderful, my great chaman ! Your power is fantastic ! » répétait Deborah pour la énième fois dans sa langue, qui traduisait mieux sa propre émotion.

— Je n'ai aucun pouvoir, affirma-t-il un peu agacé. Tout ce que je sais, je le tiens des sages qui m'ont fait connaître la Grande Mère et m'ont appris le langage des arbres. Ce savoir, il peut m'être retiré si je manque à mes devoirs et m'écarte de la tribu. Je dois en user avec pondération, seulement quand c'est utile. Te convaincre l'était.

Cet enthousiasme le surprenait un peu. Il n'avait fait que confirmer ce qu'il lui avait déjà raconté en long et en large. Pourquoi s'émerveillait-elle ainsi, pour des choses qui de son point de vue allaient de soi ? Communiquer avec la Divinité, quand on est un initié, n'a rien d'exceptionnel, sauf quand le vecteur, ce qui avait été le cas avec Rhugaël, n'a encore jamais servi et connaît mal les codes. S'installer quelques semaines à Brocéliande lui aurait permis une transition plus douce entre le monde d'où il venait et celui-ci. Ses obligations le contraignaient, hélas, à vivre à Paris où il avait tout à portée de main, librairies spécialisées, Bibliothèque nationale, et consultants avisés. Il devait sans tarder achever sa thèse. L'Américaine, dotée de sens pratique, savait le lui rappeler.

— Bon, toi tu écris ta thèse en anthropologie, et moi, je ponds ton histoire. Comme tu en es le héros, je te laisserai soixante-dix pour cent des droits ! C'est correct, non ?

— Pourquoi cet empressement ?

— Parce qu'il faut faire vite et frapper un grand coup. N'est-ce pas ce que tu souhaites ?

Elle s'assit au bord du lit à côté de Judik qui recensait dans un cahier posé sur ses genoux les livres à se procurer et à annoter d'urgence pour se mettre à la tâche. Voyant qu'il hésitait à répondre, elle ajouta :

— Je ferai le récit mieux que toi. N'oublie pas que je suis journaliste, un témoin donc, et un témoin très proche...

Se serrant contre lui, elle conclut :

— ... aux sources mêmes de l'information, et donc la mieux placée — en dehors de toi-même — pour rédiger ce bouquin.

— Pourquoi parler de pourcentage ? L'argent n'est pas mon moteur !

— Gros imbécile, comment en douterais-je ? Ce n'est pas le mien non plus mais, comme dirait mon père, « à chacun selon ses efforts » ! Un bon accord au départ évite les malentendus. Après nous pourrons utiliser ces revenus comme bon nous semblera, et il nous faudra beaucoup de moyens si nous voulons faire triompher l'idée, pourtant simple, que nous sommes tous des enfants de la Terre, et que les arbres sont nos semblables.

Elle bondit sur ses pieds. Il sursauta.

— Que dirais-tu si nous dépensions aussi ma petite fortune pour la bonne cause ?

— Gagnée en transformant des forêts entières en pâte à papier, ça non, jamais ! se fâcha-t-il.

— *You're crazy !* le gourmanda-t-elle. C'est excitant, non, de combattre son ennemi avec l'argent qu'il gagne en commettant ses déprédations ?

— Tu te dresses contre ton père, lui fit-il remarquer.

— Non, contre le système. On peut fabriquer du papier recyclé, moins jeter, se montrer moins avide...

— Vaste programme, soupira-t-il.

L'idée de Deborah progressa dans la nuit et, au petit matin, ils furent tous deux d'accord pour piocher dans la cagnotte que le papetier de Philadelphie avait amassée pour sa fille, afin de mener leur mission dans des conditions optimales. Pendant qu'il se rendait au Collège de France où l'attendait le professeur Comine, elle se rua dans l'agence immobilière la plus proche de l'hôtel et dégotta place de la Contrescarpe, à deux pas de la Sorbonne, un quatre pièces sous toit, finement agencé, qu'elle alla voir et retint sur-le-champ.

Le vieil anthropologue ne cessait d'interroger Judik sur son séjour chez les Boloven et, pendu à ses lèvres, ne lui avait pas encore donné la raison pour laquelle il avait tenu à le rencontrer aussi vite. L'élève, soucieux d'être pris au sérieux, se bornait à assumer un rôle d'observateur des phénomènes dans lesquels il avait pourtant été personnellement impliqué. Malgré cette restriction, le savant se montra ébranlé.

— Vous dites que leurs chamans communiquent avec la Terre par des arbres transmetteurs ? Intéressant !

Il marqua un temps d'arrêt.

— Quant à ces Phi, je me demande s'ils ne sont pas le pendant des anciens Izik turcs de l'époque pastorale, ou des Edjen mongolo-toungouses ? En tout cas ils semblent, comme eux, être des esprits-maîtres qu'en ethnographie nous désignons sous le terme de « maîtres-possesseurs ».

Le professeur Comine avait l'air aussi poussiéreux que les livres aux pages jaunies qui encombraient la pièce. De grandes poches alourdissaient son regard. Il portait la soixantaine d'un intellectuel gourmand, grisonnante et un peu enrobée.

— Et ils pratiquent aussi la scapulomancie ? s'étonna-t-il.

Judik remarqua qu'il mettait sur le même plan une simple séance de divination, et la communion de l'homme avec la Terre via des végétaux élus, qui remontait à l'aube du monde.

— Je croyais, poursuivit l'éminent savant, que cette coutume était surtout une spécialité des peuples éleveurs d'Asie centrale.

— Les troupes de Kubilay, petit-fils de Gengis Khan, ont fait une poussée au Laos, au XIIIe siècle. Quelques déserteurs, amoureux de cette vie sans violence des gens du cru, ont pu y faire souche et transmettre leurs connaissances, suggéra Kervanec.

— Hypothèse alléchante mais peu probable, admit le maître.

Et de nouveau il interrogea Kervanec, refusant cependant de verser dans la fascination qu'aurait pu éveiller une description aussi précise, même vue de l'extérieur, de certaines manifestations ésotériques. Pour lui, tous les phénomènes parapsychiques issus des croyances religieuses, quelles qu'elles soient, étaient des formes d'hystérie généralement dues à l'autosuggestion. Le professeur Comine était un scientifique, pas un rêveur.

— Vous possédez, me semble-t-il, un excellent sujet sur des pratiques animistes très particulières, qui ont même échappé à la vigilance de Mircea Eliade, décréta le mandarin. Allez-y ! Foncez ! Je suis sûr que vous décrocherez au moins la mention honorable et que votre ouvrage sera cité dans les meilleures revues.

Pourquoi n'en venait-il pas au fait ? Il s'y rendit à l'instant même.

— Vous souvenez-vous de Claire Dulac ?

— Oui, bien sûr, lui est-il arrivé quelque chose ? s'inquiéta Judik, soudain en éveil.

— Pas encore, mais elle me préoccupe beaucoup, souligna le vieux prof. Elle a fait une étude sur les Iban, un groupe dayak, qui lui a valu des éloges. Certaines tribus appellent leurs esprits familiers « Ini », qui veut aussi dire Grande Mère. Il y a là une similitude avec vos Boloven qu'il serait intéressant d'approfondir.

— Leurs esprits, à l'instar des Phi, sont peut-être des avatars de la terre considérée, chez eux aussi, comme la Divinité suprême ? D'où la tentation de leur donner son nom ? hasarda Judik soudain intrigué.

D'un hochement de tête, Georges Comine reconnut l'intérêt de la remarque. Il fallait creuser encore. Il se promit de le faire quand il aurait en main les travaux de Kervanec. L'anthropologie ne pouvait se contenter d'approximations. Il poursuivit.

— Le sort de certains de ces réducteurs de tête, clochardisés dans la périphérie des villes, est attristant. Claire le compare à la vie traditionnelle des Dayak dans un village encore intact et protégé des méfaits de la société matérialiste. Elle a décrit le processus qui fait sombrer ces peuples d'essarteurs dans la déchéance avec une rigueur qui ne laisse la place à aucun pathos. Cela donne à son texte une force dont vous n'avez pas idée. Tenez, consultez-le. On en reparlera.

Il tendit à Judik une épaisse brochure.

— Durant son premier séjour dans l'île de Bornéo, continua Comine, elle a entendu parler d'un autre peuple, victime des ravages causés par les compagnies forestières et par les colons qui les suivent de peu. Il ne resterait qu'une poignée de familles qui se seraient enfoncées au cœur de sylves encore inexplorées, pour échapper aux camps de regroupement et à l'assimilation forcée.

— Ne me dites pas qu'elle est allée à leur recherche ? intervint Judik qui n'avait pas oublié la détermination de son amie et redoutait la réponse.

— Son étude sur les Iban achevée, elle est repartie sans s'attarder, le temps d'obtenir une bourse qu'on lui a évidemment accordée, précisa le prof.

Son visage devint grave.

— Ça fait bientôt un an que nous sommes sans nouvelles, et nous avons tout lieu d'être inquiets.

— Si elle est en pleine jungle, cela ne doit pas être facile de communiquer, souligna Judik, je suis bien resté trois ans sans réapparaître.

— Dans quelles conditions, mon Dieu ! Vous auriez pu y rester. La situation de Claire n'est pas plus facile que ne l'était la vôtre. Les armées indonésienne et malaise cherchent à la coincer. Ses protégés ont saboté des grues, des bulldozers et autres matériels sur les chantiers de coupe. Les autorités sont furieuses.

— Comment s'appelle le peuple qu'elle a approché ?

— Les Penan. On ne sait pas grand-chose de ces nomades forestiers qui vivent exclusivement de chasse et de cueillette. Je crains toutefois qu'elle n'ait épousé leur cause. Sa tête, comme celles des membres de sa tribu, aurait été mise à prix.

— Vous plaisantez, fit Judik. L'ambassade peut à tout instant intervenir. Une chercheuse d'un institut national français n'a pas à être traitée ainsi.

— Qui vous parle de chercheuse ? Les Indonésiens et les Malais ont informé nos diplomates qu'ils poursuivaient une dangereuse agitatrice, venue semer le désordre dans leur pays.

— Et que voudriez-vous que je fasse ? Partir à sa recherche ? Bornéo est immense.

— Pour le moment, vous avez votre thèse à terminer, concéda Georges Comine. Cette affaire peut attendre quelques mois, quatre ou cinq, pas plus. Si d'ici là le silence de Claire devait se prolonger, il faudrait envisager une expédition discrète pour la retrouver. J'aimerais que celle-ci vous soit confiée. Vous êtes le plus apte à la mener à bien.

— Souhaitons qu'entre-temps elle ait donné signe de vie, espéra Judik.

Les tribulations de Claire Dulac rappelaient un peu les siennes, en effet. Si elle tombait entre les mains de commandos militaires, elle risquait de passer un très mauvais moment avant d'être liquidée. Encore fallait-il qu'ils la trouvent. Pour avoir réussi à être les derniers réfractaires de Bornéo, ces Penan possédaient nécessairement un art consommé du camouflage et du mimétisme.

— Combien vous faut-il de temps pour achever votre thèse ? s'enquit le prof.

— Un peu plus d'un trimestre. L'essentiel est déjà accompli.

— Nous sommes en avril. L'été la faculté est en vacances. Avec une dérogation spéciale on pourrait envisager de vous faire passer un mois avant la rentrée officielle, disons début octobre. Seriez-vous ensuite d'accord pour partir à la recherche de notre amie ?

— Naturellement !

— Bon courage, lui souhaita son directeur de thèse en lui serrant la main. J'ai hâte de vous lire et de vous entendre.

Lorsqu'il revint à l'hôtel, ce fut pour apprendre que Deborah avait déjà emménagé, avec toutes leurs affaires, dans un nouvel appartement. La réceptionniste lui donna l'adresse. Il s'y rendit d'un pas de flâneur, fit halte rue Monsieur-le-Prince, aux éditions Adrien-Maisonneuve, pour y acquérir les travaux de Paul Pelliot et Louis Hambis, de Vladimirtsov, de Barthold et de René Grousset sur les anciens Mongols. En fouinant, il découvrit la narration de Jean de Plan Carpin. Ce religieux de l'ordre des frères mineurs, envoyé par le pape Innocent IV en 1245 comme ambassadeur du Siège apostolique chez les Tartares, à Karakorum, avait assisté à l'intronisation du Grand Khan Guyuk, successeur d'Ogoday, le fils de Gengis Khan. Son témoignage sur ces nomades belliqueux, qui avaient bâti l'empire à grand renfort d'hécatombes, avait la valeur des choses vues.

Judik voulait tout connaître des divers chamanismes, afin d'en relever concordances et divergences. Il savait déjà que les Mongols de la conquête se référaient, comme les Boloven, à la trinité Terre-Ciel-Eau, et qu'Itugen, la Terre, considérée comme la déesse-mère, recevait sa semence de *menké keu keu Tengri*, l'éternel ciel bleu. Le feu, quant à lui, était l'élément purificateur et, pour approcher l'empereur, il fallait tout d'abord passer entre deux brasiers qui chassaient les mauvaises intentions. Il avait également appris, à la lecture d'ouvrages spécialisés sur les religions des tribus qui peuplaient la Mongolie, la Mandchourie et la Sibérie au Moyen Age, que les rivières, certaines forêts et montagnes, comme la Burqan-Qaldum, chère au fondateur de la dynastie mongole, étaient sacrées et que le moindre outrage à leur encontre était puni de mort. En Transoxiane, Djagatay, l'un des fils du grand conquérant, qui avait régné sur ce fief fraîchement acquis au prix de charniers encore gravés dans les mémoires, faisait massacrer tout musulman surpris à faire ses ablutions ou à se soulager dans les rivières.

Des milliers d'entre eux y passèrent. Souiller ainsi le liquide séminal, venu d'en haut sous forme de pluie ou de neige pour féconder la Mère nourricière, était considéré comme un crime inexpiable.

Si Judik s'intéressait particulièrement aux Mongols qui avaient décimé les nations immobiles, c'est parce qu'il voyait dans leur cruauté un réflexe de défense, le sursaut exacerbé d'un instinct de survie. Faire tomber les murailles érigées par les sédentaires, rouvrir la Terre à la libre mouvance, l'émanciper des corrupteurs qui empierraient son sol, dévastaient ses sylves, souillaient ses fleuves et la parcellisaient, telle était leur obsession. Pour l'anthropologue et le chaman qu'était Kervanec, l'épopée gengiskhanide représentait la plus puissante réaction des animistes et nomades, héritiers des valeurs premières, face aux civilisations matérialistes qui niaient la divinité de la Terre ; le choc crucial des héritiers de l'ère paléolithique et des rejetons de la révolution néolithique, persuadés d'être les maîtres du sol. Les Mongols gagnèrent cette guerre essentielle, mais ne poursuivirent pas jusqu'au bout leur terrible dessein et perdirent la paix. Ils substituèrent leur propre dynastie à celles des souverains détrônés, administrèrent leurs fiefs comme des monarques ordinaires, oubliant l'objectif du grand-père Gengis, le Khan des Khans : libérer les sols, en détruisant les peuples qui y étaient accrochés.

Les rayons de la librairie sentaient la vieille poussière. Deux clients, peu soucieux de rejoindre le tohu-bohu extérieur, s'oubliaient à feuilleter des ouvrages ardus qui dormaient là depuis des décennies. Le libraire, en blouse grise, était plongé dans la lecture d'un document ancien destiné à un collectionneur. Il venait enfin de le retrouver, une escalade risquée, à l'aide d'un escabeau branlant, lui ayant permis de l'atteindre dans les casiers du haut. Judik aimait l'ambiance studieuse et hors mode de cette boutique qu'il avait très souvent visitée avant son départ en Extrême-Orient, quand il logeait au siège des Missions étrangères. Chez Adrien-Maisonneuve on se souciait plus de satisfaire la curiosité des chercheurs que d'accrocher le chaland avec des livres ordinaires. Spécialiste des religions et des coutumes orientales, cet éditeur avait fait traduire et publier les études de chercheurs parmi les plus éminents du monde et de très vieilles chroniques, introuvables ailleurs.

— Vous n'avez pas l'histoire des Mongols de la Perse, de Rashid el Din ? demanda-t-il au libraire affairé, en déposant devant lui ses autres achats.

— J'ai une traduction de M. Quatremère, datant de la Restauration, opina celui-ci. Un très gros livre de la bibliothèque royale, édité par ordre du roi Louis-Philippe.

Il disparut derrière son comptoir et refit surface en tenant un bouquin plus large que lui, de sept centimètres d'épaisseur au moins, qu'il avait du mal à porter.

— Je ne possède que cet exemplaire, précisa-t-il en espérant secrètement ne pas avoir à le remettre à sa place. Une traduction remarquable.

Etant lui-même un passionné de cette turbulente mais ô combien fascinante époque, il ne put s'empêcher de souligner :

— Quelle destinée que celle de ce médecin juif du XIIIe siècle, converti à l'islam, qui devint grand vizir de Perse et le plus intime conseiller du Khan Oldjaïtou, nom qui, si mes souvenirs sont bons, veut dire « le béni », en langue mongole. D'où l'intérêt de ce texte riche d'informations qu'un historien ordinaire aurait eu bien du mal à collecter.

La dimension du volume fit reculer Kervanec.

— Je vais vous laisser une avance. Mettez-le-moi de côté, je repasserai le prendre.

— Quand ? s'inquiéta le libraire.

— Demain !

La tête qui émergeait de la blouse grise eut un soupir de soulagement et l'œuvre royale fut poussée tout au bout du comptoir pour y passer la nuit.

— A demain donc, je compte sur vous.

— Préparez-moi aussi les ouvrages que vous avez sur le chamanisme et les différentes formes d'animisme, commanda Judik en se dirigeant vers la porte.

— Vous n'avez pas une région de préférence ? interrogea le libraire qui redoutait d'avance les périlleuses escalades à accomplir pour lui donner satisfaction.

— Tous les continents m'intéressent, l'acheva Kervanec.

— C'est une rude tâche, soupira l'homme des livresques hauteurs, en contemplant les sommets qu'il allait devoir gravir, venez plutôt après-demain.

L'appartement mansardé, avec poutres apparentes et cloisons à colombages, le séduisit dès le premier regard. Deborah qui guettait sa réaction ne fut pas déçue.

— Un vrai petit nid, s'exclama-t-elle dans son accent charmant. Tu vas pouvoir travailler comme un roi.

— Les rois ne travaillent pas, répliqua Kervanec en déposant ses nouveaux bouquins dans son futur bureau, dont la fenêtre ouvrait sur les toits du Quartier latin. Ils se contentent d'exister, ajouta-t-il, et rien que ça fait vivre beaucoup de gens autour d'eux.

— Tu as vu, la bibliothèque, les tiroirs, il ne te reste plus qu'à les remplir !

— Ça vient. J'ai encore deux ou trois librairies spécialisées à visiter pour compléter ma documentation. Pour le reste, j'irai à la Bibliothèque nationale.

Il leva les yeux au ciel.

— Le transport va poser des problèmes. Certains bouquins sont très volumineux.

— J'ai acheté une Austin. Nous l'aurons dans deux jours.

Moqueuse, elle ajouta :

— Monsieur désire-t-il encore quelque chose ?

— Toi ! fit-il.

Les mois suivants, ils turbinèrent. Deborah s'était aménagé un bureau, dans une pièce à côté du salon, face à celui de son amant, qu'elle pouvait observer par la porte qu'il ne fermait pas. Elle le laissait écrire le matin, tandis qu'elle écoutait avec un casque et transcrivait ses bandes magnétiques. A une heure, ils allaient déjeuner à la terrasse des Deux-Magots, du Flore, du Bonaparte, ou au Procope. Ils ne se refusaient rien ! Ensuite promenade dans les jardins du Luxembourg ; station devant les ruchers bourdonnant d'abeilles parisiennes qui n'ayant pas assez de fleurs à butiner recevaient un complément d'eau sucrée déposé dans des coupelles ; méditation sous quelques arbres, incapables, hélas, de la moindre transmission — leurs racines, se heurtant très souvent aux maçonneries du sous-sol parisien, ne pouvaient atteindre les profondeurs requises —, puis retour à la maison et interview de Judik au magnétophone jusqu'à dix-sept heures. Après, il se remettait à sa machine à écrire, payée avec l'argent de sa bourse, tandis qu'elle relisait ce qu'il avait déjà rédigé.

Ils avaient tous deux décidé que la thèse sortirait en premier, et qu'ils attendraient la proclamation des résultats pour publier l'histoire du Boloven blanc de la vallée cachée. Cela pour éviter que les professeurs chargés de noter Judik ne se laissent agacer par le récit de sa conversion à l'animisme et son effet médiatique. Quelle tête feraient ces messieurs, quand ils apprendraient qu'il avait laissé tomber le christianisme, et était revenu en tant que chaman itinérant, pour tenter de convaincre les instances internationales de protéger les forêts primaires et les peuples qui les habitaient ? Et surtout, comment réagiraient-ils quand ils découvriraient, au fil des pages, qu'il avait sauté les frontières de l'irrationnel et acquis, au contact des sages, des pouvoirs spirituels lui permettant d'orchestrer personnellement des phénomènes paranormaux, peu compatibles avec la rigueur scientifique ? Il fallait se montrer très habile.

— Jusque-là, tout ce que je lis est passionnant, l'encouragea Deborah, et tes comparaisons avec les autres peuples animistes de l'histoire, Turco-Mongols forestiers ou pasteurs, nomades des îles de la Sonde, Indiens chasseurs des plaines d'Amérique, vont, je crois, passionner les curieux. Reste dans cette veine.

Ses critiques quelquefois l'irritaient, bien qu'il en tînt compte. Il n'affirma rien, mais ses descriptions donnaient parfois envie d'y croire.

Etant imprégné de son sujet, Judik racontait par ailleurs à Deborah son histoire d'amour avec les Boloven merveilleusement bien. Il n'y aurait pas un grand travail de rewriting à faire. Quand il parla de sa passion pour Vania, de sa fascination pour Ahinée, des guets-apens sensuels du Chemin des rencontres, elle eut un brin d'agacement, s'en voulut aussitôt, d'autant qu'avec la même flamme il avait évoqué la fière allure du conseil des anciens, prophètes aux yeux rieurs, la majesté facétieuse d'Ankun, le chef élu qui méritait sa place, et les membres de la tribu dont il était si proche et qui lui manquaient tant. Une *love story* comme on ne les invente pas, de quoi faire s'émerveiller l'Amérique, et l'Europe accessoirement. Deborah était chaque jour de plus en plus convaincue de recueillir un témoignage d'exception qui allait défrayer la chronique.

Le travail avança vite. La bibliothèque regorgeait de bouquins. Après Adrien-Maisonneuve, Judik avait dévalisé Payot, puis d'autres éditeurs encore, cachés dans des allées obscures, antres réservés aux chercheurs exigeants.

— Ton cerveau est un Moloch papivore, se moqua-t-elle un jour, en le voyant revenir de ses fouilles les bras chargés de butin. Que de pâte à papier il a fallu pour le nourrir, et d'arbres donc !

— C'est pour mieux les protéger, mon enfant, répondit-il sur le même ton, avant de replonger dans ses cogitations.

Sa thèse achevée, et entièrement relue par Deborah qui lui proposa quelques clarifications, il la déposa, et dut attendre la date de sa soutenance qui comme prévu fut fixée début octobre.

Très vite il eut un allié sûr, son propre directeur, Georges Comine, qu'il n'avait pas omis de citer en abordant la question de l'extase : *« un phénomène hallucinatoire souvent déclenché par la consommation de plantes psychotropes, qui plonge le chaman dans un état de réceptivité à même de capter les moindres vibrations autour de lui, une communion tellurique entre l'homme et son milieu »*, etc.

Ce texte était tiré d'une étude sur les derniers Indiens nomades d'Amazonie, que son maître avait menée sur le terrain dans les années soixante, grâce à l'appui d'un Français installé chez les Wahayanas et marié à la fille d'un chef. Ce compatriote qui avait opté pour cette vie naturelle dans le haut Litani, à la frontière du Surinam et du Brésil, lui avait servi d'interprète dans son enquête. Avec quelques hommes de son village, il l'avait emmené chez les Indiens Emerillons. Sur la piste, un peuple très craintif, pratiquement invisible, et quasiment inconnu, en perpétuel mouvement pour ne pas se faire repérer des colons brésiliens, des chasseurs ou des chercheurs d'or, avait croisé leur colonne, les Ariacoulés. Ils étaient affamés. Ayant deviné que l'expédition n'était pas hostile, ils l'avaient approchée pour réclamer un peu de nourriture. Mimitsikou, le guide, qui parlait un peu leur langue, avait pu établir le contact.

Trois jours durant, en pleine jungle, Georges Comine eut le privilège de recueillir de la part de ces perpétuels fugitifs qui gîtaient au pied des arbres sous des branchages, et se nourrissaient de chasse et de cueillette, des informations sur leurs techniques de survie, leurs croyances, et d'enregistrer leur voix. Ils parlaient tout doucement, comme pour éviter d'être entendus au-delà d'un périmètre très réduit, et parsemaient de clics vocaux les propos qui sourdaient comme une psalmodie de leurs lèvres à demi fermées. La troisième nuit, quand tous dormaient, ils levèrent le camp. Au réveil, il ne restait plus trace d'eux. Comme s'ils n'étaient pas passés ! Certains ont été, depuis, approchés par des pasteurs méthodistes et, las de fuir sans cesse, se sont convertis et sédentarisés à proximité des paroisses, mais ceux que le jeune prof, devenu depuis un savant respectable, avait un jour croisés, soucieux de ne pas se corrompre, se sont bel et bien évanouis sous la végétation la plus dense, et continuent d'éviter les hommes modernes qui gagnent chaque jour du terrain. Plus personne, depuis cette exceptionnelle rencontre, ne les a revus.

Dans ses investigations, le professeur, adepte de l'école structuraliste, s'était servi de cette méthode, non comme d'une recette mécanique, mais comme d'un guide très souple, en laissant libre cours à son intuition. Dans quelques digressions brillantes, il s'était aussi octroyé sa part de rêve, exactement comme l'avait fait, avant lui, très souvent Lévi-

Strauss, friand de ces écarts qu'il qualifiait de « petit braconnage sur les chasses trop bien gardées de la philosophie ». Les travaux de Georges Comine, unanimement salués des spécialistes, restaient une référence.

Respecter le précurseur, tout en s'en émancipant, était conforme à l'éthique scientifique. Preuves à l'appui, Kervanec put donc affirmer que, pour l'obtention de la transe, la consommation de décoctions spéciales n'était pas obligée, que l'empathie entre l'homme et son milieu permettait, sans aucun recours aux plantes hallucinogènes, d'atteindre l'état de réceptivité propice à la montée de l'extase. Et d'ajouter pour convaincre : *« Chez les Boloven, la communication entre les initiés et leur Grande Mère, ayant pour vecteur des maîtres-arbres avec lesquels ils entretiennent depuis toujours une relation sensorielle et des signaux de reconnaissance, se fait d'elle-même, au cours d'une procédure plus ou moins brève de mise en condition. Se produit alors une illumination ressentie d'abord comme un torrent de feu, un doux embrasement, sans la morsure des flammes, qui installe en chacun lucidité et sérénité, puis les sujets se sentent happés par un tourbillon semblable à un vortex qui les projette hors du temps, jusqu'aux sources mêmes de la vie. »*

Les Phi, les ancêtres, les rites de fécondité, avec leur Cercle des novices et leur Chemin des rencontres, les veillées dans la Case aux esprits, les séances de télépathie furent décrits avec une précision scientifique. Il les raconta comme s'il n'en avait été qu'un témoin extérieur, n'oubliant pas de se placer à la distance requise La lecture de l'étude de Claire Dulac sur les Iban lui avait démontré — avec quel brio ! — que le détachement pouvait toucher beaucoup plus qu'un propos engagé. Il s'efforça de suivre son exemple. Pour faire ressortir les liens qui unissent les différents chamanismes, il fit une dernière fois un rapide tour du monde des peuplades animistes chères à son cœur, de celles qui survivaient encore, et de celles qui avaient été sauvagement réduites. Il s'attarda un peu sur les Indiens d'Amérique, dont les survivants tuent souvent leur désespérance dans l'ivrognerie, ou encore se lancent dans le business, comme les Blancs qui les ont brisés. En guise de conclusion, il rendit hommage à ces fiers cavaliers des prairies de l'Ouest américain, qui livrèrent seuls les dernières batailles sans merci contre les matérialistes victorieux de toutes parts. Qui mieux que le grand chef Seattle dans sa lettre au président Theodore Roosevelt, datée de 1904, aurait pu clore une thèse sur des montagnards du Laos, qui ont toujours pensé comme lui ?

« Lettre du chef Seattle au président de l'Union.

Chaque parcelle de cette terre est sacrée pour mon peuple.

Chaque aiguille de pin luisant, chaque rive sablonneuse, chaque lambeau de brume, chaque bourdonnement d'insecte est sacré dans le souvenir et l'expérience de mon peuple.

La sève qui coule dans les arbres charrie les souvenirs de l'homme rouge.

Le grand chef blanc à Washington nous a fait savoir qu'il veut acheter notre terre et nous laisser une réserve pour y vivre sans encombre. Mais comment pouvez-vous acheter ou vendre le ciel et la terre ?

L'idée nous paraît étrange.

Si nous ne possédons pas l'air et l'eau et tous les éléments qui contribuent à la vie, comment pouvez-vous les acheter ?

Nous sommes une partie de la terre et la terre fait partie de nous. »

Ankun, Tamil et Alta auraient apprécié la leçon d'humanisme donnée par ce guerrier indien au président des Blancs, qui parcourut la missive d'un œil distrait. Que pouvait-il répondre ? Leurs conceptions du monde n'étaient pas conciliables et, de plus, que valait alors la parole d'un Peau-Rou ge ? Judik avait trouvé ce joyau dans l'un de ses nombreux bouquins et n'en avait pas parlé à Deborah sur le coup. L'effet de surprise était fort. L'émotion lui mouilla les yeux. Elle se promit d'utiliser ce texte, quand elle intégrerait, dans le livre qu'elle avait presque achevé, des extraits de la thèse. Tout ce qu'elle apprenait la passionnait, et elle commençait à très bien les connaître, ces gais Boloven de la vallée perdue, qui se battaient pour qu'on ne touche pas à leurs forêts millénaires.

— Tu vas faire un carton, j'en suis sûre ! s'enthousiasmait-elle, ayant bien du mal à réprimer cette idée de réussite chère aux Américains qui agaçait un peu Kervanec.

S'il n'avait eu sa mission à accomplir, jamais il ne l'aurait laissée recueillir sur lui des témoignages très intimes qui frôlaient parfois l'impudeur. On vivait hélas dans une ère médiatique où, pour capter les masses, il fallait les émouvoir. L'inverse exactement de la démarche scientifique et cela lui était désagréable. Il lui fallait cependant rassembler autour de sa cause un maximum de sympathisants, afin d'être pris au sérieux. La préservation de l'espace vital de ses frères valait bien quelques petits sacrifices.

Deborah mit un point final à son récit. Elle attendit que Judik ait terminé et soutenu sa thèse pour l'envoyer à son éditeur de New York, qui prévoyait déjà une mise en place de cent mille exemplaires et de multiples traductions. A Paris, les Presses de la Cité avaient acquis les droits et se préparaient à inonder les lieux publics. L'intérêt de l'histoire était évident. La thèse ferait sans doute un peu de bruit dans le milieu universitaire, le livre que Deborah avait écrit allait faire un tabac dans les kiosques de gare et chez les marchands de journaux, là où passe le peuple. Comme ils n'avaient plus rien à faire, pour l'instant, elle lui suggéra d'aller rendre visite à ses parents par le train. Elle le retrouverait à Rennes. Ils retourneraient ensemble deux ou trois jours à Tréhorenteuc.

Presque à contrecœur il revint à Lorient, fut submergé par les marques d'affection et bombardé de questions. On avait beaucoup parlé de lui dans la presse nationale et locale. Photos à la une de *Ouest-France* et du *Télégramme de Brest*. Les gros titres : « Un oblat breton prisonnier du Pathet Lao », « Kervanec, le gage des communistes ! », « Libération imminente du missionnaire français détenu par les communistes laotiens », « Kervanec libéré ». On l'avait vu à la télé... Sa famille était fière. Fêté comme un héros, il en subissait la pression. Les voisins se bousculaient pour le voir. Des curieux rôdaient dans les parages pour essayer de s'en approcher et obtenir un autographe. Les chroniqueurs locaux se précipitèrent, l'ORTF prévenue par des voisins envoya une équipe. Le retour dans sa ville natale, qu'il avait voulu discret, ne passa pas inaperçu. Le deuxième jour les choses se calmèrent, et il se détendit un peu. Le manque d'activité avait eu raison de l'énergie de son père qui s'était voûté, se déplaçait avec une canne, et était affecté de légers tremblements. Sa mère s'était empâtée. Il lui aurait suffi de porter la coiffe et la jupe traditionnelles pour ressembler à ces vieilles Bretonnes qui hantent les cimetières marins. Elle le gava de plats nourrissants. La famille était au complet. Le curé de Ploërmel, le seul à savoir qu'il avait quitté la prêtrise, n'avait pas osé le révéler au reste de la famille. Il prit Judik à part.

— Je l'ai appris par l'évêché qui le tenait directement des oblats. La consigne était de se montrer très discret et de n'en point parler. Que comptes-tu faire ?

— Je viens d'achever une thèse en anthropologie sociale. Officiellement je serai prof. J'enseignerai et continuerai mes recherches.

— Et officieusement ?

— Officieusement, je serai, je suis déjà, l'ambassadeur du peuple qui m'a adopté.

Le prêtre le dévisageait avec un air d'incompréhension qui l'amusa.

— Je vais tout de même dire la vérité à notre mère.

— Ça ne la gênera pas beaucoup. Elle ne tenait pas tant que ça à ce que tu deviennes missionnaire. C'était ta vocation.

— Ça l'est toujours ! Missionnaire j'étais en partant, missionnaire je reviens, s'exclama Judik, mais plus pour la même cause ! Tu comprends ?

C'était beaucoup demander.

— Dès que tu lui auras avoué la vérité, Mère va vouloir te marier, prévint Pierre en souriant, se doutant que Judik n'avait pas envie de s'étendre sur ses nouveaux choix spirituels.

— Trop tard, j'ai une compagne, Vania, qui était la fille du chef de mon village. Avec elle, j'ai eu un garçon et elle attend un autre bébé de moi. Ahinée, la fille de la veuve Katile, est aussi enceinte de mes œuvres et plusieurs autres femmes de la tribu ont eu des gosses dont je suis sans doute le père génétique. Et en ce moment, je vis avec une Américaine qui, elle aussi, m'a choisi.

Cette fois son frère resta bouche bée.

— Tu penses sans doute que je suis devenu un débauché, et je n'ai pas envie de te démentir, avoua Judik, qui ne voulait surtout pas avoir à se justifier. Je t'enverrai le livre qui va sortir sur mon expérience. Peut-être comprendras-tu.

Il fut surpris de voir s'animer la physionomie de Pierre.

— Sais-tu pourquoi les espèces sauvages sont belles ?

— Non. Quel rapport ?

— Parce que ce sont toujours les mâles les plus forts qui jouissent des femelles. C'est de Rivarol, précisa le curé de Ploërmel qui ajouta : Est-ce ainsi que l'on pratique dans ta tribu ?

Judik ne sut s'il plaisantait ou s'il était sarcastique. En tout cas, il ne se nourrissait pas que de lectures pieuses, comme il l'avait cru.

— Si les hommes du pays d'où je viens sont beaux, c'est parce que leurs rites de fécondité permettent aux femmes de choisir les pères de leurs enfants, et non l'inverse. Nuance.

— Il me semble que tu as été très demandé, ironisa Pierre.

— J'étais d'un sang extérieur, et je leur plaisais parce que j'étais blanc, dut-il reconnaître.

Pierre redevint sérieux.

— Pour quelqu'un qui avait fait vœu de chasteté, tu t'es pas mal rattrapé. Comment gères-tu tout cela ?

— Avec sérénité.

Judik, qui avait de Pierre une autre image, constata qu'au fond il ne le connaissait pas. Avec ses frères et sœurs ils avaient grandi côte à côte, pas ensemble. Peut-être était-ce de sa faute ? En ce temps-là, il était plongé dans les livres et la prière, confit en dévotion pour un dieu invisible et exigeant. Il pensait Pierre sans intérêt et venait de découvrir qu'il avait de la répartie. Lucien, l'officier sous-marinier, n'était pas désagréable non plus. Il se montrait curieux et manifestait beaucoup d'intérêt pour le Laos, cherchant à en savoir plus sur sa captivité.

— Tu sauras tout à la lecture du bouquin. Là, je n'ai pas tout en tête, éluda Judik qui ne tenait pas à se perdre en explications.

Le dimanche suivant, alors qu'ils étaient tous présents, il leur annonça au cours du repas qu'il avait quitté la prêtrise pour devenir chaman. Dorénavant, en tant qu'anthropologue, il passerait sa vie à étudier les peuples premiers dont il professait, à quelques nuances près, la religion, et à les défendre.

Les fourchettes s'arrêtèrent à mi-course entre les assiettes et les bouches, sauf celle de Pierre. Etant au courant, il guettait la réaction des autres. Le silence se fit. Judik s'attendit à ce qu'on lui dise : « Comment as-tu pu te faire avoir par ces sauvages ? » Eh bien non ! La stupéfaction se prolongea, puis le père le fixa de ses yeux délavés, et dit d'une voix hésitante :

— Je ne doute pas que ton choix ait été mûrement réfléchi. Ces gens avec lesquels tu as vécu doivent être diantrement forts pour avoir réussi à te détourner de ton but initial. C'est toi qui as voulu devenir missionnaire et nous n'avons jamais pu t'en dissuader. Je pense qu'ils t'ont apporté ce que tu cherchais, et si tu es heureux ainsi, pourquoi t'en ferions-nous grief ? A ta santé, Judik !

Il leva son verre, la tablée l'imita, et le débat fut clos. La mère n'eut pas le loisir de lui trouver une épouse parmi les jeunes Lorientaises de la bonne société, il partit le lendemain à l'aube rejoindre par le train Deborah qui l'attendait à Rennes, à l'hôtel LeCoq-Gadby. Son père avait été super, sa mère démonstrative, ses frères et sœurs attentionnés. Malgré cela, il ne ressentit aucun regret en les quittant. Son enfance au séminaire l'avait éloigné d'eux. L'internat n'est pas toujours conciliable avec l'esprit de famille. On y rêve souvent d'horizons plus vastes. Il reviendrait les voir quelquefois, leur donnerait un coup de fil entre deux voyages, histoire de ne pas se montrer trop indifférent. Ses attaches ne pouvaient plus être là !

S'il avait dû affronter seul le chagrin de n'être plus parmi les Boloven, dans la vallée cachée, il ne l'aurait pas surmonté avec autant d'aisance. Deborah l'avait apaisé et stimulé. En travaillant, il s'était replongé dans son microcosme forestier, avait revécu en accéléré, et à plusieurs reprises, la chronologie de son séjour là-bas, retrouvé les moindres détails quotidiens. Les séances d'enregistrement aussi l'avaient maintenu au sein de sa tribu. Les repas, les promenades, l'amour ne représentaient que des apparitions limitées dans le monde réel. Même ses sommeils se déroulaient dans la cordillère indochinoise. N'avoir pour l'instant plus rien à faire l'obligeait à vivre à plein temps sa vie de tous les jours et, dans le train déjà, la mélancolie commençait à l'étreindre.

L'arrivée en gare de Rennes où l'attendait Deborah le ramena à la réalité. Elle sut avec tendresse le remotiver. Après un dîner en tête à tête dans leur chambre, et une nuit ardente, ils prirent avec l'Austin la direction de Brocéliande. La même chasse à courre leur coupa la route et, dans le même village fantomatique de Néan, presque tous les personnages entrevus durant le premier voyage se trouvaient à la même place, les femmes aux cuisses blanches, les gosses à moitié déficients, les porcs dans la mare et les souillons aux champs au milieu des troupeaux. La mort n'avait pas encore emporté le vieil imbibé qui continuait de l'attendre au bord du chemin, et qui désigna à l'Austin passant au ralenti, comme s'il se souvenait encore de ses passagers, et peut-être s'en souvenait-il, le panneau indiquant « Tréhorenteuc 8 km ». Le curé se précipita à leur rencontre.

— J'avais l'intuition que vous viendriez aujourd'hui, s'écria-t-il.

— Pensez-vous toujours que je suis le *gutuater* ? plaisanta Judik.

— Vous êtes un chaman itinérant, vous me l'avez dit vous-même.

Changeant de sujet, Judik demanda :

— Comment se portent nos chênes ?

— Ils s'impatientent, avoua le père Madec. Voyez-vous (la voix était désolée), je n'ai pas votre don.

— Trouvez-vous cela compatible avec la religion chrétienne ? questionna Judik, qui ne voulait pas entraîner le brave homme dans une direction impossible à tenir sans rupture.

— Le syncrétisme, mon fils, la pensée syncrétique sauvera le monde, s'écria le curé. Pour vous la Terre est Dieu, pour moi aussi. Qui m'en fera le reproche ?

— Vous simplifiez, mon père, l'arrêta Judik. Nous ne croyons pas à un paradis autre quc cclui créé par la Grande Mère qui nous a permis de voir le jour et nous n'imaginons pas surtout qu'un dieu quelconque pourrait lui être supérieur.

— Qui peut m'empêcher de dire que la Terre, expression matérialisée de Dieu, peut irradier l'homme de sa puissance spirituelle, et que certains humains sont plus aptes que d'autres à la recevoir ? Ni l'Eglise, ni vous, affirma le curé. Mon paradis ne fait aucune ombre au vôtre, que vous dites d'essence uniquement terrestre. Qui peut m'empêcher de le concevoir céleste et de penser que la mort n'est qu'un commencement ? Pas vous, Judik Kervanec. Vos amis et vous-même êtes des spiritualistes, convaincus que Dieu est la Terre (il appuya sur le EST), je dis comme vous qu'Il est la Terre, mais je m'accorde aussi le droit de penser qu'Il est autre chose, d'essence multiforme, disons le Tout, vulgairement nommé le Tout-Puissant. Peut-on me reprocher une quelconque hérésie ? Les chrétiens s'y retrouvent, et vous aussi je pense.

Sa première jonction avec la Grande Mère semblait lui avoir sérieusement dépoussiéré le cerveau. Ils marchaient tous trois vers les chênes, pressés de s'y rendre.

— Pourquoi acceptez-vous de vous acoquiner avec un païen de chaman ? questionna Judik qui ne trouva rien d'autre à dire.

— Vous êtes un initié, le messager d'une humanité extrêmement ancienne restée très proche de Dieu.

— Vous avez décidément réponse à tout, mon père, reconnut Judik.

— La dialectique correctement maniée peut infléchir le dogme, j'ai aussi fait ma thèse de théologie. Le christianisme a la capacité de se déployer dans toutes les directions spirituelles possibles. Les jésuites les premiers en ont eu la conviction, et c'est en se fondant dans les traditions et les croyances locales que Matteo Ricci en Chine, saint François Xavier à Malacca puis au Japon, et Alexandre de Rhodes au Vietnam ont baptisé des princes et leurs sujets. Les descendants de ces premiers convertis sont aujourd'hui de bons chrétiens.

Le père Madec s'essoufflait. Il fit une brève halte, happa une bouffée d'air et la parole revint.

— Vous avoir rencontré a éclairé ma pensée et affermi ma foi. Vous m'avez révélé la présence du créateur, ou de la créatrice parmi nous, puisque Dieu, contrairement à son fils, n'a pas de sexe avoué. Vous appelez l'effet que vous parvenez à déclencher une bénédiction de la Grande Mère, je l'appelle une bénédiction de Dieu, et à partir du moment où je reconnais que la Terre est divine, vous conviendrez que ce qui nous sépare n'est rien à côté de ce qui nous unit. Quand bien même n'y aurait-il vraiment qu'elle — la Terre — et rien de plus, qu'est-ce que ça change ? Je suis croyant !

Ce qu'il disait, bien qu'ambigu, semblait plein de bon sens. Le rayonnement reçu lors de sa première expérience par la voie de Rhugaël l'avait dopé. Il paraissait rajeuni et s'exprimait avec une passion nouvelle.

— Vous êtes un rien sophiste, il me semble, eut le temps de lâcher Kervanec avant de s'élancer, dans une foulée de coureur des bois, au cœur de Brocéliande.

Deborah et le père Madec furent rapidement distancés. Le général des chênes n'eut pas la courtoisie d'attendre les deux retardataires. Son manque était trop fort. Il plaqua le Boloven blanc contre son tronc et la lumière de la Divinité les éblouit. Ce fut une fulgurance, bien trop rapide, on s'en doute, pour avoir un effet salutaire. Judik se retrouva tout étourdi et un peu ulcéré d'avoir été presque violé par le vieux feuillu celte qui s'excusa platement de son impatience et promit qu'il saurait dorénavant ne pas précipiter le processus. Ses grognards, quant à eux, se faisaient très pressants. Cette fois, ils étaient bien décidés à profiter de la présence du chaman. Après leur chef qui se l'était d'emblée approprié, ils réclamaient leur part, et le Boloven blanc, prenant les mains de Deborah et du père Madec, visita Aran, Kilian, Mourteen, Aluinn, Diarmid et Ronan, six Vénérables — dont les deux derniers faisaient partie des guetteurs, fichés sur la colline — qui, pour la première fois, furent traversés par la fluorescence divine. Deborah et le curé étaient sur les rotules. Six éblouissements, l'un après l'autre, les avaient achevés. Ils haletaient, toussaient, s'ébrouaient comme deux naufragés qui auraient descendu un rapide à la nage, avant d'échouer sur la rive. Pendant qu'ils s'efforçaient de reprendre leurs esprits, le Boloven blanc continuait de réveiller les chênes sacrés de Brocéliande. Il y eut encore Garmic, Baaltec, Godfrid, Stivel, et quelques autres. Vers la fin, alors qu'il était au bord de l'épuisement, Rhugaël le rappela, et il comprit qu'il allait lui faire passer des messages. Il se colla cette fois volontairement contre son écorce et son esprit fut attiré dans le tourbillon d'un appel qui avait battu un record de distance. Il se retrouva parmi les siens, et les vit du haut du ciel, comme s'il les survolait.

Toumi rôdait autour de Vania sur le point d'accoucher. Celle-ci ne le repoussait pas et Ankun observait de biais ce couple en devenir. Tao jouait près de la cascade avec les petits de son âge, sous la surveillance d'Uline la nourrice. Ahinée, cambrée, portait haut son ventre rebondi. Elle s'était mise en congé des Cobras intrépides, juste le temps d'accoucher et de donner le sein à son premier enfant. Tubul aurait aimé la courtiser. La guerrière, qui voulait continuer le combat contre les nuisibles, l'en dissuadait et le pauvre avait le sentiment qu'elle se comportait comme une veuve en deuil d'un époux qu'elle n'avait jamais eu. Un nouveau Cercle des novices s'était ouvert et les jeunes nubiles, le soir venu, toisaient du haut de leur case les soupirants en âge de les courtiser qui rôdaient sous les échelles, espérant être hélés par les plus belles. En transparence il aperçut Boltal et ses patriarches, les bras ouverts, comme pour le serrer contre eux. Entouré de Tamil et d'Alta, Ankun apparut et parla au nom de tous.

— Ici, nous continuons le combat clandestin. Les communistes pour l'instant nous fichent la paix. Nous sommes sûrs qu'ils vont prendre très vite toutes les villes. Nous restons sur nos gardes. La forêt Wilaï fait aujourd'hui si peur aux garnisons les plus proches, vidées du gros de leurs effectifs, qu'aucun soldat ne s'y hasarde. Ils croient tous que notre région est maudite et craignent, en plus, les mines et les pièges qu'ont posés les Méricans autour de la piste des Viets. Il y a aussi nos propres chausse-trappes, placées dans les terrains les plus faciles d'accès pour en interdire le passage et alerter les postes de guet. Ne te fais donc pas de souci pour nous, Boloven blanc. Nous ne sommes pas du tout certains que tu capteras ce message. Nous avons mobilisé les maîtres-arbres et sollicité aussi la Grande Mère pour te le faire parvenir. Tu es parmi nous, Judik — c'était la première fois qu'il l'appelait par son prénom de Blanc —, et la tribu continue de te chérir. Nous sommes convaincus que tu réussiras ta mission, quels qu'en soient les obstacles. Que la Grande Mère veille sur toi, grand chaman itinérant.

Le vortex qui avait happé sa pensée disparut soudain. Kervanec se retrouva hébété contre l'écorce rugueuse de Rhugaël, avec la tête qui tournait encore. Le chef des chênes de Brocéliande ne put lui dire comment ce message lui était parvenu, par ses racines ou ses feuilles, peut-être par les deux à la fois. C'était un exploit dans l'histoire de la télépathie. Judik leur fit entendre à tous qu'il risquait de ne plus être disponible car il allait bientôt partir pour quelques mois. Il leur suggéra de ne pas se montrer trop hermétiques avec le père Madec, et de l'accepter pour chaman, dès qu'il aurait atteint l'état mental requis. Evidemment, ils l'accueilleraient, ce Breton, s'il franchissait cérébralement la barrière des espèces et parvenait à les contacter. En était-il capable ? Judik leur promit qu'il apprendrait vite.

Deborah et le curé l'observaient avec une attention inquiète tandis qu'il revenait parmi eux, les joues pâles. Revoir les sages et tous ceux qu'il aimait, les revoir de l'extérieur sans pouvoir leur parler, les toucher, rire avec eux, se baigner dans la verte cascade au milieu des enfants joueurs et des nonchalantes novices, l'avait tout d'abord enchanté puis profondément abattu. Maintenant il souffrait. Le vide que Deborah avait comblé s'était recréé dès l'interruption du message. Comment leur répondre ? Les chênes d'ici, hélas, ne savaient pas émettre des images et les projeter dans l'éther. Les dorures du soleil de septembre sur le point de se coucher se frayaient un passage à travers le feuillage qu'une brise agitait. Un gazouillis d'oiseaux fêtait ce crépuscule qui répandait sur les nuées une teinte vermeille comme une coulée de vin. Ils marchèrent vers l'église en silence, laissant derrière eux les chênes apaisés. La main de l'Américaine se glissa doucement dans la sienne. Il n'était pas seul. Elle occupait près de lui et en lui une place forte.

Avant de repartir, Kervanec confia au prêtre quelques secrets majeurs, sous condition qu'il ne les divulgue jamais. L'ermite de Tréhorenteuc en fut touché aux larmes. N'était-ce pas à lui, qui en était si proche, d'entretenir les liens avec les grands chênes qui venaient de découvrir leur don ?

— Que lui as-tu dit de si important pour qu'il en soit tout retourné ? questionna Deborah, en passant la première et en accélérant.

— Rien que tu ne saches déjà, esquiva Judik.

Une semaine plus tard, avant même le lever du jour, le père Madec qui avait passé quarante-huit heures d'affilée, sans manger et sans boire, collé contre Rhugaël, crut l'entendre dire au plus profond de lui : « Invoque la Grande Mère, Chaman, elle n'attend qu'un mot pour te bénir. » Judik lui ayant révélé le *modus operandi* découvert lors de sa fièvre palustre dans la forêt Wilaï, et sans doute soufflé par Alta et Tamil en contact permanent avec sa pensée, même quand il était loin d'eux, le curé de Tréhorenteuc lâcha le mot en question, le mot magique à ne jamais prononcer ailleurs qu'en soi-même et uniquement pour cette circonstance. La lumière jaillit, le vortex le happa et le hissa jusqu'à la *numineuse* béatitude.

Au bout d'un mois de visites quotidiennes dans la chênaie voisine, le père Madec, en accord avec Judik et Deborah, créa « l'Association des Amis de la Sainte Mère », sainte ou grande, les mots importaient peu, sauf pour sa hiérarchie qui ne put trouver à redire à cette initiative, puisqu'elle visait apparemment à rassembler les croyants vouant un culte particulier à la Vierge Marie. La rumeur qu'un prêtre avait la faculté de faire ressentir Dieu aux âmes les plus réceptives se répandit en Bretagne, et même dans les régions limitrophes. Les pèlerins affluèrent à Tréhorenteuc. Le curé ne savait plus où donner de la tête. S'il ne s'était régénéré matin et soir contre les troncs sacrés, il n'aurait pas tenu le coup. Rhugaël et les siens ne s'en plaignaient pas. C'était un bon chaman. Ceux qui avaient épousé sa cause voyaient en lui un saint. Ses plus ardents disciples eurent le droit de participer à l'acte trinitaire qui en fit des zélotes absolus.

— Dieu est la Terre, la Terre est mère, aussi, comme Marie. Les grands arbres sont le lien entre la Terre et l'homme, entre l'homme et Dieu. Grâce à eux, la Terre peut transmettre en nous sa lumière divine.

Ainsi prêchait-il en plein air, organisant des séances collectives de méditation. Les catholiques commencèrent à révérer la nature. Des protestants, des bouddhistes vinrent en délégation, puis des musulmans et quelques confucéens. Il y eut des processions œcuméniques et multiraciales sous les chênes de Brocéliande. Tout le monde y trouvait son credo. La confusion était totale... On y aimait son prochain.

12

Les Amis de la Grande Mère

Le jour de la soutenance arriva. Kervanec n'eut aucune difficulté à la défendre. En introduction, il tint d'ailleurs à se référer aux travaux de sa collègue perdue dans les jungles de Bornéo, évoqua la déchéance de certaines communautés dayak, contraintes de passer à l'agriculture sédentaire, faute d'avoir pu faire reconnaître par le gouvernement leur droit de propriété sur les zones d'essartage restées en jachère, l'usage coutumier n'ayant pas de valeur pour les juristes officiels. Il lut un extrait de l'étude de Claire Dulac où elle expliquait que de vastes concessions prétendues vierges avaient été louées à des compagnies forestières, sur ordre des gouvernements indonésien ou malais, sans tenir compte des peuplades indigènes qui y avaient leurs racines et leur mode de vie. Du jour au lendemain, considérées comme des squatters sur leur propre territoire, elles furent dépossédées, carrément expulsées de leur milieu naturel par les militaires, et forcées de se fixer ailleurs.

Il fit ensuite une brillante comparaison avec ce qui s'était passé en Amérique, au siècle dernier, quand les nomades indiens des grandes plaines de l'Ouest furent spoliés, pourchassés et parqués dans des réserves. Il en vint à son sujet, le Laos, qui commençait à subir un processus identique. Il développa ses propres travaux sur les Boloven et captiva les membres du jury, des savants reconnus, d'ordinaire peu enclins à s'enthousiasmer. Ils l'écoutèrent avec une attention extrême, posant des questions-pièges, guettant la faute qui ne se produisit pas. Le professeur Comine fut flatté, même s'il ne le montra pas devant ses collègues, que son poulain se soit référé à ses travaux sur les Ariacoulés, pour pousser plus loin sa propre démonstration. Judik conclut sur l'urgence de recenser, d'étudier les peuples premiers encore épargnés, de tout mettre en œuvre pour les préserver, et de militer pour la création d'écomusées partout où c'était nécessaire. La lettre du chef Seattle, qu'il lut sobrement, produisit l'effet émotionnel escompté. Il le mit à profit pour lancer cet avertissement :

« Si nous ne faisons rien, un patrimoine botanique, zoologique et humain exceptionnel va disparaître à jamais de la surface de la terre. Notre civilisation, pour des motifs idéologiques à l'Est, économiques à l'Ouest, procède, sans que nous en soyons vraiment informés, à sa destruction totale. Comment appelez-vous cela ? Est-ce ou n'est-ce pas un crime contre l'humanité ? Qui s'en émeut ? La vie d'un Indien, d'un Boloven, d'un Penan ou d'un Pygmée n'a-t-elle aucun poids sur la balance de la justice internationale ? N'ont-ils vraiment d'autre droit que celui de s'éteindre ? Et quand ils ne seront plus là, comment pourra-t-on savoir qui nous étions et d'où nous venons ? Ces derniers survivants de nos lointains ancêtres sont, faut-il le rappeler, des hommes dépourvus de cupidité, qui pourraient nous réapprendre à mieux vivre ensemble et à partager plus équitablement les biens de notre terre. Voici, messieurs, les questions que je me suis posées chaque jour sur le terrain, et qui ne cessent de me hanter depuis. »

Il y eut un lourd silence. Cet engagement fut diversement apprécié par le jury, qui se voyait mentalement contraint de prendre parti. Kervanec avait raison, certes, seulement eux avaient à juger un contenu scientifique, un point c'est tout, et ce souci d'impartialité en arrangeait plus d'un, qui ne voulait pas se mouiller. Comme il avait été très discret au moment de sa libération, ne s'était jamais fait mousser, avait su être bref devant les caméras, non seulement on lui pardonna cette entorse aux usages universitaires, mais, fait rarissime, il eut droit à des applaudissements. Dans ce cénacle, on n'aimait pas les chercheurs qui faisaient de l'ombre aux autres en trustant les médias. Sur ce plan, les savants, membres du jury, allaient déchanter dès la publication du livre de Deborah. Obligatoirement, on parlerait beaucoup de Judik et ces mêmes mandarins qui le congratulaient aujourd'hui l'auraient alors mauvaise. Ça l'amusait d'y penser. Lui serait déjà loin.

Sa décision était prise, il partirait seul sur les traces de Claire. Il en donna la raison à celle qui partageait sa vie, le soir où, chez Lucas-Carton — c'était le papetier de Philadelphie qui régalait —, ils fêtèrent en tête à tête sa mention obtenue à l'unanimité ainsi que la prochaine sortie du récit, dont les bonnes feuilles avaient été envoyées à de grands journaux ou magazines d'Amérique et d'Europe qui s'apprêtaient à les publier.

— Pourquoi ne veux-tu pas de moi ? Nous formons une équipe, tous les deux.

— Parfois, pour plus d'efficacité, les équipes sont amenées à se répartir les rôles. Toi, tu t'occuperas de la presse parce que c'est ton métier. Si mon absence devait se prolonger, il faudra aussi, en collaboration avec le père Madec, que tu stimules les campagnes de soutien aux Boloven et à tous les peuples premiers.

— A toi l'aventure noble, à moi le tâcheronnat, bougonna-t-elle.

— Ne vois pas ça comme cela, dit-il en prenant sa main.

L'ambiance était feutrée, le clos-vougeot suave, les mets délicats. Les garçons discrets, tout en se tenant à distance, étaient prêts à intervenir à la moindre requête, voire à la devancer. Il s'expliqua.

— Je connais très bien la jungle, je sais m'y diriger, le climat et le terrain pour moi ne seront pas un obstacle. J'ai fait avec Bopal le pisteur des itinéraires tout aussi difficiles. T'emmener avec moi ne contribuerait qu'à nous faire remarquer davantage, tu n'as pas vraiment le type asiatique. De plus, même si tu es très sportive, les marches forcées dans la végétation et la touffeur tropicale exigent une préparation que tu n'as pas.

Un réflexe de méfiance poussa Deborah à poser une question qu'elle se reprocha avant même de l'avoir terminée.

— As-tu eu une histoire avec Claire Dulac ?

— Voyons, Deborah, j'étais un prêtre plutôt austère et elle, une étudiante sérieuse, passionnée comme moi par l'anthropologie. Nous avions une vraie amitié intellectuelle. L'idée de pousser plus loin cette relation ne nous a même pas effleurés.

— Tu as bien changé depuis, pourquoi pas elle ?

— Ma parole, tu me fais une scène de jalousie par anticipation, se moqua-t-il.

Elle avoua.

— J'aurais préféré qu'elle soit un homme.

Il sourit. Elle avait raison. Ils formaient tous les deux une sacrée équipe.

— Je vais faire l'impossible pour la retrouver rapidement et rentrer avec elle sans encombre.

— Je n'aurai même pas la possibilité de couvrir l'histoire, se désola la journaliste de la CBS en année sabbatique, qui voyait ce bon coup lui passer sous le nez.

— J'achèterai une caméra, filmerai la recherche et les retrouvailles, et tu pourras proposer un petit scoop à Tom Morris...

— Je te vois mal jouer les reporters, douta-t-elle.

Puis elle le mit en garde.

— Attention, ces zones doivent être truffées d'indicateurs de police.

— Sois sans crainte ! Je sais sentir les gens, et je peux, quand je me concentre, tu le sais, lire dans leurs pensées.

— Tu ne seras même pas là pour la sortie de mon bouquin, se désola-t-elle. La campagne de lancement va s'en ressentir.

Il la rasséréna.

— Dès demain, nous faisons venir des cinéastes indépendants que nous payerons pour la journée. Et de mon bureau, devant la bibliothèque et mes dossiers, je répondrai à tes questions, en anglais, en français, en allemand et même en laven ou en laotien si tu y tiens. De toute façon, je déteste être en direct et me confier à des gens que je ne connais pas. Comme tu me l'as dit déjà, tu es la mieux placée pour m'interroger. Ensuite il te suffira de monter et de dispatcher ta matière aux diverses chaînes. A toi de voir. Tu fais ça beaucoup mieux que moi.

— Tu vas me manquer, avoua-t-elle en réalisant que depuis plus de quatre mois, ils ne s'étaient pas quittés d'une semelle.

— Toi aussi tu vas me manquer, reconnut-il en se levant

Déjà deux serveurs étaient derrière eux et repoussaient leur siège. Il avait laissé le pourboire dans le livret de cuir renfermant la note qu'elle avait réglée par chèque.

— Merci, Mister Williams, murmura-t-il en lançant un clin d'œil à Deborah.

L'Austin les ramena place de la Contrescarpe. Ils grimpèrent dans leur logis en riant comme deux amoureux pressés de se trouver seuls et, dès qu'ils furent chez eux, ils se firent un bien fou en s'aimant. Exacerbés par l'idée que dans quelques jours à peine la distance les priverait du bonheur de se sentir et de se toucher, ils s'assoupirent enlacés comme des siamois quand les pigeons, qui font ça dès l'aurore, commençaient à roucouler sous leur fenêtre.

— J'ai une bonne nouvelle à vous annoncer, déclara le professeur Comine en accueillant Kervanec. Votre thèse a fait un tabac dans les milieux universitaires. On va probablement vous proposer un poste à l'Institut des hautes études. Les Américains, paraît-il, se l'arrachent.

Il le savait déjà. Deborah, qui en avait supervisé la traduction en anglais, l'avait fait parvenir à des sommités de l'ethnologie et de l'anthropologie outre-Atlantique, et Harvard le réclamait déjà pour un cycle de conférences fort bien rémunéré. A son retour d'Indonésie, il ne manquerait pas de boulot.

— Je suis prêt pour le départ, dit Judik. J'ai vu aujourd'hui au Quai d'Orsay un proche collaborateur du ministre. L'ambassadeur à Jakarta est prévenu, il a ordre de me procurer toute l'aide nécessaire. J'irai le voir avant de me rendre sur l'île de Bornéo et au Sarawak où il est possible qu'elle se soit réfugiée, avec ses amis penan, pour fuir les commandos indonésiens.

— On vous a bien remis l'argent et les titres de transport de votre mission ? s'inquiéta le prof qui était constamment confronté aux lenteurs administratives. Le gouvernement a débloqué un crédit pour votre voyage. Ce n'est pas royal, j'en conviens, reconnut-il d'un air consterné.

— Ne vous en faites pas, ma compagne est la fille d'un richissime fabricant de pâte à papier. Elle ne manque pas de moyens et nous militons tous deux pour défendre la cause des peuples forestiers menacés par les coupeurs de bois, dont certains travaillent pour fournir précisément de la matière première à son père.

Le prof sourit.

— Il doit être furieux.

— Il ne s'intéresse pas à l'usage qu'elle fait de ses biens. Elle a déjà viré sur place un dépôt substantiel à mon nom, qui me permettrait, s'il m'en prenait l'envie, de mener une existence de pacha.

Georges Comine, de ses deux mains, étreignit les épaules de Judik.

— Je vous replonge dans les ennuis alors que vous pourriez vivre sans souci.

Celui-ci l'interrompit avant qu'il ne se lance dans les remerciements et les effusions.

— La vie facile ne fait pas partie de mes aspirations. J'ai besoin de défis, de mouvement. Vous m'avez offert l'opportunité de bouger, je bouge.

— Votre avion part après-demain, je crois.

— Oui, à sept heures.

Le prof le reconduisit au travers des classeurs et des livres qui occupaient dans son bureau les trois quarts de l'espace.

— J'aurais aimé partager votre expérience parmi les Bolo-ven. Je vous ai envié, savez-vous ?

— Vos derniers Ariacoulés d'Amazonie ont eu sur moi le même effet. En vous lisant, avoua Judik, je vous ai admiré, et comme vous j'ai rêvé d'approcher un peuple rarissime.

— Vous avez fait mieux. Vous avez vécu plus de trois ans avec l'un d'entre eux, et êtes allé très loin dans la relation intime qui permet d'en apprendre encore plus. Bonne chance, mon ami, et ramenez-nous Claire ! Elle aussi est allée bien au-delà des nécessités qu'exigeait son enquête. Si elle revient, ses observations, comme les vôtres, nous seront très précieuses.

— A très bientôt, professeur. Si elle est toujours en vie, et je suis sûr qu'elle l'est, je la retrouverai.

La dernière nuit avec Deborah, qui avait passé la journée à lui acheter des vêtements tropicaux dans un magasin spécialisé du boulevard Saint-Germain, ne fut pas que passionnée. Le sentant tout heureux de rejoindre une terre bénie des anthropologues, elle n'osait exprimer ses craintes. Reviendrait-il vivre avec elle à son retour, ne la laisserait-il pas tomber ? Cet homme était le grand amour de sa vie, son *« little chaman »*. Elle redoutait déjà son absence alors qu'il était présent en elle et lui murmurait de tendres mots dans le creux de l'oreille.

— Je pars après-demain pour New York, puis j'irai dans plusieurs grandes villes des Etats-Unis, pour la campagne de lancement du bouquin, lui dit-elle en sortant de la salle de bains.

— Tu vas retrouver ton ex, plaisanta-t-il.

C'était trop. Elle ne put retenir un sanglot. Il se précipita vers elle et la serra contre son épaule.

— Débo, Débo, je suis un fichu idiot. Je ne voulais pas te blesser. Nous avons fait du bon boulot ensemble. J'ai besoin de toi, de ta présence, de ta beauté et de ta force. J'ai aussi besoin de me sentir libre. J'ai une mission, tu le sais. Comment pourrais-je mener une vie bourgeoise avec une femme et des enfants ?

— Tu en as déjà eu.

— Justement, vois comme je m'en occupe. On peut avoir une part de vie en commun, une part exclusivement à nous, et elle peut être merveilleuse si on s'en accommode.

— Tu veux dire que je peux aussi me mettre avec un autre homme si je le veux, et toi avoir d'autres femmes ?

— Tu simplifies trop. L'amour n'est pas une possession. C'est un échange. Si j'ai accepté de te suivre...

— Non, c'est moi qui t'ai suivi, le coupa-t-elle.

— Bon, si je me suis laissé séduire, ce n'est pas uniquement parce que tu étais désirable. J'ai su dès l'aéroport de Bangkok que nous avions tous deux une même route à prendre. Celle-ci n'est pas toute tracée et comporte un certain nombre de bifurcations que la vie, et aussi le hasard, nous poussent à emprunter. Les tiennes et les miennes seront parfois différentes. Regarde, ça commence. Je vais à Bornéo. Tu vas aux Etats-Unis, pourtant on ne se quitte pas. Nous convergerons toujours l'un vers l'autre.

— Alors, s'inquiéta-t-elle, si une autre femme te plaisait, tu pourrais vivre avec elle comme tu as vécu avec moi jusqu'à présent ?

— Non ! Les circonstances n'étant pas les mêmes, si cela devait se produire, ce serait différent. La grande majorité des couples se jurent un amour éternel et se séparent deux ans après, parfois moins. Les liens de l'esprit sont autrement plus solides que les liens de la chair.

— Donc, en déduisit-elle, ça t'est égal que je puisse faire l'amour avec quelqu'un d'autre ?

— Tu pourras rencontrer des hommes — tu en rencontreras sans doute — pour lesquels tu ressentiras une réelle empathie et tu auras envie de les connaître plus intimement. L'empathie est la clef de l'amour. Les arbres eux-mêmes l'exigent pour communiquer, et la jalousie ne peut lui faire obstacle. Nul, en dehors de la Grande Mère, n'est unique. Ce serait puéril, et tyrannique aussi, de se jurer fidélité.

— Ce que tu dis est cohérent. Pourtant, si moi j'estime que tu es unique, *my great chaman*, m'en feras-tu le reproche ? dit-elle en se lovant contre lui.

L'empathie de Deborah était irrésistible...

Elle attendit que le 747 de la KLM qui emmenait Judik à Jakarta se perde dans les nuages pour quitter Orly et regagner en Austin la place de la Contrescarpe. L'appartement qu'elle avait choisi sur mesure pour eux deux la rendait cafardeuse. Il était là sans y être. Son odeur, ses bouquins. Elle alla jusqu'à humer ses vestes et fourrager dans sa penderie pour le sentir plus fort encore. Elle ne se libéra de cette emprise qu'en débarquant à Kennedy Airport et en entrant dans le *yellow taxi* qui la conduisit à New York City. A Greenwich Village son père, quand elle était étudiante, lui avait offert un trois pièces avec vue sur une cour arborée, au deuxième étage d'une maison de style néoclassique, datant du siècle dernier, moitié briques, moitié pierres, avec des colonnes cannelées soutenant l'auvent de l'entrée, des frontons triangulaires au-dessus des portes et fenêtres, des balcons ornés de garde-fous en fer forgé. Pour lui, ce n'était pas grand-chose, le bien d'un débiteur que ses avocats avaient fait cracher et qu'il avait eu pour la moitié de son prix. N'en sachant rien, elle avait accepté le présent sans en mesurer à l'époque l'inestimable valeur. Les feuilles d'une vigne vierge, dès les beaux jours, léchaient les vitres du living et de la chambre. Tout près de chez elle, les théâtres les plus célèbres étalaient leurs affiches. « La Mamma de New York » était à deux pas, le Cafe Wha ? — dont la patronne, Manny Roth, avait accueilli Dylan à ses débuts — dans une rue voisine, et le Gaslight Cafe, où les poètes de la *Beat generation* aimaient naguère se retrouver, à une portée de voix. Elle n'était pas dépaysée. Elle retrouvait son Saint-Germain-des-Prés d'Amérique. Quand elle ouvrit la porte, elle eut un instant l'impression de rentrer du travail. Ces huit mois d'absence étaient soudainement abolis. Une femme de ménage venait régulièrement faire la poussière. Tout était rigoureusement comme avant son départ, même les plis des coussins. Elle y entra en conquérante, défit sa valise, prit un bain, et s'empara du téléphone.

Elle appela en premier Tom Morris, qui avait lu les épreuves et qui, tiraillé entre sa fureur contre le héros de l'histoire dont elle était tombée amoureuse et son emballement pour le personnage hors du commun qu'elle avait raconté, fit le choix professionnel.

— Le bouquin est super, ce type va épater les foules. Le gouvernement de coalition au Laos est en passe d'éclater. On ouvre sur lui le prochain *Turn Over.* Où est-il ?

— Il n'est pas joignable pour le moment.

— Tu veux dire qu'en pleine campagne de promotion, ce monsieur se cache. Il n'a pas trop les pieds sur terre, ton protégé.

— Je l'ai interviewé avant qu'il ne parte. On l'a envoyé en mission. Je ne peux t'en dire plus.

— Bon, apporte ton film et, s'il nous plaît, tu nous en laisses l'exclusivité, exigea Tom Morris.

— A quoi bon ? Toutes les autres chaînes, si elles sont intéressées, diffuseront, à un journal près, les mêmes images.

— Evidemment, parce qu'elles nous les auront achetées !

— Et combien comptes-tu payer pour disposer de ce privilège ? demanda-t-elle.

Il siffla entre ses dents à l'autre bout du fil.

— L'amoureuse de l'homme qui parle avec les arbres et communie avec la Terre n'a pas perdu le sens des affaires. Un chat ne fait pas un chien. Tu es bien la digne fille de ton père.

La croyait-il vraiment de cette trempe ou voulait-il la blesser, pour lui faire payer le plaquage qu'il avait subi ?

— Quand veux-tu qu'on se voie ? demanda-t-il.

— Aujourd'hui même.

— N'oublie pas la pelloche !

Son idée : questionner en plateau Deborah, auteur du récit, la seule journaliste à avoir approché cet homme mystérieux qui se cachait des médias, et entrecouper ce direct d'extraits des confidences qu'il lui avait faites personnellement et d'images d'archives.

L'audience explosa. La presse écrite suivit. Les autres chaînes de télé, pour ne pas être en reste, reprirent les temps forts. Cela déclencha une réaction en chaîne, et un bouche-à-oreille qui pour une fois était en harmonie avec la critique. Le livre s'intitulait *Le Chaman blanc*, avec en sous-titre *L'extraordinaire histoire de Judik Kervanec, missionnaire français aux confins du Laos, converti à la foi d'un peuple inconnu qu'il devait évangéliser*. Dès sa parution, il atteignit la tête du box-office. L'Europe suivit. Les éditeurs, pour réactiver l'intérêt des lecteurs, négocièrent les droits sur la thèse et la publièrent quand le récit de Deborah commença à fléchir ; il reprit son envol. Ce furent deux best-sellers. Etant invitée partout, dans les meilleures émissions, elle fit de nombreux allers-retours entre les Etats-Unis et l'Europe, passa chez Pivot en France. *Coutumes et religions en terre boloven, les derniers peuples forestiers du Laos* de Judik Kervanec était devenu indissociable du récit. Quand elle parlait de l'un, les animateurs, présentateurs ou journalistes l'interrogeaient immanquablement sur l'autre. Si Deborah atteignit avec son récit, en quelques semaines, une notoriété considérable et un tirage en proportion qui commençait à approcher le demi-million d'exemplaires avec les traductions, Judik, qu'on ne voyait jamais en direct, qui n'avait encore accordé d'interview qu'à Deborah, dépassa les pronostics les plus optimistes. Plus son absence se prolongeait, plus la curiosité à son égard augmentait, plus les tirages de sa thèse grimpaient. Il était en train de faire un carton, talonnant le récit, le dépassant parfois, du jamais-vu pour un travail universitaire destiné au départ à une poignée de spécialistes. On commença à le jalouser.

Les mêmes qui l'avaient applaudi firent entendre leur voix, contestèrent ce qu'ils désignèrent péjorativement comme étant « un tissu d'hypothèses pour le moins audacieuses sur la théorie de l'extase, revue et corrigée par un missionnaire converti au chamanisme d'une tribu fortement gouvernée par les superstitions ». A l'exception de Georges Comine et de plusieurs maîtres-assistants trop jeunes hélas pour qu'on leur prêtât attention, aucune sommité française ne prit la défense de Kervanec. A l'étranger, en revanche, de grandes pointures intervinrent en sa faveur, tel Vladimir Chaliakov, un savant russe en exil, professeur à Berkeley, qui avait choisi la liberté en 1964, au cours du congrès anthropologique de Stockholm. Ce spécialiste des Kalmouks de la Volga, le seul peuple mongol et bouddhiste d'Europe encore fortement imprégné de persistances chamanistes, déclara à la une du *New York Times* que la médiocrité de certains scientifiques n'avait pas de limites. « Calomnier ainsi le magnifique travail d'un jeune confrère qui s'est donné le mal de passer trois années dans la jungle avec le peuple pourchassé et rebelle qu'il devait étudier relève de la jalousie. Dénigrer l'homme qui se trouva plongé au cœur du conflit vietnamien et qui dut subir le survol meurtrier des B 52, la menace au quotidien des communistes et pour finir la torture relève de l'ignominie. Mettre en doute les écrits de celui qui est le seul d'entre nous à avoir su s'immerger totalement parmi les sujets de son étude, au point de devenir l'un des leurs et d'acquérir des pouvoirs occultes, relève de la malhonnêteté intellectuelle. Enfin, attaquer quelqu'un qui n'est semble-t-il pas là pour répliquer relève de la lâcheté. »

Cette indignation en généra d'autres. Le professeur Yamamoto, de l'université de Tokyo, auteur d'une thèse restée célèbre sur le voyage extatique des chamans toungouses, rédigea un pamphlet du même style dans l'*Asahi Shimbun*, et le professeur Sigorov, spécialiste des Samoyèdes, des Ostyaks et des Yakoutes — célèbre pour son étude sur les rites funéraires des peuples sibériens —, bien que vivant à Moscou et prenant de gros risques, s'enflamma à son tour dans la revue hebdomadaire internationale *Anthropologia*. La polémique enfla. Le professeur Comine soudain n'était plus seul.

Les rééditions se succédaient. Deborah, qu'on reconnaissait maintenant dans la rue et qui ne pouvait échapper aux coureurs d'autographes, était demandée dans toutes les grandes cités. Elle revint pour quelques jours en France nourrir la presse qui avait toujours faim de l'histoire. Les titres flambaient. « Envolé le chaman ! », « Kervanec, où es-tu ? »,

« Le chaman invisible ! », « Kervanec, on t'attend ! », *Le Monde* avec son gros titre « La disparition de M. Judik Kervanec reste une énigme », et *La Croix* avec un « Judik Kervanec introuvable ! » firent montre d'un peu plus de sobriété.

Durant ses séjours à Paris, Deborah, qui s'installait place de la Contrescarpe, ne résistait pas à l'envie de humer les vêtements de Judik. Cependant, elle ne voulait pas avoir à souffrir de cette dépendance. L'amour doit être une joie ! Elle croyait l'entendre.

Lors d'un de ses passages, Deborah se promit d'aller voir le père Madec, aux prises, lui aussi, avec la célébrité.

Des journalistes avaient prétendu, sur la foi de témoins oculaires, que Judik Kervanec était passé à deux reprises à Tréhorenteuc. Par panurgisme, d'autres s'y étaient précipités. Naïvement le bon curé reconnut avoir reçu la visite de celui que les « bien-pensants » surnommaient « l'oblat défroqué » et avoua s'être fait initier au cours de ces rencontres qui lui avaient permis d'acquérir les dons qu'il exerçait.

Les unes s'enflammèrent. « Un curé breton adepte du chamanisme », titra *Le Télégramme de Brest*. « Le curé de Tréhorenteuc est-il toujours chrétien ? » nuança *Le Petit Bleu du Morbihan*. « Kervanec réveille Brocéliande et convertit un prêtre », affirma *Ouest-France* qui savait mieux que les autres où était le tirage. La presse nationale puis la presse internationale zoomèrent à leur tour. Même les Nippons débarquèrent. La Bretagne devint tout à coup la cible des médias et le vieil abbé si longtemps délaissé une figure planétaire.

— Malheureux, comment avez-vous pu devenir un disciple de ce renégat ? le tança l'évêque qui l'avait convoqué. Vous avez sombré dans les superstitions païennes. De surcroît, vous faites du prosélytisme, et contaminez nos fidèles. Vous mériteriez l'anathème !

— Je n'ai jamais remis en cause le catholicisme, monseigneur, répondit le curé, et ce sont tous de bons, de vrais croyants qui affluent vers ma petite église, dont jusqu'alors vous ne vous étiez guère soucié. Celui que vous qualifiez de renégat est proche de Dieu. Il sait entrer en contact avec l'esprit divin, et il me l'a appris.

— Sorcellerie ! Superstition ! Blasphème ! rugit l'évêque, horrifié.

— Tant que l'affaire Kervanec n'était pas révélée, poursuivit le curé impassible, vous étiez plutôt content, il me semble, de voir renaître la foi dans votre diocèse assoupi. Ça commençait à payer. Maintenant vous avez peur du scandale. Songeriez-vous sérieusement à m'excommunier ?

La question avait le ton de l'impertinence. L'évêque n'osa pas s'aventurer jusque-là. Il mit le père Madec à la retraite, dans un couvent proche de Pontivy, et fit fermer l'église. L'Association des Amis de la Sainte Mère rameuta ses partisans, alla manifester en masse devant la cathédrale de Rennes, sous les balcons de la Nonciature apostolique à Paris, et partit en délégation à Rome. De la Cité du Vatican tomba une note papale souhaitant que le curé de Tréhorenteuc soit rétabli dans ses fonctions initiales. Elle arriva au moment où Rhugaël et sa bande, privés de leur chaman attitré, entourés de pèlerins sans don rêvant d'être éclairés, s'apprêtaient tristement à en faire leur deuil.

« Quand l'Eglise est en pleine débandade, que les chrétiens ne croient plus, que les idéologies laïques triomphent sur une grande partie de la planète, que l'attrait de l'argent fait sombrer les multitudes dans le matérialisme le plus cynique, ce n'est pas le moment de faire la fine bouche », décréta le Saint-Père pour appuyer sa décision.

— Le syncrétisme, il n'y a que cela de vrai, répéta discrètement le bon chanoine Madec — gratifié d'une promotion — à Deborah, lorsqu'il la vit descendre de l'Austin.

L'Américaine, découvrant les nombreux visiteurs qui se pressaient dans la nef et marchaient en direction des chênes de Brocéliande, mesura, avec le sentiment d'y avoir eu sa part, le premier vrai succès du grand chaman itinérant.

— L'argent des droits d'auteur afflue, confessa-t-elle. Les Amis de la Sainte Mère pourraient le prendre en charge pour développer le mouvement en faveur des Boloven et de tous les peuples anciens dont Judik est, vous le savez, fort soucieux. On pourrait d'ores et déjà venir en aide aux minorités les plus menacées de la planète, les aider à racheter les terres dont on les a dépossédées.

— C'est une idée excellente d'autant que l'Eglise, après une légitime réticence, a pris la décision de soutenir nos activités. Elle m'oblige toutefois à lui verser une part sur toutes les donations. Dix pour cent, je n'ai pu obtenir moins.

— Que nous donne-t-elle en échange ?

Il leva les yeux.

— Sa bénédiction !

En clair, cela voulait dire que tous les réseaux chrétiens s'ouvriraient à eux et qu'ils pourraient y avoir recours. C'était un bon *deal*.

— Pour vos liens avec Judik, vous fait-on toujours des misères ? s'intéressa Deborah qui n'avait pas eu le loisir de suivre les péripéties du prêtre en détail.

— Pensez-vous, se réjouit-il, j'ai pris du galon au contraire. Kervanec est bien trop dans le vent pour aller contre. La hiérarchie nous conseille même de rappeler qu'il était oblat, et qu'il a fait le don total de sa vie à ceux qu'il aimait. Elle nous suggère d'insister sur le fait qu'étant religieux dans l'âme, la même vocation qui l'avait poussé à épouser la prêtrise a fait de lui un chaman, et que ses dons exceptionnels ne remettent absolument pas en cause la foi dans le Christ. La preuve vivante, chère Deborah, en étant votre serviteur, qui a pu être éclairé sans avoir à se parjurer.

L'Américaine frappa dans ses mains.

— Bravo pour la récupération !

— Le syncrétisme, vous dis-je, exulta le prêtre, qui reprit d'un ton plus confidentiel : Nous devrions acheter un immeuble à Rennes, ouvrir des bureaux à Paris et dans toutes les capitales des pays occidentaux où nous comptons des sympathisants, qu'en pensez-vous ?

Elle acquiesça.

— Il faut aussi recruter des permanents spécialisés dans la communication et dans la gestion parmi nos adhérents les plus dévoués, ne croyez-vous pas ?

— Je vois que vous avez de grands projets, constata-t-elle. Mettez-les en chantier et tenez-moi au courant. Je vous ouvrirai des portes si tant est que vous en ayez besoin, ce dont je doute.

Son ton devint plus intime.

— Quand Judik vous parlait à l'oreille, c'était le secret qu'il était en train de vous révéler ?

Le chanoine Madec ferma les paupières.

— Si on allait visiter ces bons chênes ? suggéra-t-elle.

— Il y a encore beaucoup trop de monde, ma chère, attendons qu'ils s'en aillent.

Elle fut récompensée de sa patience, et repartit le lendemain pour les Etats-Unis, gonflée à bloc.

Tom voulut la reprendre dans son service, et dans son lit. Elle s'y refusa. En quittant son bureau, elle croisa dans les couloirs le grand reporter John Désilet de lointaine origine acadienne qui lui fit de grands frais. Il couvrait les *hot news* pour le JT et était souvent en voyage. Sa tête carrée de baroudeur contrastait avec son sourire fort plaisant et ses yeux toujours émerveillés ou révoltés par ce qu'ils avaient vu sur le terrain. Passionné d'histoire, il s'était beaucoup nourri au contact des autres peuples. Dans la profession il avait une réputation de conteur et d'érudit.

— Alors, c'est la gloire, lança-t-il joyeux, tu as fait un grand coup. C'est formidable pour toi et pour ton chaman. Au fait, où est-il ? Personne, à part toi, ne l'a jamais vu.

— Si, John, ses professeurs.

— Oui, je sais bien qu'il existe, corrigea John avec un sourire et un regard presque naïfs.

Il prit un air pensif.

— Pourtant, je ne saisis pas l'intérêt qu'il a à se cacher. Au contraire, il devrait se montrer, être omniprésent, occuper l'espace.

— Ce n'est pas ce qu'il recherche. Il se moque de la célébrité. Il veut sensibiliser le monde non pas autour de sa personne mais autour d'une idée. Et déjà, ce qu'il a réussi à faire est formidable.

— Avec ton concours très actif, je crois, souligna John.

— Je n'ai fait qu'un travail technique. Ce sont ses pensées qui triomphent.

— Tu l'aimes à ce point, se désola-t-il.

— Plus encore.

En lui donnant ce coup de grâce elle ressentit, en le voyant s'éteindre, l'envie de le rallumer.

— Je n'ai pas pour autant l'intention de vivre comme une nonne.

L'effet fut immédiat. Les joues de John rosirent et ses yeux se remirent à briller. Il bredouilla.

— Alors, on dîne ensemble ?

— Pas de problème, ce soir si tu veux, fit Deborah qui n'était pas sournoise.

Sa sympathie pour John s'amplifia au fil des heures. Un dîner aux chandelles, à La Table du Roy, une virée dans les boîtes de Greenwich, le champagne qui montait à la tête. La maison était proche, le lit fut accueillant et l'amant fort aimant. Elle se sentit soulagée en constatant qu'elle pouvait s'épanouir dans les bras d'un autre homme que Judik. Elle n'aurait supporté aucune aliénation. Ils se revirent souvent, et il finit par s'installer chez elle, entre deux missions. Elle l'accompagna dans ses reportages : quatre jours au Salvador, cinq en Colombie et six au Honduras, en se prenant en charge évidemment. Une vraie lune de miel sur fond de fusillades et de vestiges précolombiens. Chez lui, l'un n'allait pas sans l'autre : les ruines de la guerre, les ruines de l'histoire. Un chaos sur lequel il essayait de se construire, parce que ses parents qu'il avait tant aimés ensemble s'étaient séparés en se haïssant. Il lui fit vivre le plaisir intense d'entendre une balle la frôler sans l'atteindre, le stress de l'embuscade, l'horreur d'une exécution, la fraternité du bivouac. Sa vie ! Et elle la partagea avec intensité, oublia pour un temps celui qu'elle adulait, se plongea intégralement dans la joie de l'instant.

Elle aima John. Morte de peur quand il partait sans elle, ivre de bonheur à ses retours, elle l'aima comme il n'avait jamais encore été aimé. L'appartement de Greenwich Village fut le gîte de cette passion qui brûlait ses réserves. Il repartait sans cesse. Elle le suivait souvent, négligeant les appels qui concernaient la cause. Les télégrammes du père Madec restaient sans réponse. Un grain de sable fit s'enrayer cette idylle. Et ce grain de sable avait un nom : lassitude. S'il n'y a rien d'autre que la recherche hédoniste de l'émotion forte, même la prise de risque à répétition devient une routine. John au fond n'avait pas vraiment grandi. Il se faisait plaisir. Il jouait, et s'il était bien sûr capable de s'émouvoir, cela n'allait jamais plus loin. « Journaliste avant tout, se plaisait-il à dire, et un journaliste n'a pas à s'engager, s'il veut rester lucide. » Cette lucidité-là ne pouvait la séduire. Elle en connaissait une, bien plus enrichissante, qui le faisait sourire. N'aimant que les décombres des cités anéanties et le déchaînement des passions qui poussent les hommes à s'entretuer, il ne pouvait admettre que la terre, gavée du sang des guerriers, pût irradier la paix.

— C'est une charlatanerie. Ton chaman est un vulgaire escroc. Comme Moon, il est en train de bâtir une secte, s'écria-t-il, poussé par une jalousie née d'un mauvais pressentiment.

Deborah n'alla plus sur les coups avec lui, ne se jeta plus dans ses bras quand il rentrait, rechigna à faire l'amour. L'absence prolongée de Judik, et de nouvelles surtout, la rongeait un peu plus chaque jour. Elle appelait souvent l'ambassade de France à Jakarta qui affirmait ignorer où il était, depuis son départ pour l'île de Bornéo, et n'avoir reçu aucun message. Elle eut longuement au bout du fil le professeur Comine qui n'en savait pas plus qu'elle. Il n'y eut bientôt plus de place pour John dans ses pensées, Judik ayant repris l'intégralité de la sienne. Se sentant rejeté, il provoqua des scènes qui s'achevèrent presque toujours par des cris et des pleurs. Elle finit par ne plus le supporter et le pria de s'en aller. Un mois et demi de bonheur absolu, quinze jours qui la conduisirent de l'irritation au rejet, et tchao ! Il s'exécuta en serrant les dents.

Bientôt cinq mois de silence, cinq mois sans un mot ou un coup de fil. Elle revint vivre à Paris. L'odeur de Judik était encore présente dans la penderie et elle colla contre son nez les vestes imprégnées de rémanences olfactives. Elle relança la presse, fit part à quelques journalistes, ainsi qu'à Tom Morris, de sa profonde inquiétude, sans révéler le lieu où il était censé se trouver, pour ne pas trahir le secret de sa mission et le mettre en péril. Son ancien amant avait appris la brève liaison qu'elle avait eue avec John Désilet. Il fut surpris de la voir s'affoler ainsi pour l'amant qu'elle venait de trahir.

— Je croyais que ton histoire avec Kervanec s'était achevée avec la parution des deux livres et que depuis, tu étais en recherche.

— Ce n'est pas une « histoire », Tom. Il fait partie intégrante de ma vie. Le reste ne compte pas.

Il y eut un bref silence à l'autre bout du fil.

— Tu veux dire que, comme John d'ailleurs, je fais partie de ce que tu appelles le reste ?

Elle s'impatienta.

— Cesse de penser à toi, Tom. Je suis inquiète. Que peut-on faire ?

— Ecoute, il est peut-être dans un lieu où il ne peut contacter personne. Devait-il faire quelque chose de particulier ?

Elle hésita.

— Allons accouche, Deborah, s'écria-t-il dans le téléphone. Si c'est un secret, je te jure que je ne te trahirai pas !

Quand il donnait sa parole, il la tenait. Elle lui raconta toute l'histoire.

— Quel beau sujet ! s'exclama-t-il en professionnel. Cette Claire Dulac qui a disparu dans la jungle indonésienne avec les derniers Penan encore en liberté, tu la connaissais ?

— Pas le moins du monde. Ils étaient étudiants ensemble.

— Ils filent peut-être le parfait amour, dit-il sur un ton de revanche.

Elle s'irrita.

— Arrête, Tom ! Ils sont sans doute morts tous les deux, à l'heure qu'il est. Je me fais un sang d'encre.

— Bon, fit l'ex. Donnons-nous encore quelques jours, pour éviter de précipiter les choses. Si d'ici à deux semaines il ne se passe rien, tu prends la direction d'une équipe de *Turn Over* et tu pars à sa recherche.

— Tu es formidable, Tom ! s'exclama-t-elle.

— Comme j'aime te l'entendre dire, répondit la voix à l'autre bout du combiné.

Dès qu'elle raccrocha, la sonnerie retentit.

— Allô ! Ici le père Madec. Comment allez-vous, Deborah ?

— Très bien, mon père. Au fait, avez-vous eu des nouvelles de Judik ?

— Justement, c'est à ce propos que je vous appelais, avoua le curé.

Le cœur de l'Américaine s'accéléra.

— Comment ? Il vous a écrit, téléphoné ?

— Pas tout à fait. J'aimerais que vous veniez me voir. Je vous en parlerai de vive voix.

— J'arrive ! A demain !

Elle partit pour Rennes, par le train, le soir même, loua une voiture et prit la route au petit matin. Depuis son dernier passage, deux granges avaient été transformées en restaurant et boutique de souvenirs à la sortie de Néan, direction Tréhorenteuc, et les paysans vendaient devant chez eux des produits de leur ferme. Le vieil éthylique montait encore la garde au croisement. Il tendait son chapeau aux pèlerins qui descendaient des cars pour faire des achats. Il avait la peau dure et la Grande Faucheuse en était pour ses frais. Avec le pactole qui aboutissait dans son couvre-chef luisant, il ne semblait pas pressé de la voir apparaître et avait augmenté, à proportion de ses nouveaux revenus, sa consommation de cidre. Les gens du village souriaient aux touristes qui les prenaient en photo, empochaient leurs pourboires, réalisaient lentement que leurs coutumes paysannes moyenâgeuses excitaient les visiteurs, et en rajoutaient dans le côté pitoyable. Un début de réflexion sur les moyens de soutirer de plus grands profits cheminait dans leur tête. Les oubliés du XXe siècle qui le voyaient soudain arriver avec soixante-quatorze années de retard découvraient peu à peu l'attrait de l'argent, tare qui jusque-là les avait épargnés.

— C'est normal qu'ils profitent eux aussi des bienfaits de la curiosité des foules, la rassura le père Madec. Mieux même, je crois qu'il nous faut financièrement les aider pour leur permettre de restaurer leur village dans l'esprit du lieu et ne pas les laisser construire n'importe quoi. Qu'en pensez-vous ?

— C'est une très bonne idée.

Une dizaine de cars stationnaient près de l'église. De jeunes prêtres fraîchement sortis du séminaire accueillaient les arrivants, et leur servaient de guides.

— Je vois que l'évêché vous prend maintenant au sérieux, constata l'Américaine.

Elle aurait désiré savoir tout de suite pourquoi il avait manifesté le désir de la voir. La bienséance l'obligea néanmoins, avant d'entrer dans le vif du sujet, à quelques politesses.

— Comment négligerait-il pareille affaire ? insinua le curé. Monseigneur vient paraît-il de s'offrir une Mercedes et un nouveau cuisinier, grâce aux *royalties* que nous lui versons.

Une vierge à l'enfant, gigantesque et assez stylisée, en granit de Bretagne, trônait à l'entrée du sentier qui menait aux chênes. C'était le passage obligé de ce chemin de croix dont les stations étaient les vieux arbres eux-mêmes, que le curé se gardait bien de solliciter devant les foules, pour ne pas crouler sous les demandes. Les privilégiés qui avaient droit à l'acte trinitaire étaient ceux qui faisaient partie du cercle le plus proche, les militants de la première heure, l'équipe de religieuses et de religieux qui travaillaient avec lui, les grands malades qui le sollicitaient, avant de mourir, et les handicapés. Toutes les maisons à l'abandon — il y en avait une bonne dizaine — avaient été rachetées et remises en état. Une auberge rurale dotée d'une centaine de bungalows était en construction à l'orée de la forêt sur des pâturages rachetés un bon prix par le chanoine Madec au comte de Paimpont, propriétaire de la très belle meute et de l'équipage aperçus par Deborah et Judik, et qui avait besoin d'argent pour les entretenir.

— Que pensez-vous de l'ampleur que prend notre mission ? s'enquit le curé.

Il considérait Deborah un peu comme un PDG, ce qui n'était pas faux, sauf qu'elle ne prélevait aucun dividende.

— Parfait, oui, cela me paraît parfait, approuva-t-elle, mais pourquoi avoir érigé une si grande vierge ?

— Ah ! Je ne vous l'ai pas dit ? fit mine de s'étonner le père Madec. Nous avions l'intention de changer l'intitulé de notre association. « Sainte Mère » rappelait trop l'Inquisition. Que de massacres n'a-t-on pas commis en son nom ! Notre Sainte Mère l'Eglise a fait brûler les Cathares, les Vaudois, et c'est en se référant à elle que l'évêque Cauchon a condamné Jeanne d'Arc au bûcher. Alors une idée m'est venue un matin où je méditais contre Mourteen. Pourquoi ne pas l'appeler la Grande Mère ? Pour cela, bien sûr, il fallait une raison.

Il s'arrêta de marcher, la désigna du doigt, sa vierge géante, semblable à une caryatide soutenant de la tête la haute voûte feuillue de Brocéliande, et au pied de laquelle se prosternaient des fidèles.

— La raison, la voici ! Je suis sûr que les Boloven seront heureux d'apprendre que notre confrérie s'appelle dorénavant : « Les Amis de la Grande Mère ».

— C'est un peu ambigu, s'inquiéta Deborah qui trouvait le procédé peu conforme à l'esprit chamaniste.

— Il faut s'ouvrir, vous savez. Après ce premier arrêt, ces gens que vous voyez iront méditer avec nos assesseurs sous chacun des chênes de la tribu de Rhugaël et, quand ils repartiront, ils les vénéreront déjà. N'est-ce pas le but à atteindre ? Regardez ! Nous sommes en plein œcuménisme. Des membres de toutes les religions viennent prier ici. Voyez ces Chinois, là-bas, et ces Hindous à côté, et là, ces Arabes et ces Vietnamiens ! De plus, par des brochures et des prônes, nous les sensibilisons aux peuples premiers, et aux Boloven du Laos, d'où est issu — ils le savent tous — l'inspirateur de notre mouvement.

— Permettez-moi de vous arrêter, mon père, l'interrompit Deborah, qui sentait poindre à nouveau la tirade sur le syncrétisme. Qu'avez-vous de si troublant à me dire ?

Le curé plissa les yeux.

— Voilà ! Avant-hier donc, j'étais contre Aluinn. Nous venions de recevoir une illumination et j'allais m'éloigner de son tronc, lorsque je l'ai vu.

— Judik ? le coupa Deborah d'une voix inquiète.

— Oui, je crois l'avoir vu et j'ai entendu ce mot : sawarak. Qu'est-ce que ça peut bien vouloir dire ?

— Je connais le Sarawak, une enclave malaise à Bornéo. C'est peut-être ce mot-là que vous avez entendu, répondit-elle. Et ensuite ?

— Ensuite rien, reconnut le prêtre. Tout s'est soudainement arrêté. Et je me suis demandé si je n'avais pas rêvé. C'est la première fois qu'une chose pareille m'arrive.

— Judik vous a déjà parlé de la transmission télépathique.

— Certes, mais jusque-là cela restait pour moi une énigme.

— Peut-on retourner sous un des chênes ? Ils détiennent peut-être encore les signaux et, avec de la chance, nous pourrions à nouveau les recevoir.

— Les plus proches sont Diarmid et Ronan. On peut les apercevoir d'ici. Malheureusement, il y a pour le moment trop de visiteurs. Il faut attendre. Entre midi et une heure, ils partent tous manger, les plus riches chez monsieur le comte, qui a ouvert un restaurant luxueux dans son château et pense bientôt y aménager des chambres d'hôtes, les autres dans les auberges des bourgs proches qui ne s'en plaignent pas.

Deborah s'occupa à parcourir la documentation et à visiter les chantiers et le secrétariat local. Le chanoine Madec menait bien l'affaire. Une atmosphère studieuse régnait dans les bureaux. Le Crédit Agricole avait ouvert une succursale à Tréhorenteuc même, dans une ancienne étable hâtivement équipée, pour recevoir et gérer les capitaux de l'association.

— Et encore, vous n'avez pas vu notre siège à Rennes, s'exclama le prêtre. Nous employons déjà une cinquantaine de personnes dont la moitié est bénévole. Votre livre a suscité pas mal de vocations aux Etats-Unis. Nos collègues américains, vous le savez, ont ouvert un bureau à Washington et un autre à San Francisco. Sans vous, Deborah, nous n'aurions pas connu ce succès qui dépasse nos espérances les plus optimistes. La difficulté est de bien employer les fonds. Nous avons le dessein de louer ou racheter des terres en Afrique et en Amérique du Sud pour y réinstaller les peuples qui en ont été chassés.

— Et où en sont les projets d'écomusées et d'espaces dévolus à la biodiversité, chers à Judik ?

— Ils avancent. Le professeur Chaliakov et le professeur Comine sont venus discrètement me voir pour, je pense, vérifier la véracité de l'acte trinitaire. Je leur ai donc tenu la main. La Grande Mère et Rhugaël les ont accueillis avec un faste particulier. Depuis, ils ont créé une commission d'ethnologues et d'anthropologues de toutes nationalités qui s'occupe de recenser les peuples premiers de la planète et de délimiter avec précision leurs territoires d'élection. Des missions d'exploration, financées par les plus grandes universités des Etats-Unis, du Canada, d'Europe, d'Amérique latine et d'Asie, projettent de partir sur le terrain. Dès leurs travaux achevés, un mémorandum sera rédigé et une délégation internationale de savants demandera audience au secrétaire général des Nations unies. Pendant que les universitaires planchent sur le dossier, nous nous efforçons de tisser un réseau de sympathie international. Ensuite il faudra faire bouger la grande institution et les Etats concernés, pour que cessent les déboisements et la déportation des tribus vers des lieux invivables pour elles.

Midi sonna au clocher de l'église, qui venait juste d'être équipée d'un carillon actionné électriquement et qui après les douze coups offrit au public un petit concert bucolique.

Les groupes de visiteurs regagnèrent leurs cars et dans un tintamarre de moteurs Diesel vidèrent les lieux. La fumée bleutée des gaz d'échappement mit quelque temps à disparaître et Tréhorenteuc retrouva sa sérénité d'antan. Deborah songea qu'un des combats majeurs à mener dans les années à venir serait d'obliger les constructeurs automobiles, et les Etats, à remplacer les moteurs à essence et à gasoil par d'autres, utilisant des carburants moins nocifs.

— Venez, fit le père Madec.

Diarmid ne se fit pas prier pour les mettre en contact avec la Divinité. Juste après la montée de lumière et le vortex, il y eut une obscurité parasitée d'éclairs puis, était-ce parce que le père Madec avait conditionné Deborah, « Sarawak » résonna dans son oreille, collée au tronc.

— Quelle est votre impression ? s'inquiéta le père Madec.

Deborah aurait dû douter. Elle voulait y croire.

— S'il n'a pas essayé de nous alerter, c'est, à mon avis, qu'il n'en voit pas encore la nécessité.

— Vous ne le pensez pas en danger ?

— Je pense qu'il est vivant et qu'il se rapproche du but.

Dès son retour à Paris elle réserva une place dans le premier avion pour New York et, sitôt arrivée, se rendit au siège de la CBS où Tom Morris l'attendait. Son avis serait décisif.

— Il n'y a pas lieu de paniquer, lui dit-il, ignorant la raison véritable qui avait motivé son regain d'anxiété. A vouloir trop se précipiter, je te le redis, on risque de lui nuire. Il cherche sa collègue, et Bornéo est la troisième île du monde après le Groenland et la Nouvelle-Guinée, un territoire plus étendu que la plupart des pays d'Europe. Patience, bon sang !

Elle l'écouta.

DEUXIÈME PARTIE

LE GRAND CHAMAN ITINÉRANT

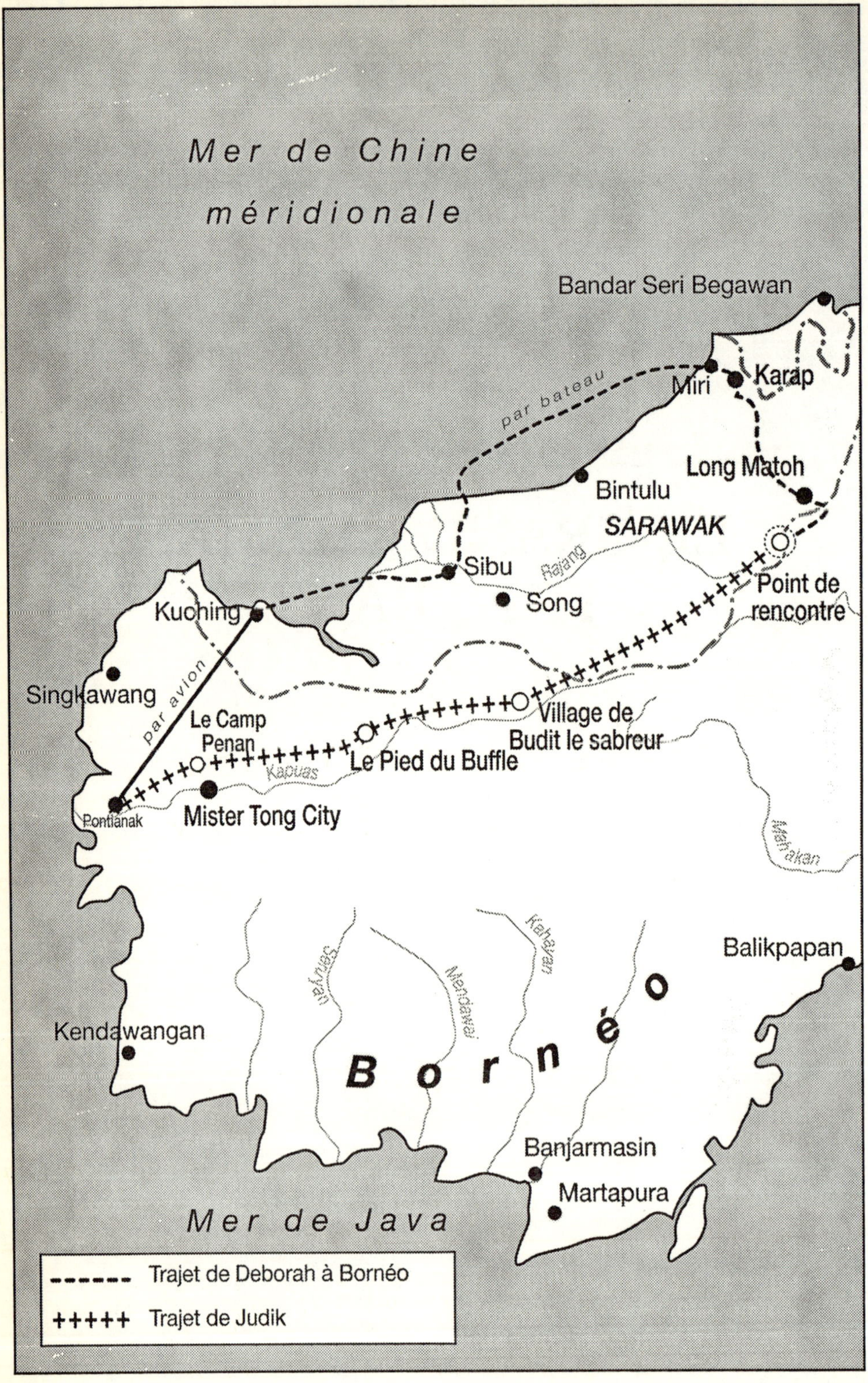

Mer de Chine
méridionale
Bandar Seri Begawan
par bateau
Miri
Karap
Long Matoh
Bintulu
SARAWAK
Sibu
Rajang
Point de
rencontre
Kuching
Song
Singkawang
par avion
Le Camp
Penan
Village de
Budit le sabreur
Le Pied du Buffle
Kapuas
Pontianak
Mister Tong City
Mahakan
Kahayan
Seruyan
Mendawai
Balikpapan
Kendawangan
B o r n é o
Banjarmasin
Martapura
Mer de Java
Trajet de Deborah à Bornéo
Trajet de Judik

13

Le rêve décapité

Nixon bouclait la guerre du Vietnam comme un avocat boucle un contentieux. Il se rapprocha habilement de la Chine, renforça son aide en Thaïlande, réactiva toutes ses alliances et allait finalement s'inscrire dans l'histoire de son pays comme un président intuitif et pragmatique, moins va-t-en-guerre que Kennedy, qui avait à son passif l'échec de la baie des Cochons, et la relance du conflit indochinois. Peut-être même, Kissinger l'ayant bien obtenu par la suite, aurait-il pu achever sa carrière avec un prix Nobel de la paix, ces fils de fabricants de poudre à canon couronnant parfois des boutefeux fort peu repentis. Le scandale du Watergate balaya Richard Nixon, mettant un terme définitif à sa carrière. Gerald Ford, son successeur, n'avait aucun charisme. Or la grande démocratie aurait eu besoin d'un battant à sa tête pour faire oublier les revers qu'elle venait de subir sur le terrain, et remotiver la nation. Les ghettos noirs étaient nerveux, les rues périodiquement troublées par des agitations sociales. La crise couvait dans l'industrie automobile. Après la formidable activité déclenchée par l'effort de guerre, la paix et le retrait militaire américain du Vietnam, du Laos et du Cambodge, le marasme guettait. Faute d'un exécutif fort, l'Amérique, craignant la déstabilisation, activa ses polices cachées. Si elle ne sortait pas glorieuse de son aventure vietnamienne, elle n'en sortait pas non plus vaincue ou amoindrie, et conservait la maîtrise économique du monde. Elle n'avait pas l'intention de la perdre. Le grand engouement, d'abord intellectuel, puis populaire, déclenché par les livres de Judik et de Deborah, avait fini par engendrer un mouvement qui contrariait la bonne marche des affaires. Des vétérans du Vietnam, témoins des dévastations causées par l'agent orange, des pacifistes et des étudiants en grand nombre rejoignaient les cercles animés par les Amis de la Grande Mère. Passe encore d'être traités par le bloc communiste de capitalistes criminels et cyniques, mais laisser ses propres décideurs se faire vilipender, conspuer, menacer par des vagues d'agitateurs illuminés, qui prônaient l'arrêt de la course au profit et le respect de la Terre, était impensable. A l'insu de leur président un peu niais — qui ne voyait aucun mal dans les joyeuses kermesses de ces nouveaux animistes, coqueluches des médias —, les conseillers de la Maison-Blanche et les services spécialisés du FBI et de la CIA se mirent au travail. La télé fit la part belle à des prédicateurs flamboyants d'amour et de haine, qui jetèrent l'anathème sur ce paganisme obscène venu des jungles communistes. La presse devint insidieuse.

Après la mort de Pompidou et l'intérim de Poher, la France, elle, venait de choisir Giscard d'Estaing pour nouveau président, au cours d'un duel au finish à la télévision, où le spécialiste de la finance avait porté à Mitterrand cette estocade fatale : « Vous n'avez pas le monopole du cœur. »

La France pompidolienne avait été un tantinet louis-philipparde. Celle de Giscard se voulait moderne, libérale et monétariste, sous l'impulsion de l'énarchie. Le candidat avait promis le plein emploi, alors que les restructurations se planifiaient dans la métallurgie et les charbonnages, laissant prévoir des milliers de licenciements. Quant à l'automobile française, elle allait perdre douze mille salariés et on parlait déjà d'une crise possible dans le textile. Le bâtiment en revanche marchait à tout va. On bétonnait ferme, on édifiait des cités sans attrait à l'orée des villes, afin d'y loger les immigrés qui continuaient à arriver en masse, pour faire, au salaire minimum, les travaux les moins valorisants. La classe ouvrière eut ses jaloux qui dénoncèrent, dans ces étrangers démunis, employés à vider les poubelles ou à s'assourdir au marteau piqueur, des intrus qui leur arrachaient le pain de la bouche et prenaient leur place dans les usines. Dans les conversations, on les rendait souvent responsables de la montée du chômage. La situation n'était donc pas aussi brillante qu'elle le paraissait. Giscard et son ami le chancelier Schmidt auront beau incarner au cours d'une de leurs mémorables rencontres, sous les hibiscus de Guadeloupe, l'image d'une Europe sereine, attachée aux bons côtés de la vie, ils seront tous deux déconnectés du réel. Une tempête de neige sans précédent immobilisera une nuit entière, et par grand froid, des milliers de familles sur les routes de France. Les automobilistes bloqués et frigorifiés auront droit, sur les ondes, au menu détaillé des deux chefs d'Etat en train de festoyer. La langouste à la créole leur restera en travers de la gorge.

Sur le Vieux Continent, la vague des Amis de la Grande Mère s'était considérablement répandue et exerçait son influence dans l'Eglise, la presse, les rues, les cénacles, provoquant parfois de violents débats. Mieux gérer le progrès pour épargner la nature, cette idée passait mal dans le monde ouvrier, où façonner était une raison d'être. Il y eut des bagarres qui, par le jeu des agitateurs, se multiplièrent. Des échauffourées éclatèrent à Paris, Lyon, Toulouse, Marseille et Lille. L'Allemagne, la Suisse, l'Italie connurent des incidents du même ordre. Un reflux commença. Dans tout l'Occident, des revues à grand tirage se mirent à dénigrer l'association. Certaines en firent un repaire de païens lubriques qui copulaient sous les arbres, ou encore une secte manipulée par la Chine ou l'Union soviétique. La télé leur opposa ses plus agressifs débatteurs. Des prêtres, oui des prêtres, prirent le relais et dénoncèrent la confusion satanique de Tréhorenteuc.

Le matin de Pâques 1975, le père Guilvinec, adjoint du père Madec, inquiet de ne pas voir le vieil homme à la sacristie pour la concélébration de la grande messe, ameuta les prêtres et les sœurs de la communauté. Déjà les cars de fidèles affluaient. Pierre Kervanec, le frère de Judik, et ses paroissiens faisaient partie du nombre. On attendait plus d'un millier de pèlerins de toutes nationalités. Des haut-parleurs couvraient tout le village. Les paysans du coin avaient installé des barbecues en plein air. Quatre nouvelles gargotes s'étaient ouvertes à Néan dans des granges rapidement transformées. Les matrones portaient maintenant des vêtements plus modernes et ne roulaient plus leurs bas autour de leurs genoux. Les bergères s'habillaient « tendance ». Certaines d'entre elles, les plus audacieuses, se noircissaient les cils. Le filon était tel qu'il avait fait disparaître la nécessité d'éveiller la compassion pour obtenir des aumônes. La Camarde avait fini par emporter l'éthylique. Un autre soiffard aussitôt l'avait remplacé car la place était bonne, les pourboires nombreux.

— Père Madec ! Père Madec ! Répondez-nous !

Les bonnes sœurs, les assesseurs, les séminaristes stagiaires, et même les fidèles arrivés les premiers battaient la campagne en quête de leur curé disparu. Ils le trouvèrent enfin, assis en lotus contre le tronc de Rhugaël, les yeux dans le vague, le sourire aux lèvres, les mains sur les genoux. La mort semblait l'avoir cueilli en pleine extase et, anticipant sur les décisions de l'Eglise, lui avait déjà octroyé l'apparence d'un bienheureux. La consternation s'abattit sur les deux villages bretons proches de Brocéliande et sur les nombreux sympathisants de passage, mais le père Guilvinec vit tout d'abord dans ce trépas un signe divin. Quoi de plus honorable pour un saint homme que de rendre l'âme au moment où tous les chrétiens du monde s'apprêtaient à célébrer la résurrection du Christ ?

— Alléluia ! Alléluia ! clama-t-il. Du haut des cieux, désormais, notre bon père veillera sur nous et sur tous les Amis de la Grande Mère. Dieu l'a rappelé en ce jour — ô combien symbolique — pour nous faire comprendre que son œuvre terrestre était achevée, et qu'ayant été l'un de ses serviteurs les plus proches, il siégerait désormais à sa droite pour l'éternité. Gloire au chanoine Madec qui a su nous montrer la voie de la sagesse !

— Alléluia ! Alléluia ! reprirent sans conviction les fidèles qui, venus tout heureux à l'idée de faire la fête, voyaient celle-ci se transformer en veillée funèbre.

A l'annonce de sa disparition, presque tous les visiteurs, redoutant un mauvais présage, remontèrent dans leur car et rôdèrent dans les bourgs du coin en quête d'une auberge ou d'un restaurant pour y festoyer. Ils n'en trouvèrent aucun. Tous étaient archicombles et ce jour resterait exécrable dans leur mémoire. Pierre Kervanec, le frère de Judik, se sentit obligé d'accompagner ses ouailles qui suivirent le gros du troupeau. Ne restèrent autour de la dépouille du défunt que les religieux de son proche entourage, ceux qui avaient bénéficié sous les chênes de la divine lumière. Ils étaient accablés d'affliction. Ce deuil les privait désormais des instants radieux qui avaient éclairé leur vie.

Le bruit courut, par la suite, que le père Madec n'avait pas succombé à une mort naturelle, et qu'on l'avait discrètement aidé à passer l'arme à gauche. Son association qui prenait, dit-on, trop d'ampleur commençait à devenir dérangeante. Curieusement d'ailleurs l'évêque de Rennes ne fit pas grand cas de son décès. L'Eglise se montra on ne peut plus discrète, et évita de se lamenter sur cet homme que le Vatican quelques mois auparavant avait contribué à promouvoir. La presse elle-même se contenta d'entrefilets et de brèves peu aimables. « Le curé de Tréhorenteuc est mort », « L'illuminé de Tréhorenteuc n'est plus », « Un curé breton s'est éteint sous l'arbre qui l'avait éclairé ». La dérision pointait sous la plume des rédacteurs qui l'avaient pourtant courtisé de son vivant. Même les savants qui s'étaient déplacés pour avoir confirmation de l'acte trinitaire, introduit à Brocéliande par Kervanec, firent preuve d'un mutisme pour le moins surprenant. Les professeurs Comine et Chaliakov n'émirent aucun commentaire et d'ailleurs personne ne leur demanda leur avis. Le professeur Yamamoto resta silencieux, tout comme le professeur Sigorov qui avait pourtant, peu de temps auparavant, approuvé et défendu, selon la *Pravda*, « la thèse farfelue d'un faux prêtre, infiltré durant trois années dans les zones libérées des valeureux camarades laotiens, pour y remplir sa sale besogne d'espion au service des impérialistes ».

Une telle unanimité dans ce désintérêt soudain montrait à quel point la pression était forte. Judik aussi sombra dans les oubliettes. Son absence facilita la tâche de ceux qui avaient intérêt à étouffer la passion naissante des foules pour les peuples premiers et les grandes forêts qui les abritaient encore.

Le père Guilvinec, qui n'avait pas trente ans, succéda au père Madec et ses sermons enflammés maintenaient autour de lui, à Tréhorenteuc, le dernier carré de fidèles, dont quelques jeunes universitaires adeptes des Amis de la Grande Mère, qui n'avaient pas apprécié la pusillanimité de leur patron. Et il n'y allait pas par quatre chemins, le jeune curé, furieux de voir s'effondrer l'édifice spirituel édifié par un prédécesseur qu'il vénérait.

— Nous sommes victimes d'un complot fomenté par les puissants de ce monde, adeptes d'un matérialisme aveugle, à l'Est, comme à l'Ouest, clamait-il dans sa nef souvent visitée par des inconnus aux allures suspectes. Notre spiritualité révolutionnaire menace directement leurs intérêts : l'argent et le pouvoir pour les uns, le pouvoir et la puissance pour les autres, ce qui revient au même. Le père Madec devait mourir et avec lui, bien sûr, ses idées et s'il n'était pas mort de lui-même, « ils » l'auraient tué tôt ou tard !

De tels sermons n'étaient pas sans ébranler ceux qui les écoutaient, y compris les agents de renseignement qui venaient là pour les enregistrer et faire ensuite leur rapport. L'évêque survint un jour dans sa Mercedes noire, conduite par un chauffeur en livrée, qui lui ouvrit la porte en faisant la courbette. L'éminence, d'un geste affété, tendit la main et le jeune prêtre, fidèle au rituel, baisa nerveusement l'anneau épiscopal.

— Mon ami, mon ami, entama le prélat d'un ton condescendant, je comprends votre douleur mais ne vous laissez pas emporter par vos sentiments. Un bel avenir vous attend. Le père Madec était un peu excentrique et frôlait l'hérésie, sans pour autant oser la commettre. Je lui en avais fait le reproche, mais il était incorrigible, vous savez.

— Le Vatican l'a soutenu, me semble-t-il, fit remarquer sèchement le père Guilvinec.

— Au début oui, au début. Ça l'a grisé. Il est allé trop loin. La Terre est sacrée, certes, elle n'est pas déité. Sur ce point du dogme, il entretenait une confusion fâcheuse.

Le remplaçant du père Madec bouillonnait intérieurement. Sachant les dés pipés, il évita le débat. Face à l'évêque, il ne pouvait qu'avoir tort. L'éminence repartit, convaincue d'avoir sermonné et ramené à la raison ce béjaune prétentieux. Elle déchanta vite. Le lendemain le père Guilvinec harangua ses paroissiens avec une véhémence qui fit trembler le vitrail de l'église.

— Nous dérangeons les affairistes, cela ne fait aucun doute. Imaginez une Terre dont les habitants seraient éclairés au point d'empêcher toute forme de déprédation. Imaginez une Terre où il n'y aurait plus de compagnies forestières pour abattre nos grands arbres, plus de bétonneurs pour cimenter les sols et ériger des constructions infâmes qui sont une insulte à la beauté, plus de lobbies agroalimentaires pour la doper et l'obliger à des rendements excessifs, au détriment de la qualité des produits et de la santé des consommateurs, plus de compagnies pétrolières qui, pour continuer à amasser de faramineux bénéfices, étouffent les découvertes scientifiques susceptibles de leur porter préjudice. Imaginez une Terre où les énergies qui polluent l'air, les rivières, les mers et les sols seraient remplacées par la force des vents, du soleil, de l'eau et du magma. Imaginez une Terre où les individus seraient enfin libérés de l'envie. Utopie, me direz-vous ? Non ! Réalisme ! Ceux qui gouvernent aujourd'hui le monde le conduisent inexorablement à sa perte. Sous prétexte d'efficacité, de rationalisme, d'impératifs dictés par la démographie, ils prétendent répondre aux besoins des hommes, alors qu'ils obèrent l'avenir de notre planète et détruisent, sans se soucier des conséquences de leurs actes, la biosphère qui nous a créés et dont nous ne pouvons nous passer.

Les yeux du jeune curé étaient traversés d'éclairs. Sa voix avait un ton presque prophétique. Il faisait de grands gestes qui agitaient son étole. On aurait dit Saint-Just. Il en avait la hargne.

— Une Terre sans air respirable, sans eau pure, sans forêts, serait une planète morte sur laquelle les êtres vivants n'auraient plus leur place, s'emporta-t-il. La Terre est divine, c'est une certitude. Grâce à Judik Kervanec et au père Madec qui l'ont clamé haut et fort, une prise de conscience est née qui risquait de révolutionner le monde. Aujourd'hui nous sommes sans nouvelles du premier, et notre curé est décédé. Ce n'est peut-être pas fortuit. Seuls les chênes de Brocéliande pourraient nous dire la vérité, et malheureusement je n'ai pas le don de les entendre. Il fallait nous neutraliser, nous museler et démobiliser les foules. C'est facile pour eux. Ils tiennent tout en main, la presse, les politiciens, et aussi l'Eglise et ses hiérarques. L'argent, l'argent qu'ils gagnent en commettant leurs dévastations, leur permet d'acheter ce qu'ils veulent, et en premier les consciences.

Après cette tirade, un lourd silence plana. Il reprit.

— C'est nous, nous qui avons raison et ils nous font passer pour des niais. Eh bien, battons-nous, mes frères, battons-nous jusqu'à notre dernier souffle pour faire triompher l'idée que le paradis peut exister sur Terre si nous le voulons tous. Amen.

Son dernier souffle, hélas, survint deux jours plus tard. On retrouva son corps désarticulé, près de sa moto pliée en deux. Elle avait percuté un arbre de plein fouet sur la route de Fougères. Plusieurs personnes affirmèrent avoir été témoins de l'accident.

Le père Malvic, un abbé proche de la retraite et déjà sénescent, remplaça feu le père Guilvinec. L'évêque sous prétexte qu'elle était affreuse, ce qui était faux, fit détruire la statue de la Vierge à l'Enfant qui symbolisait l'Alma Mater à l'entrée de la forêt. Les sœurs qui servaient au village furent rappelées dans leur couvent d'origine, les prêtres et les stagiaires mutés dans d'autres paroisses, les séculiers renvoyés, les bureaux fermés, l'Association des Amis de la Grande Mère dissoute, ses comptes bancaires bloqués. L'argent des droits d'auteur de Deborah et Judik, ainsi que les dons des sympathisants avaient été judicieusement placés dans le but d'acquérir, partout où cela s'avérait possible, des concessions forestières pour les peuples premiers dans les lieux où ils vivaient, à des prix comparables, voire plus avantageux que ceux proposés aux pays concernés par les compagnies de bûcheronnage. Une grande partie de ces sommes s'évapora comme par enchantement pendant la remise au pas du clergé « dévoyé » de Tréhorenteuc, selon l'expression de monseigneur Clavecil, l'évêque de Rennes, et aucun enquêteur digne de ce nom ne chercha à élucider cette mystérieuse affaire. Seul un village pygmée du Gabon profita de ce grand projet et se vit octroyer un bail de quatre-vingt-dix-neuf ans sur cinq cents hectares, dans la forêt dite des Abeilles. L'opération avait coûté fort cher en pots-de-vin. Les autorités locales, profitant de la dissolution des Amis de la Grande Mère et de son discrédit, cherchaient déjà à la remettre en question, et risquaient fort d'y parvenir.

De petits groupes de résistants, dans de nombreux pays, continuèrent leur travail d'information. La décapitation de l'organisation affecta gravement leur efficacité. Les adhérents qui avaient le plus de charisme connurent presque tous un funeste destin. Noyades, télescopages, infarctus, suicides, le sort semblait s'acharner à tel point sur les activistes du mouvement atomisé que les survivants jugèrent plus prudent de s'en retirer avant d'être frappés à leur tour. Certains prélats, des confessions monothéistes dominantes, allèrent dans leurs prônes jusqu'à mettre en avant la main du Tout-Puissant, dans cette éradication sélective qui faisait tomber les uns après les autres tous les relais des fidèles de la Grande Mère. Les médias réalisèrent des enquêtes sur ces décès en cascade. Ils y virent une affaire de secte pour certains, d'espionnage pour d'autres, un coup du KGB pour presque tous. Seul *Le Drapeau noir*, un journal anarchiste à tirage confidentiel, dénonça un « complot de la haute finance internationale contre les catho-écolos de Tréhorenteuc ». L'info mourut dans ce cri étouffé, qui toucha au mieux cent lecteurs.

Il est vrai que le conflit vietnamien accaparait de nouveau l'attention des médias. La situation sur le terrain se dégradait de jour en jour. Au Cambodge, les troupes du général Lon Nol, qui en 1970, grâce à l'appui des services secrets US, avait renversé le prince Norodom Sihanouk, ne contrôlaient plus le terrain. Peu motivées, elles s'enfuyaient devant les Khmers rouges qui surgissaient de la jungle avec une furieuse envie d'en découdre[1]. Kratie, ville cambodgienne importante au bord du Mékong, à la frontière du Laos, fut la première à tomber entre leurs mains. Intelligemment, pour donner le change, ils avaient évité les pillages et les atrocités qu'on s'attendait à les voir perpétrer. Les quelques reporters, triés sur le volet, autorisés à venir visiter cette « zone libérée » s'étaient laissé séduire. Les hauts responsables qui avaient étudié à Paris leur semblèrent beaucoup plus raffinés que le brutal Lon Nol et ses séides. Kieu Samphan, l'une des têtes du Parti, un homme au maintien élégant, leur fit son numéro de charme. On prit soin de cacher les brutes qui encadraient la piétaille et un courant pro-khmer rouge se développa en Occident dans la presse prétendue progressiste.

Pol Pot et ses bouchers campaient maintenant aux portes de Phnom Penh et on redoutait le pire. Au Sud-Vietnam,

1. La neutralité bienveillante du prince Sihanouk à l'egard des communistes vietnamiens avait irrité Kissinger. L'homme fort de la Maison-Blanche, inspirateur du coup d'Etat, crut pouvoir acculer ces derniers à la défaite en détruisant leurs sanctuaires de l'autre côté de la frontière. C'est l'inverse qui se produisit. Le Cambodge, ayant cette fois à lutter sur deux fronts, contre les Viets d'un côté et les Khmers rouges de l'autre, fut emporté dans la tourmente.

tous les verrous gouvernementaux tombaient les uns après les autres. L'armée se débandait aussi. Au Laos, les heurts étaient fréquents au sein du gouvernement d'Union nationale et les communistes, qui avaient profité de cette année de paix illusoire pour s'immiscer dans tous les rouages de l'Etat, tenaient la dragée haute aux parlementaires monarchistes et neutralistes qui songeaient déjà à quitter le pays. Dans ce contexte de défaite, l'Occident inquiet se repliait sur lui-même. Le courant isolationniste qui ne s'était jamais complètement tari aux Etats-Unis redevenait à la mode. S'étant retirés d'Indochine, les Américains verrouillaient en revanche leur continent, soutenaient à fond les régimes anticommunistes et au besoin les promouvaient. En 1973, ils avaient vigoureusement encouragé le coup d'Etat de Pinochet. Une base aérienne militaire de première importance fut installée au Honduras. Les conseillers US affluèrent au Salvador pour aider les forces d'extrême droite à lutter contre la guérilla d'inspiration marxiste. Somoza, le dictateur du Nicaragua, fut noyé sous les dollars. Il les utilisa à accroître son luxe et son compte en banque, négligeant l'équipement et la solde de ses troupes, qui vivaient de corruption. Une ère de pronunciamientos s'ouvrit en Amérique latine et dans les Caraïbes.

Vite oubliés du reste du monde, Néan et Tréhorenteuc retombèrent dans une semi-somnolence. Le XXe siècle ne s'était pas complètement retiré avec le reflux des visiteurs. Les tracteurs, plutôt brinquebalants, étaient arrivés avant eux, dans les années 60. La télévision, elle, venait de faire son apparition, et depuis, les habitants du cru la regardaient tous avec assiduité, ébaubis devant les lumières de la ville ou les paillettes des émissions de variétés. Les films et les feuilletons les faisaient s'évader dans des mondes nouveaux ou des milieux inaccessibles. Les fermières en nettoyant les étables rêvaient de machines à laver et de congélateurs. Les jeunes songeaient à étudier pour pouvoir fuir le plus loin possible. Certains en regardant la traînée blanche des avions dans le ciel s'imaginaient déjà pilote ou steward. D'autres par atavisme breton, et bien qu'éloignés de la mer qu'ils n'avaient jamais vue, aspiraient à devenir marins. Les filles, quant à elles, se seraient bien vues en hôtesses de l'air, secrétaires de direction, réceptionnistes dans un grand hôtel et elles s'efforçaient, sans l'ombre d'un moyen, d'en cultiver le look, ce qui donnait des résultats parfois très surprenants. Le maître d'école fut surpris par la constance et l'acharnement de ses élèves. Il était habitué à des cancres. Leur métamorphose, tout du moins au début, le déstabilisa. Confronté à la curiosité de leur esprit si soudainement éveillé, il n'eut pas toujours les réponses appropriées et se fit moucher par les plus insolents, qui puisaient sur le petit écran des comportements et des mots venant directement de la capitale. Près de la bifurcation de Tréhorenteuc, l'éthylique qui avait remplacé le précédent sombra dans la neurasthénie. Il n'y avait plus de cars, plus de pèlerins, plus de pourboires. Le gosier sec, il mourut à son poste, d'ennui dirent les uns, de soif affirmèrent ses vieux collègues toujours assis sur des billots de bois, devant leur ferme, lapant au fil des heures leurs bolées de cidre rêche.

Rhugaël et sa troupe savaient tout. Le père Madec n'était pas décédé des suites d'un transport venu des profondeurs intimes de la Terre. L'extase trinitaire aussi forte soit-elle ne fait pas succomber ceux qu'elle traverse. L'étranger qui de deux doigts experts avait tout doucement bloqué la carotide du curé au moment de la transe, pour qu'il conservât sur le visage cette expression de félicité qu'elle lui procurait, avait su le tuer sans souffrance et sans laisser de traces. Un vrai travail d'expert. Depuis les chênes avaient retrouvé leur mutisme. Le retour à la solitude leur fit du bien. Les foules sont bruyantes et peu respectueuses des lieux qu'elles envahissent. Le silence sylvestre enrichi de chants d'oiseaux les berça si bien qu'ils finirent par s'assoupir et reprendre la vie végétative de laquelle Kervanec les avait tirés. Il reviendrait bien un jour, le chaman boloven, détenteur du secret qui avait enflammé le cœur de Brocéliande. Le temps importe peu quand on le compte en siècles. Et se disant cela, les sages végétaux, dont les bourgeons pointaient dans le vent vif qui balayait à leur pied les feuilles de l'an passé, se donnèrent tout entiers à cet effort de pousse qui les obligeait à lancer leurs radicelles dans les parties encore intactes de la Terre et d'en puiser le suc nourricier. C'était aussi une sacrée jouissance !

Quand elle apprit le décès du père Madec, Deborah tout d'abord ne voulut pas le croire, éprouva une peine profonde, et fut prise de doutes. La mort par accident du père Guilvinec qui survint peu après les transforma en certitudes. Elle vit se précipiter les événements sans rien pouvoir faire pour y mettre un terme. Tout allait si vite ! La fatalité s'acharnait sur les Amis de la Grande Mère, beaucoup trop pour n'être que fortuite. Ses relations se défilaient. Ses appels étaient filtrés par les secrétaires. Elle se sentit isolée, fragilisée et maintenant, au téléphone, c'était son père qui faisait le forcing, qui lui enjoignait de couper toute relation avec les Amis de la Grande Mère.

— Des fous furieux, des fanatiques ! Ne te commets pas, ma fille, avec ces gens-là. Ce sont des marionnettes aux mains des rouges, et ne revois plus, je t'en conjure, ce Français défroqué. C'est un agent provocateur.

— C'est faux, père, archifaux ! Vous prenez pour argent comptant tout ce que les journaux écrivent. La réalité est autre. A quoi bon vous la dire, vous n'écouteriez pas.

— Fais très attention, Deborah, l'avertit le papetier Williams. Tu risques les pires ennuis.

— Mais j'aime Judik, père ! J'irais jusqu'au bout du monde pour le retrouver.

— Prends garde à toi, ma fille, tu vas te faire beaucoup d'ennemis. Pour l'amour du ciel ...

Elle l'interrompit.

— Je suis aussi têtue que vous, père, et j'attendais de votre part autre chose que des tentatives d'intimidation.

— Ce n'est pas de l'intimidation, ce sont des avertissements. J'ai peur pour toi. Tu as mis les pieds dans un fichu marigot, retire-les très vite, au nom du Seigneur, écoute-moi !

— Votre soutien me manquera. Je sais maintenant que vous ne pouvez pas comprendre, et ça me désole. Au revoir père !

Elle raccrocha, se sentant tout à coup bien désarmée. Il fallait impérativement prévenir Judik, lui dire de se tenir sur ses gardes. Elle appela le professeur Comine afin de savoir dans quel hôtel Claire était descendue, quand elle avait débarqué à Bornéo pour la seconde fois.

— Un moment, fit son assistante.

Le moment s'éternisa et ce fut elle qui revint au téléphone, pas le savant.

— Le professeur est très occupé, mademoiselle, il vous demande de l'excuser.

— Je comprends, fit Deborah. J'ose espérer que ses occupations ne lui ont pas fait oublier qu'il a fortement incité Judik Kervanec à partir à la recherche de Claire Dulac.

— Non, non, miss Williams, répondit l'assistante gênée, et d'ailleurs il m'a donné le nom d'une auberge où elle a logé, avant de rejoindre les Penan dans les profondeurs du pays.

— Ce nom, quel est-il ?

— La Perle d'Orient, à Pontianak.

— Où ça ?

Un silence sur la ligne lui indiqua que l'assistante consultait son chef.

— Pontianak, dans le Kalimantan, la partie indonésienne de Bornéo.

— Pensez-vous que Judik Kervanec y soit passé ?

— Un instant, mademoiselle.

Le silence ne fut pas long.

— C'est plus que probable. Comme monsieur Kervanec depuis son départ n'a pas donné signe de vie, nous n'en avons pas la certitude.

— Ah ! Très bien ! Dites au professeur que je le remercie pour ses renseignements. Il fut un temps, à l'époque où il étudiait les Ariacoulés d'Amazonie, où il aurait risqué sa vie pour venir en aide à des collègues en difficulté.

Seul Tom Morris pouvait encore la comprendre. Seulement, voilà, malgré les évidences, il s'obstinait à nier le complot et à ne voir que des coïncidences dans la série de morts brutales qui frappaient les Amis de la Grande Mère en France. Lorsque les accidents se produisirent aux Etats-Unis, il prit l'affaire plus au sérieux et écouta cette fois Deborah avec attention. La raison d'Etat ? Un tel soupçon lui parut invraisemblable.

— Et la commission Warren, qu'en fais-tu ? lui rappela-t-elle. As-tu oublié toutes ces morts étranges autour de l'assassinat de Kennedy ?

Il se mit à flipper, pour elle surtout. Elle était en danger. Il fallait l'éloigner.

— Judik ne donne aucun signe de vie, peut-être est-il pourchassé, dit-elle. Il faut que j'y aille.

Il la regarda au-dessus des lunettes qu'il utilisait pour lire et se fit rassurant.

— Il est plus en sécurité dans la jungle qu'ici.

Elle n'avait pas osé lui avouer comment elle avait capté l'information qu'il se trouvait au Sarawak. Le boss lui aurait éclaté de rire au nez. Les phénomènes qu'elle avait décrits dans son livre n'étaient selon lui que des tours de médium. Il restait convaincu que Kervanec, formé par les sorciers boloven, utilisait le spiritisme pour envoûter les sujets qui se prêtaient à ses expériences. Ne lui avait-il pas déjà servi, d'un de ses maîtres à penser, Ralph Waldo Emerson, que « le plus grand dérèglement de l'homme est de croire les choses parce qu'il veut qu'elles soient, et non parce qu'il les a vues » ?

— J'ai un mauvais pressentiment. Comment dire, je sais, je sens qu'il est en difficulté !

— Sous l'influence de ton chaman français, aurais-tu acquis des dons de pythonisse ?

Elle ne parvint pas à lui dissimuler sa nervosité.

— Je t'en prie, Tom, il faut que j'aille à sa recherche. Si tu ne veux pas me confier une équipe, je partirai seule. Tant pis !

Une lueur de regret passa dans les yeux de l'ex. Comment avait-il fait pour la perdre ? Il lui avait pourtant appris tant de choses...

— OK ! OK ! lâcha-t-il, je vais te donner Jim Barlot à la caméra, Yorrik Hatfield au son, Sam Kane comme assistant, et Michael Stevens sera ton *producer*.

— Oh, Tom, ce sont les meilleurs ! exulta-t-elle. Un simple *team* de deux techniciens m'aurait suffi.

Il eut un pincement de cœur, pensa aux nuits qu'ils avaient partagées, au corps de sportive qu'elle promenait dans son appartement sans souci de pudeur, à sa spontanéité, à sa candeur aussi. L'amante qu'elle avait été lui manquait terriblement. Des opportunités, il en avait à la pelle. La profession regorgeait d'ambitieuses qu'une liaison avec lui pouvait hisser plus haut. Il était une étape recherchée pour certaines jeunes consœurs qui rêvaient de vampiriser l'écran. Depuis que Deborah l'avait quitté, il se consolait avec elles, multipliait les liaisons sans y trouver son compte, trop habitué à sa sincérité sans ombre.

— La mission ne sera pas une sinécure. Il faut éviter à tout prix l'incident diplomatique, la prévint-il. Notre ambassade à Jakarta va être informée. L'ambassadeur est un ami de campus. Je vais lui demander de contacter les proches de Suharto pour que vous ne soyez pas la cible de leurs soldats.

— Tu es fou, s'exclama Deborah, si tu fais ça, on va être repérés dès l'arrivée !

— Vous le serez, de toute manière. Un *team* de TV ne passe jamais inaperçu et, sans un solide soutien diplomatique, je ne risquerai pas ta vie ni celle de mes gars. Nous allons faire comprendre au gouvernement indonésien que Claire Dulac et Judik Kervanec intéressent au plus haut point Washington, qui aimerait les retrouver vivants, et lui demander également qu'il ne vous mette pas de bâtons dans les roues. Jakarta nous doit bien ça, depuis le temps que nous assurons leurs fins de mois difficiles !

— Ce n'est plus du journalisme, ce que tu dis là ! C'est de la politique !

— A un certain niveau, reconnut Tom, il n'y a plus de différence.

— Surtout pas d'escorte, insista-t-elle. L'armée pourchasse les Penan. S'ils nous voient approcher avec des militaires, ils s'enfuiront.

— Ne t'inquiète pas. Michael va s'occuper de la logistique. Vous aurez des porteurs et des piroguiers en civil, mais qui auront été formés, au cours de stages, chez nous. J'y veillerai. Tu verras, tout va bien se passer.

Deborah parut désolée.

— Qu'as-tu, Deb, tu n'es toujours pas satisfaite ?

— Je pensais aux livres de London et de Hemingway, *Le Peuple de l'abîme* et *Pour qui sonne le glas*, la misère ouvrière en Grande-Bretagne, la guerre d'Espagne. Que tout ça semble loin ! Les journalistes américains sont désormais trop puissants pour prendre des risques, et la plupart des gouvernements sont au garde-à-vous devant la Maison-Blanche. Je voulais m'infiltrer secrètement, et tu vas m'obtenir l'aide officieuse des autorités qui par ailleurs pourchassent les gens que je veux voir. Ce n'est plus à proprement parler un reportage clandestin. L'impérialisme, ça tue tout, même l'imprévu !

— Et crois-tu que ce n'était pas le cas avant ? s'énerva Tom. Jack London était socialiste d'accord, mais un socialiste blanc qui a fini milliardaire. Relis un peu *Jerry dans l'île*, ce livre pour gosses est carrément raciste. Et si Hemingway a couvert le côté républicain espagnol, c'est parce que c'était à la mode chez nous. Même si officieusement il nous arrive de susciter et de soutenir des régimes fascistes pour lutter contre le communisme, officiellement, les Etats-Unis préfèrent toujours les républiques qui fonctionnent démocratiquement. Aujourd'hui, quand Walter Cronkite va sur un coup, il incarne l'opinion publique américaine, des dizaines de millions de téléspectateurs. Lui et les présentateurs stars des autres *networks* sont aussi importants que des chefs d'Etat. Ils peuvent même influer parfois sur le cours des événements. Ils ne sont pas que témoins. Ils sont aussi acteurs. Quand donc cesseras-tu d'être aussi ingénue ?

Le voici qui rejouait le père. Elle en prit ombrage.

— Quand je serai devenue cynique, une qualité désormais très appréciée, je crois, dans notre profession ! répliqua-t-elle.

— Allez, ne fais pas la tête. Je t'invite à la Fraunces Tavern.

Ce restaurant de Pearl Street était le plus vieux de New York. Il arborait les portraits de George Washington et des illustres personnages de l'époque, ses premiers clients. Dîner en tête à tête dans un tel lieu ne pouvait être qu'agréable. Ce ne le fut pas. Deborah avait l'esprit ailleurs. Ce décor lui en rappelait un autre. Pendant que Morris tentait un numéro de charme qu'elle écoutait à peine, comme si c'était lui l'absent, elle se revoyait à Paris, au café Procope, rue de l'Ancienne-Comédie, attablée avec Judik, évoquant la vallée cachée des Boloven dans une salle désuète que Voltaire, Diderot et Rousseau avaient fréquentée, et des larmes mouillèrent ses joues. Il y eut un instant de confusion. Tom, qui lui pressait tendrement la main, crut qu'il l'avait émue en lui disant que depuis son départ il n'avait plus la pêche et rêvait d'elle chaque nuit, alors qu'elle voyait à sa place son chaman adoré la fixer de ses yeux verts en lui racontant les veillées de la Case aux esprits, les libations à la jarre, les visites de Boltal et de tous les patriarches à l'heure la plus douce de la nuit. Ses yeux étaient ailleurs. Un instant abusé, le journaliste se ressaisit, toussa pour la faire revenir a sa table et changea de sujet.

— Comprends bien que si nous n'avons pas les Indonésiens dans notre poche, tes protégés risquent d'y passer, et vous aussi peut-être. Là-bas, c'est la jungle !

— La vraie jungle est ici, Tom, affirma Deborah en tapotant son visage avec sa serviette pour en sécher les pleurs.

— Ton *french* chaman t'a vraiment envoûtée, s'irrita-t-il. Rousseau aussi pensait à peu près la même chose, mais regarde-les donc avec un œil clairvoyant tes bons sauvages. Dès qu'ils sont au contact de notre civilisation, ils deviennent ivrognes, et quand ils sont sous l'emprise de l'aguardiente, de la tequila, du whisky, beaucoup commettent les pires atrocités.

— C'est pour ça qu'il faut protéger ceux qui n'ont pas encore été contaminés par nos drogues, appuya-t-elle.

Tom siffla entre ses dents et agita la tête d'un air sarcastique.

— Je vois que tu as bien appris ta leçon, remarqua-t-il avec un peu de dépit. On croirait l'entendre !

Dehors, le vent balayait les rues, la pluie hachurait les halos autour des lampadaires et des faisceaux blancs des phares de voitures.

Le lendemain, il la regarda s'éloigner au milieu de son *team* sur l'escalier roulant de Kennedy Airport. Elle se retourna, lui fit un petit signe de la main. Elle avait perdu ce côté conquérant qui l'avait tant séduit. Dans la parka de laine noire qui recouvrait sa saharienne de voyageuse au long cours, elle paraissait soudain plus fragile, moins sûre d'elle, et son sourire, comme son regard d'ailleurs, s'en trouvait embelli. Tom Morris aurait bien voulu paraître indifférent, alors qu'il se sentait encore terriblement à vif. Le sourire qu'il lui adressa avant qu'elle ne disparaisse vers la porte d'envol ne laissa pourtant poindre autre chose que de l'énergie positive. L'amant éconduit avait cédé la place au boss, et elle sut qu'il était en train de lui dire · « Va, petite Deb, je suis avec toi. On va réussir ! »

Le jour suivant, 17 avril 1975, Phnom Penh fut ravagée par les Khmers rouges. Trois jours plus tard, Tom Morris fut convoqué par l'un des grands patrons de la CBS. En poussant la porte capitonnée du bureau situé comme il se doit au dernier étage, le journaliste producteur de *Turn Over* sut, à l'air embarrassé d'Arthur Barnett, que la conversation qu'ils allaient avoir ne serait pas facile. Malgré sa main tendue et son sourire de porcelaine, le directeur général de la chaîne ce jour-là avait l'œil fuyant.

— Hello, Tom !

— Hello, Art !

Les deux hommes se connaissaient trop pour se cacher quoi que ce soit et comme Art hésitait, Tom prit les devants.

— Qu'as-tu de désagréable à m'annoncer, allez, vide ton sac !

Barnett s'éclaircit la gorge et s'exécuta.

— Ce Kervanec qui a disparu à Bornéo ne fait pas l'unanimité en haut lieu.

— Et alors ?

— Tu viens d'envoyer la petite Williams et Michael Stevens pour le retrouver, n'est-ce pas ?

— C'est une histoire qui vaut le déplacement, crois-moi ! Claire Dulac, une anthropologue, condisciple de Kervanec, travaille sur je ne sais plus trop quelle peuplade de Bornéo en voie d'extinction. Cachée dans la jungle, traquée par des commandos de choc, elle ne parvient plus à trouver un licu sûr pour sortir. Il devait la tirer de là et depuis il s'est lui aussi volatilisé dans la nature.

— Tant mieux, s'exclama Art, qu'il y reste ! Crois-tu vraiment qu'il est opportun, au moment où les médias se calment et où l'opinion publique s'apaise, d'en remettre une couche sur cet olibrius ? Ses talents d'agitateur et son pouvoir de séduction, on l'a vu, peuvent soulever les multitudes. Maintenant que le séisme qu'il a provoqué s'est arrêté, ne pourrait-on pas l'oublier ?

Outré, Tom attendait la suite. Le boss insinua :

— Pourquoi ne pas le laisser croupir dans sa jungle ? Cette affaire concerne la France surtout. Et si les Français ne font pas plus d'efforts que ça pour en parler, pourquoi en ferions-nous à leur place ?

Tom explosa.

— Parce que nous sommes les meilleurs sur ce coup, et que nous avons la chance d'avoir parmi nos reporters la femme qui, le connaissant mieux que quiconque, saura le retrouver !

— Celle qu'il t'a chipée, releva Art.

— Ne sois pas sordide, lâcha Tom, et surtout ne détourne pas le problème. A l'heure qu'il est, à Bornéo, une scientifique et le peuple qu'elle étudie sont en grand danger. On ignore ce qu'il est advenu du jeune savant, mondialement connu, parti à leur recherche. Et tu oses me dire que cette information ne mérite pas d'être traitée, qu'il faut passer la main, se coucher !

Le ton montait. Tom avait du mal à retenir sa colère. Art louvoya.

— Elle n'est pas prioritaire.

Là, Tom sortit vraiment de ses gonds.

— Et toi, peux-tu me dire ce qui est prioritaire ? La chute prochaine de Saigon, la révolte du Front Polisario au Sahara occidental, la crise du Salvador, les licenciements dans l'industrie automobile, ou ces morts suspectes d'Amis de la Grande Mère qui laissent la police indifférente ? Tu as le choix, mon vieux. Vas-y, quelle est ta hiérarchie ? Pour moi l'info la plus excitante n'est pas celle dont tout le monde parle. C'est celle que tu es le seul à pouvoir révéler, même si elle dérange, et que les autres médias, de toute façon, seront ensuite obligés de reprendre.

— Justement elle dérange, riposta Art.

— Qui ? Certainement pas le public, décréta Tom. Or lui seul doit compter et non quelques lobbies.

— Le conseil d'occulter Kervanec vient de très haut, avoua Art en baissant les yeux.

— Je n'en doute pas, pour que tu prennes la peine d'essayer de me faire changer d'avis, la pression doit être bigrement forte, admit Tom. La mission de Deborah Williams va malgré tout se poursuivre, Art ! J'en prends l'entière responsabilité. Je ne pense pas que nos téléspectateurs apprécieraient l'attitude de la CBS s'ils apprenaient que celle-ci censure certains reportages ou les annule pour ne pas froisser les milieux d'affaires. N'es-tu pas de cet avis ?

Barnett s'était assis à l'angle droit de son bureau pour faire face à Tom, qui avait posé une fesse sur l'autre angle. Embarrassé, il tira sur les revers de sa veste et se remit debout.

— Hum ! fit-il. On risque de perdre les annonceurs qui travaillent pour eux et pas de pub, pas de fric, pas de fric, pas de *Turn Over*.

— A grosse audience, gros profits, répliqua Tom dans le même style. Ce sujet va cartonner, crois-moi, et ils ne feront pas la fine bouche à ce moment-là. Ce sont des commerciaux avant tout, et tu verras, ça s'est déjà vu, ils seront capables de vanter une marque de tronçonneuse, en plein milieu de notre sujet qui mettra en cause des compagnies forestières. C'est leur droit le plus absolu, comme c'est le nôtre de ne céder à aucun chantage et à aucune menace. Clair !

Sur ce, Tom tendit une main ferme à Art qui, pris au dépourvu, lui offrit la sienne à serrer sans y mettre l'énergie habituelle.

— *So long, Art, have a good time !* lança-t-il, désinvolte.

Cette entrevue l'avait mis de bonne humeur et quelques heures plus tard en se rasant, avant de se rendre au Carnegie Hall écouter le pianiste Wladimir Horowitz avec une jeune consœur, il se tapota les joues d'un air satisfait. Content de lui, il l'était déjà, fier de lui, il le fut ce soir-là, plus que d'habitude.

Réveillé très tôt, et tiré du vaste lit qu'était venue partager la jeune journaliste après le concert par un coup de téléphone, il bondit sur l'appareil sachant qu'à cette heure-là ce ne pouvait être que Deborah qui l'appelait d'Indonésie. Une forte friture brouillait la communication.

— Ah ! Deb, ma chérie ! D'où appelles-tu ? brailla-t-il dans l'appareil, réveillant en sursaut celle qui avait partagé sa nuit.

— Cette ligne est toujours sûre ?

— Cette ligne est clean.

— Nous sommes à Pontianak.

— Es-tu passée par notre ambassade ?

— Non. Nous avons jugé plus prudent de ne pas le faire. Après un transit à l'aéroport de Jakarta, nous avons pris le premier avion pour l'île de Bornéo.

— Excellente initiative, approuva Tom, soulagé. On a fait pression sur moi pour que je vous rappelle. Cette affaire est explosive. Soyez tous très prudents. N'allez pas dans les plus grands hôtels, prenez des guides confirmés et si possible intègres, et montrez-vous le moins possible dans les lieux publics.

— Et que crois-tu que nous fassions ?

Il sentit qu'elle avait hésité à l'appeler papy. Il lui semblait l'avoir entendue prononcer p... Connaissant son souci de paraître plus jeune qu'il n'était, Deborah n'avait pas voulu se montrer cruelle et s'était arrêtée juste à temps.

— Pourquoi avoir choisi Pontianak comme point de départ ? interrogea-t-il d'une voix soudain autoritaire qui montrait à l'oreille attentive collée à l'écouteur que ce p... de trop l'avait vexé.

— Claire Dulac y est passée à deux reprises, et Judik a retiré soixante-dix mille dollars dans cette ville il y a trois mois. Je viens seulement d'en être informée par la banque à qui j'ai téléphoné. Je n'ai pas osé demander des explications, de peur de lui nuire.

— Soixante-dix mille dollars ! Mais il va te mettre sur la paille, ce fou ! Pourquoi ne t'en a-t-on pas avertie avant ?

— Il a dû payer un fort intérêt pour qu'on me taise ce retrait le plus longtemps possible.

La friture s'apaisa, et la conversation aussi.

— Dans quel but ?

— Ne pas donner l'éveil, ne pas laisser de traces, répondit Deborah qui connaissait bien son Judik. Cette ville est pleine de Dayak et de Penan qui ont fui la forêt à diverses époques. Je comprends pourquoi Claire Dulac y a atterri au tout début de sa mission. J'occupe sa chambre. Le patron de l'auberge se souvient très bien d'elle et il nous a confirmé qu'un Français ayant séjourné dans son établissement lui avait demandé des informations à son sujet.

— Etait-ce Kervanec ?

— J'en suis certaine. Cette adresse, c'est l'assistante du professeur Comine qui me l'a communiquée. Judik est descendu ici, cela ne fait pas de doute. L'homme que l'on me décrit avait les cheveux blonds — il a pu se les faire teindre — et portait des lunettes. Il s'est inscrit sous le nom de Joël Le Borgne. Le reste de la description correspond à peu près.

— Et où est-il allé ?

— Il est resté plusieurs semaines dans les parages, puis une nuit il a disparu sans rien dire, en laissant le montant de sa note dans une enveloppe, sur sa table de nuit, avec un mot d'excuse pour ce départ impromptu. L'écriture correspond. Pourquoi, bon sang, ne m'a-t-il pas donné signe de vie ?

— Ne pas donner l'éveil, ne pas laisser de traces, la reprit Tom ironiquement.

Le silence à l'autre bout de la ligne lui fit honte. Il devint affectueux.

— Que comptes-tu faire, Deb ?

Ce qu'elle avait vaguement capté à Brocéliande avec le père Madec l'incitait à aller directement au Sarawak, puisque c'est ce nom-là qu'elle croyait avoir entendu prononcer sous le chêne Diarmid. Depuis, le curé était mort, et d'autres après lui. L'Association des Amis de la Grande Mère avait été démantelée. L'intérêt du public entièrement monopolisé par les accords de Paris se contrefichait du reste. Tréhorenteuc était retombé dans l'oubli, et elle, ici, à l'autre bout du monde, ne savait par où commencer son enquête. Le découragement l'assaillait souvent, y compris en cet instant, et elle luttait contre.

— Je vais me rendre à Kuching, affirma-t-elle. J'ai fait réserver les billets d'avion. Nous partons demain, aux aurores.

— C'est trop rapide, trancha Tom. Retarde ton départ d'un ou deux jours et vois parmi les contacts qu'il a eus à Pontianak s'il n'y a personne qui pourrait éclairer ta lanterne, pour le trouver à coup sûr. Et tout cet argent, qu'en a-t-il fait, qu'a-t-il acheté ? Informe-toi auprès du banquier. Ne sois pas aussi impulsive ! Débroussaille, avant de décider, bon sang !

Il avait raison, le vieux. C'est ainsi que l'appelaient à son insu, avec une estime professionnelle qui n'était pas galvaudée, ses collaborateurs les plus proches. Le côté professionnel de Deborah fut soudain activé.

— OK ! Je fais ça tout de suite, boss !

— Sois prudente. Passe-moi Michael, je t'embrasse.

Il eut avec le *producer* une conversation technique, lui recommanda de suivre Deborah en confiance : « Elle saura le trouver ! »

— Combien de jours nous donnes-tu ? s'enquit Michael. Ça risque d'être long.

— Durée illimitée, Mike, il faut absolument réussir ce coup.

— Bye, Tom ! On t'appellera de Kuching, pour faire le point.

La journaliste qui avait partagé sa couche s'attardait dans la salle de bains. Or il ressentait une furieuse envie de solitude.

— Karen, presse-toi, et va-t'en !

— On ne prend pas un brunch ensemble ? minauda la jeune femme qui aurait aimé présenter les flashs, en attendant mieux.

— Tu n'as pas entendu ce que je viens de dire !

Il la détesta subitement telle une intruse qui aurait violé son intimité, ce qui était le summum de l'injustice, et comble de la goujaterie, à bout de patience, il la chassa.

— Allez, fous le camp, vite !

La fureur qu'il exprimait soudain la fit paniquer. Elle se précipita dehors, termina de se vêtir sur le seuil de la porte, qui claqua violemment dans son dos. Pourquoi avait-elle couché avec ce salopard, ce vieux macho qu'elle avait cru séduisant ? Inquiète pour son plan de carrière, elle s'en voulait à mort.

— Salope de Deborah ! ragea-t-elle en ouvrant la porte de l'ascenseur.

14

Mister Tong City

Cinq mois plus tôt, Judik, qui possédait bien un faux passeport au nom de Joël Le Borgne, était effectivement passé par Pontianak et avait pris un rickshaw à moteur pour se rendre chez Jan Peters, un confrère hollandais, spécialiste des Iban, appelés aussi les Dayak de la mer.

Durant le trajet, il se laissa happer par cette cité disparate. De vieilles demeures aux façades pastel, ornées de boiseries finement ouvragées, voisinaient avec les minarets de marbre et les dômes éclatants des mosquées, les blancs et les ors d'un temple hindouiste, le pourpre et les dorures de pagodes aux toits extravagants. Cette diversité, il la constata aussi dans la population qui s'écoulait sur les trottoirs, déferlait dans d'étroites ruelles, et à travers laquelle, à coups d'avertisseur, son chauffeur slalomait en virtuose, Indonésiens en cotonnade ou soie blanche, portant des gilets et des calots sombres, parfois rehaussés de brocart ; gueux enturbannés — portefaix et dockers au travail, filous en quête de larcins —, vêtus de tissus rêches et douteux, à la peau cuivrée et au regard plus sombre ; commerçants chinois blêmes et ventripotents, en short et tee-shirt, les jambes grassouillettes, assis devant leurs gargotes et regardant passer l'élite de la génération suivante, dont ils étaient les pères : de jeunes Chinois en complet-veston, cravate et mallette, signes extérieurs de réussite sociale, allant d'un pas vif vers les buildings du quartier des affaires où ils avaient leur bureau. Les voiles ou les saris rutilants des Indiennes moussaient dans cette foule industrieuse et cosmopolite. Près du port très actif, il aperçut des chantiers de construction navale, des bassins de radoub, des usines pour le traitement du caoutchouc, des raffineries de sucre, des ateliers de tissage de la soie et des manufactures de vannerie, mêlant leur rumeur aux appels des muezzins, aux vibrations des gongs, aux sonneries des cloches. Des grues géantes chargeaient sur les cargos stationnés dans les docks des montagnes de grumes précieuses, et des containers de sucre, coprah, caoutchouc, huile de palme ou farine de sagou. Construite dans le delta des fleuves Kapuas et Landak, Pontianak vivait exclusivement de l'exportation de ses produits agricoles et manufacturés ainsi que du commerce du bois. Cette prospérité avait un prix. Chaque année des dizaines de milliers d'hectares de forêt primaire — un trésor unique au monde — étaient anéantis à jamais, et avec eux les êtres et les cultures qui en étaient issus. On aurait été furieux à moins. Dès le premier jour, malgré le charme indiscutable de cette ville, Judik la détesta.

Marié à une Chinoise de Bornéo, Jan Peters, auquel il s'était présenté sous sa véritable identité, vivait de sa retraite d'enseignant — il avait été professeur à Batavia, l'ancienne Jakarta coloniale — et des tournées de conférences qui, de Singapour à Harvard, en passant par Hongkong, Johannesburg, Oxford et Amsterdam, l'occupaient quatre mois par an. Le reste du temps, il habitait ici, et écrivait des ouvrages appréciés sur les us et coutumes des derniers essarteurs de la grande île, les défendant au besoin par des articles dans le *Time*, le *New York Herald Tribune*, *Le Monde*, le *Dagens Nyheter*, la *Frankfurter Zeitung*, où il s'en prenait aux sociétés d'exploitation des bois précieux. Bien que la police indonésienne eût l'œil sur lui, sa notoriété le mettait à l'abri d'un mauvais coup, ce qui ne l'empêchait pas, quand il partait en jungle, de s'entourer de précautions et de prendre des guides très sûrs pour éviter d'éventuels traquenards. Sa femme dirigeait, dans cette capitale de l'Ouest, un lycée privé fréquenté presque exclusivement par la jeunesse chinoise dont la communauté, extrêmement active, descend de colons venus de l'Empire céleste, il y a un millier d'années.

Les Peters, couple original qui aurait pu s'offrir une résidence moderne avec air conditionné, préféraient habiter une charmante maison de bois sans confort, datant du siècle dernier, aux pignons cornus, construite sur pilotis au bord d'un des nombreux bras fluviaux qui traversaient cette cité aux allures de Venise équatoriale. Dans ces entrelacs aquatiques, envahis de lotus, autour d'habitations et de marchés flottants, des grappes d'enfants s'ébattaient dans l'eau, dérangeant les flottilles de canards glissant entre les roseaux, le long des rives. Ici la pirogue et les bateaux-bus remplaçaient avantageusement voitures et taxis qui roulaient sur les berges, côté rue.

— Nous avons bien connu Claire Dulac, confirma en anglais le professeur Peters à Kervanec. Elle a vécu chez moi lorsqu'elle a réalisé son étude sur le déracinement des essarteurs iban. Je l'ai parfois accompagnée sur le terrain.

Le salon meublé de rotin et de ramin était aéré par des ventilateurs de plafond, mais profitait aussi de la brise plus fraîche qui circulait le long des canaux et s'infiltrait à l'intérieur, par les jalousies des cloisons. Malgré cela, la moiteur de l'air collait à la peau. Deux jeunes filles habillées en soubrettes assuraient le service.

— Elles appartiennent à l'ethnie ngaju, des Dayak acculturés qui ont renoncé à leurs coutumes et connaissent depuis les mêmes problèmes qu'ailleurs. C'est l'exode rural qui les a poussées vers la ville. Elles ont eu la chance de tomber chez moi. Elles auraient pu aussi atterrir dans une maison de passe. Ce sont des proies si faciles à piéger.

Son épouse assise à côté de lui, sensible à l'angoisse de Judik, impatient de retrouver la trace de Claire, fournit d'instinct la réponse à la question qu'il s'apprêtait à poser.

— Lors de son second séjour, votre collègue a préféré descendre dans une auberge, pas loin d'ici, pour éviter de se faire repérer par les informateurs du gouvernement qui rôdent volontiers autour de notre demeure.

— Elle a tout de même pris contact avec vous ?

— Brièvement, par téléphone, acquiesça Jan. On s'est retrouvés à la Table Impériale, un restaurant chinois dans le centre, et là elle nous a fait part de son projet sur les Penan.

Deux grands garçons, d'allure européenne, aux yeux à peine bridés, survinrent dans la pièce, et s'approchèrent de Kervanec pour le saluer.

— Ce sont nos plus jeunes fils, dit la femme. Ils font leurs études supérieures à Singapour.

— Bravo, monsieur, pour votre thèse sur les Boloven, dit respectueusement Dim, le plus jeune, en lui serrant la main. On se l'arrache dans ma fac, où elle circule sous forme de polycopiés.

Anthropologue comme son père, il préparait une thèse sur les Akka, vieux peuple en voie d'assimilation totale en Thaïlande. Il en restait quelques représentants en Birmanie où, prochainement, à l'occasion de ses recherches, il comptait se rendre. Il avait lu et relu le livre de Judik, rêvait d'écrire le même, doutait de le pouvoir, admirait celui qui l'avait fait.

— Même si beaucoup de jeunes universitaires apprécient vos travaux, rappela-t-il, les multinationales, les cartels de la haute finance dont vous dénoncez les ravages vont je le crains mettre tout en œuvre pour vous effacer des mémoires.

— Suis-je subversif à ce point ? sembla s'étonner Judik.

Jan Peters intervint.

— Alors que les Occidentaux perdent du terrain devant les communistes, un idéaliste blanc, échappé d'une tribu boloven, en appelle à combattre les puissances d'argent qui saccagent la Terre et fait des émules en veux-tu en voilà au sein de leur propre système. Cela s'appelle se faire miner de l'intérieur.

— Vous me croyez en danger ? questionna Judik qui n'avait vraiment pas vocation de sapeur ou de poseur de bombes.

— Vous êtes pour l'instant la coqueluche des médias, reconnut le vieux Hollandais. Ceux qui gouvernent nos sociétés ont le pouvoir d'inverser le jeu et de faire de vous un individu peu recommandable.

— Et s'ils décident cela, vous ne pourrez plus rebondir, pronostiqua Chang Soun, l'aîné, un mathématicien spécialisé dans la recherche informatique. A la mode aujourd'hui, décrié le lendemain, nous sommes un grand troupeau qui suit les tendances.

— Vous me faites froid dans le dos, prit-il le parti de plaisanter, bien qu'un peu ébranlé par l'entêtement qu'avait cette famille à n'envisager, le concernant, que de sombres hypothèses.

Il fut invité à déjeuner, n'osa refuser l'offre, redouta la suite de cette discussion qui, par chance, ne fut pas reprise. La conversation qui se poursuivit à table était plus proche de ses préoccupations.

— J'avais fortement déconseillé à Claire de poursuivre son projet, avoua l'ethnologue hollandais. Le gouvernement indonésien est exaspéré par les Penan qui refusent la sédentarisation. Oh, ils ne sont pas très nombreux ! Quelques centaines d'irréductibles, tout au plus, qui se déplacent par familles nucléaires de vingt ou trente au maximum, en perpétuelle errance entre le Kalimantan et le Sarawak.

— Ils sont très méprisés, vous savez, précisa son épouse.

— Qui a-t-elle contacté pour les rejoindre ?

— Je ne puis vous le dire, répondit Jan. Je sais qu'elle a vécu chez des Penan dans un bidonville à environ deux cents kilomètres d'ici par la route, soixante à vol d'oiseau. Ce n'est pas très loin de Tayan, au bord du fleuve Kapuas. On peut s'y rendre en bateau, c'est plus rapide, mais le temps qu'on gagne ainsi, on le perd à marcher pendant des kilomètres au milieu des marécages, pour arriver jusqu'à eux. Elle est restée là presque une année, partageant leur misère, ne regagnant sa chambre d'hôtel qu'une ou deux soirées par quinzaine. Puis elle a disparu complètement. Je n'en ai plus de nouvelles.

Il ajouta :

— L'autorité morale de ces Penan s'appelle Salti. C'est un vieil ivrogne. Mais c'est aussi un grand mage. Demandez à le voir. Il pourra vous mettre sur sa piste.

— Quelle langue parle-t-il ?

— Le penan seulement, précisa l'épouse. Son fils Ponhli est très brillant — il est inscrit dans mon établissement — et connaît l'anglais. Il est en vacances chez lui, en ce moment, et vous servira d'interprète.

— Sans doute comptez-vous d'abord vous familiariser avec leur dialecte avant de tenter une expédition, suggéra le vieux savant.

— C'est mon intention.

La discussion se prolongea après le déjeuner. La soirée était déjà fort avancée quand Judik se leva pour prendre congé.

— Vous pouvez rester chez nous, si vous le désirez, proposa madame Peters.

— Vous êtes le bienvenu, nous pouvons vous loger sans problème, confirma son mari.

Kervanec ne tenait pas à se faire repérer par les mouchards. Il se fit donner l'adresse de l'hôtel où Claire était descendue, chargea son sac à dos et sortit. Un rickshaw à moteur le cueillit sur le pas de la porte donnant sur la terre ferme. Il prit la chambre que son amie avait elle-même occupée, rangea ses affaires, baissa les stores et s'allongea. Le ventilateur brassait de la tiédeur moite. Il voulut penser à sa collègue anthropologue, essayer de la percevoir. Deborah, qui obsédait sa mémoire, l'en empêcha Puis sa pensée fit un détour par la vallée cachée, et il eut le pressentiment que les bébés attendus étaient nés. Avant de fermer les yeux, il sentit peser sur lui, amplifiées par l'insomnie qu'elles nourrissaient, les menaces que les Peters, tout à l'heure, avaient évoquées. La peur déferla en lui. Elle engloba tous ceux qui, l'ayant rejoint, propageaient autour d'eux la sagesse animiste. Ils vont les museler, se dit-il, mesurant pour la première fois, avec effroi, les forces contraires que ses succès avaient éveillées. Rendre les gens lucides, n'était-ce pas le pire des crimes ? Deborah aussi était en grand danger. Cette idée l'épouvanta et, furieux de l'avoir laissée éclore, il préféra se convaincre qu'elle ne manquait pas de recours. L'imaginant, avec cette allure tenace qu'elle avait sur le terrain, il fut traversé par un flot de tendresse et la sentit tout à coup très proche. Elle ne se laissera pas faire, se dit-il, et sur cette certitude il s'abandonna en souriant dans les bras de celle qui l'attendait aux portes de l'inconscience, avec son nez en trompette et ses cheveux roux.

Le lendemain matin, après s'être restauré dans une gargote chinoise, il loua une Land Rover avec chauffeur, traversa des bourgades de bois extraordinairement colorées et animées où se côtoyaient une très grande diversité de modes vestimentaires, allant des corps presque nus aux cotonnades les plus bariolées, et aux tchadors de teintes vives des jeunes musulmanes. A Sosok, le chauffeur quitta la nationale et prit la direction de Tayan, traversa la colonie agricole de Batang Tarang dont le marché, réputé pour ses épices et ses fruits, attirait les foules de la région. A la sortie de la localité, il ne tarda pas à quitter cette route secondaire en mauvais état pour prendre un chemin cabossé, boueux et creusé de fondrières, au bout duquel le camp des Penan finit par apparaître, avec ses baraques de tôle, de plastique et de planches agglutinées au milieu d'une mangrove, parmi des palétuviers aux inextricables réseaux de racines plongés dans les eaux saumâtres. Cet environnement palustre grouillait d'insectes. Les mouches et les moustiques harcelaient les gosses nus et morveux.

A l'intérieur d'un des gourbis, Salti, le vieux devin déprimé, tuait à grandes rasades de tord-boyaux la mélancolie qui lui rongeait l'âme. Les Penan se dépréciaient au contact des sédentaires qui les traitaient en esclaves. Chaque matin, des contremaîtres venaient recruter des manœuvres pour de lourdes besognes qui cassaient les reins. Les rétributions équivalaient à des pourboires de pingres et ne permettaient même pas l'achat du plat de riz quotidien. Les femmes s'échinaient à faire pousser des légumes sur des lopins spongieux ou, à contrecœur, engraissaient quelques porcs. L'agriculture et l'élevage n'étaient pas la vocation de ces pauvres gens qui n'avaient vécu, avant d'être poussés hors de la jungle, que de cueillette et de chasse. Les vieilles et les fillettes confectionnaient des nattes, des paniers et des sièges en rotin pour des grossistes qui les sous-payaient. Les hommes qui n'avaient plus ou pas encore l'âge et la vigueur requises pour les travaux de force reproduisaient indéfiniment armes, objets et instruments qui leur servaient, il y a peu de temps encore, à survivre et qui, certifiés authentiques par les experts, étaient vendus fort cher à des amateurs d'artefacts. Leurs commanditaires donnaient quelques pièces aux plus jeunes et aux anciens de ce mauvais alcool qui ruinait leur santé et les avilissait. C'est le destin, pensa Judik, qui attendait, partout dans le monde, les peuples forestiers. Les Boloven pourraient-ils éviter cela, eux qui avaient su jusqu'à présent se tenir à l'écart de tous les escrocs ?

Au milieu des baraques de guingois, Judik pataugea vers la case du mage qui, à l'image de son maître, défiait de ses juxtapositions audacieuses les lois de l'équilibre. S'étant recommandé des Peters, il fut accueilli en confiance, et le jeune Ponhli le conduisit vers son père. Claire, tout le monde s'en souvenait ici et son nom avait le don d'éclairer les visages.

— Nous l'aimions et elle nous manque, reconnut le lycéen.

Le vieillard décati voyageait dans l'ivresse, œil vague, sourire hébété. Une barbiche blanche épointait son visage ravagé de rides. Déjà, une partie de lui-même avait rejoint les « terres bienheureuses » qui dans leurs sylves vierges hébergeaient les ancêtres. Néanmoins, Salti s'éveilla à l'approche du Boloven blanc. Un mage digne de ce nom ne pouvait pas ne pas ressentir la présence, en face de lui, d'un authentique chaman. Ils n'eurent aucun mal à communiquer. Après quelques minutes de rodage, mentalement, l'échange s'engagea. Le vieux Penan se lamenta sur l'absence des esprits qui ne pouvaient survivre que sous les grands arbres, sur la perte des liens qui les unissaient jadis indissolublement au monde végétal et à Ini, la Terre-Mère. Puis il énuméra la longue liste des nomades ou essarteurs qui peuplaient Bornéo, les Aoheng, les Bahau, les Bawu, les Lahanan, les Siang, les Tagal... Les noms de plus de cent peuples frères chantèrent dans sa tête comme un cantique funèbre. Quelques-uns parmi eux se terraient encore. Les Iban, et autres tribus dayak, tout en considérant les Penan comme des sous-êtres — entre eux, jadis, ils les appelaient « les bêtes » —, estimaient en être les gardiens, et à ce titre les protégeaient des hordes guerrières moins policées, qui aimaient à leur faire la chasse pour leur couper la tête et la rapetisser. Désormais, étant eux-mêmes assujettis ou assimilés, les Iban, dans leur majorité, et les Dayak essarteurs qui leur étaient proches, ne remplissaient plus leur rôle protecteur auprès de ces fragiles vassaux, dont ils n'avaient plus rien à attendre. Privé de cette tutelle ancienne, le Penan en était réduit à une solitude tragique. Plus d'échange, plus de troc, plus de soutien, le nomade, livré à lui-même face aux hommes de la pierre et du fer qui exterminaient le monde secret des ombres et des feuilles, n'avait qu'à mourir. Ponhli connaissait les pensées de son père. Il vit que l'étranger avait clos ses paupières pour se mettre à l'écoute. Quand il les rouvrit, le lycéen lui parla en anglais.

— Il faut aussi regarder devant, devenir quelqu'un qui compte, prendre chez ces gens-là la force qui nous manque, tout en restant au fond de nous-mêmes ce que nous sommes vraiment. C'est ce que nous disait Claire !

Il en parlait sans exprimer de tristesse, sur un ton presque admiratif. Judik en conclut qu'il la savait vivante.

— Comment la retrouver ? s'enquit Judik qui aurait voulu aussi sec la suivre à la trace.

— Elle est avec un clan d'insoumis, pourchassé par les troupes indonésiennes et malaises.

Les derniers Penan libres — moins d'un demi-millier dans tout Bornéo, d'après Ponhli — se terraient sous les arbres, dans des huttes aux toits de nattes ou de feuilles de palmier, construites à quelques pieds au-dessus du sol, épousant parfaitement le décor. Ils n'y restaient pas plus de deux ou trois jours, pour chasser le gibier à la lance ou à la sarbacane, et récolter les fruits sauvages, puis s'en allaient plus loin.

Comment les retrouver ? Un parallèle s'imposa dans l'esprit de Judik avec les derniers Ariacoulés, rencontrés jadis par le professeur Comine, à la frontière du Brésil et de la Guyane. Il prit vraiment conscience de la portée scientifique et humaine du travail de Claire, qui s'était fondue dans ce résidu de peuplade, d'une précieuse rareté, pour en recueillir l'ultime lueur.

Le mage sortait rarement de sa case, préférant la pénombre propice aux évasions cérébrales à la lumière violente du jour qui faisait éclater la réalité dans toute sa laideur. Il tenait à sa nudité et portait, fait rarissime ici, l'étui pénien qui lui donnait un air de faune obscène. Il savait capter les vibrations du destin et par la barque magique il avait au cours de sa longue vie, en plus de la divination, assumé la fonction de psychopompe et conduit les trépassés dans l'au-delà, leur évitant les abysses de l'enfer et prenant soin de leurs trois « sahé », âmes nichées dans leurs pupilles, leurs cheveux et leur buste sans lesquelles ils ne pouvaient renaître à l'autre vie. Il aimait raconter ses voyages extatiques mais aujourd'hui les morts ne lui étaient plus confiés. Les services municipaux venaient les chercher en camion et les enfouissaient dans une fosse commune où ils pourrissaient sans espoir de rejoindre les sylves éternelles. Il ignorait en revanche l'acte trinitaire, et ne demandait qu'à le connaître. Judik conseilla donc à Ponhli de lui trouver dans les parages un banian ou n'importe quel arbre, doté d'un tronc de deux mètres de diamètre au moins, qui aurait échappé aux tronçonneuses.

— Je pourrai peut-être guérir ton père de son mal et lui redonner une raison de vivre.

L'arbre fut trouvé, à quatre kilomètres de là. C'était un lauan puissant, rescapé des grandes coupes qui avaient ravagé depuis bientôt un demi-siècle le district de Sanggau. Au bord d'un bras paresseux du fleuve Kapuas, il déployait une couronne impériale au-dessus d'un univers de bambous, de bananiers, de palmiers, d'hévéas qui ne pouvaient faire obstacle à son essor. Tout en profitant de l'espace qu'on lui avait laissé pour croître de plus belle, il regrettait les promiscuités d'antan, où il fallait qu'il aille chercher le plus haut possible sa place au soleil parmi des rivaux qui la lui disputaient âprement. Quelques merantis à bois blanc, éparpillés dans la nature environnante, ne lui faisaient aucune ombre. Lui, en revanche, répandait la sienne sur la terrasse d'un restaurant chinois très couru, à l'entrée d'un village de Dayak originaires du centre de Bornéo, naguère victimes d'une campagne de « délocalisation » musclée.

L'armée était allée les chercher, il y a trente ans environ, dans leur lieu de vie de toujours, où ils cultivaient le riz sur brûlis, et les avait aidés à s'installer au bord du fleuve, pour les convertir à la riziculture sur sol irrigué, à l'élevage, au maraîchage, selon les souhaits de l'Etat qui avait concédé leurs terres d'origine à une société forestière nippone. Ce fut pour eux la fin de la traditionnelle maison longue sur pilotis, où chaque famille avait ses appartements, la fin aussi des terres libres d'usage. La superficie limitée qui leur était allouée posa un vrai problème. Fallait-il la diviser, et la répartir entre les familles, ou la cultiver ensemble pour être plus efficaces et éviter des morcellements susceptibles de faire éclater la communauté ? L'instinct de propriété n'était pas encore ancré dans l'esprit de ces hommes. Ayant jusque-là disposé des sols de la forêt sans la moindre restriction, ils ne s'étaient jamais souciés de se les arroger. Tagdil leur chef, appuyé par le conseil des anciens, proposa donc de faire le choix le plus sage, et la tribu opta pour le travail en commun.

A l'époque, un jeune Chinois intrépide, escorté de son épouse, débarqua chez eux et ouvrit un comptoir pour faire du troc. Contre des objets ou des produits de leur fabrication, il proposait aux Dayak de la quincaillerie, des vêtements, des semences inconnues. A faible intérêt, il prêtait de l'argent à l'un ou à l'autre, leur suggérait des idées pour faire des profits et les aidait à les réaliser. Ainsi était-il devenu peu à peu incontournable. Toute l'activité lucrative qui se développait finit par dépendre de lui. A la fois banquier, grossiste, détaillant, il tenait l'économie de la localité entre ses mains et quand elle s'enrichissait, il s'enrichissait au décuple. Sans son dynamisme, ces gens, comme tant d'autres livrés à eux-mêmes, dans un système mercantile auquel ils n'étaient pas préparés, auraient sans aucun doute régressé. Au début, tout en reconnaissant ses mérites, les Dayak n'aimaient pas trop ce fils du ciel, toujours habité d'arrière-pensées de calcul. Ils firent avec. Les années passant, leurs besoins grandirent, leur esprit de corps diminua.

— Pourquoi, plutôt que de cultiver les terres collectivement, ne pas les répartir ? finirent par dire la plupart des chefs de famille, au cours d'un conseil dans la grande case. Comme ça, avaient-ils ajouté, il n'y aura plus de tire-au-flanc. Chacun gagnera ce qu'il doit gagner !

Tagdil, le chef coutumier, avait bien essayé de résister.

— Vous allez diviser vos forces ?

— Avec l'engrais que nous propose Van Tong, nous aurons des rendements qui peuvent nous le permettre. On peut dès à présent procéder à un juste partage des surfaces que l'Etat nous a accordées.

— Cela va engendrer l'injustice et la mort de la communauté.

— L'injustice, avait rétorqué la majorité, c'est de voir celui qui ne fout rien gagner autant que celui qui ne compte pas ses efforts.

— Non, non, mes frères, l'injustice n'a rien de commun avec ça ! L'injustice c'est au contraire de ne plus partager la force des uns et la faiblesse des autres, de ne plus rester unis, et de vouloir posséder Ini dont nous sommes tous les fils.

Ses mises en garde furent vaines. On l'écoutait de moins en moins. Des bateliers malais musulmans, qui faisaient escale chez « Mister Tong » pour s'approvisionner en poissons, viande et produits frais, répandaient la parole du Prophète, avec une ardeur et une conviction qui impressionnaient ces animistes, coupés depuis trop longtemps des sources de leur foi. Certains d'entre eux se risquaient déjà à porter le turban et à se prosterner en murmurant *Allah akbar !* Tandis que les colporteurs du fleuve s'efforçaient de les convertir à l'islam, le Chinois, lui, les avait en douceur convertis au capitalisme.

Ces derniers temps, Van Tong, « Mister Tong », comme on l'appelait, incitait fortement les Dayak à planter des ananas et des papayes. Ayant lu dans la presse de Pontianak que ces deux produits étaient de plus en plus demandés et se vendaient cher en cas de pénurie, il s'était empressé de commander des milliers de plants. Ils allaient bientôt arriver par la navette fluviale, et maintenant il cherchait à convaincre les anciens coupeurs de têtes — bien qu'entièrement domestiqués, ils continuaient à donner des frissons aux petits citadins, nourris dès le berceau d'histoires épouvantables à leur sujet — d'abattre les derniers bosquets et d'abonnir les terres pour ces nouvelles plantations qui les rendraient encore plus prospères. Et comme l'élevage de poissons, de crevettes et de porcs, la culture des fèves, du manioc, des herbes aromatiques et des patates douces, dont il était l'inspirateur, avaient rapporté gros, les plus entreprenants lui faisaient confiance. Gestionnaire avisé, il avait, sans aucun doute, sauvé cette tribu déracinée de la décrépitude. Dans le même temps, il les avait définitivement dépouillés de leur conscience ancestrale de n'être que les usagers d'un environnement emprunté à Ini, la mère nourricière. Rapace, il les aurait exploités et s'en serait allé chercher d'autres proies. Mais il n'avait rien d'un prédateur comme il en existe dans les grosses sociétés, et s'il contrôlait toutes les activités de son comptoir, il savait ne pas abuser de cet avantage, pour que chacun bénéficie au mieux du succès de ses choix.

Voilà ce qui se passait sous la coupole du lauan épargné, devenu un point de ralliement et d'ancrage dans ces espaces amphibies, où la pirogue à moteur était le moyen de communication le plus pratique. Aux heures de pointe, les clients arrivaient de toutes parts. Il fallut très vite construire un embarcadère.

L'épouse de Mister Tong lui avait donné quatre enfants qui avaient grandi là et parlaient le dayak du cru. Après leurs études à Pontianak, ils entrèrent dans l'affaire. L'aîné épousa

Ziglide, la petite-fille de Tagdil, l'ancien chef coutumier qui avait perdu la parole. Une de ses filles ramena un Chinois de la ville, un autre garçon épousa Shohile, la sœur de Ziglide, et la benjamine, la plus gâtée, imposa à son père, qui eut bien du mal à l'admettre, Alpia, le chef pisciculteur, un beau Dayak bien bâti, qu'elle aimait depuis sa petite enfance. Métissée, grandissante, la famille se redéploya, ouvrit au bord du fleuve restaurant et maison de thé, agrandit l'épicerie et fit construire dans le village un atelier de salaison et une conserverie de produits frais, alimentés en énergie par un groupe électrogène, qui procurèrent du travail aux filles du secteur. Pontianak se trouvait à une ou deux heures de bateau, selon la puissance des moteurs, à quatre heures de voiture, mais l'électricité urbaine se faisait attendre. Demain les petits-enfants, en âge de tenter l'aventure, feraient comme leur grand-père, remonteraient le fleuve et ses affluents, dans des barques chargées de produits de colportage, ouvriraient à leur tour des comptoirs sur les aires désertes où échouaient, après d'interminables errances, les derniers peuples libres piégés par la course au profit. Déjà, jusqu'à Putusibau, bourg de commerce et de troc situé au confluent des trois cours d'eau qui formaient le Kapuas, les rives étaient jalonnées d'agglomérations rurales devenues florissantes, grâce aux coupes de bois et aux plantations agricoles, et qui, lorsque le premier épicier chinois avait débarqué, n'étaient que des lieux-dits entourés de jungle et dépourvus de tout.

Bien malgré lui, Mister Tong avait donné son nom à sa localité, qui n'en avait jamais eu. Avant, il y a une vingtaine d'années de cela, les fonctionnaires du district l'appelaient le « camp dayak » et y allaient le moins possible. Puis à force de fréquenter le restaurant et le comptoir, ils firent le transfert, et l'industrieux fils du ciel eut le rare honneur de voir de son vivant son sobriquet s'étendre à tout le village. Rêvassant parfois au milieu de ses comptes, il imaginait une ville du futur, pleine de gratte-ciel, avec un grand panneau : « Welcome to Mister Tong City ! » L'agglomération que Judik et Ponhli vinrent repérer, avec ses cases de bois, ses porcs en semi-liberté et ses paysans toujours très peu vêtus, avait encore du chemin à faire pour correspondre au rêve narcissique d'un vieux Chinois qui n'ayant jamais connu la Chine parlait sa langue avec l'accent de Canton, patrie de ses aïeux. Lové comme un chat près de sa caisse et de son abaque, il ne perdait rien des yeux et, le premier, il vit arriver le grand Blanc et le jeune Penan.

Sous le lauan répondant au nom de Bardur, la terrasse du restaurant était comble. Mister Tong, sortant de sa somnolence, s'empressa d'envoyer une serveuse installer les deux nouveaux clients à l'une des dernières tables libres. Tous les employés qui travaillaient à dix kilomètres à la ronde venaient manger ici et le boulier manipulé par les doigts d'artiste du patron allait plus vite que les connexions électriques d'une machine à calculer. Avec un de ses fils il avait fait l'essai et gagné de très peu. Ce soir il y aurait une autre affluence. La jeunesse oisive de Pontianak, de Ngabang ou de Sanggau aimait venir se frotter, avec une appréhension excitée, à ce repaire de « décapiteurs », si proche encore de la sauvagerie, et l'enseigne rouge « Le Sabre d'or », haut perchée sur le tronc d'un cocotier, clignoterait dans la nuit, comme une invitation de boucanier, proposant dans un décor de têtes réduites factices, accrochées aux plus vieilles solives, des monceaux de viscères délicieusement préparés. Comme à leur habitude, les fêtards allaient s'attarder.

Il n'y avait qu'une seule possibilité d'établir, par l'intermédiaire de ce lauan qui ne demandait qu'à agir, une relation avec la Grande Mère, sans être vu. Procéder avant le chant du coq et le lever des laboureurs, dès que Le Sabre d'or aurait éteint ses lumières.

— Et les chiens ? s'inquiéta Ponhli.

— Ils sont sensibles aux bonnes vibrations et se tiendront tranquilles, le rassura Judik.

En partant, il ne put s'empêcher d'observer, une fois encore, l'infatigable Mister Tong, qui, malgré son âge, continuait de tenir les comptes. Ses enfants, qui géraient aujourd'hui les affaires, le sachant attentif, se sentaient rassurés. Un jour il commencerait à faire des erreurs, et quand cet instant-là surviendrait, on lui confisquerait la caisse. Alors parfois, il la couvait avec des yeux humides et, pour se consoler, rêvait de la mégapole qui dans un siècle ou deux, il n'en doutait pas, porterait son nom.

— Tu le trouves comment, ce Chinois ? demanda Judik à Ponhli qui, pendant le déjeuner et déjà avant, lui avait raconté son histoire en détail.

— Il a fait beaucoup pour ce village de Dayak. Sans lui, rien n'aurait bougé. Dire qu'il est aimé, non ! Respecté, oui ! Si on avait un Mister Tong chez nous, on s'en sortirait peut-être.

— Que veux-tu qu'il vienne faire dans votre marigot infesté de malaria et de bêtes venimeuses ? rétorqua Judik. Il n'y a pas d'argent à gagner chez vous ! Il faudrait louer à l'Etat un bon terrain, au bord du fleuve, et vous y installer. Et là, Ponhli, pas besoin de Chinois. En restant groupés, au contraire de ces Dayak, mais en essayant en revanche, comme eux, de devenir de bons agriculteurs, c'est jouable. Et vous ne seriez même pas obligés de renier vos croyances, si vous continuiez de faire passer les intérêts de la Terre avant les vôtres.

— Face aux autres qui croient qu'elle est à eux, et qui l'exploitent à fond, nous ne ferons pas le poids, fit remarquer Ponhli.

Un soleil apaisé léchait le fouillis amphibien de la mangrove avec ses racines aux allures de monstres marins couverts de tentacules.

— La mode est de produire beaucoup plus et moins bon, reprit Judik. Demain, dans dix ans, ce sera l'inverse. C'est pourquoi il faut dès maintenant produire moins, mais meilleur, au plus près des vérités du sol.

— Tu crois que ça pourrait marcher ? s'enthousiasma l'adolescent qui entrevoyait soudain un avenir pour son peuple.

— J'en suis certain et on va s'en donner les moyens ! lui promit le Boloven blanc.

La nuit suivante, Salti, le mage, les accompagna. Depuis qu'il avait sombré dans l'alcool, il ne marchait pratiquement plus, et la faiblesse l'empêchait de tenir sur ses jambes squelettiques. Il fallut le soutenir sous les aisselles pour le faire avancer. Le lacet qui tenait son étui pénien cernait deux fesses plates et fripées. Cage thoracique creuse, côtes saillantes, il paraissait plus léger qu'une plume. La lune éclairait la mangrove et la lampe-torche de Judik ciblait le sentier qui se faufilait dans ses enchevêtrements fantomatiques. Une zone de savane, parsemée d'imperata cylindrica et d'agathis, s'ouvrit devant eux, et les premières cases se détachèrent parmi les massifs de bambous. Sur les collines, les plantations s'alignaient, martiales, dans la pâleur de la nuit, et ces régiments de végétaux voués à la production semblaient défier, avec la certitude de vaincre, l'exubérance des lambeaux de forêt primaire encore intacte. L'enseigne « Le Sabre d'or » ne clignotait plus. Les noceurs s'en étaient allés sur leurs puissants hors-bord achever leurs nuits blanches à Pontianak, dans les bars à cocaïne ou les fumeries.

La lune fut avalée par les nuées voraces. Malgré la soudaine tombée des ténèbres, comme l'avait promis Judik, les chiens, loin de grogner, leur faisaient escorte, bougeant la queue, recherchant la caresse. C'était d'ordinaire d'excellents gardiens, dressés à être agressifs. Les habitants de Mister Tong City n'aimaient pas que ces « bons à rien » de Penan viennent grappiller dans leurs vergers. Ponhli conservait une trace de crocs sur l'une de ses fesses, pour avoir voulu marauder quelques mangues. Ce soir le même cerbère lui léchait les mains.

Les pieds de Salti ne touchaient plus terre. Il fut déposé contre le tronc de Bardur, le lauan qui ressentait fortement la présence du chaman sans toutefois trouver les codes.

Pour le Dayak, l'arbre est un proche, pas un semblable, et il ignore tout de ses pouvoirs cachés. Le seul arbre digne de sa vénération est allégorique. Les mages font mine d'y grimper en piétinant sur place et après bien de l'obstination finissent par croire qu'ils ont atteint le ciel, source de l'énergie vitale, détenteur de toutes les panacées, Ini, la Grande Mère, n'occupant qu'une place secondaire. Ils ne savaient pas communiquer avec elle, et imaginaient des voyages célestes impossibles, réclamant l'usage de pratiques ou de décoctions stupéfiantes : un réflexe classique d'animistes ayant perdu le vrai contact, pensa Judik, en aidant Ponhli à asseoir son père confortablement contre le tronc du lauan.

— On va y arriver, mon bon Bardur, soupira-t-il en se mettant en condition psychique.

— Reste à côté de ton père, collé à l'arbre, murmura-t-il à Ponhli. Moi je lui tiens l'autre main.

Les tables du restaurant avaient été nettoyées, et les reliefs jetés au sol attiraient une armée rampante de coléoptères, et des rats bien nourris qui prenaient le meilleur. Un vent violent agitait les ramures et les eaux sombres du fleuve. Des papiers gras roulaient sur les pentes. Une fournaise humide faisait ruisseler les sueurs. Un long fracas déchira l'air. La pluie tomba à seaux et le lauan, appréhendant enfin les prières de Judik, se mit en empathie. La Grande Mère embrasa Bardur de l'intérieur, il eut peur de brûler, sentit au contraire fourmiller la vie jusque dans ses branches amoindries. Salti crut baigner dans un élixir doré, extrêmement volatil, qui fit monter en lui une ivresse inégalable. Il avait été un Penan maudit, fuyard, vassal des Dayak, puis un déraciné alcoolique. Soudain, il eut la sensation terriblement grisante d'être à nouveau un homme libre, et mieux encore, avec la volonté de le rester. A rebours il parcourut les siècles jusqu'aux sources flamboyantes de la vie. Les traits de son visage se métamorphosèrent. Leur abattement se mua en félicité. Ponhli, lui, parti comme une bombe à mille années-lumière, en revint rassuré de ne pas s'être perdu après un si long trip.

— J'ai vu des taches pourpres, jaunes ou violettes, un astre géant peuplé de forêts fauves, de mers bleues, de fleuves orangés, de sources aux eaux de jade, lâcha-t-il hébété en s'affaissant au pied du tronc, plié par le vertige. J'ai vu des savanes pleines d'animaux, des déserts émaillés de points d'eau où se bousculaient des bêtes altérées.

— Tu as tout simplement vu la Terre telle qu'elle était avant le désastre, intervint Judik qui sentait l'adolescent s'exalter.

L'orage équatorial se déchaînait en vain autour de ce courant de lumière qui les caressait et semblait parcourir chacune de leurs cellules, y laissant un bien-être infini.

Mister Tong crut entendre un son anormal, se leva de sa natte et vint sous l'auvent de la case risquer un œil sur la cour. Les chaises étaient tombées, ce n'était pas trop grave, mais là, juste en face, sous les bourrasques de pluie, le lauan flamboyait de l'intérieur et trois corps transparents gisaient mollement contre lui. Van Tong eut un sursaut d'effroi, voulut appeler sa femme, sentit sa peur se muer en malaise, recula en fermant à demi les paupières, s'envoya une giclée de trinitrine sous la langue et s'appuya sur le bord de la table pour reprendre ses esprits. Il finit par se convaincre qu'il avait eu un cauchemar, dans un état de semi-éveil.

— Aide-moi à soulever ton père, il faut partir vite, on nous épie, ordonna Judik à Ponhli qui rêvassait encore.

Risquant une seconde fois un regard par l'entrebâillement des jalousies, le Chinois vit la pluie cesser, les éclairs s'éloigner et la forme noire du grand lauan se dresser comme une vigie au-dessus des eaux, dans la clarté lunaire qui se redéployait. Il avait peut-être un peu forcé sur le choum avant de se coucher. L'alcool n'était décidément pas un bon somnifère. Il allait se remettre à l'opium, beaucoup moins imprévisible.

Le retour de l'équipée fut de bon augure. Salti avait retrouvé l'usage de ses jambes mais il fallait encore le soutenir un peu, car il avait besoin de reprendre des forces.

— L'arbre, l'arbre était donc un élément du Secret, s'extasia-t-il. Dayak, Penan, tous, ici, nous étions dans l'erreur. Gloire, gloire à Ini la Grande Mère !

— Tu es un sacré chaman, s'exclama Ponhli en regardant Judik avec admiration. Alors, comme ça, les arbres t'obéissent !

— Ecoute ce que dit ton père, il a compris, lui, répliqua le Boloven blanc. L'arbre est en effet un élément du grand Secret. Les racines des plus anciens peuvent parfois atteindre les couches sensibles de la Terre. Nous, les hommes, la Terre nous a conçus au départ pour que nous vivions sur eux et par eux. Nous dormions et chahutions sur leurs branches. Nous nous nourrissions de leurs fruits. Nous étions indissociables. Terre, arbres, hommes... Hommes, arbres, Terre... tout était lié et quand on est proches à ce point, on finit par développer une perception très fine, qui permet la communication. Cela s'appelle l'empathie.

— Et comment as-tu appris ? Tu n'es pas né dans les arbres !

— J'ai reçu une formation par transmission mentale. Pas un mot. Rien que des pensées. Au début, l'effort de concentration paraît insurmontable. Il faut pourtant s'obliger, et on finit par percer le mur. Alors, le maître peut transmettre ses connaissances sans recourir à la parole. On est en prise directe avec lui.

Salti le mage venait de découvrir une ivresse à sa mesure, celle de la Grande Mère, d'Ini la mésestimée, que les Dayak et les Penan aveugles avaient crue inférieure au ciel. C'était incroyable ! Son savoir devait impérativement être revu, et chaque jour il eut avec Judik, dans la pénombre de sa case bancale, de longs échanges muets. Le vieil homme bannit les boissons alcoolisées du campement, exigea que le sol soit nettoyé tous les matins, les papiers ramassés, les ordures collectées, et promit au peuple une assemblée prochaine où seraient prises de grandes décisions.

— Je veux y retourner, Chaman, j'en ai besoin, s'écriait-il parfois, poussé par une envie qu'il savait malvenue pour un sage censé rester stoïque.

Il était prêt à tout pour revivre une relation avec la Grande Mère. La surdité à laquelle il se heurtait l'obligeait à se mordre la langue et il se remettait à pomper dans la science du Boloven blanc qui défilait en lui.

Empuantis par les remugles des boues sales, la pestilence des déjections qui stagnaient sous les cases, les Penan étaient dans un état sanitaire alarmant, infectés, couverts de plaies et de purulences qui s'aggravaient au fil des jours. Judik passait des heures à les soigner, mais les antibiotiques seuls ne pouvaient les guérir. Fuir ces eaux croupissantes, émigrer sur un sol plus salubre, aller chercher fortune ailleurs. Cette solution s'imposa. Avec leur assentiment, il décida de trouver un nouveau terrain, au bord du fleuve, abritant un Vénérable meranti si possible, ou un banian au moins, pour les rituels. Mister Tong fut enchanté de louer une pirogue avec Alpia son gendre comme piroguier, fonction qu'il occupait en plus de la pisciculture.

— Vingt dollars pour une heure, trente-cinq pour deux. Pour vous c'est vraiment pas cher, bonimenta le Chinois, tout sourire.

Chaque jour, Judik, Salti et Ponhli sillonnèrent les méandres du fleuve et ses affluents, en quête de la terre promise, un monde de marais et de savane avec, par endroits, d'épaisses persistances de jungle préservée. Le paysage, le soir surtout, avait la légèreté d'une soie couleur fuchsia, soudain étincelante à la rencontre du soleil et de l'eau. Ils allèrent aussi loin en amont que possible, tout en restant sur les voies navigables. Peu après Sintang, ville en plein essor, envahie de colons venus de toute l'Indonésie, qui avaient supplanté les indigènes locaux, un chenal paisible du Kapuas qu'ils avaient emprunté sans trop y croire les conduisit où ils rêvaient d'aller. Un matin, se dégageant des brumes, des collines presque vierges portant les cicatrices de très anciens brûlis apparurent autour d'un lac nourri par les eaux du fleuve. De petits cerfs muntjac bondissaient sur les pentes herbues. Les arbres les plus nobles avaient été épargnés par les derniers essarteurs qui étaient passés là. Banians et shoreas, aux charpentes de colosses, magnifiaient par leur présence les rives couvertes de limon où tout poussait dru. C'était bien là, aucun n'en douta, qu'il fallait s'installer. Salti y vit un aboutissement. Les Penan de son clan enfin feraient souche. Ponhli imagina l'avenir. Ce lieu pourrait devenir un grand centre d'échanges pour les peuples forestiers de Bornéo. Le père et le fils surent ensemble que le village qu'ils bâtiraient sur ces pentes fertiles s'appellerait Ini, comme la Grande Mère qu'on sentait toute proche. Ses palpitations étaient perceptibles au pied de chaque Vénérable qui, jaillissant de ses flancs, lançait son fût et sa ramure à l'assaut du ciel. Pendant qu'Alpia gardait la pirogue sur la rive, un acte trinitaire eut lieu sous le banian le plus abrité, qui cachait son tronc lourd et noué derrière un filet protecteur de racines pendantes. Il s'appelait Tik et il fut traversé comme les trois humains par le flux *numineux*. Salti se sentit rassuré. La Grande Mère était vraiment sous ses pieds, il pouvait la percevoir à chaque pas. Un jour viendrait où il n'aurait plus besoin de l'aide du chaman.

Comment acquérir ce sol et auprès de qui ? Judik eut des apartés avec Mister Tong qui connaissait sa région dans le moindre détail. Quand il sut le projet du Français, il crut que celui-ci était une sorte de missionnaire, et ne fut pas détrompé ! L'Etat s'était approprié ces pentes inhabitées, connues sous le nom de Pied du Buffle, en raison de leur forme qui rappelait l'empreinte d'un sabot géant de bovidé.

— Pour le gouvernement, les Penan ont déjà eu un terrain, même s'il est pourri, il ne leur en donnera pas un autre, expliqua le Chinois. Quant à notre *basic agrarian law* — s'inspirant des lois coutumières des minorités qui fourmillent en Indonésie —, elle se contente d'établir des droits aux usagers de la terre. Si un titre d'achat, selon elle, indique une forte évidence de propriété, il ne constitue pas une garantie totale.

— J'ai du mal à vous suivre, Mister Tong. Puis-je oui ou non obtenir ce terrain ?

En négociateur avisé, le Chinois ne répondit pas directement et poursuivit ses explications comme s'il n'avait rien entendu.

— Les rédacteurs de la Constitution indonésienne, *dear sir,* poursuivit-il, ont décrété que la terre était avant tout pourvoyeuse d'aliments et de vêtements vitaux pour l'homme, et ils n'ont pas clairement développé l'idée qu'elle pouvait être vendue ou achetée. Au regard de la loi « seuls les citoyens indonésiens ont droit aux ressources entières de la nation, qu'il s'agisse de la terre, de l'eau ou de l'air ».

Van Tong marqua une courte pause.

— Avoir des droits ne veut pas dire que vous en êtes propriétaire. Même quand on possède un terrain en bonne et due forme, théoriquement on ne peut se targuer d'en être le maître. Cette loi a pour but d'apaiser les minorités autochtones, qui avaient du mal à admettre la notion de propriété individuelle à cause des morcellements et des dissensions qu'elle provoquait.

— L'Etat ne veut donc pas vendre ? s'impatienta Judik.

Le petit rire du Chinois fusa comme un concentré d'ironie.

— L'Etat sait détourner ses propres lois. La loi agraire précise qu'en cas de conflit avec les intérêts nationaux, ce sont ces derniers qui l'emportent. Que peuvent les coutumes indigènes face à un tel article, qui a permis au gouvernement de s'approprier les zones les plus richement boisées, de les louer aux compagnies forestières, de délocaliser les indigènes et d'implanter à leur place, une fois les déforestations achevées, des colons musulmans amenés en masse des autres îles ?

Il se pencha comme un conspirateur.

— Les terres qui vous intéressent, domaniales depuis une vingtaine d'années, étaient destinées, à plus ou moins long terme, à recevoir une colonie de paysans javanais. J'ai obtenu pour vos protégés un bail emphytéotique expressément reconductible avec une location purement symbolique. Cela équivaut à un achat. Le sol étant au regard du législateur dévolu à celui qui le cultive, je vois mal les Penan se faire expulser du Pied du Buffle dans cent quatre-vingt-dix-huit ans. N'importe quel avocat pourra plaider en leur faveur et gagner son procès. Et puis, que sera le monde dans deux siècles ?

Judik attendait la suite.

— Si en théorie, comme je vous l'ai dit, la terre n'est pas achetable, les hommes, hélas, le sont, Mister Judik, et plus ils sont haut placés, plus ils sont chers. Ce bail sera d'autant moins discutable que les signatures des juristes qui le parapheront seront honorables, murmura-t-il. On pourrait aussi obtenir un accord écrit des plus hautes autorités louant cette initiative de réinsertion sociale, et bien d'autres recommandations de poids.

Kervanec eut un soupir de soulagement. Il en avait mis du temps à avouer la réussite de sa négociation, Mister Tong, mais s'il l'avait fait immédiatement, l'affaire aurait pu paraître facile et sa commission trop élevée. A partir de la seconde où il sentit son client satisfait, ses doigts de virtuose se mirent à jouer sur le boulier des notes qui obligèrent Judik à piocher sans réserve dans les réserves de Deborah. Quand elle en saurait l'usage, elle ne pourrait que l'approuver. Une société anonyme présidée par Salti et dont l'Etat se portait garant devint officiellement locataire du territoire dit du Pied du Buffle. Plus de cent hectares arborés et trois hectares de lac, dans un décor inespéré, loué quasiment pour l'éternité à un prix dérisoire.

Par des transmigrations massives les autorités indonésiennes repeuplaient Bornéo à leur guise, accordant à leurs coreligionnaires des facilités que les aborigènes, expulsés de la jungle, n'obtenaient pratiquement jamais. C'est donc grâce à l'argent d'un fabricant de pâte à papier de Philadelphie, ayant des intérêts ici, que le clan de Salti bénéficia lui aussi de ce traitement de faveur. Le fossoyeur des forêts secourant ses victimes ! Quelle tête ferait Mr Williams s'il apprenait cela ! Judik était aux anges.

— Vous êtes dur en affaires, concéda le Chinois, quand les transactions furent closes.

Il avait vu passer soixante-dix mille dollars dans ses doigts très agiles et n'avait pu en retenir que quatre mille pour lui, une misère.

Le déménagement ne fut pas de tout repos. Les hardes, les gamelles, les outils, les poulets, les cochons, les gosses excités, les vieillards maladroits... Les pirogues du Chinois, deux jours durant, assurèrent de l'aurore au couchant le transfert de cette population. La première nuit se passa dans le plus joyeux désordre, sous les étoiles et aussi un peu sous la pluie. Le lendemain commença la construction des cases. Pendant plus de trois mois Kervanec tout en apprenant à parler le penan participa aux tâches quotidiennes. Le mage Salti fit installer, près de chaque arbre sacré, des bancs de méditation et appela la sente qui les reliait le Chemin des ivresses. Un soir, sous Tik le banian, il trouva seul le code. Le chaman itinérant des Boloven se réjouit qu'il ait pu percer le mystère.

Quand toutes les habitations furent édifiées en cercle autour d'un terre-plein, les Penan érigèrent une Case aux esprits, au centre, y apportant des soins plus attentifs, la parant d'objets venus des aïeux et imprégnés de leur souvenir. Des niches garnies d'offrandes étaient destinées à faire revenir les bons génies de la forêt. Début avril, les champs ayant été défrichés, Kervanec acheta deux pirogues à moteur qu'il offrit à la communauté et lui laissa en plus un pécule pour l'achat des graines et semences. Il conseilla aux villageois de ne jamais se mettre dans les pattes d'un Mister Tong quelconque, mais d'être collectivement aussi entreprenants que lui.

Ponhli savait qu'il était sur le départ. La veille, il était allé déjeuner chez les Peters avant de passer à son hôtel où il n'était pas retourné depuis plusieurs semaines. Il avait pris toutes ses affaires, ainsi qu'une caméra, du film, un poste de radio, un appareil de photo, une paire de jumelles, et un magnétophone toujours empaqueté. Au retour, il s'était arrêté chez Mister Tong qui lui avait offert le thé.

Le jeune garçon le rejoignit sans trop oser sourire.

— Ça fait combien de temps que tu ne vas pas au lycée ? l'interrogea Judik en posant ses paquets devant la hutte.

— La construction du village n'est pas complètement terminée, je me sens obligé de rester ici.

Judik allait continuer. Ponhli s'en irrita.

— C'est avec toi que je veux aller, j'ai plus à apprendre de ton côté, si je dois un jour être mage, moi aussi.

— Là-bas tu étudieras l'agriculture, l'élevage, la gestion. Moi, je n'ai que de la magie à t'offrir.

— Pourquoi ne pas faire les deux ? trancha Ponhli. Je vais avec toi d'abord pour la magie. Ensuite je retournerai chez eux, pour le business.

Sans laisser à Judik le temps de réfléchir, il entreprit d'ouvrir les cartons et d'exhumer la caméra.

— D'abord tu ne pourras pas tout faire seul, décréta-t-il. Et je suis sûr que je serai meilleur que toi à l'image, on nous a appris au lycée. Tu seras mon preneur de son.

— Tu es rapide en besogne, rigola Judik en lui frictionnant fortement le crâne. Et comment reviendras-tu, si je devais ressortir par le Sarawak ?

— En redescendant le fleuve avec des piroguiers, je suis chez moi, ici !

Le lendemain, une dernière rencontre eut lieu avec Mister Tong. Kervanec ne lui avait jamais donné la vraie raison de sa présence à Bornéo et l'épicier n'avait pas cherché à la connaître. Cette fois Judik prit le risque de poser la question.

— Mister Tong, avez-vous connu Claire Dulac, qui, je crois, a rejoint des Penan insoumis ?

— Qui ne la connaissait pas, cher ami ?

— Sauriez-vous où elle est partie ?

Mister Tong regarda autour de lui, se leva et invita Judik à le rejoindre dans l'entrepôt alimentaire qui était désert à cette heure. Le restaurant n'était pas un endroit approprié pour une conversation discrète. Fonctionnaires, militaires, gendarmes, bûcherons, bateliers y débarquaient, comme chaque jour, pour déjeuner, échanger des nouvelles et boire de bons coups, au son de nostalgiques complaintes chinoises chantées par des voix androgynes, que les amplis projetaient au fil de l'eau, comme une invitation amoureuse. Ce soir, ça swinguerait avec les dandys de Pontianak. Les filles dayak viendraient rôder dans la pénombre, et les reflets des lampions feraient briller leurs pupilles.

— Suivez-moi, fit Mister Tong.

Par les dédales de son bazar, aux rayonnages pleins à craquer de tout ce qui pouvait se manger ou servir à un quelconque usage, il conduisit Judik dans une arrière-boutique obscure aux volets mi-clos et alluma une lanterne décorée de peintures allégoriques. L'hôtel des ancêtres trônait contre un mur avec son ampoule rouge, symbole du foyer, les portraits sépia des disparus et des baguettes d'encens qui émettaient une fumée à la fois âcre et sucrée. Des dizaines de bouliers de différentes grosseurs occupaient le bureau caché de ce vieil instrumentiste qui s'en servait encore, pour le plaisir du son. Empoussiérés, de vieux livres s'ennuyaient sur les étagères. Il les avait lus autrefois. C'était tout son savoir. Les chiffres pour lui n'étaient pas que des comptes. Les mathématiques l'avaient passionné, la numérologie aussi. Parfois, il s'était lancé dans de savants calculs. La routine hélas finit par étouffer sa curiosité d'esprit. Ses petites affaires lui prirent la meilleure part de son temps. Il les fit prospérer. Un lit de camp l'accueillait pour ses siestes sous un ventilateur paresseux. Il s'y assit et offrit la chaise à Judik.

— J'aurais dû me douter que vous connaissiez mademoiselle Claire, fit-il. Elle est partie d'ici.

— Vous voulez dire que vous lui avez loué une pirogue ?

— Mon gendre lui a fait remonter le fleuve très loin et l'a laissée dans un village iban, près du Sarawak.

— Et je n'en ai rien su ?

— Vous ne m'avez rien demandé.

Judik était intrigué.

— Vous n'avez jamais révélé à la police qu'elle était passée par chez vous, ni où elle était allée ?

— Pour perdre ma clientèle et ma crédibilité ? s'offusqua le Chinois. Vous m'offensez, Mister Judik ! J'ai la réputation d'être un commerçant très discret. C'est un milieu où l'on déteste les bavards. Mademoiselle Claire et les guides penan qui sont venus la chercher étaient pour moi des clients comme les autres. Je les ai servis au mieux. Personne n'a eu à se plaindre.

Sur sa face rompue à la dissimulation, seuls les yeux trahissaient un certain amusement

— Je sais que depuis on a mis leur tête à prix, avoua-t-il. Il y a tant d'autres criminels moins sympathiques qu'eux et fichés au grand banditisme, attablés dans mon établissement presque chaque jour, que je ne tiens aucun compte des avis de recherche. Si gendarmes et truands ne mangeaient pas ensemble, mon restaurant serait vide.

Il se mit debout.

— Et voyez-vous, si mademoiselle Claire avait de nouveau recours à mes services, je m'efforcerais de la satisfaire, comme la première fois.

Judik se rapprocha pour mieux baisser le ton.

— Pourriez-vous mettre sur pied une équipée identique ?

— Cela va sans dire, Mister Judik. Nous avons des contacts là-bas qui vous seront utiles.

— Quand part-on ?

— Dans cinq jours, Alpia viendra vous prendre à Ini avec tout l'équipement nécessaire.

Il s'empara d'un boulier et fit chanter en dollars la valeur de la course. Judik y laissa tout ce qui lui restait.

— Bonne sieste, Mister Tong !

15

Budit le sabreur

Salti seul s'était levé pour assister au départ. Les villageois s'y attendaient mais ignoraient qu'il aurait lieu la nuit même, Judik ne tenant pas à ébruiter l'événement. Mister Tong lui-même avait conseillé la discrétion. Le mage serra fortement, dans ses bras déjà plus musclés, les épaules du chaman qui avait offert à son peuple le Pied du Buffle, un lieu d'où il ne pourrait plus être chassé. Ils ne se laisseraient pas piéger par un épicier habile venu de l'extérieur. La Terre avec ses Vénérables resterait souveraine dans ce village qui portait son nom, et leur inspirerait la conduite collective à tenir. Ini serait le grand défi du clan, qui abonnirait les sols, planterait des arbres fruitiers, des légumes, élèverait porcs, crevettes et poissons pour ne manquer de rien. Faire de cet espace un exemple d'énergie collective pour les autres peuplades déracinées, et leur donner l'envie de renaître sans se renier, telle était son ambition. Le nomadisme, hélas, était une guerre perdue. L'agriculture, sous la protection d'Ini, la Grande Mère enfin retrouvée, permettrait aux chasseurs-cueilleurs de faire face à un monde qui ne voulait pas d'eux. Voilà ce qu'exprimaient les yeux bridés du mage à l'envoyé des Boloven, maître du grand Secret. Ponhli s'inclina et Salti lui posa affectueusement les mains sur la tête en fermant les paupières, comme s'il le bénissait.

— Je dirai à ta mère et à tes frères et sœurs que tu étais triste de les laisser pour un temps.

— Je le suis, père.

— Et je leur dirai aussi que tu étais fou de joie de partir avec le chaman explorer le monde des feuilles et des ombres, refuge des hommes libres, à la recherche de Claire.

— Je le suis, père.

Le petit homme plongea son regard qui avait retrouvé un éclat de jeunesse dans celui de son grand gosse penché presque en deux pour être à sa hauteur. Face à son père entièrement nu, qui ne couvrait que son sexe, Ponhli, avec son tee-shirt imprimé d'une marque de cigarettes, son short Toyota, et les pataugas que Judik lui avait offerts, formait un saisissant contraste. Comme si ce dernier fils avait été refaçonné par les hommes de la pierre et du fer. Salti ne s'en inquiétait pas, il savait que l'âme de l'adolescent n'était pas corruptible. Ces habits de ville n'étaient que de fausses peaux qu'on pouvait retirer à sa guise. Sous elles, le vrai Ponhli, fils de la forêt profonde, était nu lui aussi, comme au premier jour de sa naissance, et sa pensée vibrait au rythme de la sienne.

— Ce voyage, garçon, va te faire grandir, fit-il en reculant pour les laisser partir. Profite de la science du chaman et reviens-nous plus fort.

Quand la pirogue s'écarta de la berge, Salti se demanda si ce n'était pas seulement l'enveloppe charnelle de Judik qui s'éloignait, celui-ci restant si fortement présent dans sa tête. Un bref instant, il crut être encore sous influence. Dès que le Français, Ponhli et Alpia eurent disparu à la courbe du fleuve, il sentit s'abattre sur lui une appréhension mêlée de tristesse. Judik le quittait vraiment. « Qu'Ini, la Grande Mère, éclaire votre route ! »

Alors qu'il ne les voyait plus, il eut un geste du bras comme pour les retenir, et partit méditer sur le Chemin des ivresses. Dès demain, deux mille pieds d'ananas et mille papayers allaient leur être livrés ainsi que des semences de fève et de patate douce. Au lever du jour, il irait en personne réveiller tout le monde. Il fallait être prêt à la tâche dès l'arrivée du bateau. Il s'assit contre le tronc de Tik, le banian, et Ini l'irradia.

La lune se reflétait sur les eaux épaisses bordées de bambous et de hautes herbes. Elle éclairait des berges mouillées qui luisaient comme du verre. L'aube mit longtemps à poindre. Les deux voyageurs s'affalèrent contre les sacs de provisions et s'assoupirent, bercés par le ronronnement régulier du moteur et le balancement du fleuve. La pirogue passa devant plusieurs bourgs ruraux en plein essor qui étalaient au long des rives l'abondance de leur marché et les lumières nocturnes de leurs maisons de bois couleur pastel, comme une invite : Sintang, Nanga Ketungau, Semitau, Jongkong... Alpia à la barre fumait pour résister au sommeil et pensait au ventre de Tao Ki qui faisait fructifier sa semence. Dans deux lunes elle lui donnerait un fils. Non, une fille, intervint en lui une voix. Cette idée déclencha un duel intérieur qui l'empêcha de céder à la torpeur. Entre le ciel mauve sombre et la masse liquide, il vit poindre une lueur pâle. Elle prit tout son temps pour s'étaler et changer de couleur. Quand Judik et Ponhli, réveillés par un charivari de macaques et d'oiseaux venant des marais et de la forêt proche, ouvrirent les yeux, le fleuve et le ciel alourdi de nuages exhibaient des teintes allant du jaune au brun en passant par le vermillon et l'écarlate. Traversée par un vol d'échassiers, l'aube flamboyante et sonore leur faisait le grand jeu. Même Alpia, qui en avait vu d'autres, en oublia son combat intérieur. Fille ou garçon qu'importe. Il saurait l'élever. La pirogue fendait les flots enluminés et l'allégresse qui exaltait tous les êtres vivants alentour vint envahir les trois passagers. Puis le soleil émergea et leurs yeux aveuglés se plissèrent. Des arbres de savane poussaient dans cette plaine parmi les bambous, les bananiers sauvages, les palmiers.

Alpia accosta. Il lui fallait dormir à l'ombre, au moins trois ou quatre heures, avant de repartir. Il déballa le matériel de cuisine, prépara du riz aux crevettes, donna bol et baguettes à chacun et, après avoir avalé sa part, tendit trois hamacs sous des palmiers et s'installa dans le sien. Mister Tong l'avait très bien formé. Judik et Ponhli s'assirent au bord du fleuve, la tête emplie des sons qui sourdaient de toutes parts.

Un crocodile apparut sur la rive d'en face, près d'un rocher. Des singes s'agitèrent dans les branches d'un manguier. Comment retrouver Claire dans cette vastitude ? Où pouvait-elle bien être ? La vallée s'estompa dans les vapeurs d'une brume humide qui se condensa dans les creux. Judik se serrait les tempes comme pour faire sortir une idée de son crâne. L'opacité, c'est à cela qu'il se heurtait et aucune inspiration ne venait éclairer ce brouillard. Bientôt les nappes cotonneuses envahirent l'ensemble du paysage.

Pterocarpus, lagerstroemias et afzelias s'inscrivirent en ombres chinoises, dans ce tissu de nuées, et prirent l'allure des hydres que semblaient évoquer leurs noms. Ponhli entreprit de charger la caméra, le magnétophone et l'appareil de photo, tandis que Judik étudiait les modes d'emploi. Une lourde barge chargée de grumes surgit sans faire de bruit, comme un vaisseau fantôme. Peu après deux pirogues transportant des familles remontèrent le courant. Tandis qu'ils essayaient leur matériel, d'autres barges passèrent. La jungle débitée défilait sous leurs yeux. Cette première halte leur parut longue, puis, au fil des jours, le Kapuas avec ses ondulations et ses sauts imprévus leur imposa son rythme et ses humeurs : des matins de commencement du monde, des condensations d'étuve, des orages tonitruants, des pluies en rafale et une implacable canicule. Judik, souvent torse nu, ne quittait que le soir son chapeau de brousse. Les bivouacs étaient l'occasion de grandes discussions à la belle étoile, dans les hamacs, sous les moustiquaires. Ponhli était curieux et posait des questions jusqu'au petit matin. Ce retard de sommeil était rattrapé dans la journée quand, sur la pirogue qui fendait des flots uniformes, ils sombraient tous deux dans une torpeur qui écourtait la monotonie interrompue par les convois de barges et quelques bateaux-bus, bourrés de paysans allant vendre leurs comportes de fruits et légumes dans les bourgs des basses terres.

Une succession de collines couvertes de vergers apparut au loin. Des femmes et des adolescents coiffés de larges chapeaux de latanier s'affairaient dans les rizières. Sur les pentes défrichées, les hommes plantaient des légumes et des arbres fruitiers. Un village de bois, des bâtiments en dur, une petite mosquée blanche avec dôme et minaret, des granges, des entrepôts, des tracteurs, des épiceries, un cinéma, deux auberges et un petit terrain d'aviation confirmèrent à Judik qu'il s'agissait d'une colonie prospère, employant des Indonésiens transplantés de Java.

— Batanga, son nom est Batanga, précisa Alpia.

D'autres établissements identiques se révélèrent au gré des méandres, dans la fumée des écobuages, puis de nouveau plus rien, jusqu'à l'apparition d'une famille de gibbons qui s'épouillaient sur une langue de sable, en fixant de leurs yeux rapprochés la pirogue bruyante qui les importunait. Et les chalands pleins de grumes glissaient comme des catafalques chargés des ossements de la forêt fraîchement abattue...

... La trouée du chantier de déboisement surgit sur la rive gauche du Kapuas : désordre de troncs couchés, d'écorce, de sciure, sur une terre grise, sableuse, sauvagement mise à nue. Bulldozers, scrapers, grues ravageaient le terrain. Un vaste lac et un quai accueillaient les embarcations qui faisaient la queue pour recevoir leur chargement. Casqués, sanglés comme des guerriers, les tronçonneurs payés à la pièce s'activaient sans relâche et, malgré le vacarme des moteurs, l'air vibrait sous les plaintes des grands diptérocarpacées qui composaient la moitié des effectifs de la jungle en ce lieu. Insensibles au cri de l'arbre qui s'abat, à ses fibres qui grincent, à ce tremblement sourd quand il heurte le sol, les bûcherons débitaient leurs victimes. Une odeur de sève et de résine, grisante comme peut l'être celle du sang pour les carnassiers, embaumait cet immense abattoir. Une compagnie de soldats logés dans des casernements de bois ou sous de grandes tentes gardait le chantier.

— On entre dans la zone critique, signala Alpia dans un anglais hésitant à ses deux passagers qui s'en seraient doutés.

Sa casquette américaine, sa veste léopard d'un surplus de l'armée et son short bariolé le faisaient ressembler à un Indonésien moyen, il en oubliait son origine ethnique, qui le complexait toujours un peu.

Sommes-nous encore sur le Kapuas ? se demandait Judik. Difficile à dire. Les confluents étaient nombreux et les rivières avaient à peu près toutes le même débit. Celle où ils naviguaient se resserra soudain. Progressivement le courant devint plus vif. Sur les rives, la forêt sempervirente, envahie de lianes et de fleurs aéricoles, explosa bientôt dans toute sa profusion avec une canopée à plus de soixante-dix mètres de hauteur, et le bruissement d'une faune que n'effrayait pas encore la proximité des humains. La pirogue s'engouffra sous un tunnel de feuillage. Les sons résonnaient et le moindre clapotement tintait distinctement. Les flots bientôt se mirent à gronder. Des vagues agressives éclatèrent en gerbes, inondant le bateau. Avec des calebasses, Judik et Ponhli durent écoper ferme, Alpia poussant le moteur après chaque assaut, pour prendre le suivant en position de force. Une main à la barre, l'autre serrant la poignée des gaz, il mena ce combat qu'il connaissait par cœur. Quand il déboucha dans les eaux apaisées, le Dayak poussa un cri de victoire. Le fleuve s'élargit, ouvrant au-dessus de lui un grand ruban de ciel.

— On vient de passer le « croche-patte » ! s'écria le barreur.

Chaque saut avait un surnom et comme la carte en indiquait un autre, très proche, Judik voulut se faire une idée du sort qui les attendait.

— Comment s'appelle le suivant ?

Les traits du piroguier se crispèrent. Le fleuve mugit plus fort et se mua d'un seul coup en rapide.

— L'« homme mort », répondit-il en agrippant la barre.

Et il s'engagea au milieu des remous qui se brisaient contre les roches et s'élevaient ensuite en spirale, comme des geysers. Des coups de boutoir les soulevaient sur la crête des vagues qui les lâchaient, le nez en avant, sur les suivantes. Un chaos d'écume aveuglante toupillait autour d'eux. Les gaz à fond, Alpia faisait se cabrer son esquif qui attaquait comme une lame cette force liquide. Il avança en trouvant d'instinct le passage entre les rocs cachés sous les bouillonnements, faillit perdre le contrôle, eut in extremis le bon réflexe et reprit sa grimpée à l'arraché, stimulant par des cris les deux écopeurs qui commençaient à faiblir. Si les rouleaux parvenaient à désaxer sa pirogue, celle-ci se fracasserait avec son équipage. De mémoire de batelier, l'« homme mort » en avait retourné plus d'un et pris quarante vies en une dizaine d'années, dont celles de trois enfants. La moindre erreur de navigation était toujours fatale. Le gendre de Mister Tong, qui allait être bientôt papa, n'avait pas l'intention d'y rester. Tendu par l'effort et la concentration, il creusa sa voie dans les eaux déchaînées. Retrouvant enfin la nappe huileuse du fleuve pacifié, les trois hommes, essoufflés, rompus, mais aussi fous de joie, levèrent les bras au ciel, comme des triomphateurs avant d'aller prendre un peu de repos sur la terre ferme. Loin de fanfaronner, Alpia se hissa sur un arbre pour y cueillir des fleurs d'orchidées grimpantes, qu'il lia en collier et jeta dans la rivière. Ainsi remercia-t-il l'« homme mort » de les avoir laissés gagner — cette fois encore.

Le lendemain fut une journée plutôt calme, parfois secouée par de mauvais ressacs ou troublée par des averses qui obligeaient à sortir les ponchos. Le soir, juste avant le coucher du soleil, la pirogue tomba sur une harde de cochons sauvages en train de traverser le fleuve. Alpia s'empara de son vieil Enfield. Les bêtes occupées à nager ne pouvaient s'enfuir. Il s'approcha d'elles le plus près possible et en exécuta deux, d'une balle dans la tête, presque à bout portant.

— Ça suffit, dit Judik, en abaissant de la main le canon du fusil.

— Je n'allais pas en tuer plus, trop lourd pour la pirogue, expliqua le gendre de Mister Tong qui, sans cela, n'aurait sans doute pas hésité à les massacrer tous.

Leur viande était très recherchée. Il évalua mentalement, en voyant les survivants atteindre la terre ferme, l'argent qu'il perdait. Alpia était déjà plus chinois que dayak. Le chargement des dépouilles exigea des efforts et faillit les faire chavirer.

Kualakeriau apparut devant eux dans une courbe. Au fil des décennies, avec l'arrivée permanente de nouveaux colons, plus intrépides que les précédents parce que plus démunis, cet ancien comptoir s'était transformé en un gros bourg des confins, peuplé de paysans, de commerçants, d'aventuriers, de prospecteurs, de conducteurs d'engins, de bûcherons, de fonctionnaires en disgrâce et de soldats. Depuis peu, une piste forestière le reliait à Batanga où des camions croulant sous le poids des troncs qu'ils transportaient se rendaient chaque jour.

La jungle reprit ses droits. Alpia guida son bateau alourdi vers une anse de sable blanc, où un ancien brûlis formait une clairière. Après avoir dressé le camp, il entreprit de dépecer les bêtes. Les reflets orangés du couchant embrasaient les nuages, baignaient la forêt vierge qui moutonnait à perte de vue, sans la moindre blessure. Dans cette biosphère intacte, sur les hautes cimes, vivait une faune étrange qui, tout comme les autres animaux, jouissait de la trêve entre les tueries du jour et celles de la nuit. Judik avait lu qu'à Bornéo, parce que les dipterocarpus, arbres majoritaires aux envergures géantes, ne leur permettaient pas de passer d'une cime à l'autre, des variétés de serpents, de batraciens, de mammifères, de lémuriens, et même une sorte de gecko s'étaient en quelques centaines de milliers d'années transformés pour planer. Il espérait sans trop y croire assister au cours de son périple à un tel prodige, et il fut exaucé. Du faîte d'un meranti porteur de grosses noix, où il avait dirigé ses jumelles, décolla un écureuil roux, de taille impressionnante, un mètre de long au moins, queue comprise. A peine dans les airs, il s'aplatit, écarta ses pattes palmées, s'élargit comme une aile, glissa dans l'air, atterrit en douceur, trente mètres plus loin, sur de très hautes branches.

Ponhli eut le réflexe de filmer ce vol darwinien. Chaque jour, il prenait des photos ou tournait de petites séquences à la caméra. Judik, comme prévu, enregistrait les sons.

C'était pour ainsi dire leur seule activité en dehors de manger, dormir, et écoper en cas de besoin.

Alpia ne mit pas longtemps à dépiauter ses carcasses, à les découper en morceaux et à les ranger sous une bâche au fond de la pirogue, dans laquelle il irait dormir pour les préserver de l'incursion d'un quelconque fauve. Au dîner, il y eut des côtelettes à la braise, du riz et un durian au dessert. Les peuples de cette île, comme les Boloven, raffolaient de ce fruit puant.

— Demain soir, si tout se passe bien, nous serons arrivés, dit le piroguier en allant se coucher.

Au retour, il s'arrêterait sur le chantier de coupe pour vendre sa viande aux bûcherons qui n'avaient pas le temps de chasser. L'argent qu'il gagnerait serait pour sa femme. Il irait à Pontianak acheter un collier, et le lui offrirait le jour de la naissance. La pâle silhouette de Tao Ki, ses sourires éclairant un visage clair et lisse, et son corps menu, gonflé par la grossesse, emplirent sa pensée. Il s'endormit près de son trésor de chair fraîche, son fusil chargé, au cas où...

Sous les palmiers qui bordaient le rivage, Judik et Ponhli, allongés dans leur hamac, évoquaient à voix basse cette terre capable, au bout de millions d'années, de reprogrammer des écureuils qui, trop vulnérables au sol, ne voulaient plus redescendre de la cime des arbres. L'adolescent finit par fermer les paupières.

Doucement, le chaman se leva et partit dans la nuit chercher un Vénérable. Pouvait-il espérer un signal quelconque ? Durant cette remontée du Kapuas, il avait raconté la vallée cachée à Ponhli et revécu en détail ces mois, ces années de plénitude parmi les Boloven. Ce faisant, il avait rouvert une plaie mal fermée et la mélancolie s'était engouffrée dans la brèche. Les revoir, les entendre, il ne pensait qu'à ça. Un eusideroxylon zwageri, localement appelé ulin, apprécié pour son bois très dur qui lui valait le qualificatif de « bois de fer », apparut dans la clarté lunaire. C'était un survivant d'une espèce en voie d'extinction, qui avait le malheur de fournir les seules tuiles imperméables et imputrescibles. Les Iban, les Dayak et autres peuples d'essarteurs s'en servaient pour recouvrir le toit de leurs grandes cases, imités en cela par les citadins amateurs de maisons pittoresques. Ce géant avait su, en existant très fort, s'imposer aux indigènes qui n'avaient pas osé lui arracher la vie. Ce n'était qu'un sursis. Les bûcherons des chantiers d'abattage qui proliféraient un peu plus bas n'auraient pas les mêmes scrupules. Magal fut surpris d'être interpellé par son nom. Les hommes d'ici n'avaient jamais su le ressentir. En percevoir un qui ne se montrait pas hostile le laissa dans le doute. A la deuxième sollicitation, il prit la chose au sérieux et à la troisième suivit, à l'impulsion près, les consignes du chaman. Il n'eut pas à le regretter. Un jaillissement lumineux se répandit en lui, et, comme les animaux de la canopée, il se sentit pousser des ailes, s'envola, éprouva un bien-être aérien qu'il aurait voulu éternel, capta des signaux venus d'ailleurs, et réintégra à regret son inusable charpente.

... Judik les vit enfin, les entendit, les sentit, là, si près, juste en face de lui, presque palpables. Ils étaient tous présents, y compris Boltal et ses patriarches, qui flottaient en transparence parmi les vivants. Ankun le premier prit la parole pour annoncer que les Cobras et les Tigres restaient sur le pied de guerre et que les communistes, toujours mobilisés pour la conquête du pouvoir dans les villes, leur fichaient la paix. Il regarda son gendre avec une fermeté qui le conjurait de ne pas se laisser entamer par la nostalgie et une tendresse de père qui l'exhortait à la prudence. Alta et Tamil donnèrent des nouvelles des Vénérables de la vallée et lui suggérèrent d'agir avec discrétion, pour ne pas déclencher les foudres des puissants. Le conseil arrivait un peu tard. Aban, Nabal, Toumi, Tubul et Bopal racontèrent les événements variés qu'ils avaient vécus depuis son départ. Botil, le gardien de la piste des Viets, et Dilane, la tueuse de nuisibles, montrèrent leur fils, Sakil, un robuste poupon dont ils étaient très fiers. Après eux survinrent les femmes de la tribu qui lui envoyèrent des baisers et, parmi elles, les veuves Maka et Katile, toujours resplendissantes. Ludule, la femme d'Ankun, l'informa des naissances qui le concernaient. Et Vania apparut enfin, plus belle que jamais, avec une allure résolue, qui s'affirmait sur ses traits et dans ses yeux moins insouciants. Ses responsabilités l'avaient mûrie. Son cœur restait serré, c'était plus fort qu'elle, et les soupirants ne l'ouvriraient pas de sitôt. Le petit Tao qui s'approcha en trottinant, et Alice, la nouvelle venue, comblaient le vide qu'il avait laissé. « Je te sens en eux, et ça me rend heureuse. »

Ahinée survint en brandissant Vanec comme un trophée. « Ce garçon est ton fils. Sa peau est claire et ses yeux ont la couleur des tiens. J'en ferai un savant. » Il tomba des nues. Un savant ! Quelle drôle d'idée !

L'image disparut. Le message lui laissa un goût d'inachevé que vint supplanter la joie de les avoir tous revus. La tribu ne l'oubliait pas, l'escortait de sa force mentale et continuait de lancer dans l'éther des ondes d'empathie qui savaient où le trouver. Il salua Magal qui, avant de regagner sa torpeur séculaire, remercia le chaman de l'avoir fait rêver. De retour dans son hamac, il vit se pointer une vénus rousse qui attendait son heure et qui lui demanda, dans son irrésistible accent, une petite place. C'est dans ses bras qu'il trouva le sommeil, après une brève pensée pour Claire, de laquelle il s'était considérablement rapproché. Elle était là, quelque part dans un rayon de moins de deux cents kilomètres. Comment la localiser ?

... Toutes les stations annonçaient la nouvelle : « Phnom Penh est tombée ! » « *Cambodia, it's the end !* » « *Red Khmers against civilians.* » « *Fall of Phnom Penh !* » « Les Khmers rouges saccagent Phnom Penh » « Phnom Penh libérée ! » Ça, c'était Radio-Pékin.

— Pas si fort, grogna Ponhli qui voulait encore roupiller.

D'après les commentateurs, à Saigon aussi c'était la panique. Encerclée par les Nord-Vietnamiens et les Vietcongs, pleine de fuyards et de déserteurs de l'armée gouvernementale, la capitale du Sud-Vietnam connaissait une ambiance de fin de règne. Déjà en place à Vientiane et à Luang Prabang, le Pathet Lao attendait la victoire totale des communistes viets pour déclencher au Laos son propre coup de force. C'était une question de jours. Ces nouvelles ne prenaient pas Judik au dépourvu. Chaque matin, la radio annonçait la reddition imminente des derniers lambeaux de l'ex-Indochine française. Malgré cela, il eut un instant d'incrédulité. Cet événement était d'une telle portée historique ! L'ère coloniale, issue de l'autre siècle, prenait fin en ce mois d'avril 1975, et avec elle le mythe de la suprématie des Blancs, déjà bien ébréché par la défaite de Diên Biên Phu. Malgré leur technologie, les Américains n'y avaient rien changé. La rage de vaincre avait fait la différence.

Judik songea à ces foules soi-disant libérées qui quittaient un despotisme militaire pour entrer dans la tyrannie idéologique. Il éteignit le poste et alla se laver dans le fleuve au bord duquel Alpia allumait le feu pour préparer le *morning tea* et faire sauter un peu de viande et de riz. Qu'allait-il advenir des Boloven ?

— Dernière étape, annonça joyeusement le piroguier en tirant sur la corde de démarrage du moteur.

Dans une gerbe de vagues, la pirogue fendit les eaux. A la sortie d'un virage, elle mit en fuite un harpail de biches venues s'abreuver avec leurs faons dans une anse. Un cerf armé d'andouillers acérés se tenait à l'écart dans une trouée marécageuse, parmi des massifs de bambous. Il se mit en position d'alerte, releva ses naseaux, étira son cou et attendit que la harde fût en sécurité pour relâcher sa garde. Il suivit un moment, de ses yeux globuleux, les intrus qui avaient causé cette frayeur, avant d'aller au petit trot rameuter ses femelles dispersées.

Judik n'avait vraiment pas le réflexe d'un de ces explorateurs modernes dont la préoccupation essentielle est de photographier et filmer tout ce qu'ils voient sur leur itinéraire. Contemplatif, il était de surcroît un observateur minutieux, et ne voulait pas rater un détail en étant occupé à autre chose. Rivé à ses jumelles, il avait pris plaisir à découvrir le grand mâle qui les avait nargués, avant de disparaître. Ponhli suppléait à ses insuffisances. Les biches étaient dans le Nikon. Pendant qu'il était occupé à les mitrailler, il n'avait pas vu celui qui les couvrait. Et quand il voulut annoncer, comme il le faisait à chaque fois avec un rien de fanfaronnade : « Je les ai eus ! », la voix du chaman le devança.

— Et lui, tu l'as eu ?

— Qui lui ?

— Devine !

Judik le laissa mariner un bon moment avant de satisfaire sa curiosité. Sans se laisser démonter, le jeune Penan reconnut gaiement qu'il s'était beaucoup focalisé sur ces dames et qu'il aurait dû, entre deux clichés, se demander où était le monsieur.

— La prochaine fois je l'aurai, affirma-t-il, comme s'il était convaincu qu'il y en aurait une.

Un confluent en forme de Y apparut. La pirogue prit la voie de gauche, moins large, qui s'enfonçait sous un lacis de lianes. Des macaques s'y accrochaient et s'élançaient de branche en branche, protestant à grands cris à l'approche de l'embarcation qui venait troubler leur quiétude.

Avec une expression de joie, qui trahissait son envie de rentrer au plus vite, Alpia s'exclama :

— On est arrivés !

La végétation se fit plus avenante. Sur la rive droite, au faîte d'une éminence, se détacha la maison longue sur pilotis d'un village iban resté à l'état pur. Elle dominait quelques cases annexes situées en contrebas.

— C'est ici, fit le piroguier en s'approchant du bord.

Il se rangea entre des canoës amarrés le long des berges et coupa son moteur. Une bande de gosses, à demi nus pour la plupart, accourut en criant vers la rivière, pour accueillir les inconnus qui débarquaient chez eux. L'espoir d'obtenir une friandise ou un petit cadeau n'était pas étranger à cette précipitation. Les Blancs qui venaient quelquefois prendre des notes, faire des images et les questionner n'étaient pas avares de récompenses, et il y en avait un parmi les arrivants.

— Toi, on te connaît, tu es déjà venu, dit un des grands à Alpia, occupé à déposer sur la berge les bagages de ses passagers.

Le piroguier acquiesça, fit un salut de la main, puis s'adressa à Judik et Ponhli qui s'apprêtaient à ramasser leurs sacs.

— Laissez-les là, ils vous les monteront. Ici, il n'y a pas de voleurs, dit-il en se dirigeant vers l'habitation principale.

Soucieux du matériel, Ponhli refusa. Judik, ne voulant pas être le seul à se faire aider, voulut l'imiter. Le plus âgé des gamins avait déjà mis le barda sur son dos et, lui adressant le plus jovial des sourires, lui souhaita la bienvenue dans la langue nationale qu'il apprenait à l'école du village ouverte depuis peu. Il se présenta.

— Je m'appelle Katak, j'ai treize ans, et un jour je serai chef, comme mon grand-père.

Ponhli traduisit ses propos au chaman qui se félicita d'avoir pensé à emporter plusieurs boîtes de crayons ou de stylos de couleur, et autres babioles. Elles allaient faire des heureux. Encadrés par leur joyeuse escorte qui courait ou sautillait autour d'eux, ils prirent la direction des hauteurs.

L'instituteur, un homme d'une trentaine d'années, le seul à porter chemise, pantalon et sandales, sortit d'une case pour agiter avec frénésie le battant d'une cloche, fixée sur un portique en bois. Dans le cadre de la campagne nationale d'alphabétisation, ce citadin de Jakarta avait été nommé d'office à ce poste nouveau, faute de volontaire, et vivait sa récente mutation comme une proscription. Avant son départ, en présence de la presse et de la télévision, les politiciens, accompagnés des pontes de l'enseignement, les avaient félicités, lui et ses collègues frappés de la même sanction. Affirmant qu'ils étaient des pionniers de la république, l'avant-garde chargée d'apporter les lumières de la civilisation aux indigènes du Kalimantan, ils leur avaient certifié que les cinq ans qu'ils passeraient là-bas leur vaudraient des primes spéciales, et un supplément d'annuités pour la retraite. Sans y être obligé, l'instituteur ne serait pas parti. Il soupçonnait son directeur, avec qui il avait eu des mots, d'avoir mis son nom sur la liste noire, et révélé aux inspecteurs du ministère sa sympathie pour les idées communistes.

Si cela s'était avéré exact, on l'aurait arrêté, torturé et jeté dans un camp pour y être quotidiennement maltraité. L'absence de preuve ne l'avait cependant pas entièrement blanchi. Aux yeux du pouvoir, il restait un suspect qu'il fallait isoler. Il avait dû tout quitter : famille, amis, appartement de fonction, et la ville surtout, avec ses distractions et ses commodités. Sa femme et ses deux enfants s'étaient installés chez ses parents en attendant son retour.

Cinq ans ! Ce chiffre martelait le crâne de Muhammad Keyan et donnait de la cadence à son bras qui agitait la cloche. Cinq ans ! Encore quatre ans, cinq mois et dix-huit jours à tenir. Sa seule consolation : descendre chaque fin de semaine à Kualakeriau, à quatre heures de pirogue à moteur — l'administration lui en avait alloué une — et retrouver un semblant de confort dans une atmosphère familiale chez son supérieur direct, Abdallah Baruk, directeur scolaire du district. L'homme, originaire de Pontianak, avait le même âge que lui. C'était son premier poste en tant que chef d'établissement et pour monter en grade dans l'enseignement il n'y avait que deux solutions : soit avoir des parents ou des amis haut placés, soit s'exiler pour un temps au fin fond du pays, là où la concurrence ne se bousculait pas. Dans deux ans, il postulerait pour Semitau, ensuite pour Sintang. Il mettrait une quinzaine d'années à redescendre le cours du Kapuas et à revenir, au gré des mutations, vers l'estuaire du fleuve, dans sa ville natale. Et qui sait, c'était son rêve secret, dirigerait-il alors la belle école communale où il avait étudié dans son enfance ? Lui n'aurait jamais pu flirter avec les communistes impies. Né dans une famille très dévote, comme beaucoup de musulmans pratiquants, pour ne pas dire la majorité, il était convaincu que l'islam avait réponse à tout et c'était essentiellement de religion qu'il parlait, durant ses conversations hebdomadaires avec Muhammad Keyan. Ce dernier, bien placé pour connaître les risques qu'on encourait à contredire ses chefs, jaloux de leurs plus infimes prérogatives, avait su se faire aimer de celui-ci. Il l'accompagnait à la mosquée pour la prière qu'il marmonnait d'une voix inaudible, y mêlant parfois des paroles de *L'Internationale*, plus ancrées dans son crâne que les sourates coraniques. Cette courtisanerie l'obligeait à sourire et à se montrer aimable en toutes circonstances. Le reste de la semaine, sa vraie nature revenait en force, et c'étaient les petits Iban — ces rejetons d'idolâtres obscènes, comme les surnommait, avec une moue de mépris, son supérieur — qui en faisaient les frais. Son souhait le plus ardent : être échangé avec un collègue moins estimé que lui, et venir occuper son poste dans les bâtiments neufs du chef-lieu, équipés de ventilateurs. Il s'ingéniait à faire mûrir cette perspective dans la tête d'Abdallah Baruk, déjà convaincu, malgré les notes de mise en garde en provenance de la capitale, que ce subalterne exemplaire avait été victime de la médisance d'enseignants hypocrites. Ensuite, il avait l'intention de faire venir les siens. Kualakeriau, qui jouissait des bienfaits d'une installation électrique locale, d'un dispensaire, d'un marché, d'un héliport sommaire, d'un quincaillier chinois et d'un relais de télévision, était un paradis comparé à ce trou. S'il parvenait à son but, les jours, les mois, les années paraîtraient bien moins longs.

Ding ! Ding ! Ding ! Ding ! Cinq ans ! Cinq ans ! Les vacances scolaires n'approchaient pas assez rapidement à son gré ! Revoir Jakarta, cajoler Lamia, que ses deux grossesses n'avaient pas abîmée. Chaque soir, il pensait à elle, jusqu'à l'obsession. Si seule et si belle, ne risquait-elle pas d'être la proie de séducteurs à l'affût ? Son père et sa mère, bien que vigilants, ne pouvaient la tenir séquestrée. Elle sortait pour conduire et aller chercher les petits en classe, faire des courses, voir des amis, tout un itinéraire quotidien pavé de tentations que le cerveau fiévreux de Muhammad se torturait à concevoir. La jalousie qui le rongeait le rendait invivable lors des congés, et risquait d'inciter sa fidèle moitié à mieux profiter de ses absences. Cette idée aussi le turlupinait.

Et ces morveux, d'une nudité lubrique, qui n'obéissaient pas et tournaient autour de l'étranger ! Que pouvait bien venir faire ici cet impérialiste ? Même s'il avait, par prudence, étouffé ses convictions de jeunesse, le jargon lui restait. L'envie ne l'effleura pas de faire connaissance. Il ne pouvait imaginer les Blancs autrement que dominateurs et méprisants, à l'image des Hollandais qui avaient infligé à son pays une si lourde férule coloniale. La victoire des résistants indonésiens et l'indépendance n'avaient pas mis un terme à des frustrations qui se transmettaient d'une génération à l'autre. Muhammad Keyan, comme beaucoup, remuait d'amers ressentiments. C'est pourquoi il avait, à vingt ans, fréquenté le Parti. Et c'était pour la même raison qu'aujourd'hui, à trente-cinq ans, la vue de Kervanec lui donnait des boutons.

S'il était risqué de rester communiste, dans ce pays gouverné par les militaires, qui leur faisaient payer au prix fort le succès de leurs camarades indochinois, les musulmans pouvaient au contraire s'afficher sans problème. Or, pour avoir subi un temps le joug des chrétiens, et subir encore celui des Israéliens en Palestine, l'islam aussi avait la haine. Depuis qu'il fréquentait la mosquée avec Abdallah Baruk, lequel souvent l'appelait « mon frère », il n'était plus tout à fait le même. L'échec de la perspective révolutionnaire en Indonésie le poussait à se montrer attentif aux slogans simplistes du mollah qui prônait le djihad contre les mécréants, et à se dire : « Pourquoi pas, après tout ? » Pour ne pas être pris en défaut par son hôte, il avait récemment relu le Coran ânonné dans sa petite enfance. C'était beaucoup moins compliqué à assimiler que *Le Capital* et il y avait trouvé de quoi répondre à son désir de vengeance.

Il n'était pas le seul à virer progressivement sa cuti, et à voir dans cet « opium du peuple » un formidable outil de subversion mondiale, capable d'infliger à l'ennemi de toujours des défaites cuisantes et, qui sait, de le subjuguer. Une telle promesse méritait que fût remisée l'idée qu'« il n'est pas de sauveur suprême ». Si au nom d'Allah, les multitudes humiliées pouvaient relever la tête et vaincre, alors oui, Allah serait grand ! Des milliers, des dizaines de milliers de petits instituteurs, d'artisans, de commerçants, en Afrique, au Moyen-Orient, en Asie, se disaient exactement cela et, fort de cette réalité, Muhammad Keyan devenait de jour en jour moins laïc. Il ragea contre l'intrus blanc qui retenait ses élèves.

Ding ! Ding ! Ding ! Les gosses émoustillés faisaient la sourde oreille. Pour une fois qu'ils avaient une récréation sortant de l'ordinaire ! Katak tout en marchant comme une tortue, avec le sac de Judik qui pesait sur son dos, les rappela à l'ordre.

— Allez ! En classe ! Je vous rejoins !

La bande cessa de jouer, fit la grimace, et les écoliers eurent l'air de se rendre en prison. Les chanceux qui échappaient encore à cette contrainte continuèrent leur farandole autour des visiteurs.

— Mon grand-père veut que la jeunesse s'instruise, expliqua Katak d'une voix saccadée par l'effort.

Judik ne pouvait proposer de reprendre le sac devant les petits qui leur collaient aux basques. C'eût été vexant pour leur champion, dont ils admiraient la vigueur.

— Nous devons apprendre à lire et à écrire la langue de l'Etat, si nous voulons être entendus. Dommage que ce maître soit toujours mal luné. Un jour, l'un d'entre nous sera capable de faire son travail, et nous nous passerons de ces enseignants venus de la ville, qui ne sont pas faits pour vivre comme nous.

Katak parlait déjà comme un leader, et il en avait la jugeote. Un alerte vieillard, mince comme un fil, descendit en trottinant de la colline et vint à leur rencontre.

— Voici Budit, mon grand-père.

Cheveux blancs et drus, visage hâlé, petits yeux fendus et sagaces, lobe des oreilles troué, nez plat, un sourire empreint de bonté, ce chef avait plus l'air d'un sage que d'un guerrier. Des tatouages emblématiques — fleurs, insectes et dragons — décoraient son buste et ses bras. La main qu'il tendait, bien que ferme, était douce à serrer. Il salua Alpia dont il se souvenait. Le piroguier fit les présentations et expliqua les raisons de la venue du Blanc.

— Ah ! Vous voulez retrouver Claire, dit doucement le vieil homme en s'adressant à Judik. Elle n'est pas très loin, deux jours de canoë et probablement quatre jours de marche.

— L'avez-vous revue depuis son dernier passage ?

La question posée en dialecte penan amena Budit à répondre de même.

— Non, mais j'ai souvent de ses nouvelles.

Vivante, elle est vivante, jubila intérieurement Judik. Budit attendit la fin de cet émoi silencieux avant de poursuivre.

— Ici, voyez-vous, nous sommes restés comme avant. C'est ce qui lui plaisait. Elle nous connaît bien. Combien de temps pourrons-nous résister ? Les autres se rapprochent, ils nous frôlent déjà, transformant tout sur leur chemin. Il faut profiter de ce sursis pour se préparer à survivre selon les règles qu'ils imposent partout où ils s'installent. Ils nous ont déjà envoyé cet instituteur, demain viendront les bûcherons, après-demain les colons. Les soldats surgissent parfois du ciel avec leurs hélices volantes et déposent des hommes dont la mission est de rabattre les peuples forestiers, de les tuer parfois. Voilà pourquoi je veux que nos gosses s'instruisent.

Sa main tapota l'épaule de son petit-fils qui avait profité de la halte pour se délester du sac.

— C'est en connaissant très bien leurs lois que nous pourrons le mieux nous défendre. Nous enverrons nos jeunes les mieux disposés dans leurs grandes écoles.

Pourquoi n'en venait-il pas directement au fait ? Claire était-elle en danger ? Budit n'avait pas le même sentiment d'urgence. Quand on compte les déplacements non pas en heures, mais en jours de marche, on n'est pas à cinq minutes près. En l'écoutant, Judik eut la sensation de l'avoir déjà entendu prononcer ces paroles. Ce ne pouvait être que dans l'étude de Claire sur les Dayak. Elle était passée une première fois ici, car elle avait effectivement mentionné, comme une exception, cette tribu iban qui ne s'était pas laissé corrompre et avait su, jusque-là, préserver ses particularismes. Se replongeant en pensée dans ce qu'il avait retenu de l'ouvrage, il fut absolument certain d'avoir par la lecture déjà visité ce village, et reconnut les descriptions qu'elle en avait faites. La grande case en haut, surplombant à la fois le fleuve et la rivière, les autres à mi-pente, ces gosses, ce vieillard, et Katak, le petit brave qui avait grandi depuis, tout cela devenait soudain presque familier.

— Avec quel argent payerez-vous les frais de vos futurs étudiants ? s'entendit-il demander.

— Les bûcherons et les colons javanais, depuis qu'ils sont là, nous achètent le sagou, le riz gluant, les noix, des plantes qui soignent, des dents de tigre, des peaux d'animaux ou de serpent et des objets de bois qui copient nos fétiches. En échange, ils voulaient nous donner des chapeaux, des vêtements, des sandales et de faux bijoux. Nous n'avons pas voulu de ce troc. Tant que je serai là, nous continuerons à porter le pagne en écorce de meranti battue au maillet, nos amulettes, nos tatouages, à conduire dans les forêts éternelles les âmes de nos morts, à vénérer le ciel, et Ini, l'esprit de la Terre.

Il se tut un instant.

— Après, ça dépendra d'eux.

Budit caressa la nuque de Katak, qui se redressa légèrement, l'air de dire : « Tu peux compter sur moi, grand-père. »

— Tout ce que nous fournissons aux Indonésiens qui s'installent sur nos terres sans qu'on nous ait demandé notre avis, ils le paient avec ce papier qui ne vaut rien chez nous et qui est tout pour eux, se moqua le vieil homme en froissant dans sa main une poignée de billets. Au début, ils nous ont volés. J'ai envoyé un de mcs fils voir à Kualakeriau combien ils revendaient nos produits et nous les avons obligés à nous les acheter plus cher.

D'un mouvement de menton, il désigna les gamins qui les entouraient.

— Ce que nous gagnons doit servir à développer leurs connaissances, face à ces voleurs qui détrousseraient leur propre mère.

Ces voleurs, comme l'indiquait son mouvement de main et de menton, étaient les Javanais, les Malais, les Chinois, ceux qui vivaient en aval du fleuve jusqu'à son estuaire, et qui étaient arrivés juste après les bûcherons pour prendre possession des aires déboisées.

— Je dois rentrer, prévint Alpia, qui voulait vendre sa viande avant qu'elle ne pourrisse et rallier au plus vite Mister Tong City. Ma femme est près d'accoucher.

Ce vieux qui n'aimait pas l'argent le mettait mal à l'aise. Il ressemblait à Tagdil, son chef coutumier, qui avait pris le parti de se taire, faute d'être écouté. Comme lui, il n'était qu'un résidu du passé. S'étant dit cela, il n'était pas parvenu à s'en convaincre. Budit l'intimidait beaucoup. Il avait la sérénité d'un ancien sûr de ses valeurs, très loin de celles qui régentaient désormais son comportement de Dayak transplanté. En faisant ses adieux, Alpia quémanda du regard un bakchich à Judik, l'obtint sans effort, et s'en serait réjoui, si Budit n'avait pas eu l'air de s'offusquer et de le plaindre, lorsqu'il le salua d'une légère inclinaison du buste. La gêne lui fit baisser les yeux et le poursuivit jusque sur la rive qu'il atteignit en courant. Il disparut avec sa pirogue, en laissant derrière lui une traînée de mousse.

Katak avait repris le sac et grimpait d'un bon pas, entraînant les autres à sa suite. Le reste du chemin se fit en silence. Arrivé en haut de la colline, près de la grande case, Judik aperçut le second bras du Kapuas au bas de l'autre versant couvert d'arbres. Du sommet du village on pouvait surveiller le fleuve sans être vu.

— Si nos ancêtres se sont installés au confluent des rivières, c'est pour en contrôler l'entrée et conserver un lien avec les Penan qui nomadisent plus haut, près des sources, expliqua Budit. C'est avec eux et avec eux seuls que depuis toujours nous pratiquons le troc. Contre leur bois d'aigle, aussi précieux que le bois de fer, les fruits, les résines, les plantes qui soignent, les peaux, le sagou, et tout le reste, nous leur fournissons le riz, le tabac, du métal, et du sel.

— Et aussi des lampes, et des piles électriques, ajouta Katak.

— Que vous achetez aux marchands du secteur ?

— Nous sommes les intermédiaires obligés entre eux et le reste du monde, répondit le grand-père. Une lampe électrique vaut trois ou quatre paniers en rotin, selon la grosseur.

Les femmes et les hommes en âge de travailler s'affairaient dans les plantations, dont certaines étaient à plus d'un jour de marche, ce qui ne leur permettait pas de rentrer tous les soirs. Les essarts les plus proches, semés de riz pluvial, faisaient des taches claires parmi les frondaisons qui recouvraient les pentes des vallons, comme si la forêt avait eu la pelade. Vus de cet emplacement, les cultivateurs n'étaient pas plus gros que des fourmis.

La grande case était un pur chef-d'œuvre. Entièrement en bois, avec son toit de bardeaux, elle mesurait cent trente mètres dans sa longueur, dix dans sa largeur et reposait sur des pilotis de trois mètres de haut. Des rangées de colonnes et d'arcades soutenaient les auvents sur deux niveaux, et supportaient les balcons ornés de rambardes de rotin tressé en losange. Sur des piédestaux sculptés dans des troncs d'une seule pièce, d'énigmatiques idoles s'alignaient devant la façade. Affublées de lèvres difformes, de nez écrasés, de paupières bouffies, elles portaient sur la tête, en guise de chapeau, des tigres, des taureaux, des ours, des reptiles. Ces totems, plus grands que les humains, étaient là pour monter la garde et tenir les esprits mauvais à distance. Judik et Ponhli ôtèrent leurs chaussures — elles étaient prohibées à l'intérieur — et gravirent l'escalier principal à la suite de Budit. Ils passèrent devant plusieurs appartements, auxquels on accédait par la coursive commune, et comme les portes d'entrée étaient toutes largement ouvertes, on pouvait en déduire que personne n'avait de secret pour personne. A l'étage supérieur vivaient les jeunes couples. Une pièce principale, la première construite, au centre de la bâtisse, était réservée aux ancêtres fondateurs afin que leurs mânes puissent être invoqués — et ils l'étaient souvent — par la descendance. Elle servait de point de contact entre le monde aérien et le monde souterrain, celui du dessus et celui du dessous. Les oiseaux, les rhinocéros qui symbolisaient le premier, les serpents d'eau le second, décoraient abondamment toutes les charpentes. A cette heure de la journée, seules les mères allaitant leurs nourrissons, les grands-parents, et la marmaille qui s'agglutinait au passage des nouveaux venus occupaient les alvéoles de cette ruche.

— Trente-huit familles partagent cette maison, soit cent quatre-vingts des trois cent vingt habitants du village, expliqua Budit à Judik, qu'il sentait séduit par cette façon de vivre.

Arrivé devant son propre logement, en tout point semblable aux autres, il héla une vieille femme, vêtue d'un sampot et d'une chemise sombre, qui pelait des tubercules de manioc. Sous le bandeau marron qui lui servait de coiffe, elle eut l'air surprise, puis heureuse. Sa bouche barbouillée de bétel s'élargit. Elle vint les saluer. A ses oreilles pendaient de lourds anneaux qui étiraient leurs lobes jusqu'aux épaules : une mode répandue dans les ethnies de Bornéo, comme dans celles du Laos, et aussi peu appréciée ici que là-bas des jeunes générations qui, dans leur majorité, refusaient de la suivre.

— Tikale m'a donné cinq enfants, fit-il en guise de présentation.

Avec elle, il alla chercher des tabourets, les installa sous l'auvent, et invita son hôte à s'asseoir, laissant sa femme, que la présence de Judik faisait rigoler tant elle le trouvait singulier, retourner à ses pluches. Katak et Ponhli, qui avaient lié connaissance durant le trajet, se délestèrent des sacs et soufflèrent un bon coup. Le jeune Penan aurait bien voulu poursuivre la discussion et visiter les aires de jeu. Le futur chef ne céda pas à la tentation et d'un pas pressé se dirigea vers l'école en criant : « A plus tard ! » Budit ferma les yeux et sourit. Quand il les rouvrit, il poursuivit la conversation.

— Après le dîner, qui se passe en famille, on prend le frais sur cette terrasse, les voisins des autres cases, qui ont été construites au fur et à mesure que la tribu s'agrandissait, viennent ici pour papoter, fumer une pipe, écouter les histoires des conteurs. Juste après le coucher du soleil, vous le verrez, le village au complet sera rassemblé dans la grande maison, et la veillée resserrera les liens qui se relâchent durant le jour, quand le travail nous disperse.

Des anciens un à un sortirent de leur logement où ils faisaient la sieste, et s'avancèrent avec leur siège, pour prendre part à la conversation. Les rhumatismes les obligeaient à une lenteur presque cérémonieuse. Ils étaient tous plus vieux que Budit et paraissaient plus graves. Cheveux blancs, corps fripés, tatouages couverts de craquelures comme les vieilles toiles, membres noueux, ils avaient des airs de ressemblance, et la vitalité qui avait disparu de leurs muscles s'était comme concentrée dans leur regard. Gardiens de la pensée iban, juges en cas de litige, ces magistrats connaissaient par cœur le passé de leur peuple, les aïeux de toutes les lignées, et l'origine des lois. Faute de connaître l'écriture, ils étaient doués d'une extraordinaire mémoire, qui n'était jamais prise en défaut.

Sans l'autorité morale de ces hommes, se demandait Judik, cette communauté serait-elle aussi homogène, n'aurait-elle pas déjà été contaminée par l'esprit des marchands qui commerçaient avec elle ? Les principes qui cimentaient ces Iban, Claire l'avait très bien analysé, n'avaient pas été conçus pour la confrontation avec un pouvoir s'exerçant à l'échelle mondiale. Ils étaient fragiles et reposaient sur l'idée égalitaire que personne ne pouvait exister hors du groupe. Mise à part la récolte extraite des sols qu'il avait défrichés et sur lesquels il avait acquis pour sa famille un droit d'usage, l'individu ne possédait rien à lui. Les biens étant collectifs, les parcelles ne pouvaient être réparties entre les descendants. Outils, maisons, pirogues, ainsi que l'espace territorial de la tribu, profitaient équitablement à tous. Néanmoins, il suffisait que quelques-uns parmi eux se laissent pervertir, et le ver finirait par pourrir le fruit. Que ferait Budit dans ce cas ? Serait-il condamné, comme son collègue Tagdil, de Mister Tong City, à s'emmurer dans une désapprobation silencieuse ? Kervanec voulut le savoir.

— Si l'un d'entre vous décide de vendre ou de posséder vraiment ses parcelles et d'avoir sa propre maison...

— Il n'en a pas le droit, le coupa Budit. C'est le conseil des anciens qui décide.

Les anciens approuvèrent.

— Et s'ils étaient plus de la moitié à vouloir le faire ? insista Judik.

Le chef se raidit à cette idée, montrant à quel point elle lui était désagréable, et les sages exprimèrent leur agacement.

— La forêt est vaste, fit Budit en la montrant d'un grand geste du bras. Je remonterais la rivière jusqu'au prochain confluent avec les incorruptibles, et nous nous y installerions.

— Et si tous se laissaient corrompre ? s'obstina Judik.

Une telle hypothèse ne pouvait être exclue. L'index de son hôte désigna les marmots qui poursuivaient à quatre pattes les poules téméraires occupées à picorer sur la coursive les miettes des repas.

— Regardez-les, j'ai confiance en eux, et nous ne nous privons pas de leur ouvrir les yeux dès qu'ils grandissent. Le seul danger c'est l'armée, qui peut nous déporter comme elle l'a fait ailleurs. C'est pourquoi nous traitons les soldats avec égards quand ils passent chez nous. Nous leur avons même construit une case un peu à l'écart, qui leur sert de poste de repli, quand ils sont en opération. Pour eux, nous sommes sous contrôle.

Budit semblait oublier que les militaires obéissaient à l'Etat. Les dirigeants indonésiens savaient pertinemment, pour y avoir souvent recours, que les ethnies arrachées à leurs terres historiques et transplantées ailleurs se désagrégeaient vite. Judik l'accula.

— Et s'ils vous déracinent, malgré tout ?

Le vieux chef écarta les bras d'un air fataliste.

— J'en mourrai, c'est certain !

— Et nous aussi, confirmèrent les sages.

C'était exactement ce que faisait Tagdil, le Dayak de Mister Tong City : il se laissait mourir. Ponhli qui, par déférence, s'était mis un peu en retrait et traduisait à Judik les mots qu'il ne comprenait pas encore, fit à part lui le rapprochement avec son père. Salti avait également cherché à se détruire pour ne plus ressentir dans sa chair la souffrance des siens. Sans le chaman qui leur avait rendu à tous leur fierté, l'alcool l'aurait tué, ainsi que beaucoup d'autres.

L'épluchage du manioc achevé, Tikale apporta une jatte de vin de palme et une louche en bois qui passa d'une bouche à l'autre. Elle revint peu après avec des papayes, des mangues et un durian. C'est l'instant que choisit Budit pour parler de Claire, enfin.

— Nous la connaissons bien. C'est chez nous qu'elle a rencontré pour la première fois les nomades penan avec lesquels elle vit.

— Est-elle en péril ? s'inquiéta Kervanec.

— Ils sont sur la frontière. Il y a cinq lunes, sans passer par chez nous, pour ne pas nous impliquer, je pense, ils sont allés saboter des machines sur le chantier que vous avez vu en venant. Depuis, une compagnie de soldats, avec une double hélice volante quatre fois plus grosse que les autres, s'est installée sur place, et leur fait la chasse.

— Et eux se cachent au Sarawak ? questionna Judik.

— Le problème, c'est qu'ils ont fait la même chose de l'autre côté de la frontière, et qu'ils ont aussi des soldats à leurs trousses.

Les anciens avaient la mine sombre.

— Pourtant vous avez, semble-t-il, gardé le contact, releva Kervanec.

— Comme c'est risqué pour eux maintenant de venir ici, nous avons fixé un lieu de rendez-vous secret pour y faire le troc, révéla Budit. Ils viennent à deux ou trois, avec des sacs pleins, et comme d'habitude nous leur fournissons les choses qui leur manquent.

Du regard il consulta ses pairs et reprit :

— Nous avons des devoirs envers eux, et nous ne les laissons pas tomber.

Les anciens acquiescèrent.

— Quand a lieu la prochaine rencontre ?

— Dans six jours, sauf si l'armée patrouille dans les parages.

Judik et Ponhli furent logés dans la case réservée d'ordinaire aux rangers de passage et prirent les repas chez leur hôte qui, soucieux d'être agréable à Judik, venu de si loin pour retrouver Claire, organisa des festivités. Le premier jour eut lieu une cérémonie d'accueil. Au retour des champs, les Iban se mirent sur leur trente et un. Cotonnades de couleur, corsage en rotin tressé, châle en écorce battue et bijoux, pour les femmes. Pagne, coiffe de parade, équipement de combat, colliers, bracelets et pendentifs de métal, pour les hommes. Budit se montra avec sa toque noire ornée de longues plumes et tous les attributs de son rang. Un chapelet de têtes réduites qu'il avait tranchées de sa main, quand il était plus jeune, pendait en bandoulière, au travers de son buste. Se plaçant devant une légion de sabreurs qui copiaient tous ses gestes, il entama une danse guerrière rythmée par les tambours, à la lueur des torches, et fit tournoyer son *mandau*, lame des coupeurs de têtes, à la poignée en os de cerf finement sculptée. L'acte qu'il mima prit une tournure sauvage : la décapitation des vaincus, jadis immolés pour effacer les deuils de la tribu. Toute sa force et celle de sa troupe se concentrèrent sur le geste fatidique qui fit fulgurer les glaives dans la pénombre. Cette scène révélait une seconde nature, beaucoup moins pacifique. L'instinct était bien là, derrière la sagesse, et Judik se sentit rassuré d'avoir été reçu en ami...

16

A l'ombre des totems

Le *manang* du village — c'est ainsi que les Iban appellent leur chaman — répondait au nom d'Obit. Malgré son âge, trente-cinq ans, et un accoutrement qui prêtait à sourire, son pouvoir spirituel le plaçait en deuxième dans l'ordre hiérarchique, juste après Budit le sabreur. A ce titre il pouvait, quand il le désirait, siéger parmi les sages, en dépit de ses extravagances. Paré de soieries, de grelots, de pierreries et de boucles d'oreilles pesant un bon poids, vêtu et coiffé comme les femmes, plagiant leurs attitudes et leurs mimiques, il accomplissait dans la journée les mêmes travaux qu'elles. Cette androgynie, jugée surnaturelle, était propre à sa fonction. Kervanec se souvint que Claire y avait vu une survivance d'un matriarcat très ancien. Un vrai *manang* devait être stérile et incarner physiologiquement les deux sexes : celui de la Terre et celui du Ciel. Les hermaphrodites, prédestinés à cette fonction, ne couraient pas les pistes. Pour avoir un chaman à chaque génération, la tricherie devint nécessaire. Bien que n'étant pas bisexués pour la plupart, les postulants faisaient semblant de l'être et affichaient l'ambivalence. Dans certaines tribus, les invertis, plus proches que les autres des critères requis, firent acte de candidature et par la suite assumèrent très bien les charges de leur magistère.

Obit était dans ce cas. Follement amoureux de Tibil, un petit-neveu de Budit en âge de fonder une famille et qui, comme lui, n'était pas attiré par les demoiselles, il eut l'audace de le prendre pour mari, sans se soucier du qu'en-dira-t-on : une décision qui surprit et fit rire tout le monde, sans pour autant altérer sa crédibilité. Il avait suivi l'enseignement d'un grand maître kayan, une ethnie cousine des Iban, qu'il était allé rejoindre en pirogue, puis à pied, et chez qui il avait séjourné dix ans. Il en était revenu transformé, plus féminin que jamais, mais avec des dons de guérisseur qui forçaient le respect. Sans lui, combien seraient morts de mauvaises fièvres et d'humeurs qui les auraient rongés du dedans ? Avec son accord, Judik et Ponhli passèrent plusieurs heures à le regarder opérer.

Il arriva comme d'habitude en pleine nuit avec ses assistants dans l'appartement d'une femme alitée et à demi inconsciente, qui avait des vomissements et des douleurs au ventre. De la petite boîte pleine d'objets magiques fixée par un lacet à sa taille, il sortit une pierre de lumière [1], en frotta la patiente, entièrement dévêtue, pour localiser son âme en train de la quitter — la cause du mal était là — et la remettre à sa place. Un sacré boulot, car celle-ci avait été aspirée par les démons du monde du dessous ! Il allait devoir s'y rendre et se battre pour la leur arracher. Les assesseurs se mirent à psalmodier des litanies et Obit, qui ne manquait pas de farder son visage pour en accentuer le côté féminin, se lança dans une danse interminable, bondit à droite, à gauche, se contorsionna, pivota sur lui-même. Ses gesticulations, ses grimaces et ses paupières noircies au khôl le faisaient ressembler à une furie. Hagard, il parut tourner de l'œil et tomba au sol lourdement. Ses aides le couvrirent d'un plaid, et il entreprit son voyage extatique dans le royaume des ténèbres. Les démons se déchaînèrent, il les affronta et parvint à saisir la partie de l'âme captive. D'un bond, alors, il se redressa, fit voltiger la couverture. Agrippant fermement l'invisible substance dans ses poings serrés, il la tira en y mettant toute son énergie pour vaincre la résistance des esprits malins qui la retenaient à l'autre extrémité, recula

1. Cristal de quartz.

de trois pas, tira plus fort encore, s'approcha de la couche, accentua sa traction, et, par le crâne de celle qui l'attendait pour reprendre conscience, la replaça dans son enveloppe charnelle. Enfin, il demanda au chef de famille un poulet qu'il sacrifia au bas des pilotis, en récitant des formules de purification. La patiente revint à elle, avoua se sentir mieux, et le *manang* épuisé se jeta dans les bras de Tibil, son époux, qui avait patiemment attendu la fin de ses prouesses pour le ramener tendrement au logis.

L'instituteur fit tout pour éviter « l'étranger blanc » qui le lui rendit bien, chercha à savoir auprès de ses élèves ce qu'il était venu faire, et ne les crut pas quand ils répondirent qu'ils n'en savaient rien. Pourquoi bénéficiait-il d'un tel accueil ? Les Iban lui étaient-ils redevables, et à propos de quoi ? Il pensa à l'un de ces agents de la CIA, spécialistes de la déstabilisation interne des Etats. Qui sait si celui-ci n'avait pas été envoyé pour inciter les indigènes à se soulever contre la république ? Il finit par s'en persuader. Au bout du troisième jour, Muhammad Keyan s'embarqua comme chaque fin de semaine pour Kualakeriau. L'observant du haut de la colline, alors qu'il rejoignait sa pirogue, Judik fut presque certain qu'il irait signaler sa présence aux autorités. Même à distance, il ressentait son animosité. Budit le rassura.

— Il a peur de nous et n'osera pas vous dénoncer directement lui-même. Il va, je crois, en parler à son chef en lui demandant de se montrer discret, pour ne pas le mettre en danger. Il y aura des rumeurs. L'armée viendra peut-être, dans une lune. Vous serez déjà loin.

— Vous semblez le connaître sur le bout des doigts, nota Judik en riant.

— Il n'est pas très difficile à deviner, répondit Budit amusé. Sa face le trahit à chaque fois qu'il pense.

— Pourrait-on vous reprocher de m'avoir hébergé ?

— Pas si vous êtes en règle avec eux.

— Je le suis, j'ai un visa de séjour.

— Quand il reviendra, vous aurez déjà quitté le village. Il ne pourra donc pas savoir la direction que vous aurez prise ou qui vous y a transporté. Comme il ignore tout de nos rendez-vous cachés avec les Penan, je pourrai affirmer à qui me le demandera que vous êtes reparti avec un piroguier des basses terres venu nous proposer des tissus, et personne ne dira le contraire.

L'optimisme du chef des Iban du haut Kapuas rassura Judik qui occupait ses journées à examiner les sculptures en bois, s'en faisait expliquer la signification, et essayait de déchiffrer la spiritualité de ces essarteurs qui accordaient une âme à toute vie terrestre, même au grain de riz. Ils étaient restés respectueux et relativement proches de la Grande Mère. Avant de les quitter, il avait l'intention de les rapprocher encore plus. Ponhli, de son côté, fit connaissance grâce à Katak des adolescents de son âge. Avec eux, il pêcha dans le Kapuas, et chassa à l'arc le petit gibier. N'ayant aucun mal à se trouver des assistants parmi ses nouveaux copains, qui ne mirent pas longtemps à comprendre comment marchait le matériel, il photographia et filma aussi beaucoup.

La veille du départ, après le coucher du soleil, un foyer de la grande case célébra les secondes funérailles d'un garçon mort prématurément en tombant d'une falaise, au cours d'une traque à l'ours, quelques années auparavant. Toute la communauté participa à ce *pesta tiwali*, durant lequel le défunt quitte définitivement la proximité des vivants pour le monde du dessus. En vue de cette cérémonie, les parents avaient engraissé un bœuf, que le chef de famille entreprit de sacrifier. Avec la même hargne que s'il s'était agi d'une victime humaine destinée à se faire réduire la face en peau de chagrin, il leva son sabre devant l'assistance attentive qui, au moyen d'incantations ancestrales, encourageait l'envol de l'absent vers l'invisible éternité. Au son funèbre des tambours, le *mandau* s'abattit sur le garrot de la bête et y ouvrit une large entaille, d'où le sang jaillit à flots. Le rythme des percussions s'accéléra, les prières devinrent plus intenses tandis que l'animal tombait à genoux en lâchant un meuglement de détresse.

Budit intervint pour achever le travail proprement, se jeta en avant, tenant à bout de bras son sabre qui étincela comme un éclair, dans la lumière frémissante des flambeaux. Judik était fasciné. Il imagina ce chef assagi au temps de l'occupation nippone. « Le meilleur moment de ma vie », lui avait-il avoué en évoquant cette période de plénitude au cours de laquelle, avec les guerriers de la tribu, il pourchassait les patrouilles japonaises. Surgissant de la végétation au milieu des colonnes ennemies, il frappait comme la foudre et, pendant que les soldats terrorisés usaient leurs munitions à tirer au hasard, revenait au campement les mains pleines de trophées. Le chapelet de têtes qu'il portait au travers du buste datait de cette époque. Le cri qu'il poussa en coupant net le cou du bœuf blessé fut celui d'un fauve. Ce coup de maître mit le public en liesse. La viande fut débitée et jetée dans de gros chaudrons fixés sur des foyers, près de la grande case. Les femmes se regroupèrent pour préparer le pot-au-feu. Les hommes allèrent sur la terrasse étancher leur soif et bavarder, en attendant les agapes.

Judik profita de cette pause pour suggérer discrètement à Budit de le suivre.

— J'ai quelque chose à vous montrer, à vous seul, insista-t-il.

Le vieux guerrier l'accompagna avec réticence. Que pouvait-on lui faire découvrir qu'il ne connaissait pas ? Il était né ici. Ce passager en transit croyait-il lui en apprendre sur un site qu'il habitait depuis toujours ? Ponhli devina les intentions du chaman et invoqua pour s'éloigner de ses nouveaux amis un besoin urgent à satisfaire. Le Boloven blanc avait repéré, au flanc de la colline touffue donnant sur l'autre cours du fleuve, un Vénérable ramin. Miltit fut étonné d'être appelé par son nom, plus étonné encore de recevoir les codes et d'être mis en condition pour établir le passage du fluide *numineux*.

Quand Kervanec invita l'ancien coupeur de têtes humaines à prendre sa main et celle du jeune Penan et à appuyer son dos contre le tronc, celui-ci se demanda si le Blanc n'était pas affligé des mêmes mœurs qu'Obit, le *manang*. Il voulut réagir, saisir son sabre, punir le pervers qui mêlait un adolescent à ses dépravations. Trop tard ! Une lave incandescente le traversa. Loin de le brûler, elle répandit dans son corps une fraîcheur et une légèreté qui lui laissèrent l'impression d'avoir retrouvé sa jeunesse. Il parcourut en quelques instants les multiples sentiers empruntés durant sa longue vie de chasse, voltigea dans les branches, se sentit devenir tour à tour singe, tigre, ours, cerf, aigle, erra de gîte en tanière, vola de tanière en nid, fut comme catapulté à la hauteur des étoiles d'où il put contempler le disque bleu de la Terre, et comprendre enfin qu'elle était la seule, dans le chaos glacial qui l'entourait, à ne pas être inféconde. Il reprit conscience en même temps que Ponhli. Le jeune Penan, moins époustouflé que la première fois, éprouvait un émerveillement intact.

— Pourquoi la Terre ne se montre-t-elle pas comme ça à tout le monde ? s'exclama-t-il. Les gens comprendraient et ouvriraient les yeux.

— Pas sûr ! La Grande Mère subit leurs outrages et, bien qu'ils soient aussi ses enfants, elle ne les a pas en sympathie. Gagarine dans son Spoutnik a pu ressentir un émerveillement identique à l'extase. L'idéologie officielle ne lui a pas permis de l'exprimer. Quand tu la vois d'en haut tu comprends tout. Après il y a les intérêts politiques pour les uns, économiques pour les autres. Les cosmonautes en oublient ce qu'ils ont vu ou éprouvé et jouent parfaitement leur rôle de héros.

— Tu me diras le secret, hein ?

— Ton père le fera s'il t'en juge digne. Tu dois d'abord mûrir, et apprendre.

Budit était resté songeur. Il se secoua comme s'il sortait d'un rêve et fixa Judik en fronçant les sourcils. Avait-il été abusé par un tour de magie ? Non, la charge de vitalité qu'il avait reçue et dont les effets perduraient ne pouvait être le fait d'une illusion. Le sang coulait plus vite dans ses veines et il avait envie, allez savoir pourquoi, de sauter en l'air, comme un daguet. Soudain, il réalisa.

— Seul un très grand *manang* est capable d'un tel prodige. Dis-moi, qui donc t'a initié, honorable frère ?

Le ton était à la fois admiratif et déférent. Ses yeux redécouvraient Kervanec. Il n'avait plus affaire à un visiteur blanc classique, mais à un sage. L'homme jeune, aux yeux verts, clair de peau, qui l'observait avec affection, était un élu de la Terre et de la forêt profonde, quelqu'un de son propre monde, ayant eu accès aux connaissances occultes et servant de relais entre Ini et les siens. Il brûlait d'en savoir plus. Judik lui raconta son histoire dans la vallée cachée des Boloven.

— Comment Alta et Tamil ont-ils pu retrouver les clefs de ce, de cet... enchantement ? demanda-t-il à la fin du récit.

— Elles n'ont jamais été perdues. Ils les tenaient de leurs pères.

— Et nous, nous, frère *manang*, comment allons-nous rétablir la liaison ?

— N'est pas chaman qui veut, expliqua Judik. Obit qui a une solide expérience peut sans doute prétendre à l'initiation.

— Vous acceptez les hommes à l'envers dans votre confrérie ?

— Ça ne devrait, me semble-t-il, pas vous poser de problème par ici, blagua Judik. Pour nous, tout humain, quel qu'il soit, s'il est sincère et s'il a la foi, peut devenir un intime de la Divinité. Obit, qui est déjà un chaman certifié, a les prédispositions requises.

— S'il acquiert des pouvoirs identiques aux tiens, notre *manang* pourra se faire nommer chef des Iban, s'inquiéta Budit, et ma lignée, qui l'est depuis trente générations, et qui a l'art de gouverner dans les veines, perdra cet honneur.

— Non, Budit, non ! le détrompa Judik, Obit n'aura pas l'esprit à ça. C'est un guérisseur, un religieux, pas un guerrier. Pourquoi voudrait-il de tes prérogatives ? Les siennes lui suffisent ! Plus que jamais vous serez complémentaires, et on enviera votre sérénité.

— Tu le penses vraiment dépourvu d'ambition ? interrogea Budit, qui avait du mal à le croire.

— Des ambitions, il en a sans doute. Devenir célèbre dans son art, être connu de tous les peuples des forêts ne lui déplairait peut-être pas. Vouloir réussir ne veut pas toujours dire vouloir commander. Ses dix années de formation plaident en sa faveur. Si, toutefois, ses intentions étaient troubles, il ne pourrait pas accéder au grand Secret. La Divinité refuserait de l'entendre, affirma Judik.

— Tu veux dire que s'il réussit, c'est qu'il sera parfait ?

— Pas parfait, mais sans arrière-pensées, clair dans sa tête.

— Alors quand vas-tu l'initier ? insista Budit.

N'ayant plus de réticence, il voulait cette fois précipiter la suite.

— Ta révélation survient au bon moment, Boloven blanc, poursuivit-il. Pour ne pas céder à la tentation de l'argent qui arrive jusqu'à eux, les Iban ont besoin, comme moi ce soir, d'être stimulés.

— J'ai une mission prioritaire à mener à bien, expliqua Kervanec. Salti, le père de Ponhli, connaît le grand Secret. C'est un mage inspiré. Qu'Obit aille le voir ! Il le fera cheminer vers la lumière.

— Ça prendra combien de temps ?

— Le temps qu'il faudra. S'il n'a pas le don, il peut même rentrer bredouille.

— Echouer, protesta Budit. Impossible, il doit réussir !

Ponhli n'avait pas attendu la fin de la conversation pour rejoindre les jeunes du village et jouer avec eux comme si de rien n'était. Le chaman n'aurait pas apprécié qu'il leur racontât son errance spatiale sous le tronc accueillant de Miltit. Dès qu'il eut rejoint la grande case, Budit fit convoquer Obit dans le salon des ancêtres où il invita Judik à s'asseoir sur les nattes qui couvraient le sol. L'ambiance tamisée des chandelles donnait vie aux masques et statues qui décoraient le local. Leurs faciès zoomorphes grimaçaient comme des démons dans la pénombre. Loin de troubler le silence, le brouhaha assourdi du dehors lui donnait une consistance. On se serait cru dans l'antichambre de mondes impalpables, balisés de génies malins, qui destinaient aux vivants leurs regards et leurs rires sibyllins.

Les Iban n'avaient pas la même perception de leurs morts que les Boloven. L'apparition des aïeux ne pouvait se produire que si tous les cerveaux se mettaient au diapason. Elle était le résultat d'une conscience de groupe parfaitement rodée. Contrairement à Boltal et à sa joyeuse bande de patriarches qui, dans la vallée cachée, daignaient se montrer pendant les veillées, ici les défunts, une fois partis, ne se manifestaient pas de façon perceptible. Ils s'insinuaient dans les pensées, mais ne se montraient pas. C'était comme des voix qui venaient de l'au-delà. Le vieux chef capta celles de son ascendance, père, grand-père, arrière-grand-père et jusqu'au premier de tous, Itan, l'ancêtre emblématique. Ils étaient unanimes. Aucun ne se souvenait que la Grande Mère se fût révélée à lui, comme elle venait de le faire avec Budit sous l'impulsion du chaman blanc. L'oubli immémorial de cette relation avait été préjudiciable aux Iban qui, dans leur majorité, avaient rallié le monde de la pierre et du fer. Ce lien retrouvé renforcerait les motivations de ceux qui résistaient encore.

Tintinnabulant, Obit apparut dans l'embrasure de la porte avec ses piles d'anneaux en argent et ses grelots. Une toge de soie mauve lamée de fils d'argent, troquée à un colporteur malais contre un très beau sabre datant de son trisaïeul, moulait son corps efféminé qu'il déplaçait en ondulant des hanches. Il s'inclina légèrement devant le chef et adressa à Judik, qui avait été un témoin assidu de ses dons, un sourire des plus aimables.

— *Manang*, je dois te révéler un secret, déclara Budit d'un air grave. Notre hôte blanc est aussi un *manang*, un grand *manang* !

— Je m'en doutais, fit Obit d'une voix presque féminine, je l'entendais parler en moi, et refusais d'y croire.

— Te parle-t-il toujours ? s'enquit Budit.

— Oui !

— Et que te dit-il ?

— Que je dois aller m'initier auprès du père de Ponhli.

Après l'extase qu'il venait de connaître, Budit ne pouvait plus être étonné par Judik. Il le scruta quand même en se demandant s'il avait encore d'autres talents en réserve.

— Sans Tamil et Alta je ne serais rien, insista le Boloven blanc. Ils m'ont tout appris. Ils peuvent tout me retirer. Ils sont mes maîtres.

— Qu'attends-tu pour me montrer ce que je dois connaître ? questionna Obit d'un ton engageant.

Près de Miltit se dressait Umok, un autre ramin qui s'était cru exclu de la célébration. En catimini ils le rejoignirent et Budit fut le premier à se coller contre le tronc.

— Deux transes d'affilée, n'est-ce pas un peu trop pour ton âge ? demanda Judik.

— Te rends-tu compte de toutes celles que je n'ai pas eues ? fit judicieusement remarquer le vieux sabreur qui se laissa happer pour un second périple.

Le rougeoiement fut intense. Obit eut droit à la fusion intégrale. Il était en elle, et la Divinité l'imprégnait de sa grâce féconde. Sa féminité se révéla à son corps, comme il l'avait très souvent rêvé, sans jamais l'éprouver dans le tréfonds de sa chair. Pour une fois, il se percevait véritablement en tant que femelle. Son image se redessinait selon un idéal qu'il avait imaginé lui-même. Il était au comble de la joie et lorsqu'il reprit ses sens, il n'eut plus qu'une envie, recommencer l'expérience au plus vite.

— Pour ça, il faut aller étudier chez Salti, le mage, lui dit Judik.

— Tu pars demain à l'aube, décréta Budit qui serait bien resté encore un peu dans la peau de l'aigle qu'il venait de quitter.

— Je peux emmener Tibil avec moi ? suggéra Obit.

Budit prit un air contrarié.

— Mieux vaut te concentrer sur ton travail. Tu apprendras plus vite, et les retrouvailles n'en seront que meilleures !

Pour ne pas manquer de précieuses secondes d'intimité, Obit s'excusa de ne pas célébrer jusqu'au bout le *pesta tiwali*, courut rejoindre son époux auquel une jeune fille obstinée s'efforçait de plaire, le prit par la main et, serrés l'un contre l'autre, ils passèrent au milieu des villageois qui ripaillaient sans les voir. Seule la belle éconduite se laissa attendrir par les deux tourtereaux qui remontaient vers la grande case, et envia le *manang* d'être aimé d'un aussi beau garçon. Du balcon, Judik avait contemplé la scène.

— Viens donc manger, lança Budit qui avait faim.

Après le festin, au son des tambours, les pleureuses entonnèrent les dernières lamentations pour saluer l'âme du mort qui était en train de s'élever dans le monde du dessus, et Budit le sabreur, derrière les deux assesseurs du *manang* qui aurait dû normalement diriger les opérations, attaqua la danse traînante des trépassés, suivi par les guerriers qui collaient à son rythme. Au milieu de la nuit, la tourmente se déchaîna. Les trombes d'eau et les flashs éblouissants des éclairs chassèrent les humains qui regagnèrent leur couche au pas de course.

Le soleil se levait à peine quand Obit monta sur la pirogue de Bilgut, fils aîné de Budit et père de Katak, pour rejoindre le Pied du Buffle et se présenter à Salti. Tibil sur la berge retenait ses larmes. Inversé ou pas, un Iban ne devait en aucun cas se laisser aller. Judik et Ponhli, qui s'apprêtaient aussi à quitter les lieux, assistaient à cette séparation. Pour éviter de trahir son propre émoi, le *manang* fit une diversion.

— Salut à toi, Boloven blanc, s'écria-t-il. Merci de m'avoir montré la voie !

Pour passer inaperçu il s'était vêtu, comme les Malais du fleuve, d'une chemisette et d'un sarong à carreaux, et avait caché sa longue chevelure sous un calot noir. Il ne portait aucun bijou et des zones claires marquaient sur ses membres l'emplacement des bracelets dont il s'était délesté. Les lobes de ses oreilles privés de leurs anneaux pendaient jusqu'à ses épaules. Du khôl soulignait la longueur de ses cils et l'éclat de ses pupilles.

— Ce n'est pas moi qui te l'ai montrée, rectifia Kervanec. C'est la Grande Mère. Que sa lumière t'éclaire et te guide !

— Reviens-nous avec le Secret. Les Iban ont besoin de la protection d'Ini la Divine, s'écria Budit qui malgré un sommeil de quelques heures à peine se sentait en pleine forme.

— Salue mon père de ma part, compléta Ponhli. Fais-lui savoir que plus je chemine dans la forêt, plus ma pensée devient claire, comme l'eau d'une source jaillissante, et que la Grande Mère me...

Judik orienta cet emphatique envol.

— ... dit de poursuivre mes études !

— Oui, reprit Ponhli d'un ton plus modeste, tu lui diras que dès mon retour, je reprendrai l'école.

— Tes mots iront directement à son oreille et il les entendra tels que tu les as prononcés, certifia le *manang*.

Ne voulant pas craquer en public, Tibil fit un petit signe, et courut vers la grande case pour y pleurer sans être vu. Bilgut, le fils de Budit, mit les gaz. Cette séparation déchirait aussi le cœur d'Obit. Avec l'étoffe pliée sur son épaule, qui lui servait à la fois de châle et de couverture, il masqua son visage. Debout sur la pirogue lancée à plein régime, il prit de loin l'allure hiératique d'un de ces totems qui veillaient sur la maison collective, et resta ainsi immobile, jusqu'à sa disparition au confluent des deux rivières.

Deux autres embarcations, chargées de riz et de matériaux divers, s'apprêtaient à remonter le courant. Elles étaient équipées d'un moteur, de rames d'appoint et de cordes pour pouvoir être halées dans les eaux peu profondes. Les conducteurs et quatre porteurs composaient les équipages.

— Que la Grande Mère te mène jusqu'à Claire, Boloven blanc, souhaita Budit à Judik au moment où, avec Ponhli, il prenait place dans l'un des canots.

Ils étaient tous là, massés le long de la berge, à les regarder partir : les anciens à côté du chef, les jeunes autour de Katak son petit-fils, et la foule de part et d'autre. Les hommes, qui s'apprêtaient à aller aux champs, avaient troqué le sabre de guerre de la veille contre le coupe-coupe ordinaire et les binettes. Les femmes portaient sur leur palanche des paniers en équilibre. Chapeaux de paille ou turbans les protégeaient du soleil qui léchait de ses feux les eaux de la rivière et les sous-bois nimbés de vapeur. Dans cette lumière poudreuse, salués par les trilles de milliers de mainates, perruches et autres jacassiers, Judik et Ponhli virent s'éloigner les Iban du haut Kapuas et, au-dessus de leurs têtes, la grande case campée au sommet de la colline, gardée par ses inquiétants dieux de bois.

Les piroguiers étaient limités en essence. Balki et Foumak avaient chacun deux jerricans de réserve, juste de quoi assurer l'aller. Le carburant n'étant pas facile à se procurer — la pompe se trouvait à Kualakeriau — ils l'économisaient. Le retour se ferait à la pagaie en profitant du courant. Les moteurs de leurs bateaux, acquis au prix de privations collectives, bénéficiaient de tous leurs soins. Aucune panne ne résistait aux deux hommes. Ils étaient devenus les rois de la bidouille, des experts en réparations impossibles. Avec le concours des forgerons — ces sorciers craints et respectés pour leur science, et jadis un peu méprisés aussi, parce que soupçonnés d'entretenir un commerce spirituel avec les infréquentables gnomes du monde du dessous —, ils refaisaient les pièces déficientes et maintenaient en vie leurs machines, qu'ils prenaient ensuite plaisir à solliciter, en remontant le lit de la rivière. Ils connaissaient les fonds par cœur, savaient se glisser entre les écueils, forcer les passages risqués, surfer sur l'écume au ras des pierres coupantes, écarter à la rame les obstacles imprévus.

Un cirque de falaises boisées se dressa devant eux. La jungle enserrait comme un étau vert cet espace de roc et d'eau aux reflets de jade. Une gorge très sombre ne laissant filtrer que des filaments de jour absorba les pirogues. Le courant se fit violent. Il fallut le combattre, lui arracher une progression chaotique dans les jaillissements d'écume qui les submergeaient, pagayer à mort pour éviter la surchauffe des cylindres mis à rude épreuve, et écoper en accéléré. Au bout du défilé, la rivière retrouva un cours plus serein et sinua entre les monts qui marquaient la frontière entre le Kalimantan et le Sarawak. Des grains noircissaient le ciel, agitaient les flots, faisaient cingler la pluie avant de laisser passer un faisceau de soleil qui déclenchait aussitôt des arcs-en-ciel immenses. Puis les nuages s'ouvraient, et la fournaise installait sa pesanteur de plomb. Des crocodiles somnolaient dans les criques vaseuses. Ils accostèrent le soir près d'une vieille case servant de refuge. Elle fut consolidée, et les porteurs iban armés de leurs arcs et de flèches empoisonnées s'en allèrent chasser. Ils revinrent avec deux brèves au plumage éclatant et un jeune gibbon, qui furent apprêtés, grillés et dévorés. A la main presque humaine qu'on lui offrit comme morceau de choix, Judik préféra la cuisse d'un des volatiles, considérée comme un mets plus vulgaire. La jungle glapissait. Des milliers de cris différents sourdaient des frondaisons. A la nuit tombée, ce fut la domination des insectes.

Le second jour exigea plus d'efforts. Par endroits, le lit de la rivière affleurait, et tout le monde se mettait à haler. Ailleurs elle se glissait sous les tunnels de bambous qui poussaient sur ses bords ou se transformait en cascade infranchissable, obligeant les équipages à porter ou à tirer les embarcations et le fret le long de chemins obstrués qu'il fallait ouvrir au sabre. Et le slalom dans les vagues, entre rocs et falaises, reprenait durant des heures qui ne laissaient aucune place à l'indolence et à la distraction.

Encore une chute à contourner par un raidillon glissant. La dernière d'après les Iban. Ce fut un supplice. Les piroguiers tractant leurs bateaux se payaient des glissades qui rendaient à chaque fois plus difficile la remontée. Comme les autres, Judik et Ponhli s'échinèrent sur les cordes, grimacèrent en essayant de s'arracher du sol, s'aplatirent de tout leur long, dévalèrent sur le ventre, se crottèrent de la tête aux pieds et arrivèrent exténués au sommet. Une baignade dans une anse profonde, dédaignée des gavials et autres reptiles, qui préféraient les mares troubles, les lava et les détendit. Tout s'était bien passé. Ballots de riz intacts, lampes et piles au sec dans leurs emballages, rien n'avait été perdu ou détruit. Les coques étaient à peine éraflées. La navigation pouvait reprendre. Les pirogues s'élancèrent à nouveau à travers des gorges étroites dont les eaux noires, apparemment dormantes, n'inspiraient pas confiance. Sous la surface, le débit était intense et les rochers subissaient leurs cinglants assauts. Erodés à la base, ces blocs avaient pris la forme de champignons géants. Plus on approchait de la source, plus le lit se resserrait. Les lianes pullulaient autour d'eux, jusqu'à les frôler. Le courant faiblit. Moteur au ralenti, ils glissèrent dans une pénombre dense comme de la vapeur, qui les fit dégouliner. Des bestioles indistinctes hurlaient dans les hautes branches.

Vint le moment où la rivière devint un torrent impraticable. C'était le terminus de la ligne fluviale reliant les Iban du haut Kapuas aux Penan qui nomadisaient dans les parages. Restait un peu moins de quatre jours de marche pour atteindre le point de rencontre. Les canots furent tirés sur la terre ferme, retournés et amarrés au tronc de deux palmiers rotangs. Les moteurs, stockés dans des housses de plastique imperméables, et les jerricans presque vides, retrouvèrent leur cache habituelle : une grotte moussue, à l'intérieur bien sec, dissimulée dans un chamboulement de pierres cyclopéennes envahi par les arbres et leur entrelacs de racines. Le décor était magique, comme vu au travers d'un filtre qui donnait à la lumière ambiante les moirures d'une émeraude sombre. Le moindre rayon traversant le feuillage la faisait chatoyer. En avançant dans cet éclairage surnaturel, comment ne pas être saisi du sentiment craintif d'être tout juste toléré au cœur d'un univers où le minéral et le végétal étaient toujours les maîtres. Après avoir rempli leurs hottes et leurs sacs de marchandises, les piroguiers et leurs aides vinrent faire leurs dévotions devant un petit autel en bois, fixé contre le tronc d'un kapur affichant un embasement cossu de Vénérable. Ils n'allaient pas s'aventurer dans la chaîne des Mille et Cent Montagnes sans la protection des esprits de la forêt, sensibles à leur humilité. Judik aurait pu, de son côté, invoquer la Grande Mère. L'arbre était de taille et ne demandait qu'à fonctionner. Mâtum, il s'appelait Mâtum. Le contact était établi, impossible cependant de procéder discrètement. Comme il revenait à Obit de mettre les Iban en relation avec la Divinité, il préféra rompre.

Ponhli qui voulait filmer la progression lui confia le magnétophone. Les sons aussi participaient du mystère. Le torrent, les oiseaux, les échos, ou encore des cris, des ricanements proches contribuaient à renforcer la sensation d'être épié en permanence. L'envol criard d'une dinde dérangée dans son oisiveté par la colonne d'humains marchant au-dessous d'elle les figea. Aucun n'eut le réflexe d'attraper son arc et de l'abattre. Sans doute était-ce trop tôt, ils n'avaient pas faim. Leurs yeux se mirent à fouiller les hautes branches. Ils tendirent l'oreille, retinrent leurs pas et escaladèrent avec un maximum de discrétion le sentier sinuant au milieu d'éboulis enlacés dans les soubassements tentaculaires des shoreas albida qui se déployaient dans ce cirque. Des bruits alarmants fusaient autour d'eux, le froissement de feuilles d'un cobra s'éclipsant à leur approche, le grondement d'un ours en train de rôder, le grommellement d'un sanglier occupé à fouir le sol. En apercevant la colonne, une bande d'orangs-outangs poussa des cris grinçants et, de roche en roche, escorta de loin les importuns bipèdes. Ces anthropoïdes connaissaient la versatilité des hommes et avaient hâte de les voir s'éloigner.

La pente qu'ils gravissaient, en suant et soufflant fortement, finit par les hisser au-dessus du moutonnement infini des diptérocarpacées, sur un haut plateau couvert de fougères et hérissé d'araucarias, près d'un ciel grand ouvert au vol planant des aigles. Le franchissement de la crête leur fit découvrir un nouveau décor échelonnant à perte de vue ses hauteurs et ses jungles, qui fit monter en eux une bouffée d'allégresse, l'impression fugitive de dominer le monde. Survint peu après une sensation de solitude et de vulnérabilité devant cet océan végétal qui les entourait. Sans se laisser gagner par le découragement, à la pensée des jours de marche qu'il restait à faire et des quatre cols qui les attendaient, les Iban installèrent le bivouac dans la case relais en contrebas du col, et partirent à la chasse.

Judik et Ponhli communiquaient beaucoup. Le jeune Penan était comme une éponge. Assoiffé de réponses, il questionnait sans cesse. Pendant que les piroguiers suivaient des traces de gibier, ils préparèrent un grand feu. Ituk et

Kabit, les meilleurs archers du groupe, vinrent joyeusement les interrompre avec leurs quatre compères qui avaient servi de rabatteurs, en jetant devant eux deux marcassins à peine sevrés, dont la chair devait être un délice. Ils allaient festoyer sous un ciel couvert qui laissait ici ou là une petite place aux étoiles. Le vin de palme de leurs calebasses, malgré son goût de vinaigre, entretint la gaieté. Après s'être gorgés de viande, les Iban s'affalèrent sur leurs nattes.

Le chaman et son jeune disciple en profitèrent pour s'éclipser et descendre les marches de la case, en essayant de ne pas les faire grincer. La lune n'était qu'une parenthèse à peine visible dans un ciel très sombre. Un meranti n'était pas loin, juste une pente à dévaler. Accroché au flanc d'une montagne, avec une embase de deux mètres cinquante au moins pour une hauteur de dix mètres à peine, il paraissait presque difforme. Cela valait mieux, car étant en terrain découvert, il ne devait pas être trop visible de loin. Kota ne se fit guère prier pour servir de relais, et se sentit projeté dans l'espace, avec les deux humains collés à son écorce. Espérant un signal de la vallée cachée, Judik resta lucide pendant le transport. Les communistes laotiens, qui avaient maintenant tout le pouvoir, laisseraient-ils sa tribu en paix ? Il attendit une réponse à son anxiété. Rien ne vint. Ponhli atterrit tout sourire et le meranti se sentit rajeuni de deux siècles.

Le Boloven blanc mit du temps à s'assoupir. Il avait le Laos au cœur et sa tribu dans les tripes. Pourquoi les cadres du Pathet Lao, qui goûtaient maintenant aux facilités des villes, se lanceraient-ils dans des missions en terrain méconnu et difficile, pour des résultats insignifiants ? Ce qui se passait dans cette zone frontalière inexplorée n'était toujours pas prioritaire. Leur souci primordial devait être de verrouiller la rive du Mékong, face à la Thaïlande surarmée par les Américains qui, ayant lâché pied en Indochine, renforçaient la garde autour d'elle. Cette vie nonchalante et urbaine devait probablement convenir aux « combattants du peuple » et leur ôter toute velléité d'aller moisir dans les confins de la cordillère. Après en avoir bavé, ils voudraient, c'était légitime, profiter des bienfaits de la victoire. Les Boloven, se persuada leur chaman itinérant, n'étaient pas encore en péril. Satisfait de cette déduction, il sombra à son tour dans l'inconscience.

Dès l'aube, premier éveillé, il s'éloigna avec sa radio de la case relais où ses compagnons dormaient encore à poings fermés. Lorsqu'il fut suffisamment distant, il écouta comme chaque jour les bulletins d'information de RFI et de la BBC. Saigon n'était plus. Hô Chi Minh-Ville s'éveillait avec des *bo doï* rigides, coiffés de casques de latanier, à chaque coin de rue. La ville se sentait glacée par la rigueur stalinienne qui l'avait submergée, Judik le devinait au ton des envoyés spéciaux qui décrivaient la situation. Le sourire, à les en croire, avait disparu des visages qui égayaient, jadis, la perle de Cochinchine. Le départ des Américains de l'ambassade n'avait pas fait bonne impression : des hélicos trop chargés se crashant dans la rivière, d'autres s'arrachant de la terrasse avec des fuyards vietnamiens accrochés à leurs patins, et qui avaient fini par lâcher prise. Ces images ayant été décrites, photographiées et filmées, la bannière étoilée en avait pris un coup. La seule étoile qui brillait désormais sur la péninsule était l'étoile rouge.

Après le bulletin d'information, il y eut une émission sur les risques de dérive sectaire auxquels pouvaient être confrontées les grandes religions. On y parla de Tréhorenteuc, de l'Association des Amis de la Grande Mère. Un tissu de mensonges et de témoignages bidon discréditant l'œuvre « syncrétique » du père Madec et de son équipe. S'ensuivit un débat. Invité de RFI, monseigneur Clavecil, devenu cardinal, qui avait prélevé la part de l'Eglise et quintuplé son train de vie, se montra égal à lui-même. Tout en déplorant la disparition soudaine du prêtre, il l'accusa de s'être laissé séduire par des rites païens ramenés du Laos, et par le personnage suspect qui les pratiquait. Judik n'entendit pas la suite immédiate. Mort, le père Madec ! Comment ? Quand ? Il capta des bribes d'échanges qui n'étaient que d'insipides gloses. Tout à coup, un journaliste de *L'Humanité*, Eric

Lutrain, spécialiste des questions religieuses pour le quotidien communiste, fit allusion à l'accident de moto qui avait ensuite coûté la vie au père Guilvinec, ainsi qu'à d'autres décès survenus fort opportunément, en France, en Europe et aux Etats-Unis, ayant eu pour effet de décapiter les Amis de la Grande Mère.

— Il y a dans ces coïncidences une forte odeur de conspiration, s'exclama-t-il. La popularité de ce mouvement en Occident faisait de l'ombre aux capitalistes. Elle menaçait de déstabiliser les Etats du monde prétendu libre, et l'économie de marché sur laquelle ils reposent.

— Vous allez peut-être un peu loin, l'interrompit le présentateur de la radio de service public, dont les directeurs de l'info étaient nommés par le gouvernement.

Et il ajouta pour faire pencher la balance dans le bon sens :

— A ce compte-là, Moscou et Pékin avaient le même intérêt à les voir disparaître, puisqu'ils leur adressaient les mêmes reproches qu'aux démocraties libérales, et les qualifiaient, eux aussi, de destructeurs de la terre. Qu'en pensez-vous, Alex Simpson ?

— Je pense que si complot il y a eu, il ne peut effectivement venir que de là, répondit le correspondant à Paris du *New York Times*, mais pour une tout autre raison. On peut imaginer que ce Kervanec, dont personne n'ose prononcer le nom, ait été, durant sa mission en tant qu'oblat de Marie-Immaculée dans les zones communistes, retourné par ceux-ci. N'oubliez pas, c'était un prêtre ! Et c'est là-bas qu'il a cessé de l'être ! Souphanouvong et Kaysone Phomvihane l'ont reçu longuement, avant sa soi-disant libération. Reçu comme un VIP par les deux sommités du Parti, c'est tout de même étrange, insista l'Anglo-Saxon avec une sincérité qui n'était apparemment pas feinte.

— Dans ce cas, puisque vous laissez supposer qu'il était de connivence avec eux, quel intérêt auraient eu les communistes à s'en prendre également à ses œuvres ? s'étonna Robert Guilmonti du *Monde*.

— J'allais poser la même question, ajouta Eric Lutrain.

— Oui, mais moi, je n'ai pas de chapelle à défendre, répliqua du tac au tac son éminent confrère.

Alex Simpson répondit.

— Jamais les communistes ne pouvaient supposer que le mouvement déclenché par Kervanec se répandrait chez eux. Dans leurs propres pays, nous l'avons appris par des informateurs sur place, des cercles semi-clandestins de sympathisants commençaient à se créer dans toutes les villes polluées, et Dieu sait si elles abondent ! Craignant de se faire dépasser, ils auraient préféré mettre fin au processus qu'ils avaient généré pour déstabiliser l'Occident. En Union soviétique, les activistes des Amis de la Grande Mère ont été, nous l'avons appris, envoyés en rééducation dans les camps frigorifiques de Sibérie orientale. Alors pourquoi ne les musselleraient-ils pas, aussi, chez nous ?

— On peut aussi imaginer qu'un accord tacite a été conclu entre les capitales de l'Est et de l'Ouest pour se répartir la tâche, suggéra Guilmonti, chacun faisant discrètement le ménage chez lui.

— Je crois qu'il ne faut pas non plus omettre la possibilité d'une autodestruction, intervint Son Eminence le cardinal Clavecil. Ce ne serait pas un cas nouveau. On a déjà vu des sectes procéder ainsi.

Judik explosa d'indignation. Les Amis de la Grande Mère, une secte, suicidaire de surcroît ! Il ne manquait plus que ça ! Une secte, eux qui n'avaient d'autre dessein que de défendre la Terre et sa biodiversité, réapprendre aux humains à la respecter, et plaider la cause des derniers peuples animistes, menacés d'extinction ?

— S'il s'agit vraiment d'une secte fanatique, capable de s'auto-éliminer en plein succès, comme vous le suggérez, Eminence, rebondit Robert Guilmonti, comment se fait-il que Rome et vous-même ayez au départ donné votre aval à la création de cette association, et profité de la manne de Tréhorenteuc ?

— Bien dit ! fit Judik en collant son oreille contre le poste.

— L'Eglise n'est pas infaillible. Au début, avec Sa Sainteté, nous avons cru déceler un renouveau charismatique dans cet élan populaire vers la Vierge Marie, dénommée Sainte Mère par les uns, Grande Mère par d'autres, admit l'ecclésiastique. L'abbé Madec cachait intelligemment son jeu. Il se garda bien de nous dire que la Vierge n'était qu'un paravent pour des célébrations destinées à la Terre, vous rendez-vous compte, à la Terre !

Judik l'imagina secouant sa blanche main d'un air dégoûté, à la pensée que cette salissante matière eût pu la souiller.

— Vous vous en êtes choqué un peu tardivement, tout de même, releva Alex Simpson. Il a fallu attendre la mort du père Guilvinec pour que vous vous décidiez à réagir, Eminence. Pourquoi n'avoir pas fermé Tréhorenteuc plus tôt ?

— L'Eglise a les lenteurs que lui confère son grand âge. Le père Madec avait été averti, le père Guilvinec semoncé. Quand il a eu cet accident regrettable, notre décision était déjà prise. Depuis, nous avons reconnu notre erreur et remis de l'ordre dans nos rangs.

— Une secte, les Amis de la Grande Mère, c'est votre avis, Eric Lutrain ?

— Manipulée par les services secrets américains pour déstabiliser l'Indochine révolutionnaire. C'est possible, très possible ! N'oubliez pas que le mouvement est parti de là-bas.

— Et vous, Alex Simpson, qu'en pensez-vous ?

— Peut-être, comme je vous l'ai déjà dit, que le KGB a été derrière toute cette affaire.

— Et d'après vous, Robert Guilmonti, les Amis de la Grande Mère, qui étaient-ils ?

— La thèse d'une secte manipulée par les uns ou par les autres arrangerait évidemment tout le monde. Je n'ai pas beaucoup d'attrait pour les choses mystiques. Ces amoureux de la Terre me semblaient au demeurant plus touchants que dangereux. Celui qui les inspirait était aussi un anthropologue de talent, épris des peuples forestiers. Personnellement, je ne vois pas où était le mal.

— Sauf si, comme le soupçonnent vos confrères, il y a des faits cachés que nous ignorons. Ce ne serait pas la première fois qu'un mouvement de masse, en apparence innocent et pacifique, aurait été infiltré dès sa création, et on sait que celui-ci a germé dans les jungles du Laos, contrôlées par les communistes, tint à repréciser le présentateur en lançant le jingle : Voilà, c'était *Religions sans frontières*, une émission de...

Judik éteignit la radio.

Le cercle solaire apparut au sommet d'un mont, balaya les forêts nappées de brume, repoussant les ombres mauves et roses qui l'avaient précédé. C'était encore un de ces matins ensorcelés qui inspirent joie et émotion. Les volatiles diurnes s'éveillaient tandis que s'endormaient les autres, et leur concert était un hommage à l'astre rougeoyant qui s'élevait au-dessus des montagnes, incendiait les nuages, mettait le feu au ciel. De la pente où il était assis, Kervanec devinait, noyée dans les condensations qui s'effilochaient, l'armée de merantis implantée au bas de la vallée et dont Kota, au tronc penché comme un grimpeur, était l'éclaireur, le général en chef peut-être, celui qui les dominait tous, malgré sa petite taille, le plus brave aussi, puisque le premier ?

Judik s'approcha du Vénérable et l'aborda avec plus de considération que la veille. Le prince courageux mais défavorisé de cette troupe immobile qui occupait les bons sols, satisfait d'avoir enfin été reconnu, invita le chaman à partager une transe, la dernière. Bien lui prit d'accepter l'offre. Durant l'extase, Kota parvint à capter un message, et le village de la vallée cachée défila. Tout allait bien là-bas, c'était autour de lui que ça allait moins bien. Tamil, Alta, et Ankun bien sûr, le supplièrent de rester sur ses gardes. Seul Boltal, l'ancêtre, le centenaire, mort en sa présence au pied du cèdre Bolus, se montra stoïque. Une place l'attendait parmi eux, et toute l'ascendance de cette tribu disparate aux racines multiples s'écarterait pour lui ouvrir le chemin. Cet aveu lui alla droit au cœur. Il était enfin admis à siéger avec les aïeux des Boloven. Les défunts du peuple qu'il avait approché avec l'idée de s'y fondre étaient prêts à le recevoir. Il avait réussi ! Il aurait pu tout arrêter là et se laisser mourir.

Pourquoi pas après tout ? C'est alors que Boltal lui précisa qu'avant d'être accueilli dans leur aréopage, il lui fallait aller jusqu'au bout de sa tâche.

Judik fut surpris de voir, en cet instant, Deborah surgir du fond de sa pensée et brouiller la communication. Son visage était celui de la lutteuse. Il comprit que d'où elle se trouvait, elle l'exhortait à se montrer combatif et à évacuer ses instincts morbides de martyr en puissance. Quelque chose passait entre eux. Hélas, cette force mentale qu'elle cherchait à lui insuffler s'était diluée en cours de route. Bon sang ! Où était-elle ? Ce qu'il venait d'entendre à la radio avait confirmé ses pressentiments. Tous les Amis de la Grande Mère qui avaient exercé une responsabilité dans l'association avaient été éliminés, déportés, ou encore muselés par la peur. On parlait de lui au passé, comme s'il était déjà mort. Si d'aventure il revenait, nul doute qu'on le ferait disparaître avant qu'il n'ait pu être vu et entendu. Je suis avec toi, reste fort, sembla lui dire en s'évanouissant la fille du papetier Williams. On n'avait pas parlé d'elle dans l'émission de RFI. Pourtant, il la sentait active et soupçonnait qu'elle remuait ciel et terre pour le sortir indemne de cet imbroglio. L'allusion que Robert Guilmonti du *Monde* avait faite, le concernant, lui revint à l'esprit : *« N'oubliez pas que celui qui les inspirait était aussi un anthropologue de talent, épris des peuples forestiers. Personnellement, je ne vois pas où était le mal. »*

— Le mal, murmura-t-il en continuant d'observer la montée du soleil qui dissipait les brumes.

Le mal... Son regard embrassait une grande partie de la chaîne des Mille et Cent Montagnes, succession d'arêtes assaillies par la jungle. Le mal n'était pas d'être épris des peuples forestiers, comme venait de le souligner Robert Guilmonti — des tas d'anthropologues se trouvaient dans ce cas —, mais d'être à l'origine d'un mouvement populaire, qui aurait pu devenir dérangeant aussi bien à l'Est qu'à l'Ouest. Dans les deux camps, on pillait, déboisait, polluait, saccageait la surface de la Terre. Des peuplades enracinées dans leur milieu étaient détruites avec un acharnement identique, au nom de la libre entreprise ou du centralisme démocratique. Chercher à mobiliser les foules contre cette tyrannie planétaire, là était le mal et, au fond, en se querellant, les journalistes l'avaient mis en évidence. Habilement, le prélat avait détourné la conversation en le faisant carrément passer, lui, Kervanec, pour un gourou désaxé capable de sacrifier ses fidèles : thèse tout aussi alléchante que celle du personnage louche, susceptible d'être manipulé par la CIA ou le KGB selon les chroniqueurs. La vérité — un chercheur, un prêtre converti aux idées et à la foi du peuple qu'il venait étudier et évangéliser —, beaucoup moins rocambolesque, n'avait aucune chance auprès du grand public. Il eût fallu poursuivre la controverse, insister sur cet accord tacite entre les capitales de l'Est et de l'Ouest pour se répartir la tâche et museler les gêneurs ; se demander en quoi et qui, précisément, ils gênaient, au lieu de laisser planer l'idée que lui, Kervanec, était un agent provocateur, et les Amis de la Grande Mère une secte d'allumés, piégés par un espion ! Il y avait là de quoi être un peu découragé.

La peur l'assaillit. Malgré l'étendue du territoire inviolé qui le cernait, il eut l'impression qu'une nasse se resserrait autour de lui, qu'il était pris au piège. Dès qu'il sortirait de cette terre souveraine, qui dessinait encore à son gré ses paysages, ne risquait-il pas de se faire coincer ? Son regard rencontra l'armée de merantis, stoppés au bas de la pente, n'ayant pas eu la force d'aller plus loin, condamnés à vénérer un chef difforme qui les toisait à distance de son inaccessible hauteur. Tant qu'il évoluerait dans ce monde-là, il serait en sécurité et libre ! Claire et les derniers nomades chasseurs-cueilleurs de Bornéo se terraient quelque part dans cet océan vert. Il allait les rejoindre. Après on verrait...

17

Le traquenard

Judik grimpa au sommet de la pente, entra dans la case relais, réveilla les dormeurs, s'impatienta devant la lenteur qu'ils mettaient à se restaurer. La faim ne les tenaillait pas, ils se forçaient à manger, avant d'attaquer leur longue marche. Les restes de viande furent enveloppés dans des fougères et répartis entre chaque porteur. Les hottes s'alourdirent. A contrecœur, ils durent en jeter. Ponhli filmait déjà des images sans son, Judik n'ayant pas encore branché le magnétophone. « Le chaman n'a pas l'air bien, ce matin », pensa-t-il en observant son air tendu, contrarié, moins sûr de lui qu'à l'ordinaire, un peu las. Il s'en inquiéta.

— Tu devrais manger un peu, toi aussi, Boloven blanc, le chemin va être rude.

— Parfois je préfère nourrir mes yeux que mon ventre, surtout quand j'ai encore sur l'estomac le repas de la veille.

Judik déploya la perche de son micro, régla le vumètre et appuya sur la touche d'enregistrement.

— Ça tourne, fit-il.

Cette sommation obligea l'apprenti cinéaste à enclencher à son tour, sans penser à autre chose, puis à suivre dans l'œilleton le départ de la colonne, ce qui n'était pas simple et l'amena à s'empêtrer les pieds dans des herbes rampantes. Il dévala en tournant sur lui-même au milieu des fougères et lâcha la caméra qui fila comme un projectile s'éclater contre le tronc de Kota. Elle tomba en pièces à l'endroit précis où Judik avait eu sa communication avec la vallée cachée, tout un symbole ! Foutue, broyée, irrécupérable. Ponhli en pleura presque. Sans son jouet, il n'allait pas arrêter de poser des questions. Un dérivatif, vite ! se dit Kervanec.

— Il te reste le Nikon. Depuis quelque temps, tu négligeais la photo.

— C'est moins amusant !

— N'en crois rien. C'est simplement moins facile. Une image fixe et muette a nécessairement besoin d'être très parlante ou très poétique pour attirer l'attention.

— Tu veux dire que je ne serai pas capable d'en faire de bonnes ? Tu verras quand on les aura développées.

— Je ne sais pas si je le verrai. Mais ne crois pas un seul instant que je doute de tes capacités.

Ponhli fouilla dans son sac à dos et en sortit l'appareil, intact dans sa gaine de cuir. Il le passa autour du cou et, courant derrière les Iban, qui une fois lancés ne s'arrêtaient que pour les besoins essentiels, il se tourna vers Kervanec et faillit tomber une seconde fois en s'écriant :

— Je te surprendrai, Chaman !

— Fais attention au Nikon, répliqua celui-ci en le voyant trébucher.

Il envoya un adieu amical à Kota, qui lui rendit sa politesse en l'inondant d'empathie, et le groupe de huit hommes disparut entre les fûts des merantis hauts de soixante-dix mètres au moins, qui entretenaient sous leurs épaisses couronnes des colonies de plantes parasites difficiles à franchir. Les machettes ouvrirent la voie. La lumière reprit ses jeux dans les infimes trouées qui le lui permettaient. Les tiges tranchées par les marcheurs exhalaient une odeur aigre ou douceâtre de sève. L'air devint presque liquide. Les sabreurs fatiguaient. Judik et Ponhli prirent le relais et n'ayant pas, comme les Iban, l'habitude de cet art traditionnel souffrirent dix fois plus.

Après le règne dominant des merantis, d'autres shoreas leur contestèrent la prééminence, et une zone anarchique s'étala devant eux, avec ses reptiles, ses écureuils et lémuriens volants qui s'ajoutaient à la faune ordinaire déjà fort agitée dans un grisant désordre. Les bambous et les lianes s'épaissirent. Des miasmes montèrent de la vase noire dans laquelle pataugeaient les marcheurs. Judik sortit de son sac une bombe anti-moustiques, s'en servit, et à leur demande, dans l'hilarité générale, passa les six Iban et Ponhli à la pulvérisation. Le répulsif fit effet immédiatement et les myriades d'agresseurs aériens ne purent traverser la zone nocive. Bien qu'ils eussent le cuir dur, les piroguiers et leurs aides furent soulagés de n'avoir plus à guerroyer avec les suceurs de sang. Cela rendit la marche moins compliquée et leur permit de mieux surveiller le terrain. Un python réticulé, encore gros du faon qu'il avait avalé la veille, dormait, paresseusement vautré sur son arbre habituel, un kapur bas de tronc et bien fourchu, autour duquel il s'était enroulé pour digérer à sa guise. La colonne passa sous sa queue, qui pendait comme une guirlande. Des macaques hurlaient, là-haut, près de la canopée, où le vert est plus clair et les risques moins grands. Des zébrures sur l'eau fangeuse, un clapotis sonore, d'étranges sifflements incitaient les Iban à se tenir sur leurs gardes. Ils se déplaçaient prudemment, en retenant leur souffle. Ne pas enfoncer les pieds n'importe où, guetter l'assaillant éventuel, imaginer la parade. Les sangsues collaient à leurs jambes, en incisaient la peau. Bien que l'ayant déjà traversé plusieurs fois, ils ne s'étaient jamais accoutumés à ce marais plombé de pestilence où ils avaient le sentiment que l'enfer affleurait. Ils étaient à la fois pressés d'en sortir et, par souci de vigilance, contraints à la lenteur. Kabit et Ituk, les meilleurs chasseurs, avançaient arc bandé. Derrière ce banian aux racines tombantes pouvait se tapir un fauve, et là dans cette mare épaisse, un crocodile avait pu se terrer, dans l'attente de chair vivante passant à portée. Derrière ce mesua, ou arbre de fer, ne risquaient-ils pas de voir surgir un ours irascible ? Les esprits démoniaques avaient plus d'un tour dans leur sac. Judik et Ponhli ne partageaient pas cette crainte. La Grande Mère veillait.

Le sol se durcit. Les rocs peu à peu disputèrent le terrain aux arbres qui les emprisonnaient sous des enchevêtrements de racines. Ils traversèrent des ruisseaux qui descendaient se perdre dans le marécage. Le ciel apparut enfin, le paysage changea, un air plus vif vint sécher les transpirations. Le tonnerre gronda dans leur dos. Se retournant, ils virent des éclairs zébrer les lourds nuages qui bouchaient l'horizon et l'averse s'abattre sur la forêt qu'ils surplombaient maintenant. La lumière oblique du soleil dora par endroits cette zone assombrie par l'orage. Un arc-en-ciel auréola la vallée.

L'ascension leur parut exténuante, plus encore que la veille. Ils traversèrent un labyrinthe interminable de rhododendrons géants et atteignirent le col à la tombée de la nuit. Trop épuisés pour aller chasser, les Iban ressortirent de l'emballage végétal qui les avait tenus au frais dans leurs hottes les restes de marcassin de la veille et offrirent en dessert des bananes cueillies durant le trajet. Le repas fut rapide, mécanique et silencieux, puis tout le monde s'endormit dans la case relais qui, comme la précédente, s'élevait au-delà du col, à mi-pente, noyée dans un décor de palmes et de graminées.

La troisième journée de marche fut moins harassante. La sente sinuait sur les hauteurs. Elle ne fit qu'une brève incursion en forêt profonde, avant d'escalader un autre mont. A l'orée d'un val, ils tombèrent sur un troupeau de gaurs. Le taureau braqua sur eux des yeux d'un vert luminescent. D'autres bêtes cessèrent de brouter pour les observer à leur tour. La menace était claire. La colonne fit un détour, et les revit du haut d'un promontoire. Plus aucun ne paissait. Mufles tendus, ils semblaient flairer un autre danger.

S'étant imprudemment éloigné, un bébé bufflon gambadait près des fourrés. Les mouchetures d'une panthère nébuleuse apparurent. Un bond la propulsa sur cette proie facile à saisir. D'un coup sec, sa mâchoire broya la gorge du veau de lait. Alerté par les beuglements désespérés de la mère qui n'osait s'approcher du carnassier, le taureau s'avança. Un feulement furieux le fit hésiter. La tueuse en profita pour tirer rapidement la dépouille dans sa tanière, au milieu d'un inextricable entrelacement de lianes. Le gaur fonça pour la forme, comme l'y obligeait son rôle, et freina des quatre sabots devant la barrière végétale. Sachant que le combat n'aurait pas lieu, il trépigna et meugla quand même sa colère pour donner le change. Le mieux était de déguerpir. Il rassembla le troupeau, et l'entraîna dans sa fuite. Des rapaces vinrent se poser sur des branches proches de l'endroit où s'était tapie la panthère. L'odeur du sang frais les figea là, dans une expectative lugubre.

Après cela, la nature se montra plus clémente. La progression sur ce plateau peuplé d'arbres différents, dont certains en pleine floraison, fut presque un plaisir. Rouge, jaune, bleu, les couleurs explosaient dans les frondaisons, sous un ciel toujours visible et changeant. Dans les sous-bois, des variétés de clématites et d'orchidées grimpantes ruisselaient en exhalant des parfums capiteux. Ils cueillirent des fruits, trouvèrent même deux durians dont les porteurs se régalèrent. A la tombée du soir, près d'une source cachée sous un bosquet de manguiers, une hutte de bois plus sommaire que les précédentes les attendait pour la halte. Pas de pilotis cette fois, mais un sol de rondins fixés sur de jeunes souches, à cinquante centimètres du sol, des cloisons sommaires en branchages, un toit de palmes mal en point qui fut restauré sur l'heure par quatre des piroguiers. Kabit et Ituk partirent chasser pour le repas du soir. Judik et Ponhli préparèrent le feu. Les archers revinrent avec un jeune gibbon, et une dinde pour le Boloven blanc. La marche avait été longue. Il n'y eut ni veillée, ni insomnie.

Le quatrième jour fut le pire. Une replongée dans la jungle première avec tous ses désagréments. Les piroguiers et leurs aides n'avaient qu'une seule envie, rebrousser chemin. S'enfoncer encore et encore sous cette végétation qui n'en finissait pas les mettait d'humeur ombrageuse. Malheur aux plantes qui barraient la voie ! Leurs sabres s'acharnaient sur elles. Judik et Ponhli avaient pris de l'avance. Parvenus au col qui ouvrait sur une autre vallée, plus vaste et touffue que les précédentes, ils aperçurent la hutte du point de jonction, envahie de repousses vigoureuses qui la cachaient à moitié. Elle dominait une clairière fermée par les premières lignes d'arbres. Ils se précipitèrent. Personne ! Combien de temps allaient-ils devoir attendre ? Comme à chaque bivouac, ils ramassèrent du bois mort pour la flambée du soir, pendant que leur escorte s'occupait du gîte et de la nourriture. Les Penan avaient jusqu'à demain matin pour apparaître. Ensuite Kabit et Ituk, qui se sentaient responsables de la sécurité du groupe, aviseraient. Il y eut de l'argus et du sagou au menu. La sève des palmiers à sucre, récoltée par les Iban durant le trajet, avait eu largement le temps de se transformer en piquette dans leurs gourdes de bambou. Malgré son côté revêche, cette boisson les rendit mélancoliques, et ils se mirent à parler entre eux à voix basse jusque tard dans la nuit, berçant de leurs murmures le sommeil du Blanc et de Ponhli qui étaient tombés comme des souches.

Au matin du cinquième jour, l'orage explosa autour d'eux, cachant l'apparition du soleil. Depuis l'aurore, Kabit et Ituk scrutaient le bas de la clairière. Ils devinaient, dans les fonds lointains, où de nouvelles brumes se condensaient déjà, la rivière Baleh, affluent du Rajang, coulant au Sarawak. Leurs compagnons avaient vidé les hottes et entreposé le fret dans la case relais. Assis sous l'auvent, ils fumaient un tabac d'une âcreté qui rappela à Judik celui d'Ankun son beau-père. Ponhli surveillait l'orée de la forêt, le Nikon armé, paré pour l'action. Les fumeurs jouèrent à la mouche qui se poserait la première devant le bout de mélasse qu'ils avaient, chacun, placé devant eux. Des frelons survinrent, qui les obligèrent à cesser ce passe-temps et à changer prestement de place.

Un cri de hibou en plein jour leur fit dresser l'oreille. Kabit porta ses deux mains devant la bouche et envoya la réplique.

— Hou ! Hou ! Hou !

Un petit homme en pagne, clair de peau, tenant une longue sarbacane à pointe de métal qui faisait aussi office de sagaie, sortit à découvert et étudia de loin les piroguiers qui s'étaient regroupés, bien en vue, pour se faire reconnaître. Une colonne de porteurs de hottes, équipés comme lui de l'arme à double usage, daigna ensuite se montrer et venir jusqu'à la hutte. Les représentants des Iban du haut Kapuas reçurent le serment de fidélité. Kabit reconnut l'homme au regard fier qui le prononçait. Ce n'était autre que Kurau, le chef des derniers chasseurs-cueilleurs libres, activement recherché par les autorités. Que faisait-il dans ces parages ? L'archer s'inclina devant le meneur des rebelles coiffé d'une couronne de rotin ornée de plumes de calao.

— Budit te fait dire qu'il partage ta colère et qu'il fera tout ce qui est en son pouvoir pour brouiller les pistes derrière toi.

— Je sais, Budit est loyal, répondit Kurau. Mon père le guidait quand jadis il courait le trophée et sabrait les têtes des Nippons. Il m'a connu enfant, fut un oncle pour moi.

Il parlait doucement, une habitude de fugitif qui sait qu'à tout moment sa voix peut trahir sa présence. Cette retenue lui conférait de la noblesse.

— Pourquoi t'es-tu déplacé en personne à notre rendez-vous ? Serais-tu devenu moins prudent ? s'étonna Kabit.

Kurau émit un sifflement. Au bas de la clairière, une femme blonde, entourée de deux lanciers, émergea des fourrés. Elle portait un long pagne, une chemise nouée à son ventre et un enfant, dans un couffin de rotin fixé par des sangles sur son dos. De loin, elle n'était pas encore reconnaissable, mais c'était elle, bien sûr ! Kervanec se souvint du jour de leur première rencontre à la fac, et ce fut un choc de la voir ainsi. Quel changement, presque un mimétisme ! Un sourire las creusait des sillons aux commissures de ses lèvres. Elle était, devant lui, la même certes, mais aussi quelqu'un d'autre. Des traits marqués par les fatigues de l'errance, un corps plus musclé, des yeux d'un bleu plus vif, comme durcis par l'action. Elle n'osa pas venir l'embrasser tout de suite, s'arrêta à un mètre de lui.

— Je suis la maman de Tyol, le bébé que tu vois. Kurau en est le père.

Elle passa une main sur son front pour en essuyer la sueur.

Judik avait changé. Disparues sa pâleur de rat de bibliothèque et la légère voussure de son dos qui lui donnaient une allure fragile. Il semblait plus fort, et surtout son visage était libéré de cette perplexité constante qui en tendait les traits. Il avait agréablement mûri.

— Je savais que tu allais venir — même dans la jungle les rumeurs circulent —, et avec Kurau nous avons voulu t'accueillir, ici, au point de rencontre.

— Budit vous a envoyé un coureur, je suppose ?

Elle acquiesça d'un sourire, chercha quelque chose d'intelligent à dire, et s'entendit prononcer :

— Bon sang, tout ça nous ramène loin en arrière !

A son tour, il voulut se montrer spirituel, trouver une réplique à la hauteur de l'instant qu'ils vivaient. Hélas, à lui aussi, l'inspiration manqua.

— Oui, très loin.

Une telle platitude, de part et d'autre, éveilla aussitôt la dérision de Claire.

— Qui de nous deux va maintenant sortir « et c'était le bon temps » ?

— Je ne vois pas de honte à le faire. On a passé de fort bons moments à se chamailler.

— Qu'est-ce que nous pouvions être pédants, fit-elle.

— C'est vrai qu'on aimait s'écouter parler, convint-il.

Cet aveu mit fin aux convenances. Elle vint vers lui et colla sur ses joues deux baisers de bienvenue.

— Vive les études !

Elle avait presque crié. Ce n'était pas d'usage. L'attention de Kurau, peu habitué à de tels écarts de langage, en fut attirée. Ces Blancs parlaient haut comme si personne ne pouvait les entendre et riaient bien trop fort. S'imaginaient-ils être seuls au monde ? Le chef des nomades insoumis aurait voulu leur enjoindre de faire preuve de discrétion. Emu par le bonheur de Claire, il monta discrètement avec ses porteurs et les Iban dans la hutte, pour procéder au troc.

— Qui aurait dit, à l'époque, que l'anthropologie ferait de nous des ennemis publics ? s'exclama-t-il.

Deux fugitifs, voilà ce qu'ils étaient. Elle, une agitatrice qui poussait une bande de Penan récalcitrants à commettre des actes de sabotage. Lui, un gourou malsain, doublé d'un agent provocateur, qui s'était attiré la haine des Etats. Comment ne pas en rire ? Claire pouvait-elle menacer qui que ce fût, dans cet accoutrement de fille des forêts, avec ce petit qui dormait sur son dos, et sa troupe de lanciers hirsutes sortant de la préhistoire ? Quant à lui, son short sale, ses grolles pleines de boue, ses longs cheveux redevenus châtains, dont les pointes seules restaient décolorées, ne le hissaient pas, non plus, à la hauteur de sa réputation.

— Ah ! Parce que toi aussi, tu es poursuivi ? s'étonna-t-elle. Toi, l'homme de Dieu ? Au fait, pourquoi as-tu quitté le Laos ? La guerre ? Et de quoi diable t'accuse-t-on ?

— D'être une sorte de diable, précisément. C'est une longue histoire, abrégea-t-il, se réservant de la lui raconter plus tard.

— Tu n'es donc plus missionnaire ?

— Si, à l'envers. Les Boloven m'ont converti à leur foi et je suis devenu leur chaman itinérant, un ambassadeur si tu préfères un terme plus laïc.

Elle resta interloquée, puis s'esclaffa.

— Toi, le disciple de Teilhard, le catho exalté qui rêvait de mourir comme un saint en prêchant l'Evangile, tu es en train de me dire que tes ouailles t'ont retourné et ont fait de toi un chaman ?

Il fit oui de la tête, en mimant l'air penaud d'un enfant pris en faute. Elle se demanda s'il était sérieux et, le connaissant bien, en déduisit qu'il ne pouvait pas ne pas l'être.

— Et te voici bardé de convictions nouvelles ?

— Je n'ai plus de convictions, sauf une, mais beaucoup d'incertitudes. Libéré est, je crois, le mot qui convient, je me sens libéré.

— Et quelle est donc cette seule conviction que tu gardes ?

— Qu'on va chercher très loin ce qui est sous nos pieds !

— Les pieds sur terre, tu ne les avais pas trop. Si tu les y as mis, c'est bien !

— Je n'ai pas fait qu'y mettre les pieds, j'y ai mis aussi mon âme.

— Tu veux dire que tu ne crois plus en Dieu du tout ?

— Je crois à la Divinité.

— Et la Divinité, c'est...

— C'est la Terre !

La ferveur qu'elle lut sur son visage était celle qu'il avait avant en parlant de Teilhard et de ses nébuleuses prophéties. Ce mot Terre il venait de le prononcer avec la même dévotion que le mot Dieu, quatre ans auparavant ! Au fond il était resté le même : un missionnaire prêt à se faire massacrer pour sa nouvelle cause. Ses yeux verts brillaient d'une foi qu'il brûlait de partager. Acquise auprès d'un peuple forestier du Laos qui avait vu s'affronter les maîtres du monde, elle ne pouvait être que de qualité, se dit-elle. Il arrivait bien. Ils allaient pouvoir confronter leurs expériences.

— Judik, je crois que nous avons beaucoup à parler.

Ce qu'elle aimait chez les Penan, ce n'était pas leurs superstitions, mais leur naturel. Aucun vice n'était venu les corrompre. S'ils avaient accepté la tutelle des Iban, ils n'en subissaient pas le joug. Affranchi et émouvant était ce peuple qui résistait avec rien, face à ceux qui dévastaient la forêt, sa raison d'être. Judik, lui, était allé au-delà, c'était évident. Un chaman ! Le pauvre, elle n'en ferait qu'une bouchée. Tous ces rituels magiques n'étaient que fétichisme, et la Terre, déesse-mère, un vieux truc du paléolithique.

Il s'amusa de son assurance. Le croyant et l'agnostique brûlaient de s'affronter à nouveau. Ce n'était ni le moment, ni le lieu. Faute de mieux, ils rirent encore, l'un plus que l'autre, parce que certain, cette fois, que sa démonstration serait imparable. Tyol, dérangé par ces éclats, s'éveilla en sursaut et se mit à hurler. Kurau inquiet sortit de la hutte où, tout en échangeant des produits, on échangeait aussi les nouvelles. Claire fit basculer le petit dans ses bras, sortit un sein hâlé, bombé comme une pomme.

Judik ne savait plus quoi dire. La convaincre de rentrer en France n'allait pas être une tâche simple, et d'abord, était-ce encore possible ? Ne les cueillerait-on pas dès qu'ils se montreraient ? Assise au pied d'un manguier, oublieuse du reste du monde, elle s'abandonnait à l'adoration de Tyol, le fils de Kurau, dont elle était la femme. Difficile de s'impliquer davantage. Elle devait avoir tout appris sur ces chasseurs-cueilleurs. Une thèse magistrale incubait dans sa tête, une œuvre qui ferait date, pensait Judik, mais en cet instant, l'épouse du chef de clan contemplait son fils occupé à téter et son cerveau s'était mis en veilleuse. Comme à la fac, ils avaient suivi des voies parallèles et s'y étaient engagés à fond. La Penan blanche et le Boloven blanc ! Que de chemin parcouru, en effet.

Judik, par discrétion, se rapprocha de Ponhli qui ne s'était pas privé d'immortaliser la rencontre. Il dirigeait maintenant son Nikon sur les sarbacaniers, leur chef, et les Iban qui venaient d'achever leur troc. Les guerriers des deux ethnies consentirent à prendre la pose et à offrir à la postérité une image d'empotés, raides comme la justice, qu'ils supposaient flatteuse. Le fils de Salti pressa sur le déclic et s'ingénia ensuite à les photographier à l'improviste, un vrai tour de force, car dès qu'ils le voyaient viser, ils se statufiaient.

Ce fut Claire qui, la première, les sentit venir. Elle arracha Tyol de son sein et malgré ses protestations le fit passer dans le sac de rotin qu'elle remit à son dos.

— Hélices volantes ! cria-t-elle en penan.

Elle aurait pu le dire plus bas, pensa Kurau en rameutant ses troupes. Le staccato des pales battait l'air, au loin.

— Ponhli, tu vas retourner à la grande case avec nos guides. Budit te fera redescendre au Pied du Buffle en pirogue.

— Je veux rester avec toi, Chaman, je t'en prie.

— Non ! Non ! Sauve-toi ! Tu ne peux pas venir au Sarawak avec moi. Tu n'y serais pas en sécurité. Tu dois suivre tes études. Va ! Fais bien attention aux films et aux photos et si elle ne vient pas te voir, ce qui, la connaissant, m'étonnerait, contacte-la. N'oublie pas ! Deborah Williams à la CBS, New York, et remets-lui les documents en main propre.

— Quand te reverrai-je ?

— Je l'ignore. Tu entendras parler de moi. Que la Grande Mère t'inspire et te protège !

Oubliant les convenances, le fils de Salti sauta au cou de Judik.

— Jamais, jamais je ne t'oublierai, Boloven blanc, et ton absence pèsera sur mon cœur !

— Allez, sauve-toi vite, ils se rapprochent.

Iban et Penan s'emparèrent de leurs hottes pleines et se séparèrent. Ponhli disparut avec les six piroguiers dans les fougères, en direction du col, en s'efforçant de ne pas être aperçu par les mitrailleurs accoutrés comme des extraterrestres qui, derrière leurs lunettes teintées, scrutaient le sol, le doigt sur la détente. Claire dévala la pente de la clairière en direction des sous-bois proches. Judik la suivit, ne se souciant pas de Kurau qui, derrière eux, rameutait les traîneurs. Les rotors étaient sur eux, au ras des arbres dont ils faisaient bouger les branches. C'étaient des Hueys venant du Vietnam et bradés par l'armée américaine, qui avait depuis inventé le Cobra, autrement plus meurtrier. Trois hélicoptères que les chaudronniers-soudeurs de la cavalerie US avaient rafistolés avant de s'en défaire. Ils zigzaguaient dans le ciel comme des moustiques affamés. Après les Viêt-cong, les Penan. Ceux qui servaient ces machines à tuer, formés par leurs prédécesseurs, n'avaient pas d'états d'âme. En avant la mitraille ! Pas de quartier ! Comme un hachoir, les balles se mirent à déchiqueter le feuillage et à grêler autour des fugitifs qui venaient d'être repérés. L'un des hélicos fourragea sur la crête, tiraillant au hasard. Les Iban et Ponhli, selon le terrain et la position de l'appareil, parfois très proche, rampaient ou couraient vers la vallée pour se dissimuler sous la canopée. L'instinct de survie les rendit très agiles, et ils se surprirent à réussir des sauts qu'ils n'auraient jamais tentés si les attaquants s'étaient montrés moins pressants. Enfin à l'abri sous le couvercle des feuilles, se réjouissant du renoncement de l'hélicoptère qui partait rejoindre les deux autres derrière le col, ils se demandèrent tous les sept comment ils avaient fait pour franchir aussi vite ce cirque plein d'obstacles.

— On les a eus, s'écria Ponhli.

De l'autre côté de la montagne, la pétarade continuait et il fut aussitôt pris de remords. Comment avait-il pu avoir cette réaction égoïste alors que le chaman, Claire et ses frères libres étaient en grand péril ? Si le son des pales se confondait avec le crépitement des mitrailleuses, les déflagrations des roquettes résonnaient, elles, comme des coups de tonnerre. Les Hueys qui les portaient sous le ventre étaient obligés de piquer pour tirer. Ponhli les observait. Jaillissant à tour de rôle, pour prendre leur élan, ils disparurent derrière les vertes ondulations des hauteurs, revinrent, disparurent encore. Ce manège meurtrier crachait feu et flammes et faisait vibrer l'air à chaque explosion. Il se répéta deux, trois, quatre fois. Judik était en danger de mort. Comment lui, le fils de Salti, pouvait-il prendre la fuite dans ces conditions ? Il devait aller le secourir ou mourir comme lui. Tout à l'heure, ils avaient tous cédé à l'affolement mais sa place était près du chaman qui avait encore tant à lui apprendre. Il s'élança hors du feuillage protecteur, fut rattrapé par les Iban, et, malgré ses gesticulations, ramené à couvert.

— Tu veux te faire tuer ? gronda Kabit.

— Budit nous a dit de te ramener s'il y avait un danger, c'est un ordre, lâcha Ituk d'un ton sec.

Les piroguiers l'avaient encerclé et le regardaient méchamment, bien décidés à lui mettre une volée s'il se montrait rétif. Contristé, il se laissa entraîner. Ayant perdu les hottes dans leur fuite, ils pouvaient aller vite. La vie était la seule chose qu'il leur restait à perdre, et ils y tenaient. Le seul à trimballer un sac lourd des films et des photos dont il était l'auteur, Ponhli fatigua au bout de quelques heures, souffrit en silence devant les Iban qui guettaient ses défaillances, et réussit, jusqu'au début de la rivière où attendaient les canots, à ne pas flancher. Ensuite, la tête pleine de ce qu'il venait de vivre, bien qu'il redescendît vers son point de départ, il faisait en pensée le chemin en sens inverse et revivait les moments d'euphorie passés avec le Boloven blanc. Pendant le retour en pirogue, il affronta avec un tel entrain les remous, à la pagaie ou à l'écope, que Balki, Foumak, Kabit, Ituk et les deux aides firent par la suite à Budit un rapport sur lui qui l'aurait rendu vaniteux, s'il l'avait écouté.

Arrivés à proximité du village, des Iban qui travaillaient sur un brûlis les prévinrent que l'armée venait d'investir le secteur et leur conseillèrent d'achever le trajet à pied, comme s'ils rentraient des champs. Les pirogues furent amarrées dans une crique discrète. On leur prêta des outils à mettre sur l'épaule. Le tee-shirt et le short de Ponhli furent remplacés par un pagne et ses pataugas provisoirement confisqués. Contrairement à ce qu'avait dit Budit, l'instituteur Muhammad Keyan n'avait pu tenir sa langue. Encouragé par son directeur Abdallah Baruk, et par Ali Muza le mollah, il était allé faire son rapport au chef de la police, lequel avait prévenu le colonel de la garnison. L'info était remontée jusqu'à l'état-major de Jakarta, qui à son tour avait avisé le chef de cabinet de Suharto.

— Cet étranger est sans aucun doute le Français qui vient du Laos et qui fout le bordel partout où il passe.

Il savait, grâce à la CIA, que Kervanec était sur les traces de Claire Dulac, quelque part près de la frontière malaise.

— Je ne veux pas qu'ils fomentent des révoltes chez les minorités. Ça fait trois ans que cette chienne de Française nous emmerde avec ses Penan. Trouvez-les et qu'on n'en entende plus parler. Matez-moi aussi ces rebelles qui sabotent nos chantiers. Montons une opération conjointe avec les troupes du Sarawak et prenons-les en tenaille !

Les *royalties* que le gouvernement touchait des sociétés forestières expliquaient cette fermeté. Une mission héliportée fut aussitôt lancée, et une compagnie de *jungle commandos* s'installa chez les Iban pour patrouiller dans la zone. Une vaste opération de bouclage était en cours. Le maître d'école n'était pas rentré. Comment aurait-il pu se présenter devant Budit après avoir dénoncé ses hôtes ? Son mouchardage lui avait permis d'obtenir sur l'heure d'Abdallah Baruk ce qu'il espérait depuis des mois : sa nomination à Kualakeriau en remplacement d'un jeune enseignant lui-même assez mal vu. Timur Madjak, en poste depuis un an, était d'origine ngaju, une ethnie apparentée aux Dayak, dont la tribu, délocalisée bien avant sa naissance, était entièrement assimilée. Pas assez au gré du directeur qui se méfiait de lui. Ne l'ayant jamais vu à la mosquée, il le soupçonnait d'être resté idolâtre, ou pire, d'être devenu impie, et ça, un bon croyant ne pouvait le supporter !

Boutiquiers dans un faubourg de Pontianak, les parents de ce jeune homme étaient nés catholiques. Au siècle dernier, leur village avait été évangélisé par un missionnaire flamand qui y était resté jusqu'à sa mort. La relève s'était fait attendre. Quand le remplaçant arriva enfin, il dut admettre que la foi chrétienne de ses ouailles n'avait rien d'orthodoxe et cohabitait parfaitement avec les vieux rites païens. Il s'y fit. Pourquoi les esprits de la forêt n'auraient-ils pas droit de cité dans la maison de Dieu ? Aujourd'hui, la communauté dispersée restait très modérément religieuse. Le père de Timur avait surtout flirté avec les idéaux révolutionnaires, sans vraiment s'impliquer. En donnant à son fils le prénom du grand conquérant turc, un fléau de Dieu qui avait surtout massacré des musulmans mais restait très prisé dans leur mémoire, il avait beaucoup ri. Pour lui l'islam était une religion étrangère, importée par les colons qui avaient envahi Bornéo.

Malgré de brillantes études — il avait été premier de sa promotion —, Timur avait sans sourciller accepté le poste de Kualakeriau qui ne tentait personne, pas même les plus mal notés. Et voici que, pour le punir d'être d'extraction indigène et laïc, on l'envoyait plus loin encore, aux sources mêmes de ses origines, chez les essarteurs iban du haut Kapuas. Il ne pensait pas y parvenir aussi vite, étant persuadé que dans ces écoles-là on ne désignait que des gens sûrs, des Indonésiens purs et durs, des musulmans. La chance des garçons comme lui, en mal de racines, était que les éléments considérés comme les meilleurs, pas plus que les punis comme Muhammad Keyan, n'appréciaient cette vie rudimentaire. Quand son directeur, croyant l'humilier, lui annonça sa mutation, il faillit sauter de joie. Il n'avait pas d'amis parmi ses collègues : des sournois, naviguant entre la flagornerie et la médisance. Ouf ! Il allait pouvoir respirer.

— On a renvoyé le sauvage dans la jungle, gloussa Abdallah Baruk, en tapotant sur l'épaule de son frère Muhammad le jour de son entrée en fonction dans sa nouvelle classe. Maintenant tu vas pouvoir faire venir ta femme et tes enfants.

Timur aurait préféré ne pas débarquer chez Budit au moment où la soldatesque patrouillait sur le fleuve, dans des canaux pneumatiques équipés de puissants moteurs. Il s'en excusa.

— Je sais que tu n'y es pour rien, fit celui-ci. Sois le bienvenu parmi nous !

La vue des totems enchanta le jeune instituteur. Les gosses lui souriaient. L'école était spacieuse, le logement correct et, de la rivière, un petit ruisseau creusé en amont amenait l'eau courante à sa porte. Sans la présence des militaires qui troublaient cette quiétude, il aurait été pleinement heureux.

— Où est passé le Blanc ? demanda à Budit un capitaine qui n'était jamais venu auparavant et qui portait un écusson à tête de mort sur sa tenue de combat.

Le ton était glacial. Le vieux chef comprit qu'il ne pouvait mentir. Au lieu de répondre, comme il l'avait prévu, que celui-ci était reparti vers les basses terres dans la pirogue d'un colporteur, il biaisa.

— Ses papiers étaient en règle. Comment pouvions-nous supposer que vous le recherchiez ?

— Où est-il ? insista l'officier.

Hésiter l'aurait fait passer pour complice. L'armée n'avait pas procédé à un tel déploiement de forces sur les seules informations de Muhammad Keyan. Elle devait avoir des renseignements précis sur l'identité du chaman, et sur les raisons de sa présence ici. Mieux valait dire un peu de vérité.

— Il est parti en direction des Mille et Cent Montagnes.

— Par quel moyen ?

— En pirogue d'abord, nous lui en avons loué une, puis à pied.

— Il était seul ?

— Un jeune était avec lui.

— Un Penan, m'a-t-on dit ?

— Je ne pense pas. Il ressemblait à un Malais.

L'officier, qui avait les yeux rivés sur Budit, ne fit pas attention aux hommes harassés qui montaient vers la grande case, à dix mètres de là, et le vieux chef eut bien du mal à conserver son calme en apercevant parmi eux Ponhli dont il était précisément question. Dès demain, il le renverrait discrètement chez son père.

— Celui qui a conduit le Blanc, est-il là ? Peut-on le voir ?

Budit appela Katak. Son petit-fils, avec les autres gamins, écoutait Timur Madjak, lequel s'efforçait de satisfaire leur insatiable curiosité à son sujet.

— Va me chercher Foumak, et dis-lui que l'officier veut l'interroger !

Le piroguier sut d'instinct ce qu'il devait répondre. Il les avait conduits jusqu'à la source de la rivière, et il était revenu aussitôt.

— Quand ?

Impossible de dire la vérité. Il eût été arrêté immédiatement.

— Il y a six jours que je suis rentré.

— Nos pilotes d'hélicoptère ont accroché, il y a quatre jours, deux bandes qui faisaient leur jonction, près de la frontière.

— Les Penan se déplacent toujours en petits groupes, rappela Budit pour lui éviter d'insister.

Il insista.

— Ils se sont séparés pendant l'assaut. Ceux qui se sont repliés chez nous, du côté indonésien, portaient des pagnes, exactement comme les vôtres, et il y avait parmi eux, semble-t-il, quelqu'un d'un peu plus vêtu.

— Les Penan aussi portent des pagnes comme les nôtres. Certains commencent même à mettre des, des... Comment ils appellent ça ? Des tee-shirts. Ici aussi, d'ailleurs. Qui pourrait les en empêcher ? Avec un peu de retard, parfois, tout arrive partout !

Budit avait des appuis dans l'armée. Des colonels, des généraux même se souvenaient du héros de la résistance qui avait réussi à faire peur aux Nippons, du frère qui les avait accueillis quand ils étaient pourchassés par la police néerlandaise. En réalité il était intouchable. C'est peut-être pour cela que dans le haut Kapuas subsistait une terre libre où les militaires ne venaient que sur la pointe des pieds. Cette fois, pourtant, l'intervention était massive et manquait de nuances.

— Je sais que tu mens, vieil homme, dit le capitaine. Je ne peux le prouver, mais tu mens, ça c'est sûr !

Le jeune officier serra les poings d'impuissance.

— Si j'en avais le pouvoir, je brûlerais ton village, et je vous déplacerais tous.

— Alors supplions Ini, la Grande Mère, de ne jamais te le donner.

Soekarno, le père de la nation, avait reçu Budit à Jakarta lors des fêtes de l'Indépendance — le seul voyage de sa vie — pour lui remettre en grande pompe, à lui, l'homme demi-nu, au milieu des uniformes chamarrés, les plus hautes distinctions de la république naissante. Il n'en parlait jamais et ne voulait pas qu'on en parle. Ni Claire, ni le chaman blanc n'en avaient eu vent. Quant aux photos de l'événement, elles dormaient depuis longtemps dans les archives des journaux, et il avait brûlé les siennes. Mais là, il fallait remettre ce blanc-bec à sa place. Katak courut chercher ses ornements secrets, ses médailles, et son collier de têtes japonaises racornies. Devant le capitaine mal à l'aise, il les accrocha à son cou, ou à son pagne. Quand le soldat vit toutes les décorations du vieillard, celles qu'il aurait peut-être un jour, celles qu'il rêvait d'avoir et qu'il n'aurait jamais, à moins d'une grande guerre, et qui attestaient d'un patriotisme et d'une bravoure sans égale, il salua. Le vieux sabreur avait eu raison du *jungle commando.*

Le lendemain, l'officier partit avec sa compagnie effectuer un ratissage le long de la rivière, jusqu'à la source, afin d'y rejoindre une autre unité qui avait été héliportée trois jours auparavant, à la frontière, près du dernier relais où Penan et Iban s'étaient laissé surprendre. Déposés au même endroit par des Chinooks, localement surnommés les « Bananes volantes », eux aussi réformés du Vietnam, des rangers du Sarawak les avaient rejoints. Après les saluts et les fraternisations de guerriers servant les mêmes causes, ils s'étaient déployés, chacun de son côté...

Si Ponhli et les piroguiers iban, bénéficiant des lenteurs de l'armée indonésienne, ne s'étaient pas fait coincer durant leur retour, Kurau et ses lanciers, lors de l'intervention des Hueys sur les hauteurs qui servaient de ligne de démarcation entre les deux Etats, n'avaient, hélas, pas eu la même chance. D'abord, la traversée à découvert de la clairière permit aux mitrailleurs de faire mouche deux fois. Un porteur attardé fut haché par une rafale juste avant d'atteindre les premiers arbres de la forêt. Kurau qui s'était avancé pour lui porter secours connut le même sort...

Abu, son frère cadet, et Judik retinrent Claire qui par réflexe voulut se précipiter sur sa dépouille, l'attrapèrent par les mains et l'entraînèrent dans leur fuite. Elle ne résista pas, mit toute sa volonté dans cette course folle. Survivre, survivre, pour Tyol qui braillait dans son dos et qu'elle entendait à peine. Les balles cinglaient l'air autour d'eux. Leurs points d'impact dessinaient un sillage qui semblait les escorter. Kervanec la sentit flancher et raffermit sa prise, l'obligeant à puiser dans son cerveau la force de continuer. Dès qu'ils eurent disparu sous la canopée, le harcèlement prit fin. Après deux tours rageurs au ras des feuilles, les hélicos regagnèrent leur base. Convaincus qu'ils étaient encore pourchassés, les fuyards ne ralentirent pas. Seuls deux pisteurs, Lawang et Asok, chargés de rechercher et enterrer les corps des défunts, dont on célébrerait plus tard les funérailles, rebroussèrent chemin. Judik avait perdu la moitié de ses affaires et son transistor. Il ne pourrait plus écouter les nouvelles. Tyol continuait de hurler. Il le rattrapa in extremis alors que le couffin dorsal, passablement de traviole, se préparait à l'éjecter. Claire s'immobilisa, essoufflée. Les sarbacaniers eux-mêmes en avaient plein les pattes. Cet arrêt était le bienvenu. Aux cris de l'enfant vinrent s'ajouter les pleurs de sa mère « Kurau, Kurau ! » se lamentait Claire, tout en berçant le petit dans ses bras.

Elle s'était affalée au pied d'un vatica, qui n'était pas des moindres. Il s'appelait Zandig, et était le plus ancien diptérocarpacée à des lieues à la ronde. Judik s'assit près d'elle, lui tint le poignet, et sollicita le Vénérable qui répondit aussitôt. Un dictame de lumière apaisa tout le monde, y compris les lanciers-sarbacaniers qui en avaient grand besoin. La Terre accorda à l'ensemble des fugitifs ce que d'habitude elle réservait aux proches, rayonna de toutes parts, enchanta le décor et l'âme des humains. Tyol crut se retrouver dans le liquide amniotique dont il avait inconsciemment le regret, attrapa son pouce et s'endormit ravi. Les Penan se rapprochèrent de l'arbre pour être à la source des sensations, s'assirent en rond, autour de son tronc aux racines proéminentes, se donnèrent la main, prirent celle du chaman et à l'autre bout du cercle touchèrent l'épaule de Claire aux bras occupés par l'enfant. Ils avaient fait cela obéissant à une suggestion mentale dont Judik était probablement l'auteur. Dès qu'ils furent tous reliés, le flux monta en puissance et les derniers chasseurs-cueilleurs de Bornéo furent aspirés par le grand tourbillon. « Ini, Ini », psalmodièrent-ils, pour dire à la Grande Mère l'amour qu'ils lui vouaient. Intraduisible en mots, celui-ci ne pouvait s'exprimer que par la passion qu'ils mettaient à invoquer son nom. « Ini, Ini... » Ils faisaient partie de ses enfants les plus proches, les plus fidèles. Pourtant jusqu'à cet instant magique, ils l'avaient mésestimée. Et là, elle les emportait vers la source de la lumière, vers le commencement de la vie. Jamais ils n'avaient ressenti une telle allégresse.

Pendant ce transport, Claire ne quitta pas Judik des yeux, voyagea dans le fond de ses iris verts où elle revit Kurau mutilé, qui avait été accueilli en héros par les ancêtres du clan. « Refais ta vie, retourne dans ton peuple, et fais connaître notre combat », crut-elle l'entendre dire. Son regard se perdit dans celui du chaman. Le deuil qui l'accablait se mua dans son corps en un frémissement intense. Noyée de chagrin et d'ivresse mêlés, oscillant entre les sanglots et le rire, elle se défit du couffin, posa doucement Tyol sur la mousse épaisse, vint se lover dans les bras de Kervanec, et tout ensuite échappa à leur entendement : leurs gestes désordonnés, leurs baisers, leur étreinte. La radiance du flux tellurique les traversa. Les Penan en transe n'entendirent pas les gémissements des deux Blancs enlacés. Quand ils retrouvèrent leurs esprits, ils furent très surpris, et même un peu gênés de s'être laissés aller, mais ils venaient de vivre quelque chose d'unique.

Elle reprit son fils qui dormait à poings fermés, et le réinstalla dans son dos.

— J'aimais Kurau. Je l'aime, il est en moi. Pourtant je ne suis pas près d'oublier nos retrouvailles, je n'aurais jamais cru qu'un truc comme ça pouvait exister.

Toujours tiraillée entre joie et chagrin, elle poursuivit.

— Cette expérience me trouble, Judik. Peut-être que nous n'avons même pas fait l'amour, peut-être nous as-tu tous envoûtés ? Après tout un chaman n'est rien d'autre qu'un sorcier !

— C'est la Terre qui vient de te parler, que tu as ressentie.

— Peut-être Kurau n'est-il pas mort ?

Elle s'effondrait. Abu s'approcha avec une raideur pleine de déférence.

— Chaman, merci de nous avoir présenté Ini, la Divine.

— Je ne l'ai pas fait seul. Sans Zandig, ça n'aurait pas marché.

— Qui est Zandig ? demanda le Penan.

— C'est lui, fit Judik en désignant le grand vatica.

Il se glissa entre les énormes embranchements de ses racines et tapota son tronc.

— C'est un Vénérable qui a le contact avec la Grande Mère.

— Maudits soient ceux qui les coupent ! marmonnèrent les Penan en pensant aux compagnies forestières qui ravageaient la forêt.

— Quand ils les auront tous abattus, la Terre ne pourra plus éclairer ceux qu'elle aime, lâcha tristement Abu.

Il resta pensif un instant et en vint à des considérations plus concrètes.

— Chaman, ils vont revenir et lâcher des guerriers à nos trousses. Il faut continuer de courir.

— Oui, il faut s'enfuir, approuvèrent les lanciers-sarbacaniers qui n'osaient s'approcher de Judik.

— N'ayez aucune crainte, je ne suis qu'un *manang*, rien de plus.

— Un grand *manang*, approuvèrent doucement les chasseurs-cueilleurs en se préparant.

Claire n'y comprenait plus rien. Des larmes coulaient sur ses joues, mais au fond d'elle-même elle se sentait sereine. Ce qu'elle venait de vivre, rêve ou réalité, l'avait transformée. Le deuil exigeait de la souffrance, elle voulait souffrir et n'y parvenait pas. Ce flux qui l'avait traversée à point nommé rayonnait encore en son for intérieur. Ecartelée entre cette sérénité profonde et la pensée que plus jamais elle ne reverrait l'homme qu'elle aimait, elle restait immobile et paraissait lutter entre le besoin de sourire et l'envie de pleurer. Elle était en état de choc. Judik s'approcha.

— Donne-moi ton enfant, si tu veux, je le porterai.

Elle se ressaisit, saisit les attaches du couffin dans lequel Tyol rêvait toujours.

— Il ne connaît que mon dos. Ne t'en fais pas ! Allons-y !

Ils coururent de toutes leurs forces jusqu'à la tombée de la nuit. Pendant que les Penan et Judik construisaient une case sommaire, Claire allaita Tyol. Pas de feu, pas de torche. Les hommes de la pierre et du fer avaient envoyé des engins dans le ciel pour surveiller le monde. Parmi leurs frères délocalisés et sédentarisés de force, ceux qui avaient fait des études écoutaient la radio, regardaient la télévision et lisaient la presse. Par eux, ils étaient régulièrement mis au fait. Cette complicité vitale leur avait permis d'éviter bien des guets-apens. Le refuge achevé, ils s'y installèrent. Il était trop tard pour chasser. Avec l'eau de leur gourde, ils délayèrent de la farine de sagou dans une grosse calebasse, pour un dîner frugal qui se prit accroupi, autour du récipient. Comme ils allaient devoir se lever aux aurores, foncer encore pour éviter l'encerclement et se mettre en lieu sûr, les fugitifs harassés se couchèrent dès la dernière bouchée. Claire posa précautionneusement son fils repu sur le tapis de palmes qui recouvrait le sol. Judik sortit s'asseoir sur le bord du plancher de rondins. L'orage grondait au loin. La pluie ruissela sur son torse. Les deux mains en appui, il balançait ses jambes dans le vide. Deborah avait envahi sa pensée, comme si elle était là, tout près. Elle devait être sur ses traces et il savait qu'elle allait remuer ciel et terre pour le retrouver. Elle pouvait y laisser la vie, elle aussi. Il revoyait sa silhouette élégante et cette façon qu'elle avait de l'embrasser en louchant. Quand Claire vint le rejoindre, il crut une seconde que c'était elle Dans la pénombre, elles avaient presque la même allure. La voix dissipa l'illusion.

— Kurau m'apprenait tout ce qu'il savait, et il en savait beaucoup, dit-elle en s'installant à côté de lui.

L'ondée les lavait des sueurs de la journée. Elle tendit le cou, se passa les mains dans les cheveux, sur le visage, ôta son chemisier. Les yeux grands ouverts dans l'obscurité qui s'épaississait, elle vit défiler les trois années passées aux côtés de celui dont elle avait partagé la vie.

— Il connaissait toutes les plantes, toutes les fleurs de la forêt, leurs bienfaits ou leur nocivité. Il était botaniste, géologue, médecin et plus encore.

Judik l'avait à peine entrevu. Elle aurait tant souhaité qu'il fît sa connaissance. Ils étaient faits pour s'entendre et se seraient mutuellement appréciés. Elle le lui dépeignit dans le moindre détail, s'attarda sur sa mémoire prodigieuse. Il connaissait, dit-elle, l'histoire de la tribu depuis l'époque où

Bornéo, dans sa totalité, appartenait aux peuples de la jungle, il se souvenait de l'invasion des colons venus de la mer, qui les avaient chassés vers l'intérieur, avaient pris possession de la terre, coupé les arbres, et bâti des villes.

— Il était, dit-elle, l'un des dépositaires de la culture orale des chasseurs-cueilleurs. Un jour, il m'a montré une grotte où ses lointains ancêtres avaient imprimé leurs mains. Elles formaient des guirlandes, on aurait dit des fleurs. Des milliers d'années nous séparaient d'elles. Pourtant, elles étaient d'une netteté bouleversante et avaient l'air de nous parler. Nous étions sûrs qu'il y avait un message d'amour dans cet agencement harmonieux.

Elle fit une pause.

— C'était surtout un pisteur, redoutable quand il était chasseur, introuvable quand il était chassé. Il n'aurait jamais dû venir au point de rencontre. Pourquoi a-t-il insisté pour m'accompagner ? Sans moi, il n'aurait jamais commis cette imprudence.

L'émotion l'empêcha de continuer.

— Quand vous êtes-vous aimés pour la première fois ? questionna Judik, soucieux de lui faire oublier le sentiment de culpabilité qui commençait à l'assaillir.

Sa voix devint rêveuse.

— Après une fuite près de Mulu, un bourg du Sarawak près duquel nous nous étions rendus pour faire du troc avec des Penan sédentarisés. Quelqu'un nous a trahis. Nous sommes tombés dans une embuscade. Il y eut deux morts parmi nous. Les militaires étaient partout. Kurau a su nous calmer. Il nous a ordonné de mettre nos pas dans les siens. Courir aurait été une erreur. Avec une lenteur de tortue, en nous obligeant à marcher en canard, entre arbres, fourrés, lianes, bambous et ficus, parfois en passant à quelques mètres d'une patrouille pourtant aux aguets, il nous a sortis de l'encerclement. Après, ce fut un vrai marathon. Nous devions mettre le plus de distance possible entre eux et nous. La nuit, nous avons avancé dans l'obscurité totale, moi tenant sa main avec la sensation qu'il ne pouvait rien m'arriver, alors que je n'y voyais goutte, et aurais pu à chaque pas buter sur un obstacle. Il. . Il était si rassurant dans sa façon de se mouvoir, d'évoluer dans ce milieu, où rien ne pouvait le surprendre. On dormait une heure, ici ou là, et on repartait en cavalant de plus belle. Le soir du deuxième jour, nous nous sommes arrêtés enfin sur une hauteur où la végétation laissait voir de grands pans de ciel. Nous tombions de fatigue. Il se coucha près de moi, s'endormit en reprenant ma main, comme pour m'aider, durant mon sommeil, à passer au travers des cauchemars. A l'aube, il s'est rapproché. Je l'attendais. Nous nous sommes éloignés du refuge et retrouvés sous un hopea, de la taille de l'arbre où tu as officié ce matin.

Elle rit brusquement, malgré elle, en pensant à cette implosion qui l'avait fait voler en éclats dans les bras de Judik, tout aussi éparpillé.

— Si l'un de nous deux avait possédé ton secret, je n'ose imaginer ce qu'il serait advenu. Nous n'aurions pas eu assez de sept ciels, et peut-être ne serions-nous jamais redescendus.

Ils sourirent. Leurs doigts s'effleurèrent. Elle avait envie de Kurau. Il avait envie de Deborah. Tous deux brûlaient d'un amour impérieux qui les rapprocha. Le Vénérable le plus proche était un banian chevelu comme un prophète qui s'appelait Banki. Ils se glissèrent sous sa tignasse et s'unirent debout contre son tronc. La Grande Mère fulgura en eux et combla leur imagination. Les absents étaient là, c'était à se méprendre. Dans un soupir, elle l'appela Kurau. Lui se tut, l'aida à exprimer sa rage de vivre, tout en se laissant envoûter par l'illusion qu'elle était sa Débo à la flamboyante chevelure.

La douleur du deuil, qui s'était dissipée, ne revint pas tout de suite. La voix de Claire avait repris de l'assurance.

— Tu as eu de la chance avec les Boloven. Ici, tu serais sans aucun doute resté un missionnaire chrétien et tu leur aurais raconté tes sornettes sur Jésus, le Fils de Dieu et la Sainte Trinité. Comme tu es un bon prêcheur, ils t'auraient cru. Je te préfère dans la peau d'un chaman. Tu es plus convaincant, et surtout la révélation que tu leur apportes correspond beaucoup mieux à ce qu'ils attendent.

— Qui sait si leurs lointains ancêtres, ceux qui faisaient, comme tu me l'as décrit, de si jolis dessins avec leurs mains, n'avaient pas le contact ? Leurs descendants n'ont peut-être pas su le garder, supposa Judik.

— C'est bien possible, en effet.

Ils étaient assis sous Banki le banian, protégés par son épais feuillage.

— La Providence a bien fait les choses, fit-il, retrouvant une formule de curé. A toi, la laïque, elle a donné la possibilité de s'intégrer à un peuple rebelle, très attaché à son environnement. Et moi, le croyant, j'ai eu droit à des initiés.

— Tu détiens des arcanes de l'extase que les mages d'ici font semblant de connaître. Ton pouvoir est considérable. J'ai du mal à y croire. Et je comprends mieux pourquoi tu déranges.

— Cela ne veut pas dire, même s'ils simulent, que les *manang* de Bornéo ne sont pas sincères. Ils recherchent inconsciemment le lien perdu, et leurs simulacres sont parfois pathétiques. Ils n'auront maintenant plus besoin de tricher. Quant à mon pouvoir, Claire, il peut m'être repris au moindre écart. S'il est en apparence moins contraignant de servir la Grande Mère que l'Eglise, la Divinité lit dans les pensées du chaman. Il se doit d'être clair en lui-même, sinon l'arbre reste muet.

Elle le regarda d'un air soudain affolé.

— Ma parole ! Je perds complètement les pédales ! Kurau a disparu. Nous nous envoyons tous les deux en l'air, les arbres s'embrasent, la Terre nous traverse, réveille le mort, fait venir ta copine et nous met en fusion. Pire, je sens que je m'attache à toi aussi.

— C'est une sensation partagée. L'empathie ne se commande pas. Pour quelle raison ne pourrais-je plus aimer Vania, ma première femme, ou Ahinée, la fille-serpent qui m'a enroulé dans ses anneaux, ou encore Deborah, si typiquement anglo-saxonne...

— Arrête, ça va finir par devenir vexant !

— Je ne suis pas un coureur !

— Ah bon ? Trois femmes, tu prétends aimer trois femmes, plus un peu moi par-dessus le marché. Et tu dis que tu n'es pas coureur ?

— Je n'ai jamais fait le premier pas, sauf avec Vania quand nous étions novices. Et encore, je n'en suis pas si certain.

Elle faillit éclater de rire.

Au petit jour, la hutte fut détruite, les rondins dispersés. Très vite les repousses effaceraient les blessures des sabres. Il ne fallait laisser aucune trace. Ils attendirent l'apparition du soleil après cette nuit de déluge. Les Penan vinrent prier Judik d'orchestrer une bénédiction de la Grande Mère pour qu'elle leur redonne du courage. Il sollicita Banki, encore brûlant des chaleurs de la nuit, qui ne se fit pas prier. Après l'extase, brandissant leurs armes dérisoires, les chasseurs-cueilleurs entourèrent le chaman.

— Nous te suivrons partout, grand *manang*.

— Pas grand *manang* ! Boloven blanc est le nom que m'a donné mon peuple. Après vous, mes frères, c'est moi qui vous suis. Vous connaissez le chemin.

Claire retira l'enfant de son sein, le fit glisser dans son berceau de rotin et au pas de course la colonne quitta la caresse solaire de l'aurore, pour s'engouffrer dans le monde vivant des feuilles et des ombres.

18

Le Pied du Buffle

Par où commencer ? Deborah craignait que son indécision ne refroidisse l'équipe. Elle devait agir vite. Michael Stevens, Jim Barlot, Yorrik Hatfield et Sam Kane l'attendaient pour le petit déjeuner à la cafétéria de l'auberge la Perle d'Orient, qui était loin d'avoir l'éclat évoqué par son nom. Or ces « grandes pointures » du reportage n'avaient l'habitude de descendre que dans les palaces. La guerre ou la bourlingue, oui, mais pas sans le confort des meilleurs hôtels, un scotch à portée de main. Avec l'âge, ils avaient pris des goûts de luxe, et ce boui-boui était indigne de leur standing. Elle eut à affronter leur mine renfrognée et fit comme si de rien n'était.

— Hello !

Elle n'eut pas la cruauté de leur demander s'ils avaient bien dormi.

— J'ai une de ces faims ! s'écria-t-elle pour les ragaillardir.

Elle dévora saucisses et *scrambled eggs*, but une large rasade de café, trouva le tout détestable, mais soupira d'aise comme si elle s'était régalée, et profita de leur étonnement pour distribuer les rôles de chacun.

— Bien ! Je vais à la banque éplucher les comptes et voir l'usage que Judik a fait de l'argent. Toi, Michael, tu pourrais pendant ce temps avec Jim, Yorrick et Sam te renseigner sur le camp de Penan le plus proche. Ils y sont tous les deux probablement passés. On fait le point ici, en fin de matinée. *Bye ! Bye !*

Elle sortit d'un pas vif. Leurs regards la fusillaient dans le dos. Un quart d'heure plus tard, un rickshaw-scooter la déposait au centre commercial de la ville, devant l'immeuble de la Pontianak City Bank Ltd où elle avait fait un dépôt de cent cinquante mille dollars. Le directeur la fit attendre moins qu'il n'est d'usage, le temps de jeter un coup d'œil rapide sur son dossier, et vint en personne la chercher dans le salon pour l'inviter à entrer dans son bureau. Les papeteries Williams avaient des intérêts à Bornéo et il en était l'un des dépositaires. Partout où il y avait du bois à vendre, la firme était présente. Ses comptes ici se chiffraient en millions de dollars.

— Quel bon vent vous amène sur notre île perdue, miss Williams ?

— Soixante-dix mille dollars, entre autres, mister Song !

Soixante-dix mille dollars, qu'était-ce à côté des montants qu'il brassait pour son père ?

— Oui, fit-il, attendant la suite.

— J'ai été informée très tardivement de ce retrait.

— Nous en avions reçu l'ordre. Monsieur Le Borgne avait la signature. Le compte était approvisionné. Un retard d'écriture... Nous n'avons pas jugé cela important. C'est une pratique cour...

Elle l'interrompit.

— Vous l'avez vu personnellement ?

— Miss Williams, quand je sors soixante-dix mille dollars, je suis tout de même là pour regarder à qui je les remets.

— Comment était-il, dites ? Je vous en prie ?

Le banquier fut surpris par le changement de ton et la pâleur soudaine de la jeune femme. Ce Le Borgne l'intéressait beaucoup plus que la somme en question. C'était même apparemment sa seule préoccupation. Comment avait-elle pu s'enticher d'un homme qui dilapidait l'argent avec une libéralité d'autant plus choquante qu'il ne l'avait pas gagné ?

— Monsieur Le Borgne, quand je l'ai rencontré, m'a semblé en pleine forme.

— C'était quand, mister Song ?

— Fin janvier. Si vous voulez savoir où il se trouve, miss Williams, je vous engage à rencontrer le négociant qui lui a servi d'intermédiaire. Vous savez, je présume, l'usage qu'il a fait des soixante-dix mille dollars ?

— Je n'en ai pas la moindre idée.

Cette insouciance était inconcevable. Le banquier en toussota de surprise.

— Ce n'est tout de même pas une somme dérisoire...

— Monsieur Le Borgne a toute ma confiance. Dites-moi, ce commerçant, où pourrais-je le trouver ?

— Il habite dans un village de Dayak délocalisés, au bord du Kapuas. Il est assez facile de s'y rendre. Faites-vous conduire à l'embarcadère des bateaux-bus, et là, il suffit d'indiquer le Sabre d'or. On vous y conduira sans problème. Ce restaurant très connu lui appartient. Je vais passer un coup de fil à la poste du coin qui le préviendra. Il se fera un plaisir de vous recevoir.

— Bon, je m'y rends de ce pas.

— Et les soixante-dix mille dollars, vous ne voulez pas savoir ce qu'ils sont devenus ?

— Je suppose que cet homme que vous me conseillez d'aller voir est, comme vous, parfaitement au courant, fit-elle en se dirigeant vers la porte. N'oubliez pas de l'informer de ma venue. Au fait, comment se nomme-t-il ?

— Van Tong. Ne vous fiez pas à ses allures de petit épicier matois. C'est un commerçant avisé, très influent dans son district, et même ici, dans la cité. Je le préviens sur l'heure. Au revoir, miss Williams, je reste naturellement à votre disposition.

— Taxi !

Elle grimpa dans la Toyota jaune qui s'était immobilisée devant l'escalier de la banque.

— A l'embarcadère, s'il vous plaît !

L'équipe le lui ferait payer si elle n'était pas au rendez-vous qu'elle leur avait elle-même fixé. Ce ne serait pas la première fois. La misogynie des équipes, elle connaissait, et ça ne l'empêchait pas de dormir. Ce monsieur Tong la mettrait sur la piste de Judik. Insensible au dépaysement qui aurait dû normalement la captiver, elle bouillait d'impatience. Arrivée sur les quais, elle fut happée par une foule chargée de ballots, de cageots, de volailles qui se pressait vers les vedettes rapides et les gros omnibus, dont les aboyeurs indiquaient la destination. Elle eut du mal à se faire comprendre. Les passants hochaient la tête d'un air désolé et poursuivaient leur chemin. Les marchandes de soupe et de nouilles, derrière leurs roulantes, souriaient sans répondre. Personne ici ne parlait l'anglais, pas même les employés des bateaux. Un jeune Chinois muni d'un attaché-case tranchait au milieu de cette cohue de paysans. Elle l'interrompit dans ses songes de jeune cadre qui se voit chef à la place de son chef et se demande comment y parvenir. Le Sabre d'or ? Bien sûr, il connaissait.

— C'est la vedette verte, là-bas !

— Le Sabre d'or, c'est bien le nom de la station, n'est-ce pas ?

— On l'appelle plutôt « Mister Tong City ». Soyez sans inquiétude, cette ligne ne va pas plus loin.

« Quelle fille ! » se dit le col blanc, épaté par Deborah qui pourtant n'était pas dans son meilleur jour.

— Vous êtes australienne ? fit-il pour tenter de la retenir.

Ce fut sans effet. Elle disparut dans le flot humain en marmonnant un merci brouillé par le brouhaha ambiant.

La cabine du bateau, bondée de Dayak convertis à la vie agricole sédentaire, sentait la terre, les fruits, les légumes, la fiente et la sueur. Pattes ficelées, des poules gigotaient sur le plancher. La télévision du bord diffusait un mélo pakistanais plein de cris, de haine, d'amour et de jérémiades. Les passagers dans leurs fauteuils étaient en état d'hypnose. Certains en avaient les yeux larmoyants. Une mère oublia d'allaiter son bébé qui par ses pleurs troubla un instant la séance.

Dans une réprobation générale, elle s'empressa de lui donner le sein en s'abritant derrière un châle, et les pupilles du public se rivèrent de nouveau à l'écran. Deborah contemplait le fleuve et la batellerie de toutes dimensions qui glissait sur ses eaux. Des trains de barges chargées de grumes descendaient vers le port. Elle sortit sur le pont pour respirer. Des îles, des villages défilaient avec leurs gosses s'amusant à plonger, et leurs lavandières jamais lassées de faire de petits signes. Les arrêts étaient des lieux de grande animation où l'on attendait les marchandises venant de la ville. A l'un d'eux, un gros porc noir prit peur au milieu de la passerelle et refusa d'avancer. Il fallut trois hommes pour le faire embarquer. Tiré par les oreilles et la queue, botté aux testicules, le verrat, avec des couinements à fendre l'âme, s'obstinait. Jambes ligotées, il fut halé et poussé sans ménagement sur le pont du bateau où, malgré ses protestations déchirantes, on le laissa s'agiter sans le détacher. Dans la cabine, les téléspectateurs rouspétèrent. Les deux amants qui ne se voyaient qu'en cachette songeaient à s'enfuir pour que l'héroïne, de noble ascendance, n'épouse pas le vieillard fortuné que ses parents lui destinaient. L'instant était palpitant et le cochon paniqué rendait la scène inaudible. D'anciens coupeurs de têtes tendaient leurs oreilles déformées pour tenter de saisir ce que disaient les amoureux éplorés. En d'autres temps, sans doute seraient-ils allés sabrer la bête, pour suivre tranquillement le film. Les mœurs avaient changé, mais rien qu'à voir leurs regards, on devinait qu'ils brûlaient d'envie de le faire.

— Mister Tong City ! annonça le contrôleur.

Ne voulant pas rater la fin du mélo, les passagers restaient rivés à leurs sièges. La princesse et le gueux eurent la bonne idée de s'enfuir à cheval dans la montagne, et l'écran devint noir.

— La suite au prochain voyage, fit l'employé en poussant les retardataires vers la sortie.

Des femmes ramassèrent leurs gros sacs et les fixèrent à chaque extrémité de leurs palanches qu'elles mirent sur l'épaule. D'autres attrapèrent les pattes des poulets qui se mirent à crier et à battre des ailes. Les hommes s'emparèrent des ballots, des cageots, des caisses qu'ils chargèrent sur le dos ou sur la tête, et le bateau se vida sous l'œil inquiet du cochon qui redoutait le moment où on allait le hisser à son tour sur la passerelle. Il avait fait une courte pause pour reprendre son souffle. Dès que ses bourreaux recommencèrent à le houspiller, ses couinements ameutèrent le village qui s'étageait derrière les établissements de Mister Tong.

Cet animal rétif avait la chance d'appartenir à une espèce très recherchée des gourmets. Au lieu de terminer sa vie sur l'heure et de figurer au prochain menu du Sabre d'or, on allait raisonnablement l'engraisser puis il passerait quelques années à saillir les truies de l'élevage, avant d'être à son tour transformé en charcuterie. Le vieux Chinois, debout sous le lauan qui ombrageait sa terrasse, surveillait le débarquement de son nouveau mâle reproducteur, ce qui modéra la brutalité des porchers. S'il avait su que son protégé avait été frappé dans ses parties sensibles, l'auteur de ce coup bas aurait été congédié sur-le-champ. Il avait coûté fort cher, ce verrat, et Mister Tong comptait fermement sur ses bourses pour remplir un peu plus la sienne. Il supputait déjà les bénéfices qu'il en tirerait, tout en observant la démarche décidée de la jeune Américaine qui venait le voir. Lorsqu'elle fut à mi-chemin, il alla à sa rencontre avec la jovialité cauteleuse décrite par le banquier.

— Bonjour, miss Williams, mister Song m'a fait informer de votre venue.

Toutes les tables étaient occupées. Militaires, policiers, petits fonctionnaires, chefs de chantier, courtiers, ainsi qu'un groupe de touristes japonais, déjeunaient déjà. Midi était passé. Elle ne serait jamais de retour à Pontianak avant la fin de la journée. L'équipe allait s'inquiéter, et aligner probablement des poncifs machos sur les femmes qui n'étaient pas faites pour ce métier et sur les filles à papa qui devaient leur carrière au piston. On verrait bien ce soir qui en saurait le plus. Elle sourit.

— Bonjour, Mister Tong, dit-elle à voix basse, je voudrais vous parler de Joël Le Borgne.

Le Chinois regarda rapidement autour de lui.

— L'endroit n'est pas discret, fit-il. Contournez le restaurant et attendez-moi derrière. Je vous rejoins.

Il passa entre les tablées, salua les uns et les autres, fit offrir une tournée de whisky aux notables et aux gradés du coin qui avaient leurs places réservées à l'année. Aux musulmans influents qui ne touchaient pas à l'alcool, il proposa des cocktails de jus de fruits inimitables, dont il avait le secret. Parvenu dans la salle, elle aussi bondée, il continua de progresser vers les cuisines, en adressant des signes d'amitié aux habitués. Comme s'il inspectait le travail du personnel à l'heure du coup de feu, il longea les fourneaux, fit quelques remarques, prodigua un conseil, et sortit par la porte de derrière. Deborah, entourée de fillettes, commençait à devenir un centre d'attraction. Il en accourait d'autres. L'apparition pourtant bonhomme de Mister Tong refroidit les curieuses.

— Allez jouer plus loin !

Sa voix fit miracle. Les gamines se dispersèrent, obéissant à leurs parents qui leur avaient enjoint de ne jamais contrarier le Chinois. Dès le berceau, on leur claironnait, quand elles n'étaient pas sages, qu'il allait venir les chercher pour les donner à manger à ses cochons. Même si elles n'y croyaient plus, il continuait de leur faire peur et elles préféraient l'éviter.

— Quelle autorité ! constata Deborah.

— Je passe auprès des enfants pour un croque-mitaine. Cela présente certains avantages. Suivez-moi, je vous prie.

Il la fit pénétrer dans l'entrepôt qui abritait son local strictement personnel. Elle avança dans le labyrinthe des tonneaux de saumure, de choux, des bidons de soja, entre des étagères garnies de conserves en bocaux, de packs de bière, de bouteilles d'alcool et de vin. Par la vitre embuée d'une chambre froide, elle entrevit des rangées de carcasses pendues à des crochets. A côté se dressait son réduit dont il ouvrit la porte. Une odeur d'encens imprégnait la pénombre. Il pressa un interrupteur et une lanterne décorée de dragons éclaira faiblement la pièce.

— Ce n'est qu'un modeste refuge, miss Williams. J'en appelle à votre indulgence.

Elle balaya du regard les bouliers, l'autel des ancêtres, la loupiote rouge, les portraits des disparus, les livres, que depuis peu il retrouvait le temps de feuilleter, et le ventilateur. Elle se serait crue dans la cellule d'un bonze.

— Je vous sais gré au contraire de me recevoir en ce lieu.

Il offrit sa chaise à Deborah et, avant de s'asseoir en tailleur sur le lit de camp, ferma entièrement les volets de la fenêtre donnant sur les premières cases du village. L'affaire excitait sa curiosité. Il avait appris quelques jours auparavant, par la police et l'armée qui le recherchaient activement, la vraie identité de ce Joël Le Borgne et s'était bien gardé de leur dire qu'il l'avait rencontré. Le banquier Song, soucieux de ne pas déplaire à la fille du papetier américain, lui avait conseillé de révéler à cette jeune femme tout ce qu'il savait sur cet homme, et Mister Tong se préparait à le faire. Dans la lumière diffuse, l'épicier, paupières mi-closes, paraissait méditer.

— D'abord, il y a eu Claire, une savante dont la tête a été mise à prix, nota-t-il. Puis monsieur Le Borgne est venu pour la chercher, et sa tête aussi a été mise à prix. Et vous voici maintenant en quête de monsieur Le Borgne. Fasse le ciel qu'on ne vous réserve pas le même sort.

— Quand l'avez-vous vu ?

— Il est resté quelques mois par ici. Je l'ai d'abord pris pour un missionnaire ou quelqu'un d'approchant. Il a dépensé soixante-dix mille dollars pour acheter une terre, et l'offrir à des Penan délocalisés, qui croupissaient à trois kilomètres d'ici, sur une mangrove. Puis il les a aidés à s'installer. Ces gens lui doivent tout, et entre eux ils l'appellent d'un nom bizarre.

— Le Boloven blanc ?

— C'est cela, Boloven blanc, et ils le prononcent avec une telle considération que je me suis demandé si monsieur Kervanec, ou Le Borgne, n'était pas une sorte de sorcier. Le bruit court qu'il peut faire surgir une lumière des profondeurs de la terre, en se collant contre le tronc des arbres.

Le souvenir des trois corps et du lauan s'embrasant sur sa terrasse, par une nuit d'orage, ressurgit soudain. Il avait déjà fait le lien entre cette scène irréelle et la rumeur. Qui sait s'il n'avait pas été témoin de ce prodige ? Plus les jours passaient, plus il y croyait. Il en fut soudain convaincu et revit avec précision l'instant où le large tronc et les silhouettes collées contre lui rougeoyaient au milieu des éclairs et des déflagrations. Non, il n'avait pas rêvé ! Le Boloven blanc, cette nuit-là, avait activé son arbre et deux Penan étaient avec lui. Le mage du clan et son fils, ce ne pouvait être qu'eux !

Deborah s'efforçait de cacher son émoi. Judik avait fait de l'argent un excellent usage et pris le temps de sauver un groupe de chasseurs-cueilleurs en perdition, tout en recherchant Claire. Une bouffée d'amour vint rosir ses joues.

— Quand lui avez-vous parlé pour la dernière fois ?

— Deux jours avant son départ, ici même. Il était assis à votre place. C'est Alpia mon gendre qui l'a conduit chez les Iban du haut Kapuas. Le fils du mage l'accompagnait.

Le cœur de Deborah s'emballa.

— Nous sommes quatre, avec du matériel. Croyez-vous que l'on peut assurer notre transport au même endroit ?

— Je vous conseille, avant de prendre toute décision, de vous rendre au Pied du Buffle, c'est la terre qu'il a acquise pour ces Penan indigents. Ils y ont reconstruit leur village. Vous risquez d'y trouver des informations plus fraîches que les miennes.

— Est-ce loin d'ici ?

— A trois heures de pirogue. Je peux vous y faire conduire.

— C'est trop tard pour aujourd'hui, je reviendrai demain. Comme je vous l'ai dit, nous sommes quatre avec du matériel. Avez-vous un bateau assez puissant ?

— Vous pouvez vous y rendre directement de Pontianak, mademoiselle. La compagnie qui assure la liaison avec Batanga, une colonie javanaise implantée dans le haut

Kapuas, y fait depuis peu escale. Et vous pouvez aussi louer un bateau-taxi.

Mister Tong trouvait que ce Kervanec, alias Joël Le Borgne, avait bien de la chance d'être, cela se voyait, aimé de cette femme qui alliait dynamisme, élégance et beauté. Deborah, quant à elle, imaginait Judik, ici, à sa place, en tête à tête avec le vieux Chinois, et cette réalité le rendit tout à coup extrêmement proche.

— Merci infiniment pour ces renseignements, Mister Tong. Pourrais-je revenir vous embêter si c'était nécessaire ?

— Naturellement, fit-il en regardant sa montre. La prochaine navette ne vient que dans une heure. J'ai une table qui m'est réservée dans un coin des cuisines d'où je peux veiller à ce que tout se passe bien. Je vous invite. Ne refusez pas, vous me blesseriez.

Il se leva, ouvrit la porte et s'effaça pour la laisser passer.

— Nous autres Chinois sommes très susceptibles.

— Je me garderais bien de vous être désagréable, Mister Tong, et en toute franchise, mon palais se réjouit à cette idée.

— Nous allons essayer de lui faire honneur, fit-il d'un ton malicieux.

Dans l'ambiance agitée qui régnait autour des fourneaux, les spécialités du Sabre d'or défilèrent devant elle. Tout en goûtant aux mets, elle répondait à Mister Tong qui louvoyait pour en savoir plus sur Judik. Elle ne lui cacha rien. Sans doute lui avait-on déjà raconté qu'il était un dangereux activiste. La vérité une fois rétablie, il ne la mit pas en doute. La jeune femme venait de lui confirmer l'authenticité de cette source de feu montant de la terre, qu'il avait entrevue durant une insomnie. Il ferma les paupières.

— Il est certain que les populations des forêts vont lui être acquises, et ça, le gouvernement ne peut le tolérer.

Quand il rouvrit les yeux, il avait l'air inquiet.

— Il est en grand danger, vous savez. L'armée indonésienne et celle du Sarawak, des officiers me l'ont dit, ont bouclé la frontière et ratissent un vaste périmètre. Les hélicoptères ont abattu le meneur des rebelles. Les autres ne sont pas loin. Parmi eux, il y a mademoiselle Claire, et lui aussi, peut-être.

Elle laissa tomber ses baguettes.

— Vous voulez dire qu'ils sont encerclés !

— Je le crains, répondit-il.

Devant son expression catastrophée, il s'empressa d'ajouter :

— La jungle là-bas est inextricable. Ils sauront bien passer au travers.

— Il faut que j'y aille vite, il le faut !

— Aller où, miss Williams ? Si vous remontez le fleuve, les militaires vous bloqueront à la hauteur de Batanga, ils sont en état d'alerte. Attendez demain. Si vous n'apprenez rien chez les Penan du Pied du Buffle, ce qui m'étonnerait, revenez me voir et nous aviserons.

L'heure venue, il la fit ressortir par la porte de derrière et se posta ensuite sous le lauan pour la suivre des yeux, pendant qu'elle regagnait la navette. Elle était déjà loin qu'il rêvassait encore et regrettait de s'être cantonné avec Kervanec à des relations d'affaires et de service. Quel dommage d'avoir raté l'enchanteur ! La plupart des clients étaient repartis au travail, et les serveuses débarrassaient les tables. Il s'assit sur une chaise, et contempla son vieil arbre d'un air pensif. Cela faisait des décennies qu'ils vivaient côte à côte. Avant, il n'était qu'un élément du décor, une chose inerte qui, lorsqu'il était au mieux de sa feuillaison, n'éveillait en lui qu'un contentement esthétique. Désormais, il ressentait de l'estime à son égard, et se morfondait de ne pouvoir le lui dire.

Elle apparut, souriante, dans la salle du restaurant la Perle d'Orient, où ses équipiers étaient attablés et mangeaient sans entrain.

— Hello ! fit-elle.

Michael Stevens se détendit comme un ressort de son siège.

— Où étais-tu, bon sang ? Tu as vu l'heure ? On a passé l'après-midi à t'attendre !

— Dans cet hôtel de merde, renchérit Jim Barlot.

— Et vous vous faisiez du souci pour moi. Je suis désolée.

— Oui, parfaitement, on s'inquiétait !

Michael Stevens se mordait les lèvres pour ne pas exploser.

— Je suis le *producer*, ne l'oublie pas ! C'est moi, le responsable de cette mission. Tu aurais pu au moins téléphoner !

Deborah ne voulut pas se lancer dans l'éternel combat de chefs entre le *producer* et le journaliste.

— Franchement, je n'en ai pas eu le temps.

— Ton banquier t'a accaparée à ce point ?

— Plus que tu ne l'imagines.

— Eh bien, pendant que tu faisais tes comptes, nous sommes allés voir le seul village penan proche de cette ville. C'est un tas de détritus, et ceux qui y vivaient se sont fait la malle.

Elle joua les ignorantes.

— Où sont-ils partis ?

— Comment veux-tu que nous le sachions ? Il n'y a pas âme qui vive dans ce trou. Tout autour, c'est de la mangrove. On a bien demandé à quelques morveux qui jouaient là où étaient passés les habitants. Ils ne comprenaient rien à rien, et se contentaient de répéter : *« One dollar, please ! »* On va avoir du mal à les retrouver, s'ils sont retournés dans la jungle.

— Je sais où ils sont.

Ils crurent qu'elle bluffait. Seul Stevens se montra réceptif.

— C'est à la banque qu'on te l'a appris ?

— Oui ! Je sais ce que Judik a fait de l'argent. Il a acquis une terre pour les déracinés qui vivaient à l'endroit où vous vous êtes rendus. Cet après-midi, je n'étais pas très loin de vous, à trois kilomètres seulement, chez un Chinois établi parmi des Dayak au bord du fleuve. Il a vu Judik. Son gendre l'a conduit en pirogue vers la frontière. Le lieu où ont été installés les Penan du camp que vous avez visité se nomme le Pied du Buffle. Nous y allons demain. Il a séjourné parmi eux deux bons mois, et le fils du mage est parti avec lui.

Les équipiers baissèrent les yeux, et le *producer* n'eut d'autre choix que de se montrer beau joueur.

— Bien, très bien, Deborah ! Tu as fait du bon boulot. Comprends-nous, on te croyait en difficulté.

— Nous aurions intérêt à nous lever tôt pour être là-bas au plus vite, qu'en penses-tu, Michael ?

Pris au dépourvu, Stevens ne put qu'acquiescer.

— Naturellement ! Naturellement !

— Alors, six heures en bas pour le *breakfast*. Sincèrement désolée pour ce retard. Bonne nuit à tous !

— Bonne nuit, bougonnèrent-ils de mauvaise grâce.

Elle avait trouvé la piste, et ça leur renvoyait en pleine figure les petitesses qu'ils avaient proférées sur elle. De plus, elle venait gentiment de leur faire comprendre que c'était elle, le leader. C'était pire qu'un camouflet.

A sept heures, leur minibus stoppa sur un parking, près de l'embarcadère. Deborah aurait préféré emprunter les transports en commun. La promiscuité permet d'échanger des sourires avec les gens, de briser le mur d'indifférence qui règne dans les rues des villes où les passants se croisent sans se voir.

— Mieux vaut louer un chris-craft. On sera moins repérables et on ira beaucoup plus vite qu'avec la navette, conseilla Michael Stevens comme s'il avait deviné ses intentions.

Seule avec ses quatre équipiers qui l'avaient encore mauvaise de s'être fait damer le pion, elle n'allait pas se marrer durant le trajet. Elle approuva pourtant la suggestion du *producer* d'un mouvement de menton. Un Blanc, dans une cabine bondée — elle en avait fait l'expérience —, ne passait pas inaperçu. Cinq Blancs ensemble, c'était la rumeur assurée. Moins ils laisseraient de traces, mieux cela vaudrait, en effet. Ils descendirent de voiture. Yorrik Hatfield interpella des portefaix qui chargèrent le matériel sur leur dos. L'équipe les suivit à travers la populace et les vendeuses de rue qui installaient leurs roulantes en face des bateaux amarrés. Un tintamarre de cornes de brume, d'appels, d'interjections, de ronflements de moteur, de klaxons, montait de cette gare qui desservait les agglomérations riveraines des fleuves Kapuas et Landak. Les taxis fluviaux stationnaient dans un dock, à l'extrémité du quai. Deborah et Michael Stevens négocièrent un prix pour la journée avec un Malais avenant, qui portait la coiffe blanche des hadjis ayant fait le pèlerinage de La Mecque. Son bateau était rutilant. A voir la façon dont il était bichonné par le matelot chargé de son entretien, on pouvait en déduire qu'il ne risquait pas de laisser ses passagers en carafe.

Deux heures et demie plus tard, il accostait au Pied du Buffle, auprès d'un ponton tout neuf pouvant accueillir les bus fluviaux et les chalands de livraison. Ini était maintenant un village presque achevé qui s'étageait parmi de très vieux arbres d'envergure imposante. De tout jeunes palmiers et bananiers poussaient autour des cases. Perroquets, perruches et mainates s'ébattaient dans les branches tandis qu'au sol des poules prosaïques se gavaient de vers. Elles avaient été récemment acquises par les Penan qui, auparavant, en dehors du chien, indispensable compagnon de chasse, d'un ou deux singes et oiseaux d'agrément, d'un ours quelquefois, n'apprivoisaient aucune bête et surtout jamais à des fins nourricières. Manger un animal domestiqué, consommer ses œufs, ou boire son lait leur semblait jusqu'alors inconcevable. Ils n'avaient plus le choix. La sédentarisation les obligeait à réviser leurs principes. Depuis quelques semaines, dans un enclos de bambous qui donnait sur une mare alimentée par le fleuve, le village possédait un élevage de porcs. Plus haut, entre les merantis, banians, lauans, ramins et mesuas qui se dressaient au flanc de la colline, paissaient cinq bufflonnes.

Deborah comprit pourquoi Judik avait opté pour cet emplacement peuplé de Vénérables parvenus par miracle à échapper aux bûcherons. Ces rescapés ne pourraient plus être abattus et, grâce à eux, les Penan seraient reliés à la Grande Mère. Son *great chaman* restait missionnaire dans l'âme. Il leur avait à coup sûr laissé le secret avant de les quitter. Des gosses accoururent. Chaque bateau qui arrivait déclenchait leur ruée. C'était pour eux un spectacle. Sur la mangrove, il ne se passait jamais rien et les seuls visiteurs étaient les aigrefins qui faisaient trimer leurs parents. Depuis qu'ils étaient ici, tous les jours, il y avait des happenings, avec les navettes montantes et descendantes, d'où surgissaient des camelots, des colporteurs qui avaient toujours quelque chose à vendre ou à troquer. Certains proposaient même des jouets et des bonbons. Les Malais leur parlaient de leur dieu invisible et tout-puissant qui se cachait dans le ciel. C'était, à leurs yeux, une bien étrange croyance. Salti, sous le sceau du secret, avait mis tout son clan en contact avec la Grande Mère, et les gamins connaissaient des choses qui leur permettaient de se montrer gentiment sceptiques. Des policiers venaient quelquefois faire une ronde, et leurs gros pistolets éveillaient des frissons. C'étaient de mauvais personnages, ne suscitant aucune sympathie. Les bateleurs en revanche qui surgissaient dans leurs vieilles barcasses jouissaient d'une estime méritée. Contre gîte et couvert, en plus de quelques présents, ils faisaient des tours de magie, charmaient les serpents avec leur flûte, interprétaient des contes fabuleux.

Cette fois, les enfants furent enthousiasmés. Cinq Blancs débarquaient avec des caisses et une caméra. Ce n'était pas prévu au programme. Un scénario inédit, des acteurs inconnus. La scène les captiva. Les nouveaux venus furent regardés comme des bêtes curieuses. L'épaisse barbe blonde de Sam Kane devint le point de mire. Jamais aucun d'entre eux n'avait vu une chose pareille. C'était à en faire pâlir d'envie les vieillards de la tribu si fiers de leurs misérables barbichettes. Les rires fusèrent. Un adolescent en tee-shirt et en short descendit vers la berge en courant et vint se planter devant Deborah qui sortait du bateau.

— Vous êtes l'amie du Boloven blanc, n'est-ce pas ?

— Oui, fit-elle, maîtrisant son trouble. Tu as de ses nouvelles ?

— Je savais que vous viendriez. Quel chaman ! s'exclama-t-il.

L'émerveillement l'envahissait chaque fois qu'il pensait à Judik. Deborah accrochée à ses paroles aurait voulu en accélérer le débit, ralenti par les réminiscences qui soudain traversaient la pensée de Ponhli.

— Je l'ai suivi jusqu'à la frontière, continua-t-il encore tout vibrant des péripéties de ce raid. Je viens à peine de rentrer.

— Comment allait-il ? Dis-moi ! Je t'en prie !

— Nous avons été attaqués par des hélicoptères. Il m'a obligé à suivre les Iban et on s'est enfuis chacun de son côté en dévalant la montagne. Je ne l'ai pas revu depuis. Je sais pourtant qu'il est vivant. Il me parle là-dedans.

De son index, il se tapota le front.

— Que fait-on maintenant ? demanda Michael Stevens.

— Je vous invite à venir au village, voir Salti mon père, c'est le mage de notre communauté. J'ai aussi des films pour vous et les photos de notre rencontre avec les Penan libres et Claire.

— Vous avez donc retrouvé Claire ?

— Oui, elle portait sur son dos le fils de Kurau, son mari.

Deborah s'adressa au *producer*.

— Suivons ce garçon. Nous récupérerons les images qu'il a tournées.

— Des images de merde, lâcha Jim Barlot à mi-voix.

Elle fit la sourde oreille.

— Nous interviewerons ce jeune. Au fait, comment t'appelles-tu ?

— Ponhli !

— Donc, nous interviewerons Ponhli, après être allés saluer son père évidemment. Nous interviewerons aussi son père et le filmerons parmi les siens. Michael, il y a quatre mois, il n'y avait rien ici et ces gens vivaient dans la fange. Regarde comment, déjà, ils ont embelli ce lieu !

— Avec ton fric, enfin le fric de papa !

— Tant mieux ! Cela ne compensera jamais le mal qu'on leur a fait, en les chassant de leur forêt et en coupant leurs vieux arbres pour les transformer en meubles.

— Ou en pâte à papier, compléta le *producer*.

— Ou en pâte à papier, parfaitement !

Sur une pente défrichée, des Penan plantaient des ananas en ligne. Près du fleuve, les terres planes, aujourd'hui irriguées par des rigoles qui captaient l'eau en amont, venaient d'être transformées en rizières. Protégées du soleil par des chapeaux de paille, des femmes y repiquaient leur premier paddy. Craignant de voir repartir leurs nouveaux héros, les gosses les applaudirent, et cette réaction fut prise pour un souhait de bienvenue. Un peu plus haut, dans une anse bordée de bambous, des jeunes filles nues se baignaient.

— Mon Dieu, soupira Yorrik Hatfield, on se croirait presque dans le jardin d'Eden !

Ses collègues étaient eux aussi sous le charme. Comme pour leur démontrer qu'ils avaient raison, les enfants, en poussant des cris joyeux, plongèrent du ponton et se mirent à batifoler, sans s'éloigner des berges.

— C'est peut-être le paradis terrestre, mais il est plein de moustiques, rectifia Sam Kane en se donnant une forte claque sur la joue.

— Vite, la bombe ! s'écria Jim Barlot en fouillant dans un sac.

Le show qui suivit fut un triomphe. Les gamins cessèrent de s'éclabousser pour regarder les Blancs s'asperger de répulsif. Certains entreprirent de les singer avec une telle justesse que toute l'équipe s'ébaudit à son tour, et l'hilarité devint générale. Le métier reprenant le dessus, les hommes de la CBS se mirent au travail, et s'appliquèrent à restituer, par le son et l'image, cette ambiance étrangement ludique qui les mettait de si bonne humeur.

— Nous te suivons, Ponhli, conduis-nous chez ton père, lâcha Deborah, soulagée.

— On y va en travelling, caméra à l'épaule, on fait du *live*, Jim. Laisse ton pied ici. Et toi, Deborah, continue de parler avec le jeune, tout en marchant.

Michael Stevens reprenait son rôle, et ça la rassura. La case de Salti était isolée. Elle se dressait à l'entrée du Chemin des ivresses, à une centaine de mètres de Tik le banian, sous lequel le vieux mage méditait souvent. Il s'y trouvait d'ailleurs, en compagnie d'Obit qui, assis en tailleur, les yeux mi-clos, semblait avoir quitté ce monde. Cela faisait trois jours que le *manang* des Iban du haut Kapuas était ainsi et ne s'alimentait plus. Il était parvenu à entrer dans le cerveau du mage pour en aspirer le savoir. Cela ne suffisait pas. L'empathie se faisait désirer. Comment parvenir à tisser une relation avec l'arbre dont l'écorce, presque millénaire, lui blessait le dos ? C'était là son effort. Il se creusait la tête, remontait dans la partie la plus vieille de son cortex, celle qui conservait dans des circonvolutions inactives la mémoire assoupie des premiers temps, et ce chemin traversait bien des zones obscures. Salti sentit venir les étrangers et leur joyeuse escorte de spectateurs avides de les voir à l'œuvre. Les chiens aboyaient en suivant le cortège. Il ne fallait surtout pas que son élève fût dérangé. Un instant de distraction et tout serait à refaire. Il s'esquiva en douceur et vint se mettre en faction sur le banc de son jardin, au pied des pilotis qui supportaient sa demeure.

Vêtus d'un simple pagne, armés de binettes ou de coupe-coupe, leurs hottes remplies de pousses d'arbres, des hommes et des femmes se rendaient sur les clairières fraîchement sarclées, pour procéder à la plantation des vergers. En passant devant la caméra, ils décochèrent aux opérateurs des sourires et firent des signes d'amitié. Avant, quand ils nomadisaient, ils n'auraient jamais osé regarder un inconnu dans les yeux, tant ils étaient craintifs. Sourire était alors une audace. Ils devaient se méfier de tout : de la jungle qui parfois se montrait cruelle, des esprits retors qui la hantaient, et surtout des hommes qui venaient la piller. Entre eux, ils s'extériorisaient peu. Les éclats de voix, les effusions leur étaient défendus. La prudence, toujours. Personne ne devait détecter leur présence. Pour la première fois, ils n'avaient plus peur. Leur bonheur passait par une bonne gestion de la terre sur laquelle ils avaient l'honneur de vivre, et personne désormais ne pourrait les déloger. Jadis, pour être libres, ils devaient se cacher. Ils l'étaient aujourd'hui au grand jour.

Cette vie agreste, dépourvue de menaces, avait adouci leurs mœurs. Des vieilles aux lobes d'oreilles étirés par de lourds anneaux, tout en entretenant des jardinets fleuris à proximité de leurs cases, surveillaient les marmots qui couraient après la volaille ou exploraient les abords. Les vieux les plus valides réparaient des filets de pêche, qu'ils iraient tendre dans les eaux profondes, à la tombée de la nuit.

Pour ne pas être entendu des collègues de Deborah occupés à tourner, Ponhli chuchota :

— Le Boloven blanc a initié mon père qui désormais nous met en relation avec la Grande Mère.

— Et toi, as-tu été initié ?

— Je suis encore trop jeune, m'a dit Judik. Je dois reprendre mes études mais j'ai, avec lui, contre le tronc des arbres, remonté le temps comme un bolide, et vu la Grande Mère telle qu'elle était au début de la vie, raconta-t-il ému.

— Ton père doit se montrer très prudent. Il y a des bruits qui courent à Mister Tong City.

— Il est très prudent. Nos cérémonies se déroulent en général la nuit quand les bateaux sont à quai.

— Des arbres qui rougeoient, ça peut se voir de loin.

— Ici, il n'y a que nous à deux heures de marche ou une demi-heure de pirogue à la ronde, et nous plaçons des guetteurs quand nous communions. Mon père, en ce moment, instruit le *manang* des Iban, envoyé par Judik qui ne pouvait s'attarder. C'est un homme à l'envers.

— Que veux-tu dire par un homme à l'envers ?

— Un homme qui a des manières de femme. On dit qu'ils font les meilleurs chamans. Budit, le chef de la grande case, attend son retour avec impatience. Il a connu deux transes quand nous étions chez lui, Judik et moi, et il ne peut plus s'en passer.

Deborah l'accompagna dans son rire. Salti de loin les vit venir et il suivit des yeux la compagne de Judik. Mister Tong lui avait la veille envoyé Alpia, pour l'informer de son arrivée. Sa démarche nerveuse, cette tension du visage dont le regard furetait de toutes parts trahissaient une impatience. Elle marchait en tête avec Ponhli. Quatre Blancs l'escortaient. Sa silhouette élancée flottait dans son pantalon et sa saharienne beige. La chevelure rousse, coiffée en queue-de-cheval, les éphélides et son nez légèrement retroussé lui donnaient un air espiègle. Dans ses yeux bleus, le mage décela une grande énergie. A son approche, il se leva, la salua en joignant les deux mains et en inclinant légèrement la tête. Depuis qu'il était installé au Pied du Buffle, il avait troqué l'étui pénien contre un pagne de tissu ou d'écorce battue. C'était moins choquant pour les gens d'ici, les musulmans surtout, qui poussaient la pudeur à l'extrême. La taille de l'Américaine l'impressionna. Il aurait fallu qu'il monte sur le banc pour être à sa hauteur. Ces Blanches étaient des géantes. Comment faisaient-elles pour pousser aussi haut ? Le lait sans doute. Les enfants de son clan désormais n'en manqueraient pas et ils grandiraient, eux aussi, comme elle, pensa-t-il en jetant un coup d'œil furtif en direction de son troupeau. Il invita Deborah à s'asseoir.

— Nous étions comme des poissons jetés sur la terre sèche, déracinés, tués à petit feu. Le chaman itinérant des Boloven est venu et tout a changé, déclara-t-il à son fils qui assura la traduction.

L'équipe s'était approchée et filmait en gros plan.

— Ponhli m'a dit qu'il était maintenant au Sarawak.

— Oui, et vous devrez vous rendre là-bas par les hélices volantes, si vous voulez le voir. Par le fleuve, c'est devenu impossible. L'armée, Ponhli a dû vous le dire, s'est postée tout le long de la frontière.

Son regard fixait un coq en train d'attraper une poule rousse qui subit son assaut en piaulant, pour s'ébrouer sitôt fait.

— Nous n'aimions ni les poules, ni les porcs, ni les bœufs de labour, ni les bufflonnes, dit le mage d'un air fataliste. Leurs cris sont ceux de bêtes soumises.

— Vous semblez vous être bien adaptés ici, au Pied du Buffle, dit-elle.

— Comment manger à sa faim autrement ? On ne nous permet plus de vivre en nomades. Nous n'avions pas d'autre solution que de devenir paysans ! Pourtant, rien ne remplacera dans notre mémoire le chant de l'argus, l'appel du calao, le « kuk kuruk » du petit sepopong au bec courbe, les hululements du gibbon noir, le brame du cerf, celui du chevreuil, le grognement du sanglier, l'odeur de l'endroit où il a mangé. C'est fini. La forêt où nous vivions a été détruite. Il n'y a plus d'arbres, plus d'animaux libres. Les rivières sont devenues jaunes et le poisson lui-même les a désertées.

— Et si on vous permettait à nouveau de nomadiser ailleurs, dans un autre lieu, le feriez-vous ?

Salti eut une moue amère.

— Poser la question laisse supposer qu'il y a un espoir. Je prie la Grande Mère pour que les Penan qui n'ont pas encore été attrapés tiennent le plus longtemps possible. Qui sait si un jour ils n'obtiendront pas gain de cause ? Pour nous, il est trop tard. Nous sommes dans la main des hommes de la pierre et du fer. Tant que nous nous tenons tranquilles, nous ne risquons rien, surtout depuis que le Boloven blanc a obtenu d'eux un acte de propriété pour le Pied du Buffle. Si nous tentons de retourner dans le monde des ombres et des feuilles, ils nous rattraperont et nous écraseront. Sans cela, nous continuerions bien sûr de marcher sous les arbres, de nous en remettre à la générosité d'Ini, la Grande Mère qui règne sur les esprits, pour notre nourriture. Hélas, plus on la déboise, plus le terrain des chasseurs-cueilleurs se rétrécit, plus les vivres se font rares.

— Et ici, vous sentez-vous heureux ?

— On ne pouvait trouver mieux.

Salti avait envie de parler seul à seul avec Deborah. Elle s'en rendit compte.

— Michael, que penses-tu si, pendant que Ponhli vous faisait faire le tour du propriétaire, je m'entretenais avec le mage ? Il a, je crois, des choses intéressantes à me dire.

— Tu connais la langue penan, maintenant ?

— Non, mais on peut communiquer autrement.

— La télépathie ? Je vous souhaite bien du plaisir. Ça risque d'être long !

— Venez, dit Ponhli aux quatre cinéastes. Je vais vous montrer les beaux endroits à filmer, ça vous fera gagner du temps.

Michael Stevens avait envie de tourner.

— Il me faut des scènes vivantes.

Le fils de Salti appela deux garçons de son âge parmi les spectateurs et leur donna des directives qu'ils coururent exécuter.

La bande d'enfants suivit l'équipe, certains bondissant parfois devant la caméra pour y faire une grimace et entendre gronder la grosse voix de Jim Barlot qui les terrorisait. La barbe de Sam Kane continuait d'en fasciner plus d'un. Devant eux, les éclaireurs aménageaient le décor et les pas des journalistes furent jalonnés de surprises. Près de la Case aux esprits, une musique étrange les fit déboucher sur un groupe de musiciens : filles graciles aux seins nus, éphèbes longilignes, dans des pagnes tout neufs, coiffés de couronnes de rotin, et lestés de toutes leurs parures. Ils pinçaient les cordes de guitares et harpes locales aux formes incongrues, taillées dans le bambou ou autres bois vibrants, jouaient de la guimbarde et de la flûte à nez. Le rythme de ces *pagang*, *sape*, *oreng*, *keringon*, qui ne ressemblaient à aucun autre instrument, remotiva l'équipe. Ils filmèrent les vergers, les plantations de manioc, de sagoutiers, descendirent en direction des rizières, croisèrent deux laboureurs et un attelage de buffles qui hersaient la boue d'une parcelle nouvellement irriguée. Au jeune public qui ne les quittait pas d'un pouce s'était joint l'orchestre au grand complet. Dans les champs, les Penan se mirent à fredonner. L'ambiance devint festive. Partout l'équipe fut accueillie par d'amicales clameurs. Des adolescentes — les mêmes qui se baignaient tout à l'heure —, portant des paniers sur la tête, vinrent à leur rencontre pour leur offrir des corbeilles de fruits qu'elles venaient de cueillir. Ces belles canéphores aux chemisiers à fleurs et aux hanches serrées dans des sarongs qui descendaient au mollet déposèrent leurs présents devant eux et, gagnées par les sons de l'orchestre qui s'était encore rapproché, elles se mirent à danser, au rythme de cette musique qui exigeait grâce et lenteur. Le *team* de la CBS continuait de tourner. La consigne de Ponhli avait été appliquée. On leur faisait le grand jeu.

Deborah, guidée par Salti, s'était arrêtée sous Tik le banian où Obit, toujours en recherche, avait les yeux ailleurs. Dans la pénombre, adossée au vieil arbre qui se laissait désirer du *manang*, elle recevait la pensée du mage. La tenant par le bout des doigts, il lui transmit l'image de Judik tel qu'il était quand il vivait parmi eux, et il apparut devant elle, mince et droit, son visage exprimant une détermination soucieuse. « *My great chaman !* » soupira-t-elle, et malgré ses efforts, elle ne put réprimer une montée de larmes. Tout ce que le vieux Penan avait à lui faire savoir sur l'homme qu'elle recherchait lui parvint avec clarté. Le grand chaman itinérant des Boloven avait encore un long chemin à faire, et il était vain de vouloir l'arrêter.

Elle n'était pas d'accord. Ce Judik qu'on lui donnait à voir n'était pas tout à fait le sien. Il y manquait cet éclat de dérision qui éclairait ses yeux verts. Les saints ne sont heureux que quand ils meurent. De tendres souvenirs vinrent supplanter les édifiantes évocations de Salti, et l'amant qui s'installa dans sa tête était loin de ressembler à un sage. Celui-ci, elle voulait le ramener au bercail, pas l'autre... pas seulement l'autre, rectifia-t-elle intérieurement. Le mage voulut la raisonner. Elle le repoussa de sa pensée, lui fit comprendre qu'elle retrouverait le chaman et que, s'il devait continuer à « itinérer », il faudrait que ce soit avec elle, de préférence.

Il y eut alors une légère agitation. Obit à côté d'elle venait de remuer. Elle le vit sourire. Son regard s'élargit. Il poussa un gémissement, attrapa l'autre main de Deborah et la source lumineuse monta en bouillonnant comme une résurgence. Le *manang* retrouva la sensation de la première fois. La Grande Mère l'imprégna de sa féminité et l'emporta dans son tournoiement cosmique. Bientôt, il ne fut plus rien, ni homme, ni femme, seulement une pensée, la Pensée. La Grande Mère l'avait fait germer et croître. Les hommes en avaient recueilli le nectar, s'en étaient grisés et avaient fini par croire qu'elle n'y était pour rien, qu'ils en étaient les maîtres. Tout était soudain d'une grande clarté. La Terre ne demandait qu'à être reconnue par ceux qu'elle avait créés, et quand on la vénérait vraiment, elle répondait, avec une effusion à sa mesure. Obit découvrit que s'il avait l'esprit et les désirs d'une femme dans une enveloppe d'homme, c'est qu'elle l'avait voulu ainsi, et qu'il était un exemple vivant de son sens des nuances. Elle avait établi des règles, tout en aimant les transgresser. Il était donc le fruit de son insoumission à sa propre loi, un enfant chéri en somme. Elle le lui prouvait en le retenant longtemps avec elle, pendant que, provisoirement inhabitée, sa silhouette androgyne se convulsait contre le tronc de Tik.

Près de lui, Deborah vit Judik se matérialiser et l'étreindre. C'est alors qu'une intruse apparut, une blonde, qui prit sa place. Claire, ce ne pouvait être qu'elle ! Son estomac se tordit. Elle voulut rompre le contact. Impossible ! Le couple était debout, adossé à un arbre. Son propre visage remplaça l'autre et elle se retrouva serrée tout contre lui. Ils vibrèrent ensemble dans la montée d'un flux pareil à celui qui la traversait à l'instant. Elle fut aspirée au cœur de la source *numineuse*, laissant contre l'arbre sacré son corps pantelant et ses yeux sans regard, comme Obit qui s'attardait dans sa transe.

Salti savait, tout en se laissant emporter par la Grande Mère, demeurer parfaitement lucide. Il lisait dans Deborah comme dans une eau limpide. Sur cette fille rousse venue de l'Occident lointain, la jalousie avait peu de prise. Elle ne désirait pas s'approprier le chaman, elle voulait ne pas le perdre. Le mage la regarda avec plus d'intérêt. Savait-elle le destin qui attendait le Boloven blanc ? Ce n'était pas à lui de le dire. Elle irait le retrouver. Il s'en chargerait. La lumière disparut. Tout s'était passé derrière la chevelure de Tik, sans l'ombre d'une manifestation extérieure. Le banian avait appris à se montrer discret quand la prudence l'exigeait. En revenant à lui, le *manang* portait sur le visage l'expression du contentement suprême, un ravissement qui fut de très courte durée. Le triomphe vint tout gâcher, inscrivant sur ses traits une satisfaction qui effaça cette fugace grandeur.

— J'ai réussi !

Il comprit aussitôt ce que ce sentiment de victoire avait de vulgaire. L'œil courroucé de Salti l'y aida. Sa physionomie retrouva l'heureuse humilité qui sied à un sage. Il rectifia.

— La Grande Mère a bien voulu de moi, bien que j'en sois indigne.

Le mage, cette fois, apprécia. Son sourire vint également rassurer Deborah, quand elle ouvrit les yeux. Tout s'est très bien passé, eut-elle l'air de lui dire, il m'aime, je le sens. Devant l'expression de commisération de Salti, elle se rebiffa.

— Il est attiré par la mort, et moi, je le veux en chair et en os, vivant ! Il est beaucoup trop jeune pour faire un martyr. Ce serait un gâchis !

Son histoire avec Claire, si elle existait, devait les aider à tenir. On se sent plus fort quand on est soudés. Elle redressa la tête.

— Je dois retourner à la grande case. Mes frères iban m'y attendent, décida Obit après s'être prosterné trois fois devant Tik le banian, qui avait eu la bonté de l'entendre et d'établir le lien.

— Est-ce les Iban ou est-ce Tibil que tu es impatient de revoir ?

La raillerie pointait dans la voix du mage.

— Les deux, reconnut le *manang* sans malice. Il me manque, en effet.

Ses paupières se fermèrent pour cacher l'émotion qui mouillait son regard.

— Tu ne rentreras pas avant d'avoir poursuivi ton expérience avec tous les Vénérables du Chemin des ivresses, décida Salti. Ce que Tik t'a accordé, d'autres peuvent te le refuser. Il faut tous les convaincre. Après tu pourras retourner chez toi.

— Combien de temps encore ?

— Le plus gros est fait. Sept jours, peut-être huit.

Commencer la tournée tout de suite, ne pas s'attarder, rentrer au plus vite chez les siens. Quand Obit écarta les racines pendantes du banian, il n'avait que cette envie en tête. Encore un peu étourdi et titubant, il courut à la rencontre de Mator, un meranti jaune à embasement lamellé, et s'y blottit après l'avoir salué. La concentration ne lui posait pas de problème. Ses années passées à lutter contre les démons, pour leur arracher les âmes qu'ils tiraient vers la mort, l'avaient aguerri, et maintenant qu'il pouvait percer le secret, il espérait bien tout boucler en quatre jours. Il avait hâte de faire découvrir la Grande Mère aux Iban. Budit le chef, qui la connaissait déjà, serait, il en était sûr, le plus assidu des fidèles.

Quand l'équipe, satisfaite de son tournage, revint avec Ponhli qui s'était ingénié à exciter l'enthousiasme professionnel de chacun en soignant la figuration, le mage et Deborah avaient regagné le banc qu'ils occupaient au départ, et semblaient ne pas l'avoir quitté. Le public n'était plus aussi dense. Les petits avaient été récupérés par leur mère. Les autres, moins attentifs, bâillaient parfois. Il était temps de mettre fin au spectacle.

— La communication a-t-elle été bonne ? s'informa Michael Stevens.

— Excellente, fit Deborah, Judik est vivant et Claire aussi, je crois !

— Comment peux-tu l'affirmer ?

Si elle les avait vus tous les deux appuyés contre un Vénérable, c'est qu'ils avaient échappé aux hélicoptères et qu'ils survivaient, quelque part. Lui évitant de répondre, le mage Salti prit la parole et s'adressa à son fils.

— Dis à la fille aux cheveux de feu de se rendre au Sarawak, dans la région de Miri, et de se faire conduire chez Agan. Nous sommes les deux derniers mages de notre génération. C'est le regretté Unga Mutang, dont l'âme a rejoint les forêts éternelles, qui nous a instruits. Mon frère d'études saura la mettre sur la trace des chasseurs-cueilleurs libres, du chaman qui est avec eux et de Claire, en deuil de Kurau, l'insoumis.

« Et Judik la console ! » pensa Deborah. Elle remercia Salti du regard, et se tourna vers le *producer*.

— Tu vois, il vient de nous donner notre prochain contact.

L'orchestre s'était débiné en douce. Les belles avaient abandonné leurs paniers. Partout le travail reprenait sérieusement. Salti ne songeait maintenant qu'à aller soutenir Obit dans sa marche initiatique sur le Chemin des ivresses. Les adieux furent brefs et courtois. L'escorte clairsemée reconduisit les acteurs au ponton. Seul Ponhli était triste. Pour lui l'histoire se terminait mal. S'il avait pu suivre la fille aux cheveux de feu et retrouver le chaman, alors oui, c'eût été une bonne fin ou plutôt un recommencement.

— Quand retournes-tu en classe ? demanda Deborah, exactement comme l'aurait fait Judik.

— Demain, par la première navette.

L'adolescent aurait voulu se jeter dans ses bras parce qu'elle était l'amie du Boloven blanc. Judik lui avait avoué que l'argent versé pour l'achat du Pied du Buffle était à elle et qu'elle serait forcément d'accord avec cette dépense quand elle en connaîtrait l'emploi. Fallait-il qu'elle eût une confiance totale, pour l'avoir laissé disposer de ses dollars sans réserve ! S'étant occupé de l'équipe, il n'avait guère eu la possibilité de lui parler, de raconter ses souvenirs de voyage en compagnie de celui qui était entré dans leur vie, jusqu'à la mort. Il tendit un sac de rotin à Deborah.

— Tiens, Débo, tout est là-dedans. Du départ du Pied du Buffle, jusqu'à la rencontre. La caméra s'est brisée en chemin. Pour la dernière partie, il n'y a que des photos, qui ne sont pas encore développées. Je ne trouve pas les mots pour te parler de lui. Comme toi, je revis chaque jour les heures passées à ses côtés, la remontée du Kapuas, notre séjour chez les Iban, les efforts pour atteindre les sources de la rivière, et notre longue marche dans le monde des ombres et des feuilles au pays des Mille et Cent Montagnes.

La voix de Ponhli se voilait. Elle l'interrompit.

— Comment sais-tu qu'il m'appelle Débo ?

— La nuit, dans son hamac ou sur sa natte de rotin, quand il dormait, il prononçait ce nom.

Il ajouta, ignorant qu'elle aurait pu en être irritée, qu'il l'avait aussi entendu murmurer « Vania » ou « Ahinée », contre le tronc des arbres, durant ses visions. Elle, c'était pendant son sommeil qu'il l'appelait. Elle était dans ses rêves ! La joie illumina son regard.

— On est prêts à partir, tu viens ?

Ses quatre collègues, avec le matériel et les corbeilles de fruits si gentiment offertes, avaient pris place dans le bateau. Le matelot du bord attendait qu'elle ait embarqué pour larguer les amarres. Elle se pencha vers Ponhli et l'embrassa sur les deux joues.

— Salut, on se reverra, j'en suis sûre ! Et rappelle-toi les conseils de Judik !

Le public applaudit le départ de ses hôtes et envia le fils de Salti qui avait senti sur ses joues résonner le baiser de la grande fille aux cheveux de feu venue de l'autre monde. Aucun gamin ne vit ses yeux embués qui suivaient le chris-craft filant comme une flèche dans le miroitement du fleuve. Deborah aussi, debout à l'arrière de la coque qui fendait les eaux, contemplait ce décor qui rapetissait : l'adolescent au cœur lourd, derrière lui les gosses qui faisaient des signes, à flanc de colline le village de bois en partie caché dans la verdure, et les survivants des forêts de jadis, balisant le Chemin des ivresses. Une vie nouvelle s'organisait, ici, au Pied du Buffle, sous les auspices de la Grande Mère. Ses équipiers, pourtant mal disposés en arrivant, s'étaient laissé séduire par l'aménité du paysage et de ses habitants qui, après bien des galères, étaient ici chez eux. Elle avait le sentiment d'y être un peu pour quelque chose. Ce bonheur qu'elle en éprouvait, elle le devait à Judik.

Qu'elle l'ait vu dans les bras de Claire, certainement plus cultivée qu'elle, l'inquiétait un peu. Elle se rassurait en se disant que ce n'était qu'une image mentale, et que le subconscient se complaisant dans la distorsion de la réalité, elle avait pu, elle-même, créer cette scène. Salti aussi, pour la tester, était apte à le faire. Mais même si c'était vrai, le message prouvait qu'au moment le plus passionnel, c'était toujours elle qui occupait son esprit. Son cœur se mit à battre plus vite. « J'arrive, *my great chaman* ! J'arrive ! » Elle serra les dents. Le vent faisait flotter ses cheveux qui rutilaient au soleil. Ses compagnons furent frappés par l'expression de volonté qui tendait son visage, et qui ne la quitta pas jusqu'à l'arrivée du bateau à quai.

— Merci, vous avez été super, dit-elle dès qu'ils furent dans le hall de la Perle d'Orient. Je crois qu'il y a quelques bons restaurants en ville. Si vous vous en sentez le courage, vous pouvez aussi prendre la navette et aller dîner au Sabre d'or. La cuisine de Mister Tong vaut vraiment le détour.

— Tu ne viens pas ? fit Michael.

— Non, merci, je n'ai pas très faim. Je me ferai monter quelque chose dans ma chambre. Au fait...

— Je sais, intervint le *producer*, demain on prend le premier avion pour Kuching, la capitale du Sarawak. Lever à six heures.

— Pourquoi six heures ?

— Parce que le 707 de la Singapore Airline pour Kuching décolle à huit.

Mouchée ! Il avait les horaires de tous les vols sur lui. Elle les salua d'un petit geste de la main.

— A demain, donc !

Ils lui sourirent. La tension entre eux avait disparu. Le Pied du Buffle et l'accueil des Penan y étaient pour beaucoup.

19

L'empreinte du rajah blanc

Leur arrivée à Kuching ne passa pas inaperçue. On les garda longtemps à la douane de l'aéroport. Leur matériel fut vérifié dans le moindre détail. Idem aux contrôles de police, où on leur posa des tas de questions sur ce qu'ils venaient faire ici et ce qu'ils comptaient tourner.

— Un reportage touristique ! s'exclama l'un des fonctionnaires, en levant des yeux soupçonneux sur Deborah. Tous les journalistes nous disent la même chose.

— Vous devriez en être flattés, rétorqua-t-elle avec un sourire désarmant, il y a des pays dont on ne parle jamais, et qui nous en font le reproche.

Le préposé aux passeports ne se laissa pas attendrir. Les Américains envoyaient une équipe de télévision pour filmer les charmes du Sarawak au moment précis où, sur la frontière, les deux armées, malaise et indonésienne, donnaient la chasse à des activistes penan manipulés, disait-on, par un couple d'Européens. Drôle de coïncidence !

— A quel hôtel descendez-vous ?

— Au Hilton.

— Vous devez aller voir l'*information officer* pour lui demander une autorisation de tournage.

— Nous irons aujourd'hui même.

— Il vous est naturellement interdit de sortir de la ville tant que vous n'avez pas cette pièce, qui vous sera demandée partout où vous irez.

— Je croyais que la Malaisie était un pays libre, s'irrita Michael Stevens.

Avec ses trois collègues, il avait dû vider toutes les caisses et subir un inventaire tatillon. Tous étaient à bout de nerfs.

— Même chez vous c'est comme ça. Vous n'êtes pas des touristes. Eux n'ont besoin que d'un visa.

Probablement formé par les Britanniques, l'homme parlait un anglais correct, mais n'avait pas hérité de leur flegme. Deborah sentit que si l'un d'entre eux disait un mot de trop, tous les passeports risquaient de se retrouver dans les mains d'un supérieur qui serait peut-être tenté de leur faire suivre la voie hiérarchique, et qui sait jusqu'où, sur quel bureau, ils pouvaient aboutir ?

— Vous avez parfaitement raison, fit-elle, nous nous plierons, comme nous le faisons toujours, aux règles concernant les gens de notre profession. N'ayez sur ce point aucune crainte. Nous ne sommes pas des voyous.

Elle avait l'air si peinée... Son minois moucheté, son chignon roux, son regard clair ne composaient pas une image de duplicité. Le policier malais nourrissait à l'encontre des Occidentales un tas de préjugés. Comme elles ne portaient pas de foulard, montraient leurs bras et leurs jambes, il les croyait légères et il n'en avait encore jamais vu de très belles, sauf dans les revues ou les films. Celle-ci n'était pas comme les autres. Elle avait du chic, de la tenue et une courtoisie qui lui en imposèrent. La photo du passeport la désavantageait. Dans la réalité, elle était nettement mieux, et il dut faire un effort pour discipliner son regard. Williams ? Une firme américaine se nommait ainsi, qui avait des bureaux en ville, et passait de gros contrats avec les compagnies forestières. Il se dérida.

— Vous avez ici un homonyme important, une société qui fabrique du papier, je crois ?

— Ce sont les affaires de mon père, fit Deborah d'un ton anodin comme si cette question ne la concernait pas. Moi, je suis journaliste.

Le tampon frappa à cinq reprises et le policier daigna se lever de son siège pour tendre à Deborah les cinq documents validés.

— Bon séjour au Sarawak, miss Williams, et à vous aussi, messieurs !

Des porteurs embarquèrent les bagages sur leur chariot et ouvrirent la voie. Ils traversèrent le hall où Malais, Chinois, sikhs, Tamouls, Bengalis, Pendjabis, touristes australiens, Dayak ayant réussi à percer dans le monde de la pierre et du fer se bousculaient dans l'indifférence. Etre fille à papa, ça aide, pensait l'équipe. J'en ai marre d'être une fille à papa, se disait Deborah. Dehors ils fendirent la foule des solliciteurs, se dirigèrent vers les taxis, montèrent dans un minibus Toyota.

— Hôtel Hilton, s'il vous plaît, fit Michael Stevens.

Au moment de s'asseoir, il se ravisa.

— Avant de nous déposer, faites-nous faire un petit tour de ville.

Il se tourna vers l'équipe.

— Comme ça, nous serons tout de suite dans l'ambiance.

Portant Ray-Ban et fine moustache, calot gris et tunique de toile beige, le chauffeur, après un *« yes, sir ! »* plein d'une joie non feinte, embraya. Il subodorait le gros pourboire. Peut-être même pourrait-il leur proposer une location à la journée. Les chaînes de télévision américaines étaient riches. Sa main glissa une cassette dans la radio et la voix de Sinatra croona *Stranger in the night.*

— *I love this great singer*, mentit le Malais qui détestait en réalité les chanteurs occidentaux, mais possédait quelques enregistrements destinés à la clientèle. Comme il n'obtint qu'une audience distraite, il jugea plus prudent de se concentrer sur sa conduite. Certains étrangers n'aimaient pas qu'on les flatte. Ça pouvait les rendre pingres. Deborah s'était assise à côté de Michael pour lui parler discrètement.

— Je crois qu'il va falloir qu'on se sépare, pour donner le change.

— Que veux-tu dire par là ?

— Ils se méfient de nous, c'est certain. Tout à l'heure, vous irez vous signaler aux services d'information et vous faire concocter par eux un circuit sur mesure. Moi, je vais me cacher dans une pension — il y en a, paraît-il, d'excellentes — et dès demain je pars à la recherche de Judik et de Claire.

— Tu déraisonnes ! Tom m'a bien recommandé de ne jamais te perdre de vue.

— Je reconnais là son côté paternaliste.

— Enfin, réfléchis ! Comment tourneras-tu ?

— J'achèterai une caméra amateur en ville. Dans cette affaire, la qualité technique n'a guère d'importance. Ce qui compte, c'est de les sauver.

— Je ne peux prendre ce risque.

— En l'occurrence, c'est moi qui le prends !

— Tom ne sera pas d'accord.

— Tom Morris n'a aucun droit sur moi.

— C'est tout de même le patron de *Turn Over*... le boss !

— A la fin, j'aurai des comptes à lui rendre, surtout si je me plante. Pour l'heure, je suis majeure et libre de concevoir la mission comme je l'entends.

— J'ai mon mot à dire, tu le sais, je suis partie prenante et n'ai moralement pas le droit de te laisser prendre une décision qui te mette en péril.

— Franchement, Michael, crois-tu que nous avons à cinq la moindre chance de réussir ? On est visibles à cent kilomètres à la ronde, et nous allons de surcroît être complètement fliqués par le service de presse.

Le *producer* marqua une pause songeuse. Elle avait raison, mais s'il lui arrivait un ennui, il serait tenu pour responsable.

— Je crois qu'il faut prévenir Tom. Dès que nous sommes à l'hôtel, je lui passe un coup de fil.

— Je ne vous accompagne pas à l'hôtel, Michael. Si je me fais repérer avec vous, tout est foutu d'avance. Je dois disparaître maintenant.

— Tu es complètement folle ! s'écria-t-il. Sans nous, tu vas au-devant des pires ennuis.

— Chut ! Pas si fort, fit-elle. Même si je n'en suis pas toujours particulièrement fière, je suis le rejeton d'un monsieur influent par ici.

— Et alors ?

— Cela présente certains avantages. Si la police ou l'armée me recherchent, ils prendront des gants avec moi. Crois-tu vraiment qu'on maltraiterait l'héritière des papeteries Williams ?

— L'héritière, c'est vrai que tu es l'héritière, fit-il en se marrant. Avec les idées que tu as, je te vois mal gérer un jour cette affaire. A toi aussi il te faudra des arbres pour faire du papier.

— Si j'avais un quelconque pouvoir de décision, sache que je recyclerais tout ce qui est recyclable, ne me fournirais qu'en bois de sylviculture, et arrêterais de m'approvisionner auprès des pilleurs.

— Tes beaux principes risquent de mettre la société Williams en faillite !

— On s'écarte, Michael. De toute façon je n'ai pas l'intention de diriger l'entreprise qui a d'ailleurs cessé d'être familiale, même si elle porte encore notre nom. D'autres sociétés détiennent désormais des parts importantes. Leurs managers attendent le retrait ou la mort de mon père pour prendre le contrôle, améliorer les performances financières, encore et encore, à n'importe quel prix. Ils n'ont que des chiffres en tête. Crois-tu vraiment que ces gens-là m'écouteront ? En revanche, je pourrai utiliser mes dividendes à aider leurs victimes à mieux se défendre.

— Beau programme, un peu idéaliste à mon sens.

— Bon, fit-elle, je vais vous laisser.

— Allons, sois raisonnable !

Les équipiers tendaient l'oreille depuis le début de la conversation. Sinatra ne leur avait pas rendu la tâche facile. Le chauffeur l'avait mis à fond pour complaire. Ce fut l'effet inverse qui se produisit, et Sam Kane vint lui-même baisser le poste, sous son nez. Il en éprouva de l'appréhension, pour son pourboire.

— Ce que dit Deborah est sensé, intervint-il. Si on reste groupés, on ne pourra rien faire. Seule, elle a une chance.

— C'est juste, approuva Jim Barlot, qui ne se sentait pas d'aller crapahuter, caméra au poing, en pleine jungle, avec des commandos aux fesses. A cinq, les probabilités de réussite sont nulles !

Michael ne pouvait se faire à l'idée de la lâcher dans la nature.

— Pourquoi ne pas se diviser en deux ? Moi je l'accompagne, et vous, vous tournez le folklore local.

— Non ! Ils peuvent se passer du reporter, pas du *producer*, tu le sais, affirma-t-elle.

Ils ne la démentirent pas. Aucun d'eux n'avait envie d'avoir des initiatives à prendre. Ils avaient passé des années à suivre des directives et ils ne voulaient surtout pas se sentir responsables. Elle prit le poignet de Michael et le serra.

— Il y a un vrai bon reportage à faire ici, où les circuits touristiques passent par certains villages indigènes. Ils vont vous montrer des maisons longues et de sages Dayak subventionnés par le ministère du Tourisme. Vous aurez droit aux danses sacrées, aux rituels. La grande case sera parfaite, les tenues d'un bel éclat. Je suis sûre qu'en secret tous ces Bidayuh, Kayan, Kenyah, Kelabit, Kedayan, Iban et autres aborigènes, petitement subventionnés par le gouvernement, se sentent humiliés par cette figuration, même si elle leur permet de mieux vivre. Et ça Michael, ce serait sacrément intéressant qu'ils te le disent ! Tu dois rester avec l'équipe.

— Deborah a raison, approuva Yorrik Hatfield, qui d'autre que toi peut faire ce job ?

Ils approchaient de la ville. La circulation devenait dense. Les rues étaient extraordinairement propres. Vert et beige clair, les autobus étincelaient comme s'ils sortaient de l'usine. Des immeubles cossus, de hauts buildings voisinaient avec de petites maisons collées les unes contre les autres, qui s'étiraient à leurs pieds comme des habitations de Lilliputiens. Un toit cornu en céramique verte, des murs d'un rouge inquiétant, et des gargouilles ricanantes, l'entrée d'un temple chinois apparut. Sous le porche, un cyclo-pousse à pédales et son propriétaire en chemisette et short, coiffé d'un chapeau de paille, attendaient une vieille qui agitait des baguettes d'encens devant un autel encombré d'ex-voto. Sur un promontoire, les bulbes renflés de la grande mosquée émergeaient d'un boqueteau, comme de grosses citrouilles pointues. Quatre minarets chapeautés, eux aussi, de coupoles pareilles à des casques de Sarrasins encadraient l'édifice. Toutes les religions importantes avaient ici leur lieu de culte, signe d'une certaine tolérance, mais la cohabitation n'allait pas jusqu'à la mixité. En réalité, il y avait deux Kuching, la malaise et la chinoise, avec deux maires distincts, sur les bords du fleuve Sarawak. Balisées de lampadaires, aménagées en promenade, les berges étaient agrémentées de tourelles et de kiosques où se nichaient boutiques et restaurants. De petits pavillons à colonnes donnaient accès aux embarcadères. Navettes express, bacs, sampans et vedettes assuraient le transport de passagers et de marchandises. Les bras paisibles du cours d'eau, eux, étaient le refuge de maisons sur pilotis, inspirées des cases indigènes en rotin et en bois. Elles disparaissaient sous une couverture luxuriante de plantes et de fleurs tropicales.

Dans le centre historique se dressaient les remparts, fortins et résidences d'autrefois, où se rencontraient tous les styles. Balustres, colonnes ioniques et corinthiennes, arcades en forme de cœur marquées de l'empreinte arabe. Cette architecture coloniale n'avait rien à voir avec les constructions victoriennes de l'empire des Indes. Elle s'était métissée. Certains édifices avaient conservé leur fonction d'origine et abritaient les services du gouvernement. D'autres hébergeaient les hauts dignitaires malais qui appréciaient la douceur de vivre dans les palais de Kuching, l'ancienne capitale des rajahs blancs [1]. C'est pourquoi les gratte-

1. Ces bâtiments classés aujourd'hui monuments historiques ont été pour la plupart édifiés sous le règne de James Brooke, le premier rajah blanc. Riche aventurier britannique, il avait débarqué en 1838 au Sarawak avec sa goélette pour un voyage d'exploration. Une révolte de Dayak ayant éclaté dans le pays, il offrit ses services au sultan de Brunei, Omar Ali Saifuddin — dont le pouvoir s'étendait aussi sur les royaumes limitrophes — et les rebelles furent matés. Par la suite, Brooke sut même se faire des alliés chez ces forestiers animistes ou chrétiens qui ne reconnaissaient pas le pouvoir musulman. Ses succès auprès des populations locales incitèrent le sultan à le nommer, en 1842, à la tête de cet Etat turbulent qu'il semblait si bien contrôler. En en faisant son vassal, ce

ciel de béton et de verre d'aujourd'hui étaient tenus à distance. Quant aux taudis, abritant les populations indigènes chassées des forêts qu'on avait abattues, ils se développaient près des marigots et dans la mangrove, à l'abri des regards.

— Je crois que je vais descendre ici, fit Deborah.

Le bus passait près de la poste centrale, du pavillon et de la tour ronde, où taxis et cyclo-pousse guettaient les touristes.

— Je t'en prie, ne fais pas ça, dit Michael d'une voix presque suppliante.

— Regarde. Ils sont tous de mon avis.

Les équipiers ne la démentirent pas. Elvis avait succédé à Frankie et, avec *Love me tender*, le conducteur pensait sans doute attendrir ces bavards qui se montraient si peu réceptifs à ses efforts.

— Arrêtez-vous ici, s'il vous plaît, fit-elle.

— Deborah, c'est irresponsable !

— Il n'y a pas d'autre solution, Michael. Dès que je serai arrivée à Miri, je t'appellerai. Attends mon coup de fil avant d'informer Tom, OK ?

— Où vas-tu descendre pour la nuit ? demanda le *producer*, soucieux.

— Je te l'ai déjà dit. Dans un endroit discret.

Le minibus s'immobilisa au bord du trottoir. Sam Kane fit coulisser la porte latérale, et le chauffeur sortit soulever le hayon, pour en extraire la valise de la jeune femme.

Deborah héla un taxi en maraude.

---

monarque pensait bénéficier de l'appui des Britanniques, sans avoir à subir de tutelle. Ce fut un mauvais calcul. Brooke prit son rôle très au sérieux et se serait même très bien vu sultan à la place du sultan. Il passa son temps à grignoter le territoire de son suzerain et c'est paradoxalement la Grande-Bretagne, par l'instauration de son protectorat de 1888 sur les deux Etats, qui mit fin à ses ambitions. Sa lignée régna jusqu'à l'occupation japonaise sur le Sarawak qui devint colonie de la Couronne en 1946 et le resta jusqu'à l'indépendance, malgré un conflit avec les partisans du dernier héritier du trône qui assassinèrent un gouverneur britannique. En 1963, l'ancien royaume du rajah blanc rejoignit la Fédération malaise.

— Connaissez-vous une pension confortable ?

— Oui, mademoiselle, celle de Mrs Bishop, *pure british style*, près du palais de justice, l'ancien siège du gouvernement des rajahs blancs.

— OK, fit-elle. Ça me va.

Elle adressa un signe amical à l'équipe. Michael murmura :

— Pourvu qu'elle réussisse !

— Elle réussira, affirma Yorrik qui, depuis son passage au Pied du Buffle, ne voyait plus Deborah du même œil. Cette fille a plus de volonté que nous tous réunis.

— Je vous conduis au Hilton ? demanda le chauffeur quand ils eurent réintégré leurs sièges.

Ses passagers approuvèrent en silence, et il glissa une cassette des *Pink Floyd* dans son poste, histoire de les rendre plus cool. Si après cela ils ne se montraient pas généreux, c'est qu'Allah, dans sa grande sagesse, le voulait ainsi. « Puisse, tout de même, le Miséricordieux influencer ces étrangers dans le bon sens ! » Son souhait fut exaucé. A l'arrivée, Michael Stevens lui laissa cinq dollars de pourboire, ce qui était normal, et le retint pour la journée du lendemain. *Allah akbar !*

Anglaise, née à Kuching, Margaret Bishop était apparentée par sa mère à la famille Brooke. Son père, officier de carrière dans la cavalerie royale, avait été détaché de l'armée britannique dans les années trente pour encadrer les troupes dérisoires de ce protectorat et en former de nouvelles. Il s'agissait de faire face aux remous suscités par les agitateurs à la solde des Japonais, qui « travaillaient » souterrainement, depuis quelque temps déjà, tous les pays placés sous la tutelle des Blancs, promettant aux chefs coutumiers et aux élites un avenir radieux quand l'empire du Soleil-Levant étendrait jusqu'à eux sa sphère de prospérité. Le colonel, de nature volage, succomba dans les bras d'une courtisane chinoise qui avait déjà fait tourner la tête à plus d'un. L'affaire fut étouffée, et il fut nommé général à titre posthume, ce qui lui fit une belle jambe, certes, mais enchanta sa veuve qui put par la suite se prévaloir de ce titre. Elle n'eut pas à se plaindre des funérailles officielles accordées à son infidèle époux, ne fit pas rapatrier le corps en Grande-Bretagne, elle-même n'ayant pas l'intention d'y retourner, les frères et sœurs du disparu de leur côté n'y tenant pas plus que ça. Comme sa mère, Margaret Bishop était la veuve d'un officier britannique qui avait servi plus de vingt ans dans les possessions de l'empire et achevé sa carrière au Sarawak, où il avait pris sa retraite. Cela expliquait peut-être pourquoi elle se donnait quelquefois des allures de lady, et parlait avec un accent un peu snob. Sa tenue coloniale blanche, malgré l'humidité ambiante, était toujours immaculée. Elle prenait trois bains par jour, se changeait à chaque poussée de sueur, ce qui se produisait dès qu'elle quittait l'air conditionné. Elle sortait donc le moins possible dans la rue et avait fait installer la climatisation dans sa Bentley, vestige de l'époque où son époux officiait en tant que conseiller auprès du premier gouverneur de la Fédération malaise, qui avait remplacé celui de Grande-Bretagne. Mortimer Bishop avait été ici le dernier représentant officiel de l'empire. Bien que Sa Gracieuse Majesté eût, depuis pas mal de temps déjà, un ambassadeur en titre à Kuala Lumpur et un consul à Kuching, l'épouse de l'*adviser*, lointaine cousine des rois blancs, se prenait toujours pour la première dame de la ville. Et elle l'était un peu malgré tout. Dans les cocktails, les dirigeants malais, les notables chinois conservaient à son égard une courtoisie de mémoire. Quant aux représentants officiels du Royaume-Uni, ils se devaient de ménager cette femme qui avait connu la cour du dernier rajah blanc, les camps japonais — elle n'en parlait jamais —, et survécu à l'indépendance. En cas de litige, elle était toujours de bon conseil, et son entregent lui ouvrait les portes les plus fermées.

Sa demeure était à l'image du monde qu'elle incarnait, un mélange insolite de cottage anglais et de villa musulmane. Une toiture normande, un patio à colonnes mauresques où fleurissaient les orchidées les plus appréciées, dont la *phalaenopsis*, pareille à un essaim de papillons aux ailes déployées d'un mauve pâle tirant sur le rose, et la *Dendrobium treache-*

rianum, d'un rose pourpre s'achevant sur un lobe lie-de-vin. Sa pension de veuve s'avérant un peu juste pour tenir un standing digne de son rang, elle avait ouvert une partie de sa vaste maison aux touristes de qualité, se réservant le droit de refuser les gens qui ne lui plaisaient pas. Les taxis de Kuching le savaient et ne lui amenaient pas n'importe qui, mais en général des personnes de bonne compagnie, prêtes à se laisser séduire par cette Anglaise *old fashion*, qui perpétuait les traditions monarchiques et impériales, dans une convivialité raffinée. Sa pension accueillait aussi l'élite de la ville. On se bousculait certains soirs pour savourer sa *chicken pie* au goût rehaussé d'aromates locaux, inconnus à Londres, qui donnaient à ce plat, pourtant très *british*, l'aura d'une spécialité de Kuching. Il est vrai qu'elle affirmait appliquer une recette mise au point par le maître queux indien de James Brooke, sur les conseils du souverain, grand amateur des saveurs de l'Orient, et cette référence était devenue un label. Le métissage n'avait pas eu lieu qu'en architecture, il s'était aussi produit dans la gastronomie, et s'il n'y avait plus d'architecte datant de cette étrange époque, il restait dans la ville une cuisine, une seule, où l'on mitonnait encore les spécialités de jadis. C'était celle de Mrs Bishop, lady Bishop, disait-on avec dérision ou respect.

Ce soir-là, elle avait cinq convives. Les hommes portaient des tenues blanches, les femmes des robes du soir. Sir Alexander MacFergan, un grand ami de feu son époux, assis en face d'elle, était l'invité d'honneur. Général à la retraite, il avait fait presque toute sa carrière en Extrême-Orient et venait chaque année d'Edimbourg passer un mois à Kuching, pour se replonger dans une atmosphère coloniale qui apaisait sa nostalgie. Entre le vieux soldat et l'hôtesse, à droite de celle-ci, étaient assis le professeur Richard Hill — grand collectionneur de papillons et d'insectes rares — qui enseignait l'entomologie à Cambridge, et miss Agatha Clacton, ancienne secrétaire de Mortimer, et plus encore, d'après les mauvaises langues. Cette retraitée anglaise à la peau de pêche à peine fanée n'avait pu se résoudre à quitter le pays et payait sa pension avec sa retraite. Physiquement elle ressemblait à Margaret, sans en avoir la prestance. L'une incarnait parfaitement le milieu dans lequel elle était née, l'autre y était entrée par une porte de service et manquait un peu de naturel dans l'exercice des mondanités. Mis à part ce détail, elles étaient presque interchangeables. De la maison au bureau, Mortimer ne s'était pas senti trop dépaysé. Son épouse n'avait jamais prêté l'oreille aux rumeurs. Avec Agatha elle entretenait une relation complexe, où la complicité se mâtinait parfois de commisération. Ce sentiment blessait la vieille demoiselle. Malgré une vie grise, des soirées passées à faire des réussites qui ne l'amusaient plus, elle s'efforçait de donner une image positive d'elle-même et y parvenait assez bien. La place de gauche, près de Margaret, était occupée par son fils adoptif, Hugh Norton Bishop, un flandrin chevelu, qui, sous sa toison brune, affichait l'ironie d'un regard marron, ensoleillé de paillettes jaunes, et d'une bouche blasée, qui ne souriait que d'un coin. Son nez légèrement convexe et long donnait de l'authenticité à cet air d'aristo décadent qu'il cultivait presque à son insu. Il était le bâtard d'un lord anglais connu pour son austérité, le fruit d'un égarement ancillaire un soir d'ivresse. Le jeune homme consumait ses heures avec les filles faciles, la lecture et les joints. Il vivait ses débauches dehors, grillait ses pétards en cachette, composait des poèmes d'une froideur arctique ou des aphorismes cyniques. Il savait tenir une conversation et se montrer fort civil. Entre lui et le général, Deborah, qui avait trouvé là un gîte pittoresque, était la cible de leurs regards plutôt bienveillants.

Un maître d'hôtel malais, en tunique blanche et calot noir, annonça le menu :

— En entrée ce soir, purée froide d'aubergines à la coriandre fraîche. Le plat sera une fricassée de langoustines, safranée, flambée au vieux brandy, accompagnée de son riz sauvage. Et le dessert, un sorbet aux fruits de l'île, parfumé à la citronnelle.

L'énumération déclencha les bravos des commensaux et le ravissement du diseur qui chaque soir vivait cet instant comme une entrée en scène. Il fit un large sourire et une courbette de remerciement.

— Ah, Margaret, vous allez encore me faire succomber, je m'étais promis de suivre un petit régime, soupira le général en s'écartant légèrement pour laisser opérer l'une des deux servantes d'origine dayak dont la tenue blanc et rose faisait ressortir la peau hâlée.

— Allons donc, mon cher Alex, c'est un repas tout à fait diététique. Vous verrez, vous en reprendrez.

— Justement, c'est ce qu'il ne faudrait pas faire !

— Balivernes que tout cela. Assumez votre léger embonpoint, ou faites du sport. Je ne vous vois pas souvent aller au golf.

— J'y vais trois fois par semaine, ma chère.

— Ce n'est pas assez, Alex, pas assez. Il faut vous y rendre tous les jours.

Les lobes d'oreilles déformés des deux servantes avaient été rectifiés par le bistouri d'un chirurgien chinois. Nées dans une tribu d'essarteurs ruinés par la dépossession de leurs jachères, elles avaient été placées dans une institution religieuse et formées pour devenir des servantes zélées. Etre domestique chez Mrs Bishop était une référence. D'autres jeunes filles indigènes avaient eu moins de chance qu'elles, et s'étaient retrouvées sur le trottoir. Quand elles se retirèrent, le maître d'hôtel, avec l'onction d'un sommelier authentique, vint servir un shiraz, « Rosemount Estate 1968 », en susurrant son millésime comme s'il s'agissait d'un trésor. Même si le vin, certes excellent, ne méritait pas une mise en scène aussi solennelle, le boire dans des verres en cristal de Bohême du grand siècle donnait de l'éclat à sa robe rubis, et embellissait sa saveur.

— Omar, voulez-vous régler la climatisation, je vous prie ? Il fait très lourd, ce soir.

— A vos ordres, Madame !

Dans ce cadre élégant de nappes épaisses, de meubles anciens lustrés, de vaisselle en porcelaine chinoise du siècle dernier, les soubrettes se mouvaient en silence autour des dîneurs, et le moindre souhait était exaucé dans l'instant par le maître d'hôtel attentif, sans être trop présent. La pendule à balancier, incrustée de nacre, rythmait la conversation, que Mrs Bishop relançait habilement quand elle s'éteignait, ou dès qu'un intervenant gardait trop longtemps la parole. Sir Alex et Hugh Norton Bishop, tous deux grands consommateurs de journaux, firent comme chaque soir le point de l'actualité internationale et locale : une revue de presse qui ne manquait pas d'amuser leur auditoire. Ils en vinrent à parler de ces rebelles penan qui, à en croire les gros titres des feuilles de chou locales, attaquaient les chantiers forestiers et représentaient une menace sérieuse pour la stabilité du pays.

— Avec leurs sarbacanes, c'est parfaitement grotesque, se récria sir Alex. Ces crétins de folliculaires voudraient nous faire gober n'importe quoi !

Il but un peu de vin, se tamponna les lèvres avec le coin de sa serviette avant de poursuivre.

— Les bûcherons détruisent leurs forêts, la troupe les harcèle, l'Etat les délocalise, et ce sont eux les perturbateurs. Pauvres gens !

— Miss Williams ignore sans doute tout de cette triste affaire, intervint Margaret, pour orienter la conversation sur un sujet plus consensuel.

— Williams... remarqua Hugh Norton. Comme ce papetier américain grand consommateur des bois de Bornéo dont la société a ici pignon sur rue ? Etes-vous parents ?

— C'est mon père.

— Je suis confuse, s'excusa Margaret, je ne souhaitais pas que la conversation prenne un tour aussi personnel.

Deborah décida de jouer franc jeu. Elle était seule, ne connaissait encore personne, avait besoin d'alliés, et son hôtesse pouvait en être une.

— Ne soyez pas désolée. Vous venez de parler de ces fugitifs penan, dit-elle en se tournant vers le général. Une Française et un Français sont avec eux, deux anthropologues. L'homme est mon ami. J'ai mission de les retrouver.

— Tiens ? C'est surprenant, fit sir Alex, en baissant sa fourchette. Que faites-vous au juste, mademoiselle ? Votre métier ?

— Je suis journaliste à la CBS et j'essaye de passer inaperçue, pour pouvoir les rejoindre. C'est pour ça que je ne suis pas descendue au Hilton avec mon équipe. On y est trop voyant.

— Pour passer inaperçue, il va falloir vous grimer, car on vous remarque de loin, nota Hugh Norton Bishop, en attardant son regard sur ses cheveux roux et son nez retroussé.

Sous l'effet du shiraz qu'il buvait de bon cœur, l'échanson malais veillant à remettre son verre à niveau, le professeur Richard Hill n'avait encore pas dit grand-chose. Une imprédictible colère empourpra son visage déjà rubicond. Il en était resté aux bûcherons qui saccageaient les lieux de vie des Penan. Les papillons aussi étaient victimes des déboisements et, sur un ton passionné, il revint sur le sujet.

— Pour tous les scientifiques intègres, la forêt pluviale de cette île est un biotope inestimable, où vivent des organismes que l'on ne trouve nulle part ailleurs et des hommes qui ont su merveilleusement s'adapter à cet écosystème, le gérer sans le détruire. Tout ça est en train de mourir. Chasseurs-cueilleurs, insectes, animaux, plantes rares ne survivront pas à la disparition de la forêt. C'est le grand scandale du siècle. Ceux qui résistent sont réprimés durement. Et ce crime géant, contre l'humanité et la biosphère, est commis avec la complicité de tous les Etats.

L'hôtesse voulut courtoisement faire une diversion et n'en fit rien, car sir Alex, souvent imprévisible, approuvait du chef les propos du savant qu'elle jugeait, elle, un peu excessifs. C'est que le général, en stratège avisé, avait toujours préféré les minorités, sur lesquelles durant ses activités il s'était appuyé, aux peuples dominants prompts à se révolter à la moindre opportunité. Surtout, il se rappelait que les Dayak, majoritairement hostiles, comme les Penan, au déboisement de Bornéo, avaient combattu aux côtés des commandos britanniques contre les Japonais. Ces bougres étaient d'admirables sabreurs. Par ailleurs, sir Alex, qui aimait la chasse, était soucieux de la préservation des espèces animales. Enfin, en tant que hobereau écossais, il avait appris dès son plus jeune âge à respecter les grands arbres, rares dans la lande. Il y avait là quatre raisons d'être du même avis que l'entomologiste.

— Parfaitement, professeur, c'est une honte !

Il lissa sa grosse moustache aux pointes rebiquées, qui avait été rousse avant de virer nettement sur le gris, comme ce qu'il lui restait de cheveux.

— Les financiers sont devenus fous et ont réussi à rendre leur folie contagieuse. Rien ne compte pour eux en dehors de l'argent. Ce sont des parvenus qui mettent la planète en coupe réglée.

— La forêt, cela fait des années qu'on prédit sa disparition, fit remarquer miss Clacton, et je constate qu'elle est toujours là. Attention de ne pas sombrer dans le catastrophisme !

— Qu'en savez-vous, qu'elle est toujours là, ma chère Agatha ? Ce ne sont pas vos sorties dans les parcs de Kuching et des environs qui peuvent vous donner une idée de l'ampleur des dégâts, la piqua Margaret. Je suis de l'avis d'Alex.

Elle seule appelait le général par son prénom. Pour Agatha, c'était « mon général » et ce serait comme ça jusqu'au bout. Ce rien de supériorité qu'éprouvait parfois Margaret était sa seule petitesse, mais elle était tenace.

— Je ne vois pas très bien comment on pourrait mettre un terme à ces déboisements intensifs, s'interrogea Hugh Norton Bishop.

— Moi non plus, reconnut le général. Quelques poignées de Dayak ou de Penan peuvent-ils faire reculer avec leurs vieilles pétoires ou leurs lances le cours de l'histoire ?

— Les indigènes sont majoritaires au Sarawak, rectifia le professeur Hill. Ils représentent presque cinquante pour cent de la population, pour environ trente pour cent de Chinois, et vingt pour cent de Malais.

— Certes, admit sir Alex, mais la plupart d'entre eux sont en voie d'assimilation. Les autres, dispersés et déracinés, ne représentent politiquement rien, et tout le monde se fiche de leur sort.

— La guerre du Vietnam vient d'accaparer à elle seule la capacité de mobilisation de ceux qui se définissent comme des progressistes, rappela le fils caché du lord, en ramenant en arrière une mèche de cheveux qui lui masquait régulièrement la moitié du visage. Gauche-droite, Est-Ouest, et sans doute Nord-Sud demain, l'intérêt des intellectuels du monde entier a bien du mal à sortir de cette bipolarisation, source d'un manichéisme passionnel qui leur fait oublier tout le reste.

— C'est juste, approuva l'entomologiste. Les forêts pluviales, les peuples et les bêtes qu'elles abritent ne sont pas des sujets porteurs pour les organisations humanitaires qui cherchent à faire marcher leur fonds de commerce. Ce sont des thèmes qui ne font pas recette.

— A leurs yeux seulement, nuança Deborah. Je sais que beaucoup de gens se sentent concernés. Il y a eu un début de mobilisation. Des réseaux pour la défense de la terre se sont spontanément tissés dans presque tous les pays du monde. Ils ont été très vite neutralisés, et les médias n'ont jamais découvert, ou voulu découvrir, le fin mot de l'histoire. Les Amis de la Grande Mère, vous en avez sans doute entendu parler ?

— Oui, dit Hugh Norton. J'ai lu quelque part que c'était une secte manipulée par Moscou !

— Moi aussi, confirma sir Alex.

— Si cela avait été le cas, pourquoi les Soviétiques ont-ils fait disparaître ou expédié en Sibérie tous les partisans de ce mouvement, qui n'avait rien de sectaire, croyez-moi ?

— L'expression « Grande Mère » prête à confusion, fit remarquer Margaret.

— Presque tous les peuples premiers, d'Amérique, d'Afrique ou d'Asie, l'emploient pour désigner la terre. Elle a le mérite de rappeler le rôle déterminant que celle-ci a joué dans l'apparition et l'évolution de la vie. La terre, c'est vague. La Grande Mère appelle le respect, et elle en a sacrément besoin, ne croyez-vous pas ?

— Pardonnez ma question, mais quelque chose m'intrigue. Comment conciliez-vous vos idées et le fait que la société Williams soit largement partie prenante dans ce florissant commerce du bois ? questionna Agatha avec une naïvete doucereuse.

En bonne presbyterienne, elle croyait au progrès économique et à la libre entreprise, qui apportaient la prospérité et faisaient disparaître les superstitions. Sur les sols libérés par la déforestation, l'agriculture moderne permettrait de nourrir tout le monde. Là s'arrêtait son analyse, et les Occidentaux qui épousaient les idées de ces natifs attardés l'irritaient un peu. Deborah s'accorda un temps de réflexion qui permit à Margaret de lui offrir, si elle ne désirait pas répondre, une porte de sortie.

— Ma chère Agatha, miss Williams n'est pas obligée d'épouser les convictions de son père.

— A dire vrai, je ne vois pas pourquoi il me serait interdit d'avoir une autre vision du monde que celle du PDG des papeteries Williams, dont le destin a voulu que je sois la fille, rétorqua Deborah. Oui, je me sens solidaire de ces peuples que l'on dépossède de leurs droits coutumiers, et qui voient les bûcherons abattre en quelques coups de tronçonneuse les arbres vieux de cinq ou six siècles sous lesquels ils vivent.

— Votre ami, ce Français que vous recherchez, n'est-ce pas ce missionnaire défroqué qui se faisait passer pour un chaman ? demanda Hugh Norton.

— Je vois que vous lisez très sérieusement les journaux. Vous employez exactement les mêmes formules.

— Lesquelles me suggérez-vous ?

— Il ne se fait pas passer pour un chaman. Il l'est ! Défroqué sonne de façon péjorative, ce qui ne lui va pas du tout. En quittant le christianisme, il n'a pas choisi la facilité. La preuve, c'est qu'aujourd'hui, il est indésirable partout. Tout ce qu'on a dit sur lui est approximatif et tendancieux.

Depuis plusieurs minutes, l'entomologiste se montrait surpris et très intéressé par la jeune Américaine assise en face de lui. En l'écoutant, il avait eu le pressentiment qu'elle était la compagne de Judik Kervanec dont il avait lu la thèse. Jamais il n'aurait pensé se retrouver assis à la même table qu'elle, dans cette pension de Kuching. Deborah venant de confirmer qu'elle était bien celle qu'il supposait, il se pencha vers elle, avec une curiosité avide.

— Je connais vos deux ouvrages, dit-il. Ainsi, votre ami anthropologue détiendrait le secret de l'extase authentique, de cette illumination que Bouddha n'a ressentie qu'une fois ? C'est vous-même qui l'affirmez dans votre livre. En avez-vous eu la preuve ? Avez-vous été le témoin d'un tel prodige ? N'est-ce pas tout simplement un phénomène d'hypnose ?

— A la fois témoin et sujet, et je puis vous assurer que j'étais parfaitement lucide, chaque fois que ça m'est arrivé. Nous étions ensemble en forêt de Brocéliande sous le Vénérable Rhugaël...

Mentalement, elle revécut la scène tout en la racontant, et le ton de sa voix devint si convaincant que les convives se prirent au récit, voulurent en savoir plus. Elle les conduisit dans la vallée cachée où le jeune oblat avait abouti après des années de préparation à sa fonction apostolique, et refit tout le chemin sans jamais lasser l'auditoire qui en redemanda.

— Tout le mal vient de nous, oui, des Blancs, soupira Richard Hill devant un auditoire incrédule qui ne voyait pas où était sa culpabilité dans cette affaire. C'est nous qui avons, les premiers, développé l'agriculture intensive, détourné les rivières pour irriguer les sols, rasé les forêts pour en faire de vastes étendues agricoles, et massacré les peuples premiers au nom de la civilisation.

— Allons, allons, professeur, le tempéra Hugh Norton, pourquoi serions-nous les seuls à battre notre coulpe ? Depuis l'Antiquité, les Mésopotamiens, les Chinois, les riverains des vallées de l'Indus et du Gange, ceux du Mékong ou du fleuve Rouge et bien d'autres ne se sont jamais montrés particulièrement compréhensifs avec leurs propres aborigènes ou nomades. Agriculteurs, ils ont grignoté leur espace vital durant des siècles, et aujourd'hui les survivants peu nombreux croupissent sur les sols incultes. Non, toutes les grandes nations, sans exception, ont une responsabilité dans la destruction de l'environnement. Les profiteurs et les pollueurs sont partout et dans tous les pays.

— Je vous l'accorde, reconnut l'entomologiste. Cependant, avec la conquête de l'Amérique, les Européens ont été plus expéditifs dans leur volonté d'imposer leur domination aux peuples indigènes. Un continent entier a été volé aux Indiens, par la violence. J'ai en mémoire ce propos tenu par une vieille squaw de la tribu des Wintu, lu dans un ouvrage consacré à la parole indienne. « *Les Blancs retournent le sol, abattent les arbres, massacrent tout !* s'écriait-elle. *L'arbre dit : "Arrête, j'ai mal, ne me blesse pas." Mais ils l'abattent et le découpent en morceaux. L'esprit de la Terre les hait. Comment pourrait-il aimer l'homme blanc ? Partout où il la touche, elle est meurtrie.* »

La griserie aidant, il avait mis dans cette citation, ressurgie à point nommé de sa mémoire, une émotion qui fit son effet. L'ombre de la culpabilité plana un instant parmi les convives et Margaret rappela pour la dissiper qu'ici, en Asie, c'étaient des compagnies forestières indonésiennes, nippones, taïwanaises, thaïlandaises qui faisaient le sale travail.

— Les Occidentaux ne sont pas absents, précisa Agatha en fixant Deborah d'un air indécis. La firme Williams, entre autres, sous-traite avec ces gens-là...

— Allons, allons, fit la maîtresse de maison d'un ton ferme, nous n'allons pas reprendre ce débat !

Le repas était achevé depuis longtemps et les hôtes sirotaient des alcools ou des infusions dans le salon ouvrant sur les colonnades du patio aux orchidées. Sir Alex s'approcha de la grande fille rousse, très intéressée par les propos du professeur, pour un petit aparté qu'il engagea dès que le savant lui en laissa l'opportunité.

— J'avais entendu parler de ce missionnaire français, avoua-t-il. Son histoire m'avait semblé farfelue, mais si tout ce que vous venez de dire est vrai — et je n'ai aucune raison de mettre votre parole en doute —, votre ami est en très mauvaise posture, la Française qui est avec lui aussi. Et vous, miss Williams, vous n'êtes pas, je le crains, dans une meilleure situation. Je ne saurais trop vous recommander de bien réfléchir à ce que vous allez faire.

— C'est tout réfléchi, ma mission est de les sortir de ce, de ce...

— De ce merdier, compléta le général.

La pendule sonna onze coups. L'inquiétude assombrissait la plupart des visages, chacun se demandant comment tout cela allait se terminer. En descendant chez Mrs Bishop, Deborah avait bien involontairement troublé la quiétude de cette demeure qui égrenait des heures sereines. Depuis le début de la décennie, la télévision avait déferlé sur le Sarawak, envahissant tout, les marchés, les cafés, les restaurants, les navettes fluviales. Dans cette maison, que sa propriétaire voulait tenir à l'écart des fureurs de la fin du siècle, elle était indésirable. Seule la presse écrite, nous l'avons vu, était admise, Hugh et sir Alex en faisant grand usage. Ceci expliquait en partie l'ignorance de Mrs Bishop à propos des Amis de la Grande Mère, de Judik, et même de Deborah, auteur d'un best-seller qu'on oubliait déjà — les succès aujourd'hui dans l'édition n'étant qu'un feu de paille —, et que personne ici, à part le professeur Hill, n'avait lu. La bibliothèque, au demeurant fort riche en ouvrages historiques ou géographiques, récits d'exploration et d'aventures maritimes ou militaires, n'avait pas été réapprovisionnée depuis le début des années cinquante. Avec, selon son expression, le chaos de la décolonisation, le temps pour Margaret Bishop s'était arrêté, et Kipling, Bromfield, Somerset Maugham, Joseph Conrad, les vieux de la vieille, faute de concurrence, avaient toujours la cote auprès des pensionnaires.

Maintenant que Deborah leur avait relaté l'essentiel des péripéties qui avaient abouti à la création puis à l'élimination des Amis de la Grande Mère, Hugh Norton Bishop replaçait clairement les choses dans leur contexte et la regardait avec d'autres yeux. Les nouvelles quotidiennes sont comme des coups de tonnerre. On les oublie aussitôt. Cette étonnante histoire, pourtant, aurait dû le marquer. Comment avait-il pu la négliger ? Voici que les gros titres lui revenaient en mémoire. Tout près de lui, avec son regard couleur outremer dans la lumière tamisée par des abat-jour de soie ou de parchemin, la belle Américaine était le point de mire de la soirée. Son chignon roulé sur la nuque, style Belle Epoque, le fourreau de soie mauve agrémenté d'une cape légère qu'elle avait revêtu lui donnaient une touche surannée qui rehaussait son charme. Son profil tendu montrait cependant que ce n'était là qu'une étape, et que son seul souci était de reprendre sa recherche.

— Je crois me souvenir que vous avez rencontré ce Français, pour la première fois, à...

— Il s'appelle Judik, Judik Kervanec, rappela-t-elle.

— Oui, fit Hugh Norton Bishop. La première fois que vous avez rencontré ce Judik Kervanec, c'était à Vientiane, ai-je tort ?

— Oui, vous avez tort, fit-elle, c'était à Xieng Kouang, chez les Pathet Lao.

— C'est ça ! Et quand vous lui avez dit : « Etes-vous toujours prêtre ? », il vous a répondu : « Devinez ! » Ma mémoire est-elle bonne ?

— Excellente ! Pourtant, vous n'avez pas lu mon livre.

— Non, je l'avoue, par paresse sans doute. Les journaux en ont beaucoup parlé. Certains en ont publié les bonnes feuilles.

D'un regard légèrement embrumé par les effets du haschisch, il observait Deborah et l'expression de pugnacité qui par moments s'installait comme un masque sur sa physionomie attentive à chaque propos. Tel un pôle contraire, il ressentait une certaine attirance, bien que la jeune femme fût un peu trop grande à son goût. Il n'aimait que les petits modèles.

— Vous avez de l'audace, reconnut-il, je ne me risquerais pas comme vous dans des endroits et parmi des gens qui me sont inconnus. Le milieu protégé fait de convenances et de rituels dans lequel je vis me convient parfaitement. Il est immuable et, grand Dieu, même dans les pires circonstances, je ne pourrais me passer de mon *afternoon tea* !

Mrs Bishop baissa les paupières en signe d'assentiment. Hugh était chez elle depuis le décès de sa vraie mère, minée par le cancer. Il avait alors huit ans, et le lord son père avait souhaité le faire partir le plus loin possible, mais dans un bon milieu. C'est sir Alexander, un vieil ami auquel il se confiait, qui lui avait suggéré de retenir les Bishop du Sarawak comme parents adoptifs. Après un arrangement financier très correct, ce fut fait, et Margaret revint avec l'enfant qu'elle était elle-même allée chercher à Londres. Son mari et elle n'avaient pas de descendance, et quand Mortimer mourut cinq ans plus tard, elle reporta sur celui qu'elle surnommait déjà son « petit prince » la totalité de sa tendresse. Elle l'éleva presque comme un lord, fit venir des précepteurs du Royaume-Uni, et, quand il eut atteint l'âge d'aller au collège, elle l'envoya comme pensionnaire dans la *public school* la plus huppée d'Extrême-Orient qui se trouvait à Hong Kong, où elle allait le voir une fois par mois. A l'université, ne sachant trop en quoi se spécialiser, il fit des études littéraires correctes, obtint un bon niveau, ne s'acharna pas. Une thèse à quoi bon ? Un métier, pour quoi faire ? Il aimait Kuching, le farniente, et le plaisir. Aucune ambition ne le tenaillait. De l'argent, il en avait plus qu'il ne lui en fallait, et ses sorties avec les filles chinoises, qu'il préférait aux autres, ne le ruinaient pas. Décédé depuis d'un infarctus, le lord avait paraît-il murmuré le nom de son bâtard avant de rendre l'âme. Officiellement, il était le père de trois filles, et, ironie du hasard, son seul fils était illégitime. Lady F... ne tenta pas de faire reconsidérer par son notaire les dispositions du défunt, concernant ce rejeton, et celle qui l'avait adopté. C'était au demeurant fort avisé. Elle n'avait pas envie qu'il vienne un jour rôder autour de son château pour y réclamer sa rente et elle se disait que tant qu'il pourrait mener la *dolce vita* dans la plus parfaite insouciance, à l'autre bout du monde, cette idée ne l'effleurerait pas.

Mrs Bishop aurait préféré qu'il fût plus entreprenant. Elle l'avait, hélas, trop couvé. La moitié au moins de son cher petit, qui mesurait un mètre quatre-vingt-treize, était de sang bleu, d'une lignée apparentée aux Tudors. Elle en tirait une vanité secrète. Margaret se l'imaginait parfois siégeant à la Chambre des lords ou régnant sur un vaste domaine. Tel aurait dû être son destin, se disait-elle. Pour les mêmes raisons, Agatha aussi l'adorait. Pourquoi aurait-il eu le désir de quitter cette maison où il était le centre de l'univers ? Le sybaritisme était sa raison d'être.

— Faites bien attention, reprit-il. Kervanec et cette femme anthropologue qui vit avec les Penan sont très dérangeants. Jusqu'à présent, vous avez été préservée, grâce à votre métier ou à votre nom, peut-être aux deux. Plus vous vous rapprocherez de lui, plus vous vous mettrez en péril.

— C'est exactement ce que je viens de lui dire, grogna le général qui commençait à bâiller.

— Deux conseils valent mieux qu'un, riposta Hugh Norton.

Les convives ensommeillés se préparaient doucement à regagner leur chambre, quand la sonnette de l'entrée vibra avec insistance. Qui pouvait bien venir à pareille heure ? Une interrogation inquiète se lut sur tous les traits, sauf sur ceux du général, qui en avait vu d'autres.

— C'est peut-être pour moi, fit Deborah, il ne faut pas qu'on me trouve.

Le maître d'hôtel apparut.

— Le lieutenant de police Hussein Saba demande à vous voir, Madame.

— Faites-le attendre dans la bibliothèque, Omar, et ne répondez à aucune de ses questions. Compris ?

Elle s'approcha de Deborah et dit à voix basse :

— Regagnez vite votre chambre, et vous, mes amis, vous ne l'avez pas vue, n'est-ce pas ?

— Voulez-vous que je vous accompagne ? proposa le général.

— Non merci, Alex, je connais bien Hussein. Hugh a beaucoup joué avec lui, naguère, n'est-ce pas, Hugh ?

— Il a changé, vous savez, mère. C'est un policier intègre et perspicace, m'a-t-on dit, un spécimen rare dans notre Sarawak, j'en conviens. Et c'est ce qui le rend dangereux. Il n'est pas achetable.

Deborah s'esquiva sur la pointe des pieds, l'une des servantes dayak fit disparaître sa tasse et Margaret alla d'un pas décidé affronter le policier, qui ne serait pas venu la déranger à cette heure sans un motif sérieux.

— Mon Dieu, lieutenant, qu'est-ce qui me vaut cette visite tardive ? Nous nous apprêtions à aller dormir.

L'homme tenait poliment sa casquette sous le bras. Il était plutôt petit et trapu avec une moustache effilée et des yeux bridés très mobiles de fouineur habitué à glaner les indices. Il savait qu'il marchait sur des œufs, que Mrs Bishop avait le bras long, et que, s'il était dans l'erreur, son intrusion sans mandat lui vaudrait des reproches en haut lieu. Toutefois, il était sûr de son fait. Il y avait un témoin qu'il pouvait faire entrer si cela devenait nécessaire. Pourtant, devant cette vieille Anglaise de souche aristocratique qui le scrutait d'un air réprobateur, il fut intimidé et perdit toute agressivité.

— Une Américaine est descendue chez vous aujourd'hui, alors qu'elle aurait dû se trouver au Hilton, dit-il, le chauffeur du taxi qui l'a conduite ici est dehors et il peut confirmer.

— Vous ai-je dit, lieutenant, que je ne l'ai pas vue ? Elle est effectivement descendue dans l'intention de passer la nuit avec nous. Nous avons pris une tasse de thé. Elle semblait très préoccupée. Et soudain elle a décidé de poursuivre sa route, s'est excusée, a repris sa valise et est montée dans un rickshaw de passage.

— Vous étiez seule avec elle ? s'enquit le lieutenant, sceptique.

— Oui, mes pensionnaires étaient dehors.

— Hugh aussi ?

— Hugh aussi. D'ailleurs ils sont là, dans le grand salon. Venez, vous pourrez auprès d'eux vérifier mes dires.

Le policier hésita. Intimidé, il s'apprêtait à refuser. Convaincu que Mrs Bishop le menait en bateau, son instinct d'enquêteur lui fit surmonter la crainte de se retrouver face à des aristocrates coloniaux qui allaient le toiser.

— Mes amis, voici le lieutenant Saba.

— Hello, Hussein ! fit Hugh.

Hussein le salua de la tête, tout en comptant mentalement les verres et les tasses posés sur les meubles ou sur la superbe table basse en ramin, ornée de motifs chamanistes, conçue par un artisan kelabit du siècle dernier, et offerte en gage d'obédience à James Brooke.

— N'hésitez pas ! Questionnez-les, fit l'hôtesse. Voici le général MacFergan. Il va vous répondre.

Sir Alex, même avec son léger embonpoint, avait de la prestance. La vaillance de l'officier, qui avait combattu les Pathans à la frontière afghane, les Japonais, dans un commando de choc parachuté en Birmanie, et les communistes en Malaisie, se lisait sur sa physionomie de baroudeur assagi. Ses rides, sa moustache, ses sourcils broussailleux contrastaient avec le bleu tendre de ses yeux. Il ne portait jamais, sauf pour les cérémonies officielles, ses décorations et pourtant le lieutenant Saba les imagina, occupant tout le côté gauche de son spencer. Sir Alex était un des officiers qui avaient participé à la création de l'armée malaise. Il l'avait déjà rencontré, en avait un peu peur, et par un réflexe qu'il ne put contrôler se mit au garde-à-vous.

— Que voulez-vous donc savoir, jeune homme ?

— Si l'un d'entre vous n'aurait pas aperçu une jeune journaliste américaine, descendue ici aujourd'hui, et qui semble avoir mystérieusement disparu depuis.

Il ajouta en baissant le ton :

— Mon général !

Son travail consistant aussi à semer le trouble dans l'esprit des suspects pour les obliger à se couper, il voulut montrer qu'il n'était pas dupe.

— Je suppose que personne ne sait à qui je fais allusion, n'est-ce pas ?

— Vous supposez juste, lieutenant, fit sir Alex. Qui est cette Américaine ? Pourquoi la cherchez-vous ? Elle a fait quelque chose de mal ?

— Je ne peux vous répondre pour l'instant, mon général. Peut-être serai-je amené à vous en dire plus quand j'en aurai reçu l'ordre.

— C'est très bien, fit sir Alex, très bien ! Maintenant que vous savez ce que vous vouliez savoir, que peut-on encore faire pour vous être agréable ? Il est très tard, voyez-vous !

Le policier se tourna vers Mrs Bishop.

— Vous n'avez pas noté par hasard le numéro du rickshaw ?

— Non.

— Et son signalement ?

— C'était très flou pour moi, sans lunettes je ne vois pas de loin.

— Et vous n'aviez pas vos lunettes. Je vous prie de pardonner mon intrusion. Mon général, mesdames, messieurs. Au revoir, Hugh ! Encore désolé, Mrs Bishop, à très bientôt.

Il descendit sans se retourner l'escalier du perron et s'engouffra dans la voiture à gyrophare qui stationnait au bord du trottoir. Yuang, le chauffeur de taxi chinois qui avait conduit Deborah à cette adresse, assis à l'arrière du véhicule, n'osait pas regarder vers la maison où Margaret le mitraillait de son profond mépris. Près du conducteur, Hussein Saba, tout en devinant les pensées de la dame blanche, survivante d'une époque qui avait marqué profondément ce pays, évita lui aussi de jeter un coup d'œil dans sa direction.

— Le serpent ! persifla-t-elle tandis que la voiture de police s'éloignait. Il n'est dupe de rien !

Elle revint au salon où elle retrouva ses hôtes avec la jeune Américaine.

— Il va surveiller le quartier, c'est à peu près certain, fit-elle en se tordant nerveusement les doigts.

— Pas de panique, asseyons-nous et réfléchissons, conseilla le général qui se sentait soudain une âme de chef d'état-major.

Hugh Norton souleva sa mèche rebelle et s'adressa à Deborah.

— Je vous avais prévenue, il va falloir vous grimer.

— Avec sa taille, ce ne sera pas facile, fit remarquer l'entomologiste. Les femmes ici sont petites, et chère amie, dit-il en se tournant vers l'intéressée, je crains qu'ils ne vous repèrent facilement.

Agatha eut une idée qui la fit se lever de son siège.

— Cheveux teints en noir et peau passée à la teinture d'iode ou autre colorant, miss Williams peut avoir l'air d'une Indienne. Certaines sont grandes. Ça peut marcher.

— S'il vous plaît, ne brûlons pas les étapes, s'irrita le général. Il faut tout d'abord décider d'une stratégie. J'ai un plan.

Le silence se fit. Il était dans son rôle. On l'écouta...

Deux jours plus tard, aux aurores, par une voie que sir Alex avait minutieusement repérée au préalable et qui évitait, parfois de justesse, les guetteurs du lieutenant Saba en faction dans le quartier, une Pakistanaise, enveloppée dans une burqa qui ne laissait passer le jour qu'au travers d'un carré de tissu ajouré devant les yeux, accompagnée du chauffeur et jardinier pendjabi de Mrs Bishop, censé être son mari, atteignait sans encombre l'embarcadère de l'« express » pour Miri. Les policiers, en poste près de la passerelle, observèrent à peine ce musulman rigoriste qui cachait ainsi sa femme. Quant à elle, son voile l'avait rendue immatérielle. Le couple se fondit dans le flot des passagers. Bientôt le bateau fila vers l'estuaire, s'engagea dans la mer, longea les côtes et, lancé à pleine puissance, surfa sur la crête des vagues.

C'est l'instant que choisit Hussein Saba pour se présenter à la porte de Mrs Bishop avec un mandat.

— Il est tôt encore, vous allez importuner mes pensionnaires, fit remarquer Margaret.

— N'ayez aucune crainte, madame, nous surveillons d'ores et déjà la maison. Nous attendrons que vos hôtes soient sortis de leur chambre pour procéder à la perquisition.

— Perquisition, quel horrible mot ! Vous allez fouiller chez moi, dans ma maison ! Le Premier ministre en sera informé !

Le lieutenant toussota.

— Je crois qu'il l'est déjà. Le problème, voyez-vous, c'est que le père de la demoiselle qui a fait escale chez vous est très inquiet à son sujet. Il veut absolument lui parler au téléphone. Il harcèle Son Excellence pour qu'il la retrouve.

Le général tout fringant apparut dans l'escalier, comme chaque jour à la même heure, pour aller prendre son *morning tea* dans le petit salon.

— Ah ! Jeune homme, quel bon vent vous amène ? s'exclama-t-il d'un ton avenant.

— Un mandat, sir, avoua l'officier de police.

— Ainsi vous ne nous faites pas confiance ?

C'était vrai, mais comment l'avouer ?

— Je ne fais qu'obéir à mes supérieurs, sir.

— Cette attitude vous honore.

— Comment ? s'exclama Margaret indignée.

Sir Alex fronça les sourcils pour lui intimer l'ordre de se taire. Hugh Norton, ponctuel pour une fois, entra en chantonnant.

— Ah ! Hussein ! De retour parmi nous ?

Survint le professeur Hill, puis, pimpante et parfumée à l'essence de tubéreuse, dont l'odeur tenace risquait de gâcher la saveur du thé, Agatha fit son entrée matinale.

— Vous n'avez toujours pas trouvé cette Américaine ? s'étonna-t-elle en découvrant Hussein Saba. Que lui voulez-vous, au juste ?

Le général s'approcha du policier malais.

— Ces personnes vont se faire un plaisir de vous montrer leur chambre, décréta-t-il, et Mrs Bishop vous ouvrira les portes des autres pièces.

— Alex, s'écria Margaret, cette inspection est infamante !

— Nous n'avons pas le choix, ma chère. Venez, lieutenant, et vous aussi mes amis, commençons donc par ma chambre.

Il gravit l'escalier avec une vélocité qui fit l'admiration de tous, et une fois parvenu en haut, se gratta la gorge pour masquer son essoufflement. Hugh l'emmena ensuite dans ses appartements et le lieutenant mesura la distance qui les avait séparés durant leur enfance. Lui vivait alors dans une cabane de bois au toit de tôle ondulée. Comme s'il avait deviné ses pensées, Hugh éprouva durant un court instant le besoin de se justifier.

— C'est vrai, j'ai été un enfant choyé, mais...

Sa mère, morte prématurément, et son père qui n'avait jamais voulu l'approcher justifiaient sa soudaine réserve. Il n'alla pas plus loin. Ce « mais » déjà était de trop, comme sorti de sa bouche malgré lui. Il s'en voulait de l'avoir laissé poindre. L'officier de police attendit la suite qui ne vint pas, regarda autour de lui ostensiblement, l'air de dire que, pour ne pas être heureux dans un tel cadre, il fallait avoir le goût du malheur. Lit douillet, rideaux de mousseline, tableaux de valeur, secrétaire Regency authentique, lampes de chevet, sans compter l'air conditionné qui avait remplacé le vieux ventilateur aux pales de bois, toujours accroché au plafond. Non, même avec la meilleure volonté du monde, Hussein Saba ne pouvait imaginer qu'un riche pût être mal dans sa peau. Hugh avait donc grandi là, dans ce cocon, qu'il découvrait aujourd'hui. Pourquoi, vivant dans ce luxe, avait-il donc si souvent fugué enfant pour rejoindre les gosses de la rue et jouer avec eux ? Quel besoin le poussait à s'aventurer dans les quartiers populaires ? Le policier, tout en inspectant la pièce, songeait à ce passé durant lequel ils s'étaient fréquentés, malgré le fossé social et culturel qui les séparait, aux baignades dans le fleuve, aux parties de foot sur les terrains vagues, et aux glaces ou boissons gazeuses que le petit Anglais offrait avec son argent de poche à la bande, après les jeux. Il faillit évoquer avec lui cette insouciante époque, se reprit juste à temps. Ils n'étaient plus des gamins, et aujourd'hui, alors qu'ils connaissaient tous deux l'argot local et le malais, ils ne se parlaient qu'en anglais. Une invisible barrière s'était dressée entre le fils de famille, blanc, choyé, dorloté, suffisamment bien né, malgré sa bâtardise, pour n'avoir qu'à se laisser vivre, et le fils d'un maçon malais, ayant travaillé dur pour s'en sortir et prendre du galon, avec, comme unique perspective, une petite retraite en fin d'activité. Leurs souvenirs communs butaient sur cet inébranlable obstacle dressé entre leurs deux destins.

L'officier et ses adjoints visitèrent méthodiquement toutes les pièces. Certains fauteuils, les placards, les salles de bains des chambres vides furent étudiés à la loupe. Ils passèrent au garage où trônait la Bentley impeccablement lustrée qui leur renvoya leur image déformée, terminèrent par le patio aux orchidées. Le général et Hugh s'efforçaient de calmer

Mrs Bishop qu'ils avaient allongée sur une bergère, et qu'une domestique ventilait. Le professeur Richard Hill distrayait Agatha, également nerveuse, en lui décrivant des variétés de papillons qui pour dissuader leurs prédateurs avaient fini, au bout de quelques millions d'années, par donner au dessin de leurs ailes l'apparence de faciès menaçants avec de faux yeux à l'expression terriblement agressive.

— Et ce leurre marche vraiment ? s'étonna la vieille demoiselle.

— Bien sûr, confirma l'entomologiste, sinon leur espèce ne se serait pas ingéniée à le concevoir ! C'était une question de survie.

Hussein Saba se présenta dans l'embrasure de la porte du salon, et le regard bleu du général se braqua sur le sien.

— Alors, lieutenant, en avez-vous bientôt fini ? Le zèle ne doit pas se faire au détriment de la bienséance.

— C'est terminé, mon général !

— Eh bien, ayez la courtoisie de nous laisser, je vous prie !

Le policier sortit de sa serviette un sac de plastique et une pince à épiler.

— J'ai trouvé trois cheveux d'un roux intense qui n'appartiennent de toute évidence à aucun d'entre vous. Et mademoiselle Deborah Williams est rousse, m'a-t-on dit.

— Ma mère t'a dit qu'elle avait pris le thé avec elle, avant qu'elle ne reparte, rappela Hugh Norton.

— Le problème, c'est que ces cheveux, je les ai collectés dans une chambre vide.

Cette révélation jeta un froid, et c'est Agatha qui eut la bonne répartie.

— Cette jeune femme n'est pas la seule rousse qui soit passée dans nos murs, vous savez.

Tout en rangeant précautionneusement ses trouvailles, le lieutenant fit l'effort de regarder chacun à tour de rôle. Il avait l'air plus préoccupé qu'autre chose. En dernier, il fixa sir Alex.

— J'ignore les raisons qui vous font agir ainsi. Nous n'avions pas ordre d'arrêter miss Williams, mais d'assurer sa sécurité et de la mettre en relation avec son père.

— De la surveiller, veux-tu dire, rectifia Hugh Norton.

— Sachez, reprit le policier, qu'elle risque d'y passer et que sa famille a peur pour elle. Si vous connaissez la direction qu'elle a prise, je vous conseille vivement de nous la communiquer, avant qu'il ne lui arrive malheur.

— Que redoutez-vous donc ? demanda sir Alex.

— Les compagnies forestières ont payé des hommes de main pour éliminer les fugitifs penan et les Blancs qui ont fui avec eux. Ce sont des tueurs, je vous le dis tout net. Mieux vaudrait que miss Williams ne croise pas leur piste. Il y a aussi des unités de la *Field Force* qui opèrent sur la frontière. Certaines ont la réputation d'avoir la gâchette facile.

Il prit un air grave.

— Réfléchissez bien !

Personne ne le reconduisit. Un silence sépulcral plana dans le salon. Que fallait-il donc faire ? Quel crédit pouvait-on accorder à ce policier ? Et s'il disait vrai ? Cette incertitude leur donnait des mines de coupables.

— Maudit soit-il, s'écria Mrs Bishop. Non content d'avoir perquisitionné, il a semé le trouble dans nos esprits.

— Il n'a fait qu'exécuter un ordre, mère, et j'ai le sentiment qu'il ne nous a pas menti. Il faut suivre attentivement cette affaire dans la presse, attendre le retour d'Humayun, et voir ce qu'il va nous dire, avant de décider quoi que ce soit, proposa Hugh Norton.

— Hugh a raison, approuva le général. Attendons le retour du chauffeur pour aviser.

— Si miss Williams a des ennuis avant, objecta Agatha, nous regretterons d'avoir tergiversé.

— Non, tant qu'elle ne pénètre pas dans la zone ratissée par les forces de l'ordre et les chasseurs de primes, elle ne craint rien, reprit sir Alex. Et elle n'y sera pas avant une bonne semaine, à mon avis. Ça nous laisse un peu de temps. Allons déjeuner !

20

Une panthère aux yeux de ciel

La pluie glissait des feuilles sur leurs corps moites, et ils s'enfonçaient à mi-mollet dans l'humus détrempé. Judik et Claire avaient retiré leurs sandales et, comme les Penan, allaient nu-pieds, laissant les sangsues, qu'ils brûleraient avec un brandon à la prochaine halte, se ficher dans leur chair. Les éclaireurs, à plusieurs reprises, avaient repéré des patrouilles et trouvé des détours permettant de les éviter. L'humidité rendait l'air presque irrespirable, le terrain s'ingéniait à leur créer des obstacles : pentes abruptes barrées de rocs épuisants à escalader, dont certains, incontournables, les menaient au bord de l'asphyxie ; torrents difficiles à franchir, sous-bois compacts de lianes, de bambous, de palmes, où comme de gros serpents les racines des diptérocarpacées s'emmêlaient. Cela faisait des jours qu'ils ne voyaient plus le soleil et progressaient dans la pénombre. Quand il ne pleuvait pas, la touffeur devenait encore plus intense et les faisait suffoquer. Oiseaux, insectes, mammifères, reptiles s'exprimaient sans crainte sous la voûte des arbres, qui amplifiait leurs sons.

Les fuyards avaient zigzagué le long de la frontière, traversé à gué la rivière Baleh, gravi plusieurs montagnes, longé les rives de la Balui, autre affluent du Rajang, et fini par atteindre la région du haut Baram, second grand fleuve du Sarawak qui acheminait vers la mer, près de la ville de Miri, la forêt du secteur, débitée en grumes. A trois reprises, le mugissement des tronçonneuses et le fracas de merantis fauchés en pleine majesté les avaient obligés à faire des détours.

Le bourg le plus proche était Long Matoh. Les nombreux Penan contraints à la sédentarisation qui y vivaient dans des conditions plus que précaires maintenaient tant bien que mal le contact avec leurs frères nomades réfractaires aux dictats du gouvernement[1]. Leur culture, empreinte de sagesse et de modestie, n'en avait pas fait des batailleurs comme les Dayak du bas des rivières qu'ils avaient longtemps redoutés, d'où ce besoin vital de se mettre sous leur protection.

La destruction de la jungle dont ils étaient naguère les seuls usagers avait resserré les liens entre essarteurs et nomades. Hélas, bien des grandes cases s'étaient depuis laissé corrompre et n'hésitaient pas à dénoncer leurs frères insoumis aux autorités quand ils les apercevaient. Les autres, à peine mieux lotis qu'eux, menacés pareillement par le bûcheronnage, les aidaient autant qu'ils pouvaient, en les hébergeant parfois secrètement et en maintenant avec eux le troc essentiel à leur survie. Les détours qu'imposait Abu à ses équipiers étaient dictés par cette réalité.

Le triangle montagneux compris entre Long Matoh, Long Akah et Long Palai avait beau être une zone de prospection, fortement militarisée, il n'avait été mû que par l'idée de l'atteindre au plus tôt. Là les Penan de sa tribu avaient leurs racines, là se trouvaient toute leur parentèle, ainsi que les

---

1. Les chasseurs-cueilleurs ont besoin de vastes étendues pour ne pas épuiser les ressources naturelles et permettre leur régénérescence. Avant la création des Etats, les lois agraires des indigènes de Bornéo, *adat*, étaient inscrites dans les têtes, et chaque tribu ou clan en respectait les règles. N'en tenant aucun compte, dès 1948, l'Administration coloniale britannique, qui visait les riches ressources minières du Sarawak, déclara que toutes les forêts primaires seraient désormais propriété du gouvernement. Du jour au lendemain, les peuples qu'elles abritaient et qui les géraient avec humilité et respect devinrent des « sans terre », la pire des injustices. Après l'indépendance, les sociétés forestières n'eurent plus qu'à corrompre les politiciens locaux, qui leur concédèrent le droit au saccage intégral de territoires jusque-là réservés à la mouvance.

cimetières où reposaient les ossements des ancêtres, souvent chamboulés, hélas, par les bulldozers des chantiers. Bien que l'endroit fût sans doute l'un des plus surveillés du pays par les forces gouvernementales, le réseau de complices et d'informateurs dont ils bénéficiaient faisait qu'ils s'y sentaient plus en sécurité qu'ailleurs. Dès qu'ils atteignirent l'emplacement d'un camp dont les récents occupants avaient pris soin d'effacer les traces tout en truffant le lieu de messages que seuls les chasseurs-cueilleurs pouvaient interpréter, ils s'arrêtèrent pour s'accorder enfin un repos nécessaire. A chacune des ramifications d'une repousse étaient coincés de petits morceaux de bois de formes diverses qu'Abu et ses compagnons déchiffrèrent, répétant à voix basse le contenu précis de ces signes.

Claire posa sa hotte de rotin d'où Tyol jaillit pour se pendre à son sein. Elle s'assit au pied d'un Vénérable enkabang, entouré d'une armée de semblables qui n'avaient pas encore été repérés et marqués d'un carré de peinture rouge par les prospecteurs des compagnies. Le mioche ne la laissait pas souffler et elle eut du mal à respirer avec son poids sur le cœur. A deux ans, il proférait des discours incompréhensibles, se montrait colérique, et tétait encore, faute de mieux. Il avait bien supporté le voyage, beaucoup dormi contre le dos de sa mère, peu crié, les communications avec la Grande Mère ayant eu le don de le rendre radieux. Là, il avait faim ! Durant cette fuite éperdue, la poitrine nourricière s'était un peu tarie. Il beugla.

Ngang, le cousin d'Abu, posa sa lance et versa dans une calebasse en forme de poire qui servait de biberon un mélange d'eau, de farine de sagou et de miel. L'enfant s'en contenta, en redemanda même et, une fois repu, partit jouer entre les mollets ceints d'une cordelette des lanciers-sarbacaniers, qui palabraient à voix basse autour du rameau porteur d'indications.

Durant le trajet, Judik avait aidé Claire chaque fois qu'elle s'était trouvée en difficulté. Très éprouvée par l'effort, elle avait fini par lui confier Tyol sur les sentes glissantes et escarpées qui les avaient hissés sur des monticules d'où l'on n'apercevait, à perte de vue, que la jungle envahie de brumes. Amaigrie, les yeux cernés, la troupe accusait un épuisement extrême. Sans des haltes propices sous de vieux Vénérables et les illuminations de la Grande Mère qui redonnaient du courage à chacun, ils n'auraient pas réussi à déjouer les guets-apens tendus par leurs poursuivants.

— Veux-tu dormir un peu, pendant que nous dressons la case ?

Elle fit non de la tête. Affalée contre le tronc de l'enkabang, elle décompressait tout en observant de loin la pousse porteuse des renseignements essentiels qui avaient rassuré les Penan. Après la grande émotion suscitée par leurs retrouvailles et la mort de Kurau, ses relations avec Judik étaient redevenues purement fraternelles. De toute façon, l'urgence dans laquelle ils vivaient ne leur permettait guère d'attendrissement, et c'était mieux ainsi. L'absence de désir, qui créait entre leurs corps une distance, les avait spirituellement rapprochés. Ils arrivaient à communiquer par la pensée seule, et s'en aperçurent quand l'un d'eux reprit soudain à voix haute la suite d'une conversation débutée en silence. Ainsi, elle savait qu'en ce moment il aurait aimé connaître la signification des signaux adressés aux Penan par ceux qui étaient passés là, juste avant, et sans attendre sa question elle désigna la pousse du doigt.

— Regarde bien, elle est penchée vers l'est et indique la direction à suivre. Nos prédécesseurs sont partis par là. Tout en bas, les deux brindilles de même taille, coincées à la première encoche, veulent dire *« Kuà Kenin »*, nous avons le même cœur, nous sommes des semblables. C'est le signe de ralliement. Le minuscule morceau de bois pareil à un lance-pierre, juste au-dessus, explique qu'ils sont allés récolter le sagou, et la fléchette de sarbacane coincée dans l'encoche supérieure précise qu'ils chasseront aussi le singe. Plus haut encore ces cinq pousses accrochées par leurs racines signifient qu'ils sont cinq familles.

— Une tige en apparence aussi innocente peut contenir autant d'indications ? s'étonna Judik.

— C'est la forme d'écriture la plus ancienne qu'ait connue l'humanité, une écriture biodégradable qui ne peut laisser aucune trace, la pérennité de la mémoire étant confiée à la transmission orale. N'y a-t-il pas ça chez les Boloven ?

— Ce sont à l'origine des essarteurs qui se déplaçaient dans un périmètre donné, et la forêt Wilaï ou la vallée cachée n'ont pas, loin s'en faut, la superficie des jungles de Bornéo. Ils laissent quelquefois des entailles sur l'écorce des arbres pour indiquer à ceux qui vont suivre un obstacle imprévu ou authentifier leur passage, c'est à peu près tout. Pour ce qui est de la transmission orale, en revanche, tu peux leur faire confiance. Même les morts chez eux continuent de s'exprimer.

Les Penan s'activaient à construire la case pour la nuit. La pluie recommençait à tomber. Il fallait faire vite.

— A partir de maintenant, fit-elle, nous allons être constamment renseignés. Tu vois ces deux branches mortes croisées en biais, là-bas, où Abu est en train de tailler des piquets, eh bien, c'est une sente interdite. Elle conduit vers un chantier gardé par des hommes en armes. Et observe cette minuscule fourche de bois fichée dans le sol, juste sous le *Kuà Kenin* de la tige penchée, elle m'avait échappé tout à l'heure, c'est le *Kaiu Sagit,* qui exprime l'attente et l'espoir. Elle veut dire : rejoignez-nous vite.

Une expression de joie vint adoucir ses traits tirés.

— Nos sœurs et nos pères ne sont pas loin et impatients de nous revoir !

Elle se leva pour aller récupérer Tyol qui gênait les hommes occupés avec leurs sabres à confectionner le gîte. Judik vint leur prêter main-forte, puis les meilleurs chasseurs, suivant encore les conseils qui leur étaient prodigués ici ou là sur des pousses ou des troncs par ceux qui les avaient précédés, se dirigèrent d'un pas sûr vers une colonie de gibbons pour prélever le repas.

Sous un auvent de fortune, un feu fut allumé. La nourriture ne souleva aucune répulsion, y compris chez Judik. Ils avaient tous, ce soir-là, un appétit de cannibale. Dehors, il pleuvait dru, et l'averse résonnait sur les palmes du toit sans s'infiltrer à l'intérieur de la case tapissée de nattes et de couvertures où ils s'étaient tous réfugiés. L'entrée n'était pas protégée par une cloison. Elle laissait passer la faible lueur du crépuscule, plombée par les nuages qui se vidaient à seaux. Les arbres, pourtant si proches, n'étaient pas visibles. Des hurlements venus des frondaisons créaient un sentiment d'insécurité. Les prédateurs étaient en chasse. Les mauvais esprits aussi. C'est pourquoi, dès qu'ils eurent fini de manger, Abu, Ngang, Saya, Lawang, Asok, Po et Melai, le plus jeune de tous, qui avec ses longs cheveux avait encore la délicatesse androgyne de l'adolescence, à la lueur de chandelles, s'appliquèrent à décoller en très fines lamelles l'écorce tendre de bâtons taillés dans de jeunes pousses, sans les détacher complètement.

— Ils fabriquent des piquets frisés, expliqua Claire en caressant la tête de Tyol qui s'était endormi sur ses genoux. Regarde, c'est comme s'ils leur confectionnaient des cheveux !

— Et quel usage en font-ils ?

— Nous sommes onze, eh bien ils vont en façonner onze, un par tête de pipe. Observe-les, ils font deux entailles qui ressemblent à des yeux, et une autre pour la bouche. Voilà, dit-elle, ces objets anthropomorphes vont maintenant être opérationnels !

Les Penan sortirent et allèrent planter les bâtonnets autour de la case, en prononçant des incantations dont Claire expliqua le sens.

— C'est un acte de soumission aux esprits régnant sur ce territoire. Chaque piquet frisé figure l'âme de l'un d'entre nous. Elle leur est confiée et ils peuvent par ce truchement entrer en relation avec elle, sonder ses intentions. Pendant l'opération, les chasseurs-cueilleurs s'excusent des dérangements et des nuisances que nous occasionnons, du bruit que nous faisons, des animaux que nous tuons pour nous nourrir, de l'eau de la rivière que nous souillerons en faisant nos ablutions. Enfin, ils promettent de ne pas s'attarder, de reprendre la piste demain, après-demain au plus tard.

Les Penan psalmodiaient sous la pluie, autour des piquets chevelus qui dans la pénombre faisaient penser à des scalps.

— Ce rituel leur évite de dégrader leur environnement, compléta Claire. Pour eux, la forêt en soi, et la Terre sur laquelle elle pousse constituent un esprit supérieur, la somme de tous les autres, celui qui leur permet de se loger, de se nourrir, de se vêtir, et qui, en cas de manquement aux usages, peut très bien les priver de toute provende, les punir en déclenchant des saisons stériles, où les arbres ne donnent pas de fruits, où le gibier est rare. Un tel pouvoir est considérable. Tu leur as démontré par l'acte trinitaire qu'ils avaient vu juste, mais aussi que la Terre est beaucoup plus qu'un esprit, qu'elle est la Divinité même. Cela n'a fait qu'attiser leur foi.

Le buste d'Abu apparut sous l'auvent de la hutte. Avec un sourire qui n'effaçait pas de son visage la tristesse du deuil, il demanda au chaman s'il n'était pas préférable d'invoquer la Grande Mère directement, plutôt que de passer par les intermédiaires.

— Le chaman et nous tous sommes très fatigués, répondit Claire. Ça peut attendre demain, n'est-ce pas ?

Assaillie par une nouvelle bouffée de chagrin, elle désirait le silence et l'obscurité, pour retrouver Kurau par la pensée et cacher la douleur qui la submergeait.

— Au lever du soleil, s'il daigne apparaître, nous solliciterons l'enkabang, promit Judik à Abu. Il m'a déjà donné son nom. Il s'appelle Akat. Bonne nuit à tous.

Les chandelles furent soufflées. Les chasseurs-cueilleurs s'enroulèrent en chien de fusil sur leur natte. Bercés par le bruissement régulier de l'averse et des hululements qui n'avaient plus rien d'agressif, ils s'endormirent, à l'exception de Claire qui sanglotait doucement, et de Judik qui par la pensée essayait de la consoler. Il attendit qu'elle rejoigne en rêve celui qui n'était plus pour s'abandonner à son tour au sommeil. Dehors un vent furtif agitait la chevelure des *ceprut*, les piquets frisés qui plaisaient aux maîtres des lieux...

Elle avait beau être tissée dans une soie bleue très légère, la burqa était pénible à porter et Deborah comprit, durant le voyage qui la conduisait à Miri, l'humiliation imposée dans bien des pays aux femmes musulmanes. Elle eut tout le temps de maudire ces hommes qui rabaissaient à l'état d'esclaves celles qui les engendraient, ainsi que leurs sœurs et leurs filles. La résille de son voile la coupait du monde extérieur. Elle se sentait en prison, derrière des barreaux, et bouillait de colère. La cabine était heureusement climatisée, sinon elle n'aurait pas tenu dix minutes. Plusieurs fois, elle fut prise d'angoisse et fit des efforts pour se concentrer sur le match de catch débile diffusé par le téléviseur et qui fascinait les passagers dayak subjugués par le progrès hertzien. Au bout de deux heures de navigation monotone sur la mer, la vedette se rapprocha de la côte, s'engagea dans l'estuaire limoneux du fleuve Rajang et en remonta le cours. Sarikei ! Bitangor ! A chaque escale des passagers se précipitaient pour aller acheter fruits, légumes ou volailles sur les marchés des villages échelonnés le long des berges, et il fallait les attendre. Le trajet de Kuching à Sibu prit cinq heures.

Construit à l'entrée d'un vaste delta qui ouvrait accès aux zones côtières, ce port fluvial était aussi une cité florissante où prospéraient tous les commerces et naturellement le premier d'entre eux, celui qui faisait vivre les autres, l'exploitation du bois. C'était le terminus de cette ligne.

La correspondance pour Miri attendait sur le même quai. Deborah, qui pourtant s'efforçait de le suivre comme son ombre, perdit Humayun de vue. A demi aveuglée, elle ne sut où se diriger, se fit bousculer. La burqa la gênait pour respirer, l'étouffait. Elle suait à grosses gouttes. Le bruit des moteurs, les cris, les appels, les voix qui parlaient tout près d'elle n'étaient que sons sans images. Comment se diriger dans cet invisible tohu-bohu ? Elle faillit craquer et ôter son déguisement. Le chauffeur de Mrs Bishop réapparut au moment précis où elle s'apprêtait à le faire. L'imbécile l'avait plantée là pour aller s'acheter une pastèque. Quand ils montèrent dans la nouvelle navette, elle n'eut pas l'impression d'avoir changé de bateau. Les passagers ressemblaient à ceux qu'elle venait de quitter, avec leurs poules et leurs légumes, et les catcheurs occupaient toujours le cadre de la télé !

L'air conditionné lui fit un peu oublier son inconfort. Ils rejoignirent la mer par un autre bras lui aussi jalonné de haltes. Six heures plus tard, après s'être assoupie par intermittence et restaurée sous son voile d'un mauvais sandwich et d'eau fraîche apportés par son pseudo-époux qui ne lui avait pas adressé un mot, comme convenu, ils débarquèrent dans la fournaise agitée de Miri. Son déguisement ne lui permit qu'une vision floue de la ville : des toits de tôle ondulée, des maisons de bois sur pilotis, des canaux et partout des marchés, une impression d'abondance et de simplicité, avec ici ou là des maisons coloniales pleines de charme. Humayun la guida dans le dédale des rues et des pontons vers les bons informateurs. Un épicier d'origine penan, qui n'avait pas encore renié ses croyances, leur donna l'adresse du mage Agan, que Salti avait conseillé d'aller voir.

— Il est du côté de Karap, à mi-chemin de Marudi. Vous pouvez vous y rendre en pirogue. Si vous le désirez, Tang Sui, le Chinois, vous en louera une.

Quand elle l'entrevit au travers de son voile, Deborah pensa à Mister Tong, en un peu plus jeune. Même sourire lunaire, gestuelle identique. Quant à l'efficacité, elle était en tous points semblable. Il la logea dans la meilleure chambre de son auberge, équipée d'un climatiseur déglingué et ferraillant qui rafraîchissait quand même l'air bouillant du dehors. Pendant qu'elle se douchait, une servante vint déposer un plateau sur sa table en ramin, un beau bois du pays, prisé des menuisiers, ce qui valait à cette espèce végétale de disparaître rapidement du Sarawak. Le bruit ne la dérangea pas. Elle dormit à poings fermés. Au réveil, après un *breakfast* substantiel déposé sur le pas de sa porte, à l'heure dite, elle retrouva Humayun dans la salle du rez-de-chaussée. Dehors, la pirogue attendait. Le soir même, dans le camp de regroupement qui hébergeait le mage le plus réputé des Penan du haut Baram, la burqa fut rejetée : une libération pour celle qui n'avait pourtant eu de cette coutume aliénante qu'un très faible aperçu.

Agan savait qu'un chaman exceptionnel se trouvait dans la jungle du Sarawak avec les fidèles lanciers-sarbacaniers de Kurau, et qu'on leur faisait la chasse. Il n'ignorait pas non plus la mort de ce dernier dont il avait été informé par la radio, qui l'avait fait passer pour un terroriste. Depuis quelques jours déjà, il pressentait qu'un événement imprévisible allait l'obliger à rejoindre la terre des aïeux. Il en avait rêvé et ne fut pas surpris par l'apparition de Deborah qui, s'étant extirpée du sac de soie bleue, le foula aux pieds avec rage dans la boue du camp. Découvrant cette fille rétive, il n'eut aucun doute. L'événement imprévisible, c'était elle. Une panthère... Elle en avait la colère, l'arrogance, la séduction.

— Je vous espérais, dit-il, vous arrivez vraiment au bon moment.

Il le répéta en malais, pour que Humayun puisse le traduire en anglais.

Le piétinement de la burqa par l'Américaine choqua le chauffeur de Mrs Bishop. Sa femme pour sortir ne portait que le tchador, qu'elle ramenait tel un châle sur le bas du visage, comme les musulmanes malaises qui affectionnaient les tissus de couleurs vives. S'il avait vécu au Pakistan, il l'aurait enfermée dans cette housse, bien plus efficace que des murs d'enceinte. Cette infidèle s'était permis de profaner leur coutume. Il l'avait conduite où elle voulait aller. Il ne ferait pas un pas de plus.

— A Kuching, on va commencer à s'inquiéter de mon absence, fit-il.

— Evidemment, approuva Deborah qui n'avait pas eu à se plaindre de ses services. Vous pouvez rentrer, Humayun.

Les deux cents dollars qu'elle lui tendit disparurent dans la poche du Pendjabi avec une dextérité de prestidigitateur.

— *Thank you very much, Mem'sahib*, lâcha-t-il avec une courbette.

— La pirogue vous attend, dit-elle, ne vous attardez pas.

Pris soudain de scrupules, il s'inquiéta.

— Qui va vous servir d'interprète, Mem'sahib ?

Que dirait Mrs Bishop si elle apprenait qu'il l'avait laissée seule au milieu de ces sauvages à peine sortis de la jungle, sans même un traducteur pour se faire comprendre ? Une arrivée inespérée le libéra de cette préoccupation. Un jeune homme en short, tee-shirt et baskets, même dégaine que Ponhli, le fils de Salti, mais un peu plus âgé, s'adressa en anglais à l'Américaine.

— Bonjour, je suis Uian, le neveu du mage Agan, qui vous souhaite la bienvenue parmi nous.

— Tu es collégien ? demanda-t-elle soulagée de trouver un interlocuteur capable de la comprendre.

— Non, pas encore, je prépare un concours pour obtenir une bourse d'internat dans une institution catholique de Miri. J'apprends votre langue avec une méthode et des cassettes que j'écoute sur un poste offert par tout le village.

— Tu te débrouilles très bien, reconnut-elle, bravo !

— Je n'ai pas le choix. Si je veux un jour faire entendre la voix des Penan dans le monde de la pierre et du fer qui reste sourd à nos appels de détresse, je dois connaître leurs usages, leurs lois, leurs langages. Je veux devenir avocat. Ça vous étonne ?

— Pas du tout !

Humayun, ravi de cette rencontre, récupéra aux pieds de Deborah la burqa de soie bleue du Gujrat, ruisselante de boue, que Mrs Bishop lui avait fait acheter fort cher chez Abder Rahman Rizvi, importateur exclusif des plus beaux tissus indiens. Il en aurait peut-être l'utilité, s'il lui prenait un jour l'envie de retourner au pays avec sa fille, pour la marier à un bon parti. Un tel voile, à condition de ne pas avoir été troué par les talons de l'Américaine, représentait un signe extérieur d'opulence.

— Que dis-je à Mrs Bishop, Mem'sahib ? cria-t-il avant que le piroguier ne mette le moteur en route.

— Que je suis en de bonnes mains !

Il salua du bras, par acquit de conscience, et disparut derrière le premier méandre de la rivière qui sinuait dans une campagne amphibie de rizières, palmeraies, bambouseraies, piquetée de restes de forêt, laissés là comme une aumône, par les « déboiseurs » d'hier. Aujourd'hui, les compagnies opéraient plus haut, vers Marudi et Long Seridan.

— Mon oncle vous invite dans sa case, dit Uian, elle n'est pas très confortable, mais vous y serez à l'abri de la pluie qui revient.

Avec beaucoup d'égards, le jeune Penan soutint le vieux mage, et ils traversèrent le hameau. De nombreuses femmes au buste dénudé, les hanches ceintes de sarongs en coton, interrompirent leurs travaux domestiques pour regarder passer Deborah d'un air épaté. Elles n'avaient encore jamais vu de Blanche, sauf à la télé de Suang. L'épicier chinois se servait de son poste à grand écran pour attirer la clientèle. Une rousse, de surcroît ! La curiosité eut raison de leur timidité coutumière. L'effet de surprise dissipé, elles s'esclaffèrent, la désignant du doigt à leurs enfants, bouche bée. Seuls les petits restaient indifférents. Ils évoluaient à quatre pattes et cul nu, suivis par les chiens friands de leurs excréments, et qui remplissaient ainsi la fonction d'éboueur. Les matières inconsommables, comme les plastiques et les boîtes de bière, traînaient un peu partout. Ces gens, transplantés dans ce marécage dépouillé depuis longtemps de sa forêt première, ne s'y considéraient pas chez eux et ne faisaient aucun effort pour le rendre coquet. Ils n'étaient pas là pour y prendre racine, et plus le temps s'écoulait, plus leur abattement grandissait.

Les hommes, les filles non mariées, les veuves étaient employés dans une fabrique de meubles de rotin, appartenant à un métis, fils d'un boutiquier chinois et d'une Dayak de l'ethnie kelabit. Complexé par le sang indigène qui coulait dans ses veines, il était assoiffé de reconnaissance. Au moyen de discrètes générosités, il s'était attiré le soutien des autorités malaises du Sarawak. Plus les bénéfices étaient gros, plus leurs caisses noires se remplissaient.

Les Penan, dans cet art de la vannerie dont ils étaient des maîtres, se laissaient impunément gruger par ce filou qui leur faisait produire en série des objets que leurs épouses ou leurs mères ne fabriquaient auparavant que dans des moments d'oisiveté créative. Depuis leur transplantation, ne pouvant plus chasser ou cueillir, les hommes avaient dû rabattre leur orgueil et accepter ce labeur traditionnellement dévolu à l'autre sexe. A raison de dix heures par jour, ils besognaient sous un hangar à toit de chaume, et étaient rétribués à la pièce, selon un tarif scandaleux. Quand le camion de la fabrique les ramenait le soir, épuisés, vidés, ils buvaient. Les femmes étaient beaucoup plus sobres, tenant à rester lucides pour veiller au grain, quand eux perdaient la tête. L'alcoolisme détériorait peu à peu les relations familiales. Les adolescents attendaient avec impatience d'être adultes pour se sauver vers les villes, et essayer de se fondre dans le monde de la pierre et du fer qui envahissait tout. Au moins, ils y auraient les mêmes droits que les autres.

Le mage Agan, chef de file des poivrots qui trouvaient leur consolation dans les tord-boyaux de toutes sortes, n'avait qu'une seule idée en tête : finir sa vie en homme libre, avec les derniers chasseurs-cueilleurs du pays, saluer une dernière fois les esprits de la forêt, et mourir en beauté. Il savait déjà où serait sa tombe, entre deux merantis qu'il affectionnait particulièrement, dans le secteur de Long Akah. Etaient-ils encore debout, ces deux Vénérables ? Il s'en inquiétait, cela le rendait ombrageux. Sous l'auvent de sa case, il fit par son neveu installer des tabourets. Certain que la venue de la fille aux cheveux de feu, événement qu'il avait pressenti dans ses rêves, n'était pas une coïncidence, il l'écouta avec attention expliquer les raisons de sa visite, et en oublia de boire. Elle parlait lentement. Uian s'appliquait à traduire. Quand elle eut terminé, il eut confirmation qu'elle était bien le messager du destin. Un grand chaman avait rejoint les derniers Penan libres. Elle voulait les retrouver. Lui aussi.

— Mon oncle suggère que nous vous accompagnions. Il connaît les familles qui nomadisent dans le haut Baram. Elles savent certainement où se trouvent les fugitifs. Nous vous conduirons jusqu'à eux. Je vous servirai d'interprète.

Leur enthousiasme était évident. Elle n'en espérait pas tant.

— Ne vous souciez pas du transport, j'en assure les frais. Quand pouvons-nous partir ?

— Dès demain, si vous le voulez. Suang le Chinois avec son 4 × 4 nous conduira le matin à Marudi. De là nous louerons une pirogue pour remonter le fleuve jusqu'à Long Akah, où se trouvent plusieurs communautés de Penan semi-sédentarisés. Après ce sera un peu plus difficile. Il faudra se déplacer à pied.

— Ça me va, fit Deborah en observant le mage qui guettait son acceptation. Prévenez Suang de se tenir prêt, son prix sera le mien à condition qu'il soit raisonnable.

— Il le sera, affirma Uian, qui se chargerait de marchander avec le Chinois.

— Ne lui dis pas que je suis étrangère, cela facilitera la transaction.

— Il le sait déjà. C'est de sa boutique que les commères du village propagent leurs ragots.

Deborah en fut contrariée. Si la police la recherchait, elle n'aurait pas de mal à la localiser. Son arrivée dans le village était l'événement du jour et resterait gravée dans les mémoires. On continuerait à parler d'elle, même après son départ. La rumeur se répandrait forcément et arriverait jusqu'aux autorités de la région. Pouvait-on la freiner ?

— Difficile ! reconnut Agan, quand Uian lui eut fait part des préoccupations de la panthère rousse aux yeux de ciel, comme il la surnommait déjà à part lui. Il faut simplement faire en sorte que la police ne nous rattrape pas, ajouta-t-il. Si nous partons aux aurores et gagnons au plus vite la terre des ancêtres, nous y serons avant eux à coup sûr ! Retrouver le clan du regretté Kurau, martyr de notre cause, ne sera ensuite qu'un jeu de piste, dont nous sommes les seuls à connaître les signes.

La moue amère qui maintenait en permanence ses lèvres tirées vers le bas se courba un instant en un sourire plein de ruse. Il portait un sarong délavé, et se tenait en appui sur son bâton, dans une posture méditative. Il était aussi sec et noueux que Salti et, comme lui, de petite taille. Le visage seul différait. Sa figure était plus large, taillée à grands traits, avec des poches et de gros cernes, des yeux très fendus, un nez plat, de courts sourcils, froncés le plus souvent. L'an passé, son épouse était morte dans de dures souffrances, et il ne s'en était pas remis. Le bord frangé de sa coiffe ronde de rotin cachait la moitié de son front. Le bouquet de plumes ternies ainsi que les quelques parements négligés qui ornaient ce couvre-chef apprenaient à ceux qui les auraient ignorés sa fonction sacerdotale et ses dons de spirite. La nuit, des nomades venus de très loin s'aventuraient hors de la jungle pour le consulter sur les pouvoirs de certaines plantes rares, la signification d'un rêve, et le cas échéant, pour apprendre de lui les formules destinées à lever les malédictions ou apaiser les esprits. « Nous y serons avant eux », avait-il affirmé. Le cœur de Deborah s'emballa. Elle approchait du but.

Il y eut un dîner suivi d'une veillée pour célébrer la venue de l'Américaine, dans la case familiale d'Uian où sa mère avait préparé, dans un coin discret, derrière un paravent tressé, une natte et une moustiquaire pour la nuit. Quand le père arriva exténué, déjà un peu éméché, de l'atelier de vannerie, un modeste repas à base de sagou et de manioc fut servi à la lueur des chandelles, sous l'auvent. Le mage — il habitait juste en face — traversa le cloaque rougeâtre qui s'était formé depuis le début de l'averse. Il s'était changé, portait le pagne des chasseurs-cueilleurs, avait revêtu une coiffe neuve superbement emplumée, ses boucles d'oreilles et colliers d'apparat. Fait exceptionnel, il avait l'air heureux en s'asseyant à la place d'honneur. Il retint la main de son gendre qui s'apprêtait à lui verser une rasade de gnôle.

— Non, Jueng, non ! Ce soir, je ne bois pas. Et je ne boirai sans doute plus, pour garder la force de résister. Nous sommes la preuve vivante que la jungle n'est pas à ceux qui la massacrent ! Nos morts, dont ils détruisent les tombes, et nous, leurs descendants, serons bientôt effacés de la surface de la Terre et de la mémoire des hommes. Bois si tu veux, Jueng, saoule-toi à en crever, crie sur ma fille et tes gosses, et crève. C'est ce qu'ils veulent, que nous crevions tous, pour que personne ne sache que nous avons existé !

Le gendre ébranlé reposa la cruche. Agan avait retrouvé la voix du prédicateur qu'il était avant de sombrer dans l'alcoolisme. Salti lui avait envoyé la panthère rousse aux yeux de ciel pour qu'il la conduise jusqu'au chaman qui détenait le grand Secret, dont elle venait de lui parler. Il souhaitait aussi être initié avant de mourir. Cette perspective lui redonnait du tonus et une raison d'être. Il se montra jovial, mangea de bon appétit, cajola les enfants de la maisonnée, leur raconta des histoires de fées et d'enchanteurs capables de capter l'esprit lumineux de la Terre et de le répandre parmi les hommes méritants. Les questions des petits fusèrent, l'obligèrent à broder, mais son imagination était grande.

Jueng se leva de table pour aller dans la resserre s'enfiler plusieurs rasades en cachette. Lui n'avait aucune raison de ne pas s'enivrer. Demain au lever du jour, le camion viendrait prendre tous les hommes valides pour ne les ramener que le soir. Il ne voyait pas d'issue à ce va-et-vient, aux heures de non-vie passées dans l'atelier à refaire sempiternellement les mêmes gestes, jusqu'à l'abrutissement. Il remit le bidon à sa place, alla se vautrer tout habillé sur sa natte et sombra dans le néant d'un sommeil sans rêves.

Le reste de la maisonnée et les voisins les plus intimes veillaient sous l'auvent. La pluie s'était arrêtée. Un grand pan de ciel constellé fit son trou dans les lourdes boursouflures des nuages et gagna du terrain. La lune pleine se révéla soudain. Sous son éclat, l'eau devint cristalline, la terre et les plantes qui en étaient gorgées semblèrent se vitrifier et renvoyèrent des scintillements aux étoiles.

— C'est bon signe, fit Agan, le beau temps nous fera escorte.

Un petit vent venu de la côte ne parvenait pas à assécher l'air saturé des moiteurs qui montaient du sol imbibé. Les corps luisaient à la lueur des chandelles. Une des filles de la maison survint avec un *pagang*, en pinça les cordes et entonna une berceuse pour tenter d'assoupir la marmaille, qui commençait a fatiguer le vieux mage. Un de ses fils mit une guimbarde entre ses dents et les sons des deux instruments se mélangèrent agréablement. Uian était gêné par le comportement asocial de son père. Il l'entendait ronfler et se disait que l'Américaine ne devait pas avoir une bonne opinion de lui. Il ressentit le besoin de le justifier.

— Peut-on jeter un poisson de mer dans un lac de montagne ou un poisson de rivière dans la mer ? Non ! Aucun ne s'adaptera à ce changement brutal, dit-il. Et pourtant, ils portent le même nom. Ce sont tous deux des poissons. C'est pareil pour les hommes. Nous, les Penan, dès qu'on nous retire de la jungle et qu'on nous oblige à vivre autrement, nous ne sommes plus dans notre élément. Nous étouffons. C'est pour ça que mon père boit, et d'autres avec lui. On ne se sent pas partir, quand on est déjà ivre mort !

Elle le regarda, surprise de le voir aborder une conversation si sérieuse à cette heure tardive. Coiffé d'une frange régulière, selon une mode ancestrale qui commençait à se perdre, il avait pris un air de gamin malheureux. Emue, elle se pencha vers l'adolescent. Un sourire exempt de compassion, mais riche de tendresse, des iris bleus d'un éclat capable de transformer un lâche en héros, c'est ainsi qu'il la vit. Elle répliqua :

— Il y a peut-être d'autres issues moins dramatiques. Si tu pars perdant d'avance, c'est sûr que tu vas perdre ! Il faut se battre, pacifiquement certes, avec sa tête, mais il faut se battre. Rien ne s'obtient, hélas, sans rapport de force et le plus agissant d'entre eux est l'opinion publique.

— C'est quoi, l'opinion publique ?

— L'opinion publique, ce sont les millions d'humains qui vivent sur cette Terre et qui, chaque jour, à toute heure, par les journaux, la radio et la télévision sont, tu le sais, informés sur ce qui se passe dans le monde.

— Nos voix n'ont pas de puissance. Qui peut nous entendre ? Nous avons moins de droits que les singes. Les autorités nous disent : « Vous ne pouvez prétendre à rien, vous n'avez ni certificat de naissance, ni carte d'identité, ni acte de propriété. » Les orangs-outangs non plus n'ont pas de carte d'identité, et pourtant on leur accorde des réserves. Comment voulez-vous que les jeunes n'aient pas envie de s'en aller ? Dès qu'ils sont dans les villes, ils font disparaître de leur corps toute trace qui pourrait trahir leur origine, s'efforcent de passer inaperçus, se fondent dans la foule, deviennent parfois pires que les autres. Il y a même des Penan parmi les bûcherons. Si les gens de notre clan se sont cotisés pour me permettre d'étudier, c'est dans l'espoir que je puisse être un jour capable de les défendre.

— Ponhli, le fils de Salti, est exactement dans ton cas, souligna Deborah. Et il y en aura d'autres, ajouta-t-elle pour lui remonter le moral. Rien n'est perdu !

Il en douta.

— Nous ne serons jamais assez nombreux. Tout va si vite, fit-il, découragé par l'ampleur de la tâche.

— Vous aurez tout le voyage pour parler, laisse la panthère rousse aller se coucher et viens me reconduire, dit le mage, en lançant à Deborah un clignement de paupières en guise de bonne nuit.

Chacun gagna sa couche. Prise de pressentiments qui la plongèrent dans une sourde terreur, Deborah ne ferma pas l'œil de la nuit. Et s'ils tuaient Judik ? Les bruits de la maisonnée assoupie entretinrent son insomnie. La plainte d'un enfant tourmenté par un cauchemar, des soupirs fatigués, des borborygmes, les ronflements de l'ivrogne, le concert des grenouilles qui chantaient sous la lune rythmaient son angoisse. Le silence survint juste avant les premières lueurs de l'aube. Les commandos ne l'auraient pas, elle le trouverait avant eux, et le ramènerait avec elle, place de la Contrescarpe. Sur cette détermination, elle se leva et alla sous l'auvent contempler le lever du jour, qui colorait en rose les baraques et la boue luisante.

A l'heure prévue, le camion de la fabrique vint chercher les hommes aux épaules voûtées, et les femmes aux poitrines desséchées. Le 4 × 4 de Suang avait déjà pris la direction de Marudi avec trois passagers à son bord, dont une femme qui cachait sa chevelure sous un grand fichu jaune.

Alors qu'elle était chez Mrs Bishop, Hugh avait proposé de faire acheter discrètement par un ami la caméra dont elle aurait besoin pour filmer la traque et ses retrouvailles éventuelles avec Judik. « Mon ennemi intime, le lieutenant de police Hussein Saba, n'y verra que du feu », avait-il rigolé. Elle avait refusé. Une caméra, à quoi bon ? Son métier lui était apparu tout à coup bien futile. Pour une fois, le public de *Turn Over* serait privé de spectacle. Elle n'avait pas la moindre envie de s'en soucier. Retrouver Judik, le sauver ! Le reste ne comptait plus. Libérée de cette contrainte, elle concentrait tout son potentiel sur ce but. La piste cabossée était pleine de fondrières remplies d'eau rougeâtre. Suang conduisait avec prudence, émaillant de commentaires les difficultés rencontrées. Le mage, en pagne, tenant sa coiffe d'apparat sur ses genoux cagneux, était assis entre lui et Deborah qui laissait dépasser son coude par la portière. Uian à l'arrière ballottait au milieu des cageots et des sacs. Des vapeurs montaient des rizières et des palmeraies. Un envol d'oiseaux bleus des fées s'égailla sur un étang qu'un énorme soleil levant embrasait. *« How lovely ! »* fit Deborah, extasiée par les minuscules volatiles qui mouchetèrent le ciel doré de leur plumage de velours, taches frémissantes qui s'évanouirent dans les boqueteaux.

— Oui, c'est très, très beau, acquiesça le Chinois, en roulant des yeux gourmands.

Ces délicats volatiles, mélange de bleu azur et outremer, étaient aussi délicieux dans la bouche. Les imaginer en autant de petites brochettes mordorées lui donna faim. Il ouvrit un paquet de beignets de crevettes et en offrit à ses passagers. Agan par la pensée était déjà où il voulait être. Le voyage pour s'y rendre prenait un temps inutile qu'il évacuait en anticipant sa rencontre avec le chaman blanc, détenteur du Secret. Il mangerait quand il aurait enfin retrouvé pour l'éternité la forêt encore vivante et libre. Par courtoisie, Deborah piocha dans le sac. Que faire de cette chose grasse, gonflée par la friture, à l'heure où d'habitude elle prenait des céréales, du thé et des toasts ? Eh bien, elle la mangea, et replongea sa main dans le sac, car son estomac vide la tenaillait. Ce n'était pas bon au début. Ça le devint.

— Passez le sac à Uian, ça lui fera oublier les flaques de boue.

Le Chinois sortit le bras de son camion et fut aussitôt délesté des restes de beignets qu'il aurait bien aimé terminer lui-même. De nombreux attelages de buffles ou de zébus conduits par des Dayak kelabit, convertis à la riziculture sédentaire depuis plusieurs générations, et des camions chargés d'ouvriers agricoles, employés par les grosses plantations de la région, circulaient dans une boue de plus en plus épaisse qui nécessita l'usage du crabot.

— Bientôt la route sera goudronnée, grasseya la voix de Suang qui parlait un anglais scolaire. Quand mon grand-père a débarqué à Karap, où l'un de mes oncles tient encore le magasin qui s'est agrandi depuis, la jungle était partout, peuplée seulement par les tribus. Regardez autour de vous ces rizières irriguées, ces palmeraies, ces vergers immenses et ces hommes des bois qui sont devenus paysans ou employés. Le monde a bien changé.

— Et celui-ci vous plaît ?

— Le riz, c'est la vie. Là où il pousse dru, les gens deviennent riches. Toute rizière gagnée sur la forêt est une victoire, affirma-t-il en changeant de vitesse pour doubler une charrette cachée sous un monceau de paille qui semblait avancer tout seul.

— Et vous arrivez à faire du profit, dans le village penan ?

— Ce sont de bons clients. Ils vident en un rien de temps mes réserves de bière et de gnôle. J'ai aussi les ouvriers agricoles kelabit et kayan des grosses propriétés voisines qui viennent boire chez moi et acheter ce qui leur manque. Je suis très bien placé, là où je suis.

— Si les Penan se sauvent vers la côte ou retournent dans la jungle, il n'y aura plus personne au village. Et alors, finies les bonnes affaires !

— Ce village va grossir au contraire, je le sens. Certains s'en iront, mais beaucoup d'autres viendront de la ville pour défricher la jungle, et de la jungle pour se fondre dans la ville. Croyez-moi, mademoiselle, je suis au bon endroit, au bon moment.

Suang n'arrivait même pas à l'énerver. Pourquoi aurait-elle réagi ? Cet épicier jovial était à l'image des pionniers de la conquête de l'Ouest qui draina vers les terres indiennes des aventuriers de tous les corps de métiers. Celui-ci vendait sa sale gnôle aux Penan, comme les patrons des saloons américains avaient vendu leur tord-boyaux aux Peaux-Rouges dépossédés des grandes prairies. Suang, loin d'être idiot, se faisait porter par la première vague de l'histoire nouvelle qui chamboulait ce pays. Le mage, entre eux deux, étranger à leur conversation, regardait droit devant lui, indifférent aux cahots qui le projetaient contre les épaules de l'un ou de l'autre. Il avait aboli le temps inutile en se réfugiant dans la méditation qui le rapprochait des fugitifs. Il les ressentait presque, les devinait dans leur campement, sous la couronne des grands arbres encore intacts.

Marudi, un bourg de western tropical, étalait sur l'autre rive du fleuve ses chalets sur pilotis aux toits de tôle, aux façades de bois, peintes pour la plupart dans des couleurs très claires où le vert pâle dominait. Quelques bâtiments coloniaux, des boutiques, des tripots et des rues plus ou moins bien famées. Les petits citoyens honnêtes, épiciers, maraîchers, vendeurs à l'étalage, marchands de trottoir avec leurs baladeuses peu achalandées, employés de maison, manœuvres y côtoyaient des soldats, des policiers, des filous, des entremetteurs, des prostituées en grand nombre. Comme ailleurs, des convois d'embarcations chargées de grumes embouteillaient ce port fluvial du moyen Baram. Sur les berges, devant des scieries et des entrepôts, s'empilaient les troncs les moins nobles destinés à la pâte à papier. Les essences les plus recherchées étaient chargées à l'aide de grues sur des trains de chalands que de puissants pousseurs conduisaient jusqu'à l'estuaire. Là, des cargos étrangers les embarqueraient pour leur destination finale, des menuiseries industrielles fabriquant des meubles, portes, fenêtres ou charpentes de construction.

Les compagnies forestières faisaient la loi. Toute l'activité économique dépendait d'elles. Elles avaient leurs vigiles, leurs agents recruteurs, leurs nervis. L'or, ici, c'était le bois, le bois qui faisait vivre des milliers de familles et dont dépendait le commerce local. Des pays voisins, les candidats bûcherons affluaient. Sur les marchés, des Dayak et des Penan à peine sortis de la jungle côtoyaient des fonctionnaires bien mis, des émigrés chinois, indiens, malais, fraîchement implantés et bien décidés à faire souche. Ailleurs, ils avaient été pauvres. Ils ne l'étaient déjà plus. Sur cette terre sous-peuplée où tout était à faire, ils voulaient réussir. Rien ne les contraindrait au recul. Ils étaient là pour fonder une lignée, bâtir un pays neuf !

Suang arrêta son 4 × 4 devant l'échoppe d'un de ses cousins, située près d'un embarcadère bordé de gargotes. Deborah aurait voulu se faire conduire à la poste pour téléphoner au Hilton de Kuching, où l'équipe devait commencer à s'inquiéter. Pour cela il fallait prendre le bac. Il l'en avait dissuadée.

— Si vous ne voulez pas qu'on vous remarque, mieux vaut éviter les lieux publics. Je connais un endroit plus discret.

Le mage se laissa guider par Uian vers le fautcuil en rotin posé devant la boutique. Il s'y affala sans mot dire, laissant les heures s'écouler dans une parfaite indifférence. Li Wu, le cousin, vendait de tout, dans un local encombré jusqu'au plafond où il accrochait sa quincaillerie. A côté de Suang, il paraissait chétif et austère. Sa blouse grise sentait la limaille de fer, et sur son calot poussiéreux pendait un morceau de toile d'araignée attrapé dans l'un des recoins de son capharnaüm. Un ventilateur balayait la pièce du fond où se trouvait le téléphone. Quand elle parvint sous le courant d'air bienfaisant, Deborah était déjà en nage ! On la laissa seule.

— Ecoute-moi, Michael, je vais bien. Mais non, je ne peux pas tout arrêter maintenant. Que me racontes-tu ?

— Ordre de Tom, il a dit qu'il fallait tout stopper, tu entends, et rentrer au bercail !

— Je ne peux pas y croire.

— Les Malais et les Indonésiens sont furieux contre les deux Français. C'est une affaire d'Etat.

— Raison de plus pour continuer !

— Tu ne comprends pas. Si tu vas les chercher, tu risques ta peau. Où es-tu, nom de Dieu ? Le nom du bled, vite, et je viens te cueillir en hélico. Il le faut, Tom me l'a dit. Ça urge !

Elle raccrocha. Appeler Tom ? Pour lui dire quoi ? Et pour l'entendre dire quoi ? « Deb, ne fais pas l'enfant, cette affaire nous dépasse, les gouvernements ne veulent plus en entendre parler, la presse s'en désintéresse, nous sommes les seuls, oui, les seuls à la couvrir et ma chaîne elle-même n'en veut plus. Allons, ne t'obstine pas. Reviens ! Là-bas tout peut arriver. Ne te mets pas en péril, je t'en conjure, ce coup est pourri ! » Et patati et patata ! Inutile d'essayer de le joindre. « Tchao boss ! » fit-elle en se levant.

Cette fois, elle était vraiment seule, n'ayant pour guides qu'un vieillard perdu dans ses songeries et un adolescent inexpérimenté. Elle fit glisser quelques dollars dans la main du cousin et monta dans le 4 × 4. Le mage se hissa de lui-même jusqu'à son siège, tout heureux de repartir. Chacun reprit sa place et ils roulèrent lentement jusqu'à un ponton où stationnaient de nombreuses pirogues. Agan, qui était le seul à savoir où il fallait aller, sortit de sa passivité pour en choisir une qui voulait bien se rendre à Long Akah et dont le propriétaire, un Iban converti au catholicisme, arborait sur son buste et ses bras des tatouages somptueux.

— Laissez-moi remplir deux jerricans d'essence de réserve, et on part, fit l'homme, heureux d'avoir dégotté une aussi longue course.

Ayant deviné, de visu, l'épaisseur du pourboire, Suang empocha sa poignée de dollars sans les compter, et promit d'être discret si on le questionnait. Son véhicule s'éloigna. Ils embarquèrent.

— Direction la terre des ancêtres ! lâcha soudain Agan, avant de retourner dans son trip intérieur.

— On y va, vieux sage, dit l'Iban en poussant les gaz.

Uian se tenait debout à la proue du bateau, avec la sensation excitante de filer vers la terre bénie, loin du monde marchand de la pierre et du fer qui remodelait Bornéo selon son bon vouloir, sans accorder plus de considération aux Penan qu'à la sciure, aux boîtes de bière, aux monceaux d'ordures traînant sur les chantiers après le passage des diables au gros ventre, ainsi nommait-on les bulldozers. Un remous imprévu fit tomber le neveu à la renverse. Son oncle ne le vit même pas s'affaler au fond du bateau. Il avait déjà atteint les jungles profondes et attendait que son corps vienne le rejoindre. Deborah retint son fou rire. Uian s'assit sans rien dire et s'abandonna à la contemplation. Des navettes et des caboteurs se croisaient, s'arrêtant dans chacun des villages bâtis au bord de la rivière, pour déposer passagers et marchandises. Les agglomérations se firent de plus en plus distantes. La première nuit, ils dormirent à Long Lama, dans une auberge de passage, sale et bruyante, et la deuxième, après une navigation mouvementée, coupée de visites aux Penan riverains que le mage tenait à saluer, à Long Pila, dans une auberge bruyante et sale. Ces haltes se ressemblaient toutes, et les buveurs du coin s'y donnaient rendez-vous. Les prostituées les harponnaient à la sortie, quand ils étaient fin cuits. Leurs brefs congés écoulés, ils reprenaient leur tronçonneuse pour remplir à nouveau leurs poches vides.

Quand la pirogue arriva à Long Akah, Deborah ressemblait plus à une gitane négligée qu'à une ex-envoyée spéciale de *Turn Over*. Son sarong, sa blouse, son châle avaient pris une couleur terreuse. Elle rêvait d'un bain chaud et se contenta d'une baignade dans une anse du Kapuas, avec les femmes d'un village de réfugiés apparentés au clan de Kurau. Agan tomba dans les bras d'Aueng, un ancien, qu'il connaissait depuis l'enfance. Leurs tribus avaient nomadisé naguère le long des mêmes rivières. L'homme ne portait que le pagne. De longs cheveux blancs entouraient son visage fripé. Les nouvelles étaient bonnes. Le clan de Kurau et sa femme blanche avaient été localisés entre les sources du Baram et de la Lurah. Le chaman était parmi eux. Demain, il les accompagnerait là-bas. Ce soir, ils étaient les invités de la communauté, y compris Thomas, l'Iban chrétien, connu de tous les riverains. La veillée fut courte. Au lever du jour, la pirogue traça une ligne claire sur l'eau salie par les ruissellements des chantiers.

La *Field Force* avait établi ses quartiers à Long Palai. Des militaires en tenue de combat bivouaquaient sur les rives dans de grandes tentes vertes aux rabats relevés, surplus de l'armée américaine ayant sans doute servi au Vietnam. Les soldats, occupés à fouiller dans leur boîte de ration, oublièrent d'observer attentivement la pirogue qui passa devant eux. Qu'auraient-ils pu redouter de deux vieillards demi-nus, d'une femme voûtée, au fichu malpropre rabattu sur sa tête baissée, d'un adolescent inoffensif, conduits par un piroguier iban fier de sa dentition presque entièrement refaite dans le métal le plus aimé des hommes, qui les gratifia d'un geste amical auquel certains daignèrent répondre. Un village de Penan sous contrôle se trouvait un peu plus haut et ils avaient l'habitude de les voir aller et venir pour faire leur marché.

Une demi-heure plus tard, suivant les directives d'Aueng, Thomas bifurqua dans une rivière qui s'enfonçait sous le feuillage. Il coupa son moteur près d'une cascade où jacassaient des myriades d'oiseaux. A partir de là, le cours d'eau n'était pas navigable. Un hameau de chasseurs-cueilleurs semi-nomades, qui s'étaient fixés assez près de Long Palai pour pouvoir bénéficier des aides consenties par l'Administration s'ils se convertissaient à l'agriculture, se dressait à deux pas du rivage, sous des pellaios, merantis et jits de belle taille. Le *district officer* avait ordonné d'épargner un peu l'environnement autour de leurs demeures, un geste relevant plus de la prudence que de la générosité. Quand on ferme les yeux sur tous les abus et illégalités des sociétés forestières, en échange d'enveloppes substantielles, on n'a pas envie d'être confronté à des actes de révolte susceptibles d'attirer la curiosité des médias. Telle était probablement la raison de cet îlot de terre presque vierge dans un océan de souillure.

Les bénéficiaires n'étaient pas dupes. Ils cultivaient sans entrain de petites parcelles, dans les clairières proches du rivage et faciles à irriguer, en usant des déclivités, comme le leur avait expliqué un agronome du gouvernement, qui venait de temps en temps vérifier s'ils s'adaptaient à leur nouvelle existence, et repartait toujours avec du gibier frais.

Bien notés, ils avaient reçu des buffles, des bufflonnes, ainsi que des semences et des arbres fruitiers à planter. Pour ce faire, il avait fallu abattre un certain nombre de Vénérables, et les chasseurs-cueilleurs s'en étaient excusés auprès des esprits en invoquant la nécessité de ce sacrifice pour éviter le pire, toujours à redouter. Demain, si les politiciens au pouvoir le décidaient, les bûcherons pouvaient surgir et tout ratiboiser à l'entour des habitations, comme ils le faisaient un peu partout ailleurs. Certes, si cela advenait, n'ayant plus rien à perdre, ce groupe de Penan se ferait tuer sur place, sarbacane à la main. Leur détermination était connue en haut lieu.

Sous la direction de l'oncle maternel de Kurau, ce clan gardait encore secrètement un pied dans le monde des ombres et des feuilles. Jama était un petit homme longiligne, avec une frange grisonnante coupée net qui faisait le tour de son crâne comme une coque, la nuque et les tempes étant rasées de très près. Deux plis profonds dessinaient comme des parenthèses entre ses larges narines et son menton. Une dent d'ours pendait à son cou, des dents de phacochère ornaient ses oreilles. C'était un remarquable chasseur, pas un boucher, encore moins une forte tête. Pourtant lui aussi, dans la nuit, quelquefois, entre le Kalimantan et le Sarawak, il était allé avec ses frères rebelles saboter des diables au gros ventre et jeter des tronçonneuses au fond des rivières. Aujourd'hui, il prétendait s'être assagi pour ne pas attirer sur les siens la colère des forces de l'ordre qui n'hésitaient pas à user de leurs armes. Mais il maintenait les liens avec les membres de sa famille qui refusaient toute concession au pouvoir de la pierre et du fer.

La vue d'Agan le réjouit. Cela faisait bien cinq lunes qu'il ne l'avait pas consulté, et cette fois, au lieu d'être obligé de descendre le Baram pour le rencontrer, c'était le saint homme qui montait vers lui en compagnie de son neveu. Le vieil Aueng était déjà venu lui présenter ses condoléances et partager sa douleur, dès qu'il avait appris la mort de Kurau, il y avait seulement une semaine de cela. Pourquoi cette visite si rapprochée de la précédente et surtout qui était donc, juste derrière lui, la grande fille blanche ? En se débarrassant de son fichu, elle venait de révéler sa chevelure de feu. Que venait-elle chercher si loin des circuits touristiques ?

— Bienvenue, bienvenue, fit-il en inclinant respectueusement son front vers l'épaule du mage, tu arrives au bon moment. Tes paroles sauront mettre du baume sur ma peine. Qui est donc cette femme ?

— La compagne du chaman blanc.

— C'est parce qu'il est venu que Kurau a perdu la vie. Et pourtant je n'arrive pas à lui en vouloir. Il détient, dit-on, un pouvoir bien étrange.

— Il connaît le grand Secret, confirma le mage, se fiant aux dires de Deborah.

— Et c'est quoi, ce grand Secret ? Le bruit court qu'il peut parler aux arbres.

— Il fait beaucoup mieux que ça. Je te le dirai ce soir. La panthère rousse aux yeux de ciel nous a tout raconté.

— Je suppose que vous êtes venus pour le rencontrer ? Moi aussi, j'ai envie de le voir. Pourtant ce n'est pas très prudent. L'armée rôde.

— C'est toi qui me parles de prudence ? s'étonna Agan. Toi, le pisteur imbattable, qui sait déjouer les subterfuges du cerf, piéger le sanglier, traquer l'antilope sans révéler ta présence, brouiller tes propres traces lorsque tu es pourchassé par les vigiles des compagnies forestières ?

— Arrête, saint homme, l'interrompit Jama. Je n'ai pas dit que nous n'irions pas jusqu'à eux. Nous partirons avant le lever du jour avec une escorte de sarbacaniers à l'ouïe affûtée.

Les plis de son front se creusèrent. Il réfléchissait. Le mage et Aueng accusaient le poids des ans. Tiendraient-ils le coup, seraient-ils capables de progresser en zone montagneuse, d'escalader des pitons dans la fournaise sous la voûte des feuilles, de sabrer la végétation qui obstruerait les sentiers ? Le mage lut ses pensées sur son visage.

— N'aie aucune crainte, nous ne flancherons pas ! Nous voulons tous recevoir la lumière. Ce désir nous donne des ailes.

— Et la fille aux cheveux de feu, ne va-t-elle pas craquer ?

— La panthère rousse aux yeux de ciel ? Tu verras, elle marchera en tête !

Uian traduisait la conversation à Deborah qui fut flattée de l'appréciation du vieil Agan et inquiète à l'idée de le décevoir. Elle n'avait jamais crapahuté dans une jungle vierge et sous un tel climat. Ses missions de journaliste n'exigeaient pas un tel effort, dans des conditions d'insécurité et d'inconfort aussi extrêmes.

Elle avait en tout et pour tout dans un sac à dos une trousse de toilette, une bombe anti-moustiques, ainsi qu'un pantalon de toile, une veste genre battle-dress, et des pataugas montants qu'elle comptait mettre à partir de maintenant, pour éviter les griffures des plantes épineuses et les morsures de serpent. Pas de hamac, pas de nourriture — la nature y pourvoirait peut-être —, aucun moyen de communiquer avec le monde extérieur. C'était la première fois qu'elle prenait un tel risque. Elle chassa l'angoisse qui s'infiltrait en elle. Judik était là, dans vingt-quatre heures elle serait dans ses bras. Cette perspective la fit bouillonner de joie et, de la voir aussi radieuse, les yeux de Jama s'éclairèrent. Il s'adressa à Uian.

— Dis à la panthère rousse aux yeux de ciel, puisque c'est le nom que lui a donné ton oncle, que nous sommes très heureux de l'accueillir dans notre communauté. Si elle souhaite se rafraîchir sous la cascade, mes filles Tipung et Gadung l'y conduiront.

Thomas le piroguier ne pouvait attendre. Il voulait redescendre vers Long Lama et atteindre avant la nuit une grande case qu'il connaissait bien. Il en fit informer Deborah qui l'entraîna à part et lui remit le double de son dû. Elle eut droit en retour à un sourire qui valait son pesant d'or et l'Iban s'en alla dormir parmi les siens.

L'eau de la chute ruisselait sur son corps. Elle avait gardé ses sous-vêtements. Les yeux fermés, elle s'abandonnait à cette écume fraîche. Près d'elle, les filles de Jama étaient nues. Elle sentit un effleurement dans le dos et son soutien-gorge se décrocha. Tipung l'attrapa au vol et voulut l'essayer. Les deux sœurs contemplèrent sa poitrine plus blanche que le reste de sa peau, et parsemée d'éphélides, une curiosité qui les épata. Craignant d'être observée par d'autres yeux que les leurs, Deborah se tourna face au rocher. Par gestes, elles lui firent comprendre qu'il n'y avait personne alentour et qu'elle pouvait, comme elles, se dévêtir entièrement. Elle déclencha en s'exécutant un nouvel étonnement qui ne la surprit pas. A son tour, elle les observa et se laissa attendrir par leurs silhouettes menues, encore enfantines. Trois plouf ! Et les voici nageant dans le lac que les ramins, jits et merantis bordaient de leur feuillage vert. Leurs exclamations résonnaient comme dans un théâtre. Cette acoustique, due au fait qu'elles se trouvaient au centre d'un cirque rocheux, amplifiait les sons et donnait à leur timbre de voix une réverbération flatteuse. Après s'être passionnées pour la morphologie, la carnation et la pilosité de l'invitée qu'elles avaient noyée sous une avalanche de questions restées sans réponse, faute d'être comprises, Tipung et Gadung se mirent à imiter les vocalises des oiseaux qui fusaient des ramures. Flottant sur le dos, les yeux grands ouverts sur les jeux du soleil, Deborah connut un instant de félicité qui s'évanouit dès qu'elle rejoignit la berge. En passant la tenue de jungle qu'elle porterait désormais, elle se sentit oppressée par la chaleur humide quotidiennement nourrie de l'évaporation des eaux pluviales. Quand elle revint au village, entre les deux filles de Jama sur lesquelles ce climat semblait ne pas avoir de prise, le bien-être qu'elle avait ressenti n'était plus qu'un souvenir. Des auréoles humides tachaient déjà sa veste neuve.

Sachant que la marche du lendemain n'aurait rien d'idyllique, pour ne pas y penser elle s'envola par l'esprit place de la Contrescarpe, revécut les heures merveilleuses qu'elle avait partagées avec Judik quand ils travaillaient sur leurs livres, et surtout elle se souvint de ces dimanches matin ensoleillés dans les jardins du Luxembourg, qui s'achevaient toujours par une dégustation de vin blanc à la terrasse du Bonaparte.

On l'attendait ici, dans la case de Jama, pour un festin d'un tout autre ordre. Le menu était composé de sagou, de python bouilli, de durian. Un brouet refroidi servait de boisson. Elle se garda de toucher au fruit, d'une puanteur absolue ! Avant le repas, chacun s'inclina devant la nourriture pour remercier Ini, la donatrice.

Uian assumait sa fonction d'interprète à merveille et traduisait à Deborah les paroles de l'oncle de Kurau, qui l'avait invitée à sa table avec une civilité autrement plus sincère que les usages enseignés dans les écoles de maintien de la bonne société occidentale. Soucieux de la mettre à l'aise, il évita toute ostentation dans son hospitalité, et parvint avec douceur à la rasséréner. Depuis son arrivée à Bornéo elle était sous tension, dormait peu, tirait sur ses nerfs. Ce soir, pour la première fois, elle se relâcha et finit par se sentir bien, au milieu de convives nettement plus originaux que les hôtes, pourtant atypiques, de Mrs Bishop, la descendante des rajahs blancs. Avant de passer sous l'auvent, pour ce souper frugal, et pourtant meilleur qu'à l'ordinaire, il lui avait fait visiter les parcelles de manioc, d'ananas, de ramboutans, de litchis et de cocotiers, gagnées à regret sur la forêt. Rien à voir avec la symétrie rationnelle des plantations qui occupaient plus bas les terres agricoles. Les lianes rampantes et les repousses sauvages disputaient déjà âprement le terrain aux plantes domestiquées, menacées d'étouffement. Quand on est encore chasseur-cueilleur dans l'âme, on n'a pas vraiment envie, en sarclant les sols, d'empêcher la végétation mutilée de se reconstituer, s'était dit Deborah qui voulait en savoir un peu plus.

— Pourrez-vous vraiment vous faire à la vie que le gouvernement vous propose ? questionna-t-elle, tout en se doutant de la réponse.

— Chaque graine s'éveille, c'est à ce pouvoir qui vient de la terre que nous devons, nous aussi, notre existence, expliqua Jama en évitant de la fixer dans les yeux pour ne pas violer son âme. La bête, l'arbre, l'homme, tous partagent le même souffle. C'est pourquoi la vie est sacrée. Quand nous-mêmes, nous tuons un cerf, un singe, un ours, ou un sanglier, nous n'en sommes pas fiers. Nous ne faisons qu'obéir à une nécessité vitale, sans en abuser cependant. Les hommes de la pierre et du fer sont d'une autre nature. Ils tuent pour le plaisir, et l'amour de posséder est chez eux une maladie.

Le tonnerre gronda comme pour ponctuer sa phrase, le vent souffla et la pluie tant attendue s'abattit avec force sur les palmes du toit. Comme il n'avait surtout pas envie de hausser la voix, ayant en horreur ces gens venus de l'autre monde qui parlaient en criant, il laissa les éléments s'exprimer avant d'avouer sa révolte, sur le même ton de confidence.

— Ils veulent tous acquérir un morceau de terrain pour leur usage exclusif, et ensuite, ils se barricadent contre leurs voisins, défigurent le paysage avec leurs constructions et leurs déchets. Comment leur résister ? Nos jeunes sont attirés, bien sûr, par toutes leurs inventions. Pour nous, les anciens, rien ne peut remplacer le monde des ombres et des feuilles qui bientôt n'existera plus. Nous ne pouvons vivre avec cette engeance !

La condamnation était sans appel. Tous l'approuvèrent, vieillards, femmes, hommes. Uian s'appliqua à trouver les mots anglais les plus justes pour expliquer à Deborah la pensée de Jama, oncle de Kurau, le rebelle assassiné.

La cohabitation à ses yeux était contre nature. Il ne se faisait pourtant pas d'illusions et expliqua à Deborah que la jungle meurtrie et le gibier abattu à la mitraillette par les bûcherons ne permettraient bientôt plus aux derniers nomades de se nourrir en vivant dans l'errance.

— Nous, dit-il, qui n'usons que de la lance ou de la sarbacane et qui avons toujours veillé à ne pas chasser plus que ne l'exigeait notre faim, nous voyons notre cheptel sauvage, jadis foisonnant, se faire décimer.

Poussés par la disette qui s'aggravait d'une saison à l'autre, les Penan se fixeraient tous, tôt ou tard. Avec son clan, lui-même avait commencé à le faire, et il détestait ça.

— Comment accepter de gaieté de cœur d'être délogés de la forêt que l'on détruit sous nos yeux, et méprisés ensuite par les colons, alors que nos ancêtres étaient ici les premiers habitants ? L'injustice est un mot faible pour désigner cela.

Agan, le mage, intervint.

— Qu'avons-nous à espérer d'individus qui lâchent leurs chiens sur les chasseurs-cueilleurs dès qu'ils en aperçoivent, se plaisent à les humilier, les tuent parfois ? Leurs camions chargés de troncs foncent sur nous s'ils nous voient sur leurs pistes. Plusieurs frères ont été écrasés et ce n'était pas des accidents. Il n'y a rien de bon à attendre de ces brutes, qui nous traitent comme ils traitent les arbres et les animaux sauvages, et qui, en hélices volantes, sont allés assassiner le meilleur d'entre nous. Avec un peu de chance, certains de nos fils seront un jour montrés aux touristes et payés pour faire semblant d'être encore, ce qu'ils ne seront plus, un peuple libre.

Agan avait formulé cette prédiction d'une voix presque narquoise, avec un sourire. L'avenir était une notion négligée par les Penan. Comme tous les nomades, ils n'avaient pas de projets à long terme et, autour de cette table basse, le présent était plein de promesses. Au lever du soleil, avec Jama, Aueng, Uian, le vieux mage suivrait la panthère rousse aux yeux de ciel, et irait à la rencontre du chaman. Cette perspective égaya la soirée. Le *sape*, cithare à trois cordes, de la séduisante Tipung, le *pagang* à quatre cordes de Gadung aux lèvres charnues accompagnèrent les réjouissances.

Quand Deborah s'endormit sur sa natte dans le coin des filles, elle était toujours au Quartier latin, avec Judik. Après le Procope, il était d'usage, avant de se remettre au travail, de faire une petite sieste. Le sommeil la saisit au moment le plus doux.

21

Le grand frisson

— Pourquoi m'as-tu demandé de venir ?

Le lieutenant de police Hussein Saba posa intentionnellement la question d'un ton agacé, pour rappeler à Hugh Norton Bishop qu'il représentait toujours l'autorité, comme dans leur enfance, quand il l'avait accepté dans sa bande. L'Anglais ne s'en offusqua pas. Chaque fois qu'il avait eu des problèmes avec la police, pour d'insignifiantes histoires de noceur, il s'en était toujours très bien sorti et Hussein n'était pas étranger à ce hasard bienveillant. L'un était décadent et vivait en dilettante. L'autre faisait partie de ceux qui se croyaient nécessaires à leur pays, et qui n'aimaient pas trop les anciens Britanniques auxquels ils devaient leurs névroses d'ex-colonisés, ni les Américains qu'ils trouvaient exaspérants. Seules les vieilles familles comme celle des Bishop, liées à l'histoire de la Malaisie, trouvaient parfois grâce à leurs yeux.

— Le général MacFergan m'a prié de te téléphoner, répondit Hugh, derrière lequel se tenait sa mère adoptive. Nous avons une révélation à te faire.

Il avait pris cet air penaud de gamin soucieux de désarmer les hostilités à son encontre, qui lui avait épargné jadis les confrontations directes avec les plus forts de la bande, ensuite amadoués par ses cadeaux de petit riche blanc.

— A propos de Deborah Williams, je suppose ?

— Oui.

— Voulez-vous, je vous prie, passer au salon ? fit la maîtresse de maison, sir Alex va descendre dans un instant. Désirez-vous une tasse de thé, lieutenant ?

— Non, merci, madame, je suis en service, fit-il, refusant également le siège qu'elle lui proposait.

Il était en uniforme et affichait une sévérité glaciale qui ne varia pas à l'arrivée du vieil Anglais, salué néanmoins d'un claquement de talons, conformément aux usages militaires.

— Mon général !

Sir Alex, qui s'apprêtait à lui tendre la main, fut stoppé en plein élan, Hussein ayant pris soin, pour garder ses distances, de maintenir ses doigts le long de la couture du pantalon, comme le précisait le manuel. Il attendit que le général lui adresse la parole pour se mettre au repos. Le vieil aristocrate écossais toussota.

— Bonjour, lieutenant, je vous ai prié de venir car j'ai à vous faire une révélation, heu...

Il ne put s'empêcher d'avoir recours à sa broussailleuse moustache et de la rouler entre ses doigts pour calmer son embarras.

— Voilà ! Dans le souci de bien faire, nous vous avons caché la vérité, lieutenant.

Il déglutit comme si la chose était difficile à sortir.

— Miss Williams a vécu parmi nous trois jours et je l'ai aidée à passer au travers des mailles de votre filet. J'en suis profondément désolé.

— Nous l'avons tous aidée, rectifia Mrs Bishop.

— Oui, tous, renchérit Hugh Norton.

— C'est un faux témoignage, constata froidement Hussein Saba.

— Attendez, fit sir Alex, nous n'avons pas déposé sous serment !

— Vous avez menti à un policier dans l'exercice de ses fonctions.

— Bref, s'irrita sir Alex, vous prendrez en ce qui nous concerne la décision qui vous conviendra, mais cessons d'ergoter, de grâce, le temps presse !

— Pourquoi ce retournement, et soudain cette urgence ? s'enquit le lieutenant. Si vous m'aviez dit la vérité au bon moment, elle serait hors de danger aujourd'hui !

— Elle avait une mission de la CBS dont elle est une envoyée spéciale, et redoutait que les forces de l'ordre du Sarawak ne l'empêchent de la mener à bien. Elle était de bonne foi, et de bonne famille, vous en conviendrez, et elle avait suscité notre sympathie.

— Depuis, les nouvelles sont loin d'être excellentes, avoua Hugh Norton pour éviter au général d'avoir à s'expliquer. Et nous avons peur qu'elle ne tombe sur une de ces bandes de soudards attirés par la chasse à l'homme qui mobilise les troupes d'élite du pays dans le haut Baram. A combien la tête de ce Judik Kervanec a-t-elle été mise à prix ? Cinquante mille dollars ! Tu le sais aussi bien que moi, Hussein. Et pas des dollars malais ! Des dollars américains !

Le voici qui se prend encore pour Robin des bois, pensa celui qui, à l'époque, se voyait très bien dans la peau d'Ali Baba.

— Où veux-tu en venir ?

— A ceci ! Il faut la sauver, et je ne vois que toi.

— Moi ? fit Hussein en le regardant d'un œil moqueur.

— Oui, vous, confirma le général.

— C'est avant, dès ma première visite, qu'il aurait fallu me faire confiance. Je vous avais prévenus qu'elle courait de grands risques. C'est pour lui éviter ça que je la recherchais. Son père est prêt à ouvrir trois usines de pâte à papier au Sarawak. Vous comprendrez aisément pourquoi nos dirigeants aimeraient lui remettre sa fille saine et sauve, et on m'a sommé de la retrouver.

— Le Pentagone, le FBI, et tant d'autres services secrets qui souhaiteraient bien ne pas voir Kervanec ressortir vivant de la jungle, se sont, paraît-il, également montrés fort généreux en haut lieu pour qu'il en soit ainsi. Là est bien le problème, n'est-ce pas, Hussein ? Il faut la sauver, elle, mais pas lui !

Ce foutu bâtard de merde, ce fils à maman, n'avait pas les yeux dans sa poche. Il aurait fait un bon flic, s'il n'avait été blanc, riche, et paresseux.

— Alors, où est-elle ?

— Elle est partie pour Miri, déclara le général d'un ton soudain plus affirmé qui rappelait le chef qu'il avait été. Elle recherchait un mage célèbre chez les Penan, vivant dans la région. Il n'y en a pas trente-six. C'est le dernier, nous a-t-elle dit.

— Seul l'hélicoptère nous permettra de combler notre retard, fit le policier, qui n'en était plus au stade des reproches.

— Je peux vous accompagner, suggéra le général.

— Excusez-moi, sir Alex, dit Hugh Norton, c'est à moi d'y aller, pour une fois que je peux me rendre utile.

— Mon général, je crois que sa proposition est à prendre en considération, acquiesça le lieutenant Hussein. Nous allons survoler la jungle et nous ne sommes pas à l'abri d'un accident.

— Croyez-vous me dissuader avec un tel argument, jeune homme ? s'indigna sir Alex.

— Pas le moins du monde, mon général, mais votre notoriété et votre rang risquent de faire jaser la presse, et nous voulons être d'une discrétion absolue.

— Quelques fouille-merde pourraient tout aussi bien gratter dans le passé de Hugh et faire ressortir des choses déplaisantes, qui lui feraient du tort ainsi qu'à sa famille.

— Sauf qu'il n'intéresse personne, et donc pas les journalistes à l'affût des célébrités ! Vous, mon général, si vous manquez votre partie de golf et qu'on vous sache avec moi, à Miri ou ailleurs, en train de fureter au-dessus des arbres pour retrouver la fille du papetier de Philadelphie, il y aura des fuites, c'est certain.

— Merci, c'est très valorisant pour moi, ironisa Hugh Norton, trop intelligent pour ne pas admettre la justesse du propos. C'est vrai, convint-il en s'adressant cette fois au général, je suis donc mieux placé que vous, sir Alex, pour assumer cette mission.

— Est-il bien nécessaire, intervint Mrs Bishop, que l'un d'eux parte avec vous, lieutenant ? Je n'en vois pas très bien l'utilité.

— Miss Williams se méfie des forces de l'ordre de ce pays, répondit Hussein.

— A juste titre d'ailleurs, le coupa son ancien camarade de jeu.

— Or, si nous devons envoyer des messages par haut-parleur pour la décider à rallier une zone que nous aurons préalablement sécurisée, poursuivit l'officier de police comme s'il n'avait rien entendu, il lui faut une voix en qui elle ait confiance, et la mienne sera forcément suspecte.

— Vous pensez qu'elle sera prête à écouter l'un d'entre nous ? Je vous trouve bien optimiste, souligna Mrs Bishop. Cette jeune femme n'a fait ce voyage et pris tous ces risques que pour retrouver l'homme qu'elle aime. Elle ne se rendra pas !

— Madame, il ne s'agit pas d'une reddition, la reprit le policier malais.

— Non, simplement d'un lâchage, indiqua le général.

— Et je ne pense pas que ce genre de comportement soit dans la nature de cette femme, compléta Hugh Norton Bishop.

— Sauf si celui qu'elle est venue rechercher lui en donne l'ordre, insista le lieutenant Hussein.

— Et comment pouvez-vous être certain qu'il le lui donnera ?

— Parce qu'il est venu ici pour ramener l'anthropologue française cachée chez les nomades rebelles — il aura là une occasion unique de la faire sortir —, et qu'étant d'autre part très attaché à miss Williams, donc à sa survie, il ne l'invitera pas à partager son destin.

— C'est probable, puisqu'il n'a certainement plus de doute quant au sort que vous lui réservez, l'interrompit sir Alex.

— Pas moi, ni les gouvernants de mon pays en particulier. Si de tels desseins existent, vous le savez, mon général, ils viennent de plus loin. En ce qui me concerne, le seul ordre que j'ai reçu, c'est de retrouver miss Williams et de la ramener saine et sauve.

— Bon ! Quand partons-nous ? s'écria Hugh.

— L'hélicoptère nous attend, fit Hussein, qui avait décidément tout prévu.

Depuis sa rencontre avec cette fille richissime qui aurait pu, comme lui, vivre dans l'insouciance sans se poser de questions, le fils caché du lord y pensait souvent. Elle avait trouvé son bonheur dans le défi et l'action. Pourquoi ne l'imiterait-il pas ? Au moins une fois, pour voir ! Peut-être n'apprécierait-elle pas son intervention ? Cette éventualité ne le fit pas reculer. Il voulait agir, la sortir, même malgré elle, du guêpier dans lequel elle s'était fourrée. Allait-elle accepter de se séparer de celui qu'elle avait mis tant d'entêtement à retrouver ? Cela semblait impensable. Seul Kervanec, comme l'avait souligné Hussein, pourrait la faire changer d'avis, surtout si la voix qu'elle entendait dans le mégaphone n'était pas une voix hostile.

— En route, ami, je te suis !

— Voyons d'abord Humayun, car c'est lui, je suppose, qui a accompagné miss Williams, n'est-ce pas ?

— Vous n'allez pas l'arrêter, tout de même ? s'inquiéta Margaret Bishop.

— Si je devais arrêter quelqu'un, ce ne serait pas lui, rétorqua le lieutenant. J'ai seulement besoin de savoir où il l'a déposée.

— Je le fais chercher, attendez un instant, je vous prie...

Comme chaque jour, la pluie était tombée et avait rafraîchi les marcheurs qui suivaient un ancien sentier à l'ombre de kapurs et de merantis rescapés de l'extermination, en raison de leur jeune âge. Les Vénérables du coin y étaient tous passés et, pour acheminer leurs énormes fûts, les compagnies avaient ouvert de larges passages aux camions. La colonne traversait ces pistes boueuses au pas de course, en prêtant l'oreille. Devant une embase écorchée, le moignon d'un tronc magistral, les anciens se retinrent de pleurer et regardèrent hébétés la dévastation que ce bûcheronnage avait occasionnée : des copeaux partout, une centaine d'arbres adolescents couchés par le bulldozer venu chercher sa proie, pour la tracter jusqu'à l'arrêt des semi-remorques qui collectaient les grumes. De loin en loin, ils entendaient le ronflement des tronçonneuses, et faisaient à chaque fois un détour pour ne pas croiser ceux qui tuaient leur forêt.

Deux prospecteurs kelabit, au service des sociétés, furent surpris par les éclaireurs tandis qu'ils marquaient à la peinture les arbres les plus beaux. Comme ils portaient des fusils de chasse en bandoulière, les sarbacaniers prudents se tenaient prêts à souffler leurs fléchettes mortelles. A leur vue, les deux hommes terrorisés lâchèrent leurs pinceaux et levèrent les mains. Les autres Penan se tapirent dans les fourrés envahis de lianes énormes. Jama voulut aller leur parler. Agan l'arrêta.

— C'est à moi de le faire, murmura-t-il. Moins ils verront de visages, mieux ça vaudra pour nous. Ce sont des mouchards !

— Ils vont te reconnaître.

— Cela n'a aucune importance, je ne reviendrai pas.

Quand il sortit de sa cachette, avec deux autres sarbacaniers, les prospecteurs tombèrent à genoux. Quatre dards étaient braqués sur eux, et les bouches qui pouvaient les propulser ne manqueraient pas leur coup. Un geste de ce vieux fou qui les apostrophait, et ils étaient morts.

— Maudits ! Savez-vous ce que vous êtes en train de faire, vous désignez aux bourreaux les rois de nos forêts, vous, des Kelabit ! Vos ancêtres doivent se retourner dans leurs tombes. Je les sens qui s'adressent à moi et me commandent de vous décapiter.

A ces mots les gardes du corps penan rangèrent leurs sarbacanes et sortirent les sabres de leurs fourreaux.

— Regardez-vous ! Vous tremblez comme les Malais ou les Chinois qui vous payent pour faire cette sale besogne ! Pourquoi trahissez-vous ?

— Nous avons besoin d'argent pour vivre, et nous ne sommes pas riches, répondit le plus âgé des deux, un homme d'une quarantaine d'années, portant comme son collègue une casquette américaine et une salopette kaki.

— La richesse, elle est là, tout autour de vous, et vous la détruisez. Quand il n'y aura plus de végétation sur notre terre, que vous aurez complètement souillé notre air et l'eau de nos rivières, vivrez-vous mieux qu'avant ? Vous étiez des Dayak, et l'on vous respectait. Voyez ce qu'ils ont fait de vous ! Des laquais sournois et craintifs. Désarmez-les !

Les sarbacaniers en pagne s'emparèrent des fusils.

— Dites à ceux qui vous payent de ne toucher à aucun de ces arbres. Effacez-en les marques tout de suite. Si ce kapur, ce ba-ung, ce pera kuyit que vous avez osé trahir disparaissent, nos dards empoisonnés sauront vous retrouver, où que vous soyez !

Son bras décharné venait de leur désigner les trois géants dont les troncs auraient réclamé une ronde de huit hommes pour en faire le tour et qui avaient été marqués d'un carré rouge. Avec des brassées de feuilles et l'eau d'un ruisseau qui coulait à deux pas, les deux Kelabit supprimèrent les traces de peinture, sous le regard méprisant des nomades qui tenaient leur sabre à deux mains. Quand ce fut fait, ils se retournèrent essoufflés et quêtèrent auprès du vieux mage penan une pitié qui ne vint pas.

— Ils vous utilisent comme des chiens serviles, vous êtes presque gras, vous le serez bientôt. Vous mériteriez qu'on vous tue. Allez, retournez chez vos maîtres et n'oubliez pas ce que je vous ai dit !

— Tu ne nous rends pas nos fusils ? Ils coûtent cher, fit le plus jeune dont la peur n'était pas parvenue à étouffer la cupidité.

— Cher ? s'étonna le mage. Je croyais que vous étiez pauvres !

— Ils appartiennent à la compagnie.

— Les compagnies forestières nous volent depuis longtemps. Avec ça, vous tuez notre gibier sans lui laisser la moindre chance, et il ne vous vient même pas à l'idée de le partager. Vous vendez le surplus, vous êtes méprisables ! Laissez aussi les boîtes de cartouches !

Les fusils furent fracassés contre des rochers et les munitions dispersées dans la nature

— Allez, sauvez-vous !

A reculons d'abord, de crainte de recevoir une fléchette dans la nuque, les deux Kelabit s'éloignèrent d'Agan et des quatre sarbacaniers qui brûlaient d'envie de lui prouver leur adresse. Au bout d'une cinquantaine de mètres, ils se retournèrent et s'enfuirent à toutes jambes, effectuant de périlleux roulés-boulés dans les ravins, sans ressentir de douleur. La volonté de survivre, mêlée à une panique incontrôlée, leur donnait dans la déroute une audace folle. Cet incident raconté à ceux qui étaient restés dissimulés provoqua un amusement général. La pensée de chacun en fut égayée durant la progression silencieuse à travers ces zones de pillage.

A la mi-journée, ils entrèrent dans la forêt encore inviolée. D'un coup, une sérénité générale leur fit oublier fourbure et épuisement. La liberté, enfin ! Le monde à l'état pur, imprévisible parfois, cruel à chaque instant, mais riche encore de toute sa magie et de ses habitants issus du levain primordial. Ici, la distinction entre les hommes et les animaux n'avait pas encore été clairement établie, et si les Penan, avec leurs armes primitives, avaient réussi à acquérir par rapport aux autres espèces une petite suprématie, ils pouvaient tous se réclamer d'un cousin, d'un oncle, d'un père, d'un grand-père qui avait péri lacéré, mordu, encorné ou bien dévoré par la bête qu'il chassait, le combat n'étant pas encore totalement inégal.

Un soleil voilé et brûlant transperça l'opacité des nuées. La marche devint exténuante, surtout pour Aueng et Agan, fort âgés et manquant de pratique. Les mains nouées sur leurs gros bâtons, ils pédalaient de leurs jambes osseuses dans le terreau détrempé qui sentait la mousse et les feuilles pourries. Jama leur accorda plusieurs haltes, pour reprendre souffle et repartir d'un bon pas ; les sarbacaniers leur offraient l'appui de leurs bras quand la pente se faisait raide.

Les vêtements de Deborah collaient à sa peau. Jamais elle n'avait connu un climat aussi agressif, presque froid sous la pluie, étouffant dès qu'elle cessait, et perpétuellement humide. Rien ne séchait, ni la peau, ni le linge. Même les vêtements de rechange étaient imbibés. Dans chaque rivière traversée, elle s'était plongée ou roulée tout habillée pour se laver des relents acides qui sourdaient de ses pores. Un camp abandonné depuis peu fut atteint au crépuscule. Ils auraient dû être là.

— Regardez, ils sont venus et repartis, dit Jama en tombant sur une jeune pousse de jit frisée à mi-tige sans que soit entamée l'autre moitié de l'écorce encore tendre qui laissait toujours monter la sève.

— C'est juste, admit Agan en déchiffrant le message qui disait en substance : « Nos pas nous ont conduits jusqu'ici, maintenant nous faisons demi-tour. »

Aueng se pencha sur un jeune tronc d'enkabang, marqué de plusieurs encoches.

— Ils étaient beaucoup, résuma-t-il pour s'éviter de compter.

— Ils ont passé la nuit, confirma Jama après avoir inspecté l'endroit et humé les cendres dispersées d'un feu.

— Ils étaient au moins onze, précisa Agan avec une certaine jubilation, en brandissant les onze piquets frisés que les sarbacaniers, auxquels rien n'échappait, lui avaient remis après avoir fouillé le camp de fond en comble.

— Sans doute plus, nuança Aueng, venez voir, insista-t-il en revenant près du tronc sur lequel il avait repéré les encoches, il semblerait que deux groupes aient fait ici leur jonction.

Uian compta. Trente-quatre, oui, trente-quatre individus avaient séjourné sur cet emplacement.

— Ils ont dû retrouver là les autres membres de la famille et repartir tous ensemble, en déduisit Jama.

— Ils sont allés par cette sente, murmura Beherem, l'aîné des éclaireurs dont l'uniforme, composé du strict nécessaire — un pagne, une gourde de bambou, des cordons aux mollets, un sabre, et l'indispensable sarbacane-lance —, était rehaussé par un collier de dents d'ours.

Une vingtaine de feuilles, posées au sol l'une derrière l'autre, formaient une ligne indiquant la direction à prendre. Le message était frais. Ses auteurs n'étaient plus très loin. Le sentier qu'ils empruntèrent, bien entretenu par les chasseurs-cueilleurs encore itinérants, se rapprocha de la frontière avec le Kalimantan par des crêtes boisées qui culminaient à mille huit cents mètres, dans une zone si difficile d'accès que les hommes de la pierre et du fer ne l'avaient pas encore colonisée, se la réservant pour la fin, quand il n'y aurait plus d'arbres à couper dans les vallées. C'est dans ce fragment d'immensité encore épargné, entre le bourg de Long Matoh aux sources du Baram, dans la région autonome du Sarawak, et celui de Kubuang, proche des sources de la rivière Bahau, dans la partie indonésienne de Bornéo, que les derniers Penan, tout comme le gibier, trouvaient un refuge temporaire, pour se consolider, avant de retourner vivre sur leur territoire d'élection. Tout ici redevenait normal. Cerfs, ours, sangliers, chevreuils, écureuils, poissons, argus, grives, calaos abondaient. Les chasseurs-cueilleurs qui rôdaient dans les parages ne les décimaient pas. Ils prélevaient, certes, ce qui leur était nécessaire, mais n'empêchaient pas la faune de se reproduire.

D'ailleurs les sons alentour leur indiquaient qu'ils se déplaçaient dans une réserve naturelle. Les oiseaux y allaient de bon cœur, faisant vibrer la canopée de gloussements et de trilles tandis que les basses montaient des profondeurs forestières, où grognements, feulements et brames plus ou moins lointains venaient enrichir cette pastorale jouée par un orchestre au complet.

Malgré l'humidité et les efforts exigés par d'impitoyables raidillons, tous les Penan, ainsi que Deborah, se sentirent exaltés par cette musique pure. L'instant était si grisant que Jama proposa de faire une pause, pour écouter, se détendre et reprendre des forces. Il envoya Ngitun et Keraji, les plus jeunes de l'escorte, qui avaient besoin de s'aguerrir, quérir le repas à la pointe de leur dard ou de leur lance. Les deux garçons armèrent aussitôt leurs sarbacanes, et se mirent en chasse.

Agan et Aueng approuvèrent. A quoi bon se presser, maintenant ? Les envahisseurs étaient loin et la nature autour d'eux, foisonnante et belle, telle qu'ils en rêvaient dans leurs vallées saccagées, les invitait à ne pas s'en faire. Un ruisseau glougloutait en sinuant au pied de fûts d'une largeur jamais vue ailleurs, portant des embranchements de colosse, et l'eau avait la limpidité de l'émeraude.

— On pourrait même construire un gîte pour la nuit, suggéra Uian qui n'avait encore jamais rien vu d'aussi beau que ce morceau de jungle souveraine dans lequel il entrait pour la première fois.

— C'est une bonne idée, approuva le mage, tout heureux de retrouver le cadre qui avait été le sien durant les deux tiers de sa vie. Qu'en penses-tu, Jama ?

— Je pense comme toi, saint homme, répondit l'oncle de Kurau le rebelle. Plus rien ne nous pousse à aller de l'avant, si ce n'est l'envie de revoir nos frères, de savoir comment est mort mon neveu, et de rencontrer le chaman. Nous sommes sans doute très proches d'eux. Leurs éclaireurs et les nôtres ne tarderont pas à entrer en contact. Ce lieu est propice. De là, nous pourrons rayonner.

— Eh bien, jeunes gens, à l'ouvrage, décida le vieil Aueng en montrant aux sarbacaniers le terrain touffu qu'il convenait de rendre habitable.

— Et surtout trouvez de bons bâtons pour les piquets frisés, conseilla le mage qui ressentait la méfiance des esprits locaux, au courant des dégâts causés dans les basses terres, et en était secoué de frissons.

Il fallait vite leur rendre hommage, leur donner à lire dans l'âme de chacun pour qu'ils fussent certains de leurs intentions, s'en faire connaître en tant que résidents temporaires, légitimes et respectueux des usages. Ce rituel, qui demandait du temps et de la concentration, fut accompli le soir même, à la veillée, dans le village minimal sur pilotis achevé avant le coucher du soleil, à l'abri des arbres.

Les *ceprut*, alignés devant les cases mitoyennes, attendaient la caresse des vents nocturnes qui apaiseraient cette pesanteur d'orage et amèneraient la pluie. Les invocations avaient été psalmodiées à l'intention des maîtres-possesseurs en charge du lieu. Agan ne tremblait plus. Rassurés, les esprits avaient cessé leurs vibrations hostiles, et le daguet abattu par le dard de Keraji, avec les ramboutans cueillis pendant la marche, rassasia toute la colonne. Une moitié de la carcasse roulée dans la fougère serait conservée dans le ruisseau pour le repas du lendemain. La veillée s'annonçait paisible.

Deborah faisait l'admiration de tous. Elle s'était comportée comme une vraie Penan, et on l'en complimentait. Si elle s'était écoutée, ils auraient continué de cheminer jusqu'à l'épuisement tant elle était pressée de revoir Judik, maintenant qu'elle suivait ses traces toutes fraîches. C'était une obsession. La décision des anciens ayant été beaucoup plus sage, sous l'auvent de palme elle tuait son impatience en répondant, par Uian interposé, aux innombrables questions des Penan.

Le chaman était-il jeune, vieux, avait-il une ou plusieurs femmes, pourquoi les destructeurs de la Terre voulaient-ils le faire disparaître, lui aussi, comme ils faisaient disparaître les chasseurs-cueilleurs, et comment, par quel sortilège, parvenait-il à entrer en contact avec Ini la Divine ? Seule, elle n'aurait pu faire face à un tel interrogatoire. Agan, qui savait déjà presque tout, prenait volontiers le relais et préparait ses compagnons à ce qu'ils allaient vivre.

— Vous ne saviez pas que les arbres, comme nous, possèdent la pensée. Eh bien, les arbres pensent, ils peuvent même parler aux initiés qui savent les entendre. Ceux-ci, qui se comptent sur les doigts d'une main, sont d'authentiques chamans, détenteurs d'un secret perdu par nos lointains aïeux. Ils ont une connaissance du monde des ombres et des feuilles qui leur permet d'entrer en relation avec la force lumineuse de la Divinité, en usant de la complicité des plus vieux habitants de la forêt, de tous ces splendides jits, kapurs, abangs, enkabangs qui nous entourent et qui ne demandent qu'à être éveillés de leur profond sommeil.

— S'ils ne sont pas tous abattus d'ici là, se désola Aueng.

— Nous allons sans doute disparaître, nous, les Penan, et des villes naîtront sur les anciens territoires qu'Ini, dans sa grande bonté, nous permettait de régir, répondit le mage.

— Que faire pour éviter cela ? demanda Uian.

— Que faire ? répéta Agan. Essayer de mettre entre eux et nous le plus de distance possible. Ils nous rattraperont, c'est certain. Leur faim est insatiable. Pourtant, quand le souvenir des Penan sera devenu un mythe parmi les populations nouvelles de la pierre et du fer qui occuperont les terres de nos ancêtres, je suis certain que leurs rizières et leurs plantations s'animeront la nuit, et seront envahies par les jungles d'autrefois. Quand les enfants de leurs enfants se croiront seuls dans leur champ, leur boutique, leur atelier ou leur bureau, nous serons tous là, plantes, animaux, Penan, en train de les observer et de créer en eux d'inguérissables remords. A la tombée du soir, lorsque les rues de leurs villes deviendront silencieuses, et qu'ils les supposeront désertes, nous en prendrons possession et les marcheurs solitaires, percevant notre invisible présence, seront saisis de peur. Jusqu'à la fin des temps nos ombres les harcèleront et le jour où la Grande Mère, lassée de leurs outrages, les châtiera, nous reviendrons en force.

Agan n'était pas qu'un grand mage, c'était aussi un conteur qui savait faire sonner les mots dans sa bouche. Ce soir, par ses propos, il avait réussi à mettre la larme à l'œil à tout le monde, sauf à Uian qui brûlait d'envie d'en découdre, et le trouvait défaitiste.

— A-t-on déjà vu un peuple qui compte sur ses fantômes pour ne pas se faire oublier ? s'insurgea-t-il.

— Oui, ça s'est déjà vu, fit Deborah terriblement troublée par ce qu'elle venait d'entendre. Quand ton oncle parlait, je croyais écouter les derniers Indiens, épuisés de s'être trop longtemps battus à armes inégales contre les colons américains et leur cavalerie, il y a cent vingt ans de cela.

— Comment peut-on parler de la même voix quand on ne s'est jamais rencontré, quand on ne vient ni du même pays ni de la même époque ? s'étonna le jeune homme.

— Il suffit d'être confronté à des problèmes identiques. *« Soyez justes et traitez mon peuple avec bonté, car les morts ne sont pas sans pouvoir »*, c'est ainsi, je crois, que le chef d'une grande tribu indienne a menacé les Blancs qui le parquaient avec les siens dans une réserve. Il n'avait plus assez de vivants autour de lui pour continuer le combat.

— Avec bonté ! ricana Uian. Les hommes de la pierre et du fer ne sont bons qu'avec eux-mêmes, et encore, ils passent leur temps à se faire la guerre !

Tout en dialoguant avec elle, Uian assumait sa fonction d'interprète. A son écoute, les visages burinés des Penan s'élargissaient, dans une sorte d'assentiment complice. Jama, enfermé dans son deuil, avait fermé les paupières, et laissait défiler des souvenirs lointains, dans une jungle sans bûcherons, où il faisait bon vivre, comme ici, en ce moment.

La pluie enfin s'abattit sur les palmes du toit et la chevelure des *ceprut* connut la caresse des esprits, venus vérifier la sincérité de leurs hôtes.

— Tu as raison, Uian, s'entendit-elle dire, la bonté n'est pas le trait de caractère dominant des colons, affamés de terre et de richesses. Gengis Khan savait que la lutte contre les sédentaires était une lutte à mort, et il rêva un instant de les exterminer tous.

— Qui ça ?

— Gengis Khan.

Que venait-il faire dans son propos, celui-là ? Oui, pourquoi cette référence ? La thèse, bien sûr ! Le conquérant mongol avait inspiré à Judik des pages remarquables qui lui revenaient en mémoire. Comme si elle en était, elle-même, un peu l'auteur. Auparavant, elle non plus ne savait pas qui était Gengis Khan. Depuis, celui qu'elle aimait lui avait fait partager sa passion pour le chamanisme et les civilisations nourries de cette foi initiale. Puisqu'elle avait lâché le nom, autant continuer.

— C'était un chef de bergers, qui est parvenu à dominer le monde avec ses hordes de cavaliers.

— Pourquoi ses descendants ne le dominent-ils plus ?

— Parce que les nomades ne font pas de projets à long terme. Partout où ils vont, ils ne font que passer, et sont en permanence soucieux des humeurs de la Terre, tandis que les sédentaires qui n'en ont rien à faire s'incrustent, grignotent, gagnent sans cesse du terrain, et quand le rapport de forces bascule en leur faveur, ils se répandent partout. Les derniers héritiers de l'empire mouvant n'avaient plus la rudesse de l'aïeul. Ils furent chassés de leur trône et durent se replier sur leur territoire historique, dont il ne reste aujourd'hui plus grand-chose.

C'était encore Judik qui parlait par sa bouche. Bon sang, qu'il était proche !

— Est-il possible qu'un jour il n'y ait plus un seul homme libre, qu'Ini n'ait plus la possibilité de décider de ce qui est bon ou mauvais, et qu'elle devienne l'esclave d'hommes gonflés d'orgueil ?

— C'est déjà ainsi, il ne subsiste que des îlots bien fragiles qui disparaissent les uns après les autres.

— Et on ne peut rien faire, s'indigna Uian. Bientôt sur notre terre natale, il n'y aura plus d'arbres sous lesquels se cacher, plus de fruits ou d'animaux sauvages pour se nourrir. Ils auront tout pillé. Après, ils écorcheront la peau de notre mère à tous, avec leurs labours, comme ils l'ont fait ailleurs, et continueront d'abattre les derniers kapurs ou merantis qui feront de l'ombre à leurs plantations. Sommes-nous réellement destinés à n'être, nous les Penan, que des spectres, comme le prédit mon oncle ?

— De quoi discutez-vous donc, Uian ? s'enquit Agan qui trouvait la traduction longue à venir.

Le neveu s'empressa de le remettre dans la course et du coup en perdit le crachoir.

— Dis-toi bien que les fantômes, ça impressionne, répliqua le mage. Il existe aussi chez ceux qui nous ont spoliés des gens qui ne sont pas heureux de leur sort, qui souffrent, je le pense, de la faim et de la misère. Leur vie n'est pas plus enviable que la nôtre aujourd'hui, et toi, Uian, comme Ponhli, le fils de Salti, et d'autres, évidemment, vous pouvez être ces fantômes, des hommes brillants, et en apparence de leur monde, mais qui auront su conserver la parole des anciens, qui la feront renaître et seront écoutés par tous ceux qui aspireront à plus de justice. Notre communauté a placé en toi sa confiance, et ta mission n'est pas de mourir une sarbacane à la bouche, comme un héros de légende.

— Tu vois, tu n'échapperas pas aux études, plaisanta Deborah.

— Et pour être écouté chez eux, il te faudra être le meilleur, poursuivit Agan.

— Dans ta spécialité, nuança la panthère.

— Le meilleur ? s'inquiéta Uian qui, d'interprète, se sentit soudain impliqué dans l'affaire, personnellement.

La tâche lui parut insurmontable.

— Pourquoi irais-je moisir dans un internat, alors que je suis si bien ici ? A une longue vie monotone, je préfère une vie courte et joyeuse.

— Monotone ? ricana le vieux mage. Tu auras bien des combats à mener et au moment de rejoindre Ini, la Grande Mère, tu trouveras que le temps s'est écoulé trop vite.

Il ne pleuvait plus. Cela n'avait été qu'un grain. Uian baissa la tête en faisant la grimace, sous le regard flamboyant de son oncle qui savait pressentir le destin de chacun. Jama revint de son escapade onirique, les traits apaisés.

— Demain, ce sera la rencontre, fit-il. Aux aurores, on se lève et on marche vers eux.

— S'ils ne sont pas déjà là, supposa le mage.

Au réveil, il serait là. Deborah en était presque certaine. Elle se sentait imbibée de sa présence, de son odeur. Elle l'imaginait marchant d'un bon pas, en tête de colonne, comme s'il était pressé de la revoir, enfin ! Jama invita les plus jeunes à débarrasser la natte, puis ils se levèrent tous et rejoignirent leur place pour dormir. Le vigile de la première garde souffla les chandelles.

Insectes et prédateurs recommencèrent à s'agiter avec les premières condensations qui montaient de la jungle. Tout se mit à vibrer autour du campement cerné par le grouillement de la faune qui s'estimait dérangée par les nouveaux venus. Habitués à cette présence, les Penan n'y prêtèrent qu'une attention distraite. Deborah, elle, était aux aguets. Des craquements tout près de la hutte la firent sursauter. Un gecko venu explorer la charpente poussa un petit cri et elle eut peur de recevoir son corps froid sur le visage, car il leur arrivait de perdre l'équilibre. Pour se détendre et combattre l'insomnie, elle partit rejoindre son *great chaman* qui l'attendait place de la Contrescarpe. La pluie revint en force et tambourina sur le toit de palme. Elle ferma les yeux après qu'il eut déclamé une énième fois sa tirade sur les Mongols de la conquête. La horde du Grand Khan débarqua de ses jonques, avec des montures, sur l'île de Bornéo. La chevauchée vengeresse effaça de la carte villes et villages, et sur les décombres, très vite, la forêt repoussa. Uian échappa à l'internat. Les Penan redevinrent les seuls gestionnaires de la jungle. Judik repartait avec elle pour Paris. Un sourire étira ses lèvres jusque-là serrées. Le sommeil s'abattit sur elle comme un assommoir, la frustrant d'un plaisir qui commençait à poindre.

Ils s'éveillèrent avec le concert matinal des oiseaux. Ceux qu'ils attendaient n'étaient pas arrivés. Comme eux, ils avaient dû passer la nuit dans un endroit propice. Jama décida de laisser le camp intact, pour ne pas avoir à le reconstruire s'ils devaient repasser par là.

— L'armée risque de le repérer et de nous y attendre, souleva le vieil Aueng.

— C'est juste, admit Jama. Je vais laisser Lakei Petujek le triste et Dja-au Lat le renfrogné en arrière-garde, pour assurer la surveillance et nous prévenir si les soldats arrivent.

Il s'agissait de deux sarbacaniers qui la veille, pendant toute la soirée, étaient restés bouche cousue et sévères dans la pénombre. Ils portaient bien leurs surnoms. Le premier paraissait accablé d'une affliction permanente. Pauvre Lakei Petujek, disaient ses frères et sœurs penan quand il n'était pas là, sans savoir vraiment pourquoi ils s'apitoyaient sur son sort qui n'était pas différent du leur. De cette désespérance il tirait un certain avantage et était aimé de tous. C'est peut-être pourquoi il n'avait pas vraiment envie de devenir gai. Lakei Petujek voulait dire « l'homme qui marche sur la tête ». On l'appelait ainsi depuis ses premiers pas, parce qu'il faisait toujours exactement le contraire de ce qu'il disait. Comme guetteur, il était imbattable, savait déceler la moindre anomalie dans les ambiances de la forêt et détecter un son étranger bien avant tous les autres. « Nous sommes comme des bêtes sans crocs. C'est pour ça qu'on ne nous écoute pas », répétait-il les rares fois où il prenait la parole durant les veillées. Un soir, il avait avoué que la plainte des arbres en train de tomber et le mugissement des diables au gros ventre le poursuivaient jusque dans son sommeil. Avec son corps svelte, sans un pli disgracieux, il était un fils de cette terre ravagée par les bûcherons et leurs bulldozers. Comme elle, il avait mal et ne pouvait rien y faire. C'est ce que pensa Deborah, en observant son regard, pendant qu'il écoutait les recommandations de Jama.

Le second avait l'air d'avoir pris le monde entier en grippe. C'était un bougon qui, pas plus que Lakei Petujek, ne savait sourire, et semblait de surcroît constamment en colère. Il affichait une mine froncée qui n'invitait pas à la cordialité. Comme son compagnon, né dans la jungle et y ayant grandi, il souffrait dans sa chair des maux qu'on lui infligeait. « Comment pourrions-nous rester aimables ? disait-il souvent. Ils pillent nos terres, massacrent notre gibier. Nos familles, nos enfants ont faim. » S'il fallait un jour mener un ultime combat pour ne pas disparaître dans l'indifférence, ses compagnons savaient qu'il serait en première ligne, écouté de tous, car c'était un fin stratège et il avait en lui, à l'état naturel, la hargne d'un vengeur.

— Si je rencontre des intrus qui viennent troubler la paix de ce lieu, je les traiterai en ennemis, promit-il à Jama qui n'en demandait pas tant.

— Il serait préférable que vous évitiez d'être vus, et que vous veniez nous prévenir, pour que nous puissions leur échapper, si jamais ils tentent de nous encercler.

Le guide du clan y avait mis les formes. Le ronchon acquiesça. Dja-au Lat voulait dire « grand empennage de flèche ». Il avait deux surnoms lui aussi. Un pour son attitude, l'autre pour sa compétence. Ce chasseur, le meilleur du clan, grâce à ses intuitions en aérodynamique, avait mis au point des projectiles beaucoup plus performants que les autres. Quand le gibier devenait rare, il était le seul à ne pas revenir bredouille. Sa sarbacane, comme lui, n'était plus toute jeune, et pourtant on la lui enviait. Aucune autre n'avait sa précision de tir. Il était, et de loin, le plus âgé des coureurs de sentiers, et toujours le meilleur. Son corps d'athlète eût pu sans problème appartenir à un trentenaire. Sa face ridée, ses poches sous les yeux révélaient au moins vingt ans de plus. Il avait su compenser le handicap de l'âge en accroissant la portée de ses dards. Jama l'avait connu plus gai dans sa jeunesse. L'un était le meneur, l'autre le veilleur. Il en avait toujours été ainsi.

Dja-au Lat et Lakei Petujek suivirent du regard la colonne qui disparaissait dans les frondaisons. Ils allaient devoir assurer ses arrières, un rôle qui réclamait une compétence sans faille et comme ils ne se perdraient pas en vains bavardages, compte tenu de leur mutisme naturel, ils n'en seraient que plus vigilants. Se retournant pour les saluer, comme ils le faisaient tous, Deborah imagina les nains de Blanche-Neige. C'est Grincheux et Rêveur qu'elle voyait disparaître au loin ; deux humains de la première heure, deux Penan meurtris de voir se mourir leur monde, deux chasseurs-cueilleurs comme on n'en trouvait plus beaucoup, deux lutins en pagne, avec leur frange, leur collier de dents et de crocs, les défenses de sanglier fichées dans leurs lobes d'oreille, et leur longue sarbacane à pointe de lance qu'ils tenaient d'une main sûre.

A la mi-journée, les marcheurs n'en pouvaient déjà plus. La jungle était une succession de montagnes russes qu'il fallait gravir les unes après les autres, au prix d'efforts exténuants. Au sommet d'un col, en montant sur un kapur de belle prestance, Ngitun crut apercevoir au loin les sources d'une rivière.

— Sans doute un des cours d'eau qui forment la Lurah, décréta Jama qui avait naguère sillonné ce territoire, au cours de missions de sabotage en territoire indonésien, où leurs frères penan étaient plus maltraités encore qu'au Sarawak.

— Que préconises-tu ? lâcha Agan.

— Il n'est pas prudent de franchir la frontière, même si cette rivière nous y invite, répondit Jama, qui trouvait tout de même que la rencontre tardait. L'Indonésie commence là où je pose mon pied. Dans quelle direction vont maintenant leurs traces ? s'enquit-il auprès de Beherem.

L'éclaireur qui venait de fourrager dans les parages était perplexe. Des alignements de feuilles indiquaient un sentier qui par un autre col les ramenait à leur point de départ. Pourquoi tournaient-ils en rond ?

— Si tu vas dans la direction qu'ils indiquent, prévint Jama, tu tomberas sur les restes du campement où ils ont passé la nuit et tu y trouveras d'autres messages. Tu sauras alors comment les rejoindre, pour leur dire où nous sommes.

— Et où serez-vous ?

— La rivière n'est pas loin, mais elle est chez les Indonésiens, qui eux aussi nous pourchassent. Nous allons revenir sur nos pas et nous dormirons où nous avons dormi la nuit dernière.

Personne ne contesta sa décision, sauf la panthère aux yeux de ciel, qui aurait voulu suivre l'éclaireur. On dut la retenir, et Uian eut bien du mal à lui faire admettre les explications de Jama.

— Si nous leur courons après, nous risquons de ne jamais les rattraper. Si elle part avec Beherem, le plus rapide des coureurs des bois, elle va le ralentir. Si elle nous suit, nous attendrons dans un endroit propice, que nous connaissons déjà, et l'éclaireur saura les conduire jusqu'à nous.

Il lui fallut un certain temps pour se rendre à cette évidence, et le soir même, les Penan retrouvaient Dja-au Lat et Lakei Petujek occupés à dépouiller un sanglier, la chasse du jour. Deborah n'en pouvait plus, mais n'osait le montrer devant la résistance dont faisaient preuve Aueng et Agan qui devaient ressentir une fatigue autrement plus invalidante que la sienne, et ne s'en plaignaient pas. Les *ceprut* étaient toujours là, alignés devant les deux huttes, les sarbacaniers de garde ne les ayant pas enlevés, comme s'ils s'étaient doutés qu'ils allaient resservir le soir même. Sur un barbecue de rondins fabriqué à la hâte, les Penan firent griller des côtelettes. L'odeur des graisses qui rissolaient sur la braise aiguisa les appétits. C'était le moment de la journée le plus pénible à supporter, celui où le soleil écrasant avait transformé en vapeur la précédente pluie. Le moindre effort provoquait des jets de transpiration. Les Penan demi-nus n'en souffraient pas beaucoup. Leur pagne léger n'empêchait pas la sueur qui coulait sur leur torse de s'évaporer. Par ailleurs, leurs glandes sudoripares, adaptées au climat, étaient plus économes que celles de Deborah, dont la veste et le pantalon étaient littéralement trempés. Avant de se coucher, elle alla se laver au ruisseau, passa un sarong pour la nuit, rinça ses vêtements dans l'eau claire, les essora, et vint les étendre sur les solives, à côté de sa natte. Le sommeil fut long à venir. Elle était envahie par des bouffées de peur et des interrogations douloureuses. Judik et Claire s'aimaient-ils ? L'avait-il oubliée ? N'était-elle pas un trouble-fête ? Quelle fête ? C'était un drame qu'ils vivaient tous, et elle en redoutait l'apothéose. Demain. Vite ! Demain ! Judik était tout près, si près qu'elle en avait la chair de poule. Oh, Judik ! Judik ! Elle sourit et ses paupières se fermèrent sur un début de rêve qui n'avait rien d'un cauchemar.

L'odeur l'éveilla, c'était l'odeur de la penderie, place de la Contrescarpe, puissance dix. Il ne devait pas être très loin, pour qu'elle le sentit aussi fort. Il faisait encore très sombre. Ce vert, d'où pouvait donc provenir tout ce vert qui captait les premières lueurs du jour ? *My God !* C'étaient ses yeux, penchés sur elle, et qui la scrutaient en l'inondant de tendresse. Ses lèvres se posèrent sur les siennes et leurs souffles se mêlèrent lentement. Judik ! Elle faillit crier de joie. Il mit un doigt devant sa bouche.

— Chut, fit-il, ils dorment presque tous, ne les réveillons pas !

— Tu as l'air d'un vrai Penan ! Ça fait drôle de te voir avec une frange tout autour de la tête.

— C'est la mode par ici, je n'ai pas eu le choix du coiffeur.

Elle sentit ses joues s'échauffer. Une chaleur qui fourmillait à fleur de peau incendia sa poitrine, et la fit rayonner d'une joie qui illumina ses yeux jusque-là embrumés de sommeil. Non, elle ne dormait plus. Il était bien penché sur elle, et il l'embrassait, comme si elle l'avait quitté la veille. Les mois écoulés paraissaient abolis. Elle n'avait pas eu d'aventure avec John Désilet, ni couru la jungle dans le seul but de vivre cet instant présent, et de le ramener avec elle. Et lui, il était resté place de la Contrescarpe, sagement penché sur ses bouquins, n'avait pas revu Claire qui vivait heureuse sur les sentiers encore libres des derniers chasseurs-cueilleurs de Bornéo. Si elle eut une fraction de seconde l'illusion qu'il en était ainsi, la réalité reprit ses droits. Malgré l'obscurité, elle crut déceler, en lisant avec avidité sur le visage de son bien-aimé, quelque chose de nouveau qui l'intrigua. Des plis soucieux étaient en formation, à peine visibles, à la racine de son nez, et des deux côtés de sa bouche. Et tout au fond de ses pupilles couvait une lueur qu'elle ne connaissait pas, aussi lointaine que le halo de la Voie lactée.

— Claire n'est pas là ? chuchota-t-elle d'un ton qu'elle voulut indifférent.

— J'ai pris un peu d'avance. Beherem nous a rattrapés. Il m'a dit où vous étiez. Je suis venu aussitôt avec Abu, le frère de Kurau, qui est mort, comme tu le sais sans doute.

— Nous avons appris la nouvelle. Oh, Judik, je suis si soulagée de te voir !

Elle se redressa d'un coup, l'obligeant à reculer, s'assit en tailleur, et le fixa d'un air soucieux.

— Tu as beaucoup maigri. Tes joues se sont creusées, tes yeux et ton sourire, *my great chaman*, sont en revanche toujours aussi ravageurs.

— Est-ce une déclaration ?

La vision de Claire et lui enlacés, qui avait traversé son esprit sous Tik le banian du Pied du Buffle, tenta une percée dans sa pensée troublée. Elle la rejeta. La joie provoquée par la présence de Judik ne devait pas être gâchée. Elle n'avait pas fait tout ce chemin pour se laisser envahir par de médiocres appréhensions. Se détestant un instant d'avoir été si trivialement possessive, elle lui tendit une nouvelle fois les lèvres.

— Viens, fit-il, ils dorment encore tous, seul Keraji est debout. Il faisait le guet. En ce moment il discute avec Abu, et ils ont des tas de choses à se dire. Eloignons-nous un peu avant que les autres n'émergent !

— Allons au ruisseau. On pourra s'y baigner.

— C'est une bonne idée, je dois sentir le bouc.

— Le vieux bouc en rut, plaisanta-t-elle avec cet accent british qui le faisait craquer.

Sur la pointe des pieds, ils sortirent dans la lumière du petit matin, traversée de lanières de brume. Comme l'avait dit Judik, Abu et Keraji, tout en rongeant des os laissés la veille, devisaient à voix basse, avec une économie de mots. Ils étaient appuyés sur le bois du barbecue, comme deux complices accoudés à un bar. Ils ne s'aperçurent pas ou plus exactement ne voulurent pas s'apercevoir de l'escapade de la panthère — elle s'était fait un surnom — et du chaman dont ils attendaient des miracles.

Il la tenait par la main. Empêtrée dans son sarong, sa tenue de jour encore mouillée dans son autre bras, elle avait du mal à suivre. Elle lui montra la cuvette rocheuse, dans le lit du ruisseau.

— Montons plus haut, dit-il, je suis à peu près sûr que nous trouverons mieux.

— Tu connais déjà, peut-être ?

— A environ une demi-heure de marche d'ici, il y a un trou d'eau important. On pourra y nager.

— Tu y es déjà allé ?

— Ça fait plus d'une semaine que nous rôdons dans ce coin et changeons chaque jour de place pour ne pas nous faire repérer.

— Ici, nous sommes pourtant à l'abri.

— Aucun endroit n'est sûr. Ils peuvent surgir du ciel à tout moment.

Le sentier grimpait dur, et ils devaient parfois s'arrêter pour continuer de parler sans trop s'essouffler. La vasque d'eau d'un vert sombre apparut au fond d'une étroite clairière traversée par un ruisseau, qui faisait entendre son clapotis de fontaine coulant dans un bassin. Un meranti d'une envergure exceptionnelle, aux racines protubérantes, et au tronc plein de nœuds, plus large que ces camions qui emportaient les grumes, trônait impérialement au centre de ce site. Deborah était émue aux larmes. La voix du chaman y était pour beaucoup.

— Il ne sait plus, tant il en a vu passer, combien de saisons il a. C'est un grand Vénérable. Il s'appelle Ragan. Je le connais déjà. C'est le plus vieux de tous dans ces confins où sourdent les rivières qui irriguent Bornéo. Allons nous baigner, veux-tu ?

Leurs regards se croisèrent, et elle sut avec certitude, comme s'il le lui avait dit en clair, qu'elle vivait leurs ultimes instants d'intimité. Jamais auparavant elle n'avait décelé en lui une telle sérénité, comme s'il avait atteint son but. Les Boloven lui avaient confié une mission. Dans un monde aussi sourd, c'est ici qu'il devait être, parmi ceux qui étaient en train de disparaître avec leur forêt pluviale, et dont personne ne se souciait.

Son estomac se tordit sous l'effet d'une crampe. Elle blêmit. Le sourire de Judik, les yeux de Judik, et sa main qui la tirait vers ce lac pour deux, ce petit lac perdu, inconnu du reste du monde. Elle se laissa guider, hébétée de douleur, et il la projeta dans l'eau par surprise. Elle émergea en poussant un cri de fureur suivi d'un éclat de rire et ils s'ébattirent comme deux gamins, faisant peur aux poissons qui ignoraient encore les attaques à l'explosif dont étaient victimes leurs semblables dans les basses vallées. Fougueusement, ils s'embrassèrent, se coulèrent, s'éclaboussèrent, puis vint le moment où il l'invita à venir se reposer au pied de l'arbre géant.

— Tu veux me faire le grand jeu comme tu l'as fait à Claire ?

Il n'y avait pas eu de jeu, avec Claire, seulement un désir de combler le même vide, une poussée de vie, une force sans laquelle la mort sortirait victorieuse à chaque coup. Lui expliquer cela ne fut pas nécessaire. Elle entendit sa voix en son for intérieur, et elle eut honte encore de s'être laissée aller. Ils s'enlacèrent au pied de Ragan.

— Dans cinq ans, dix au plus, cet arbre sera mort, coupé net, lui dit-il dans le creux de l'oreille. Il s'en doute, il sait que ses jours sont désormais comptés. Mille années d'histoire et de mémoire de cette forêt pluviale seront ainsi effacés pour remplir les poches des affairistes chinois, japonais ou occidentaux et des dirigeants malais. Ecoute-le bien, il a des tas de choses à nous dire.

— Je ne t'ai jamais connu aussi pessimiste.

— Le démantèlement brutal des Amis de la Grande Mère ne t'a-t-il pas fait comprendre que nos idées ne sont pas encore à la mode sur cette terre divisée en blocs, où s'affrontent des idéologies matérialistes, et des hommes avides de pouvoir et d'argent ? Pourtant il y a urgence. Faudra-t-il attendre qu'il n'y ait plus aucune ethnie des origines, plus aucune de ces merveilleuses biodiversités où l'homme et la nature, inchangés depuis le commencement, font encore bon ménage, pour que les scientifiques relancent le cri d'alarme que nous avons essayé de pousser sans succès, en déchaînant sur nous la colère des Etats ?

— Si tu sors avec moi, ils n'oseront pas te tuer.

— Erreur, ils nous tueront tous, toi comme les autres, et ils diront au papetier Williams que sa fille, prise en otage par les Penan, a été victime d'une balle perdue au moment de l'assaut.

— Je vois d'ici la réaction de mon père, rigola-t-elle. Ou il meurt sur le coup d'un infarctus, ou il les agonit d'injures, et leur coupe les vivres.

— Il ne pourra pas !

— Comment ça, il ne pourra pas ? Sans ses investissements, ce pays battrait de l'aile.

— Sans le bois de Bornéo, c'est son affaire qui battrait de l'aile.

S'ils avaient eu cette discussion au Procope ou au Bonaparte en dégustant un bon chablis, cela n'aurait rien eu d'insolite, mais ici, à poil sous ce Vénérable, près d'un bassin naturel, cerné d'oiseaux bruyants, où un sanglier grognon, sans se soucier d'eux, passait tranquillement pour aller s'abreuver, c'était à ne pas y croire. Deborah ferma un instant les yeux et les rouvrit pour se convaincre qu'elle ne rêvait pas. Jamais à Paris, lorsqu'ils débattaient à la terrasse des cafés, ils n'auraient pu imaginer une telle situation, et pourtant... Ils étaient bien là, serrés l'un contre l'autre, dans cette forêt des origines, et, elle en avait maintenant la certitude, pour la dernière fois. Chaque mot, chaque geste avait quelque chose de définitif. Tout en se parlant, ils s'effleuraient de leurs mains, et ces caresses les préparaient sans qu'ils s'en rendissent vraiment compte à une tout autre conversation. Ayant bu à satiété, le vieux solitaire, le groin au ras du sol, et toujours renâclant, les frôla presque, sans leur contester le droit de musarder à l'ombre d'un meranti.

— Tu as raison, *my great chaman*, mon père n'est d'ailleurs plus vraiment le patron de sa société. Des jeunes à la dent dure, beaucoup plus que ce sanglier ronchon qui nous a foutu la paix, veulent doubler les profits pour montrer qu'ils font mieux que lui.

— Et ils feront mieux que lui, ce n'est pas compliqué, dit-il, il suffit de nier les problèmes humains que posent les restruc...

Il n'avait plus l'esprit à parler de choses sérieuses. Leurs yeux étaient comme aimantés. Le fil de ses pensées se rompit. Que voulait-il dire au juste ? Et surtout est-ce que ce qu'il allait dire changerait quoi que ce soit à leur destin ? Non ! Ils étaient en train de gaspiller les instants d'intimité qu'il leur restait à vivre. Dans les pupilles dilatées de Deborah, il y avait tout : une soif, une supplication, une désespérance, de la résignation et aussi de la joie et de la combativité. Ce mélange les faisait briller d'un éclat unique. Elle s'agrippa à lui, comme un aigle qui aurait voulu l'emporter dans ses serres, le tirer de là, pour le hisser en un lieu hors d'atteinte. Il brûlait de se laisser soulever, de disparaître avec elle. Il l'aimait du fond de son être, il l'aimait parce que, indépendamment de son apparence physique, qui n'était pas chez elle un désavantage, elle était une force toujours positive. Que de moments merveilleux avaient-ils partagés, même s'il en avait connu d'autres qui avaient compté pour lui ! Elle, c'était sa Débo, celle qui avait su lui rendre l'existence légère à sa sortie de la vallée cachée, qui l'avait accompagné dans ce milieu urbain dont il était coupé depuis plus de trois ans, rendu, quand il le fallait, plus combatif, poussé quand c'était nécessaire, tranquillisé bien souvent, et protégé évidemment. Sa présence dans ses bras, si loin de tout, dans ce morceau de biosphère encore préservé, en était une preuve. Il lui exprima tout cela par le regard, et elle lui répondit de la même manière, les mots étaient devenus inutiles. Leurs bouches se mordillaient avec une faim de tendresse. Elle était en train de lui dire adieu, il ne leur restait que très peu de temps à partager, mais ce très peu, c'était l'éternité !

Ragan le meranti s'impatientait, la Grande Mère aussi peut-être, et les deux amants étaient bien trop occupés pour se soucier d'eux. Il dut dire les codes sans s'en apercevoir, car la lumière monta d'un coup, et vint les rejoindre dans une relation amoureuse qui sans cet apport ne serait restée qu'humaine. Ils furent aspirés dans le vortex qui les projeta au cœur de l'énergie initiale. Soudain, ils étaient vraiment deux en un, une fusion totale dans le creuset matriciel qui les brassait comme des particules. Tels les premiers êtres vivants, ils explosèrent en arborescences. Végétaux, reptiles, mammifères ils devinrent, n'étant plus rien et tout cela à la fois. Quand ils furent rejetés sur terre, après avoir été expédiés aussi loin en arrière, l'étourdissement du retour fut à la mesure du voyage. La messe chamaniste était dite. Lui-même, qui communiait chaque jour, n'avait jamais atteint une telle transcendance. Leurs yeux en s'ouvrant leur indiquèrent qu'ils avaient réintégré leurs corps respectifs, et ils furent aussitôt envahis de regret. Ils étaient si bien, à la fois soudés l'un à l'autre et éparpillés, comme si chacune de leurs cellules s'était détachée pour reprendre son autonomie d'origine, et recommencer à la base le cycle de la vie. Grande Mère, quelles vibrations !

22

La dislocation

Après avoir vécu un tel transport, il eût été superflu de se faire souffrir en s'attardant sur une séparation qui arriverait bien assez tôt. Deborah se plongea dans les yeux verts de Judik avec une résolution complice et extraordinairement aimante. Le perdre, au moment où, après avoir sillonné Bornéo dans des conditions plutôt rudes, elle venait à peine de le retrouver, était une épreuve difficile à accepter. Le renoncement ne faisait pas partie de sa culture. Elle refoula ses objections, pour ne pas troubler l'harmonie qui rayonnait en eux. C'est elle la première qui refit surface.

— Même si nous devons ne plus nous revoir, comment, après cela, pourrai-je t'oublier ? dit-elle en lui décochant des baisers sur les joues et sur les épaules. Ton souvenir remplira le reste de mon existence, et chaque jour, où que je sois, je me remémorerai ce lieu.

— Toi aussi Débo, tu peupleras tous mes songes.

Pourquoi penser à demain ou même à tout à l'heure ? Le présent seul était sans ombre, et elle ne voulait pas en perdre une miette. Scrutant le visage de Judik avec une indulgence amoureuse qui faisait pétiller son regard, elle le vit perdre de sa sérénité.

— Claire devra te suivre, ajouta-t-il, et cela ne va pas être simple de l'y contraindre !

— Pourquoi voudrait-elle rester, pour toi ? fit-elle d'un ton moins neutre, qu'elle regretta aussitôt.

— Non, pour l'homme qu'elle aimait, pour Kurau. Elle a eu de lui un fils, qui a deux ans à peine. Elle est devenue une vraie Penan, et elle souhaite que l'enfant ait cette éducation.

— Alors, pourquoi vouloir la faire partir ?

— C'est une anthropologue extraordinaire. Si ce peuple vient à disparaître, elle seule saura raconter son histoire, faire connaître sa culture et son langage.

— Ça leur fera quoi, aux Penan, s'ils ne sont plus là ?

— Il ne s'agit pas d'eux simplement, Débo, c'est de l'humanité dont il est question. Même si elle évolue en pleine déraison, il est impératif de ne pas la priver de mémoire. Les hommes ne sont pas tous semblables, et certains peut-être trouveront dans les écrits de ceux qui ont aimé ces peuples des origines une raison de lutter contre la soif de pouvoir et d'argent. La mission de Claire est claire, la tienne aussi d'ailleurs.

Il sourit et caressa la longue chevelure rousse encore mouillée.

— Tu crois vraiment qu'on pourra arrêter toutes ces dévastations ? dit-elle.

— Vous vous y emploierez, elle, toi, et d'autres avec vous, mais pas aussi naïvement que nous l'avons fait au début.

— Sais-tu que le père Madec est mort, que beaucoup l'ont suivi, et que les Amis de la...

Il la coupa.

— J'ai appris tout cela par la radio.

— Vraiment, Judik, nous ne menacions personne ! Tous ces sympathisants qui venaient à Tréhorenteuc, et tous ceux qui ont adhéré au mouvement, détestaient la violence.

— Nous nous sommes laissé griser par le succès de nos livres. Il y a eu un embrasement, c'est vrai. Les pompiers étaient là pour l'éteindre, dès qu'il prit un peu trop d'ampleur. Gandhi aussi détestait la violence. Il en est mort, comme sont morts nos meilleurs compagnons.

— Alors comment lutter, s'ils ne nous laissent pas nous exprimer ?

— Ça va être très dur. Partout c'est le pillage. Les taïgas, les toundras, les jungles sont en passe de disparaître. Des milliers d'espèces animales et végétales, des peuples animistes entiers, héritiers directs des premiers hommes, s'éteignent ou se corrompent sous nos yeux chaque jour. La simple raison devrait conduire les nations à stopper immédiatement les déboisements forcenés et à ralentir sans tarder leurs pollutions, mais tous les Etats, sans exception, sont complices. Ceux qui tirent les ficelles s'obstinent, pour des profits immédiats, à ne pas reconnaître qu'ils mènent l'humanité à sa perte. C'est proprement terrifiant.

— Ne prends pas le ton d'un prophète, je n'aime pas ça. Les grandes phrases cachent souvent d'inavouables frustrations, dit-elle pour détendre une discussion qui les rendait moroses.

— Quelles frustrations ?

— L'envie d'être reconnu, vénéré peut-être ?

— Ce n'est vraiment pas mon souci.

— Je le sais, alors un peu moins de bla-bla, *please* ! Tu m'as déjà raconté tout ça.

C'était vrai qu'elle n'était pas venue là pour l'entendre prêcher.

— C'est mon côté curé !

— Missionnaire, va !

— On m'a déjà dit ça.

— Claire ?

— Qui d'autre ?

Et ils se turent. Ils se turent, parce que ce qui se passait sous leurs yeux était beaucoup plus captivant que leur conversation. Des cervidés s'approchaient du point d'eau. Le chef de harde les fixa, l'air de dire : restez là où vous êtes, si vous venez vers nous, je fonce. Et ses andouillers étaient dissuasifs. Les zambars n'aiment pas les hommes, pas même les Penan, qui les tuent trop souvent pour les manger. Les deux êtres allongés sous l'arbre le plus noble des parages ne leur inspirèrent aucune crainte. Les ayant intimidés, histoire de les tenir à distance, le mâle s'en désintéressa pour rejoindre les biches et leurs petits qui buvaient déjà.

Judik était rodé aux émotions de ce genre, Deborah non. Les faons sautillaient au bord de l'eau, faisaient des galipettes ou des écarts craintifs. Elle n'osait plus bouger. C'était un instant de pure merveille.

— Oh ! *My great chaman*, finit-elle par s'extasier quand les femelles et leurs petits, rassemblés par le cerf, s'égaillèrent dans les fourrés, quel dommage que le temps ne puisse se figer !

— Tu t'ennuierais vite.

— Le bonheur ne peut être ennuyeux !

— Parce qu'il n'est que passager. S'il devait être constant, on finirait par le trouver triste.

— Moi pas, parce que je suis futile. Les Boloven t'ont sans doute appris à te libérer de tes inhibitions, à mieux aimer ton prochain, dit-elle en plissant son nez d'un air malicieux, les femmes surtout ! Ils n'ont pas su t'enseigner l'insouciance. Tu en es incapable au-delà de quelques minutes !

— Le contexte ne s'y prêtait pas.

— Et c'est aussi ancré dans ton caractère. Autrefois, tu rêvais de mourir en évangélisant des païens insoumis. Te voici maintenant risquant le martyre pour avoir propagé leur foi que tu as adoptée.

— J'ignorais que ma vocation me harcèlerait à ce point, railla-t-il. Je n'ai pas cherché cette situation, crois-moi, et quand l'agressivité de ces messieurs sera calmée, je saurai où te retrouver pour te demander asile.

— Et si j'ai refait ma vie ?

— Cela ne t'empêchera pas de m'héberger.

— Si je t'héberge, celui qui vivra avec moi va devoir se montrer extrêmement compréhensif quand je lui dirai que faire l'amour avec toi, au pied d'un de nos grands chênes d'Amérique ou de France, ce n'est pas de l'infidélité, mais un acte mystique.

— Faudra-t-il donc que je t'évite ?

— Surtout pas ! Aucun homme ne pourra occuper ta place. C'est la première, et elle t'est réservée.

— Et s'il le prend mal ?

— Nous n'en sommes pas là. Si c'était le cas, il me décevrait beaucoup et je ne me sentirais plus en emp... Comment tu dis, déjà ? En empathie avec lui. Si je devais vivre avec un autre homme que toi, sache que la première chose que j'exigerais de lui, c'est qu'il soit aussi indépendant de corps et d'esprit que moi-même !

Des macaques queues-de-cochon s'agitaient dans les lianes, troublant de leurs cris aigus le chœur des verdins, bulbuls, oiseaux bleus des fées et brèves aux couleurs époustouflantes, qui piquaient sur le bassin, frôlaient l'eau de leur bec en battant des ailes, et remontaient en flèche se percher tout là-haut, pendant qu'un argus se pavanait sur la berge, déployant en éventail son plumage ocellé où brillaient de faux yeux scrutateurs. Une réminiscence du petit étang de jade de la vallée cachée où Jamia l'éléphant et la mule Doliane s'ébattaient au milieu des enfants vint serrer le cœur de Judik. S'il en avait eu le pouvoir, il aurait rassemblé les deux lieux en un seul, puis regroupé Boloven et Penan dans ce site unique.

Il faisait maintenant grand jour, et la chaleur commençait à peser. Se lever, se vêtir, retourner au camp, c'était ce qu'il fallait faire. Ni l'un ni l'autre n'en avait envie.

— Quel est le déclic qui a tout déclenché et fait que l'homme ne s'est plus contenté de ce que la nature lui offrait ? s'exclama-t-elle devant tant de beauté.

— Il se peut que devant un gibier de plus en plus rusé ou rare, nos très lointains ancêtres aient ressenti le besoin d'une évolution technique et se soient diversifiés, répondit-il. Pendant qu'ils chassaient, leurs femmes ont probablement découvert l'agriculture et l'élevage en apprivoisant des animaux sauvages et en faisant pousser des graines autour des campements. Du jour où la production fermière devint plus performante que la cueillette et la chasse, ils se sédentarisèrent et confinèrent leurs ingénieuses compagnes, qui avaient patiemment inventé l'agriculture, aux tâches subalternes. A partir de là, on entre dans l'histoire. Ce n'est plus la Terre qui gouverne l'homme, c'est l'inverse.

— A moins d'un cataclysme à l'échelle du monde, ça ne changera plus, fit-elle.

— On pourrait au moins laisser vivre à leur guise ces petits peuples rescapés des premiers temps. Ce n'est pas trop demander. L'humanité ne sait déjà pas où elle va. Quand elle ne saura plus d'où elle vient, elle n'aura plus aucun repère. Comment la secouer, comment faire comprendre aux gens que leurs millions et millions de voitures endommagent chaque jour gravement l'atmosphère, et que s'il n'y a plus de forêts pour la recycler, ils mourront d'asphyxie ?

Ses obsessions le reprenaient. Ne voulant pas s'enliser dans le défaitisme, il changea brusquement de sujet.

— Sais-tu pourquoi chez les Penan, et chez les Boloven, le mot merci n'existe pas ?

— Parce qu'ils sont mal élevés, dit-elle pour le piquer.

— Non, fit-il en riant. Tout est si équitablement partagé qu'aucun d'eux n'a de merci à dire à personne.

— Sauf à celle qui leur accorde le droit d'exister, objecta-t-elle.

— La Terre est la seule vis-à-vis de laquelle ils se sentent redevables, c'est vrai !

Il ferma les yeux, huma profondément l'arôme des orchidées grimpantes, tout en effleurant de la main les longs cheveux de la panthère rousse aux yeux de ciel, qui en peu de jours avait réussi à se faire un nom chez ses hôtes. Le spleen s'insinua de nouveau en lui.

— « Mais quel étrange bruit font dans le crépuscule, ces chênes qu'on abat, pour le bûcher d'Hercule ! »

— Ça y est, ça te reprend, le réprimanda-t-elle. De qui sont ces vers que tu m'assènes d'une voix d'outre-tombe, de Chateaubriand ?

— Non, de Victor Hugo !

— C'est du pareil au même.

— Hercule, c'est l'Occident, le Japon, la Chine, la Russie, et tous les pays qui les suivent, reprit-il d'un air absent, comme s'il ne l'avait pas entendue. Hercule, ce sont ces hommes de la pierre et du fer qui ne cessent de croître au détriment des autres espèces et qui sont devenus en quelques siècles à peine une colossale multitude. Le bûcher, c'est la demande gloutonne d'énergie que ce demi-dieu gaspille pour se repaître et grossir encore plus. Viendra l'heure où ayant totalement détruit la biosphère, il s'apercevra qu'il lui faut mourir à son tour. Il n'est qu'un demi-dieu après tout, un demi-dieu qui dépend exclusivement des ressources de la Terre ! Sa peur sera incommensurable !

— Encore des phrases définitives ! Et après, il n'y aura plus rien ?

— Si ! Tout recommencera.

— Tu penses que l'homme, comme le Phénix, renaîtra de ses cendres ?

— L'homme tel qu'il est, pas sûr ! L'intelligence, elle, ressurgira, cela ne fait aucun doute.

— Elle pourrait ne pas avoir notre apparence ?

— Nous étions le produit achevé d'un environnement donné. Celui-ci a changé à cause de nos souillures. Le miracle teilhardien de l'homme épicentre de l'univers était une idée alléchante. J'y ai cru parce que, comme lui, je pensais que la sagesse finirait par triompher. Les sédentaires ont façonné la surface du globe selon leurs seuls besoins qui se sont révélés sans limite. Ils en tirent le maximum, obèrent ses possibilités de recyclage. Si l'homo sapiens disparaît un jour de notre planète, celle-ci retrouvera, j'en suis convaincu, sa créativité première. Sur les ruines qu'il aura laissées, la vie rejaillira, et au bout de la chaîne, la pensée refleurira comme la première fois. Quelle tournure aura-t-elle ? Je l'ignore. La Grande Mère échaudée ne commettra peut-être pas la même erreur, et limitera les capacités de nuisance de ceux qui en seront les dépositaires.

— *My God !* Tes prédictions sont vraiment à très, très long terme ! Il voit loin, le chaman.

— Qu'est-ce que cent ans ? Qu'est-ce que mille ans... fit-il avec une grimace d'autodérision qui anticipait la réplique de Deborah.

— Encore des citations. Moi, c'est à aujourd'hui que je pense.

— Tu es journaliste. Agis en informant. Même si tu te heurtes à des censures inavouées et à des portes closes, je suis bien placé pour savoir que rien ne t'arrêtera. Surtout plus d'association ! Ça nous a coûté cher ! Un jour viendra où l'idée de créer des musées de la biodiversité, des réserves de biotope, ne fera plus sourire. C'est à ça que tu dois travailler avant qu'il ne soit vraiment trop tard !

Il avait à peine achevé sa phrase qu'une vibration lointaine affola la canopée. Le bruit devint plus fort. Un frémissement de frayeur parcourut la jungle. Les animaux se précipitèrent dans leurs nids, leurs terriers, leurs tanières ou leurs souilles, et ne bougèrent plus. Judik et Deborah se dressèrent d'un bond. Il remit son pagne, elle sa tenue de jungle.

— Ils nous cherchent, s'écria-t-il.

— Vite, filons !

L'hélicoptère frôla la cime des arbres dans un staccato de pales qui pétrifia la faune du secteur, s'éloigna jusqu'à devenir inaudible, revint comme s'il faisait des cercles, tournoya de nouveau et repartit au loin. Les deux amants redescendirent le chemin au pas de course, lacérés par les épines des plantes adventices qui s'agrippaient à tout pour tenter d'accéder au soleil. Au camp, c'était le désarroi, et les Penan qui s'apprêtaient à aller les chercher furent tranquillisés de les voir apparaître.

L'avant-garde des sarbacaniers fugitifs venait d'arriver. Claire était avec eux, et observait le couple de retour de son escapade d'un petit air rieur. Deborah ressentit un pincement. Refoulant cette pointe de jalousie, elle s'approcha le visage ouvert. Dès l'instant où leurs regards se croisèrent, elles se sentirent proches, déjà, et presque complices. Elles étaient de la même trempe, et le courant entre elles passa sans réserve. Leur poignée de main scella un pacte d'amitié sans qu'elles eussent à se dire un mot, puis d'un élan commun, elles s'embrassèrent. Tyol éveillé par l'agitation ambiante se mit à protester. Judik le retira de son nid de rotin pour le tendre à sa mère. Sa bouille métisse et ronchonne ainsi que sa tignasse noire firent craquer Deborah.

— Il est magnifique, s'exclama-t-elle pendant que Claire ouvrait son chemisier. Tu l'allaites encore à son âge ?

— Ici, il faut les accompagner pendant au moins deux ans. Tyol en a deux et demi. Je ne brusque pas le sevrage. Notre stress se répercute sur lui. Il a besoin d'être sécurisé et je le rassure ainsi.

Elle s'adressa au petit glouton avec une mimique faussement coléreuse.

— Profites-en bien, ça ne durera pas !

Sous son regard profond, deux cernes bleutés soulignaient sa lassitude. Deborah fut séduite par ce mélange d'énergie et de tendresse qu'elle dégageait, et Claire par les taches de rousseur sur le nez retroussé de la jeune Américaine. Tout en se découvrant les deux femmes avaient l'impression de se reconnaître.

Autour d'elles les Penan commençaient à paniquer. Le chaman, pour les apaiser, leur proposa de venir consulter la Grande Mère sous l'un des Vénérables les plus proches des huttes. Il s'appelait Jilmo. C'était un kapur qui n'attendait que ça. Tandis que l'hélico refaisait un passage, Agan, Aueng, Uian, Jama, Beherem, Ngitun, Keraji, et les autres, ainsi que Dja-au Lat et Lakei Petujek qui restaient dubitatifs, se tinrent par la main, firent un grand cercle autour du tronc puissant et attendirent. Pas longtemps. Jilmo rougeoya d'un coup. Les néophytes, qui ignoraient encore la flamboyante caresse de la Grande Mère, furent frappés d'ébahissement. Elle les emporta tous dans son grand tourbillon...

Après un tel périple, ils avaient du mal à se remettre. Les deux plus sourcilleux des sarbacaniers retrouvèrent un sourire perdu depuis l'enfance. Non, ils n'étaient pas seuls ! Elle était là, vivante, éblouissante de clarté, et si douce à la fois. L'hélico qui continuait de tournoyer dans les parages n'avait plus d'importance. Ils ne l'entendirent même pas. Des millions d'années avaient défilé en eux, en quelques secondes. Il y avait de quoi avoir le vertige. Certains doutaient encore et cherchaient à comprendre ce qui leur était arrivé. Abu à voix basse répondait à leurs nombreuses questions. Le chaman leur faisait un peu peur. Ils l'observaient de biais, avec une craintive réserve.

Le vieux mage Agan tomba à genoux, au pied de Jilmo. Toute sa vie il avait espéré recevoir un signe de la Terre, et là, d'un coup, bien qu'il y fût préparé, il venait d'être emporté par Ini la Divine, avait traversé le temps, était remonté au chaos du début, pour s'anéantir dans l'âme de la Grande Mère qui se situait à la fois très haut dans le firmament, loin de son corps, et dans cette partie tiède d'elle-même, proche du magma bouillonnant sous sa croûte féconde. Comme les autres, il avait refait tout l'itinéraire de l'évolution, et en plus, à la fin, il avait rencontré Salti adossé contre Tik, son banian favori du Chemin des ivresses. Son condisciple lui avait bien confirmé que le chaman, avec l'argent de la panthère rousse aux yeux de ciel, leur avait offert une existence légale sur un site superbe d'où on ne pourrait plus les déloger. Condamnés à rester sur place, à vivre comme les hommes de la pierre et du fer sur ce lieu immobile, les Penan du Pied du Buffle cultivaient désormais les sols et oubliaient la mouvance. A cela, Agan ne se résignait pas. Il voulait finir comme il avait commencé, homme des ombres et des feuilles, chasseur-cueilleur de père en fils, et mage par vocation. La chance lui souriait. Maintenant qu'il avait rejoint le dernier carré des purs et le chaman, il ne les quitterait plus.

Durant sa transe, le vieil Aueng avait rencontré, après le grand tournis, tous les ancêtres qui peuplaient l'*oia abeng* — l'histoire orale des Penan —, il avait parlé avec certains, salué les plus anciens, ceux qui n'avaient pas encore domestiqué le feu et qui auraient vécu dans la frayeur sans la connaissance du grand Secret, qu'un mage mort prématurément n'eut pas le temps de transmettre à son successeur. Même la sarbacane leur était alors inconnue. Il les avait vus plonger leurs mains dans les terres ocre, et les appliquer tous ensemble sur les parois des grottes qui les abritaient, de façon à exprimer leurs liens fraternels. Ce message adressé à la postérité, cette première œuvre humaine, le toucha, comme s'il en avait été l'un des auteurs.

Le jeune Uian était tout chamboulé. Il regardait le chaman comme s'il était en présence d'un illusionniste de génie.

Il avait l'impression d'avoir traversé toutes les galaxies, puis survolé la Terre dans sa globalité, d'abord avec la chevelure verte et dense de sa prime jeunesse, ensuite telle qu'elle était aujourd'hui, lépreuse, couverte de plaies, d'escarres, de croûtes, de tavelures, avec des champs immenses où l'arbre n'avait plus le droit d'exister. Juste avant de reprendre ses esprits, il était lui aussi passé par le Pied du Buffle et y avait rencontré Ponhli, assis à côté de son père sous la chevelure du Vénérable Tik, et le fils de Salti, pourtant de deux ans son cadet, l'avait incité à entrer au collège, en lui sortant un laïus qu'il connaissait par cœur. Cette expérience irrationnelle, bien qu'il s'y attendît, le laissa pantois.

— Je ne suis pas un sorcier, intervint Judik avec un léger accent qui trahissait son origine étrangère. Je peux entrer en relation avec les vieux feuillus ou résineux, et ensemble nous parvenons à faire monter l'esprit de la Grande Mère. Les hommes sont si cruels avec elle qu'elle les a pris en grippe et n'accepte de s'exprimer que rarement. Je ne décide rien. Elle s'adresse à chacun selon son attente. Tu te demandais si tu devais venir avec nous ou suivre des études, n'est-ce pas ?

Il fit oui de la tête.

— Eh bien, elle t'a, je crois, donné des éléments de réponse, non ?

— Rien ne t'échappe !

— Erreur, rien ne lui échappe à elle ! Dès l'instant où elle est en contact avec toi, elle te lit en entier.

— Tu minimises ton rôle, fit l'adolescent qui ne savait pas dire vous, sauf en anglais.

— Je te le redis, mon rôle, comme celui des grands Vénérables, est limité. Seul, je ne suis rien. Seul, l'arbre n'est rien. Ensemble nous avons la faculté de rétablir les liens de jadis, que le mage et le chaman des Boloven du Laos ont su conserver jusqu'à nos jours.

— Les Boloven du Laos, fit Uian rêveur, comment sont-ils, dis ?

— Physiquement, ils vous ressemblent. Ils pratiquent la cueillette, la chasse, comme vous, mais aussi l'élevage et un peu d'agriculture. Ils ont arrêté les brûlis repérables par les avions, et irriguent de petites parcelles disséminées dans les clairières, peu visibles du ciel. Ce sont aussi de grands sarbacaniers qui n'hésitent pas à châtier discrètement les corrompus, bradeurs de la forêt.

— Tu veux dire qu'ils commettent des assassinats ?

— Ce sont des exécutions, pas des assassinats. Un individu qui fait fortune en permettant aux sociétés forestières de saccager notre Terre et en prostituant les jeunes filles chassées de leur village doit cesser de nuire. S'il ne le fait pas de lui-même, les Boloven se chargent de le neutraliser. C'est une question de survie.

— Et pourquoi ne faisons-nous pas comme eux ?

— Vous n'avez pas connu les regroupements, les bombardements, les défoliations, les tueries, les viols d'une guerre de décolonisation qui s'est éternisée depuis l'occupation japonaise. Ils ont appris à résister, à se cacher et à se battre. Les Penan, dans leur forêt qui s'étalait à l'infini, se croyaient hors d'atteinte.

— Tes frères boloven ne te manquent pas ?

— Tous les jours ils me manquent. Heureusement qu'Alta et Tamil, mes maîtres, sont capables de pratiquer la transmission de pensée sur de longues distances.

Sa main caressa le tronc de Jilmo qui ne s'était pas encore remis de sa transe, et de son premier envol.

— Nous nous parlons régulièrement, même si les messages ne sont pas toujours très clairs. Ils savent que je suis fidèle et que je fais mon travail.

— Ils t'ont donné un travail ?

— Oui, celui d'initier au grand Secret ceux qui le méritent. Et si tu veux mon avis, les Penan le méritent vraiment.

— Ne sommes-nous pas une cause perdue ?

— Ce qu'il faut préserver en priorité, ce n'est pas le corps, mais l'esprit. Même s'il ne reste plus aucun Penan dans les jungles ravagées de Bornéo, leur pensée doit perdurer. Comment l'homme pourra-t-il envisager le partage, s'il ignore que ça a existé et que certains hommes ne pouvaient vivre autrement ?

— Je devine tes arrière-pensées, tu veux m'envoyer au collège !

— C'est toi qui tires cette conclusion, pas moi !

Claire et Deborah s'étaient tenues à l'écart de cette célébration impromptue qui avait atteint son but. Le moral des sarbacaniers était maintenant au beau fixe.

— Sa thèse a fait beaucoup de bruit, je crois, et ton livre aussi, dit la Française.

— Les deux sont épuisés et introuvables, et ceux qui les ont lus ne s'en vantent plus. Nous sommes passés de mode, oubliés, salis. Selon la presse, Judik m'a séduite et envoûtée, enfin la presse que ne pouvait pas museler mon père, par ailleurs outré de mes fréquentations.

— C'est peut-être lui qui te cherche, fit Claire à la fine oreille, en entendant l'hélico revenir.

Un frémissement d'angoisse parcourut à nouveau le campement. L'hélice volante se rapprochait. Jama et Abu s'apprêtaient à donner l'ordre de fuir quand une voix céleste s'adressa en anglais à la fille de mister Williams. Malgré la puissance de l'ampli, le claquement des pales et le sifflement du turbo-propulseur brouillaient l'audition du message.

— Deborah, c'est Hugh Norton Bishop qui vous parle. Je suis dans un hélicoptèrc dc la policc. J'ai à côté de moi le lieutenant Hussein Saba qui a ordre de vous ramener saine et sauve.

— Oh, *Dad*, je ne suis pas en laisse, hurla la fille du papetier, folle de rage.

— Chut, fit Judik en posant doucement la main sur son épaule, écoutons-le.

Les Penan, le poignet serré autour de leur longue sarbacane à pointe de lance, levaient les yeux en l'air. Ces monstres volants les terrorisaient et les effets bénéfiques de la transe étaient mis à rude épreuve. Sans le feuillage qui les protégeait, ils ne seraient pas restés sur place une seconde de plus. De là-haut, on ne pouvait les voir, mais ce tumulte, si près d'eux, leur faisait redouter le pire.

— Deborah, les armées des deux pays vous ont localisée. Elles sont à vos trousses. Vous devez rentrer sur Long Matoh. Claire Dulac et tous les Penan qui reviendront avec vous ne seront pas inquiétés. Je redis bien ce qu'on m'a chargé de transmettre, Claire Dulac et les Penan qui rentreront avec vous ne seront pas inquiétés, seulement eux...

L'avertissement était clair.

— Crois-tu qu'ils ont compris ? s'inquiéta Hussein.

— Encore faut-il qu'ils soient là-dessous. Rien n'est moins sûr !

Le lieutenant Saba, assis à côté du pilote, scrutait à travers la visière de son casque la masse verte des arbres, en suppliant Allah, le Tout-Puissant, de se montrer magnanime et de lui faire réussir sa mission. Il redoutait surtout les agents de sécurité des sociétés forestières, infiltrés par les services secrets, qui s'étaient mis en chasse, alléchés par les primes qu'on leur avait secrètement promises, s'ils liquidaient sans témoin cette bande d'insoumis et les Blancs qui vivaient avec eux. L'armée elle-même n'était pas à l'abri de dérapage. Elle avait reçu l'ordre formel de ne pas boucler la zone de Long Matoh aux sources du Baram et de laisser les voies libres. En principe elle obéirait.

Deux policiers, le mécanicien de bord, un technicien du son équipé de l'encombrant matériel d'amplification, et Hugh Norton Bishop déguisé lui aussi en extraterrestre, avec ses longs cheveux qui dépassaient de son casque, se tenaient assis dans la carlingue du Huey. Toutes les dix minutes, à chaque point stationnaire, dans un périmètre correspondant à la zone qu'ils devaient prospecter, le jeune Anglais réitérait son appel.

— Deborah, écoutez-moi...

La veille, après être passés par Miri, pour interroger le batelier qui avait conduit Deborah et Humayun en pirogue chez le mage Agan, Hugh avait dormi dans un hôtel médiocre près de l'aéroport, l'équipage dans une caserne de la police, et le lieutenant Saba chez le *resident* du gouvernement, rendu soucieux par cette affaire que, dans l'intérêt de sa propre carrière, il souhaitait voir se terminer au mieux.

Tôt le matin ils avaient décollé, fait une première escale à Karap, où l'épicier Suang, malgré la parole donnée, comprenant qu'il s'agissait d'un intérêt supérieur, leur avait confirmé qu'il avait bien conduit une Américaine en compagnie du mage Agan et de son neveu Uian à Marudi. Là-bas, son parent Li Wu s'était à son tour empressé de leur rendre service et avait envoyé un commis quérir sur la berge l'Iban Thomas qui somnolait sur sa pirogue, dans l'attente d'un éventuel client. Etape suivante, Long Palai et le village de Jama, où ses filles et tous ses proches furent interrogés. Une fois l'enquête terminée, place au flair. Hussein Saba n'en était pas dépourvu. Il étudia la carte d'état-major. Où, dans quel endroit précis, miss Williams pouvait-elle bien se trouver ? Il fit un cercle au crayon entre la Lurah et les sources du Baram, calcula à peu près la distance qu'avaient pu parcourir les Penan qui l'accompagnaient depuis leur point de départ, et fit une croix près des pointillés de la frontière, côté Sarawak. Là-dessous, elle était quelque part là-dessous. Il en était absolument certain.

— Deborah, pour l'amour du ciel, faites-moi confiance, c'est une question de vie ou de mort, suppliait l'ancien compagnon de jeu du lieutenant de police. Ne perdez pas de temps. Vous avez deux jours pour rentrer, je répète, deux jours ! Après, l'armée reprendra son ratissage et nous ne pourrons plus agir.

Dans son message, il n'avait pas dit : « faites-nous » mais « faites-moi confiance ». Il s'engageait personnellement et il n'y avait aucune raison de ne pas le croire sincère. Ses idées étaient plutôt libérales et quelquefois progressistes. Sortir la fille de mister Williams du guêpier dans lequel elle s'était fourrée par amour lui tenait vraiment à cœur. Consciente qu'il avait pris des risques inouïs pour la convaincre de rebrousser chemin, Deborah ne doutait pas de sa sincérité. Il se pouvait toutefois qu'il soit manipulé.

— Non, affirma Judik, si ce type et un lieutenant de police nous survolent au ras des arbres pour nous prévenir, c'est qu'ils sont sûrs de leur coup. Il faut leur faire confiance

— Ça veut dire quoi ? intervint Claire en écartant brutalement, sans le vouloir, Tyol de son sein.

L'enfant se mit à crier. Elle ne l'entendit pas, du moins, pas tout de suite.

— On te laisse te faire massacrer, et nous, on se fait la malle, on s'en sort saines et sauves, c'est ça que ça veut dire. Mais moi, mon fils j'ai envie qu'il soit élevé dans la jungle, comme l'a été son père !

— C'est un marché. Ceux qui le proposent ont toutes les cartes en main, répliqua Judik. A quoi bon sacrifier les femmes, les gosses, les vieillards du clan de Kurau ? A quoi bon sacrifier ton propre enfant qui sera demain un défenseur d'autant plus ardent de notre cause que le sang de son père aura soif de se faire entendre ? On nous ouvre une porte, parce que le papetier Williams a fait pression sur le gouvernement. Ne la laissons pas se refermer.

— Mon père ! Toujours lui ! Je le hais, je le hais, sanglota Deborah.

L'hélico avait disparu derrière un piton. On ne l'entendait plus. Un calme pesant lui succéda. Abu conseilla à Beherem et Ngitun d'aller à la rencontre des familles qui ne les avaient toujours pas rejoints. Ils partirent aussitôt.

— Ne sois pas injuste, protesta gentiment Judik, en s'approchant de la panthère rousse, décidément ce surnom lui allait comme un gant, et en prenant l'une de ses mains entre les siennes. Dans ton sillage, nous allons pouvoir sauver tous ceux qui doivent l'être.

— Et toi, Judik, rugit-elle, qui va te sauver ?

— C'est vrai, renchérit Claire, tu penses sincèrement que nous allons t'abandonner, te laisser massacrer par ces salopards ?

— La sortie m'est interdite, vous le savez très bien, alors arrêtez, s'il vous plaît, fit-il en s'attardant sur le regard de Deborah et en usant de toute sa force mentale pour la convaincre. Si je vous suis, ils m'auront. Avec des drogues, on me fera dire n'importe quoi. Ensuite ils peuvent me faire disparaître et prétendre que je me suis suicidé. Ça, c'est le pire qui puisse m'arriver. Le mieux, c'est que je sois abattu par des tueurs qui porteront ma tête à leur commanditaire.

— Devant nous, en notre présence ? Ils n'oseront pas ! Nous pourrions témoigner, tenta d'objecter Deborah.

— Oui, ils ne peuvent tout de même pas commettre un tel crime sous nos yeux, c'est impensable, approuva Claire.

Ceux du clan de Jama, qui venaient de connaître leur premier contact avec la Grande Mère, écoutaient leurs frères du clan de Kurau qui revenaient sur les péripéties de leur fuite, l'attaque des hélices volantes, et la mort du plus brave d'entre eux, déchiqueté pour avoir voulu porter secours à No, le mari de sa sœur, lui aussi abattu.

— Sans le Boloven blanc et les grands arbres conducteurs du fluide qui nous emporte loin et régénère nos forces, leur répétait Abu, nous n'aurions pu échapper aux commandos lancés à nos trousses, ni rejoindre nos familles.

— Il faut que le chaman reste caché parmi les Penan. On a besoin de lui, s'exclama Lakei Petujek d'un ton exalté qui ne lui était pas coutumier.

— C'est vrai, appuya Dja-au Lat, s'il nous quitte, Ini la Divine redeviendra muette et le mage Agan, qui ne connaît pas encore le grand Secret, ne pourra rien y faire. Sa présence nous est nécessaire !

— Et moi, sans vous, je n'ai aucune chance, intervint Judik qui, tout en parlant avec Deborah et Claire, ne perdait pas un mot de leur conversation.

— Si, tu en as une, et avec toi tous ces gens qui t'entourent, affirma la fille du papetier Williams. Ne nous séparons pas. Prenons ensemble le chemin conseillé. Ils n'oseront jamais nous éliminer tous. Après, du moins je l'espère, et personnellement je m'y emploierai, la presse fera son boulot !

— Erreur, si nous les obligeons à ce choix, il n'y aura aucun survivant, répliqua le chaman avec une pointe d'agacement dans la voix, et la presse en dira le minimum, peut-être n'en parlera-t-elle même pas ! Enfin Débo, ne te laisse pas dominer par tes sentiments personnels. Je ne te reconnais plus ! Tu sais aussi bien que moi de quels coups fourrés sont capables les services secrets !

Les deux femmes durent se rendre à l'évidence. Il ne céderait pas !

— Vous devez sauver les familles de ces sarbacaniers, et vous sauver vous-mêmes, reprit-il. Si je vous accompagne, je vous le répète encore, nous y passerons tous. Il y a plus puissant que ton père, Débo, tu le sais. La raison d'Etat. Elle a déjà fait disparaître tant d'amis.

— Que vas-tu devenir ? s'écria Deborah qui ne parvenait plus à surmonter sa détresse.

Sous le feuillage de Ragan, près du bassin aux reflets de jade, dans le voisinage d'un sanglier, d'une harde de cerfs, et d'oiseaux en fête, lovée entre les bras de Judik, elle avait admis, tant elle se sentait euphorique et lucide à la fois, la nécessité de cette séparation. Maintenant qu'elle y était confrontée, elle mesurait l'abnégation que cela exigeait d'elle, et tout son être se révulsait.

Claire aussi acceptait mal de l'abandonner là, alors qu'on cherchait à le tuer. C'était en quelque sorte une trahison qu'il exigeait d'elles, au moment où au contraire il aurait fallu rester unis.

— Judik, je t'en prie, insista-t-elle, prenons le risque de rentrer tous ensemble ! Les vois-tu vraiment nous exterminer tous ? J'ai du mal à le croire !

— Arrêtez de vous apitoyer et sauvons ce qui peut l'être, s'énerva-t-il. Soyez gentilles, évitez-moi un surcroît de chagrin. Regardez, j'ai avec moi les derniers chasseurs-cueilleurs de cette île, les plus résolus à ne pas se rendre, de quoi avez-vous peur ?

Les petits hommes efflanqués, qui seraient désormais ses seuls protecteurs, paraissaient tellement vulnérables que même Claire, qui avait pourtant vécu des années avec eux, ne fut pas rassurée.

— Qui vous parle de combattre ? fit-il. Les mystérieux Ariacoulés d'Amazonie ont inventé un art de résister. Celui de la dissimulation. Ne pas se faire voir. Disparaître. Qui m'aurait dit, en lisant la thèse de notre cher professeur Comine, qu'un tel destin m'attendait ?

— Le problème, c'est que tes Ariacoulés ont vraiment disparu, rappela Claire.

— Et que personne ne s'en soucie, ajouta Deborah.

— Ils sont comme ces poissons du Cambodge qui s'endorment dans la terre humide des rizières en attendant que l'eau revienne. Nous allons faire comme eux.

— Et si l'eau ne revient pas ? s'écria sa bien-aimée.

— Nous serons peut-être les premiers à y passer, l'humanité suivra, et comme je te le disais près du petit lac, la vie et l'intelligence refleuriront sur les ruines de notre civilisation, car notre Grande Mère ne s'arrêtera pas sur cet échec.

La frayeur déclenchée par l'hélicoptère s'était dissipée. Dans les ramures, ça jacassait ferme. Des pleurs de nourrissons et des aboiements annoncèrent l'approche du gros de la troupe. Beherem déboucha le premier suivi par la marmaille, les chiens, les femmes, les vieux et les sarbacaniers du clan de Kurau. C'était un peuple en exode, portant ses bébés et ses ustensiles dans des hottes de rotin. Ngitun fermait la marche. Abu et la colonne de fugitifs avec Claire et le chaman l'avaient rejoint l'avant-veille. La mort du guide et de No, son beau-frère, avait été confirmée, provoquant une affliction que la découverte du grand Secret n'était pas parvenue à apaiser entièrement.

Avec les nouveaux venus, le campement se mit bientôt à ressembler à un village. Les retrouvailles des uns et des autres ne donnèrent pas lieu à de grandes effusions, les usages étant contre. Ils se contentèrent d'échanger des sourires, d'avoir d'amicales attentions. L'ambiance se fit presque sereine. Agan, appuyé contre Jilmo, prolongeait, en le revivant mentalement, son périple extatique. Aueng discutait avec Jama, lequel, à regret, avait pris la décision de rentrer au village avec les familles. Il en fit part à Abu.

— Si je ne reviens pas, le *district officer* et les compagnies auront les mains libres pour faire ce qu'ils veulent. Plus personne ne leur tiendra tête. Vos proches ont besoin de repos et de sécurité.

Ses yeux croisèrent ceux de Dja-au Lat d'abord puis de Lakei Petujek, Beherem, et Ngitun, son noyau dur.

— Enfin par l'intermédiaire de mes coureurs des bois, qui feront la navette entre vous et nous, je pourrai vous fournir ce qui vous manque et vous faire passer les nouvelles. Quand les choses se seront calmées, nous nous rencontrerons tous, ici, sur ces hautes terres, et célébrerons ensemble celle qui s'est enfin montrée à nous.

— La décision est sage, mon oncle, j'allais te le suggérer.

— Je rentre moi aussi, décida le vieil Aueng, les miens m'attendent. Maintenant que j'ai connu la Grande Mère je n'ai plus rien à redouter et surtout pas la mort qui me rendra à elle.

— Moi je reste, affirma Agan, en sortant de son rêve.

Ils étaient beaucoup trop nombreux au même endroit. Tous les Penan le savaient et attendaient le signal de la dispersion. Uian aussi voulait rester. Le mage se mit debout et indiqua, d'un index sans pitié, le chemin qu'il avait à prendre. Jama l'attira vers lui.

— Ton oncle a raison !

— Vous avez tous raison. Je suis le seul à avoir tort, je le sais, et pourtant j'ai envie d'avoir tort, c'est mon droit, affirma-t-il en venant se ranger à côté d'Abu.

Il n'était plus un enfant. Son choix lui appartenait et même Agan qu'il venait de blesser par sa désobéissance n'osa le contester. Il vivrait désormais avec les Penan cachés. Tant pis pour la Grande Mère, tant pis pour le chaman, tant pis pour la panthère rousse, tant pis pour Ponhli qu'il n'avait vu qu'en imagination. Le fils de Salti n'avait pas eu le même choix que lui. Entre la misère dans les taudis malsains de la mangrove ou le Pied du Buffle et les études, il n'y avait pas à hésiter ! Uian avait été confronté à une autre alternative : le retour dans son village sous-prolétarisé, l'internat, les diplômes d'un côté, l'errance incertaine dans la forêt des brumes de l'autre. Pour un adolescent avide d'imprévu et d'émotions fortes, l'action immédiate est plus grisante que l'éventualité d'un succès à long terme. Il frémissait d'orgueil d'avoir fait le vrai choix et était convaincu que dans sa situation. Ponhli n'aurait pas agi autrement.

L'oreille affûtée de Claire les perçut de très loin. Elle se rua sur Tyol, le souleva avec une telle fougue qu'il en perdit sa calebasse encore à demi pleine, et hurla de fureur.

— Eloignez-vous des huttes, vite !

Deux hélices volantes se mirent à baratter le ciel. Des sifflements, une salve d'explosions et salut ! On ne faisait que passer. Vos sarbacanes, vous pouvez vous empaler dessus, voilà ce que clamaient aux oreilles des chasseurs-cueilleurs terrorisés les rotors claquants des Hueys en s'éloignant. Deux champignons de fumée s'élevèrent au milieu des arbres. Les cabanes étaient en feu. Les gosses pleuraient. Les chiens hurlaient à la mort et les femmes fouillaient dans les décombres brûlants pour récupérer tout ce qui pouvait l'être : une calebasse, un couffin, un faitout, une natte, peu de choses. Judik eut le sentiment que l'histoire se répétait, ici, comme au Vietnam ou au Laos. Aucune victime n'était à déplorer. Ils n'étaient pas venus cette fois-ci pour tuer. C'était un avertissement.

— Il y en a encore un qui s'approche, fit Lakei Petujek.

— Dispersion, lança Jama en poussant les retardataires.

L'hélico stationna au-dessus des fumées.

— Deborah, ici Hugh Norton ! L'agression que vous venez de subir n'est pas du fait de la police. Kervanec a les services spéciaux à ses trousses. L'affaire est complexe. Eloignez-vous de lui. Je sais qu'il m'approuvera. Votre père vient d'arriver à Long Matoh. C'est une assurance pour vous et pour tous ceux qui vous suivront, ne perdez pas une seconde. Nous venons à votre rencontre.

Les mégawatts de la sono, mêlés aux frappements des pales, avaient fait un boucan du diable et les Penan tapis dans les fourrés en étaient encore tout abasourdis. Quand il n'y eut plus la moindre rumeur dans le ciel, ils sortirent de leurs cachettes.

— Il a raison, ce cher Hugh, fit Judik rieur, puis d'un ton plus sec : Jama s'impatiente. Il faut partir !

— Partir, partir sans toi, te laisser ! s'écria Deborah en se précipitant dans ses bras.

Il posa son doigt devant ses lèvres. Sois forte, ma Débo, sois forte, nous n'avons pas le droit de craquer, disait son regard plus brillant que jamais. Dans ses yeux qui avaient les reflets du petit lac près duquel, sous le tronc de Ragan, ils s'étaient tant aimés tout à l'heure, elle lut ses pensées.

Pendant qu'il se terrerait sous la canopée dans l'attente de jours meilleurs, elle et Claire devraient maintenir les liens avec les Penan du Pied du Buffle, prendre garde à ce qu'on ne cherche pas à les gruger une fois encore, participer quand elles y passeraient aux cérémonies de Salti, sous Tik le banian, qui leur transmettrait ses propres messages, et lui enverrait les leurs. Il fallait également veiller à l'éducation de Ponhli, et surtout par leurs travaux respectifs — la thèse et des conférences pour l'anthropologue, des articles ou des films pour la journaliste — sensibiliser l'opinion sur l'urgence de créer des écomusées. Il serra les doigts de Deborah pour l'aider à se reprendre et à admettre que le sort de tous ces petits peuples de la forêt pluviale en Asie, en Afrique, en Amérique, menacés de disparaître entièrement avec les derniers biotopes qui les hébergeaient encore, était autrement plus grave et préoccupant que leur propre séparation. Dans quelques années, quand on l'aurait oublié, il ressortirait de sa cachette. Ensemble, si elle était toujours disponible, ils reprendraient la lutte, iraient, si c'était possible, dans sa vallée cachée du Laos, pour qu'elle connaisse enfin le peuple qui l'avait adopté et élevé au rang de chaman itinérant.

— Et je rencontrerai aussi Vania, Ahinée et toutes celles que tu as croisées sur le Chemin des rencontres, fit-elle en riant et pleurant à la fois.

Elle se jeta à son cou, l'embrassa avec frénésie, s'agrippa à ses épaules comme si elle ne voulait plus le lâcher. Il avait cru qu'elle aurait à persuader Claire de la suivre. C'est le contraire qui se produisit. Bien que très secouée elle-même d'avoir à quitter ses parents et amis, la Française prit le bras de Deborah et l'entraîna doucement mais avec fermeté. La panthère rousse aux yeux de ciel se décrocha de Judik, marchant presque à reculons, ne quittant pas du regard l'homme qui l'avait enchantée et qu'elle admirait tant. Bientôt il ne fut plus qu'une petite silhouette, entre un mage chenu et grave et un adolescent souriant qui bombait le torse, au milieu de Penan ombrageux aux longues sarbacanes, sous la ramure de Jilmo, le kapur. Puis il disparut et il ne resta à Deborah que la main de Claire, pour la guider vers ce monde qui venait de déchirer sa vie.

23

Les tueurs

Jama courait le long de la colonne pour stimuler les traînards et calmer la peur des enfants qui redoutaient le retour des hélices volantes. Dja-au Lat et Lakei Petujek fermaient la marche. Ils furent les premiers à entendre le halètement sec qui se rapprochait vite. Les Hueys revenaient : cette fois-ci, il y en avait quatre qui tournaient au-dessus de l'emplacement du camp. Des tirs en rafale, des déflagrations, des cris peut-être ? Deborah, qui s'était aplatie au sol comme tout le monde, se releva et voulut repartir en sens inverse.

— Non ! Reviens, fit Claire, se précipitant derrière elle pour tenter de la retenir.

La panthère se heurta aux poitrines des sarbacaniers d'arrière-garde qui barraient le passage, les griffa d'impuissance sans les faire bouger d'un poil. Au loin ça tiraillait encore. A l'aide de câbles, des commandos entraînés pouvaient se faire hélitreuiller jusqu'au sol, poursuivre leur cible et remonter ensuite par la même voie. Les mitraillades, qui ne venaient plus du ciel, confirmèrent cette hypothèse.

— Laissez-moi passer ! hurla-t-elle.

— Là-bas, c'est la mort assurée pour ceux qui ne connaissent pas la jungle, fit Claire qui s'était approchée pour la calmer. Ils te tueront ! Ici, ils ont sans doute ordre de ne pas venir. Tu dois rester avec nous.

— Ils sont en train de le massacrer !

— Qu'en sais-tu ? Ils font beaucoup de bruit, c'est vrai, mais ils ne savent pas grand-chose de la forêt. Abu, mon beau-frère, et les chasseurs-cueilleurs de son clan y sont nés. J'ai survécu trois ans parmi eux, en menant pourtant des actions terroristes au regard de leurs lois. Et tu vois, ils ne m'ont pas attrapée.

— C'est vrai, reconnut Deborah, et pourtant que fais-tu aujourd'hui ? Tu te rends !

— Je me replie, nuance, et tu dois faire de même. Bon sang, ça ne veut pas dire que nous renions nos attaches ! Tu sais bien que si j'avais eu le choix je serais restée avec eux ! Ce n'est pas de gaieté de cœur, crois-moi, que je les quitte. Ils ont tout laissé, femmes, enfants, parents, afin de se déplacer plus vite. J'aurais été un poids mort. Judik a raison. Une chance s'offre à nous et à toutes ces familles d'en sortir indemnes. Nous devons la saisir.

Les tirs s'intensifièrent. Incapable de franchir le mur des sarbacaniers qui se dressait devant elle, Deborah s'effondra en larmes sur l'épaule de Claire. La fusillade s'éloigna. Pour les oreilles averties de Lakei Petujek et Dja-au Lat, l'assaut virulent du début se muait en escarmouches indécises. Abu et ses sarbacaniers avaient dû atteindre au moins un des assaillants, sans bruit, et les autres se montraient plus prudents. Soudain, un regain de fusillade fit craindre le pire. Il s'acheva par quelques coups de feu isolés qui finirent par s'arrêter.

Le silence se prolongea jusqu'à devenir insupportable. Le battement sec et distant des hélicos vint y mettre un terme. Ponctuant leur approche par un petit festival d'explosions, histoire de faire peur, les engins firent du surplace au-dessus des huttes détruites et, après avoir probablement récupéré au treuil le commando de tueurs spécialisés, s'éloignèrent enfin. La peur qu'ils avaient suscitée chez les êtres vivants alentour ne dura pas. Au bout de quelques secondes un argus donna de la voix, suivi par un kuk kuruk, des cacatoès, une volée d'oiseaux bleus. Le son de trompette d'un calao s'éleva, et tout repartit comme avant. La jungle agressée reprit ses droits et les habitants de la canopée célébrèrent à nouveau le bonheur d'exister.

— Dépêchons-nous, fit Jama.

Claire, coincée entre Deborah qu'il fallait retenir et Tyol en pleurs qui labourait ses reins à coups de genou tout en s'accrochant à ses cheveux, ne pouvait avancer. Ngitun s'empara calmement de l'enfant et le harnacha derrière lui. Dos à dos avec son porteur, ses jambes et ses bras s'agitèrent dans le vide. Ses cris n'ayant pas d'effet, il finit par prendre la sage décision de sucer son pouce et ne tarda pas à s'endormir. Sa mère et Dja-au Lat se chargèrent de la panthère rousse qui se laissait guider. Ils la soutinrent, la tirèrent, ce qui réclama de leur part un effort éprouvant. Des épineux les griffaient au passage. Ils s'essoufflaient. Jama s'apprêtait à les faire remplacer par Lakei Petujek et Keraji quand Deborah se ressaisit et d'un coup sec se dégagea de l'emprise de ses aides. La lutteuse refit surface. La colère enflamma son visage.

— Non ! Judik n'est pas mort, il ne peut pas mourir ! Sa mission n'est pas terminée. Si, comme il l'a dit, nous devons dans notre intérêt et le sien cacher son existence, je suis certaine que le Boloven blanc n'a pas dit son dernier mot et qu'on en entendra parler tôt ou tard.

— C'est aussi mon avis, fit Claire, rassurée par cette énergie revenue.

— Vite ! vite ! Les hommes de main des compagnies ou les soldats peuvent essayer de nous couper le passage, les pressa Jama.

— Ça va aller maintenant, lui répondit la Penan blanche. Donne-nous des enfants à porter, j'en vois qui tirent sur les bras de leur mère.

Tous les gamins furent installés sur le dos des adultes, et la colonne prit le pas de course en direction de Long Matoh.

Ils eurent droit à l'éternel quotidien d'averses diluviennes alternées de touffeur. A l'orée des zones bûcheronnées, averti par le mugissement des tronçonneuses en action, Jama décida d'établir un dernier camp en terre libre. Il était encore tôt, et il leur restait deux bonnes heures de cheminement dans une zone extrêmement dangereuse, truffée de malandrins. Dja-au Lat trouva que la décision était raisonnable.

— Tu as prévu une marche nocturne ? demanda-t-il d'un ton complice à son vieux compagnon d'errance.

— Si on se couche tôt, on pourra décamper au milieu de la nuit, pendant que les brigands dorment, et espérer rencontrer ceux qui nous ont parlé de leur hélice volante.

— Ne crains-tu pas un piège ? rétorqua le bougon, qui l'était beaucoup moins depuis sa communion avec la Grande Mère. D'autres hélices volantes sont venues pour abattre nos frères, restés là-bas. Ne sont-ils pas tous de mèche ?

— Nous verrons bien. Pourquoi celui qui s'est adressé de là-haut à la panthère rousse, fit remarquer Jama en désignant le ciel caché par la verdure, est-il venu la supplier de rentrer avec nous ? S'ils voulaient nous tuer tous, ce n'était pas nécessaire, et ceux qui les ont suivis auraient pu nous massacrer sans problème. Nous risquons de tomber dans d'autres traquenards Pourtant, comme le chaman, comme ma parente, la Penan blanche à l'ouïe fine, je pense que les dirigeants souhaitent voir cette affaire se terminer sans trop de dégâts, et sans trop de bruit.

— Lakei Petujek, Ngitun, Beherem et Keraji vont installer des vigiles sur chaque sentier, décida Dja-au Lat, le veilleur. Si qui que ce soit approche, nous serons prévenus.

— Que fais-tu de ceux qui veulent sauver la panthère rousse, et qui marchent vers nous ?

— Celui qui a des idées de meurtre dans la tête se devine de loin. Celui qui vient en paix aussi !

L'emplacement choisi par Jama avait déjà servi. Tous les chasseurs-cueilleurs le connaissaient. Il était quadrillé de petits ruisseaux qui alimentaient plus bas les sources du Baram où se trouvait Long Matoh.

Cet ancien lieu-dit d'essarteurs, grâce au commerce du bois, était passé sans transition de l'économie de subsistance à la prospérité. Les chefs coutumiers kelabit, bidayuh, kayan, kenyah, iban ou autres ethnies dayak du Sarawak, n'étaient, hélas, pas tous irréprochables, à l'image de Budit le sabreur, du Kalimantan voisin, ni soucieux de préserver l'intégrité de leur longue case. Ici certaines de ces vastes demeures avaient même été reconverties en hôtels pour touristes en mal d'exotisme. Moyennant finance, les visiteurs avaient droit aux danses sacrées dans des costumes d'apparat payés par le gouvernement, aux repas typiques, aux veillées et aux conteurs, avec traduction simultanée d'un interprète professionnel. Comédiens subventionnés ou bûcherons, ces descendants des coupeurs de têtes n'avaient pas lieu d'être fiers ! Parvenus à l'âge adulte, leurs enfants les quittaient pour entrer dans l'Administration. La police, l'armée et la fonction publique en comptaient un grand nombre. Quelques-uns se hissaient même très haut et, pour s'élever plus encore, se convertissaient à l'islam, prenaient un nom malais, oubliaient leur passé. Le zèle de ces transfuges était redoutable.

Aux confluents des rivières où trônaient depuis si longtemps les grandes maisons des Dayak, des villes avaient poussé. Les hommes de la pierre et du fer s'y étaient installés avec leurs structures et les indigènes qui s'efforçaient de conserver leurs coutumes étaient devenus un objet de curiosité, d'abord locale, puis internationale. Tout le monde, diton, y trouvait avantage. Le bruit courait que les autorités du Sarawak nourrissaient un projet identique pour les Penan sédentarisés qui se montreraient les plus conciliants. Ils auraient le droit de vivre en apparence comme avant, dans des campements reconstitués, et d'y faire, huit heures par jour, de la figuration. Si cela devait advenir, les grands sarbacaniers de Bornéo risquaient d'être représentés par de piètres tireurs qui rateraient leur cible à chaque coup. Pour apprendre à viser juste, pensait Jama, il faut que le ventre crie famine. Les touristes en seraient pour leurs frais. Comme les autres, le guide du clan participa à la confection des huttes et des *ceprut* car il se devait d'assumer sa part de corvée.

Quelques chefs dayak, qui n'avaient pas oublié les usages anciens, aidaient discrètement les chasseurs-cueilleurs. Aux mercenaires qui les pourchassaient, ils avaient indiqué des directions erronées, d'où ils étaient rentrés exténués. Enragés de n'avoir rien trouvé, certains d'entre eux, en embuscade autour de Long Matoh, attendaient le retour de ceux qui revenaient chez eux pour les intercepter avant la police, les attaquer et prétexter ensuite la légitime défense. Les plus audacieux s'étaient risqués loin des chantiers, sur les traces des nomades partis vers la frontière, espérant coincer le chaman et toucher la prime. Ils communiquaient avec les commandos héliportés par radio. La situation aurait été très préoccupante si les nouvelles n'avaient également circulé dans l'autre sens. La jungle était tout sauf un désert et les éclaireurs du clan, en explorant le terrain, rencontraient souvent des coureurs des bois solitaires, originaires de hameaux proches du chef-lieu, qui les informaient sur les intentions de leurs ennemis.

La Grande Mère offrit au dard de Beherem le repas du soir, un sanglier énorme que Ngitun et Keraji l'aidèrent à rapporter au camp, où des huttes avaient été sommairement dressées pour permettre aux mères d'allaiter, aux vieillards exténués de se détendre, et aux enfants de s'ébattre tout en aidant les grands. Deborah eut un sursaut de stupeur. Pourvu, se dit-elle, que ce ne soit pas le vieux mâle grognon de ce matin. Mais non, pourquoi les aurait-il suivis ? Il était bien, là-haut, malgré ses ronchonnements. Elle se retrouva pour une fraction de seconde dans les bras de Judik, près du petit lac, sous Ragan, le meranti royal, tandis que les sarbacaniers allumaient un feu de bois mort. Sa fumée se mêla aux brumes qui sourdaient du sol comme de la vapeur. Tyol, après la tétée, avait retrouvé sa calebasse pleine et délaissé sans regret le sein vide de sa mère. Il s'assoupit rapidement. Tout le monde était las. Quand la viande fut grillée, Jama procéda à la répartition. La faim les rendait muets et voraces. Dès qu'ils furent rassasiés, le sommeil leur tomba dessus comme une coulée de plomb. Le vieil Aueng piqua du nez sur sa feuille de bananier pleine de reliefs. Les ronflements des dormeurs tinrent les guetteurs du premier cercle en éveil jusqu'à la relève.

Des nuées laiteuses et froides s'élevaient maintenant de toutes parts. La proximité des génies sylvestres devint soudain tangible. Une froidure pernicieuse, sans atténuer la moiteur et les sueurs, fit frissonner Deborah. Près d'elle, Claire songeait. Devant ses yeux dilatés par la pénombre, les bons souvenirs de ces trois années passées avec Kurau défilaient, imprimant sur son visage une mélancolie sereine. Avant de se coucher, les deux jeunes femmes vinrent s'asseoir sur le pas de la hutte. Leurs yeux se rivèrent sur un pan de ciel voilé où des étoiles à peine visibles luisaient comme une calligraphie mystérieuse sur un tableau noir, très vite effacée par le brouillard de plus en plus épais. Pendant cette brève contemplation, Judik visita leur pensée à toutes deux. Elles crurent le voir tapi dans un fourré avec Abu, Uian, Uan Sope, Aji, Nierua, Tingang, Ayat, Aiai, Maleng, cachés sous de larges palmes. « Je suis un Ariacoulé ! hé, hé, hé ! » L'irréel et le réel s'accouplaient dans la nuit. Ce « hé, hé, hé ! » qui provenait des frondaisons était sans doute le cri d'effroi d'un volatile assoupi, frôlé par un lémurien volant ou une chauve-souris. La jungle parlait, ricanait, grognait, se moquait, bruissait comme si elle était envahie par d'invisibles succubes qui semblaient prendre plaisir à créer cette ambiance sournoise. La barrière des *ceprut* remplissait son office. Les esprits ne la franchissaient pas. Les Penan pouvaient dormir sans crainte.

— Je le vois, il vit, il se cache, murmura Deborah.

— Ils ne l'auront pas, la rassura Claire. Abu saura les mettre en échec.

Leurs mains se cherchèrent et se serrèrent. Judik ne pouvait pas mourir. Elles avaient besoin de s'en convaincre pour lutter contre le découragement qui ne demandait qu'à les submerger de nouveau. A deux, elles seraient plus fortes, plus efficaces aussi. Elles seules, en dehors des Penan qui le protégeaient désormais, sauraient la vérité sur celui que le monde de la pierre et du fer poursuivait de sa hargne. Ce secret les liait déjà !

A la lueur des quelques lampes de poche qu'ils avaient pris l'habitude d'utiliser en de telles circonstances, les sarbacaniers détruisirent le camp et supprimèrent toute trace de leur passage. Les gosses assoupis furent portés à dos d'homme, les femmes aidèrent les vieillards et ils s'enfoncèrent dans les ténèbres derrière Beherem et Ngitun qui ouvraient la marche, en guettant les signes laissés par les éclaireurs sur les bords du sentier. Le *kuà kenin* — ces deux bâtonnets serrés l'un contre l'autre au premier embranchement des tiges choisies pour y accrocher les messages —, symbolisant deux cœurs battant au même rythme, était l'éternel prologue de ces missives à base d'idéogrammes qui les tenaient informés. En cas de menace, elles les orientaient sur des itinéraires insoupçonnables, hors des circuits tout tracés, que leurs auteurs avaient eux-mêmes commencé à dégager, laissant aux suivants le soin d'achever le travail.

Au bout de deux heures de progression sous un tunnel de feuillage, d'épineux et de lianes, la colonne déboucha en piteux état sur une voie ouverte au bulldozer, qui étirait sa bande sablonneuse, pâle comme une cicatrice. Rester à couvert, ne faire aucun bruit, ne pas dire un mot, ces règles étaient inconnues des nourrissons, et pourtant ils ne mouftaient pas. D'instinct, ils savaient qu'ils devaient la boucler et se laisser sagement secouer sur le dos de leur mère ou celui des sarbacaniers qui portaient les plus lourds, après les avoir bien entravés. Seul Tyol, le semi-Français, poussa au petit matin une gueulante de protestation qui alerta les chiens d'un chantier d'abattage, dont on devinait vaguement les baraquements noyés dans l'ouate bleutée de l'aurore. Des lampes s'allumèrent.

Les Penan avaient pris le risque d'emprunter cette route qui leur évitait un long et éprouvant détour, après tous ceux qu'ils avaient déjà faits. Les éclaireurs savaient que huit hommes en tenue de combat patrouillaient dans le secteur, et avaient trouvé là refuge pour la nuit. La prudence aurait exigé de ne pas emprunter ce chemin mais il était direct et surtout infiniment plus praticable pour les familles à bout de forces. D'ici, on pouvait, sans grand effort, longer au trot les pistes des camions, prendre des raccourcis faciles pour éviter les boucles. Le temps pressait.

Jama avait pensé qu'ayant bu beaucoup de bière durant la veillée avec les bûcherons, comme c'était l'usage, cette soldatesque dormirait tout son saoul quand ils passeraient à l'orée de la clairière. Le vieil Aueng perclus de courbatures s'était empressé d'approuver. Et c'était vrai, ça ronflait ferme dans les cases juste avant que Tyol ne trahisse leur présence. Il hurlait toujours, insensible aux injonctions de sa mère qui venait de le déficeler du dos d'un porteur pour le bercer. A mi-chemin entre eux et les habitations, parmi les troncs excoriés qui gisaient au sol, deux molosses vinrent grogner et montrer leurs crocs, sans faire un pas de plus, comme s'ils avaient senti les dards pointés sur eux.

Equipés comme des commandos de choc, les huit nervis jaillirent des habitations et se déployèrent en tirailleurs en criant à pleine gorge pour libérer leur haine et s'en griser.

— A plat ventre tous. Ceux qui n'ont pas d'arme derrière ! Les sarbacaniers avec moi, chuchota Jama.

Les meilleurs étaient là, accroupis près de lui. Ils prirent position, glissèrent une fléchette dans le canon de leur long tube de bois et posèrent leurs lèvres contre l'embout opposé, l'œil rivé sur les agresseurs qui avançaient par bonds, en mitraillant la jungle à hauteur de leurs têtes. Ils s'aplatirent pour laisser passer les essaims sifflants des balles qui s'écrasaient contre les arbres. Bientôt celui qui semblait être le chef fut à la portée du dard spécial de Dja-au Lat qui l'atteignit à la racine du nez, juste au-dessous de son béret noir. Il s'effondra, secoué de spasmes. Les autres, affolés, vidèrent leurs chargeurs au hasard, tout en reculant. Lakei Petujek creva l'œil d'un des chiens qui n'avait pas gardé ses distances, contrairement aux leurs — bons pour l'affût, pas pour la guerre — qui dès les premiers coups de feu étaient allés se terrer avec les non-combattants du clan. Le poison atteignit directement le cerveau de la bête qui s'écroula. Le second molosse se replia vers les cases où les spectateurs, massés sous les auvents, étaient stupéfiés devant ces baroudeurs en tenue léopard qui cédaient du terrain à l'ennemi invisible.

Les Penan avaient toujours eu une réputation de trouillards. Cette riposte était inimaginable. Le trépas de leur chef calma d'un coup la fureur qui faisait avancer ces nervis, avec l'envie d'en découdre. Leur mission était de capturer la Française et de la remettre à ceux qui voulaient la faire parler des derniers fugitifs et de son compatriote resté avec eux. Elle était là à deux pas et ils s'en éloignaient irrésistiblement. Les sarbacaniers, l'arme au bec, sortirent du feuillage. Leur apparition précipita la débandade. Revenus à leur point de départ, nettement moins flambants qu'à leur entrée en scène, les « baroudeurs » essayaient de comprendre ce qui s'était passé, devant un public sidéré par leur fuite. Ils allaient sans aucun doute battre le rappel, solliciter les bûcherons qui se feraient un plaisir de leur donner une petite leçon de bravoure, et revenir en force. Jama réfléchit sur la direction à prendre. Entamer un nouveau périple hors des sentiers battus ne les mettrait pas à l'abri de rencontres semblables à celle-ci. Il décida de foncer par la voie la plus courte.

La piste sinuait parmi les frêles rescapés de la forêt, regroupés en bouquet entre les lacis blêmes laissés par les bulldozers. Les « diables au gros ventre » avaient emporté les fûts ébranchés des Vénérables, détruisant ainsi les colonnes de ce temple végétal, désormais sans support, comme les vestiges d'une cité antique dont il ne subsisterait que des pans. C'était ce que ressentait Claire. Deborah cheminait près d'elle, cherchant à apaiser Tyol qui, dans le dos de sa mère, rouspétait toujours. D'autres mioches se risquèrent à l'imiter sur une note moins haute. Et c'est une rumeur de pouponnière en pleurs que le lieutenant Hussein Saba — à la tête d'une compagnie de la *Field Force*, mise à sa disposition par le *resident* — et Hugh Norton Bishop perçurent, en découvrant dans leurs jumelles cette horde claudicante que des sarbacaniers, privés de sommeil et extrêmement las, incitaient à aller de l'avant. Réglant la profondeur de champ de leur optique, ils découvrirent les deux femmes blanches qui avançaient côte à côte, et poussèrent en même temps un « ouf ! » de soulagement. Les échos de l'attaque leur étaient parvenus et, craignant d'arriver trop tard, ils avaient pressé le pas.

La veille, après un dernier passage en hélicoptère, ils s'étaient joints à la troupe de secours commandée par un jeune capitaine qui avait reçu ordre de suivre les directives du *police officer* de Kuching. Il s'agissait de récupérer l'Américaine, la Française, et tous ceux qui les accompagnaient, puis d'assurer leur protection jusqu'à Long Matoh. A l'instar des Penan, ils avaient marché tout l'après-midi, fait une courte halte, et repris leur barda peu après minuit. Ceux qu'ils recherchaient, tanguant au bord du chemin, comme une flottille rescapée des tempêtes, étaient enfin là ! Les éclaireurs, Beherem et Keraji, avaient réussi, sans se faire voir, à s'approcher de l'Anglais qui aperçut juste derrière lui, dans un fourré, deux paires d'yeux fendus en train de le dévisager. Si le doigt que l'un d'eux porta à sa bouche ne lui avait pas intimé le silence, il aurait crié de frayeur. Hussein Saba rivé à ses jumelles ne remarqua rien, et les soldats passaient près d'eux sans les voir. Ils épousaient le décor.

— Je comprends mieux l'intérêt que tu portais à miss Williams, elle a fière allure malgré les épreuves qu'elle a dû endurer, s'exclama Hussein. Ses cheveux sont d'un rouge étonnant, et le chignon lui va à ravir. La Française est aussi une très belle femme. Elle porte, je crois, un enfant dans son dos.

— Plutôt que de t'extasier sur la chevelure de Deborah ou la silhouette de Claire, tu ferais mieux de regarder derrière toi. Ne te retourne pas brusquement. Leurs émissaires sont là !

Le policier suivit ses conseils.

— Tu as des visions, ma parole !

Les éclaireurs avaient disparu.

— Ils sont allés faire leur rapport, dit Hugh.

— Leur rapport, quel rapport ? Ils ne t'ont même pas parlé. Et tu ne leur as rien dit.

— Non, mais ils m'ont vu, ils nous ont vus, et quand ils vont nous décrire, Deborah saura qui je suis, et que toi tu es le flic chargé de la sauver.

— Le lieutenant de police, corrigea Hussein qui n'aimait pas les surnoms donnés à sa profession. Pourvu que tu dises vrai !

Le capitaine de la *Field Force* avait mis sa compagnie en position d'affût. Le policier modifia son ordre.

— Conseillez-leur de garder l'arme à la bretelle et de se montrer souriants. On n'amadoue pas les gens en braquant un fusil sur eux.

— A vos ordres, monsieur, fit le capitaine, qui n'avait aucune envie de dire « mon lieutenant » à un lieutenant, même si, dans leurs corps respectifs, les grades n'avaient pas d'équivalence.

Ayant passé des concours beaucoup plus difficiles, le policier aurait pu dans l'armée prétendre au rang de commandant.

— Vous pouvez m'appeler lieutenant, chez nous, le « mon » n'est pas nécessaire, lui répondit perfidement Hussein.

— *Yes sir,* répliqua le capitaine qui transmit ses directives aussitôt. Arme à la bretelle et souriez, bordel de merde !

— Avec ça on est sûr d'avoir l'air sincère, se désola Hussein en revenant à ses jumelles.

— L'important c'est qu'ils savent que nous sommes là. Regarde !

Hugh Norton ne perdait pas de vue les deux femmes blanches qui écoutaient les éclaireurs raconter à leurs collègues ce qu'ils avaient vu. Deborah leur répondit en mimant de sa main de longs cheveux, un nez, un très grand nez, à en juger par l'ampleur de son geste. Le fils caché du lord caressa son propre appendice. Non, vraiment, elle exagérait. Il n'était tout de même pas Cyrano de Bergerac ! Elle regarda dans leur direction et agita le bras.

— Il faut nous montrer, fit Hussein. Capitaine, placez s'il vous plaît vos hommes à couvert. Ils risquent d'affoler ces pauvres gens. Nous allons avec mister Norton Bishop nous approcher d'eux doucement, pour entamer le dialogue et les mettre en confiance.

— Ne craignez-vous pas qu'ils soient agressifs ? s'inquiéta le capitaine.

— Agressifs, s'étonna Hugh, les avez-vous bien observés ? Ils sont apeurés, vidés.

— Capitaine, notre ordre est de les assister, pas de les combattre, crut bon de rappeler Hussein Saba. Attendez-nous, et surtout, je vous en conjure, ne bougez pas !

L'Anglais et le policier malais sortirent du sous-bois où ils s'étaient abrités pour observer la route, et avancèrent vers les Penan en agitant amicalement les bras.

— Enfin des hommes qui ne nous veulent pas de mal, c'est si rare, soupira Jama, soudain soulagé.

— Ce sont bien eux, confirma Deborah, qui avait reconnu de loin le fils adoptif de Mrs Bishop.

— Ma chère, votre tenue manque un peu de fraîcheur, s'exclama Hugh en s'avançant vers elle et en la saluant de son chapeau australien à large bord, comme l'aurait fait le plus célèbre des Gascons devant la belle Roxane. Alors, mon nez est aussi grand que ça ?

Il refit le geste qu'il avait vu de loin, et profita du rire qu'il déclencha pour porter élégamment — bien qu'elle ne fût pas mariée — la main de la jeune femme à ses lèvres.

— Vous, ici, loin de votre nid douillet ? s'étonna-t-elle.

— Vous m'avez involontairement placé devant un cas de force majeure.

Il se tut un instant, admit secrètement qu'il n'aurait jamais eu l'audace de Deborah, et d'un hochement de tête apprécia son exploit.

— Vous êtes sacrément tenace. Vous avez fini par les trouver.

— Il suffisait de frapper à la bonne porte, lâcha-t-elle d'une voix presque atone.

Au moment où elle achevait sa phrase, l'image de Judik la saluant de loin avant de disparaître avec la vingtaine d'irréductibles qui seraient désormais ses seuls compagnons vint soudain la hanter. Elle ne souriait plus, et aurait eu bien du mal à ne pas pleurer si Hugh s'était laissé aller à exprimer la compassion qui commençait à poindre dans le fond de ses yeux, et qu'elle tua dans l'œuf, en le présentant à Claire.

— Hugh, voici Claire Dulac. Claire, je te présente Hugh Norton Bishop.

Les jumelles n'avaient pas menti. La vision de près confirmait la vision de loin. La Française ne correspondait pas du tout au cliché qu'il s'était fait d'elle avant de la découvrir. La jeune maman, qui berçait son enfant contre sa poitrine, n'avait rien d'une intello ordinaire. Un large front envahi de mèches blondes, un nez à l'arête légèrement bombée, et sous des yeux gris-bleu, deux cernes sombres, émouvants, comme deux traînées au fusain qui, loin de l'enlaidir, agissaient comme un fard. Son sourire, malgré une évidente fatigue, avait une grâce botticellienne. C'est en tout cas ainsi qu'il la vit, dans son sarong maculé et déchiré.

— *Very glad to meet you*, fit-il en s'inclinant devant elle comme s'il se trouvait dans le salon de sa mère adoptive.

Il semblait tout droit sorti du film *Le Pont de la rivière Kwaï*, avec son chapeau à la main, sa chemise beige, son long short, ses chaussettes de laine et ses pataugas montants. Seule la coupe de cheveux n'était pas anachronique. Claire trouva qu'il avait une drôle de touche, mais se retint d'en rire.

— Moi de même, dit-elle laconiquement, bien trop abrutie pour sortir autre chose qu'une formule toute faite.

Cet Anglais farfelu qui la regardait avec des yeux pleins d'étonnement, de curiosité, d'admiration avait l'air intimidé, comme un adolescent. Elle se sentit presque flattée. Il aurait voulu se montrer spirituel, comme il savait le faire en temps normal, et ne trouva hélas que des banalités à lui dire. Confus, il tardait à introduire Hussein qui s'en serait peut-être offusqué si Deborah n'avait pris les devants.

— *You are the police officer Hussein Saba, I presume*, fit-elle en s'approchant du lieutenant.

— Exactement, miss Williams. On peut dire que vous nous avez fait des frayeurs.

— Vous voici rassuré, dit-elle laconique, je vous présente Jama, le leader de ce clan, Aueng, le doyen de la communauté, Lakei Petujek, Dja-au Lat, Beherem, Ngitun, Tingang, Keraji... Claire les connaît tous très bien, elle vous en parlera mieux que moi.

— Naturellement, naturellement, dit la Penan blanche à l'ouïe fine en tendant Tyol à Ngang, son sarbacanier favori qui n'avait pas suivi Abu — il le rejoindrait plus tard — pour continuer à s'occuper du fils de Kurau le rebelle.

Cette diversion libéra Hugh Norton Bishop juste au moment où l'inspiration lui venait. *« Damn ! »* jura-t-il tout bas.

— Bonjour lieutenant, fit Claire en tendant sa main au policier, je suppose que vous me connaissez déjà ?

— Certainement, madame, vous avez fait beaucoup parler de vous.

— Pas en bien, je le crains.

— Vos craintes sont exactes. Mais je ne suis pas là pour vous appréhender, et encore moins pour vous juger !

— Je le sais, répliqua-t-elle, vos messages aériens ont été bien reçus.

Elle prit le relais de Deborah.

— Voici Ngang, justement surnommé par tous le nourrisseur. Voici Aiong Lada et Gissa, femmes de Keraji et de Beherem capables, s'il le faut, d'atteindre leur cible aussi bien que leurs époux...

Le policier malais serrait la main à des Penan pour la première fois. Il le fit avec un sourire gêné et salua les familles en silence, ne trouvant pas de mots à leur dire. Ce qu'il savait sur eux ne correspondait pas à ce qu'il en voyait : des gens d'apparence paisible, d'un abord très doux, qui ne demandaient qu'à faire confiance.

— J'ose espérer que les promesses seront tenues, et qu'il ne leur arrivera rien de fâcheux, intervint la fille du papetier de Philadelphie, quand Claire eut terminé les présentations.

— Nous avons prévu de les reconduire dans leur village et d'assurer leur sécurité en cours de route. Après, ils seront sous la protection du *resident* qui s'est engagé à veiller personnellement sur eux.

— Le fera-t-il ?

— Soyez-en certaine. Votre père est venu en hélicoptère jusqu'à Long Matoh. Il vous y attend avec lui justement, et quelques hauts fonctionnaires, dont un envoyé du Premier ministre, qui prendront, n'en doutez pas, ses souhaits en considération.

Un début d'affolement parmi les guetteurs penan interrompit le dialogue. Le commando qui les avait attaqués tout à l'heure, étant parvenu à rameuter quelques bûcherons, revenait à la charge, derrière un bulldozer qui émergea de la colline.

— Personne ne bouge, s'écria Hussein Saba. Dites-leur de rester à l'abri sous les arbres, conseilla-t-il à Claire. Et toi Hugh, cours, s'il te plaît, porter ce mot au capitaine.

Il sortit un calepin de sa chemise et écrivit : « Nous sommes attaqués. Rappliquez maintenant, et surtout pas de coups de feu intempestifs, je vous prie. » Il signa lisiblement : « Lieutenant de police Hussein Saba. »

— Pourquoi ne vas-tu pas lui donner cet ordre en personne ? s'étonna Hugh. Et surtout pourquoi t'es-tu donné le mal d'écrire ce que je peux lui dire de vive voix ?

— Tu poses trop de questions. Réfléchis en chemin, tu comprendras. Allez, fonce !

Hussein vérifia son revolver, le remit dans son étui qu'il laissa ouvert, épousseta son short, sa chemise aux épaulettes galonnées, et sa casquette de policier qu'il remit sur son crâne. Les mains sur les hanches, il alla se planter au milieu de la piste, face aux énergumènes qui tiraillaient de loin en faisant rugir leur énorme machine.

Après un sprint endiablé, Hugh s'affala à bout de souffle au bord du talus où le capitaine avait installé son point d'observation. Le militaire, qu'il pressait d'intervenir, déclara :

— Je ne puis obéir à un civil, *sir*, avez-vous un ordre écrit du lieutenant ?

A dix mètres de Hussein, le bulldozer s'immobilisa en grognant comme s'il se préparait à bondir. Derrière la ferraille peinte en jaune qui servait de blindé, se dissimulaient les nervis et les bûcherons les plus téméraires du chantier. Des tirs d'intimidation sifflèrent.

— Attention, hurla Hussein, vous êtes en train d'ouvrir le feu sur un représentant de l'ordre dans l'exercice de ses fonctions !

— Dégage, flic, et laisse-nous faire notre boulot, éructa un des tueurs.

— Quel boulot ? claqua la voix du lieutenant. J'ai sur moi un ordre de mission signé du Premier ministre du Sarawak, qui me donne les pleins pouvoirs sur cette zone.

— Tu peux le foutre dans le cul de ta mère. Ici, le pouvoir, c'est nous !

Hussein ne broncha pas, repéra l'endroit d'où était partie l'insulte, et tout en se jetant à plat ventre, ouvrit le feu d'un geste si rapide que l'insulteur se fit arracher la moitié de l'épaule avant d'avoir eu le temps d'ébaucher le moindre mouvement. Il exécuta ensuite plusieurs tours sur lui-même et se retrouva au pied des sarbacaniers qui le tirèrent dans les fourrés.

Face au bulldozer et aux assaillants, surpris pour la seconde fois, il ne resta que la casquette posée comme un défi sur la terre pâle. Le moteur de l'engin tournait au ralenti tandis que le blessé gémissait en proférant d'horribles blasphèmes. Il y eut un temps mort, chargé d'hostilité et de peur. Un martèlement de pas familier changea la donne. Comme la cavalerie des films de John Ford, avec moins d'allant et sans chevaux, la compagnie de la *Field Force* survint au loin à point nommé. Sa supériorité numérique était écrasante. Malgré l'allure peu martiale des fantassins aux pieds pleins d'ampoules, qui traînaient la patte en courant, elle démoralisa les agresseurs. Levant les mains, ils s'approchèrent timidement de Hussein Saba, qui vint à leur rencontre. Le blessé reçut une gifle sonore.

— Pour avoir insulté ma mère, chien !

Les soldats encerclèrent les lieux. Hugh déboula avec le capitaine.

— Bravo ! applaudit-il. Quel sang-froid ! Là, tu m'as vraiment épaté.

— Vous êtes en état d'arrestation, clama le policier. Confisquez leurs armes et attachez-les. Nous les ramenons à Long Matoh.

— Ils ont tué notre chef, marmonna le blessé en recevant les soins de l'infirmier militaire.

— Et mon chien, bougonna un bûcheron en déposant sa kalachnikov devant les soldats qui le tenaient en joue.

— Ils y ont été contraints, intervint Claire qui pratiquait aisément le malais. S'ils n'avaient pas réagi, c'est eux qui seraient morts, et nous avec !

— Soyez sans crainte, dit Hugh, personne ne reprochera aux Penan de s'être défendus. Je crois cependant qu'il n'y aura pas de procès.

— Vous voulez dire qu'on étouffera l'affaire ? s'indigna Deborah. Ces brutes ont voulu nous tuer.

— L'affaire est étouffée depuis le commencement, vous le savez parfaitement, miss Williams, lui glissa Hussein à l'oreille. Ceci n'était qu'un incident de parcours imprévu que personne en haut lieu n'a intérêt à ébruiter.

— Vous voulez dire que ces sales types ne seront pas punis ?

— Les bûcherons passeront quelques jours en prison.

— Et eux ? s'offusqua-t-elle, en désignant du regard les bérets noirs qui avaient été délestés de leur couvre-chef par le capitaine, furieux qu'ils aient osé porter un uniforme de soldat pour accomplir leur sale besogne.

— Eux, ils seront remis au responsable de leur service qui prendra un savon et y laissera des plumes. Lui, ou son remplaçant, se chargera de les sanctionner. Au mieux, ils deviendront instructeurs.

— Pour avoir raté leur cible, railla Hugh.

— C'est ainsi que s'achève la plupart du temps la carrière de ces types quand ils ne sont plus opérationnels, répliqua Hussein tout en inspectant les captifs entravés.

Il se tourna vers le capitaine qui collait à ses pas.

— Si nous rentrions maintenant, qu'en pensez-vous ? Nous n'avons plus rien à faire ici, n'est-ce pas ?

— A vos ordres, mon lieutenant, répondit l'officier qui l'ayant vu en action admirait sa bravoure.

— Lieutenant, seulement lieutenant, capitaine, murmura Hussein en posant sa main sur l'épaule du militaire, pétrifié dans un garde-à-vous qu'il trouva dérisoire.

Les commerçants, les employés des compagnies et les fonctionnaires de Long Matoh virent défiler devant eux une troupe étrange, où les sarbacaniers et leurs familles, contrairement aux usages, n'étaient pas les méchants qu'on déplace de force pour les empêcher de s'opposer à la coupe des arbres, mais des gentils. Les méchants étaient des gens comme eux, et ça les dérangeait. Pourquoi les gars de la *Field Force* fraternisaient-ils avec les sauvages ? Que faisaient ces trois Blancs au milieu de tout ça ? Quel crime avaient donc pu commettre leurs semblables pour subir l'humiliation de marcher entravés au vu de tout le monde ? Et pourquoi ce tohu-bohu dans leur bourg, cette noria d'hélicoptères, ces policiers en civil dans tous les lieux publics ? A quoi rimait ce papillonnement de messieurs en costume d'alpaga, dans le sillage d'un grand vieillard blanc en bras de chemise, aux cheveux grisonnants qui, autour de son crâne chauve et empourpré, bouclaient sur les tempes et la nuque ? Monsieur Williams ne manquait pas d'allure.

Il était visible de loin, ce père venu en personne la chercher dans ce trou perdu, et qui lui avait permis de ressortir indemne de cette nasse, n'hésitant pas, pour ce faire, à défier les forces obscures des Etats. Les officiels et leurs sous-fifres s'agitaient autour de ce géant inébranlable en apparence, d'un mètre quatre-vingt-douze et de cent vingt kilos. Il faisait penser à un phare qu'on aperçoit de loin au-dessus des vagues. Il les dominait tous d'une bonne tête, et vit arriver sa fille bien avant eux.

— Deborah, Deborah, enfin, te voilà !

— Pourquoi n'a-t-on pas laissé Judik sortir ? s'écria-t-elle avant de s'approcher.

Comment avait-elle pu s'enticher à ce point de ce drôle de curé défroqué, qui ne lui disait toujours rien qui vaille ? Illuminé ou agent communiste, les deux peut-être, son analyse le concernant n'avait jamais dépassé cette classification sommaire sur laquelle il ne reviendrait pas. Elle l'aimait et avait pris de tels risques pour le revoir qu'il n'allait pas tout gâcher en lui disant le fond de sa pensée, surtout en cet instant.

— Ma chérie, je n'ai pas ce pouvoir, murmura-t-il en refermant les bras sur elle.

Le bourg avait été bouclé. Aucun journaliste n'était présent. Ceux qui avaient réussi à s'infiltrer avaient été repérés et refoulés. Un périmètre de sécurité interdisait l'accès du bâtiment communal, mais sur les balcons des cases de bois qui jouxtaient l'édifice, les curieux s'amassaient pour ne pas rater ce spectacle rare : des officiels serrant la main des sarbacaniers et houspillant ceux qui les avaient attaqués. C'était le monde à l'envers.

Jama, le vieil Aueng, Lakei Petujek, Dja-au Lat et les autres ne se faisaient guère d'illusions. Cette trêve ne durerait pas. Le vrombissement des bulldozers et des tronçonneuses opérant dans les parages en apportait la preuve. Tout en écoutant, sans trop y croire, les belles promesses des messieurs de la ville, leurs oreilles captaient la plainte, sifflante comme un dernier soupir, des Vénérables qui heurtaient le sol en s'abattant, avec un bruit sourd de catastrophe.

24

Le face-à-face

Sans ses scieries, entrepôts et fabriques d'objets artisanaux ou de meubles en rotin, employant les indigènes sédentarisés, Long Matoh n'était rien, et ses nombreux commerçants s'en seraient allés chercher fortune ailleurs. La cité grossissait aux dépens de la forêt qu'elle dévorait avec une faim insatiable. Pourtant il fallait faire bonne figure, profiter de l'occasion pour gagner un répit, et ramener sans risque de répression les familles de leurs frères fugitifs à bon port, dans leur village, près de Long Palai. C'est ce que pensaient les Penan peu impressionnés par l'imposante délégation qui les réceptionnait. Quand la panthère rousse aux yeux de ciel tint à les présenter un par un à son père, celui-ci accepta, forcément. Il savait que sans eux sa fille ne s'en serait pas sortie. Aueng saisit cette opportunité et s'adressa à Samuel Williams, descendant des *pilgrim fathers*, en ces termes :

— Tu veilles sur ta famille. Nous veillons sur la nôtre. Fais-nous l'honneur de croire qu'elle n'est pas inférieure.

— Que dit-il, que dit-il ? s'enquit le papetier en voyant ce vieux Penan, si petit, presque nu, à la peau plissée, qui lui parlait tout doucement sans lever la tête pour le regarder dans les yeux, se contentant de le fixer là où battait son cœur.

Il vit s'avancer une grande sauvageonne blonde, vêtue comme une femme penan et portant à leur manière un enfant assoupi dans un sac de rotin fixé à son dos. Deborah lui prit la main pour bien faire comprendre à son père qu'elle était une amie et qu'il devait faire l'effort de se montrer aimable.

— *Dad*, voici Claire Dulac, une anthropologue française de renom. Peut-être en as-tu entendu parler ? Elle vivait dans le clan de Kurau, son époux penan, dont elle a eu ce fils. Elle seule peut ici comprendre leur langage.

Le papetier Williams s'attendait à voir des choses peu banales. Sa fille avait toujours eu des fréquentations pour le moins originales. Son idylle avec ce Kervanec, provocateur fiché par tous les Etats, commençait à coûter cher. Loin d'en être penaude, elle surgissait du fin fond de la jungle, au milieu d'une horde de va-nu-pieds imperméables au progrès, avec cette savante suspecte, connue dans ce pays en tant qu'agitatrice, et exigeait, d'un regard à la fois impérieux et pressant, qu'il leur fasse bon accueil. C'était beaucoup lui demander. Il s'exécuta pourtant, n'ayant aucune envie de se brouiller avec Deborah alors qu'il éprouvait tant de joie à la retrouver vivante et en pleine possession de ses moyens. Malgré ses lubies, peut-être à cause d'elles, il l'admirait. Jamais au cours de sa propre existence il n'avait eu de telles audaces, pris de tels risques, vécu de telles aventures.

Lorsque Claire eut achevé de traduire son propos, Aueng leva la tête pour croiser le regard de cet Américain, bâti comme un plantigrade, qui le surplombait de sa haute stature. Samuel Williams, le protestant rigoureux, à forte culture biblique, et aussi maçon initié d'une grande loge, eut un court instant le sentiment d'être fixé par David, le vainqueur du géant philistin. En guise de fronde, le vieux Penan tenait à la main une sarbacane qu'il avait empruntée à un jeune pour être présentable face aux autorités. Il y avait bien longtemps qu'il n'en portait plus, sauf pour les cérémonies ou dans les grandes occasions. Cette arme de chasse, vitale pour les Penan, était aussi emblématique à leurs yeux que l'équerre et le compas pour ce Blanc : deux objets bien innocents en apparence qui permirent aux humains d'accéder au progrès.

Les francs-maçons rêvaient jadis de bâtir un monde meilleur. Aujourd'hui, ils s'en partageaient les prébendes, ne se préoccupant pour ainsi dire qu'accessoirement de cette mission initiale qui eût été un frein à leur essor. Au lieu d'aider autrui, ils s'aidaient entre eux, se refilaient les bons coups, les affaires juteuses, et s'entouraient de frères souvent peu regardants quant aux méthodes à employer pour s'enrichir encore plus. Les plus sincères, sans doute, vivaient mal cette contradiction. Leurs mains brassaient cependant de telles sommes d'argent qu'ils avaient fini par en perdre les pédales, et leurs pincements de cœur s'étaient faits de plus en plus rares. Ici, pourtant, Samuel Williams était confronté à un vrai dilemme. La famille de ce vieillard usé, dépourvu de tout, presque nu comme dans la Genèse, valait-elle moins que la sienne ? En observant celui qui l'obligeait à cette réflexion, il se dit qu'il aurait pu être Abel le transhumant, le berger nomade, assassiné par son frère Caïn le laboureur. La victime du premier fratricide de l'histoire ne devait pas être mieux armée que cet indigène pour affronter les fauves alors prédominants.

L'idée fit du chemin dans sa tête. Des millions de Caïn continuaient d'éliminer les poignées d'Abel qui survivaient encore. Ce crime initial n'était donc pas achevé, et il se trouvait, lui, au tout premier rang parmi les meurtriers.

Dans sa pensée, un rapprochement s'amorça. Sans l'aide des Indiens, ses tout premiers aïeux seraient morts. Dans sa famille, traditionnellement, on s'était opposé à la brutalité des aventuriers venus plus tard, incapables de respecter un accord, ignorant les anciennes civilités qui avaient existé dans beaucoup d'endroits entre colons et indigènes.

Un constat s'imposait. Ce Penan avait raison, il était son égal, un frère, le frère tué et re-tué sans cesse. Ayant mis quelques secondes à le réaliser, au grand soulagement de sa fille qui redoutait un rejet, Samuel Williams le traita comme tel, sans par ailleurs négliger l'interprète, pour laquelle soudain il ressentit une montée d'intérêt. Elle n'avait certes pas fait dans la demi-mesure, allant jusqu'à mêler son sang au leur. Etait-il bien placé pour le lui reprocher ? Ne se targuaitil pas d'avoir dans sa lointaine ascendance une aïeule indienne ? Les questions affluaient aux portes de son cerveau, si largement ouvertes pour une fois qu'il oubliait en lui le chef d'entreprise habitué aux courbettes et aux flagorneries. Il se tourna très ému vers sa fille, voulut l'embrasser, se contenta de remuer la tête en signe de complicité, et s'approcha de Claire.

— Madame, pouvez-vous, je vous prie, faire savoir à monsieur... au fait, comment se nomme-t-il ?

— Aueng !

— Pouvez-vous avoir l'amabilité de dire à Aueng que je suis d'accord avec lui : aucune famille n'est supérieure à une autre et la sienne, autant que la mienne, a le droit de vivre en paix sur cette Terre, s'entendit-il répondre avec une courtoisie dont il n'usait d'ordinaire qu'avec les gens de son monde.

— Alors pourquoi couper tous ces arbres ? protesta le Penan.

— Je ne suis pas le patron des compagnies forestières.

— Tu traites avec elles, lui rappela Aueng.

Il eut une réponse technique.

— C'est vrai, mais pas pour les troncs de gros calibre, pas pour les essences rares, pour leurs rebuts seulement.

— Rien ne se perd, pesta Deborah. Toi tu achètes les abats, comme un tripier !

— Un tripier, comme tu y vas ! s'écria-t-il, choqué par la comparaison. Imagine un monde sans papier, un monde où il n'y aurait plus de cahiers, plus de livres. Ce serait le retour à l'état préhumain. On ne peut pas tout avoir !

— Sais-tu seulement que les Penan ont inventé une forme d'écriture par signes qui utilise les végétaux vivants pour support ?

Il ne put s'empêcher de laisser poindre un zeste de commisération.

— On a fait mieux depuis. Le monde évolue sans cesse. Presque toutes les sociétés se sont adaptées. On ne peut vivre dans l'immobilisme. Connais-tu un véhicule de la pensée et de l'art aussi léger et pratique que le papier ?

— Il y a cinq mille ans, en Mésopotamie, les Sumériens écrivaient, eux, sur des plaques d'argile fraîche, se souvint rêveusement Claire.

— Imaginez le poids que pèseraient les sacs postaux, et le nombre de missives qui arriveraient en petits morceaux à leur destinataire si on en était resté à cette méthode, plaisanta l'industriel. C'est pour cela que les Egyptiens ont préféré recourir au papyrus et que les anciens Chinois ont inventé le papier.

— Pourquoi s'en prendre à nos arbres ? insista Jama sans lever, lui non plus, les yeux dans sa direction. Ils ne vous ont rien fait !

— Ils sont moins chers qu'ailleurs. Tous y trouvent leur compte, les dirigeants de votre pays qui louent des concessions aux compagnies forestières, et bien sûr tous les professionnels du bois qui sans cela fermeraient leurs fabriques. Cela ferait des centaines de milliers, peut-être des millions de chômeurs.

— Les dirigeants de notre pays, ricana Jama sans se soucier de la présence des nombreux officiels, que font-ils de tout cet argent ? Ici, quand j'étais plus jeune, la forêt était partout. Nous étions ses hôtes et nous n'avions de comptes à rendre qu'aux esprits.

Sa main désigna la jungle déplumée, parsemée de chantiers et lacérée de pistes.

— Voyez ce qu'ils en ont fait !

— La terre qu'on va laisser à nos enfants mériterait plus d'égards, n'est-ce pas ? ajouta Claire après l'avoir traduit.

— Je comprends le désarroi de ce peuple, seulement la loi du marché est impitoyable. Les sylviculteurs occidentaux, chère madame, ne sont pas assez nombreux, ne produisent pas en suffisance et sont hors de prix. Nos actionnaires ne nous jugent que sur les profits que nous générons. Quand les cotations baissent trop, ils nous quittent.

Ses épaules s'affaissèrent comme s'il portait soudain un pesant fardeau.

— J'ai hérité de jeunes loups à la tête de notre entreprise qui me pressent d'aller en Birmanie, au Laos, partout où les coûts sont avantageux. Et ils iront, je le crains. Ils parlent comme les stratèges un langage de guerrier, et l'avenir pour eux se calcule à court terme.

— Ils sont pires que les brutes qui nous ont attaqués ce matin, rétorqua la Française sans élever le ton pour ne pas réveiller Tyol. Leur chasse au trésor laisse des peuples entiers en haillons au bord de leur chemin pavé d'or. Un jour des désespérés sauront que ce sont eux les vrais coupables de leur misère, et les prendront directement pour cible.

Elle était exaltée, on l'aurait été à moins, mais de là à prophétiser de telles sottises ! Quelle cible ? Sur qui tirer ? Les financiers ne sont pas des soldats, même s'ils se plaisent à user de la même terminologie, et surtout, ils sont partout, dans tous les pays et de toutes les races, méditait à part lui Hugh Norton Bishop que ce questionnement intérieur, suscité par la phrase de Claire, incita à intervenir.

— Qui pourrait s'attaquer à des symboles comme Wall Street, et les autres Bourses du monde ? Car c'est là que tout se décide. Il faudrait une sacrée organisation pour ébranler ces temples et je ne vois pas quel pays aurait les moyens de la mettre sur pied, même dans dix ou vingt ans. Les Soviétiques ne s'y sont pas frottés, les Chinois non plus ! Regardez la contre-réaction dont ont été victimes les sympathisants de Kervanec pourtant pacifistes, à ce que j'en sais !

— Qui vous parle de pays ? répliqua sèchement la Française. Ce que des Etats sont dans l'impossibilité de faire, des apatrides, des exclus le pourront. Il suffit qu'un même dessein les cimente et qu'ils s'infiltrent dans les rouages du système, avec pour seul but de le détruire. Tous ne sont pas des Penan, vous savez !

— Allons, allons, l'apaisa Samuel Williams d'un ton affectueux, notre système est loin d'être parfait, j'en conviens. Il a malgré tout globalement amélioré le niveau de vie des humains. J'imagine mal l'intelligence, et à plus forte raison une intelligence qui maîtriserait les ressorts de la finance et de l'industrie, se mettre au service d'un tel projet, à moins d'avoir l'idée fanatique de dominer le monde, comme les nazis, et dans ce cas-là, gare à la riposte !

Il avait l'air si sincèrement convaincu qu'en une telle circonstance le bien, incarné par l'esprit d'entreprise, triompherait une fois de plus, que Claire ne sut que répondre. Elle se tut et, ce faisant, mit un terme à la discussion.

Jusqu'alors, Samuel Williams avait éprouvé de la fierté à faire son métier. De père en fils, depuis deux siècles, sa famille approvisionnait les journaux, les imprimeries, les éditeurs. Le lien entre cette formidable invention qu'est le papier et les hommes de la forêt pluviale ne lui était jusque-là pas apparu. Il était même convaincu de contribuer à l'amélioration du niveau de vie des indigènes de Bornéo, qui peu à peu quittaient la sauvagerie pour entrer dans le vingtième siècle. Qu'on puisse refuser une telle opportunité lui paraissait inconcevable ! Cette fois les réfractaires étaient sous ses yeux et ils avaient une apparence de victimes plutôt que de séditieux.

Timides, effacés, à peine rescapés d'une agression qui aurait pu leur être funeste, ils le questionnaient sans inimitié, presque avec vergogne, comme s'ils culpabilisaient d'exister. Cette humilité éveilla en lui une compassion sincère. S'il n'avait pas les moyens de changer le cours des choses, il pouvait au moins offrir à ces chasseurs-cueilleurs qui avaient accepté de rentrer avec les forces de l'ordre une subvention pour leur permettre de vivre décemment leur vie traditionnelle, dans un espace réellement protégé. « Excusez-moi », fit-il en se rapprochant des notabilités qui questionnaient Hussein Saba et le capitaine de la compagnie d'intervention de la *Field Force* sur l'opération qu'ils venaient de mener à bien.

L'industriel américain serra la main des deux officiers, les félicita avec chaleur et les remercia avant de s'écarter avec le *resident* et l'envoyé de Kuching pour un bref aparté qui l'obligeait à se courber afin de se mettre à la hauteur de ses interlocuteurs.

En observant la scène, Deborah se revit petite fille, avec ce géant penché au-dessus d'elle, qui la toisait de ses yeux pâles et lumineux, avant de la soulever à bout de bras vers le ciel et de la couvrir de baisers sur le front ou la pointe du nez. Dans les mains piquetées de taches et de poils roux de ce père immense, elle avait eu l'impression de voler au-dessus de lui, comme une tourterelle — *my little bird*, l'appelait-il — et d'être la septième merveille du monde. L'enfant qu'elle avait été ne pouvait imaginer une once de méchanceté dans cet homme. La journaliste, elle, le savait à l'image de n'importe quel entrepreneur, soucieux de rentabilité. S'il redoutait l'avidité des jeunes loups qu'on lui avait adjoints depuis peu, était-il certain de ne pas avoir été semblable à leur âge ? L'approche de la vieillesse le rendait-elle plus détaché des choses matérielles ? Pourrait-elle enfin lui parler comme avant, renouer avec lui ? C'est vrai qu'elle le trouvait transfiguré, plus cool, un peu comme s'il avait largué les amarres et pris le large. *« Oh ! Dad ! »* La Penan blanche entendit ce murmure et serra le poignet de Deborah, qui, ayant tout perdu comme elle, redécouvrait en cet instant le père qu'elle avait aimé.

Les nuages s'accumulaient dans le ciel. L'humidité de l'air était au maximum. Les hauts fonctionnaires en alpaga tombèrent leur veste.

— Pourquoi ne pas poursuivre la conversation à l'intérieur ? suggéra le *district officer*. Il y a des climatiseurs.

— Bonne idée, approuva l'envoyé du Premier ministre.

— Ce ne serait pas correct vis-à-vis d'eux, protesta le papetier de Philadelphie en désignant les Penan du regard.

— Pourquoi ne pas faire entrer leur chef ?

— C'est tous ou personne, informa l'un des assistants, qui avait transmis la proposition.

— Ce sont de furieux égalitaristes, susurra, sous sa petite moustache noire, le *resident* dont la chemise blanche collait au ventre comme une housse de ballon.

— Comment ça, égalitaristes ? s'étonna le papetier.

— Ils partagent tout, et celui qu'ils acceptent pour chef n'a droit à aucune prérogative.

— En cas de conflit qui a le dernier mot ?

— Dans un même clan, les querelles sont rares, pour ne pas dire inexistantes, et l'autorité des anciens est prépondérante, expliqua le *resident*. En cas de litige, ce sont eux qui tranchent.

— Cela me semble un très bon système, admit l'industriel en pensant aux béjaunes ambitieux de son conseil d'administration qui prétendaient lui en remontrer. Eh bien nous subirons stoïquement comme eux les rigueurs du climat !

Il suait à grosses gouttes et la chaleur le faisait rougir comme une écrevisse en train de bouillir. Les officiels le maudissaient à part eux. Pourquoi ce Yankee se souciait-il de ces va-nu-pieds ? Que n'avait-il tancé sa fille au lieu de céder à ses caprices de demoiselle trop gâtée ? Et cette Française, qui méritait la prison, qu'avait-il à la protéger ? La sueur maculait leurs chemises de soie et froissait leurs pantalons. Certains sortirent des dossiers de leurs mallettes pour s'éventer, répondant par des sourires de convenance aux suggestions de Samuel Williams dont les usines de pâte à papier allaient donner un coup de fouet à l'économie du pays. Seuls le *resident* et le représentant du Premier ministre émirent quelques réserves.

— L'exception que vous réclamez pour ce clan sera vite connue. D'autres Penan vont exiger de bénéficier des mêmes avantages, fit remarquer l'envoyé de Kuching, en épongeant son front dégarni.

— Et s'il leur prend à tous l'envie de retourner dans la forêt et d'y bénéficier d'une réserve, autant arrêter tout de suite les coupes de bois, prévint le *resident*.

— Ces gens ont déjà été délocalisés et fixés près de Long Palai, d'après ce que j'ai compris. Est-ce exact ? questionna l'Américain.

— Parfaitement exact !

— Les conséquences de l'exploitation du bois ne leur permettant plus de se nourrir exclusivement du produit de leur chasse ou de la cueillette, signala-t-il, donnons-leur les moyens de vivre comme ils en ont envie.

— Nous le faisons déjà, souligna le représentant du Premier ministre.

— Si peu.

— Voulez-vous qu'ils deviennent des oisifs ?

— Je suis certain que cela n'arrivera pas, affirma Samuel Williams en désignant d'un mouvement de menton les Penan qui attendaient sagement la fin de ce conciliabule. Ils sont humbles mais fiers, comme nous venons de le constater. Je pense, compte tenu de ce qu'on leur a pris, qu'on leur doit quelques réparations.

— Les forêts appartiennent à l'Etat, fit remarquer le *resident*.

— Parce que l'Etat en a décidé ainsi. Il s'agit pourtant de la terre de leurs ancêtres. Les compagnies forestières auraient dû les indemniser.

— Elles s'y emploient.

— Si j'en juge par ce que je viens de voir, on les pourchasse plus qu'on ne les dédommage. Ils ne sont que quelques centaines encore en liberté, je crois. Si on se montre justes avec ceux-ci, les autres seront moins farouches et finiront par se laisser apprivoiser.

— Ils ne sont pas près de sortir. Il y a ce sorcier blanc, soupçonné d'être un agent étranger, parmi eux. Il est activement recherché, vous le savez bien, nous en avons déjà parlé, rappela l'envoyé de Kuching d'un ton de conspirateur.

— Tout ceci va se calmer, prédit Samuel Williams. Les olibrius qui, derrière ce Français paraît-il fort savant, vénéraient la terre et les arbres n'intéressent plus personne. Si c'était une manipulation, elle a été déjouée. L'utopie a fait long feu. Que peut-on redouter, franchement ?

— Je vous trouve bien optimiste, mister Williams, souligna le *resident*. La rumeur prétend que ce Kervanec possède des facultés extraordinaires. Vos protégés penan, l'anthropologue française qui vivait avec eux, et votre fille aussi je suppose, sont parfaitement informés sur cette question. Nous pourrions peut-être les interroger, pour en apprendre un peu plus ?

— Ce serait bien peu délicat, se choqua l'industriel. Ne mélangeons pas tout. Si cet homme avait de si grands pouvoirs, il en userait pour se défendre au lieu de se cacher.

Méfions-nous des rumeurs. Alors, messieurs, êtes-vous d'accord ? On rapatrie ce clan dans son village, vous laissez à sa disposition un peu plus d'espace forestier, ça ne fait pas défaut autour de Long Palai, et nos entreprises locales dégageront un petit budget pour qu'ils ne manquent de rien, aient accès aux soins et à la culture. Vous verrez, vous ne regretterez pas cette initiative !

Les officiels n'avaient qu'une idée en tête, retrouver au plus vite la fraîcheur de leurs bureaux de Kuching ou de Miri. L'envoyé du Premier ministre, le *resident*, et Samuel Williams s'approchèrent de Jama et d'Aueng, qui discutaient avec la Penan blanche à l'ouïe fine et la panthère rousse aux yeux de ciel. Elles allaient les quitter. Ils leur faisaient savoir en peu de mots, et avec des regards pleins de tendresse, combien ils les avaient appréciées, et qu'ils ne les oublieraient pas.

— Je sais que tu en feras un Penan instruit et soucieux de son peuple si la Grande Mère veut que nous existions encore quand il sera grand, murmura l'oncle de Kurau le rebelle à sa veuve, en effleurant de la main la chevelure de Tyol.

— Il reviendra un jour, et je reviendrai avec lui, promit Claire. Le monde va changer, Jama. Il y a beaucoup plus d'hommes lucides qu'on ne le croit. Un jour viendra où ils prendront la parole, se manifesteront, obligeront les accapareurs et les gouvernants à se montrer plus scrupuleux.

— Puisses-tu dire vrai, mais j'en...

Il ne put achever sa phrase. L'envoyé du Premier ministre ne s'étant même pas aperçu qu'il était en train de converser, tant il le faisait avec discrétion, s'adressait à lui.

— Mon cher Jama, il s'appelle bien Jama, n'est-ce pas, demanda-t-il, les lèvres en coin, à un assistant qui confirma d'un clignement de paupière, eh bien, mon cher Jama, nous allons vous reconduire avec les vôtres à Long Palai et là...

— Mon village à moi se trouve près de Long Akah, le coupa Aueng.

— Une fois à Long Palai, une pirogue vous ramènera chez vous, promit le *resident*.

— Le gouvernement va tout faire pour répondre de manière positive à vos souhaits, bien que vous ayez commis l'imprudence d'entrer en contact avec les rebelles, reprit le représentant de Kuching, énervé d'avoir été interrompu en pleine envolée démagogique.

— Pourquoi leur parle-t-il de ça ? Il va les rendre méfiants, murmura Samuel Williams, en se penchant vers le *resident* quand son interprète lui eut traduit en anglais ce qui venait d'être dit.

— Ces messieurs des ministères ignorent souvent la réalité du terrain et sont, hélas, persuadés du contraire, répondit celui-ci sur le même ton confidentiel.

— Le lieutenant de police Hussein Saba et la compagnie de la *Field Force* qui vous ont accompagnés ici vont s'occuper de vous ramener chez vous. Des camions vous attendent, déclara le haut fonctionnaire. Le monsieur que vous voyez à côté de moi, dit-il en se retournant légèrement et en désignant Samuel Williams, est un ami de notre pays. Il tient à participer aux efforts de nos dirigeants, afin que vous puissiez vous épanouir et vivre heureux sur notre chère terre du Sarawak.

— Il ne manque pas de toupet, se gaussa Hugh Norton Bishop dans la nuque de Hussein. Quand tu penses que les ministres les plus importants se sont arrogé des concessions qu'ils ont ensuite distribuées à leurs enfants grassement nourris depuis par les royalties du bois, c'est ça qu'il appelle l'effort des dirigeants !

— Vous pourrez continuer de chasser dans une zone que nous définirons ensemble, était en train de promettre l'envoyé de Kuching aux Penan.

— *Shut up !* cria Hussein à l'intention de Hugh qui continuait de jacasser dans son oreille.

— Mais qu'est-ce qui vous prend, lieutenant, de me couper ainsi la parole ? s'indigna le haut fonctionnaire éberlué.

— Je ne vous ai rien dit, s'étonna de bonne foi le fautif, qui avait parlé haut sans s'en rendre compte.

Deborah et Claire s'esclaffèrent devant la mine scandalisée du représentant du gouvernement qui, en les voyant se tordre, se décomposa encore plus. Ne sachant que faire, il se tourna désespérément vers sa volée de conseillers tout aussi interloqués que lui. Les Penan, masquant de la main leurs bouches réjouies, malgré leur fatigue et la pluie qui ruisselait sur leur corps, se gaussèrent également. Finalement, tout le monde se mit à rire, puis à éclater de rire, sans pouvoir s'arrêter, emporté par un tropisme auquel personne ne résista, sauf évidemment l'envoyé de Kuching, qui mendiait en vain auprès des siens une once de sérieux. La lourde main parsemée de taches rousses du papetier Williams se posa amicalement sur son épaule. Comme les autres, il n'avait pu retenir ses zygomatiques. L'hilarité de sa fille, surtout, lui avait fait perdre son self-control et dominer de son coffre puissant ce concert imprévu.

— Mon cher ami, les bonnes nouvelles sont toujours source de joie, expliqua-t-il en reprenant son souffle. C'est bien d'avoir ri ensemble ! Ça nous a rapprochés. Souriez vous aussi, sinon nos amis penan vont douter de votre sincérité et de vos promesses !

— Cet insolent m'a ordonné de me taire, objecta le haut fonctionnaire indigné en désignant de la tête le lieutenant Hussein Saba, lequel désintégrait du regard son ennemi d'enfance.

— Je n'ai rien entendu, vraiment, mentit Samuel Williams. Et vous, *resident*, avez-vous entendu quelque chose ?

— Moi, rien, absolument rien, confirma hypocritement celui-ci, en s'efforçant de cacher son amusement.

— Ces retrouvailles nous ont tous émus, déclara le papetier américain, dont les propos étaient aussitôt traduits. Retournez chez vous en paix, dit-il aux Penan. Vous avez ma parole. Tant que je vivrai, on ne vous fera pas de mal, et quand je ne serai plus là, c'est à ma fille qu'il faudra s'adresser.

Deborah n'en attendait pas tant, et les Penan non plus, à vrai dire. S'ils avaient des raisons de se méfier de lui, ils n'en avaient aucune de se méfier de la panthère rousse qui faisait maintenant partie de leur famille. Jama et Aueng la regardèrent en plissant les paupières et en inclinant légèrement la tête, signe de confiance absolue. La blessure à vif de son arrachement à Judik fut un instant oubliée.

— Vous pourrez vivre comme bon vous semblera, puisque tel est votre désir, poursuivait Samuel Williams. On vous y aidera. Vous n'aurez plus à craindre d'attaque ou de provocation, le gouvernement s'y engage.

Les affronts que l'envoyé de Kuching croyait avoir subis de la part du lieutenant de police, et que personne d'autre que lui n'avait remarqués, du moins en apparence, le clouaient sur place dans une morosité songeuse qui lui faisait oublier son rôle. L'industriel se tourna vers le *resident* et quêta son approbation.

— Oui, nous nous y engageons, confirma celui-ci. Nous veillerons à ce que personne ne vienne perturber vos lieux de vie et l'espace forestier que nous allons vous laisser.

— L'efficacité du lieutenant Saba, qui va conduire la mission à son terme, mérite d'être reconnue, qu'en pensez-vous ? insista l'industriel.

— Naturellement ! Je suis même convaincu que Kuching saura le récompenser pour sa ténacité et son sang-froid. Dans mon rapport destiné au Premier ministre, rien ne sera omis. Toute la vérité sera dite.

— Je vous fais confiance, fit le papetier d'un ton imperceptiblement narquois.

A partir de là, les événements se précipitèrent. Des GMC bâchés surgirent sur la place. Le capitaine de la *Field Force* revint se mettre à la disposition de Hussein avec sa compagnie. Femmes, vieillards et enfants furent hissés à l'arrière des véhicules. Les sarbacaniers montèrent en dernier. Djaau Lat, Lakei Petujek, Ngitun, Keraji, Beherem, avant de s'embarquer, tinrent à saluer la Penan blanche et la panthère rousse.

— Nous ferons tout pour protéger le chaman, nous veillerons sur lui, promirent-ils à Deborah en lui donnant l'accolade. Tu seras toujours dans nos cœurs, affirmèrent-ils à

Claire en la serrant dans leurs bras, comme quelqu'un de la famille.

Evidemment, elle aurait bien voulu les suivre dans les camions mais cela lui était interdit. Elle s'en tirait en étant *persona non grata*, les autorités ayant hâte de la voir quitter le pays rapidement et le plus discrètement possible.

— Et moi, que fais-je ? s'inquiéta Hugh Norton Bishop auprès de Hussein qui donnait des ordres sous la pluie battante.

— Ta mission est terminée, regarde dans quel état tu l'as mis, fit le policier mi-coléreux, mi-sarcastique, en désignant de la tête l'envoyé de Kuching.

Suivi à petits pas par son porteur de parapluie et ses conseillers, le haut fonctionnaire se précipitait à l'intérieur de l'édifice public pour ne pas assister au démarrage du convoi qui s'effectuait sans qu'il en ait donné l'ordre.

— Mais c'est toi qui lui as fait perdre les pédales, protesta en riant le fils caché du lord. Si tu t'étais maîtrisé, rien ne serait arrivé.

— *Well, see you later*, fit Hussein en sautant sur le marchepied du dernier GMC, qui envoya une flaque rougeâtre sur les chaussettes, le short et la chemise de son ami anglais en démarrant sur les chapeaux de roue.

— *Bloody bastard !* s'écria la victime en s'écartant d'un bond et en brandissant son poing en direction du policier.

Hussein, souriant, lui octroya, juste avant de s'installer sur son siège et de fermer la portière, une moqueuse grimace.

A l'arrière du véhicule, Jama et les sarbacaniers — Aueng en raison de son âge ayant été invité à prendre place dans une cabine avant — souriaient et faisaient avec leurs mains des cercles destinés à Claire et Deborah qui leur répondirent de même, en s'efforçant sans succès de retenir leurs larmes. Les derniers représentants d'un monde auquel leur esprit et leur cœur adhéraient s'éloignaient dans un tumulte de moteurs et des giclements de boue. L'émotion était immense. Tyol dut la ressentir. Il hurla dans sa hotte. Hugh le tendit à sa mère, qui le souleva à bout de bras. Là-bas, sur la piste, accrochés aux ridelles, les sarbacaniers du haut

Baram prirent conscience que cet enfant serait l'héritier de leur mémoire. Ils s'assirent sur leurs banquettes, se mirent à rêver, se revirent en train de faire la chaîne autour de Jilmo le kapur avec le Boloven blanc, détenteur du grand Secret, et vécurent une fois encore l'extase qui les avait emportés si loin de leur corps. Maintenant que le lien avec la Grande Mère avait été établi, ils ne se sentaient plus seuls, et comme ils venaient d'avoir la garantie qu'on leur permettrait de continuer de vivre en semi-nomades dans des zones protégées, ils savaient qu'ils réussiraient à maintenir, sans que cela se sache, leurs liens avec le clan d'Abu le rebelle, le chaman caché, et à travers lui avec Ini, la Divine. Lakei Petujek et Dja-au Lat, en pleine anticipation, s'élançaient par la pensée sur les sentiers pour les rejoindre et les ravitailler. Oui, ils retrouveraient leurs frères fugitifs à l'insu des bûcherons, des policiers, des soldats, des chasseurs de primes et des politiciens. Oui, ils communieraient avec eux autour des grands arbres sacrés. Cette certitude et les images qu'elle faisait naître en eux leur firent oublier les fondrières qui les secouaient rudement.

Une percée de soleil dans les boursouflures charbonneuses des nuages gorgés d'eau fit poindre un arc-en-ciel fabuleux au-dessus de la forêt abîmée. Le *resident*, ses assistants, Samuel Williams, qui avaient tenu à saluer les passagers de chaque camion, et les conseillers prudents de l'envoyé de Kuching, occupés à faire de diplomatiques navettes entre l'extérieur du bâtiment et le bureau climatisé du *district officer* où s'était réfugié leur chef, tous furent saisis par le silence soudain qui régnait sur cette place déserte, pleine de bruits et d'affairement quelques instants auparavant. Au loin, le dernier camion disparaissait au centre du demi-cercle irisé, comme sous un arc de triomphe.

La pluie fit une pause. Le mugissement des hélicoptères qui stationnaient sur le terrain militaire voisin eut l'effet d'une sonnerie d'horloge. Le représentant du Premier ministre, suivi de ses conseillers qui avaient remis leur veste, sortit de son refuge. Encore mal relevé de ses émois, il grimaça un sourire de politesse en direction de Samuel Williams et rejoignit avec son essaim de civils un Sikorsky qui décolla aussitôt.

— Et moi, que fais-je ? redemanda Hugh Norton Bishop devant ce départ précipité qui avait surpris tout le monde.

— Mon cher, vous avez le choix, fit Claire. Ou vous partez avec le *resident* sur Miri, ou vous rentrez avec nous sur Kuching.

Les pleurs de Tyol se perdaient dans le tapage des hélices volantes. Depuis le premier jour où elles s'étaient manifestées à lui et avaient fait disparaître son père, elles le terrorisaient.

Le colonel Djabar Singh, un sikh, commandant de la garnison de Miri, avait servi dans l'armée britannique des Indes et en perpétuait les grandes traditions dans l'armée malaise. Même s'il savait quoi penser de l'incident qui avait fait se dresser sur ses ergots l'envoyé de Kuching, il s'était bien gardé de s'en mêler. Il avait pourtant tout vu et tout compris, la plaisanterie en sourdine du jeune Anglais dans le dos du lieutenant de police, l'agacement de celui-ci exprimé un peu trop fort, et la confusion qui en avait résulté. Le *resident*, auquel rien non plus n'avait échappé, n'ayant pas jugé bon de lever l'équivoque, pourquoi l'aurait-il désavoué ? C'était son seul interlocuteur civil dans cette province, celui qui lui transmettait les directives de l'Etat, un ami de longue date, un allié avéré. Il grattouilla sa barbe grisonnante prise dans un filet, et tint d'une main son turban kaki menacé d'envol par le souffle des deux autres appareils qui attendaient leurs passagers en faisant mugir leur rotor. Des journalistes avaient eu vent de ce meeting. Mieux valait ne pas s'attarder. Il interrompit Samuel Williams qui discutait avec les responsables locaux des travaux en cours concernant ses fabriques de pâte à papier.

— *So, my dear friend, we have to leave immediately,* s'écria-t-il d'une voix énergique et roulante.

— Allons-y, consentit Samuel Williams que plus rien ne retenait en ces lieux.

Le *resident* serra la main du papetier dans les deux siennes, en s'inclinant un peu, ce qui n'était pas vraiment utile compte tenu de la taille de son interlocuteur.

— Vous pouvez compter sur moi, à cent pour cent, Issan, lui confirma l'Américain.

— *Good bye, sir,* interjeta Djabar Singh. *Good luck everybody. God bless you !*

Le colonel passa son bras sous celui du *resident,* l'entraîna en se courbant vers le second Sikorsky, à proximité duquel les officiels régionaux impatients mais résignés attendaient que leur chef pénètre dans la carlingue pour y prendre place. Le copilote du Bell de la société Baramco, filiale de la firme Williams à Bornéo, et deux gardes du corps fort discrets jusque-là, puisqu'ils apparaissaient pour la première fois, n'ayant quitté l'hélico qu'au moment ultime, invitèrent fermement leur boss et ceux qui l'entouraient à rejoindre l'appareil sans plus tarder. Ils faisaient penser à deux Marines, qu'ils avaient dû être encore très récemment. L'un était noir, l'autre blanc, et pourtant on aurait dit deux frères jumeaux. Des clones, se dit Hugh en grimpant dans l'habitacle. Un slogan lui vint à l'esprit : « Vous en avez marre d'être noir, rouge, basané, jaune ou blanc, qui sait ? Engagez-vous dans les Marines et vous deviendrez incolore. »

Claire berçait Tyol, tout en se laissant harnacher à son siège par les deux gardes. Deborah avait exprimé le désir d'être placée près d'un hublot afin de voir le paysage. Le sol soudain s'éloigna. Long Matoh se révéla dans son intégralité, avec son fleuve naissant — jadis d'un sombre vert, rougi désormais par l'érosion pluviale qui n'avait plus de frein — bordé de quelques bâtiments en dur, et de bicoques au toit de tôle ondulée. Des soldats barraient les routes, opérant des contrôles, et occasionnant des embouteillages de camions. Le paysage se découpait en rizières autour des chantiers de coupe et d'énormes scieries. Enfin, au loin, sur les hauteurs frontalières, s'étendait la grande forêt des brumes encore inviolée, où les derniers Penan libres et Judik, leur chaman, avaient trouvé refuge.

Deborah allait le lui demander. Son père devança sa question.

— Survolez un peu la jungle, ordonna dans son micro le papetier Williams installé, comme il l'avait souhaité, à la place du copilote.

Le Bell fit un passage le long de la frontière, entre les sources du Baram et de la Lurah. Par ses simagrées, Hugh parvint à apaiser Tyol et à le faire rire. Sa mère qui voulait, elle aussi, contempler la jungle une dernière fois le lui confia d'autorité avec un sourire pressant, et le fils caché du lord, inquiet d'une telle charge, prit un air terriblement empoté qui dérida un instant les deux Marines.

Claire se pencha vers Deborah, dont les yeux mouillés scrutaient les vallées qu'elles avaient toutes deux sillonnées. Ils étaient là-dessous, dans ce moutonnement infini de la canopée, dissimulée en partie par les vapeurs qui montaient de la terre. Uian, le jeune homme doué qui aurait pu faire de belles études, Agan le mage, qui avait peut-être déjà découvert auprès de Judik les arcanes du grand Secret, et qui aspirait à une mort paisible parmi les Vénérables encore ignorés des prospecteurs, Abu et ses sarbacaniers fidèles ennemis de toute compromission avec le monde de la pierre et du fer, et lui, Judik, le missionnaire devenu chaman, poussant jusqu'au bout la logique de sa vocation première, lui, l'oblat qui avait trouvé refuge auprès du peuple le plus petit et le plus démuni de la planète, contraint de se cacher pour ne pas disparaître.

Deborah voulut se rassurer en se disant qu'il n'était pas entièrement coupé du monde et que les Boloven ne le perdraient jamais de vue. Tamil, Alta, Ankun dans la vallée cachée savaient comment le joindre, Salti aussi, de son Chemin des ivresses. L'air était sans doute frémissant de messages qui lui seraient transmis pendant les rituels et il pourrait, comme cela s'était déjà produit, communiquer avec eux, les revoir dans ses transes. Vania, Ahinée, Bopal le pisteur, Toumi, Tubul, les veuves Maka et Katile, Ponhli. Tous ses amis, ses frères seraient à ces rendez-vous. Les sarbacaniers de Jama non plus ne le laisseraient pas tomber, ils l'avaient promis, et ils tiendraient parole.

Survivre, survivre à tout prix avec sa horde de gueux, et apporter la preuve, quand la civilisation de la pierre et du fer, empêtrée dans ses contradictions, aspirerait à une solution salvatrice, qu'une vraie relation entre la Terre et les hommes existait bel et bien, et qu'il suffisait de le vouloir pour qu'elle se manifeste, tel était le but de Judik.

L'espoir de rassembler l'humanité pacifiée autour de la Grande Mère n'était peut-être qu'une utopie qui avait fait long feu, comme l'avait affirmé son père tout à l'heure, mais Deborah était convaincue que la persistance de cette utopie, même à l'état infinitésimal, pourrait lui permettre d'essaimer et de se développer le moment venu.

Or, combien de temps ce paysage unique, léché par les feux d'un soleil victorieux, avec ses vals laiteux, ses torrents, ses rocs, ses rivières, et ses armées de Vénérables, résisterait-il encore ? Durant une fraction de seconde, comme dans un colossal séisme, tout lui apparut chamboulé et la terre jaune ou ocre, aux inguérissables blessures, se répandit dans les cours d'eau pareils à des flots de sang. Cette vision l'emplit de terreur. Partout ailleurs sur cette île, le mal, déjà, était fait. Un biotope absolument unique était en train d'être anéanti. Le temps était compté. Un jour, bientôt, si on ne faisait rien pour y mettre un terme, les compagnies forestières, avant-garde des laboureurs, attaqueraient la haute forêt des brumes et la mettraient à sac. Comment empêcher ça, sans rompre le silence exigé par Judik qui, dans l'immédiat, avait tout intérêt à se faire oublier ?

La main de Claire se posa sur la sienne, crispée sur l'accoudoir en tube de duralumin. Elle aussi laissait là-dessous une part essentielle de sa vie, ses amis les plus vrais, et l'âme de Kurau. Faire passer pour criminels des êtres qui n'ont en tête que le respect de la vie, malgré la cruelle nécessité de chasser pour se nourrir, était franchement dégueulasse. Sa gorge se noua. Eux qui avaient la guerre en horreur ! Certes, ils avaient saboté des engins pour les faire s'arrêter, pour que les autorités s'émeuvent de leur sort, qu'on parle d'eux, enfin ! Cependant, durant ces trois années d'action clandestine et de course dans les bois, jamais un conducteur de bulldozer ou un bûcheron n'avait été molesté. Combien de fois, en revanche, alors qu'ils n'avaient pas d'intention hostile, sauf à l'encontre des machines qui ravageaient leur Terre sacrée, les avait-on mitraillés sans hésitation, presque avec plaisir !

— Nous sommes dans une zone militarisée interdite aux aéronefs civils. On nous donne l'ordre de rentrer directement sur Kuching !

— Je sais, Marc, j'ai entendu, dit Samuel Williams au pilote, un Chinois issu d'une famille christianisée par des missionnaires portugais au XVIIe siècle, fais un dernier cercle et filons !

Il tenta de se retourner pour regarder sa fille. Ses sangles l'en empêchèrent, mais il entendit dans ses écouteurs un *« thank you, dad »* qui lui fit chaud au cœur.

Epilogue

Après avoir reconduit Jama et les siens, ainsi que les familles du clan d'Abu, près de Long Matoh, dans leur village dont l'environnement forestier serait à l'avenir protégé, le lieutenant Hussein Saba, de retour à Kuching, eut l'agréable surprise de recevoir de la bouche même de son supérieur de chaleureuses félicitations pour l'habileté et le courage dont il avait fait preuve durant sa mission. Après un toussotement signifiant que l'entretien n'était pas tout à fait terminé, celui-ci l'informa qu'il avait été désigné pour un stage de spécialisation destiné à le faire monter en grade et qu'il devait se préparer à rejoindre au plus vite Kuala Lumpur où le responsable du centre de formation de la police nationale l'attendait déjà.

— Voici votre feuille de route et votre billet d'avion. Décollage demain matin à dix heures.

— Ça ne me laisse pas beaucoup de temps pour préparer mes bagages.

— Quand on est en présence d'un élément de votre compétence, à quoi bon le faire stagner dans un grade inférieur à ses capacités ? rétorqua son chef en évitant de le regarder bien en face. C'est une chance à saisir. Elle ne se représentera peut-être pas !

Kuala Lumpur, la grande capitale de la Fédération. Il n'allait tout de même pas faire la fine bouche ! On l'écartait, c'était certain, parce qu'il en savait trop et que son contact direct avec les Penan pouvait l'avoir influencé. Ce n'était pas faux. Le seul moyen de pouvoir les aider un jour était d'acquérir du galon, de devenir un personnage influent, à condition naturellement de ne pas se laisser corrompre durant le parcours et de conserver son intégrité jusqu'au bout. C'est ce qu'il se promit à lui-même. Il était encore jeune, plein d'idéal et croyait qu'on pouvait faire une brillante carrière sans accepter de compromission.

L'incursion en terre indigène de Hugh Norton Bishop, la première vraie expérience de sa vie, avait aussi été son chemin de Damas. Quand il revint à Kuching, Margaret Bishop le trouva terriblement changé. Il n'avait plus qu'une idée en tête : reprendre ses études, s'inscrire dans une fac canadienne, quitter le pays.

— Dans quelle matière souhaitez-vous vous spécialiser ? demanda sir Alex.

— L'anthropologie, répondit le jeune homme.

— A cause de cette Française, supposa sa mère adoptive d'une voix contrariée.

— Entre autres. On lui propose une chaire à Montréal. Elle va, je crois, accepter.

— Et vous allez suivre ses cours ? en déduisit Agatha, prenant le relais de Margaret.

— Entre autres, fit-il une seconde fois sans en dire plus.

— Quand comptez-vous partir ?

— Le plus tôt possible.

Mrs Bishop, ne parvenant pas à rétablir le lien de complicité qui l'unissait à lui et qu'elle avait cru indéfectible, préféra s'esquiver et aller souffrir en silence, à l'abri des regards, dans son patio, où l'attendaient ses orchidées aux fleurs mauves, légères et veloutées comme des ailes de papillon.

Claire et Deborah évitèrent de faire halte au Pied du Buffle. Elles craignaient de porter préjudice au clan de Salti qui connaissait pour l'heure un bonheur sans égal. Plus tard, quand tout serait oublié, elles s'y rendraient discrètement, sous un autre nom de préférence.

Samuel Williams leur proposa d'aller se reposer dans son ranch du Montana au milieu de prairies où paissaient des chevaux à demi sauvages, et de montagnes peuplées de grands arbres vivant en toute quiétude dans des forêts classées, traversées de rivières aux eaux si claires qu'on pouvait y voir des truites s'ébattre dans le courant. Les riches aiment la végétation, comme on aime un décor, mais n'ont aucun respect pour les Vénérables qu'ils imaginent inertes et sans âme.

L'une avait une thèse à écrire, l'autre une histoire à raconter. Une vie nouvelle commençait. Au diable le professeur Comine, qui les avait lâchées. Au diable tous ces savants pusillanimes qui, face au danger, avaient préféré se taire. Au diable *Turn Over* et Tom Morris qui s'était déballonné au dernier moment. Elles allaient tout reprendre à zéro, redémarrer sur d'autres bases, comme le leur avait suggéré Judik. Deborah se partagerait entre son appartement parisien, place de la Contrescarpe, et celui de Greenwich Village. Montréal n'était pas loin de New York. Elle verrait souvent Claire, et un jour, quand le moment viendrait, elle repartirait clandestinement dans le village de Jama. De là, avec Dja-au Lat et Lakei Petujek, elle rejoindrait son *great chaman* dans la forêt des brumes pour lui montrer les photos de l'enfant qu'ils avaient conçu sous Ragan, le meranti, dans un morceau intact de paradis terrestre

Postface

Ils ont tué Bruno Manser !

J'ai découvert le Laos en 1962, à vingt-six ans. Reporter pigiste à *La Croix*, j'étais venu pour écrire un papier sur une réunion des trois princes — Boun Oum le réac pro-américain, Souvanna Phouma le neutre pro-français et Souphanouvong le stal pro-bloc de l'Est — destinée à aboutir à un gouvernement de coalition.

Je venais de parcourir le Moyen et l'Extrême-Orient en auto-stop, avec pour tout viatique une lettre de recommandation du père Wenger, alors rédacteur en chef du quotidien catholique. Cette missive m'avait ouvert les portes des missions et permis de rencontrer des prêtres passionnants, nourris d'une connaissance profonde des pays que je traversais : salésiens de Don Bosco, jésuites, Petits Frères des pauvres, Assomptionnistes... A Vientiane, je fus reçu par des oblats de Marie-Immaculée. Tout de suite je compris que j'avais affaire à des hommes de terrain expérimentés. Ils avaient bâti des églises dans les montagnes peuplées de tribus animistes, qu'ils évangélisaient.

Le conflit indochinois avait décimé leurs rangs. Les communistes laotiens accusaient ces curés blancs, français de surcroît, qui jouissaient de l'estime des populations locales, d'être liés au colonialisme. Tant qu'ils étaient là, ils représentaient pour eux un obstacle majeur. C'est pourquoi ils les massacraient sans pitié.

Dès le premier soir de mon arrivée, durant le repas au réfectoire, le père supérieur me proposa d'accompagner le lendemain matin un jeune prêtre breton qui partait en moto dire la messe dans un hameau reculé de montagne, dont le curé venait d'être assassiné. Devant la perspective d'un bon reportage, je m'empressai d'accepter, sans avoir réellement mesuré les risques de cette offre.

Nous partîmes comme prévu avant le lever du soleil par la route de latérite menant à Luang Prabang, sur un engin instable qui dérapait dans la boue. Les deux mains agrippées à la taille du conducteur, qui fonçait pleins gaz, je m'attendais à chaque instant à être éjecté. La jungle léchait la piste. Au loin devant nous, par-dessus l'épaule du missionnaire, j'aperçus un convoi de l'armée. Nous nous en rapprochions. Soudain, comme dans un film au ralenti, nous vîmes le dernier camion s'élever dans les airs, se retourner et tomber lourdement sur sa cabine. La déflagration nous parvint à ce moment-là. Le père L. pila et coupa le contact. Nous poussâmes la moto dans les fourrés. A plat ventre, le nez collé à la terre humide, nous entendîmes avec une clarté terrifiante tous les sons de cette embuscade. Rafales, explosions, cris, hurlements, lamentations, rien ne nous fut épargné. Le silence tomba d'un coup, comme un couperet. Peu après, un faible gémissement nous parvint. Que faire ? Nous hésitions. La jungle grésillait tout autour de nous et j'étais presque soulagé que plus aucun bruit ne provînt du convoi quand de nouveau, aussi faible qu'un vagissement de bébé, l'appel du mourant nous glaça le sang. Il se mua en un filet de voix lancinant.

— Il faut lui porter secours, dit le missionnaire en cherchant à se relever.

Je le plaquai au sol.

— Les autres ne sont peut-être pas tous partis. On peut se faire descendre, objectai-je. N'oublie pas le sort qu'ils réservent aux prêtres !

La plainte s'éteignit.

— Je dois y aller, insista-t-il.

— Ecoute, si on l'entend gémir encore une fois, on y va.

— D'accord, fit-il en restant aux aguets.

Dois-je l'avouer, j'ai souhaité de toutes mes forces que le soldat inconnu ne trouve plus la force d'exprimer le moindre son. Mon souhait fut exaucé.

Ça s'est passé il y a quarante ans. J'y pense encore. Au bout d'une heure d'attente, un bus bourré de passagers, il y en avait sur le toit et sur les marchepieds, arriva à notre hauteur. Nous sortîmes de la jungle pour l'arrêter. Noyés au milieu d'une soixantaine d'hommes et de femmes, nous nous approchâmes. Parmi les cadavres qui jonchaient la piste je cherchai à reconnaître celui que nous n'avions pu secourir. Je ne sais pourquoi, j'eus la certitude que c'était le gamin qui conduisait le camion que nous avions vu se retourner. Il n'avait pas été touché par les balles. Sa tête coincée sous la tôle, tout en n'étant pas vraiment défigurée, avait pris sous la masse métallique qui l'écrasait une forme ovale.

Je pensais qu'après cette péripétie nous allions retourner sur-le-champ à Vientiane. Pas du tout. Le père L. ressortit sa moto du fourré.

— Alors, Jean, tu montes ? Nos paroissiens attendent !

Au bout de quelques kilomètres, il bifurqua sur une voie secondaire qui par endroits n'était pas plus large qu'un sentier. Elle sinuait entre deux pitons couverts d'arbres et de lianes. Sans qu'il me l'eût dit, je savais d'instinct qu'à tout moment nous pouvions, nous aussi, sauter sur une mine ou nous faire cribler de balles. Je n'en menais pas large et guettais dans les rares trouées de feuillage la vision d'un village qui tardait à venir. C'est une église, une église tout en bois qui se dressa devant nous, sur un terre-plein, au bord d'une large rivière grondant en contrebas. L'édifice construit en teck et en palissandre dominait un défilé couvert de végétation. Au fond, les eaux tumultueuses ne me disaient rien qui vaille.

— Mais il n'y a pas de village, fis-je remarquer.

— Il y en avait un. Les gens préfèrent se cacher pour éviter d'être recrutés de force par les Pathet Lao ou rançonnés par les gouvernementaux.

— Et l'église, pourquoi les communistes ne l'ont-ils pas brûlée ?

— Parce qu'ils savent que nous y venons régulièrement et qu'ils peuvent nous coincer quand bon leur semblera.

— Tes paroissiens, où sont-ils ?

— Sois patient ! Ils vont arriver.

Ils arrivèrent en effet, sans qu'on les vît venir, surgirent en silence avec leurs hottes sur le dos, leurs turbans noirs autour du front, et les cotonnades sommaires qui recouvraient partiellement leur corps. Le chef, qui aurait pu ressembler à Ankun, offrit au prêtre un poulet, une vieille lui tendit un panier rempli d'œufs. Ils suivirent la messe avec une touchante dévotion, chantèrent des cantiques en langue hmong. Le père leur donna sa bénédiction et ils s'enfoncèrent dans la forêt sans se retourner.

La nuit commençait à poindre. Je sus que la mienne serait blanche. Sur un réchaud à pétrole on fit cuire une omelette, puis chacun rejoignit sa chambre. Il y en avait deux au-dessus de la nef, dont les fenêtres ouvraient sur le défilé. Le père L. s'endormit sans problème. Je l'entendis ronfler à travers la cloison de bois. Les bruissements de la jungle m'étaient insupportables. J'imaginais l'approche d'un commando de tueurs, supputais mes chances de survie si je sautais dehors et me ruais vers les eaux rébarbatives, sans doute peuplées de crocodiles. Non ! Mieux valait s'enfoncer sous les arbres. Je me vis alors mordu par un cobra, et peu de temps après attaqué par un tigre. Il n'y avait vraiment aucune issue sauf dans le sommeil qui m'ouvrit sa porte une petite demi-heure avant que le missionnaire tout à fait reposé vînt me secouer.

— Il nous faut rentrer. Demain, j'ai une messe à dire dans une autre église.

— Aussi isolée que celle-ci ?

— Du même genre. Que veux-tu, nous ne sommes plus assez nombreux et les fidèles ont besoin de notre présence !

Je ne lui proposai pas de l'accompagner pour cet autre périple et une fois à Vientiane, le jour suivant, je me mêlai aux envoyés spéciaux de la grande presse, invités à prendre l'avion de la Commission internationale de contrôle, pour aller interviewer, dans la plaine des Jarres, le Prince rouge Souphanouvong. Ce fut une excursion beaucoup plus reposante.

De retour au Cambodge, le père des Missions étrangères qui me logeait m'apprit l'assassinat d'un certain père L. au Laos.

— Vous le connaissiez ?

— Oui, très bien.

Les vingt-quatre heures que nous avions passées ensemble me laissaient l'impression d'avoir duré des siècles. Je fus attristé mais pas surpris outre mesure par cette nouvelle.

En 1967, à Saigon, où je couvrais la guerre du Vietnam, toujours pour *La Croix*, mon hôte, un vieux curé qui avait passé les deux tiers de sa vie en Indochine, m'apprit que le père L. avait un cousin du même nom, oblat lui aussi, qui officiait à Vientiane.

— Et celui-là vit toujours ?

— Je pense, oui.

Quand l'idée me vint d'écrire *Chaman*, il y a deux ans et demi de cela, j'eus envie de téléphoner au siège des oblats en France, à Fontenay-sous-Bois, pour évoquer, avec son cousin survivant, le disparu toujours présent dans mes pensées et qui m'inspirait le début de mon roman. Je pris l'appareil et composai le numéro. En entendant la sonnerie, une appréhension me gagna. Je faillis raccrocher. Une voix de religieux me répondit.

— Oui, le père L. est bien là. Je vous le passe.

Sans mentir, j'eus un début de frousse.

— Allô !

— Père L. ?

— Oui, c'est moi.

— Ici Jean Bertolino.

— Oh, mon Dieu, fit-il.

Un silence sidéral s'installa sur la ligne. Son cerveau comme le mien devait remonter le temps. Il y avait eu confusion. C'est le cousin qui était mort, pas lui. Comme moi, il devait soudain entendre l'appel lancinant du jeune soldat tinter dans ses oreilles, revoir son visage d'adolescent, assoupi sous la ferraille. Nous étions tous deux indéfectiblement liés à cette scène insupportable qui l'avait marqué lui aussi. Je lui promis une visite prochaine. Je n'ai pas encore osé me soumettre à son regard à l'heure où j'écris ce texte. Lorsque vous le lirez, ce sera probablement fait !

En pensant à lui, j'ai inventé l'enfance de Judik, et la toute première partie de sa vie. Si je l'avais revu avant d'écrire mon livre, j'aurais été bourrelé de scrupules, et ne serais peut-être pas allé au bout de l'histoire. Or il y a dans Kervanec un autre personnage auquel je dois énormément et que j'admire, bien que je ne l'aie personnellement pas approché et même si je ne le saluerai, hélas, jamais, puisqu'il n'est plus parmi nous. Il s'agit de Bruno Manser.

Ce Suisse alémanique de Bâle, où il est né en 1954, a dès son plus jeune âge été passionné par l'observation de la nature, les traditions villageoises et la spéléologie. Pendant dix ans, de 1973 à 1983, il a travaillé comme berger et fromager d'alpage dans les Grisons, tout en suivant des cours d'agriculture de montagne, de santé et d'artisanat traditionnel. Cette approche pragmatique de la connaissance l'amena à prendre conscience que l'homme n'avait pas toujours été un éleveur ou un laboureur, qu'une autre forme de vie humaine, dont nous étions tous issus, persistait.

« *En quête de nos racines perdues*, avoue-t-il dans son très beau livre ***Voix de la forêt pluviale****, j'ai peu à peu formé le souhait de me mettre à l'écoute d'un peuple resté proche des origines.* »

Il devint un assidu des bibliothèques, dévora tous les ouvrages d'anthropologie qui lui tombèrent sous la main et finit par découvrir l'existence de chasseurs-cueilleurs parfaitement adaptés à ce milieu réputé très hostile qu'est la jungle de Bornéo : les Penan. Certain d'avoir trouvé ceux qu'il cherchait, c'est-à-dire d'authentiques survivants d'un monde disparu, capables de subsister avec l'équipement le plus rudimentaire qui soit, il n'hésita pas et partit à leur rencontre en 1984.

Comme il était exactement le contraire d'un fanfaron, il ne s'étend pas sur les difficultés de ce voyage dans un univers grouillant de moustiques et de reptiles venimeux. L'un d'eux le mordra plus tard, et il restera plusieurs jours entre la vie et la mort. Le voici donc à pied d'œuvre au Sarawak — une enclave de la Fédération malaise créée jadis par les Britanniques — dans un clan de nomades qui apprécia d'emblée son humilité et sa gentillesse.

Il sut d'instinct se mettre à leur diapason, ne jamais élever la voix, s'adapter sans effort apparent à leurs coutumes. Il écrivit à sa famille :

« J'ai découvert des indigènes craintifs que certains jugent crasseux comme des porcs. » Il ajoutait modestement : *« J'ai appris à aimer leur vie simple et dure au cœur de la forêt vierge. »*

En vérité, il fit beaucoup plus que cela : un authentique travail d'anthropologue, de zoologiste et de botaniste, dans des conditions d'inconfort qui ajoutent une valeur particulière à ses dessins — d'une précision encyclopédique — d'oiseaux, d'insectes, et de végétaux magnifiquement coloriés, vivant sous et sur une canopée qui s'élève parfois à quatre-vingts mètres de hauteur. Quant à ses portraits de femmes et d'hommes penan, réalisés au fusain, ils sont plus parlants que des photographies. Bruno Manser était un artiste. Il savait saisir le caractère de chaque visage avec une précision troublante. Ses planches nous invitent à un voyage dans l'âme même de ces gens qu'il a tant aimés et qu'il nous rend très proches.

Il apprit leur langue, leurs usages, leurs signes, et il nota, nota inlassablement toutes ses observations, assis au pied des kapurs, des jits, des lauans, des ramins, des merantis géants, dans de petits cahiers coincés sur ses genoux.

Hélas, ces arbres vénérables éveillaient la convoitise des compagnies forestières qui savent s'attirer les complicités des représentants de l'Etat. Plus les bulldozers et leurs armées de bûcherons équipés de tronçonneuses avançaient.

plus les Penan reculaient, plus leur territoire de cueillette et de chasse se réduisait. Ils en eurent assez et voulurent résister à la destruction de leur lieu de vie, mais comment ? Bruno fut pris à témoin. On lui demanda des conseils. On espérait, on désirait son engagement. Le choix était à la fois difficile et risqué Hôte du Sarawak, s'il agissait contre l'Etat, il risquait de se faire expulser, et alors il ne leur servirait à rien. Pourtant, comme il l'a écrit, il ne pouvait se contenter d'enregistrer la culture de ce peuple sans chercher à le sauver du déclin.

Il se lança donc dans la bataille, une bataille pacifique qui débuta par des lettres adressées à tous les dirigeants de la Fédération malaise. Il leur transmit le message des Penan qui les conjuraient d'arrêter le saccage et la pollution de leur territoire ancestral. Ces messieurs lui proposèrent en échange un hélicoptère pour le « sauver » de la jungle : une ironie à bon compte qui méritait une réponse appropriée. Avec les responsables des clans il organisa des barrages pacifiques contre les bulldozers. La police et l'armée se mirent sur sa trace. Il essuya des coups de feu, échappa de justesse à plusieurs guets-apens, abandonnant sur place ses précieux cahiers.

En 1989, un entrefilet lu dans un journal suisse m'informa de son existence et aussi que sa tête avait été mise à prix. Je décidai d'envoyer à sa recherche, au Sarawak, une équipe de *52 sur la Une* dirigée par Tony Comiti. Celle-ci parvint, après une marche exténuante, à le rejoindre là où il vivait, parmi les nomades rebelles à la sédentarisation. Vêtu comme eux d'un simple pagne, il se servait avec habileté de la sarbacane. On le sentait aux abois. Le bruit des tronçonneuses était proche. Il ne put s'attarder. Après avoir plaidé la cause des Penan devant notre caméra, il disparut avec eux sous les frondaisons.

Au cours de la diffusion de ce reportage, les annonceurs eurent le bon goût de faire passer une réclame pour une tronçonneuse suédoise lors de l'interruption publicitaire.

C'était a mourir de honte. Quant à la presse, elle ne s'émut pas outre mesure du sort de ce peuple en voie de disparition, ni de celui de Bruno Manser, qui en parlait si bien.

La destruction de la forêt pluviale de Bornéo et des peuples qu'elle abritait se poursuivit donc, dans l'indifférence générale. Les barrages n'y changeaient rien. La *Field Force* les détruisait, emprisonnait les meneurs, harcelait leurs familles. Sans appui extérieur, la résistance était vaine et comme le filet se resserrait autour de Bruno — les chasseurs de primes, l'armée, la police étaient sur sa trace — les responsables des clans penan lui conseillèrent de rentrer en Europe pour sensibiliser le public et trouver des soutiens.

En 1990, il quitta secrètement le Sarawak, revint en Suisse, se lança à corps perdu dans l'action pacifique, donna des conférences, organisa des expositions sur l'artisanat des Penan, alla avec le groupe écologiste Robin des bois s'enchaîner aux grands fûts des arbres tropicaux qui s'entassent dans le port de Nantes, créa une fondation, édita une publication périodique qu'il fit diffuser sur Internet mais ne parvint pas, hélas, à sensibiliser les médias. Un petit entrefilet par-ci, une photo par-là. Oubliant le savant engagé qu'il était devenu, on le prit pour un doux rêveur.

Il décida d'accentuer la pression, apprit à piloter un ULM, retourna à Kuching, survola au ras des toits la résidence du Premier ministre, se posa sur la place principale, parla aux curieux qui l'entouraient du triste sort que leur gouvernement réservait aux indigènes et du pillage de leurs forêts. Comme la presse locale et plusieurs de ses amis étaient là, on se contenta de l'expulser *manu militari*. Il s'initia au parachutisme et à la chute libre, voulut se poser avec un agneau vivant dans les bras le jour du ramadan devant l'ambassade de la Fédération malaise à Berne, pour inciter les gouvernants de ce pays à plus de considération vis-à-vis des Penan et à mettre un terme à la déforestation sauvage. On ne le lui permit pas. Il sauta malgré tout, fit son grand vol plané, atterrit sur un terrain d'aviation avec son agnelet et sa pancarte réclamant justice pour les Penan. Aucun reporter n'était là pour le filmer, sauf un jeune Allemand qui s'était pris de passion pour le personnage.

« A force de dépenser mon énergie pendant des mois et des mois, pour sauver ce morceau de paradis, ma langue s'est bientôt desséchée. Quand un pan de forêt vierge d'une valeur de 5,7 millions de francs suisses disparaît chaque jour, il faut se mobiliser pour trouver des solutions avant qu'il ne soit trop tard. J'ai volé mon temps à maître sommeil et négligé ma vie autant que mes relations humaines. »

C'est en désespoir de cause qu'il décida d'écrire *Voix de la forêt pluviale*, un recueil de paroles penan, illustré des dessins et des notes ayant échappé à ses poursuivants, qui ont détruit la plus grande partie de son œuvre.

J'ignorais que ce livre serait son testament en commençant le mien. Passionné moi-même depuis mes premiers voyages de jeunesse par les peuples anciens et leur spiritualité, j'avais trouvé pour *Chaman* mon personnage principal en puisant comme je l'ai dit plus haut dans la vocation religieuse du père L. et dans la vocation laïque de Bruno. Ainsi, grâce à ces deux hommes, Judik put-il naître et grandir au fil de mes pages. Régulièrement j'activais Internet, allais sur le site du « Bruno Manser Fund » et lisais dans son journal *Tong Tana* ses éditos et les nouvelles en provenance de Bornéo, d'Afrique ou d'Amazonie concernant la destruction des forêts. Chaque numéro comportait des informations ethnologiques sur les Penan qui m'étaient très précieuses.

Je devais en être au chapitre 14 quand j'appris sa disparition. A la place de son texte habituel, le nouveau *Tong Tana* affichait ce titre : « OÙ ES-TU, BRUNO ? » Mon cœur se serra. Las de prêcher, chez nous, en Europe, dans le désert, six mois plus tôt, discrètement, il était retourné auprès de ceux qui l'avaient adopté et qui, par le biais d'une cassette audio confiée à un proche, l'avaient supplié de revenir parmi eux pour participer à leur lutte. Les ravages causés par les compagnies forestières dépassaient la mesure. Il ne restait au Sarawak qu'une petite centaine d'authentiques chasseurs-cueilleurs encore en liberté, errant dans un territoire mutilé qui ne leur permettait plus de vivre.

Nous étions début 2001. J'allais avoir soixante-cinq ans En juin, TF1 m'inviterait à prendre ma retraite et arrêterait définitivement *52 sur la Une*. Il fallait faire vite. Avec mon collaborateur Thierry Fournet, nous partîmes en Suisse rencontrer la sœur de Bruno et les responsables de sa fondation. On nous apprit qu'il était entré secrètement au Sarawak en mai 2000, par la partie indonésienne de Bornéo, qu'il avait cheminé pendant quelques jours avec un Penan dans la jungle, puis bifurqué seul sur un autre sentier pour rejoindre son clan d'adoption. La fondation avait envoyé sur place un détective privé qui était revenu très pessimiste. Thierry Fournet et Patrick Schmitt, un caméraman de notre équipe, prirent l'avion pour Kuching, via Singapour, et recommencèrent l'enquête.

Impossible juridiquement, quand on ne retrouve pas le corps de quelqu'un, d'affirmer qu'il a été assassiné. Pourtant ses frères penan en sont persuadés. Ils ont refait le trajet qu'il a emprunté, ont étudié minutieusement le terrain, et ont retrouvé sur le sol les empreintes de son dernier bivouac. Ensuite, il n'y a plus une trace, plus un indice, comme s'il s'était désintégré. Or, de l'endroit où il a passé son ultime nuit, on peut entendre mugir les tronçonneuses des bûcherons. Son itinéraire l'obligeait ensuite à longer pendant quelque temps une piste très fréquentée par les camions chargés de grumes.

Ils l'ont tué ! Pour nous aussi, cela ne fait aucun doute. C'est ce que nous avons affirmé dans le dernier numéro de *52 sur la Une* intitulé : « Le messager des jungles perdues ». Notre émission âgée de quatorze ans, avant de s'éteindre, rendit hommage à cet homme exceptionnel.

Son assassinat resté impuni laissa la presse indifférente. Comme d'habitude, il n'eut droit qu'à un simple entrefilet, et encore, pas dans les plus grands quotidiens. Il ne lui manquait qu'une chose pour intéresser les médias, l'art de se faire mousser. Or même sa mort fut d'une discrétion exemplaire.

En naissant, Bruno Manser s'était trompé de monde. Son âme a retrouvé celui des ombres et des feuilles, dans la forêt des brumes. Les Penan l'évoquent désormais le soir à la veillée. Chez eux au moins son prénom est sur toutes les lèvres, et lui-même siège maintenant parmi les ancêtres les plus valeureux de l'*oia abeng*, l'épopée de ce peuple victime d'un ethnocide qui continue.

Mon roman se déroule dans les années soixante-dix, dix ans après ma rencontre avec le père L. au Laos, et dix ans avant l'arrivée de Bruno à Bornéo. J'ai voulu rapprocher ces deux hommes pour pouvoir vraiment les fusionner, et faire naître de cette osmose un héros fictif, nourri de leurs fois respectives. De ce fait, j'ai été contraint de procéder à quelques anticipations.

En 1970, le bûcheronnage à Bornéo n'avait pas encore atteint l'ampleur tragique que je décris dans ce livre et qui est aujourd'hui bien réelle. Qu'importe ! Le romancier peut se permettre ce genre d'extrapolation interdite au journaliste. Cette époque charnière m'intéressait au demeurant. La fin de la guerre du Vietnam était prémonitoire. Elle annonçait, au pire de la crispation idéologique mondiale, la disparition de ce type de conflit et la prééminence prochaine du pouvoir financier sur le politique, un pouvoir qui ne s'embarrasse, lui, d'aucun principe moral et exploite sans l'ombre d'un discernement toutes les ressources terrestres et humaines.

PRODUCTION JEANNINE BALLAND

Collection « Sud Lointain »

Jean-Jacques Antier
Le Rendez-vous de Marie-Galante
Marie-Galante, la Liberté ou la mort
Erwan Bergot
Les Marches vers la gloire
Sud lointain
tome I *Le Courrier de Saigon*
tome II *La Rivière des parfums*
tome III *Le Maître de Bao-Tan*
Rendez-vous à Vera-Cruz
Mourir au Laos
Paul Couturiau
Le Paravent de soie rouge
Alain Dubos
Acadie, terre promise
Alain Gandy
Quand la Légion écrivait sa légende
Dominique Marny
Du côté de Pondichéry
Les Nuits du Caire
Juliette Morillot
Les Orchidées rouges de Shanghai
Michel Peyramaure
Les Tambours sauvages
Pacifique Sud
Louisiana

Romans « Terres de France »

Jean Anglade
Un parrain de cendre
Le Jardin de Mercure
Y a pas d'bon Dieu
La Soupe à la fourchette
Un lit d'aubépine
La Maîtresse au piquet
Le Saintier
Le Grillon vert
La Fille aux orages
Un souper de neige
Les Puysatiers
Sylvie Anne
Mélie de Sept-Vents
Le Secret des chênes
La Couze
Ciel d'orage sur Donzenac
Jean-Jacques Antier
Autant en apporte la mer
Marie-Paul Armand
La Poussière des corons
La Courée
tome I *La Courée*
tome II *Louise*
tome III *Benoît*
La Maîtresse d'école
La Cense aux alouettes
Nouvelles du Nord
L'Enfance perdue
Un bouquet de dentelle
Françoise Bourdon
La Forge au Loup
La Cour aux paons
Annie Bruel
La Colline des contrebandiers
Le Mas des oliviers
Les Géants de pierre
Marie-Marseille
Jean du Casteloun
Michel Caffier
Le Hameau des mirabelliers
La Péniche Saint-Nicolas
Les Enfants du Flot
Jean-Pierre Chabrol
La Banquise
Alice Collignon
Un parfum de cuir
Didier Cornaille
Les Labours d'hiver
Les Terres abandonnées
La Croix de Fourche
Etrangers à la terre
L'Héritage de Ludovic Grollier
L'Alambic
Georges Coulonges
Les Terres gelées
La Fête des écoles
La Madelon de l'an 40
L'Enfant sous les étoiles
Les Flammes de la Liberté
Ma communale avait raison
Les blés deviennent paille
L'Eté du grand bonheur
Des amants de porcelaine
Le Pays des tomates plates
Yves Courrière
Les Aubarède
Anne Courtillé
Les Dames de Clermont
Florine
Dieu le veult
Les Messieurs de Clermont
L'Arbre des dames
Le Secret du chat-huant
Annie Degroote
La Kermesse du diable

Le Cœur en Flandre
L'Oubliée de Salperwick
Les Filles du Houtland
Le Moulin de la Dérobade
Les Silences du maître drapier

Alain Dubos
Les Seigneurs de la haute lande
La Palombe noire
La Sève et la Cendre
Le Secret du docteur Lescat

Elise Fischer
Trois Reines pour une couronne

Alain Gandy
Adieu capitaine
Un sombre été à Chaluzac
L'Enigme de Ravejouls
Les Frères Delgayroux
Les Corneilles de Toulonjac
L'Affaire Combes
Les Polonaises de Cransac

Michel Hérubel
La Maison Gelder
La Falaise bleue
Tempête sur Ouessant
Le Démon des brumes

Hubert Huertas
Nous jouerons quand même ensemble

Denis Humbert
La Malvialle
Un si joli village
La Rouvraie
La Dent du loup
L'Arbre à poules
Les Demi-Frères
La Dernière Vague

Hervé Jaouen
Que ma terre demeure

Jean-Pierre Leclerc
Les Années de pierre

Louis-Jacques Liandier
Les Gens de Bois-sur-Lyre

Jean-Paul Malaval
Le Domaine de Rocheveyre
Les Vignerons de Chantegrêle
Jours de colère à Malpertuis
Quai des Chartrons

Dominique Marny
A l'ombre des amandiers
La Rose des Vents

Henry Noullet
La Falourde
La Destalounade
Bonencontre
Le Destin de Bérengère Fayol
Le Mensonge d'Adeline

Michel Peyramaure
Le Roman de Catherine de Médicis

Frédéric Pons
Les Troupeaux du diable

Jean Siccardi
Le Bois des Malines
Les Roses rouges de décembre
Le Bâtisseur de chapelles

Jean-Michel Thibaux
La Bastide blanche
Le Secret de Magali
La Fille de la garrigue
Le Roman de Cléopâtre
La Colère du mistral
L'Homme qui habillait les mariées
La Gasparine
L'Or des collines

Jean-Max Tixier
Le Crime des Hautes Terres

Brigitte Varel
Un village pourtant si tranquille
Les Yeux de Manon
Emma
L'Enfant traqué
Le Chemin de Jean
L'Enfant du Trièves

Colette Vlérick
La Fille du goémonier
Le Brodeur de Pont-l'Abbé
La Marée du soir

GROUPE CPI

Achevé d'imprimer en juillet 2002 par
BUSSIÈRE CAMEDAN IMPRIMERIES
à Saint-Amand-Montrond (Cher)
N° d'édition : 6997. — N° d'impression : 023427/1.
Dépôt légal : mai 2002.
Imprimé en France